第六届全国中小学实验教学

说课活动优秀作品集

（上册）

中国教育装备行业协会 编

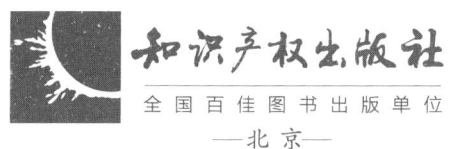

全国百佳图书出版单位

—北京—

图书在版编目（CIP）数据

第六届全国中小学实验教学说课活动优秀作品集/中国教育装备行业协会编. —北京：知识产权出版社，2019.11
ISBN 978-7-5130-6614-3

Ⅰ.①第… Ⅱ.①中… Ⅲ.①说课—课堂教学—教学研究—中小学 Ⅳ.①G632.421

中国版本图书馆CIP数据核字（2019）第247392号

责任编辑：石陇辉　　　　　　　　责任校对：谷　洋
封面设计：智兴设计室·索晓青　　责任印制：刘译文

第六届全国中小学实验教学说课活动优秀作品集（上册）
中国教育装备行业协会　编

出版发行：	知识产权出版社有限责任公司	网　　址：	http://www.ipph.cn
社　　址：	北京市海淀区气象路50号院	邮　　编：	100081
责编电话：	010-82000860转8175	责编邮箱：	shilonghui@cnipr.com
发行电话：	010-82000860转8101/8102	发行传真：	010-82000893/82005070/82000270
印　　刷：	北京嘉恒彩色印刷有限责任公司	经　　销：	各大网上书店、新华书店及相关专业书店
开　　本：	720mm×1000mm　1/16	印　　张：	60
版　　次：	2019年11月第1版	印　　次：	2019年11月第1次印刷
字　　数：	1040千字	定　　价：	199.00元（上、下册）
ISBN 978-7-5130-6614-3			

出版权专有　侵权必究
如有印装质量问题，本社负责调换。

《第六届全国中小学实验教学说课活动优秀作品集》
编委会

主　编：夏国明

副主编：朱俊英　景维华

编　委：王　瀛　李梦莹　鲍亚培
　　　　王东亮　崔　峣

前　言

《国家中长期教育改革和发展规划纲要（2010—2020年）》中提出："着力提高学生的学习能力、实践能力、创新能力，教育学生学会知识技能，学会动手动脑""开发实践课程和活动课程，增强学生科学实验、生产实习和技能实训的成效"。《国家教育事业发展"十三五"规划》提出："强化学生实践动手能力""推进优质教育资源共建共享"。《教育部关于全面深化课程改革　落实立德树人根本任务的意见》要求："强化教学的实践育人功能""整合和利用优质教育教学资源"。全国中小学实验教学说课活动很好地践行了上述文件精神。

2013年至今，全国中小学实验教学说课活动已成功举办六届，累计吸引了全国各地四万多名中小学教师参与。该活动以实验教学说课为载体，推进育人模式的转变；教师通过基于核心素养的教学，培养学生的必备品格和关键能力。该活动搭建了一个东中西部教师的交流学习平台，有力地促进了全国实验教学的均衡发展，取得了良好的社会效益，获得了广泛的关注和好评，现已发展成为全国中小学实验教学领域的品牌活动。

依据教育部基础教育司《关于举办第六届全国中小学实验教学说课活动的通知》（教基司函〔2018〕14号），第六届全国中小学实验教学说课活动由教育部基础教育司主办，教育部教育装备研究与发展中心、中国教育装备行业协会提供专业支持。活动于2018年4—11月在全国范围内举行。本届说课活动基本延续了第五届说课活动的活动方式，设立了综合、小学科学、中学物理、中学化学、中学生物五个组，其中综合组涵盖了地理、音乐、体育、通用技术、信息技术、综合实践活动等学科和课程，综合类课程的占比较往年有小幅上升。这说明，实验教学的理念已逐渐冲破传统学科界定，延伸到了很多其他学科。

本届说课活动依然包括两个环节，一是各地遴选推荐实验教学说课案例，二是现场说课展示。在第一个环节中，各省、自治区、直辖市教育部门举办活动遴选本地区的实验教学说课案例，共推荐457个案例，经过综合评议、集中公示等环节，产生了170个案例进入现场说课展示环节。现场说课展示环节于 2018 年 11 月在南昌举行，为期两天，本环节进行了网络直播。进行现场展示的教师们展现出了较高的实验设计和教学说课水平：完整、精致的教具，精美、直观的演示文稿，大方潇洒的教态，流畅准确的语言……现场评审专家在进行综合点评时给出了很高的评价，称本届活动的现场说课展示是"视觉的盛宴，思维的大餐"。

连续六届说课活动，已形成一批可共享的优质中小学实验教学资源，涵盖小学、初中、高中三个学段众多学科的实验课程，受到广大中小学师生的热忱欢迎。截至 2018 年 11 月 28 日，"全国中小学实验在线平台"（网址：http://www.ceeia.cn/ "实验在线"栏目）注册人数已达 24 万人，积累实验教学课程视频资源 3154 节，课程点击总量达 140 万次。由中国教育装备行业协会组织编撰的《第二届全国中小学实验教学说课活动获奖作品集》《第三届全国中小学实验教学说课活动优秀作品集》《第四届全国中小学实验教学说课活动优秀作品集》《第五届全国中小学实验教学说课活动优秀作品集》的相继出版，也对促进这些优质教学资源的推广应用发挥了重要作用。此外，部分省区市在历年说课活动积累资源的基础上，开发了本地区的实验教学培训教材，以培养本地区的实验教学专家，指导本地区的实验教学培训规范发展。

《第六届全国中小学实验教学说课活动优秀作品集》内容充实，分为上下两册，收录了本届说课活动进入现场说课展示环节的优秀作品 169 个，其中综合 15 个、小学科学 28 个、中学物理 43 个、中学化学 46 个、中学生物 37 个，较为全面地反映了国内中小学各个学科实验教学的新理念和新成果，可为广大中小学教师提供借鉴和指导。

实验教学说课活动盘活了教育装备，完善了课程内容，调动了任课教师，是推动教学改革、促进学生核心素养养成、推动教育资源均衡的良好抓手。在此，向本届说课活动的主办方教育部基础教育司，向给予活动热情支持的各地基教、教研、教育装备等部门，向本届活动评审委员会的各位专家，向参与和协助组织活动的广大教师和工作人员表示衷心的感谢！希望全国中小学实验教学说课活动获得全社会更多的关注，为促进我国中小学实验教学工作水平的提升作出更大的贡献。

中国教育装备行业协会会长
2019 年 7 月

目 录

第一部分 综 合

季节的形成	李淑丹 /	3
地震	方莹 /	8
植物"心情"检测仪	裘炯涛 /	13
为班级绿植设计浇水工具	庄重 /	19
一场百草园的邂逅	王淑君 /	23
像工程师一样建造塔		
——亲近正定古塔	郄红 /	28
做框架	樊乃铭 /	36
系列乒乓教具,化解学球之难	季光辉 /	39
不同水质对种子萌发影响的研究	徐莹莹 /	44
生命之杯	张立超 /	51
LED 创意灯牌		
——串并联电路的设计与制作	迟蕊 /	55
探究影响结构强度的可能因素	朱丽珺 /	62
结构与强度	张涛 /	68
鸡蛋承受压力试验的改进	张荟萃 /	72
鱼浮灵主要成分的实验探究	万海涛 /	76

第二部分 小学科学

下沉的物体会受到水的浮力吗 ……………………………………… 郭洪美 / 85
玩转小水轮 ……………………………………………………………… 何雪薇 / 92
定滑轮和动滑轮 ………………………………………………………… 赖洪兆 / 97
我的滑轮 ………………………………………………………………… 李丹 / 103
比较韧性 ………………………………………………………… 颜涵瑜 张美华 / 109
注重观察分析，研究物体反光 …………………………………… 陆新丽 / 112
巧用自制教具，探究影子的变化特点 ………………………… 杜明康 侯微微 / 119
光沿直线传播实验说课 …………………………………………… 孙宏 / 123
怎样得到更多的光和热 …………………………………………… 蔡旭聪 / 132
怎样得到更多的光和热 …………………………………………… 郝婷婷 / 135
怎样得到更多的光和热 …………………………………………… 李盼盼 / 140
光与热 ………………………………………… 张坤鹏 李晓娜 潘海滨 / 144
光与热 …………………………………………………………………… 杨喆 / 149
冰融化了 ………………………………………………………………… 韩玉 / 158
颜色对热的吸收 ………………………………………………………… 魏敏菲 / 163
金属的热胀冷缩 ………………………………………………………… 宋小南 / 169
金属热胀冷缩吗 ………………………………………………… 郑建华 吴妍 / 174
谁的本领大 ……………………………………………………………… 孟庆福 / 178
导体和绝缘体 …………………………………………………………… 李红 / 183
比较白炽灯与荧光灯哪个效率高 ……………………………………… 侯俊秀 / 187
设计与制作
　　——简单智能电路 …………………………………………… 曹麟光 / 190
神奇的小电动机 ………………………………………………………… 张金雪 / 193
能量大小与物体运动的关系 …………………………………………… 冯鹏 / 198
能量转换科学研究 ……………………………………………………… 邓新阳 / 204
能量的控制 ……………………………………………………………… 李立 / 209
为什么一年有四季 ……………………………………………………… 吴莉萍 / 216

日食和月食 ·· 王丽萍 / 218

月相变化 ·· 王婷婷 / 223

第三部分　中学物理

▶ 初中物理

大气压强
　　——马德堡半球实验 ·· 魏渊峰 / 231

自制气压计，探究大气压的变化 ·· 张皓辉 / 235

气体压强与流速的关系 ·· 徐茜茜 / 246

流体压强与流速的关系 ·· 赵子莹 / 249

流体压强与流速的关系 ·· 李超 / 253

探究液体压强与深度、密度的定量关系 ··············· 姚洋　王超　郭长春 / 258

认识浮力 ·· 王晴晴 / 262

探究影响滑动摩擦力大小的因素 ·· 张静 / 266

探究杠杆的平衡条件 ·· 李明盈 / 273

探究杠杆的平衡条件 ·· 周新 / 278

机械效率 ·· 徐文治　丰七星 / 285

探究声音产生与传播的条件 ·· 薛治国 / 290

做功改变内能 ·· 刘鹤 / 294

探究熔化和凝固的特点 ·· 李建明 / 300

看得见的眼睛 ································· 李伟　熊炯　宋士哲 / 307

探究光的反射定律 ·· 郭浩佳 / 311

光的折射 ·· 刘蕊清 / 315

激光通信 ·· 赵克峰　张桂欣 / 321

欧姆定律
　　——电阻 ··· 王捷 / 328

磁生电 ·· 赵瑞 / 337

可视化视角下的电功率 ·· 成慧珍 / 343

安全用电

——触电事故演示仪器 ························· 张童 / 349

▶ 高中物理

胡克定律 ························· 周曼 / 355

探究静摩擦力大小的影响因素 ························· 罗发海 / 359

向心力 ························· 支磊 / 365

定量探究圆周运动向心力的大小 ························· 刘兴 谢泽坤 / 370

几种典型圆周运动模型的实验探究 ························· 马丽坤 / 376

单摆精准验证最低点向心力表达式 ························· 李永兰 / 380

外力作用下的振动 ························· 李优 / 384

探究功和速度变化的关系 ························· 李永仕 / 393

动能和动能定理 ························· 徐忠岳 / 397

验证机械能守恒定律 ························· 张岚 / 402

气体实验定律 ························· 温博 / 406

声波干涉实验 ························· 李坤 / 415

用双缝干涉测量光的波长 ························· 孙永跃 / 420

光的双缝干涉实验 ························· 陆洋 / 424

光的偏振 ························· 曲胜艳 / 431

光电效应的探究与创新 ························· 周连鹏 / 436

库仑定律 ························· 鞠晨晨 / 441

磁场对通电导线的作用

——安培力 ························· 刘丽 / 447

磁感应强度 ························· 齐红棉 / 451

涡流、电磁阻尼和电磁驱动 ························· 赵旭 / 459

交变电流 ························· 左欣 / 462

第四部分　中学化学

▶ 初中化学

微观之旅

　　——分子和原子 ·· 康宏 / 469

分子和原子 ··· 李秀梅 / 475

创设打火机实验，开展分子教学 ··· 沈郁娟 / 479

测定空气中氧气含量的实验教学 ··· 李卓莉 / 485

再探究空气中氧气的体积含量 ··· 杨敏 / 489

二氧化碳性质探究 ·· 王静 / 495

采用串联实验装置构建立体化思维导图

　　——以 CO_2 的制取、除杂、性质拓展及喷泉实验为例 ············ 樊爱玲 / 500

二氧化碳与氢氧化钠的反应 ··· 任竞昕 / 505

探究二氧化碳和氢氧化钠的反应 ··· 刘文英 / 512

二氧化碳与氢氧化钠反应的可视化研究 ·· 杨永俊 / 520

常用碱溶液与 CO_2 反应的再探究 ··· 王旭 / 527

实验探究三重境界

　　——碱的化学性质 ·· 秦婕 / 534

探究酸和碱的中和反应 ·· 慈洁琳 / 539

金属的化学性质

　　——金属活动性顺序 ·· 土振 / 545

金属与酸的反应 ·· 蒋娟　郭慧　龚竞超 / 555

物质的溶解度 ··· 马力 / 561

溶解与乳化 ··· 伏珍珍 / 567

水的电解实验改进 ·· 白云文 / 573

对蜡烛及其燃烧的探究 ·· 邝建新 / 578

对蜡烛及其燃烧的探究实验改进 ··· 杜月 / 583

对蜡烛燃烧的再探究 ··· 叶红艳 / 589

氢气爆炸实验……刘洪宝 / 593
探究粉尘爆炸实验的影响因素……陈美威 / 596

▶ 高中化学

气体摩尔体积……马雄雄 / 602
探究氯气性质之氧化性实验改进……刘璐 / 606
氯气与水的反应的数字化实验，研究化学平衡状态……殷奇 / 611
色彩缤纷的氨气黑枸杞喷泉实验……徐文娟 / 615
氨气、氯化氢双喷泉实验的组合设计……杨青山 / 619
氮的氧化物性质实验改进……唐光明 / 623
实验室模拟空气吹脱装置……李雪军 / 627
浓硫酸的三大特性……靳艳艳 / 631
铜与浓硫酸反应实验装置的改进及现象的探究……陈碌涛 / 635
验证硝酸根离子在酸性条件下的氧化性
　　——采用带有制备保护气的一体化气体发生器……江秀清 / 639
铝单质的化学性质……闻昊 / 643
铝热反应实验创新设计……段云博 / 649
镁燃烧实验的拓展与创新……肖燕莉 / 652
铁的重要化合物……王静 / 659
数字技术对钢铁吸氧腐蚀的实验探究……李鑫 / 662
探究氢氧化亚铁的制备……刘宇莹 / 665
碳酸钠与盐酸分步反应的创新实验……金程程 / 671
手持技术在高三元素化合物复习课中的应用
　　——以碳酸钠、碳酸氢钠为例……冯雯 / 675
盐类的水解……拉姆次仁 / 681
乙炔的化学性质……王涛 / 687
乙醇燃料电池原理的实验探究……陈荣静 / 693
制备乙酸乙酯的实验创新……耿琼 / 697
多角度探究石蜡油的催化裂化……方敏 / 702

第五部分　中学生物

▶ **初中生物**

校园中的野生植物	张南南	709
绿色植物与生物圈的水循环	朱文广	714
测定花生种子中的能量	都娟	718
初中生探究影响光合作用的因素	周琳娜	723
探究二氧化碳是光合作用的必需原料	吴芳丹	732
光合作用原理在农业生产上的应用	薛海芬	740
观察植物叶气孔的结构与分布	刘海霞	748
绿色植物的呼吸作用	甘静莎	753
探究呼吸作用实验	孙健耕	760
创设实验环境探究家鸽的双重呼吸	王盈盈	767
动物的运动	王明华	774
模拟保护色的形成过程	蔡乃杰	779
光照条件对黄粉虫幼虫分布的影响	顾凯利	782
眼球成像的演示实验	肖林军	789
人体对信息的感知 ——眼球成像、近视远视成因及矫正	万小荣	793
血液循环过程中血液的变化	黄树荣	799
呼吸运动模型试验	涂敏	803

▶ **高中生物**

叶绿体中色素的提取、分离和比较	赵玥	807
自制分光光度计检测光合色素吸收光谱	吴宁	812
探究影响光合作用的因素	刘芳敏	821
探究环境因素对光合作用的影响	陶洁敏	826
观察根尖分生组织细胞的有丝分裂	单柳旭	832
减数分裂的观察与比较	王培　王丽娴　王金贝	836

基于大数据下"性状分离比模拟"实验装置的改进与创新	陆兴亮 / 843
胚胎工程	吴谦 / 848
探究影响酶活性的条件——pH 值	刘爱萍 / 854
探究温度对果胶酶活性的影响	王俊明 / 858
α-淀粉酶的固定化及淀粉水解作用的检测	张伟健 / 863
探究酵母菌细胞呼吸的方式	叶克姣 / 868
探究酵母菌细胞呼吸的"3+X"	高聪 / 874
探究酵母菌细胞呼吸的方式实验改进与探究	高悦龙 / 882
一次性筷子与可循环餐筷表面微生物的分离与计数	侯文慧 / 885
土壤中小动物类群丰富度的研究	张月 / 893
土壤中小动物类群丰富度的研究	陈玉梅 / 901
四种植物对不同水体中氮去除效果的探究	江晶　杨梅 / 908
不同环境污染条件下水生生物多样性的调查研究	张勇 / 913
探究生态系统的稳定性	薛姣 / 918

附录　第六届全国中小学实验教学说课活动优秀作品名单 ……………… 926

第一部分

综 合

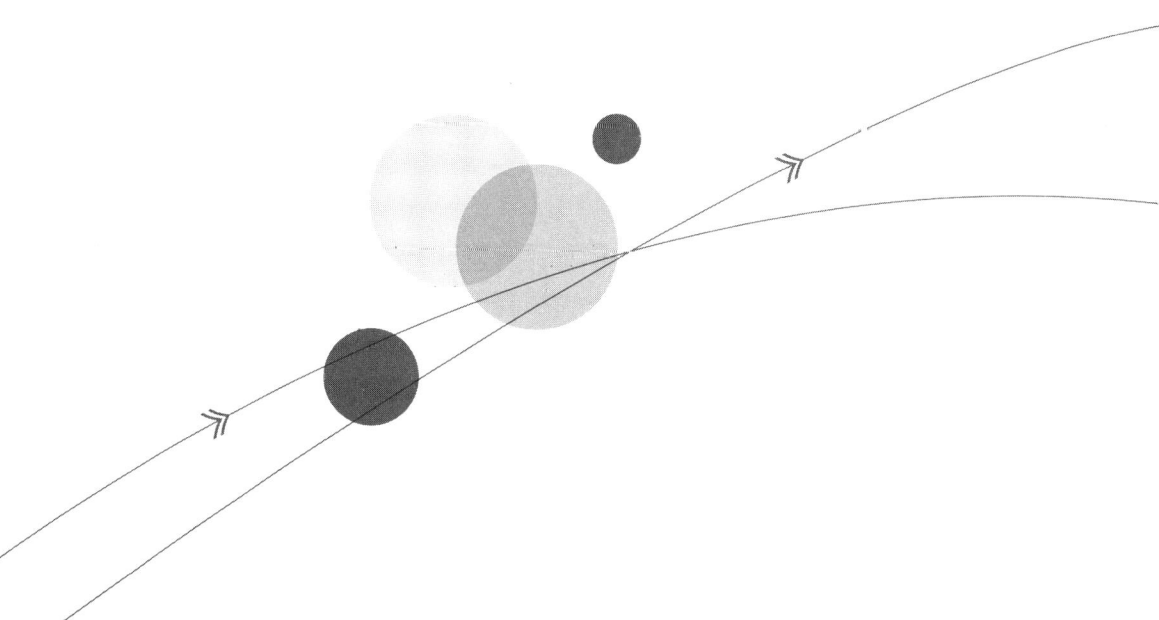

季节的形成

上海市嘉定区马陆小学　李淑丹

一、使用教材

上海牛津版小学《自然》四年级第二学期第六单元"太空中的地球"第三节"季节的形成"第二课时。

二、实验器材

iPad 平板电脑（含无线数据采集软件、数据显示及交互软件）、自制"地球公转演示模型"（含支架、铁圈、地球仪、灯罩、5W 射灯、遥控器等）、自制"阳光不同角度照射时温度变化的测量模拟装置"（含支架、50W 射灯、黑色卡片、隔温板、温度传感器、信号发射器等）。

三、实验创新要点

（一）借助自制"地球公转演示模型"，引发"四季气温不同原因"的假设

在以往的教学中，由于实验资源的缺乏，学生仅凭头脑中的旧知和感觉来提出相关的假设。大多数学生会认为温度的高低与热源的远近有关，无法提出四季气温不同可能是阳光照射角度不同导致的假设。有了自制的"地球公转演示模型"，学生借助装置上代表我国北回归线附近某地的一根小棒影子长度的变化，结合所学光学知识，通过逻辑推理就能提出阳光照射角度的不同造成四季气温的不同这一假设。自制"地球公转演示模型"，为本节课科学探究活动起到了很好的开局作用，在本节课中学生形成了多种假设。

（二）借助自制"阳光不同角度照射时温度变化的测量模拟装置"，探究阳光照射角度与温度变化的关系

在以往的教学中，由于常用温度计、温度枪灵敏度及读数困难、实验器材复杂等原因，学生无法顺利开展实验，教师在课堂上演示或甚至于"讲实验"。自制的"阳光不同角度照射时温度变化的测量模拟装置"，将现代与传统设备相结合：①使用温度传感器、发射器和 DIS 软件，无线传输数据，实时反映温度变化；②将三块同样大小的黑卡片与温度传感器相连，调节三块黑卡片的位置，使其与射灯发射来的光线呈直射、斜射角度较大（斜射 1）、斜射角度较小（斜射 2）的三种状态，可以得到更为普遍的实验结论；③三盏卤素灯之间用隔温板水平方向等距离隔开，保证光源之间不相互影响。

自制"阳光不同角度照射时温度变化的测量模拟装置"的优势在于：①实验时间大大缩短，两分钟的时间就可以完成收集实验数据的过程；②实验现象稳定、清晰、直观，学生利用图像和数字可以充分感受光线直射和斜射时温度变化的显著差异；③结论更科学，通过模拟阳光直射、斜射角度较大、斜射角度较小三种情况，学生不仅验证了最初的假设，而且还得到了比最初假设更进一步的结论。

（三）自制教具，探究阳光照射角度周期性变化的原因

在以往的教学中，实验教具地轴的方向不能灵活改变，加上四年级学生空间思维能力还不足，所以很难得出实验结论。自制"地球公转演示模型"，将地球仪定位在春分、夏至、秋分、冬至四个位置上，加长其地轴的长度，并使地轴方向灵活可变。在假设的基础上，学生通过拆卸地球仪、将地轴摆成竖直状态、改变地轴的方向，研究假如地球不公转、地轴不倾斜、地轴空间指向变化三种情况，得到上述情况下太阳光照射角度不会发生周期性变化，从而反证得到太阳光照射角度周期性变化的原因。自制"地球公转演示模型"的优势在于：显著、直观，学生进一步感受逻辑推理的作用，提升科学思维的水平。

四、实验原理/实验设计思路

（一）实验原理

本节课自制的"地球公转演示模型"和"阳光不同角度照射时温度变化的测量模拟装置"，制作的实验原理为：①光线的直射或斜射可以通过地球仪上小棒影子的长短来反映；②光线从不同的角度辐射到黑卡片上，卡片内的气温会升高，且升温的幅度不同；③地球公转、地轴倾斜、地轴空间指向不变导致阳光照射角度周期性的变化。

（二）实验设计思路

（1）学生根据旧知，观察"地球公转演示模型"，提出导致四季气温不同原因的假设，师生共同设计实验，使用自制"阳光不同角度照射时温度变化的测量模拟装置"进行验证，再通过分析北回归线附近我国某地正午阳光照射角度年变化图与该地年月平均温度曲线图，归纳得出四季气温变化是由于阳光照射角度周期性度变化引起的。

（2）学生就阳光照射角度周期性变化的原因提出假设，操作"地球公转演示模型"，利用反证的方法进行推理分析，归纳得出因地球的公转、地轴倾斜且空间指向不变导致阳光照射角度的周期性变化，继而导致气温的变化，进而形成四季。

五、实验教学目标

(一) 实验教学目标

(1) 通过"探究四季气温变化与阳光照射角度的关系"活动,知道四季气温变化与太阳光照射角度有关,感悟技术对科学研究的影响。

(2) 通过"探究阳光照射角度周期性变化的原因"活动,知道阳光照射角度发生周期性变化与地球围绕太阳公转、地轴倾斜且空间指向不变有关,感受科学研究方法,养成实事求是的科学态度。

(二) 教学重点和难点

(1) 教学重点:知道四季气温变化与阳光照射角度有关。

(2) 教学难点:提出四季气温变化与阳光照射角度周期性变化有关的假设并通过实验验证。

六、实验教学内容

本节课实验教学内容主要包括:探究四季气温变化与阳光照射角度的关系、探究阳光照射角度周期性变化的原因两个部分。

第一部分:学生结合旧知,借助"地球公转演示模型",提出四季气温不同原因的假设,在排除"日地距离变化"假设后,就"阳光照射角度"这一假设完成对比实验设计,利用"阳光不同角度照射时温度变化的测量模拟装置"收集实验数据,并借助平板电脑和软件上传相关数据,师生分享并处理信息,归纳得出四季气温不同与阳光的照射角度不同有关的结论。

第二部分:学生结合旧知,提出阳光的照射角度周期性变化原因的假设,并利用"地球公转演示模型",在装置上摆放地球不公转、地轴不倾斜、地轴空间指向变化三种情况,使用反证的方式,分析得出阳光照射角度周期性变化的原因,继而得到四季形成的原因。

七、实验教学过程

(一) 复习导入

学生代表在"地球公转演示模型"上摆放地球公转时地轴的指向,师生共同复习上一课时所学的"地球围绕太阳公转时地轴倾斜且空间指向不变"这一知识。

(二) 探究新知

(1) 探究四季气温变化与阳光照射角度的关系。

学生结合已有知识,观察"地球公转演示模型"上小棒影子(见图1),猜测温度变化的原因，提出假设：①温度变化与日地距离有关，近气温高，远气温低；②温度变化与直射、斜射有关，直射气温高，斜射气温低。

在利用视频资料排除第一个假设后，师生共同设计实验方案，验证第二个假设。

在设计好方案后，学生分小组利用"阳光不同角度照射时温度变化的测量模拟装置"收集实验证据。调节黑色卡片使其与光线呈现直射和不同斜射角度的摆放状态，打开射灯，照射黑卡片（见图2），观看软件界面

图1 "地球公转演示模型"上的小棒影子

温度数据变化（见图3）。学生发现：被直射的黑卡片温度升高幅度大，斜射角度较大的黑卡片温度升高幅度较大，斜射角度较小的黑卡片温度升高幅度较小。

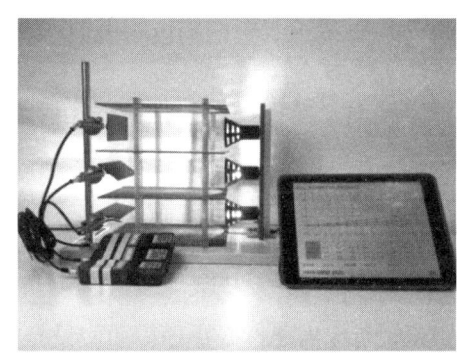

图2 自制"太阳光不同角度照射时温度变化的测量模拟装置"

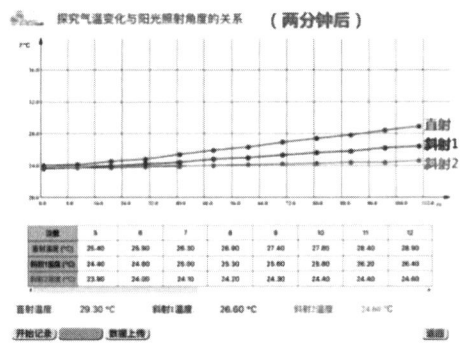

图3 软件界面温度数据变化曲线

在利用平板电脑、数据显示及交互软件等设备全班共享各小组的实验数据后，教师再通过分析北回归线附近我国某地正午阳光照射角度年变化图与该地年月平均温度曲线图，最终得出实验结论：阳光的照射角度周期性变化导致四季气温的不同。

（2）探究阳光照射角度周期性变化的原因。

学生结合旧知，提出阳光照射角度周期性变化原因的假设。在实验验证时学生操作"地球公转演示模型"（见图4），采用反证的方式得到：地球不公转、地轴不倾斜、地轴空间指向混乱，不能产生阳光照射角度周期性变化，也就不能形成四季变化。

师生共同分析得出：地球在公转时，地轴倾斜且空间指向不变导致阳光直射周期性变化，进而形成四季的变化。

（三）迁移应用

思考：假如北半球是夏季，南半球是什么季节？结合本节课所学进行解释。

图4 地球公转演示模型

八、实验效果评价

本节课凸显学生在探究活动中的主体地位，启发学生在观察的基础上结合所学知识作出假设，注重学生实验设计、数据处理、逻辑推理等能力的发展，培养学生严谨的实证意识和科学态度。

本节课将"传统"和"技术"相结合，自制的"地球公转演示模型"，既强化学生作出假设的意识，也为最终得到四季的成因提供实验基础；自制的"阳光不同角度照射时温度变化的测量模拟装置"，利用DIS传感器及配套的软件，同时呈现温度变化的曲线和数值，促进学生分析处理数据能力的提升，也能将小组实验数据很便捷地成为全班的"大数据"，在数据共享的基础上得出可以更为普遍的实验结论。

本节课实验资源的丰富和多样，改变了学生科学探究的时空。课堂科学探究时空的变化，使得本节课在作出假设、数据分析、解释问题等科学探究过程得以放大。

在今后的教学实践中，我将继续努力通过基于实验的科学课堂，丰富学生的学习经历，进一步提升学生的科学素养。

地震

上海市宝山区和衷小学　方莹

一、使用教材

上海科教版《自然》四年级第一学期第五单元"地震与火山"的第二课时。

二、实验教学目标

本节课的学习内容隶属于《上海市小学自然课程标准（试行稿）》"主题9 地球概貌"中的"9.2.2 地球的内部运动"，学习要求为"知道地震是由地球内部运动引起的"。

通过对课程标准的细致研读、对教材的整体分析，依据学生的年龄特点和认知水平，确定了本节课的教学目标及教学重难点。

（一）教学目标

（1）通过探究地震的成因模拟活动，知道地震是由地球内部运动引起的，感受分析、推理等科学研究方法，激发研究地震的兴趣，增强安全避险意识。

（2）通过地震监测模拟活动，感受科学家研究地震的过程和方法，提高细致观察的能力，养成良好的合作习惯，激发进一步研究地球内部运动的兴趣。

（二）教学重难点

重点：知道地震是由地球内部运动引起的。
难点：感受科学家研究地震的过程和方法。

三、实验教学内容

本节课实验教学内容主要包括探究地震的成因和模拟地震的监测两个部分。

第一部分：利用地震的成因模拟实验装置制造两次地震，学生经历"猜测假设—实验观察—分析总结"的学习过程后，发现不同大小和方向的力造成的地震会对"小区"产生不同的影响，通过交流分析得出地震的成因。

第二部分：使用地震监测仪模拟地震的监测，感受科学家研究地震的过程和方法。

四、实验器材

（1）学生活动器材：自制探究地震成因的模拟实验装置、自制地震监测仪、玩具积木等。

（2）自制PPT课件、活动任务单（含评价单）等。

五、实验创新要点

（一）自制的探究地震成因的模拟实验装置为教学重点的突出提供了资源

所执教的学生对地震的了解仅限于通过新闻报道或影视资料获得，地震现象与他们的知识基础和生活实际有距离，还无法将地球内部运动这一抽象的概念同地震现象联系在一起。

自制探究地震成因的模拟实验装置，通过用力大小以及用力方向不同模拟地震现象，学生观察并分析推理出地震是由地球内部运动引起的，既可以培养认真细致的观察习惯，也可以进一步激发研究地球内部运动的兴趣。

（二）自制的地震监测仪为教学难点的突破提供了资源

自制的地震监测仪，可以帮助学生加深学习的体验。通过地震监测模拟活动，体验科学家研究地震的过程和方法，初步学会像科学家那样用仪器记录地震现象，在探究地震奥秘的过程中，感受到学习的快乐。

通过以上两个操作简单、现象直观的自制学具，将抽象思维与感性体验联系在一起，在亲历像科学家那样探究地震的过程中，提高细致观察的能力，养成良好的合作习惯，直接突出和突破本节课的教学重难点。

六、实验原理和设计思路

（一）实验原理

（1）探究地震成因的模拟实验装置。利用弹簧能传递能量的原理，通过中间层的弹簧将在下层晃动架子的力（地震波）传递到上层支架，从而模拟地震（见图1）。

图1 探究地震成因模拟实验装置

（2）自制地震监测仪。利用惯性，借由配重的记录笔受到惯性的影响，即便支架在晃动的状态下，依然能够维持在原来的位置上，记录小桌面震动的过程（见图2）。本地震监测仪配合探究地震成因的模拟实验装置使用，可以分别模拟监测垂直方向和水平方向的地震波（见图3）。

图2　自制地震监测仪

图3　组装完成图

（二）实验设计思路

本节课的模拟实验装置以历史上第一台地震仪（见图4）为蓝本，经历了1.0（见图5）、2.0（见图6）和3.0（见图7）三个版本的改进过程。例如，本节课所用的3.0版装置，对于力的传递方式作了改进，将原本传递力的水袋用弹簧替代，实验现象更为显著；将原本只能单方向监测变为分别能监测水平方向和垂直方向；"地震监测仪"中监测记录笔也作了改进，加上了限位装置后，记录笔能在固定范围摆动。改进之后的探究地震成因模拟实验装置和地震监测仪既可单独使用，也可以组合使用。

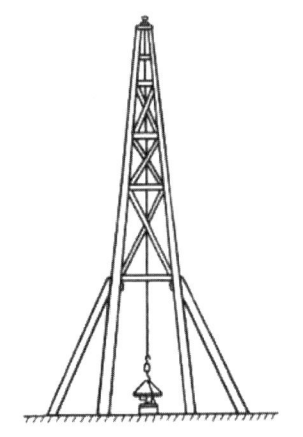
图4　米尔恩与Ewing设计的第一台地震仪（1892年）

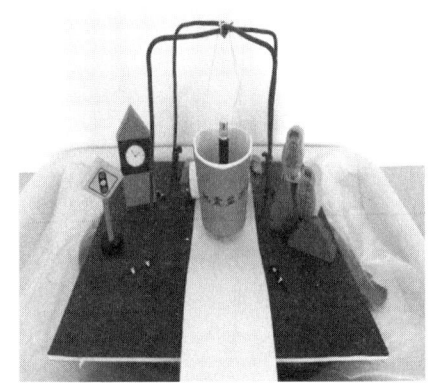
图5　自制"地震监测仪"1.0版

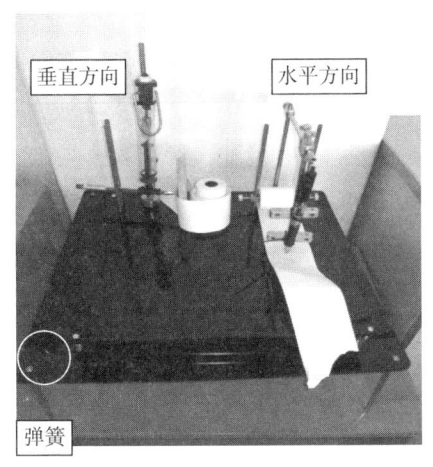
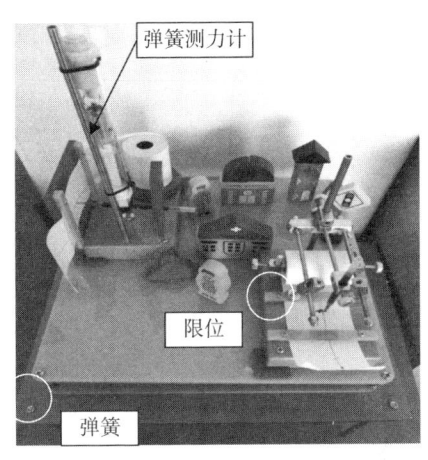

图6 自制"地震监测仪"2.0版　　图7 自制"地震监测仪"3.0版

七、实验教学过程

(一) 创设情景，引发兴趣

通过观看"台湾花莲地震"视频，了解地震会给地面及建筑物带来的影响和破坏程度。提出"地震是什么原因引起的"问题，激发探究地震成因的积极性。

(二) 模拟实验，探究新知

(1) 利用地震成因的模拟实验装置探究地震的成因。首先，观看自制探究地震成因的模拟实验装置的介绍，了解实验装置的结构与使用方法。接着，引导学生阅读任务评价单，明确各自岗位任务要求；组织学生分两次搭建"小区"，采用两种不同大小和方向的力，制造地震现象，同时观察"小区"发生的变化，发现不同大小和方向的力造成的地震会对"小区"产生不同的影响。最后，通过交流"地震现象是如何产生的"，得到"地震是由地球内部运动引起的"的结论。

(2) 通过模拟地震的监测，感受科学家研究地震的过程和方法。首先，阅读汶川大地震的资料，引发对地震监测的关注，同时思考科学学家是通过什么方法研究地震的。接下来，分小组观看学习资源包，了解自制地震监测仪的结构与使用，并对地震监测仪进行安装和调试。然后，根据水平和垂直两个地球内部运动的方向，分配研究任务，即每个学习小组只模拟地球内部运动某一个方向所引起地震的监测。接着，用活动任务评价表明确各自的岗位任务要求。随后，在安装调试好监测仪之后，进行模拟地震监测，体验科学家研究地震的过程。

（三）知识拓展，激发情感

通过阅读了解地震监测的发展过程和地震的预警，知道关于地震还有很多奥秘科学家正在探索之中，激发学生进行科学探究的情感。

八、实验效果评价

本节课通过开发和改进实验装置，为学生的科学探究提供了丰富而又多样的实验资源，有效突出了教学重点和突破了教学难点，学生参与度高，课堂反馈良好，充分体现了实验教学的魅力和功效。

在今后的教学实践中，我将继续努力在开发和使用实验资源上多作思考和实践，为学生科学素养的全面提升提供更好的服务与帮助。

植物"心情"检测仪

杭州经济技术开发区听涛小学　裘炯涛

一、使用教材

"植物心情检测仪"选自浙江大学出版社出版的教材《来吧，一起创客！基于 Mixly 学生创客作品 30 例》第三单元第 8 课。在该教材中，前两个单元主要介绍了创客制作中简单传感器的使用，第三单元是对多种传感器整合使用，每一个案例都有着丰富的生活背景、学科知识。如本课利用土壤湿度传感器研究植物的"心情"，是一个集科学、数学、技术、编程等知识于一体的 STEM 课程案例。

本课教授的对象是五六年级的学生，他们的知识储备相对较多，思维逻辑性比较强，已经不满足于简单的传感器数据读取和控制。而在研究植物心情过程中，学生要综合运用多学科的知识来展开探究。

二、实验器材

Arduino UNO 主板、土壤湿度传感器、8×8 点阵屏幕、蜂鸣器、旋钮传感器。

三、实验原理/实验设计思路

本实验利用土壤湿度传感器测量土壤湿度，将测得的湿度与植物最适宜的湿度进行对比。如果差值较大，说明植物"心情"不好，如果差值较小，则表示"心情"很好。

四、实验教学目标

（一）知识目标

掌握土壤湿度传感器、8×8 点阵显示屏等元件的使用方法。

（二）技能目标

能够根据任务目标完成电路连接和程序设计，理解编程中分支结构的运用。

（三）情感价值目标

培养学生从生活中发现问题的能力，促进学生的想象力和创造力发展，培养学生的探究精神和实践意识。

五、实验教学过程

（一）提出问题

教师提出"植物有'心情'吗"这一问题，引发学生思考。

（二）猜想和假设

学生根据已学知识猜测植物的"心情"可能跟光照、水分、温度、养分等因素有关，当外界条件越适合植物生长时，植物"心情"越好。

简化问题，从土壤湿度这一角度分析植物"心情"变化。猜测土壤湿度与植物适宜的湿度越接近，植物"心情"越好。如植物的喜湿程度为适中的，那么实际湿度与植物的"心情"关系如图1所示。

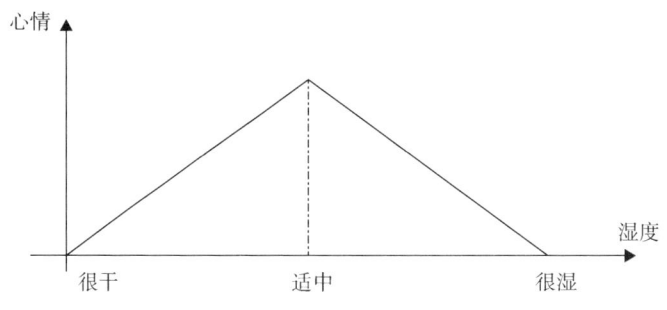

图1　某植物"心情"与土壤湿度的关系

植物对于湿度有不同的喜好，有些植物喜欢干燥，有些喜欢湿润。该如何综合不同植物的喜好呢？

可以增加一个旋钮输入，该旋钮可以输入0~1023的数值。数值越小，代表该植物越喜欢干燥；数值越大，代表该植物越喜欢潮湿。利用该旋钮预先输入数值，再与实际测得的湿度进行对比，分析出植物的"心情"指数，关系如图2所示。

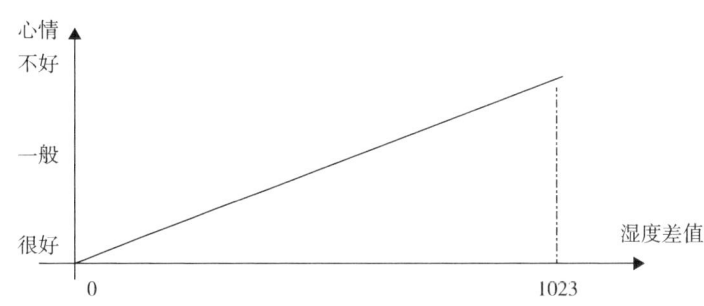

图2　一般植物"心情"与土壤湿度关系

预设植物适宜湿度为 A_1，实际湿度为 A_0，植物"心情"为 M，

$$M = \frac{|A_0 - A_1|}{200}$$

（三）电路连接

由于土壤湿度传感器和旋钮传感器都是模拟类传感器，因此分别接在 A_0 和 A_1 接口，用于显示植物心情的 8×8 点阵屏幕接在 SPI 接口，蜂鸣器接在 D_3 管脚。

（四）编写程序

编写程序 1：获取土壤湿度值。利用土壤湿度传感器（A_0）获取土壤湿度的值，先编写程序并上传，程序如图 3 所示。

图 3　获取土壤湿度值

将土壤湿度传感器完全插入土壤中。发现土壤湿度读数为 387，浇水后，读数为 246。

编写程序 2：计算植物心情指数。根据前面分析得出的心情指数公式，编写程序计算植物心情，程序如图 4 所示。

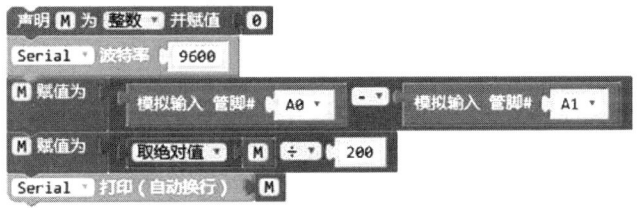

图 4　计算植物心情指数

调节旋钮传感器，设置植物适宜湿度为适中，用土壤湿度传感器测量一盆干燥的土壤，再测一份湿度适中的土壤。利用同样的方法，组织学生对不同植物进行探究，并填写表 1。

表 1　植物心情分析表

植物名称	设置适宜湿度 A_1	土壤实际湿度 A_0	湿度差值	"心情"指数 M

编写程序 3：显示植物心情。根据计算得出的"心情"指数设计不同的表

情。"心情"指数越大,"心情"越差,"心情指数"越小,"心情"越好。程序如图5所示。

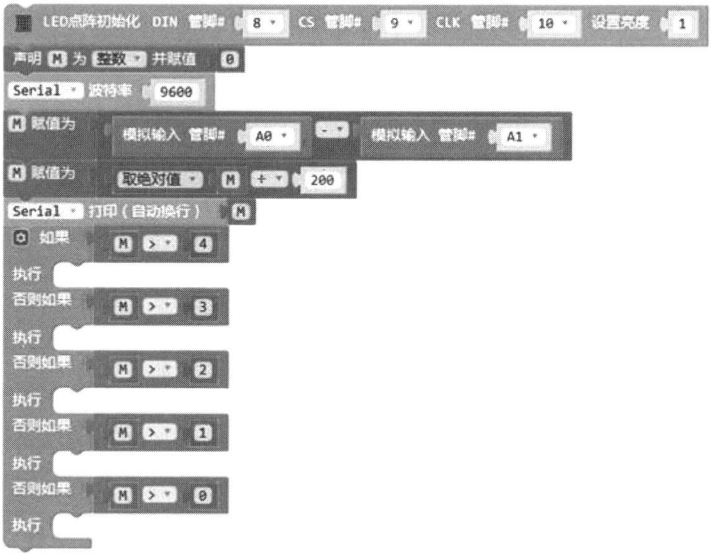

图5 显示植物"心情"程序框架

植物"心情"对应的表情由学生自行设计,基本表情如图6所示。

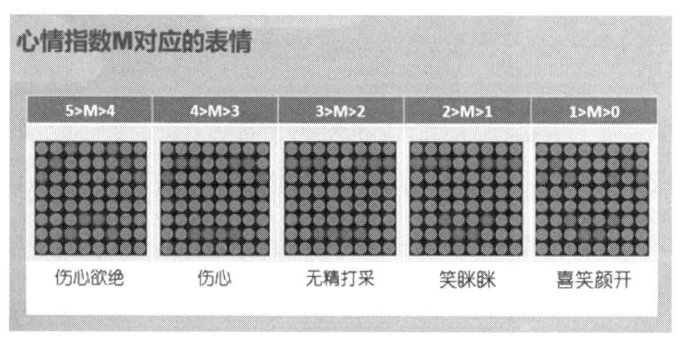

图6 心情指数 M 对应的表情

编写程序4:报警功能。当植物"心情"很不好的时候,是否该给主人一点提醒,让主人及时给植物提供关爱?在"心情"指数 M 大于4时,增加一段蜂鸣器报警的程序,程序如图7所示。

到此为止,植物"心情"检测仪的程序编写教学环节就结束了。

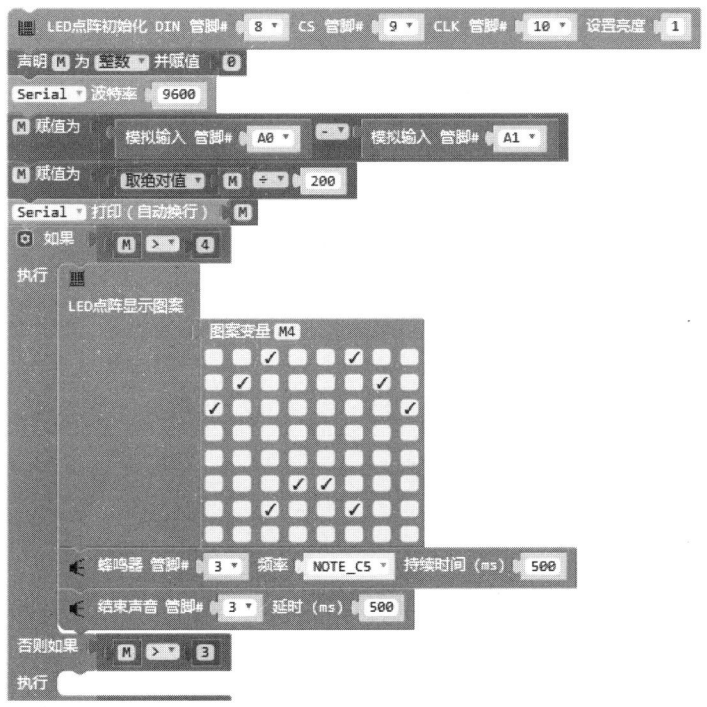

图 7 "心情"差时报警功能

（五）作品美化

为了让作品更有吸引力，我们还会给植物"心情"检测仪设计不同的外观。我们利用纸盒、木板、3D 打印等不同的技术手段来设计，培养学生发散性思维，作品成品如图 8 所示。随着我们课程的深入开展，目前的这个作品已经可以自动浇水，还可以通过物联网技术远程浇水，作品成品如图 9 所示。

图 8 作品美化图

图 9 可以远程浇水的植物心情监测仪

六、实验效果评价

在这个实验中，通过引导学生分析与植物生长相关的因素，培养学生提炼信息和对信息进行分析、整合的能力。通过问题分析、策略研究等流程，引导学生掌握基本的科学研究方法。

在本实验中，学生需要连接电路、编写程序，要求学生具有一定的操作能力。最后，通过一个整体项目的实践，综合提高学生的思维方式。

为班级绿植设计浇水工具

北京市陈经纶中学嘉铭分校　庄重

一、使用教材

本实验活动并非出自教材,是作者结合生活中的实际问题、学生情况自主设计开发的。

二、实验器材

小水泵、水槽、干簧管、永磁铁、电池盒、导线、木棍、吸管、线绳、胶带、土壤湿度计、互联网云台摄像头、移动电源（见图1）。

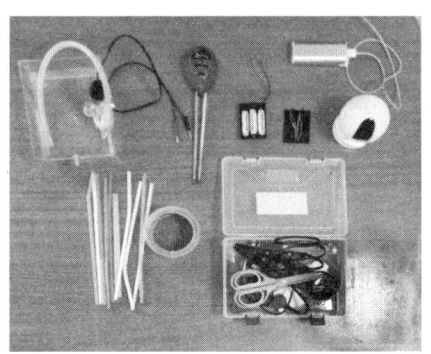

图1　实验器材和工具

三、实验创新要点/改进要点

本次主题实践活动共分为两次实验活动,第一次实验活动：学生发现班级中的绿植在日常由于缺乏照顾（主要为无人定期浇水）,致使学期初长势茂盛,学期末就枯萎了。针对此现象,同学们提出"如何设计一种浇水工具能为班级中的绿植浇水"的研究问题。之后学生通过多种途径收集资料,了解相关科学知识,运用毛细现象、虹吸原理、空气压力等原理,借鉴并设计制作多种浇水工具。实验活动的改进体现在：浇水工具能够实现一定时间内持续为植物浇水,达到为植物浇水的目的。第二次实验活动：经过一段时间的实践,同学们发现虽然前期制作的浇水工具能够实现一定时间内持续为植物浇水,但是无法实现根据植物的实际情况（是否缺水）进行实时操作控制,同时在假期中是无法了解植物生长状况的。针对这样问题,同学们经过研讨,又提出了"如何实时控制对植物的浇水,且远程了解植物的生长情况"这个新的研究主题。学生借助多种实验器材自主设计制作远程控制（监控）浇水工具。通过互联网智能摄像头，实时监测植物的水位、温湿度等参数的变化，再通过干簧管的闭合和打开控制水泵工作，完成对植物的浇水工作。浇水工具的设计与制作，方便了对植物的及时灌溉与监控，具有非常高的实用价值。第二次实验活动的改进体现在：能够在前期研究实践的基础上生成新的研究问题，借助智能网络摄像头、干簧管等器材，设计制作出既能远程监控，又能实时操控浇水的工具。

四、实验原理/实验设计思路

该自动浇水系统（见图2）通过智能摄像头，实时监测植物的水位（水培植物花盆）、温湿度（土培植物花盆）等参数的变化，再通过干簧管的闭合和打开控制水泵工作，完成对植物的浇水工作，方便了对植物的实时浇灌与监测，具有非常高的实用价值。

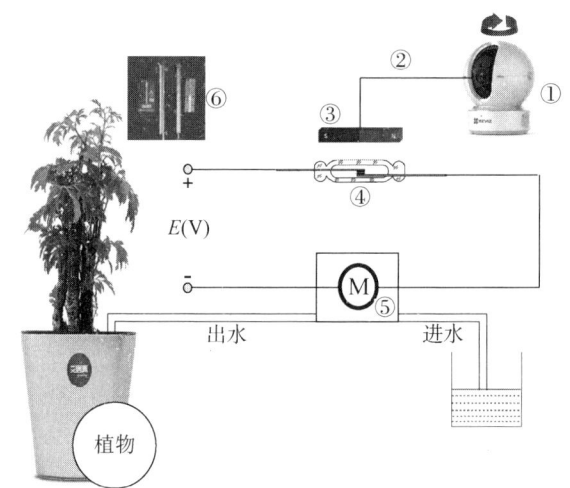

①可旋转式智能摄像头×1；②磁铁固定支架×1；③永磁铁×1；
④干簧管×1；⑤水泵电机×1；⑥土壤湿度计×1

图2 远程控制（监测）浇水系统的原理

五、实验教学内容

（一）实验教学内容

本次活动是基于学生现实生活中发现的问题设计并实施的主题式实践活动，通过一系列的实验及动手操作活动，学生能够设计并制作出为班级植物自动浇水的工具。本次主题活动共设计四课时来完成（见图3）。

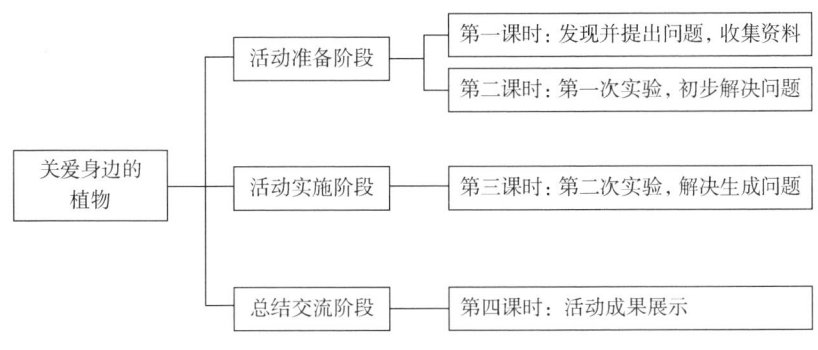

图 3　主题课时安排

（二）实验教学目标

学生能够在活动中不断地发现并提出问题，并运用互联网智能摄像头、干簧管、小水泵等器材设计制作自动浇水工具，并能进行操作实践，解决生活中的实际问题。学生在实验与设计制作活动中，通过数据收集、设计与讨论、调试与改进等活动，体验研究的过程，促进动手实践、创新精神及团队合作能力的提升，同时增强对身边植物的关爱之心。

六、实验教学过程

本次活动是一个主题式实践活动。在活动的准备阶段，学生通过观察班级中绿植学期初与学期末的变化，发现平时由于缺乏照顾（主要原因为无人定期浇水），致使每学期初长势茂盛，期末就枯萎了。结合这一现实问题，学生自主提出研究问题——如何设计一种浇水工具能为班级中的绿植浇水。随后，学生通过多种方式，如网络、书籍、电视等查找相关科学原理与制作方法的资料，开始了第一次实验活动。学生根据收集到的毛细现象、虹吸原理等设计制作了多种浇水工具，并在班级内进行了实践，对于在一定时间内持续为植物浇水起到了的作用。通过本阶段的活动，引导学生发现并提出研究问题；并通过多种途径收集资料，学会运用相关的科学原理设计制作相关的浇水工具，增强学生的动手操作能力。

在活动的实施阶段，教师同学生共同回顾前期研究活动，并组织学生研讨各小组制作的浇水工具的优劣性。通过研讨交流学生认为，虽然前期制作的浇水工具能够实现一定时间内持续为植物浇水，但是无法根据植物的实际情况（是否缺水）进行实时操作控制，同时在假期中是无法了解植物生长状况的。结合这一生成性的研究问题，教师指导学生借助多种实验器材自主设计制作了远程控制（监控）浇水工具，即通过互联网智能摄像头实时监测植物的水位、温湿度等参数的变化，再通过干簧管的闭合和打开控制水泵工作，完成对植物的浇水工作。通过本阶段的活动，学生能够在前期研究实践的基础上生成新的研究问题，并借助智能网络摄像头、干簧管等器材，设计制作出既能远程监控，又能实时操控浇水的工具；培养了学生的小组合作能力，以及创新精神。

在总结交流阶段，学生在不断调试与改进下，使研究成果——自动浇水工具逐步完善。各小组通过操作演示展示了自己的研究成果，达到了很好的效果。通过本阶段的活动，为学生搭建展示作品的平台，使研究落实到位，真正解决实际问题。

七、实验效果评价

通过师生对作品的评价、访谈学生及家长等方式，对于本次实验教学的活动效果进行了如下梳理。

学生成果方面：参与活动的小组均按照一定的科学原理，借助相关器材设计制作出了能够远程控制（监控）的浇水工具，实验效果好。

学生表现方面：学生对于整个活动积极性高，并且全员参与。通过实验教学活动的开展，学生对于相关科学原理、以及相关器材有了更加深入的认识，体验与感受了"物联网"的概念，为今后实施其他实验教学活动打下了良好的基础。

家长、学生评价课程方面：在课后的访谈中，家长、学生对于整个课程的设计与实施满意度相当高，认为我们的课程与学科课程有很大的区别，在这样的课程中学生学得更加开放，并且能够运用已有知识经验解决生活中的实际问题，应用性非常高。

一场百草园的邂逅

安徽省合肥市五一小学　王淑君

一、使用教材

《中小学综合实践活动课程指导纲要》活动资源包。

二、实验器材

自制教具：木板、卡槽、探头式温度计、电线、培养皿、A4纸、海绵纸、卡纸、瓦楞纸、凸透镜、凹透镜。

三、实验创新改进要点

（1）这是第四代实验展台（见图1），之前设计的展台太过笨重（见图2），通过多次改进，现在的展台长40cm、宽20cm、高45cm，这种在同一实验环境的展台设计更加精准和灵巧。

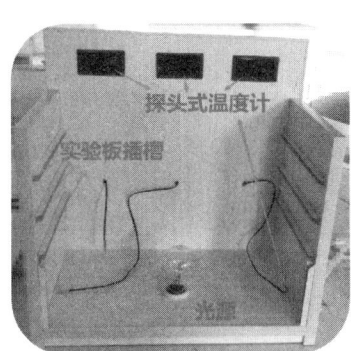

图1　第四代实验展台

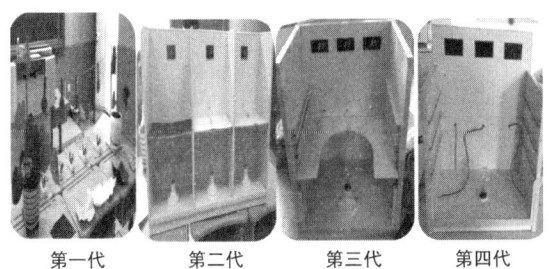

图2　实验展台的改进

（2）在光源的选择上，最初同学们选用了常见的日光灯，发现效果非常不明显。通过收集资料发现，LED灯是冷光源。接下来同学们又选择了200W的白炽灯，可由于功率太大，纸张被烤得焦黄，甚至燃烧，实验安全性低。经过多次尝试，最终同学们选用的是100W白炽灯。

（3）为了避免直视灯光损伤视力，我们加上了活动挡光板。

（4）多次实验同学们发现选用水银温度计存在以下几点不足：固定困难；读数不直观；测量不精确。经过反复比较，同学们最后选用了探头式温度计。这使得实验数据能够更清晰直观地呈现，实验数据的采集也更加灵敏和精准。

（5）实验板插槽，距离光源有3cm、8cm、13cm三个高度，可以满足不同高度的实验需求。

（6）实验板上半圆的圆心正对光源，在相同的半径条件下取三个探头卡槽，与光源等距离，确保实验精准。

（7）展台背面是电路系统。

四、实验原理

从生活情境中引入，利用自制实验用品和传感器，探究物体的吸热效果与颜色、材质之间的关系。同学们设计出两组对照实验，一组是同种材质不同颜色纸张的对比，另一组是同种颜色不同材质纸张的对比。通过实验解决生活中实际问题：如何帮助百草园里的中草药更好地生长。

五、实验教学目标

（1）通过亲历实验，知道纸张的吸热效果与颜色、材质有关系。

（2）通过对照实验，掌握操作过程和实验方法，学会依据实际完善科学实验。

（3）通过合作探究，培养实践创新能力，获得积极的成功体验。

六、实验教学内容

本节课是对物体吸热效果与颜色、材质关系的探究，从生活情境引入，利用自制实验用品和传感器进行探究。并解决生活中实际问题：帮助百草园里的中草药更好地生长。

七、实验教学过程

（1）情境引入：对百草园里的植物进行观察（见图3、图4）——为什么有的中草药在生长时要用黑网遮挡（见图5）呢？

图3 学生在百草园观测植物

图4 医药学教授在给孩子们上课

图5 植物盖上黑网

（2）实验探究：学生设计实验方案并探究物体吸热效果与颜色、材质有着怎样的关系。

第一步：准备三张同样大小的实验用纸（见图6、图7）。

图6 三张大小材质相同，颜色不同的纸

图7 三张大小颜色相同、材质不同的纸

第二步：用实验用纸紧紧裹住探头。

第三步：将温度计的探头固定在探测区域。

第四步：观测记录数据。

(3) 学以致用：利用所学知识完善科学实验，将实验的结果运用到生活实际中去。

八、实验效果评价

(1) 创新能力的提升：多功能实验台的高效运用。更换不同实验用板（见图8、图9、图10、图11），完成多种光热实验。

图8　会变色的纸实验用板

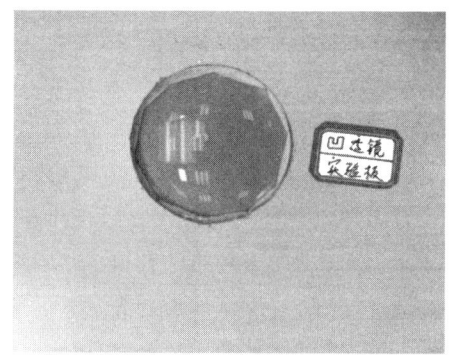

图9　凹透镜实验用板

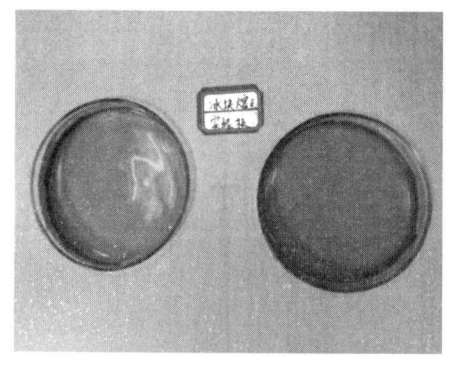

图10　冰块熔点实验用板

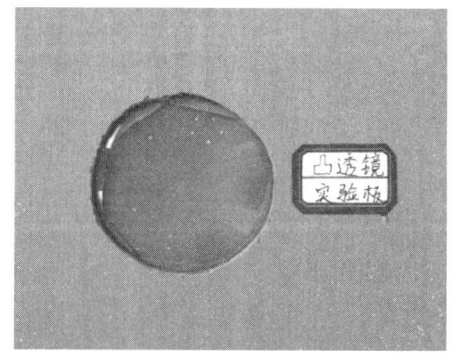

图11　凸透镜实验用板

(2) 操作能力的提升：从第一代实验展台到第四代实验展台，需要学生具备实验探究能力越来越高，需要考虑的问题越来越复杂，实验用到的仪器越来越多，操作步骤更多，创新空间也更大。

(3) 思维方式的提升：实验中探究不同光热实验，学生能够想办法在一个实验展台中验证，不停地改进展台，从笨重到灵巧，也更加精密，将复杂的问题简约化，提高学习、探究效率。

（4）实践能力的提升：知识来源于生活，应用于生活。设计出了妈妈的遮阳伞（见图12）、爸爸汽车上的防晒罩（见图13）……

图12　遮阳伞

图13　汽车防晒罩

科学的奇妙、生活的体验促使孩子们把创新的想法运用到生活中去，孩子们设计的五一特质防晒衣（见图14）——瓦楞纸的设计灵感来源于第二个对照实验。

防晒衣的制作极大地激发了孩子们的科学探索欲望。他们给喜阴的中草药做的遮阳棚，给喜阳的中草药做的太阳能罩衫（见图15、图16）。

图14　五一特质防晒衣

图15　遮阳棚

图16　太阳能罩衫

像工程师一样建造塔
——亲近正定古塔

河北省石家庄市东马路小学　郄红

一、使用教材及教材分析

本节课是我校自主研发的小学高年级段的校本课程，是融合科学、技术、工程、艺术和数学等领域的实践与创新为一体的STEAM课程。

（一）基于三个方面设计了本次STEAM课程

（1）基于《中小学综合实践活动课程指导纲要》。了解塔的结构，知道塔的基本样式与材料、基本特征与功能。用木板、纸板、KT板、陶泥等多种材料制作塔的建筑模型。初步学习设计图纸，会表达设计思想，初步形成技术设计能力。

（2）基于STEAM课程的核心素养。STEAM课程的教育方式强调的是实践、动手、制作、活动，这也是我们着力打造的更强更新的学习方式。通过这样的创新实践活动，我们力图为学生形成跨学科的综合的视野和解决问题的能力。

（3）基于燕赵文化为主题特色的燕赵建筑课程。自2013年起，我校结合燕赵文化展开一系列实践活动，这个实验课程就隶属于燕赵文化主题下的燕赵建筑这一系列课程之一。

（二）学情分析

五年级学生已初步拥有了查找筛选资料的能力，在STEAM活动中他们能够积极主动地参与探究活动，在教师的指导下他们已初步具有将已有知识转化为技能的能力。但是在将对塔的认知和建筑结构原理落实到设计和搭建中，还需要老师进一步的关注和指导。

二、实验器材

（1）稳定性实验器材：实验平台、矿泉水瓶和沙子（见图1）。

（2）制作塔的器材：牙签、竹签、冰糕棍、皮筋、毛根、纸杯、瓦楞纸、彩纸、KT板、陶泥、彩泥、沙土、工具和胶类。

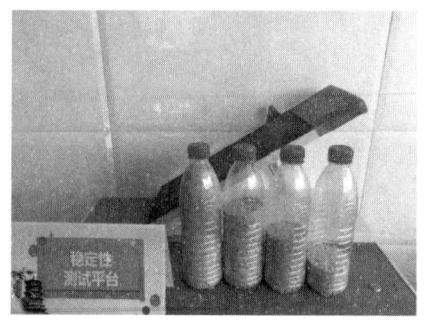

图1　实验器材

三、实验创新要点

（1）稳定性实验为了让学生体验塔稳固不倒的原理。

（2）本节课主要的塔的设计搭建环节，力求通过"研学调查—实验探究—设计预算—合作搭建—反思改进—测试评价"这一系列方式，在虚拟的建筑小队的环境下，通过角色扮演的方式，构建科学的搭建塔的情境。

四、实验设计思路

教师设计了一个探究物体稳定性的实验平台。引导学生以矿泉水瓶为模型，模拟塔身，将矿泉水瓶分别注入满瓶、多半瓶、半瓶及少半瓶的沙土，进行实验。

五、教学目标

（1）鼓励学生灵活掌握塔的搭建原理和特性，并运用于创新思考的过程。

（2）让学生通过小组合作完成任务，在探究、设计、创作和反思的过程中进行体悟。

（3）引导学生在活动中，让学生发现、分析和解决问题，发展实践创新能力。

（4）增强学生的环保意识、人文情怀和审美情趣。

六、实验教学内容

（1）教师设计了一个探究物体稳定性的实验平台。引导学生以矿泉水瓶为模型，模拟塔身，将矿泉水瓶分别注入满瓶、多半瓶、半瓶及少半瓶的沙土，进行实验。

在实验之前学生认为沙土越多越稳定，然而并非如此。通过实验孩子们看到满瓶沙土倾倒角度是18°，多半瓶沙土倾倒角度是30°，半瓶沙土倾倒角度是28°，少半瓶沙土倾倒角度是38°。结合实验数据学生得出了结论：物体重心越低越稳定。那么在搭建塔时，塔的重心体积约占塔身的一少半，这样可以使塔身更稳固。

（2）塔的设计搭建环节，力求通过"研学调查—实验探究—设计预算—合作搭建—反思改进—测试评价"这一系列方式，在虚拟的建筑小队的环境下，通过角色扮演的方式，构建科学的搭建塔的情境。

七、实验教学过程

本次课程按照以下流程递进展开：

研学调查，探寻奥秘；
实验探究，突破难点；
设计预算，购买材料；
合作搭建，反思改进；
展示测试，多维评价；
研学调查，探寻奥秘。

《中小学综合实践活动课程指导纲要》在劳动技术领域中建议：教师要指导学生了解建筑的基本样式与材料、基本功能与特征。因此，我引领学生们历经了两个活动了解塔的基本特征。

（一）寻访正定塔建筑，完成研学手册

孩子们带着对塔的浓厚兴趣和探究的欲望，通过小组合作的方式走访调查了正定的四大名塔——华塔、须弥塔、凌霄塔、澄灵塔，并完成了研学手册（见图2）。老师通过研学手册的问题，引导学生将关注点放在正定古塔的造型结构上，为后续设计和搭建塔埋下了伏笔。

图2 研学手册

（二）查找资料，绘制思维导图

学生对古塔的建筑特性有了直观了解后，又通过网络和图书馆查找资料，继续探寻塔的建筑奥秘，并在家长和老师的指导下针对信息绘制了关于正定古塔的建筑结构、历史作用的思维导图，反映出了孩子们对于资料的筛选和理解能力。

（1）实验探究，突破难点。正定古塔屹立不倒有两个重要原因：其一，塔身对称；其二，基础稳固。"塔身对称"这个建筑原理学生们很容易理解并实现。然而，手工搭建的塔，并没有地基，是可以移动的。用什么方法让塔的基础稳固呢？为突破这一难点，我引领学生通过"提出问题—建立猜想和假设—通过实验检验假设—解释结论"这一系列探究过程，让学生寻找塔稳固的奥秘。

（2）猜想假设。你觉得是什么原因能够让正定古塔坚固不倒呢？学生结合认知说出了很多原因。教师帮助学生梳理出最重要的原因是：结构对称；连接保

证强度；塔身上小下大；基础稳固。师生共同讨论了如何将这四点落实到搭建当中去。

（3）实验验证。如何将塔建造的结实稳固是学生们面临的重要难题。学生们通过探讨提出：可以在塔身填充沙土。那么，如何填充、填充比例应该是怎样的？为此，教师设计了一个探究物体稳定性的实验平台。引导学生以矿泉水瓶为模型，模拟塔身，将矿泉水瓶分别注入满瓶、多半瓶、半瓶及少半瓶的沙土进行实验。在实验前，很多学生认为沙土越多越稳定，然而并非如此。将少半瓶沙土的水瓶放到平台上，慢慢抬起，倾倒时读出量角器所显示的角度是38°；而满瓶沙土倾倒角度是18°（见图3）。学生们将四瓶沙土分别进行了多次实验并填写实验报告单。结合实验数据学生得出了结论：物体重心越低越稳定。

（4）解释结论。在此基础上，教师抛出了思考问题：塔的高度与重心高度的比例应该是怎样的？学生通过讨论得出了结论：塔的重心体积约占塔身的一少半，这样可以使塔身更稳固。

 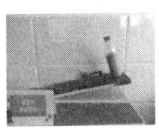  

满瓶沙土　　　一多半沙土　　　一半沙土　　　一少半沙土
倾倒角度：18°　倾倒角度：30°　倾倒角度：28°　倾倒角度：38°

图3　物体稳定性实验

仅仅如此还是不够的，根据搭建需要，学生还自主复习了四年级数学课上学过的知识"三角形的稳定性"，并提出在搭建塔时多采用三角形做框架。

历经这一实验探究的过程，让学生领悟探究的理性与实证的特点。

（三）设计预算，模拟购买

教师设计完成任务单的方式来推进整个过程。在活动中，孩子们通过合作完成老师给予的各项任务来获得相应的奖励基金，还能通过给别的小组提出建设性意见和建议来获得奖励基金。随后本小组的预算师根据设计图纸和本小组获得的奖励基金作出预算，购买教师提供的材料（见图4）。

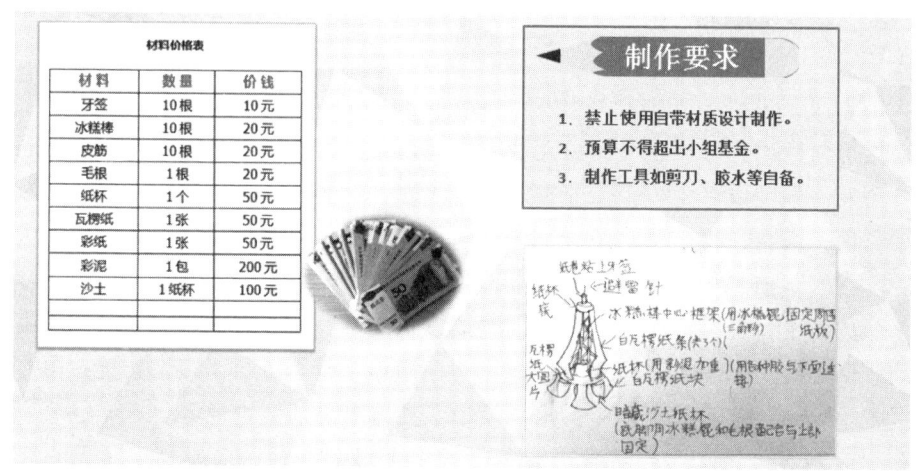

图 4　模拟购买

（四）合作搭建，反思改进

《中小学综合实践活动课程指导纲要》中指出，教师要及时了解学生开展实验活动的情况，有针对性地进行指导、点拨与督促。

须弥塔小组，在搭建过程中因无法找到着力点和让塔更坚固的方式，在第一次防震测试中失败了。教师引导学生经过讨论找到了原因。第二次改进后的作品重心变低了，而且有意识地加入了三角形的框架，但是在结构上仍不够对称，连接部分依然不稳固。在老师的建议下，他们进行了第三次重新搭建，这一次的作品比较成功（见图5）。

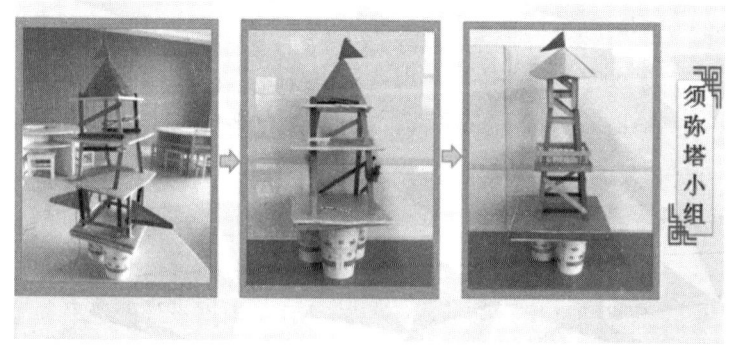

图 5　须弥塔小组的几次作品

其他小组的同学们也都通过合作的方式仿建正定古塔建筑（见图6~图9）。

像工程师一样建造塔——亲近正定古塔

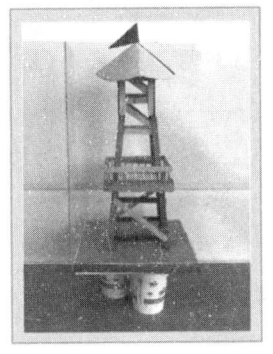

图6 仿建作品一

图7 仿建作品二

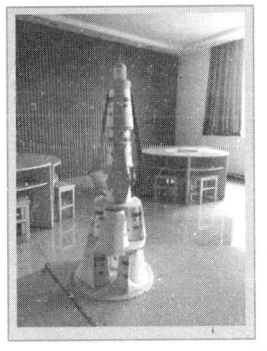

图8 仿建作品三

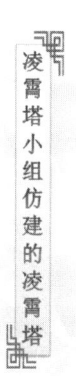

图9 仿建作品四

（五）展示测试，多维评价

在各课程推行多元评价、过程性评价的今天，我们的评价方式不仅突破了以往单纯的自评、互评等方式，我们还将《中小学综合实践活动课程指导纲要》中强调的评价方式发展导向、写实记录、建立档案，在学生活动和教师评价环节中作了两点创新：①教师分别运用三个实验平台——实验探究平台、防风测试平台、防震测试平台（见图10）对学生在实践过程中的思考与成果进行多维度的评价；②教师引入布鲁姆教育目标评价与《中小学综合实践活动课程指导纲要》相结合的方式，夯实为学生素质可持续发展的评价目的。

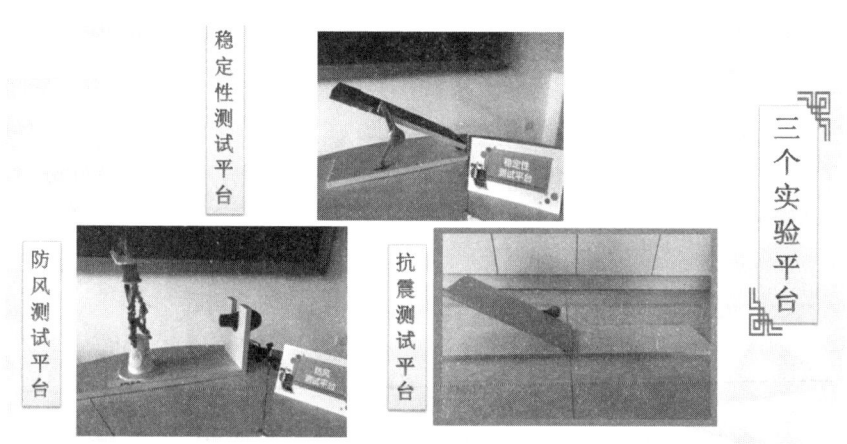

图10 三个实验平台

在展示评价过程中，各个小组不仅要完成正定古塔的历史文化内涵的表述，还要通过防风测试、抗震测试、制作造价等这样的多维测试平台参与评价（见图11），并完成测试评价表（见图12）。学生还要撰写课后日志。李圣源同学反思到，一个好的设计师，既要有好的才能，又能作好预算。李星锐同学说，这次制作塔的任务非常有趣，我们大家都知道了相互帮助，合作往往创造奇迹。

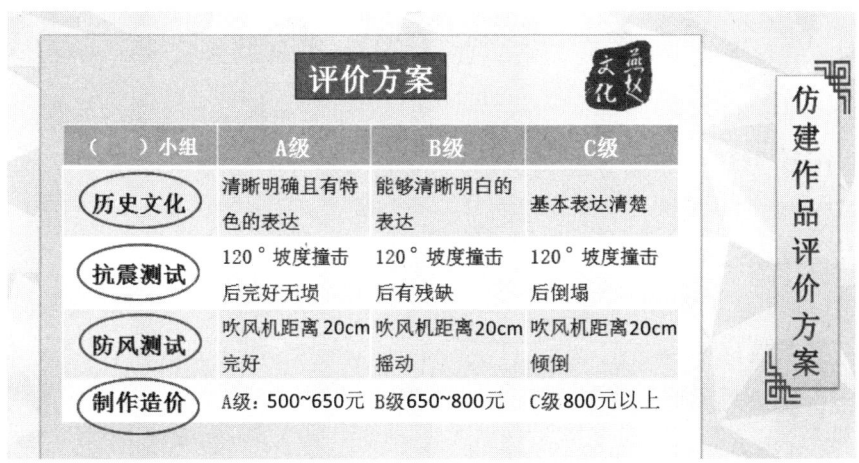

图11　作品评价方案

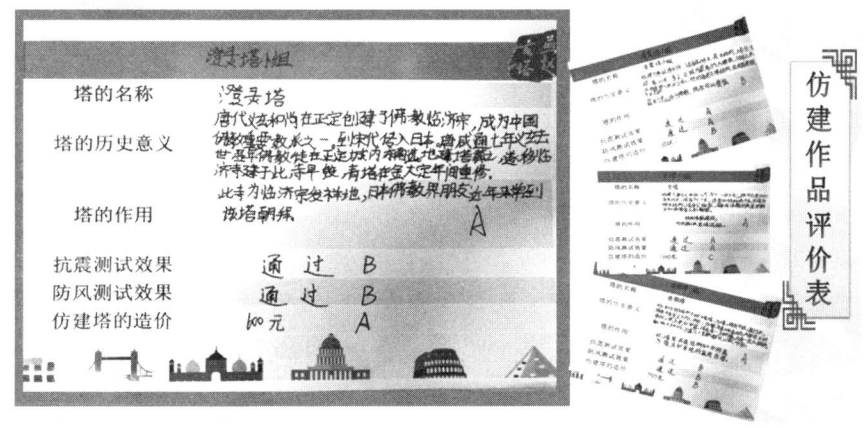

图12　作品评价表

八、实验效果评价

在这样一系列活动中，孩子们在老师的引领下借助本地特色资源探寻正定古塔建筑，经历了《中小学综合实践活动课程指导纲要》中提出的考察探究、设计制作、职业体验等不同领域的活动方式。孩子们付诸思考，驾驭学科的融合，实现了团队协作能力的发展。因为，成长比成果更重要，经历比结果更重要。

做框架

天津市河东区实验小学　樊乃铭

一、使用教材

《天津市河东区实验小学校本教材》6 年级"做框架"课题。

二、实验器材

3D 打印笔一支、PLA 耗材一卷、钢尺一把、塑料衬垫一个、装满水的水瓶一个（或其他重物）。

三、实验创新要点

（一）创新实用 3D 打印笔（见图 1）

（1）方便快速获得平面图形和立体图形产品。

（2）增加学生学习兴趣。

（3）拓展学生工作技能。

（二）创新实验教学设计

（1）充分关注学生的学。以学生的学习思维过程为主导，利用教学情境与材料，帮助学生展开思考与实践。在获得技能的同时提升思维水平。

（2）从科学、技术、工程、数学的角度，多方面架构学生知识技能，形成螺旋上升的态势。树立解决问题的意识与能力。

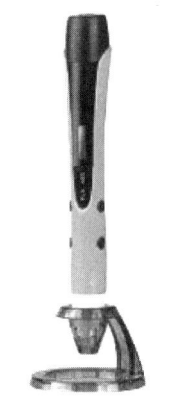

图 1　3D 打印笔

四、实验设计思路

本实验采用 3D 打印笔作为主要工具，帮助学生描画出可靠的平面图形和立体图形，从而实现所画即所得。让学生立刻从打印出来的产品中感受不同形状的受力特点，进而不断改进，获得较为科学的框架结构。

五、实验教学目标

科学领域：从受力的角度了解框架结构的特点及原理。

技术领域：初步认识并使用 3D 打印笔，对 3D 打印技术的原理进行简单的感知。

工程领域：尝试制作一个符合科学原理和实际需求的框架模型，满足支撑一瓶水的目标。

数学领域：进一步深化对四边形、三角形的认识。

六、实验教学过程

（一）数学的启发与验证（见图2、图3）

（1）回顾数学课所学习的三角形和四边形的特点。

（2）尝试把图形打印出来并感受物体稳定性与力的方向的关系。

（3）分析什么样的力导致四边形发生形变（侧向力）。

图2　使用3D打印笔打印出的四边形　　图3　使用3D打印笔打印出的三角形

（二）设置情境，任务驱动

用哪个图形更容易支撑起一瓶水？（学生更期待使用三角形，因为三角形比较稳定）实验验证，平面图形不能支撑重物，必须要有支撑面。

（三）尝试设计

把三角形转化成什么样的立体图形更有利于支撑一瓶水？学生猜测：四面体（见图4）和三棱柱。

图4　使用3D打印笔打印出的四面体

（四）哪种设计好

用3D打印笔组合出立体图形，感受支撑效果。四面体缺乏支撑面，所以失败，三棱柱虽然有支撑面，但侧面仍为四边形，具有不稳定性。

（五）尝试改进

怎样把侧面的四边形变得稳定起来？

学生猜想方案。猜想1：增加更多横向线段，增强强度；猜想2：尝试在四边形中画出三角形。

结合工程设计，对不同猜想进行点评，寻找节约材料、重量最轻、强度最好的框架结构。回到数学和科学中进行思考，找到合理方案（对角线分割四边形）。

（六）完善作品

根据上一阶段设计完善作品，为框架结构添加对角线。

七、实验效果评价

数学方面：学生进一步深化了对三角形和四边形的认识。

科学方面：学生从物理受力的感受中体验了数学中图形的稳定性与力的关系。

技术方面：学生掌握了3D打印笔的使用技巧。

工程方面：学生利用所学知识，有目的地完成一件作品。

意识方面：学生建立了深化研究已有知识，利用所学解决问题的意识。

能力方面：学生经历了发现问题、解决问题、获得产品的过程，综合能力大大提升。

系列乒乓教具，化解学球之难

北京市密云区第四小学　季光辉

一、使用教材

北京市密云区第四小学校本教材《跟季老师学乒乓》四年级中段水平。

二、实验器材

自制磁力板与球、自制反弹板（软板、硬板）、自制吊球装置、自制乒乓定位器、自制方筒形捡球器、节拍器。

三、实验创新要点、改进要点

与学生一起探讨，根据学生的兴趣，结合学生的身心特点，师生共同设计制作教具，为教、学、练好乒乓球服务。

（一）自制磁力板与球（磁力三毛球、羽毛球、乒乓球，见图1）

图1　自制磁力板与球（磁力三毛球、羽毛球、乒乓球）

创新改进要点：巧用磁力板与球，将步法训练融入游戏之中，化解乒乓球步法之难。

（二）自制反弹板（软板、硬板，见图2）

图2　自制反弹板（软板、硬板）

创新改进要点：利用可无限粘接新型体操垫，组成三角形或多边形，不断扩展体育课上的分组形式，既新颖又高效。利用海绵垫柔软、容错率高的特点，无形中化解了对墙颠球之难；后倾角可调的反弹板适合于不同水平的孩子，对墙颠球很容易上手，孩子们非常喜欢。

（三）自制吊球装置（见图3）

图3　自制吊球装置

创新改进要点：学生最初上台打球时，往往力度会过大，不会收着劲控球。这个装置能引导学生随吊球的自然摆动击球，体会力度适中的控制球，学生会逐渐体会击球的节奏感，击球手法也会更细腻。

（四）自制乒乓定位器（见图4）

图4 自制乒乓定位器

创新改进要点：有了挥拍的基础之后，再辅以定位器，学生会很快地找到最佳击球点，巩固住拍型，打出节奏。有了这样的成功体验后，再打反弹球就轻松多了。定位器能大大降低击球上台的难度，让学球过程由易到难，由简到繁，有效化解了乒乓对打之难。

（五）自制方筒形捡球器、节拍器（见图5）

图5 自制方筒形捡球器、节拍器

创新改进要点：集捡球和打节拍于一体的方筒形捡球节拍器，可以变换多种玩法，如按不同颜色捡、按不同排序捡、按不同路线捡等，都能将身体与大脑的锻炼很好地结合起来。它上面的铃铛又可以让它随时摇身一变，成为随时可以打节奏的节拍器，随着音乐打出不同的节奏。这样的体育课，融音乐、舞蹈等多种元素为一体，对学生的健康成长和长远发展具有深远的影响。

四、设计思路和原理

（1）自制磁力板与球：利用磁铁的性质，制作磁力球拍和球，于游戏之中化解步法之难。

（2）自制反弹板：海绵垫柔软、容错率好；硬质反弹板的倾斜角度可调，学生总能找到适合自己角度，从而化解颠球之难。

（3）自制吊球装置：模仿平衡装置，利用自然摆动的节奏，找到适中的力度去控球。

（4）自制乒乓定位器：利用定位器能将乒乓球定位在球台上方这一特点，化解初学者打球上台之难。

（5）自制方筒形捡球器、节拍器：调动多元智能参与课堂活动，还可增加运动量，化解学生手眼身法步协调配合之难。

五、实验教学目标

（1）增强学习乒乓球的趣味性，提高学生球性、球感以及步法训练的效率。

（2）在提高学生身体素质的同时，发展学生的想象力、思变能力、动手能力和身体的协调配合能力，不断提高乒乓训练的效率。

六、实验教学内容

（1）利用自制磁力板与球，带领学生做丰富的热身活动和步法训练。

（2）利用自制体操垫——软、硬反弹板，带领学生做对墙颠球练习，降低颠球难度，提高学生的练球兴趣。

（3）利用自制吊球装置，帮助学生体会稳定的练球节奏，感受适中的回球力度，为对打形成回合奠定基础。

（4）利用自制乒乓定位器，帮助学生巩固板型，提高击球上台成功率，继而逐步形成对打。

（5）利用自制方筒形捡球器，帮助学生练习手、眼、身、法、步的协调与配合，巧妙地将身体素质训练与其他学科进行整合，让乒乓课堂有趣又高效。

七、实验教学过程

（一）利用磁力板与球，丰富热身活动内容

（1）磁力板与三毛球的设计、制作和运用，适合一般接受能力的同学做热身活动。

（2）磁力板与羽毛球的设计、制作和运用，适合接受能力稍弱的同学做热

身活动。

（3）磁力板与乒乓球的设计、制作和运用，适合接受能力更强的同学做热身活动。

（4）磁力板与三种不同的球配合，还能促进学生步法的训练、提高效率。

（二）利用反弹板，激发乒乓兴趣，提高控球能力同时加强步法灵活性

（1）利用自主设计、研发和制作的多功能体操垫，进行软板的颠球及步法训练。

（2）利用自主设计、制作和改进的白色挡板，进行硬板的颠球及步法的训练。

（三）利用吊球装置，帮助学生体会适中的力度控球，找到收着劲打球的感觉

（1）利用自制吊球装置，引导学生稳定住打球的节奏。

（2）带领学生分组进行吊球练习，找到适中的回球力度。

（四）利用定位器，帮助学生找手感，提高击球的上台率，培养自信心

（1）利用自制定位器，帮助学生巩固住板型和击球动作，提高上台率。

（2）利用定位器进行自主有序的分组练习、拓展练习，加强节奏感和控球能力，从而逐步形成为对打。

（五）利用方筒形捡球器、节拍器，拓宽乒乓课思路，活跃乒乓课气氛，呈现体育之美

（1）利用不同颜色的捡球器和乒乓球，设计丰富多彩的捡球游戏，增大学生的运动量，增强学生的"手眼身法步"协调配合能力。

（2）融音乐、舞蹈、自编歌词等元素于整理放松环节，将学生的素养训练进行有效拓展。

八、实验效果评价

（1）学生参与活动主动热情，兴趣浓厚，锻炼的积极性高，在提升身体素质的同时，想象力、创新能力、团结合作、坚毅勇敢等意志品质都得到了充分的培养和锻炼。

（2）系列乒乓教具辅助教学活动，由易到难，循序渐进，高效化解了很多学乒乓球时遇到的难题。

不同水质对种子萌发影响的研究

河北省石家庄市第四十一中学 徐莹莹

一、使用教材及教材分析

（一）课程标准

描述种子萌发的条件和过程，建议开展"种子萌发条件"的探究活动。

（二）教材分析

"种子萌发的条件"是各版本初中生物教材中重要的教学内容，因此冀少版《生物》八年级上册教材第三单元第一章第二节设置了"种子萌发需要哪些外界条件"的探究实验。

（三）学情分析

学生在课题研究的基础上，对探究实验的三个要素已有一定认识。在探究"种子萌发需要哪些外界条件"活动中，学生质疑"水量能够影响种子的萌发，水质有没有影响"，因此生成"不同水质对种子萌发的影响"这节实验内容。

二、实验器材

培养皿、烧杯、纱布、量筒、注射器、水质电解器（见图1）、电感耦合等离子体质谱仪（见图2）。

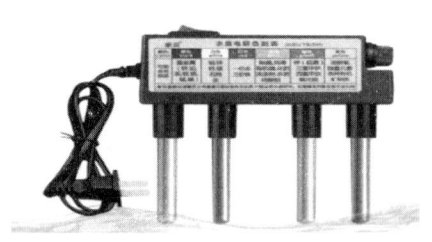
图1 水质电解器

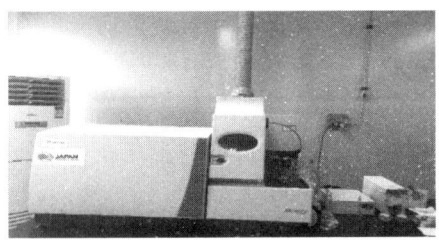
图2 电感耦合等离子体质谱仪

三、创新要点

（1）选题贴近生活：由水量到水质的思考。学生在原认知基础上，质疑生活中的问题。

（2）巧借实验设备：水质电解器、电感耦合等离子质谱仪。对水质检测，加深了学生对污水的认识。

（3）强化学科融合：生物学与化学和统计学。由观察生物实验现象到化学物质分析，形成数学统计，初步建立科学来源于动手实践的观念。

（4）加强与高校互通：中学与高校互通，充分利用资源。学生充分利用身边的高校资源，通过与高校的互通，放开了眼界，感悟解决生活生产实践中的实际问题。

四、实验设计思路

（1）鼓励学生敢于质疑，从水量的多少到水质的影响，走进学生的生活，引导学生科学思维，习得知识，形成生命观念。

（2）给学生搭建动手探究的平台，学生通过科学探究动手实践，熟悉科学实验方法，提升实验技能。

（3）通过生物与化学、统计学进行学科融合，引导学生科学探究，参与环境保护实践培养社会责任。

五、活动目标

（一）生物观念

描述种子萌发外界条件的重要概念；解释污水对种子萌发的影响。

（二）科学探究

运用所学知识进行科学探究；设计探究方案并动手实践完成实验。

（三）社会责任

学生参与社会事务讨论，关注环境保护，培养社会责任。

六、实验过程

（一）确立实验方案

（1）实验理念。把活动主动权交给学生。让学生自己去收集、展示和去发现。在研究过程中，学生通过查阅收集资料、调查采访等，既培养团队意识和合作精神，还体验了学习的快乐和成功的喜悦。

（2）实施方案。

1）以小组为单位，每小组4人，集中与分散相结合的原则。

2）由各实践小组根据本组共同意愿选择活动内容，并制订活动计划。

3）小组协作，认真作好活动记录；活动结束后，每组认真撰写一份社会实践活动成果报告，同时小组每位成员提交一份活动小结或体会文章在组内交流。

（3）具体实施。

1）生物兴趣小组同学购买了大豆、小白菜、小麦种子，并采集石家庄周边某药厂污水及家用刷碗洗菜的生活污水。

2）教师引导学生借助网络平台（如中国知网等），查阅文献资料，收集有关影响种子萌发的文献、图书内容。学生最终选取水质电解器判断污水中是否含有杂质。

3）学生动手实践"电解过程"。

①A组药厂污水经电解为黑色（见图3），判断可能含有重金属汞、铅、铜、锌、铬、锰、镉等；蒸馏水无颜色变化，判断结果为不含杂质。

②B组生活污水经电解为绿色（见图4），判断可能含有砷（砒霜）、三氯甲烷、四氯甲烷、氧化铜等，蒸馏水无颜色变化判断结果为不含杂质。

 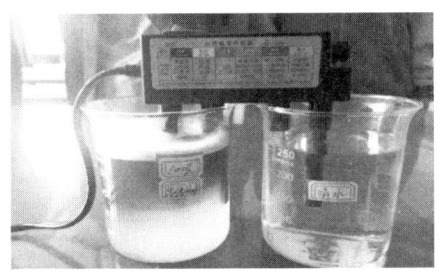

图3　A组药厂污水电解结果　　　　图4　B组生活污水电解结果

4）兴趣小组学生前往河北师大分析测试中心通过电感耦合等离子体质谱仪（见图5）检测重金属含量（见图6）。

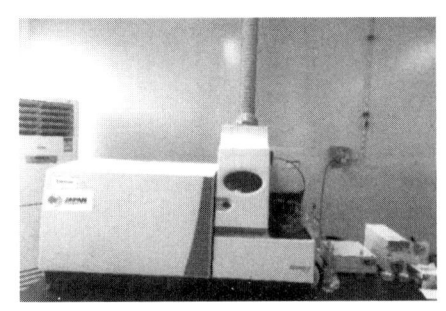 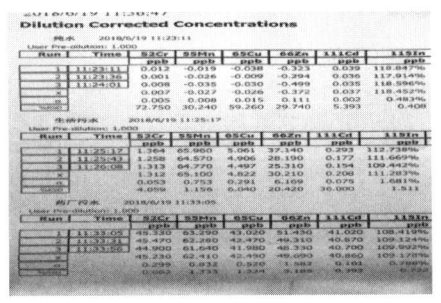

图5　电感耦合等离子体质谱仪　　　图6　重金属物质含量数据分析

学生通过数据分析总结：三种不同水质中，药厂污水比生活污水的重金属含量高，蒸馏水中无重金属。

设计意图：本环节巧借实验设备使肉眼看不到的微观世界变得宏观和直观，使学生对污水的认识深入，能够自然形成科学观念，污水经过处理才可排放，提高了环境保护意识，培养了社会责任。

（二）实践探索

（1）问题探讨。

1）提出问题：污水影响种子的发芽率吗？

2）作出假设：污水降低种子的发芽率。

（2）设计实验。

1）设计实验方案，选择合适的种子。教师引导学生尝试设计实验方案，动手实践，用实验数据（见图7）帮助选择。

图7　学生记录种子萌发数量

五天后，观察实验现象，分析实验数据，AB两组学生经过讨论后得出结论1：同种污水对不同种子萌发的抑制作用不相同，两种污水均对小白菜种子萌发抑制作用明显。并一致认为小白菜是本实验的最佳材料（见图8）。

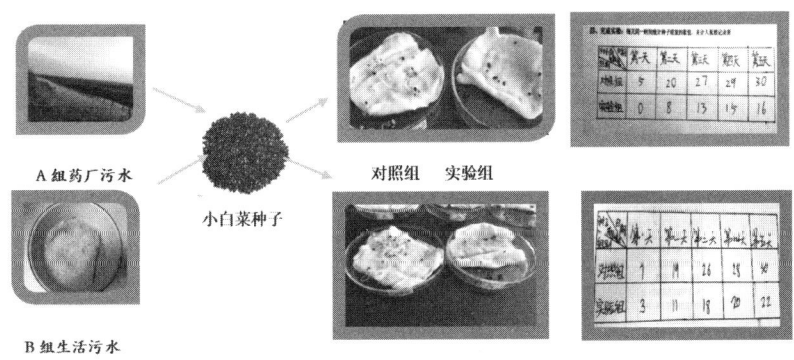

图8　选取实验材料

同时经过对比药厂污水和生活污水对小白菜种子的萌发的实验现象及数据，学生得出结论2：不同的污水对种子萌发的抑制作用不同，药厂污水比生活污水对种子萌发的抑制作用强。

2）学生质疑辨析，改进实验方案。

学生质疑1：同种污水对不同种子萌发的抑制作用不相同原因是什么？学生

小组讨论认为：可能是由于种皮薄厚程度不同，大豆比小白菜种皮厚，阻挡了有害物质进入内部，所以抑制现象不明显。教师引导学生再次查阅文献，寻找答案。学生通过查阅相关的文献，验证了这一猜想。

学生质疑2：平日看到工厂排放的污水并不直接排放到农田里，而是排放到河水中或是池塘里，那么，这样稀释后的污水对种子萌发有影响吗？学生答疑：我们可以尝试着做不同浓度污水对种子萌发的影响实验。

学生质疑3：如何得到不同浓度的溶液呢？由于八年级学生未学习化学知识，教师提示如何配置溶液。小组进行讨论交流，改进了实验方案（见图9）。

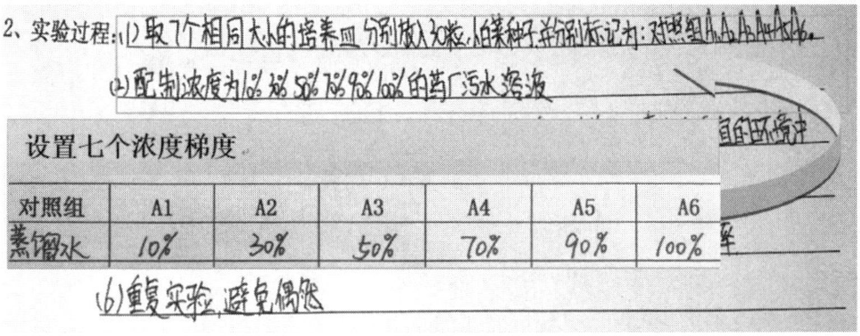

图 9 学生改进实验方案

设计意图：学生质疑辨析中，科学思维层层深入，最后设计出合理的实验方案，思维能力得到提高。知识迁移的过程使学生在原有知识的构建上搭建新的学习平台，学习积极性得到提升。

3）完善实验方案。

（3）完成实验。设计意图：学生在亲历过程中，寻求改进、发现规律。经过合作探究，习得知识，形成生命观念。学生通过科学探究，动手实践，熟悉了科学实验的方法，提升了实验技能。

（4）得出结论。

1）根据两组药厂污水的实验数据计算萌发率。教师指出这样的数据不直观，引导学生根据萌发率及污水浓度作柱状图、折线图（见图10）。

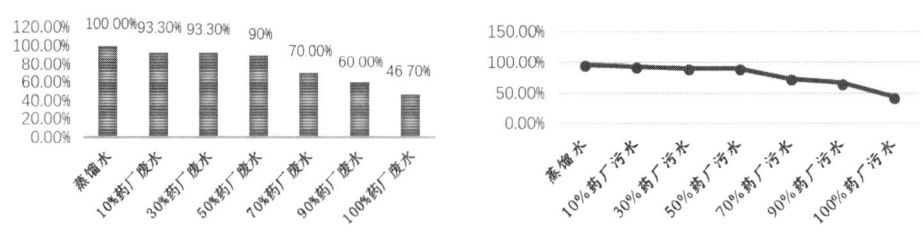

图 10 药厂污水对种子萌发的影响

结果分析：较高浓度的污水对种子萌发的影响较明显，种子萌发数量较少。

得出结论：药厂污水抑制了种子的萌发，且随浓度增加抑制作用增强。

2）根据两组生活污水的实验数据计算萌发率。

结果分析：对照组蒸馏水中种子萌发最快且数量最多，100%浓度的生活污水中种子萌发慢且数量较少（见图11）。

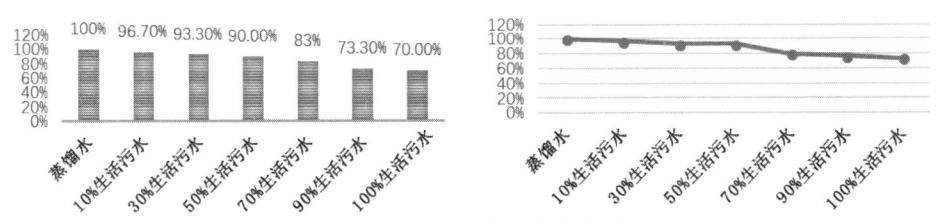

图11 生活污水对种子萌发的影响

得出结论：生活污水抑制了种子的萌发，且随浓度增加抑制作用增强。

设计意图：枯燥的科学概念通过数据分析变得鲜活、直观。

（5）表达与交流。

A组得出：药厂污水降低了种子发芽率，经过污水浸泡的种子萌发质量较差。

B组得出：污水浸泡的种子内部含有有毒物质，发芽后发育成根茎叶等器官，若被食用，会危害到人类健康。

AB两组进行了激烈组间讨论，并最终达成共识：

1）人类只有一个地球，水是人类赖以生存的宝贵资源，保护水源，从我做起。

2）污水必须经过处理才能够排放。

3）污水电解后，会发现汞、铅、砷等有毒物质，随意排放会影响饮用水地下水源，造成土壤污染。

4）保护环境要从实际生活中的一点一滴做起，保护环境是我们的责任和义务。

设计意图：学生质疑实践，通过科学探究的过程，进行科学的思维，树立环境保护意识，培养了社会责任。

（6）课后延伸。学生通过身边生活环境水质的变化，感受周围生活的变化。写出一份观察报告。

七、活动效果评价

（一）学生评价

谭文博：每天的观察记录培养了我细致认真的科学态度，使我真正体会到了探究实验的乐趣。

孙依朵：保护环境势在必行，这是我们每个人的责任和义务。

金姗：有趣的电解实验拓宽了我的眼界，让我更深刻地明白了污水一定要经过处理再排放。

（二）教师评价

通过本节实践活动培养学生的科学思维，鼓励学生动手实践，在科学探究中增强职业体验，鼓励他们通过自己的实践去证实自己所学到的知识。

生命之杯

内蒙古鄂尔多斯市康巴什区第一中学　张立超

一、使用教材

人民音乐出版社中学《音乐》教材八年级下册第一单元第三课"生命之杯"。

二、实验器材

录音卡、录音麦克、录音软件、希沃触控一体机、希沃助手软件、智能手机、班级优化大师软件、全民 K 歌软件、微信软件、铜管乐器。

三、实验创新要求/改进特点

运用现代信息技术形象化、趣味化、生活化的教学方法，使学生在无形中掌握知识，把枯燥的学习变成乐于学习。利用 MIDI 录音技术，将学生现场歌唱实时录音，再通过软件回放，反复试听寻找不足、不断修正，来达到最佳效果。另外使用了希沃白板一键投屏、手机现场直播、班级优化大师抽选加减分、视频音频歌词同步等新技术，运用立体化的技术手段同时作用于学生的视觉、听觉、触觉等多种感官，变抽象为具体，极大扩展了音乐教学的容量，使学生能在更具感染力的学习情境中获得更加广泛的知识技能，增强学习的趣味性和深刻性，有利于音乐素养的提升。

四、实验设计思路

根据义务教育教学改革要求，基于翻转课堂教学理念，充分利用图表、图像、音视频、动画、MIDI 录音等现代信息技术手段，形成了"课前导预习、课上导学习、课后导拓展"的音乐实验教学活动。

五、实验教学目标

（一）知识与技能

能用热烈、富有激情的声音演唱歌曲《生命之杯》的高潮部分，体验其特有的音乐风格。

（二）过程与方法

利用现代技术积极参与欣赏、演唱、律动、创编等实践活动，用肢体律动感受节奏、力度、速度等音乐要素的作用。

（三）情感态度与价值观

激发学生的想象力、创造力，对足球音乐作品感兴趣，培养热爱体育运动和积极乐观的生活态度。

六、实验教学内容

（1）利用各类现代信息技术手段，聆听学习歌曲《生命之杯》，熟悉 A 部分旋律，唱会 B 部分旋律，并通过主唱和铜管乐队合作录音，现场播放录音评价学习效果。

（2）关注歌曲的"前奏""间奏"和"尾奏"乐器演奏特点，了解它们在歌曲中的作用。师生合作学打其他四首世界杯主题曲的典型节奏，并加入肢体律动进行拓展活动学习，利用现场传屏互动直播手段引导学生探究音乐与生活、音乐与国家、音乐与民族文化的联系，进而理解和尊重世界音乐文化。

七、实验教学过程

（一）课前预习

提前一个星期布置作业，让学生以小组为单位上网收集世界杯赛事和世界杯主题歌曲的资料，对足球世界杯有一个初步的认知。

（二）创设情境

引入新课。播放世界杯射门集锦，提出以下问题：世界杯几年一届；2018年有世界杯吗，在哪里举办，是第几届世界杯。激发学生学习兴趣，自然引导至"生命之杯"这一课。

（三）启发诱导

宣传世界杯赛事需要作哪些准备？如吉祥物、宣传海报、会徽、世界杯主题曲等。以 1998 世界杯主题曲《生命之杯》为例，介绍演唱者。

（四）感知与鉴赏

带问题初听曲目。问题 1：主要的有伴奏乐器有哪些？问题 2：此歌曲有前奏、间奏和尾奏吗？聆听欣赏双语歌词版本的《生命之杯》之后，利用班级优化大师软件随机抽选学生回答这两个问题，最后教师出示答案并解答学生疑问。

（五）实践与创造

结合教材的"实践与创造"第五题分析作品前奏、A 部分、B 部分、间奏和尾奏，师生合作完成 B 部分学唱并用肢体律动感受节奏、力度、速度等音乐要素的作用。管乐队成员现场展示 B 部分的演奏，集体跟伴奏演唱歌曲并现场用 MIDI 录音设备进行录制回放播放（见图 1），反复试听寻找不足、不断修正，实现小组合作表演来达到最佳效果（见图 2），最后探讨歌曲的音乐情绪和特有的音乐风格得出歌曲的整体结构。

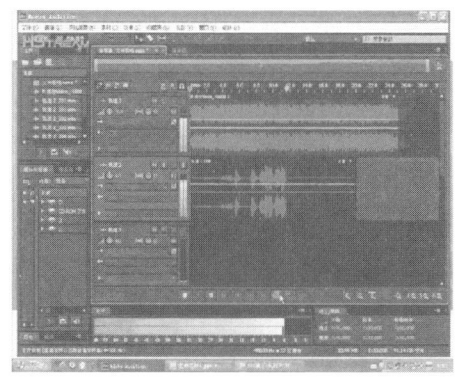 

图 1　录音软件　　　　　　　　图 2　录音麦克

（六）拓展实践

关注 2018 俄罗斯世界杯赛事，模拟全体学生在俄罗斯世界杯比赛场馆演唱足球歌曲助威参赛队，学唱四首往届世界杯主题曲的高潮部分，配合拍手打典型节奏的方式，运用希沃软件连接手机一键投屏实现现场直播，由此让学生从这一过程中真实地获得惊喜、灵感、体验和评价（见图 3、4）。

图 3　希沃传屏软件　　　　　　图 4　希沃触控一体机

（七）反馈与练习

学生利用微信和全民 K 歌手机软件（见图 5、图 6）录制学习的五首世界杯歌曲中的任意一首，发在班级群里进行评分评价。了解 2018 俄罗斯世界杯主题曲《俄罗斯，前进》。

图 5　微信软件　　　　　　　图 6　全民 K 歌软件

八、实验教学评价

（1）利用现代信息技术手段打造亮点，激发学生的学习兴趣和参与活动的欲望。培养学生发现、体验和表达自身情感的能力，开启自身想象、创造能力。

（2）改进与不足：实践证明音乐教学与现代信息技术的有机融合能带来很多便利和好处，极大地提高了课堂效率，促进了素质教育的深入实施。但事物是辨证的，技术再先进它也只是课堂教学的一种辅助手段，如果在教学中背离了"实用、实效、实惠"的原则，频频运用信息技术反而会扰乱课堂教学。所以要准确把握使用信息技术的"度"，才能收到良好的教学效果。今后如何使中学音乐课在现代信息技术的助力下不断创新，不断助推学生的深度学习能力的提高，是我在今后教学实践中不懈探索的课题。

LED 创意灯牌
——串并联电路的设计与制作

北京师范大学附属实验中学　迟蕊

一、使用教材

北京出版社《劳动技术——电子技术》八年级第一单元"电路与电子元器件"第一节"认识电路/串联电路和并联电路"。

二、实验器材

（一）展示类教具

学生作品：LED 创意灯牌（见图1）。

图1　学生作品：LED 创意灯牌

（二）实践类教具

自制演示用面包板一块（见图2）、自制演示用电子元器件（发光二极管等）若干（见图3）、自制数显仪表（见图4）等。

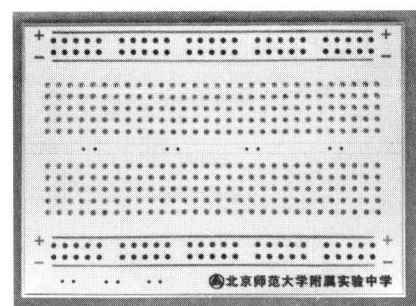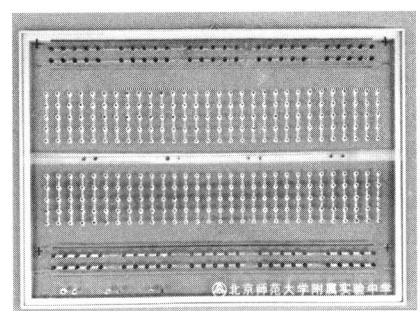

图2　自制演示用面包板（带面板和去掉面板）

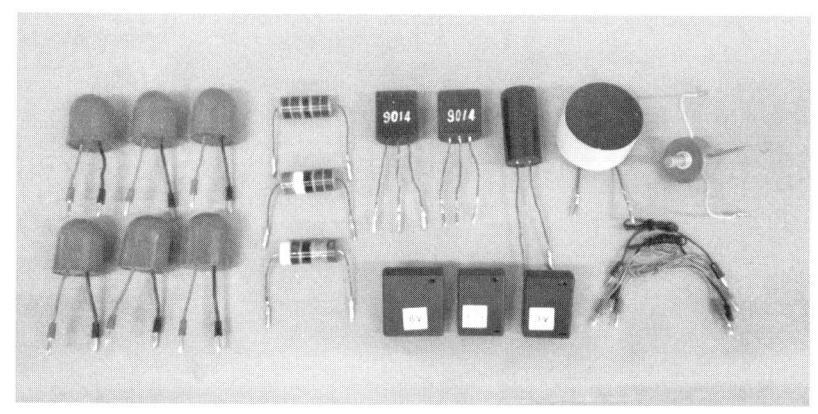

图3　自制演示用电子元器件

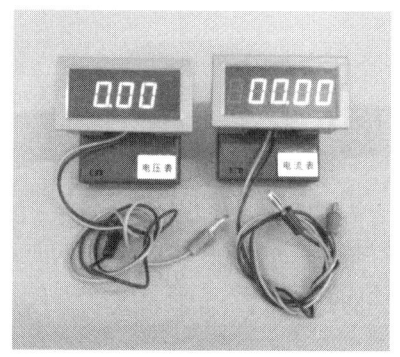

图4　自制数显仪表

（三）实践类学具

每个学生：面包板一块、发光二极管若干、电池盒一个（见图5）。

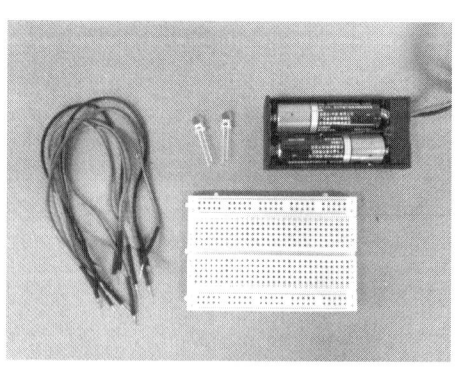

图5　给学生提供的材料

三、实验创新要点/改进要点

（1）采用放大、透明面包板，便于学生观看教师演示电路搭建过程，同时学生可以实时看到面包板内部结构，便于学生形成完整电路概念。

（2）自制演示用电子元器件（发光二极管、三极管、电阻、电容等），将真实电子元器件等比例放大，可方便接入电路中，产生真实电路效果。通用性强，可搭建任意电路。

（3）自制数显电流表、电压表，可在面包板上移动，方便学生读数和操作。

（4）将教材上不清晰的实物搭建图直观、清晰地用教具呈现，让学生看清串并联电路的连接方式，从而帮助学生更好地理解相关知识内容。

四、实验原理/实验设计思路

（一）实验原理

串并联电路电压规律：串联电路中，总电压等于每支 LED 两端电压之和，若两支 LED 参数相同，则电压一样；并联电路中，总电压等于每支 LED 两端电压。

串并联电路特点：串联电路中有一支 LED 坏了（或断了），整个电路就都断了；并联电路中一支 LED 坏了（或断了），不影响其他用电器。

（二）实验设计思路

面包板是初中电子技术课程乃至高中相关课程（单片机、机器人类）必备的教具和学具，学生在学习的初始阶段、中后期的实验阶段都会频繁地使用面包板进行电路的搭建。因此，为了达到在课程之初让学生清楚地理解面包板的构造、使用方法，在课程中后期让学生利用面包板反复拆装电路这两个目的，面包板的学习和熟练使用都是至关重要的。

根据多轮教学经验发现，每逢遇到用面包板搭建电路时，在教师讲解过程中、实验探究过程及展示环节，学生都无法看清电路连接走向，即便使用实物投影展示，也只能展示平面俯视图效果，影响学生讨论探究实验、理解教学内容。

考虑到以上因素，我尝试过一些放大电路示教板的制作和使用，授课时虽然学生能看清了，但是一块板子只能展示一种电路，通用性差。于是，制作了这样一块等比例放大的面包板并配合相应的放大电子元器件，并且能让电路产生真实的效果。

五、实验教学目标

（一）知识与技能

（1）理解串联和并联的概念。

（2）能正确搭建串联电路和并联电路。

（3）理解串联和并联电路中电压的规律。

（4）能应用串联和并联电路设计主要由 LED 组成的电子作品。

（二）过程与方法

经历演示、探究等实验过程，体验串联和并联电路的特点及电压规律。

（三）情感态度与价值观

养成科学、严谨的探究习惯，感受科学知识在生活中的应用。

（四）教学重难点

教学重点：灯牌电路的设计。

教学难点：串并联电路的特点及灯牌电路的设计。

六、实验教学内容

利用自制放大版面包板、元器件和数字式仪表，演示如下情况：

（1）串联电路和并联电路的结构特点。

（2）通过数字式仪表的测试，带学生找到串联电路和并联电路的电压规律。

（3）再现学生课上设计的电路，方便所有学生现场观看及分析。

七、实验教学过程

（一）创设情景，引入课题

教师展示创意灯牌作品——五角星（见图6）。

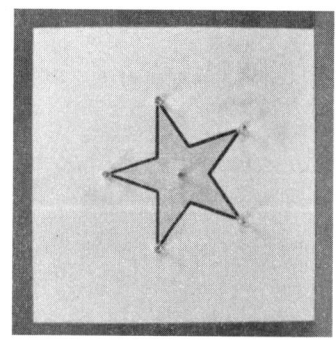

图6　LED 创意灯牌作品：五角星

提出本节课任务：制作一个创意灯牌，提供 6 支红色 LED，6V 电源（4 节 5 号干电池）。这 6 支 LED 该如何连接？电路如何设计？

（二）演示加探究，学习新知识

（1）"试一试"：请同学们先用 2 支 LED 和 3V 电源，在面包板上尝试着搭出电路，并将电路图和现象记录在学案上。

（2）思考并尝试：两支LED有几种连接方式（见图7）？都能正常点亮吗？（请一位同学直接到前面在演示面包板上搭建。）

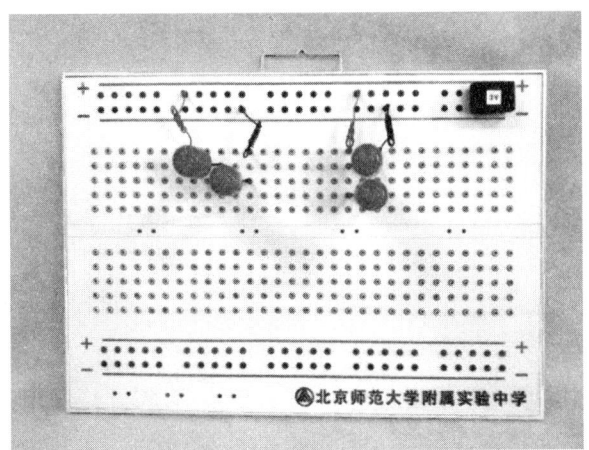

图7 两支LED的两种不同连接方式的电路

（3）"测一测"。

1）教师提问：为什么左边的LED不亮？

2）提示学生：在前面的课程中，我们学习过红色LED的工作电压是2V。如果LED两端电压过低或过高会怎样？

3）教师利用数显电压表分别测量两电路中任意一个LED两端电压（见图8），同时将读数记录在学案上，请学生根据现象分析左侧电路不亮的原因（不是断路，但LED两端电压过低因此不亮），并提出改进意见（提高电源电压）（见图9）。

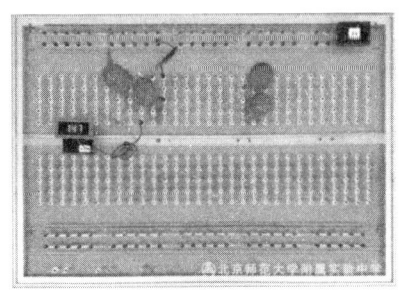 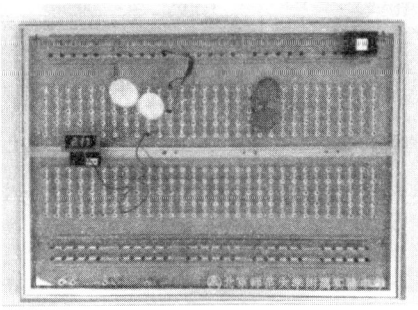

图8 用电压表测量两电路中任意一支LED电压　　图9 提高电源为4.5V后点亮两支串联LED

（4）"起名字"。请学生画出以上两种电路的电路图，并请两名学生模拟两支LED做拉手游戏，给这两种电路起个恰当的名字。两支LED首尾相接的叫

"串联电路",两支LED首首相接、尾尾相接的叫"并联电路"(见图10)。

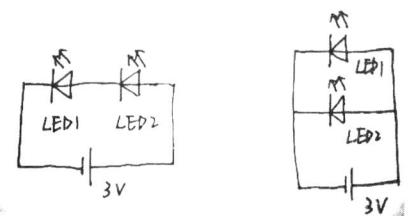

图10 学生绘制的串并联电路图

(5)"找特点"。

1)教师带领学生用电压表分别测量串联电路和并联电路中LED1、LED2两端的电压,找规律。

2)教师分别拔掉两电路中任意一支LED的管脚,让学生观察现象,思考原因。

3)总结:学生将结论记录在学案上。

①电压规律:串联电路中,总电压等于每支LED两端电压之和,若两支LED参数相同,则电压一样;并联电路中,总电压等于每支LED两端电压。

②电路特点:串联电路中有一支LED坏了(或断了),整个电路就都断了;并联电路中一支LED坏了(或断了),不影响其他用电器。

(三)实践出真知,学以致用

教师给每个学生发6只红色LED、6V直流电源(4节5号电池及电池盒)进行电路设计,要求6支LED都点亮并且亮度尽量一致。

教师引导学生:先2人1组进行讨论,在学案上画电路图,然后在面包板上尝试搭建(见图11)。观察效果,总结过程中出现的问题、分析原因并尝试改进和解决。学生动手实践前,教师要再次提示学生:一支LED的工作电压在2V左右,电压如果过高(大于4V)就会烧坏LED。

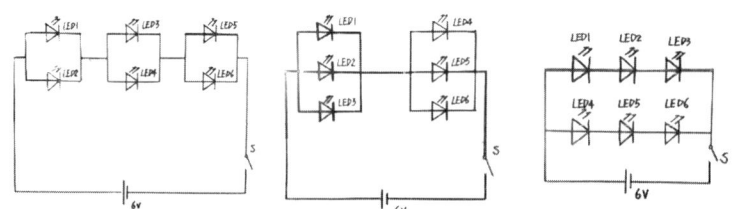

图11 学生设计的电路方案

(四)交流展示,总结提升

组织1~2组学生上台在放大版面包板上呈现设计的电路方案,展示效果,说说方案中如何应用的串并联电路及考虑因素等内容，最终教师引导学生得出最优方案（三支 LED 串联再并联，见图 12）。

图 12　最优电路设计方案

展示往届学生更宽泛的 LED 串并联电路相关应用作品（见图 13），说说生活中应用串并联电路的实物用品，找找设计中的不足，提出改进意见。

图 13　学生 LED 创意灯牌作品

八、实验效果评价

（1）本课实验设计科学严谨，现象直观、明显，说服力强。

（2）教学过程设计一系列实践性强的探究实验，以学生为主体，提高学习兴趣。

（3）教学围绕项目载体 LED 创意灯牌引入，通过多组实验建构知识，再将知识应用到作品设计中，学以致用，提升了学生的物化能力。

探究影响结构强度的可能因素

合肥市肥东圣泉中学　朱丽珺

一、使用教材

江苏凤凰教育出版社高中二年级《技术与设计2》第一单元第二节。

二、实验器材

（1）工具：铁架台、钩码、剪刀、绘图工具。

（2）设备：手机、投屏设备。

（3）耗材：软吸管、硬吸管、竹签、绳子、胶水、大头钉、橡皮筋。

三、实验改进要点

活用教材上的承重实验，结合目前学校安全整治月的实际情境，以 TBL（Team-based Learning，团队导向学习）为形式，创新研发项目实验教学法，对空调支架进行模拟实验，学生不断地分析、设计和探究实验中影响结构强度的多个因素，优化了实验的效率。

四、实验设计思路

从学生课前对空调支架的市场调查结果中启发学生发现问题，并在问题确认的基础上进行结构强度的简单探究，绘制设计草图，做出简易模型进行方案实验，在分析、设计、实验的循环过程中总结、感受影响结构强度的可能因素。

五、实验教学目标

（一）技术意识

经历分析与选购空调支架的实践过程，理解技术设计的基本原则，感悟结构在生活中的应用。

（二）工程思维

经历空调支架的设计分析过程，运用模拟建模的方法从力学角度理解结构强度对于空调支架功能实现的独特价值。

（三）创新设计

经历结构强度实验中的观测、记录与分析过程，在问题的基础上设计并找到最稳固的结构，体验创新设计带来的乐趣。

（四）图样表达

经历对实验作品的尺寸标注和草图的绘制，能清晰、合理地表达设计构想，体现技术语言的重要性。

（五）物化能力

经历空调支架结构特性的分析，合理选用材料和工具，完成模型的制作，体验动手实践与创造能力。

六、实验教学内容

本节课是主题学习任务"为学校选购合适的空调支架"的第三课时，学生已在之前的课时中对空调支架进行过市场调查和法律法规方面的学习，对空调支架的结构属性和安全性也产生了一定的疑问。在此基础上，采用模拟建构的方式，要求学生4~6人分组协作，合理选用有限的材料，让学生利用承重实验进一步验证自己的各种设计构想，进而掌握影响结构强度的可能因素，完成先在"做中学"再到"学中做"的学习模式。

七、实验教学过程

为保证实验内容的有效性和科学性，我结合《技术与设计1》的知识点"设计的一般过程"和项目教学方法中的"项目设计报告"设计出"实验规划书"来贯穿整个实验过程，也间接向学生展示项目设计报告的设计规范。

（一）问题导入

从学生课前对空调支架的市场调查和对法律法规的学习情况中诱发他们对于结构强度产生怀疑进而导入课程，培养学生的技术意识，这是学生建立工程思维的第一步。

（二）合作学思（学生设计实验方案并验证影响结构强度的可能因素）

（1）发现与明确问题。学生从现有材料的选择、材料的属性特征、小组人员分配等问题入手去发现与明确问题（见图1），与《技术与设计1》第四章"发现与明确问题"融会贯通，把枯燥的理论带到实际生活中去，这是学生建立工程思维的第二步。

实验步骤	具体内容		
发现问题 明确问题 （提示：可从现有材料的选择、材料的属性特征、小组人员分配等问题入手）	出现的问题 \ 解决的办法	办法一	办法二
	A		
	B		
	C		
	D		

图1 发现与明确问题

（2）制定设计方案与实验测试（绘制方案草图）。学生会利用承重实验的方式不断验证自己的设计构想，又在设计中通过实验对方案不断改良和优化，最后在众多设计方案中筛选出他们认为最合理的结构设计（见图2），这一环节中更加侧重的是学生创新设计、图样表达与物化能力的养成，这是学生建立工程思维的第三步。

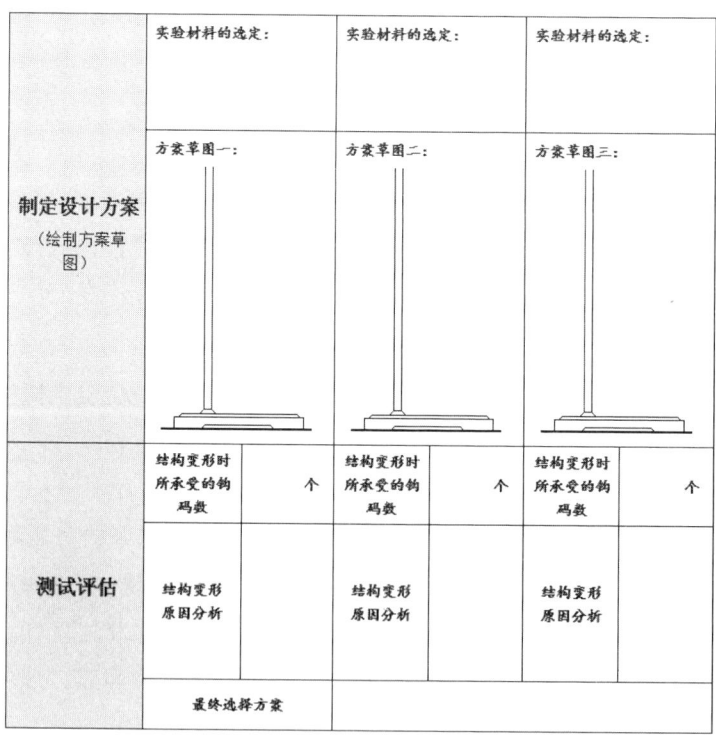

图2 制定设计方案与实验测试

（三）作品展示

学生依据教师利用新课标评价实施意见所制定的评价量表（见图3），以手机投屏的方式进行作品的自我评价和相互评价，这是学生建立工程思维的第四步。

实践项目	评价标准	评价方式		
		自评	互评	师评
技术实验的设计	方案符合实验要求			
	实验材料选择恰当			
	改进意见可行有效			
技术实验的操作	绘制草图清晰、合理			
	数据齐全、内容完整			
	操作符合工艺规范			
技术实验的分工	小组分工明确、合理			
	实验操作有条不紊			
等级标准：A优秀、B良好、C合格、D待改进				

图3　评价量表

（四）质疑探讨

教师选出具有代表性的学生作品进行对比，有意识地引导学生关注形状、材料、连接方式对于结构强度的影响，并让学生自己提出疑问，深层次剖析结构设计方案（见图4），利用实验自主追寻答案。

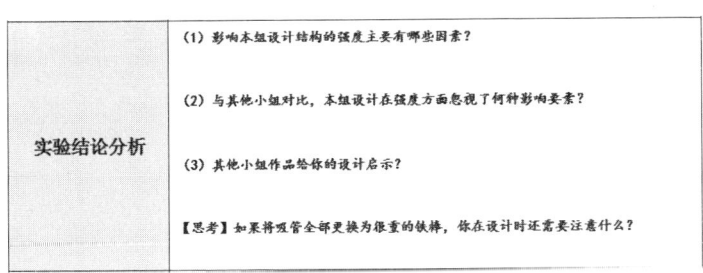

图4　实验结论分析

（五）精评精讲

教师不再讲授知识，而是采用思维导图（见图5）的方式系统整理本节课所学的内容和所使用到的过往知识。

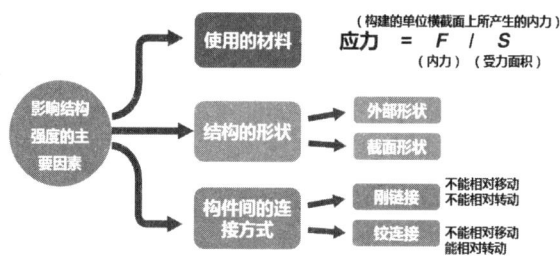

图 5 本节课思维导图

（六）设计优化

学生结合其他学科的知识完善并创新实验，优化原设计方案（见图 6），改进设计结构，分析改进要点。这一环节更加注重的是学生创新设计与物化能力的培养，这也是帮助学生建立相对完善的工程思维的最后一步。

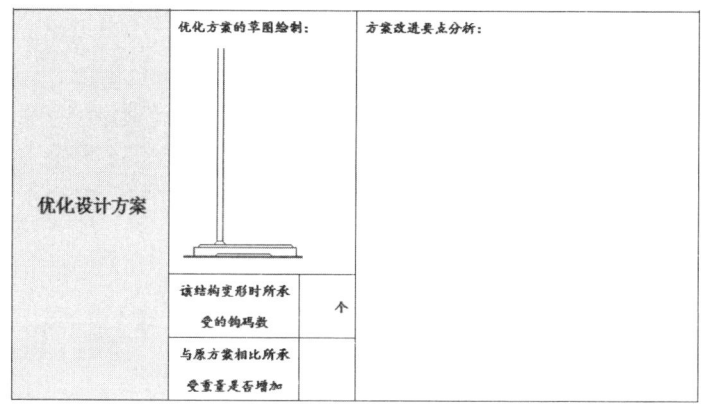

图 6 优化设计方案

八、实验效果评价

（一）教学方法的校本化

参照新课程标准与我校实际的学情学况，将实验教学法与项目教学法有机融合，形成全新的校本化教学方法，将验证总结型的概念化实验模式转变为分析实验型的探究化学习模式，展现学生的技能素养。

（二）实验效率的高效化

创新改良教材上仅能验证形状对于强度产生影响的纸筒悬梁承重实验，用一个承重实验即可验证形状、材料、连接方式这三种不同的影响因素对于强度的影响。

（三）实验器材的普适化

用简单易得的吸管、绳子、橡皮筋等材料替代实验室内高成本、高投入的实验器具，学生在家里也可完成实验，减缓了农村学校的资金投入问题。

（四）实验报告的项目化

摒弃简单的实验记录单，改用能够体现工程思维的项目化实验汇报单，把过程性评价和学生情感态度的变化置于首位，在学生思考、填写的过程中潜移默化地融入核心素养的培养理念。

结构与强度

天津市耀华嘉诚国际中学　张涛

一、使用教材

苏教版《技术与设计2》。

二、实验器材

塑料板、弹簧测力计、剪刀、双面胶、三角板、绘图板。

三、实验创新要点

（一）教学现状

（1）目前教学设计多将三个影响因素进行泛讲，教材中只说明了连接方式对结构强度有影响，没有对连接方式进行深入探究。

（2）实验教学材料多为通用教具，很多通用教具往往只能演示实验表象，而无法对实验规律进行深入探究。

（3）以往的实验最终都是完成一个作品，是一个成品，这是违背实验最终目的的。

（二）改进要点

（1）本实验教学以常规课堂环境具有可操作性为出发点，将刚连接中的胶接对结构强度的影响进行深入探究。

（2）让学生在"又专又深"的技术活动中有生动的体验，并在实验过程中体验到科学规律，而不是从课本中听到科学规律。

（3）本实验是在科学探索的过程当中让学生体会科学道理并提出怀疑、假设的过程。

（4）实验过程是有失败和重复的，在反复的实验中找到规律，让学生充分体悟技术发生发展的过程。

四、实验原理

刚连接中连接处的面积越大，结构强度越大。

五、实验教学目标

（1）通过技术实验探究分析结构强度因素。

（2）能结合生活应用进行简单的结构设计，做出模型或原型。

六、实验教学内容与过程

（一）课程导入

以提问的方式进行课程导入，让同学回忆教材中对结构强度的阐述。很多同学知道基本原理，但是后面的实验探索部分会让他们对结构的强度有更深的理解。

（二）实验要求

（1）相片框只有四框，角的连接仅使用粘接。

（2）相框厚度为四层塑料板叠加高度。

（3）相片框规格为 12cm×17cm 的长方形（见图1）。

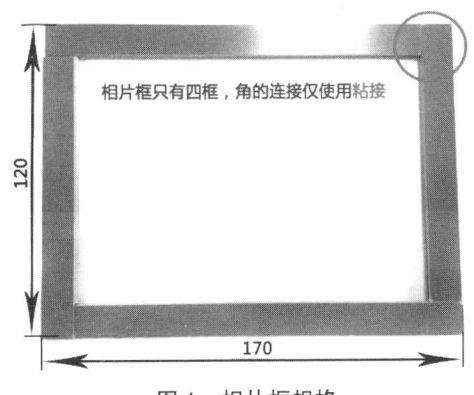

图1　相片框规格

（三）实验目标

（1）相框结构强度大。

（2）美观。

（四）实验制作

学生根据实验要求（见图2），交流、讨论后设计好合理的实验方案进行实验，两人一组（见图3）。这里实验过程中体现全员参与，实验时长为30min。

图2　实验要求和计时器

图3　课堂情况

（五）检验和记录数据

学生分组实验完成后，每个小组派一名同学和相邻组同学进行交换，用做好的相框钩住绘图板上的钉子，用弹簧测力计拉相框的对角，记录起点位置，沿拉拽方向在黑线上标出 1cm 和 2cm 的点，进行拉拽，直至将相框破坏，记录 1cm、2cm 和最后被破坏时的拉力大小（见图 4）。

检验目的：

（1）交换检验既可以让两个组之间相互观摩学习，还可以保障数据的真实性。

（2）和《技术与设计 1》技术实验中的强化实验法相联系，体现知识的相关性，使学生对强化实验法有更深的体会。

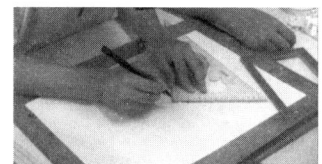

图 4　实验检验

（六）实验效果评价

将记录好的实验表格（见图 5）收上来进行数据对比，找出承受拉力最大的 3 个作品和拉力最小的 3 个作品分别进行评价。

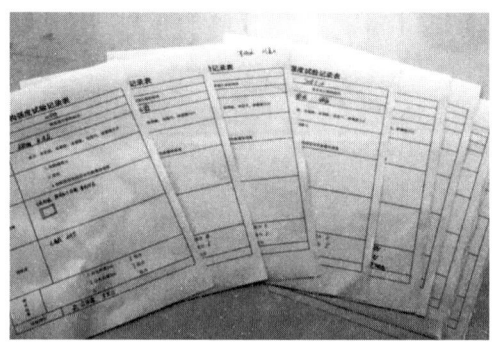

图 5　实验记录表

采用单面粘接的拉力较小，采用多面粘接的拉力较大，如果采用榫接的方式应该重点展示（见图 6）。如果没有同学想到榫接，可以给同学提供思路，供课下探讨。

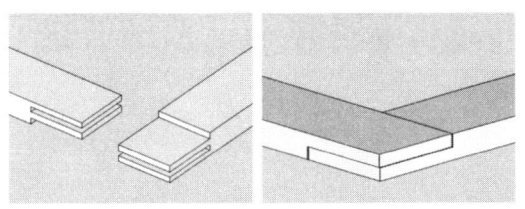

多面粘接,承受拉力较大　　单面粘接,承受拉力较小

图 6　多面粘接与单面粘接

在连接角处作 45°斜面处理也要展示（见图 7），因为它考虑到了美观的因素。

图 7　美观化处理

七、实验反思

在日常生活中也有应用,比如焊接以前作坡口面（见图 8）处理的工艺就是为了扩大连接处的面积。希望同学在日常生活中注意到这一规律的应用,做到理论联系实际。

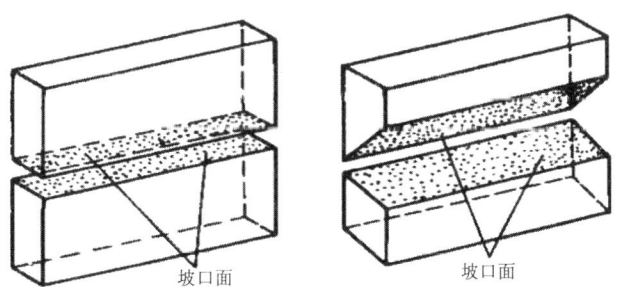

图 8　实际应用

鸡蛋承受压力试验的改进

陕西省榆林中学　张荟萃

一、使用教材
苏教版高中《技术与设计2》第一章第一节。

二、实验器材
原实验材料：鸡蛋三颗、瓶盖（支撑圆柱体）六个、木板一个、重物若干。
改进材料：蛋托、泡沫板。
自制器材：鸡蛋承压能力测试仪。

三、实验创新要求/改进要点
教材中设计的鸡蛋承受压力实验材料来源于生活，实验过程简单易行。但是在多次的实践教学过程中，依然存在一些问题，例如：①原实验中使用的瓶盖硬度大，呈现较为锋利的棱角，对鸡蛋的承压能力造成了严重干扰；②生活中很难找到大小完全相同的三颗鸡蛋，导致放置重物后三颗鸡蛋受力不够均匀，影响实验效果；③放置重物后不能测出鸡蛋承受的具体压力值，实验结果不准确并且不直观；④实验过程中重物一般选用书籍或者砝码，不具有便携性；⑤实验过程中会用到大量的鸡蛋，压碎后没有进行回收利用，造成了浪费。

基于以上存在的问题，我设计了本节课程，让学生在体验实验过程的基础上，引导学生，利用现有的知识，对实验逐步进行了如下改进。

（1）支撑鸡蛋物体的变化。首先，把瓶盖变为带有倒角弧度的空心圆柱体管，消除了锋利的棱角对于实验结果的影响。其次，学生将剪下来的蛋托放置在鸡蛋和圆柱体管中间，进一步降低了硬度，增加了受力面积，增强了鸡蛋的抗压能力。最后，基于材料缓冲性和进一步增加接触面积的考虑，实验过程中又采用了泡沫板，经过对比实验发现排除了硬度大这一实验干扰因素，让学生看到更明显的实验效果（见图1）。

（2）鸡蛋数量的改变。教材上原本设计的实验中用到三颗鸡蛋的目的是为了增加稳定性，但是使用泡沫板和蛋托后，鸡蛋的稳定性有了很大的改善，所以基于节约的考虑，将鸡蛋的数目减小到一个，从而也可以让学生更直观地看到一个鸡蛋（壳体结构）的受力情况。

图 1 支撑鸡蛋物体的变化

(3) 重物的变化。实验中的重物从一些重量不固定的书籍变为部分砝码,但是仍然存在不便携带的困难。所以通过3D打印技术设计了一个简易装置,通过弹簧和螺母螺栓的搭配,形成了均匀施力的装置,增加了实验的易行性和便携性(见图2)。

图 2 重物的变化

(4) 结果可视。通过弹簧压力值为 kx,可以将鸡蛋承压值通过 x 以刻度的形式体现出来,让承压能力可视化。

(5) 可回收利用。虽然鸡蛋数量得到了减少,但是因为通用技术授课班级一般较多,所以出于绿色环保的需求,在鸡蛋承压实验中设计了回收装置,当鸡蛋破碎后可将鸡蛋液进行回收再利用。

四、实验原理/实验设计思路

通过学生体验手握鸡蛋这一过程引出"鸡蛋到底能承受多大的压力"这一问题;经过学生动手测试,记录实验数据;最后对实验过程进行分析,在教师引导下对实验进行改进,鼓励学生设计相应的实验装置。

五、实验教学目标

技术意识:通过进行鸡蛋受压实验,让学生感受技术实验的重要性。

工程思维：在实验进行中以及改进过程中，学生通过对实验过程的分析和测试，培养系统分析和权衡利弊的思维意识。

创新设计：鼓励学生对实验装置进行创新式改进。

图样表达：培养将想法以图样形式与组内同伴或者教师进行交流的能力。

物化能力：培养学生把改进想法转变为实际装置的物化能力。

六、实验教学内容

本节课是在学习结构类型中介绍到壳体结构时所涉及的实验内容。本次实验主要目的是让学生感受壳体结构强大的承压能力，在此基础上，让学生尝试对实验进行改进。

七、实验教学过程

（一）情境引入

通过手握鸡蛋这一体验活动引出鸡蛋承受压力实验内容。

（二）实验探究

学生通过实验器材动手测试，记录鸡蛋的承压能力，同时分析实验过程中存在的干扰因素（见图3）。

图3 学生分组进行实验探究

（三）实验改进

教师通过春晚踩鸡蛋视频，引导学生通过对视频中人物的动作以及道具的设置进行分析，提出实验改进方案，动手尝试改进，尽量设计实验装置并以语言或者图样的形式表达自己的想法（见图4）。

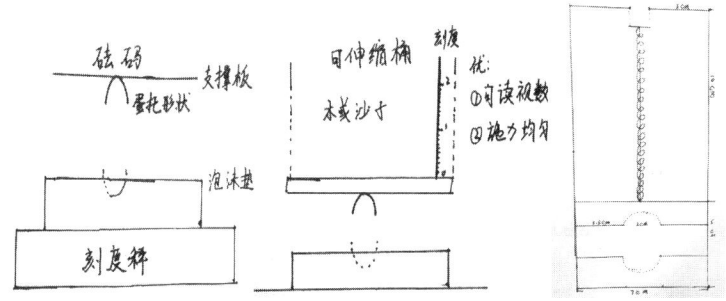

图4　对部分学生实验改进构思的整理

（四）测试优化

将制作好的装置重新拿回各个班级，让学生再次进行测试以及优化，形成最终的鸡蛋承压测试仪并且进行实验。

经过一系列的优化，最终得到鸡蛋承受压力测试仪这一装置（见图5）。

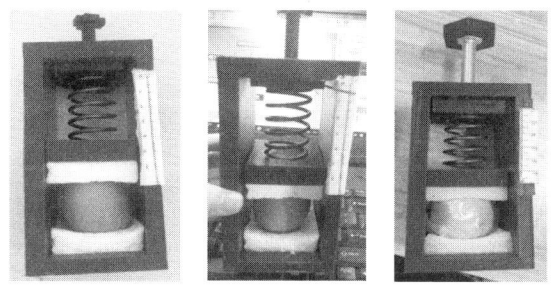

图5　鸡蛋承压能力测试仪改进过程

八、实验效果评价

本次实验学生参与度高，动手实践热情高。通过实验过程及改进过程，对学生的思维能力和分析能力都有了很大的提升。

分析能力的提升：通过指导学生对自己的实验过程和教师提供的踩鸡蛋教学视频进行分析，培养学生观察能力和分析能力，提出实验改进方法。

思维方式的提升：在学生提出实验本身存在的问题以及改进方案的基础上，鼓励学生继续思考，争取用最简约、最便捷、最环保的方法解决问题，将复杂的问题简约化。

但是由于时间关系，学生对于实验的改进仅仅停留在对支撑物的改进上，大多数学生对于装置的改进仅仅停留在想法阶段，对于装置的后期制作和实践都在课余时间完成，仅有少数同学参与。

鱼浮灵主要成分的实验探究

上海师范大学附属中学　万海涛

一、课题选择

本课题并非出自教材，其选择基于三个方面。

（一）源于生活

鱼是逢年过节、宴请宾客必不可少的一道寓意吉祥的佳肴。对于在养殖或运输过程中使用的鱼浮灵，网上有人传言会致癌，这再次触动人们对于食品安全谈之色变的神经。同学们也必然对它产生浓厚的兴趣，想知道使用鱼浮灵养殖的鱼是否安全。这必然需要探究它的主要成分。

（二）基于课标

化学新课标重视化学的情景化、生活化，即强调化学来源于生活、服务于生活。学生如果能够利用自身已有化学知识解决生活中的实际问题，有利于培养他们的探究能力，形成科学的认识观。

（三）立于STEM

2018年5月8日中国教育科学研究院发布的《STEM教师能力等级标准（试行）》，就STEM课程开发和整合明确提出，STEM教育课程要以学生为中心，聚焦解决真实情景的问题。本研究课题也为开展STEM教育提供良好素材，它融合了化学、物理等学科的科学知识，测定中手持技术的使用加强了学生的技术素养，测定方案的设计加强了学生的工程素养，数据的计算、定量方案的设计提升了学生解决特定情境下数学问题的能力、有利于加强学生的数学素养，完全符合STEM教育对学生素养培养的要求。

本拓展性课题的研究适合高二学生。高二学生通过前面化学、物理的学习，已经掌握了常见化合物的基本性质、气体的性质，也具备了一定的逻辑思维、分析和实验能力，但是对于实验探究的一般方法还没有形成体系，对定量实验的方法还不够全面。

二、实验器材

二氧化碳浓度传感器、氧气浓度传感器、三口烧瓶、磁力搅拌器、注射器、铁架台、试管、酒精灯等。

三、实验创新要点

实验设计与实施突出三大特色:"减、精、融"。

减:指将两组数据的测定改为一组,省略称量、恒重等操作。

精:指实验设计采取酸过量、搅拌、加热、数字传感器的使用等方法,减少二氧化碳的溶解,使测量结果更加准确,借助数字传感器检查装置的气密性突破传统思维。

融:指定量仪器的变化,高科技数字技术与传统量气装置融合。

具体创新为:

(1) 试剂方面。经过定性测定,确定实验选用的鱼浮灵主要成分是过氧碳酸钠($mNa_2CO_3 \cdot nH_2O_2$)。传统定量测定二氧化碳含量由于二氧化碳的溶解会引入较大的实验误差,怎样避免二氧化碳的溶解、保证二氧化碳测量的精准是本实验需要考虑的。为此,本实验在试剂层面的创新之处是:实验课前对溶解鱼浮灵产生二氧化碳的硫酸利用控制变量法选择,最终借鉴实验室制取二氧化硫的试剂,选用 6mol/L 的硫酸,既能提供一定量的氢离子、保证反应的发生,又可以减少二氧化碳的溶解。

(2) 原理方面。学生在学习高中化学三大定量方法基础上进行本实验的探究,分别设计不同的测定方法,依据定量实验设计"可行、简约、精准"的基本原则,经小组合作讨论得出以下意见:由于滴定法(有过氧化氢存在,可能会漂白指示剂,导致实验失败)和重量法(需恒重操作,步骤比较烦琐、不简约、引入误差较大)均有不足之处,因此最终采用气体法进行间接测量,将碳酸钠转换为二氧化碳的体积,过氧化氢转化为氧气的体积。但气体的体积受到温度、压强的影响,为此本实验在原理方面的创新之处是:依据阿伏伽德罗定律,利用二氧化碳和氧气浓度传感器同时测定在同样实验条件下两种气体的产生量,避免单独测量气体体积过程中温度、压强对体积测定的影响。

(3) 装置方面。学生由中学常见的量气装置(见图1)为切入点探讨,在思辨中设计新的实验装置。

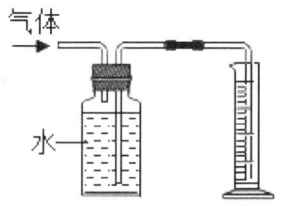

图1 传统的量气装置

常见量气装置的缺点:无法实现一次实验测量出二氧化碳和氧气的体积。

学生改进的实验装置(见图2):试管中装鱼浮灵固体,两只注射器依次加入水、硫酸,用另一只注射器测定先后产生氧气和二氧化碳的体积。由于本装置注射器活塞受的摩擦力较大,故测量误差较大。

数字传感测量技术（见图3）：三口烧瓶为反应器，磁力搅拌、升温加热，用二氧化碳、氧气浓度传感器测定同温同压下两种气体的体积，结果更精准。

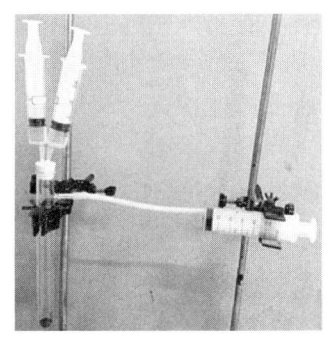
图2 学生改进的实验装置

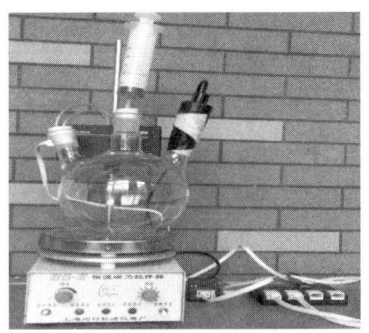
图3 数字传感测量装置

四、实验原理/实验设计思路

（1）定性实验：本质上是阴阳离子的区别检验。

（2）定量实验：$mNa_2CO_3 \cdot nH_2O_2$ 与硫酸反应，测定同温同压下产生二氧化碳和氧气的体积比，求出 m/n 的值，推导出鱼浮灵的化学式。

五、实验教学目标

本课题的教学目标：引导学生们通过实验探究鱼浮灵的成分，体验并强化细致严谨的科学态度和联系实际学习化学等学科的习惯。在学会定性分析的基础上进一步巩固气体体积的测量方法，学生通过运用所学知识进行实验设计和探究，得到科学的结论，感受自主获得知识和掌握学习方法的喜悦，并充分体验化学等学科与生活密不可分的关系，发展自己的批判性思维、创造性思维、科学思维、工程思维、计算思维、设计思维、量化思维等。从STEM四个维度出发，制定教学目标见表1。

表1 实验教学目标

STEM 四个维度	STEM 教学目标
S（科学）	查阅资料了解鱼浮灵的主要成分；用化学方程式表示其供氧的一般原理；巩固化学定量实验的三大方法并结合物理等学科的相关知识设计其定性、定量检验方法；巩固有关化学实验的基本技能
T（技术）	理解实验原理是选择和优化实验手段与技术的基础；能运用现代信息技术对鱼浮灵主要成分的实验测定涉及的相关知识进行搜索、归纳、整理；能从精准的角度对鱼浮灵的定量测定采取一些新技术和方法

续表

STEM 四个维度	STEM 教学目标
E（工程）	学会从可行、简约等方面综合考虑定性方案的设计；从可行、简约、精准等方面综合考虑定量方案的设计；了解本实验测定的基本装置和流程
M（数学）	能够正确运用数学表达式，通过计算对定量测定的数据进行处理；能够运用数学建模对需定量测定的数据进行讨论确定

六、实验教学内容

鱼浮灵主要成分的定性、定量实验测定（含原理、方案选择、实验设计、实验操作等）。

七、实验教学过程

构建 STEM 教育与实验教学结合的教学模式（见图 4）。

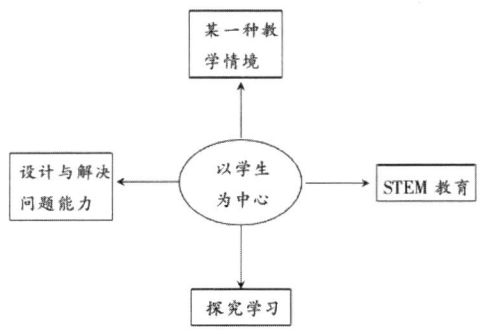

图 4 具体实验教学流程

（一）引入课题

播放录像：对浮头的鱼加入某种物质后鱼起死回生引出课题，激发学生的好奇心，自然而然地提出问题，吸引学生注意力，使学生的思维集中到本节课的主题上。

（二）查阅资料

搜索有关鱼浮灵的图片资料，了解鱼浮灵增氧的原理，并把该原理用化学方程式表示，培养学生获取信息并把信息转化为化学用语的能力。

（三）猜想和假设

学生根据资料猜想鱼浮灵成分可能的三种情况，有利于自身思维发散性的培养。而对三种可能情况的进一步分析，也有利于学生思维深刻性的挖掘。

（四）定性探究

环节一：学生小组讨论：确定鱼浮灵成分的思路，设计具体方案。

环节二：汇报交流并引导学生规范表达。学生课堂中设计方案如下：

方案1：取样溶于水，配成溶液，向其中加入盐酸，产生能使澄清石灰水浑浊的气体，证明是过氧碳酸钠。

方案2：取样溶于水，配成溶液，向其中加入碳酸盐，如果产生沉淀，证明是过氧化钙。

方案3：取样溶于水，配成溶液，静置后加入二氧化锰，有气体产生则证明是过氧碳酸钠。

方案4：取样溶于水，配成溶液，进行焰色反应，黄色证明是过氧碳酸钠，砖红色证明是过氧化钙。

方案5：取样溶于水，配成溶液，加酸碱指示剂（如酚酞），观察颜色。

方案6：取样溶于水，配成溶液，通入二氧化碳，观察是否出现浑浊。

方案7：取样溶于水，配成溶液，加氯化钡，观察是否出现浑浊。

环节三：学生依据化学定性实验设计的基本原则（可行性、简约性）进行实验方案的选择、评价。

环节四：实验实施与结论：实验所用鱼浮灵的成分为过氧碳酸钠。

（五）定量探究

（1）环节一：实验原理的设计。

基于定量实验设计的基本原则和化学定量实验测定的基本方法（见图5），从数学角度分析实现实验目的需要测的量，进而确定实验原理。

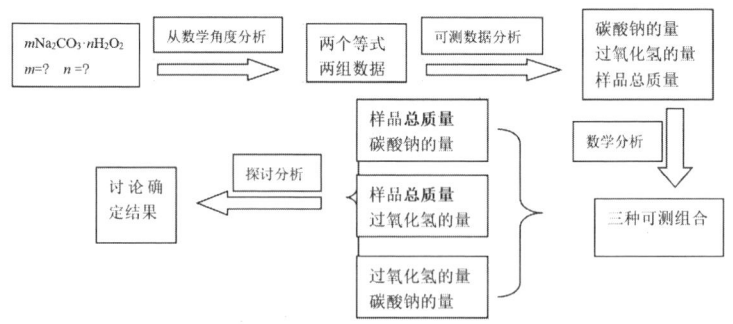

图5 定量实验原理设计教学流程

课堂中学生讨论结果：

1）最好测的量：样品总质量，但鱼浮灵不是纯净物，杂质的量是未知的，所以测量总质量没有意义。

2）讨论测定采用的方法：把直接测量改为间接测量，若分别间接测定碳酸钠、过氧化氢的量，需要做两次实验，实验次数越多，引入误差的可能性越大，而且为了控制变量，需要取等质量的两份样品。

3）设计定量实验原理：学生在学习高中化学三大定量方法基础上进行本实验的探究，分别设计不同的测定方法，依据定量实验设计"可行、简约、精准"的基本原则，经小组合作讨论得出以下意见：由于滴定法（有过氧化氢存在，可能会漂白指示剂，导致实验失败）和重量法（需恒重操作，步骤比较烦琐，不简约、引入误差较大）均有不足之处，因此最终采用气体法进行间接测量，将碳酸钠转换为二氧化碳的体积、过氧化氢转化为氧气的体积，但气体的体积受到温度、压强的影响。

学生经过讨论确定定量实验方案如下：依据阿伏伽德罗定律，同温同压下两种气体的体积比等于物质的量之比，鱼浮灵与硫酸反应会同时产生二氧化碳和氧气，测定在相同实验条件下两种气体的产生量，避免了单独测量气体体积过程中温度、压强对体积测定的影响。

（2）环节二：思考实验关键。

传统定量测定二氧化碳含量由于二氧化碳的溶解会引入较大的实验误差，怎样避免二氧化碳的溶解、保证二氧化碳测量的精准是本实验需要考虑的。

提出问题：如何尽可能让二氧化碳逸出？

学生讨论确定要采取的措施：借鉴实验室制取二氧化硫的试剂，选用 6mol/L 的硫酸，既能提供一定量的氢离子，保证反应的发生，又可以减少二氧化碳的溶解。同时采取磁力搅拌、加热等方法促进二氧化碳的逸出。

（3）环节三：设计实验装置。

学生由中学常见的量气装置为切入点探讨，在思辨中设计新的实验装置。

提出问题：怎样分别准确测量出二氧化碳和氧气的量？

传统的量气装置：无法实现一次实验测量出二氧化碳和氧气的体积。

学生改进的实验装置：试管中装鱼浮灵固体，两只注射器先后加入水、硫酸，用另一只注射器测定出产生氧气和二氧化碳的体积。本装置注射器活塞受的摩擦力较大，测量误差较大。

数字传感测量技术：三口烧瓶为反应器，磁力搅拌、升温加热，用二氧化碳、氧气浓度传感器测定同温同压下两种气体的体积，结果更精准。

（4）环节四：设计实验步骤和实验操作。

1）按图组装好仪器，将浓度传感器通过数据采集器与电脑连接，检查装置的气密性。

2）向三口烧瓶中添加一定量的鱼浮灵，用注射器向其中添加 6mol/L 的硫酸。

3）打开磁力搅拌器，开启加热开关。

（5）环节五：数据处理（见图6），得出结论（见图7）。

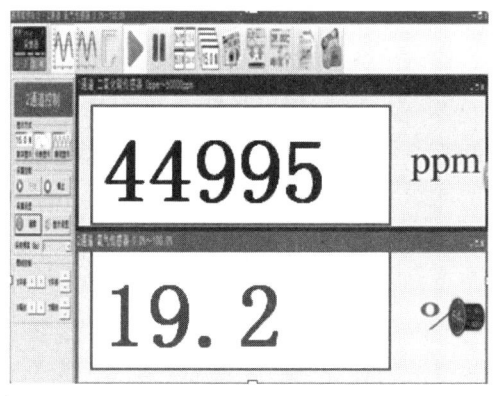

图6　测定数据

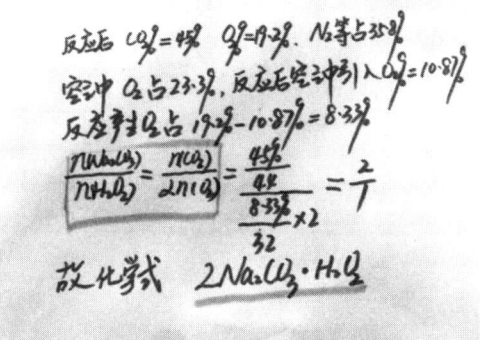

图7　学生计算过程

八、实验效果评价

本实验以鱼浮灵为内容载体，以 STEM 教育为核心，以高中化学定量实验方法为依据，整合物理、化学等学科的相关知识，引导学生在选择实验方案、进行实验装置设计过程中巩固基本学科知识、基本操作方法、发展自身的思辨性思维，形成精准的定量思维意识，发展自身的 STEM 素养。

第二部分

小学科学

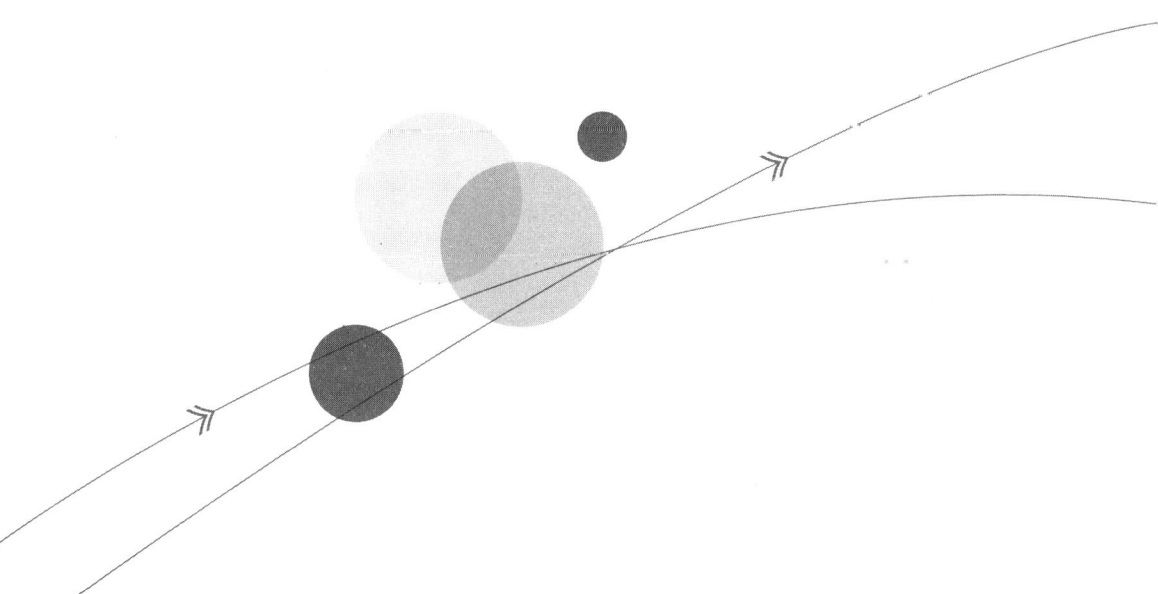

下沉的物体会受到水的浮力吗

天津市南开区科技实验小学　郭洪美

一、使用教材

教科版小学《科学》五年级下册"沉和浮"单元的第六课"下沉的物体会受到水的浮力吗"。

二、实验器材

弹簧测力计、烧杯、钩码、溢水杯、小量筒、水槽、塑料量杯、体积相同重量不同的两个金属块。

三、实验创新要点

(一) 改进实验器材，学生更易上手操作

在确定了"下沉物体会受到水的浮力"后，研究"浮力大小会变化吗"的实验并没有规定实验器材，实验室现有的器材都是根据学生年龄特点设计的小器材，要求五年级的孩子自己界定一个器材的小部分、大部分，在操作上难度很大，所以我对实验室现有器材进行了改进：将四个钩码连在一起，小部分浸入水中时就浸入一个钩码，大部分浸入时就浸入三个，全部浸入时就将四个钩码完全浸入水中，大大简化了实验操作的难度，学生更易上手操作。这一器材也被应用在我设计的实验一中，使得两个实验都得到了简化，一举两得。

(二) 巧用实验器材，攻破教学难点

本节课的教学难点是"排开的水量"，在以往的教学中是通过观察量筒液面高度的变化获得，读数时误差很大，而且学生仍不能真正理解。所以我想，把这些水排出来收集起来不就是"排开的水量"吗？因此我改制了塑料杯，在杯壁的上端打一个孔，在开孔处的外壁上粘接一个向下倾斜的管子。物体排开的水会从管子流出杯子，我们用用量筒收集起来，就是排开的水量。但是这种杯子在制作上费时费力，于是我就在网上搜索，得到了"溢水杯"这种仪器，溢水杯的采用大大提高了数据的准确性，现象直观，实验效率有效提高。

(三) 整合创设实验，符合学生认知规律

教材中的实验三探究下沉的物体受到的浮力大小与什么因素有关。在实验二中，已经得出浮力的大小和排开的水量有关，实验三是用体积不同的同一种材质的物体作为研究对象，旨在进一步验证这个结论。同时在教学中，学生提出这样

的问题：大中小石块它们的体积确实不同，但重量肯定也不同，那重量会不会也影响浮力的大小呢？这样的问题并不是没有道理。基于以上两点，我将教材中的实验二和实验三进行了整合，并且创设了兴趣实验——浮力的大小和重量有关系吗？遵循单一变量的原则，我选择的实验材料是两个体积相同、重量不同的金属块。该实验不仅验证了浮力大小和重量无关，解决了学生的疑惑，又达到了教材实验三的目的，进一步验证了浮力大小和排开的水量有关，一举两得。

（四）创新实验报告单，方便学生学、教师教

教材中的实验记录单就是简单的表格，我根据自己设计的实验重新设计了实验报告单。因为该实验操作对于五年级的学生来说还是有些难度的，所以我将实验操作的简图设计在实验报告单上，学生通过报告单的提示也可以完成实验。并且有图片的实验报告单更加生动，学生也更感兴趣。

四、实验设计思路

科学实验的设计思路也是设计实验的两个原则："对比实验"和"单一变量"。

"对比"是科学测量中最普遍、最基本、最常用的实验方法，就是将被测量与标准量进行比较而得到结论。实验一通过测量物体在空气中弹簧测力计的拉力，也就是物体的重力，以及在水中的"重力"进行对比。当被测物体完全浸入水中后，弹簧测力计上的读数变小了，说明物体在水中受到了浮力的作用。通过对比，发现数据的变化，得出要验证的结论。实验二通过比较被测物体部分浸入水中和全部浸入水中的浮力大小，得出结论：下沉物体所受的浮力大小会改变。实验三使用体积相同重量不同的两个金属块，通过实验测量对比他们所受到的浮力大小相同，证明下沉物体所受的浮力大小和重量无关。三个实验全部通过对比数据得出实验结论。

"单一变量"是指控制几个量不变、只改变其中一个量，从而转化为单一量影响某一个量的研究方法。这种方法在实验数据上反映为两次实验只有一个条件不同，若两次实验结果不同则与该条件有关，否则无关。

实验一验证下沉物体是否会受到水的浮力，不变的量是同一个物体、用同一个弹簧测力计勾住。改变的量是一个在空气中，一个全部浸入水中。两次测得的弹簧测力计上的数值是不相同的，全部浸入水中时数据变小，则说明物体在水中受到了浮力的作用。实验二中不变的量是同样的溢水杯。改变的是浸入水中的体积的大小——部分浸入和全部浸入。两次测得的弹簧测力计上的数值是不相同的，则说明浮力的大小是会改变的，并且是和浸入水中的体积，即排开的水量有关。实验三因为要探究浮力和重量的关系，所有选用了体积相同重量不同的两个金属块。用同样的溢水杯进行测量，操作方法相同。得出的结果是，它们的浮力相同。重量不同，但浮力相同，说明浮力大小和重量无关。

五、实验教学目标

（一）知识与技能

（1）下沉的物体在水中确实都受到浮力的作用，可以用测力计测出浮力的大小。

（2）下沉的物体受到浮力的大小和浸入水中的体积有关，即排开的水量。排开的水量越大，物体所受的浮力就越大。

（3）物体在水中受到的浮力大小与重量无关。

（二）过程与方法

（1）学生会使用测力计测出浮力的大小。

（2）通过本课教学，培养学生学科学、用科学的能力，主要是初步的观察能力、实验能力、归纳概括能力以及逻辑思维能力和想象能力。

（三）情感态度与价值观

（1）体验实验验证的重要意义。

（2）懂得数据在分析解释现象过程中的重要性。

（四）教学重点

掌握测量浮力大小的正确方法；培养采集数据并进行简单分析的能力。

（五）教学难点

排开的水量和浮力大小的关系；懂得数据分析在解释现象中的重要性。

六、实验教学内容

（一）课标规定和教材中开列的实验内容

实验一：下沉的物体是否会受到水的浮力。

实验二：下沉的物体受到水的浮力会不会变化。分别测量下沉物体小部分浸入水中、大部分浸入水中和全部浸入水中时的浮力的大小和排开的水量。

实验三：下沉物体受到的浮力大小和什么因素有关。大小不同的同一种石块，完全浸入水中，测量它们受到的浮力大小，比较不同，找出规律。

（二）我为完成实验教学目标设计的三个实验

（1）验证性实验：通过实验验证学生猜测——下沉物体会受到水的浮力。并使用测力计测出浮力。

（2）探究性实验：浮力的大小会改变吗？和哪些因素有关？通过实验测量部分浸入水中和全部浸入水中的浮力，进行对比，得出结论——和浸入水中的体积有关，即排开的水量有关。

（3）兴趣性实验：下沉物体所受的浮力大小和重量有关系吗？分别测量体积相同、重量不同的两个金属块所受的浮力，得出结论——体积相同、重量不同的物体，在水中所受的浮力大小相同。证明下沉物体所受的浮力大小和重量无关。同时浮力相同、排开的水量也相同，进一步验证了浮力的大小和排开的水量有关系。

七、实验教学过程

（一）引入

师：水槽里有两个物体，泡沫在水中上浮，是因为它受到了水的浮力，石块在水中下沉是由于它没有受到水的浮力。也就是说，上浮有浮力，下沉无浮力，对吗？

师：对吗？（追问，表示质疑，引起矛盾）

师：你觉得下沉的物体会受到水的浮力吗？

生：会或不会。

师：到底下沉的物体会不会受到水的浮力呢？今天我们就来研究——下沉的物体会受到水的浮力吗？（板书课题）

（二）新授

（1）实验一：下沉物体会受到水的浮力吗？

师：你想怎么探究？

生：小组讨论，交流方法。

师：哪种方法更科学？

生：弹簧测力计测出数值更科学。

师：给出实验材料，出示实验报告单，见表1。

表1　实验一报告单

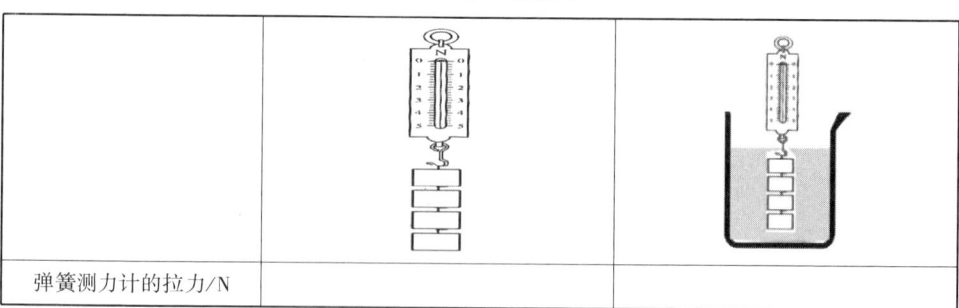

弹簧测力计的拉力/N		

生：交流实验结果。

得出结论：下沉的物体会受到水的浮力。

师：浮力是多大？

生：试着计算。

师：浮力等于什么呢？

生：进行受力分析，得出"浮力=重力-拉力"。

（2）实验二：物体在下沉过程中受到的浮力会变化吗？

1）物体在下沉过程中受到的浮力大小会变化吗？

生：预测会变化。

师：是不是像我们预测的这样呢？实验是检验真理的唯一标准。

生：进行实验二，见表2。

表2 实验二报告单

弹簧测力计的拉力/N				
浮力/N				
排开的水量/mL				

生：记录数据，交流。

得出结论：物体在下沉过程中受到的浮力不一样大，物体全部浸入水中所受的浮力大，部分浸入水中所受的浮力小。

2）浮力的大小和什么因素有关？

生：猜测和浸入水中的体积有关，和物体的重量有关。

师：浸入水中的体积大小我们怎么知道？

生：浸入多少体积，就会排出多少水来。

师：我们可以通过比较排开的水量比较出浸入水中的体积的大小，找到和浮力的关系。

生：比较排开的水量。

得出结论：物体浸入水中的体积越大，排开的水量就越大，浮力越大。浮力大小和物体排开的水量有关系。

（3）实验三：物体受到浮力大小和重量有关系吗？

师：出示体积相同但重量不同的金属块。

师：他们什么相同、什么不同？

生：体积相同，重量不同。

师：将两个金属块放在天平上，证实确实重量不同。

师：这两个金属块完全浸入水中谁受到的浮力大？

生：猜测轻的浮力大？

引出实验三，见表3。

表3 实验三报告单

	A	B
物体的重力/N		
弹簧测力计的拉力/N		
浮力/N		
排开的水量/mL		

得出结论：下沉物体所受的浮力大小和重量无关，进一步验证浮力大小和排开的水量有关。

八、实验效果评价

（1）本课实验以改进创新实验器材作为切入点，将实验进行整合创新，遵循学生的认知规律，使学生经历了探究实验的过程，培养了采集数据并进行简单分析的能力。

（2）对实验室现有器材进行改进，新器材的应用简化了教师器材的准备，学生操作简便，活动可行性强，数据准确性高，实验效率有效提高。

（3）该实验采用的实验器材易取得，改进方法简便，所以该设计有很强的实用性和推广性。

（4）通过数据的统计、分析，讨论，生成结论，学生体会到了数据分析在解释现象中的重要作用。突出了重点，攻破了难点。

玩转小水轮

厦门第二实验小学　何雪薇

一、实验教学内容分析

（一）实验内容分析

"玩转小水轮"（见图1）选自苏教版小学《科学》一年级下册第二单元"水"的第2课。

在前一课认识"水可以流动"的基础上，本课从工程技术的视角设计教学内容，主要包括"探究用水的力量让小水轮转动起来"以及"研究让小水轮转得更快的方法"两个实验。

（二）课程标准要求

依据课程标准，本课对应的科学知识学段目标是"知道常见的力"，具体

图1　"玩转小水轮"教学内容

目标是"让学生在实验中建立流动的水有力量的概念"，技术与工程目标是"学生能够用教师提供的简单器材让小水轮转动起来"。在科学探究和能力培养方面，通过引导学生玩转小水轮，探究小水轮转动快慢的原因，并在教师指导下描述实验过程和现象，培养学生简单收集证据、处理信息和表达交流的能力。科学态度方面的目标要求是激发学生乐于参加科学活动的探究兴趣和探究热情，培养实事求是、追求创新的意识，形成合作分工的习惯。

二、学情分析

本课的教学对象是一年级学生，他们活泼好动，对身边各种各样的自然事物和现象都会感到好奇，在日常生活中对水的力量已经有了一定的认识。但是由于他们注意力保持时间短、自控能力差，观察、探究、思考的方式都还不成章法，所以关于水的力量并没有形成完整的概念，还不会用科学语言来描述。

三、实验教学目标

基于课标、教材和学情分析的结果，根据实验内容制定了以下教学目标。

（一）知识与技能

（1）知道水有力量。

（2）知道水位的高低、水流量的大小、水流冲击到水轮的位置，都会影响小水轮转动的快慢。

（3）学会描述实验过程和现象，培养学生简单收集证据、处理信息和表达交流的能力。

（二）过程与方法

（1）通过探究水位的高低、水流量的大小、水流冲击到水轮的位置变化的实验，形成概念。

（2）采用口述、图示等方式表达水有力量的观点。

（三）情感态度与价值观

（1）在玩转小水轮的活动中，初步建立公平意识。

（2）在小组活动中，愿意主动与他人合作，积极参与交流和讨论，养成实事求是、追求创新的意识，形成合作分工的习惯。

教学重点：知道水有力量；发现冲水位置的高低、水流量的大小等因素会影响小水轮转动的快慢。

教学难点：在让小水轮转得更快的活动中，形成对比意识，初步认识对比的方法。

四、创新实验设计

（一）原有实验存在的问题

（1）操作难度高，课堂效率低。教材提供的实验器材和实验方法，基本上是全"手动"，需要小组多人合作完成。学生动手操作能力较差，手拿漏斗时很难固定在一个位置不变，经常会出现漏斗口位置前后左右晃动，甚至漏斗口下端打到小水轮叶片的情况，对比不严谨。师生花在纠正处理无关因素上的时间多，实验效率低下。

（2）结果靠感知，结论不科学。使用未经改造的器材实验时，在反复装水倒水的过程中小水轮不能持续转动，这对观察小水轮转动的快慢造成了很大的干扰。有时为了不让自己的衣服被打湿，学生会专注于倒水的动作，而忽略观察小水轮转动的快慢。由于学生的观察能力不强，再加上小水轮转动的速度较快，对小水轮转动的快慢仅用感官进行观察、判断，得出的结论不准确。

（3）课堂秩序乱，目标难完成。一年级的学生看到实验器材后就很兴奋，急于动手、急于表现，但是自制力较差。当孩子爱玩的天性被激发出来以后，他们会毫无顾忌地去玩小水轮、玩水，事前教师交代的实验步骤和注意事项基本上忘得一干二净，陷入了单纯"玩"这种无效学习状态，导致实验教学目标无法落实。

（二）实验创新

实验是儿童获得感性认识的一个基本途径。低年级学生认识自然事物的规律是从直观到抽象、从简单到复杂。因此，设计能让学生参与的探究活动应该要满足看得见、摸得着，并且能够让学生从实验中获得最具体、最直观、最生动的感受。我们提出低年级的实验设计理念——用最简单的器材做最简单的实验，学到有意义的知识。因此，玩转小水轮的实验中要尽可能地减少外界环境的干扰，让学生把注意力放在实验探究活动本身，促进其科学的发展。因此，为了更好地落实课标中所倡导的探究式教学理念，尽可能让每个学生都能亲历探究过程，我自主设计开发了"玩转小水轮"分组实验盒，主要结构如图2所示。

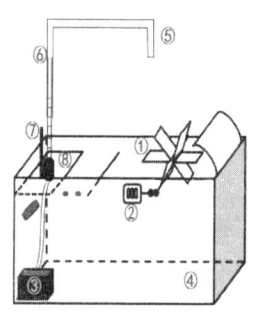 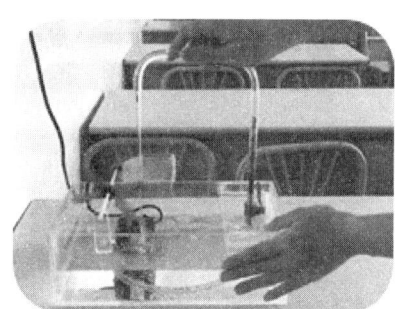

①小水轮
②计数器
③抽水泵
④蓄水池
⑤出水口
⑥伸缩水管
⑦控制水阀
⑧可移动滑板

图2 "玩转小水轮"分组实验盒

创新教具的主要功能与优势如下：①使用自动水循环系统，解决学生反复加水影响实验的干扰因素，省时高效；②水流量大小能用水阀控制，出水口高低、冲击小水轮叶片位置能调节，水轮能更换，可以满足多样化的探究需求，功能丰富；③简单计数器能自动精确记录小水轮转动的圈数，有利于培养学生的数据意识，方便易用。

五、实验方法设计

本实验涉及以下两个实验方法。

（一）合作探究法

学生四人一组，利用实验盒自主探究，在合作交流的过程中感受小水轮转动快慢的变化。

（二）数据分析法

学生通过计数器记录小水轮转动的圈数，再利用数据分析获得小水轮转动快慢的结论。

六、教学过程设计

（一）转动小水轮

说一说：是什么让小风车转起来？

想一想：用什么方法能让小水轮转起来？（聚焦本课主题，用水让小水轮转动起来）

（二）玩玩小水轮

做一做：组装小水轮。

玩一玩：分组玩水轮，让水轮转动起来。

说一说：描述自己观察到的实验现象，认识水流的力量是水轮转动的原因。

（三）比比谁更快

比一比：你的水轮转得快还是别人的水轮转得快（用多种方法比较快和慢）。

议一议：为什么别人的水轮转得快？

猜一猜：水流量大小和出水位置的高低对小水轮转动的快慢有什么关系？

（四）动手试一试

试一试：指导学生根据提出的两个想法自主实验探究。

记一记：指导学生用小组记录的实验数据来说明猜想是否正确（得出水流量大小和出水位置的高低对小水轮转动的快慢有影响的结论）。

（五）大家来挑战

问一问：如果水流量不变，出水高度不变，还能让小水轮转得更快吗？

试一试：让学生利用实验盒进行实验探究（教师引导学生发现水击打小水轮叶片的位置也会影响小水轮转动的快慢）。

（六）全家总动员（课后环节）

小制作：提供制作萝卜水轮的视频，和家人一起制作。

新探究：小水轮叶片的数量与小水轮转动的快慢有关系吗？

七、教学反思与自我评价

本课通过自制教具，更好地适应了低年级科学的教学，达到了较好的教学效果。回顾本实验教学，具有以下优点：

（一）合理创新效果好，科学探究兴趣浓

实验原理科学，装置便携、操作简便、现象明显，为学生建构概念提供了直观的支架，充分满足了课堂上分组实验的要求，有效激发了学生科学探究的

兴趣。

（二）专注探究获实证，突破教学重难点

创新设计的教具，为学生排除掉诸多干扰因素，让学生能专注于实验本身，教学有效率。简单的操作方法符合低年级学生的动手能力水平，他们能在课堂中充分利用自制实验盒完成多样化的探究活动，突破了教学难点。

（三）改变模糊为精确，数据意识自形成

使用计数器来判断小水轮转动的快慢，相比以往只凭感觉的做法，更直观明确，并能培养学生的量化数据意识，科学严谨。

（四）精心设计有童趣，动手动脑玩科学

教学设计建立在深入研究低年级学情的基础上，充分考虑学生的心理特点，采用游戏式、任务式、比赛等多种组织方式，层层推进，课堂生动有趣。学生在玩的过程中，既动手又动脑，不仅学到科学知识，还训练了实验技能，科学思维能力也得到培养和提升。

定滑轮和动滑轮

福建省龙岩师范附属小学　赖洪兆

一、使用教材

教科版小学《科学》六年级上册第一单元第五课"定滑轮和动滑轮"。

二、实验器材

(1) 自制升旗台装置、切开的滑轮、带杠杆的滑轮、厚纸片。

(2) 钩码、细绳、学生制作的图片。

三、实验创新改进点

(一) 原实验设计

教材的实验设计直接用模拟升旗杆顶上的滑轮作为研究定滑轮的装置,然后简单地完成两个实验。

(1) 探究旗杆上定滑轮的作用。

(2) 探究动滑轮的作用。

(二) 新改进实验器材

(1) 旗杆按一定比例缩小,顶端滑轮按一定比例放大。引导学生对滑轮的注意力随着滑轮的放大而放大,进而研究凹槽、轴心、挂钩等,从而对滑轮的基本结构有一个整体的认识。

(2) 将滑轮切开,画上杠杆。引导学生发现滑轮也是杠杆,然后在滑轮上画上较多杠杆,证明定滑轮不省力不费力,及动滑轮省力的原理(见图1)。

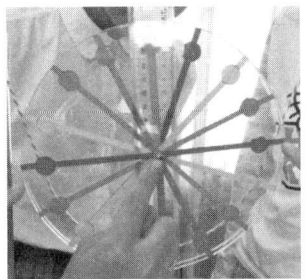

图1　放大、切开的滑轮

四、实验原理

（1）通过切割滑轮，发现滑轮是杠杆，再结合前面杠杆的知识（不省力不费力杠杆的特点：支点到用力点与支点到阻力点的距离相等）。发现定滑轮是个杠杆，支点到用力点与阻力点的距离就是轮的半径，同一个轮半径是相等的（距离也相等），所以定滑轮不省力不费力。

（2）通过动滑轮上画的杠杆，找出动滑轮上的支点、用力点、阻力点。支点到阻力点的距离是轮的半径，支点到用力点的距离是轮的直径，所以定滑轮省一半的力。

五、实验教学目标、重难点

（一）教学目标

（1）科学知识。

1）知道滑轮是简单机械，可以提高工作效率。

2）知道定滑轮不可以省力，动滑轮可以省力，并知道其原理。

（2）科学探究。

1）能设计研究定滑轮或动滑轮作用（省力与不省力）的实验方案。

2）能设计应用定滑轮或动滑轮的简单产品。

（3）科学态度。

1）在合作探究滑轮的过程中，表现出对滑轮的结构、作用和应用的兴趣。

2）感悟人类发明利用滑轮的智慧。

（二）重点教学

（1）重点：认识滑轮的作用及省力与不省力的原理。

（2）难点：使用滑轮可以提高工作效率。

六、实验教学内容

教育部 2017 年颁发的《义务教育小学科学课程标准》新增技术与工程领域，此课在原课标中属"物质世界"领域，在新课标中属"技术与工程"领域。在物质世界领域里，对此课的要求只是知道定滑轮与动滑轮的区别，然后知道省力费力、改变方向即可。而在技术工程领域框架下，涉及技术的核心是发明，工程的核心是建造，运用科学、技术、工程等创造了丰富多彩的人工世界。六年级学生已经有一定的探究基础，善于分工合作，善于发现问题，提出不同的观点。学生在学习本课之前已积累了较多关于力的知识，通过学习本单元简单机械的杠杆和轮轴知识，知道使用杠杆和轮轴能省力或费力，但多数学生并不知道滑轮所包含的科学原理，以及滑轮在生活中的应用。

七、实验教学过程

(一) 选择实验教学情景

将升旗过程作为实验教学的情景，先明确升旗杆顶上的装置是一个工程产品，让学生发现在这个产品中有一个滑轮，然后再引导学生观察滑轮的结构（见图2）。

图2 缩小的旗杆、放大的滑轮

(二) 认识滑轮结构

引导学生发现，滑轮的种类繁多。学生会单纯地以为书本中常见的滑轮才叫滑轮，其实很多滑轮可能凹槽形状、框、挂钩都会发生改变。这为学生后面进一步研究滑轮打下基础（见图3）。

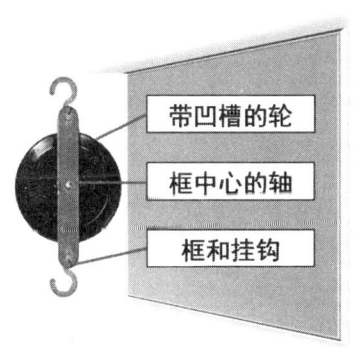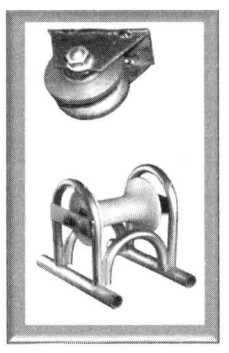

图3 滑轮的构造及各式滑轮

(三) 认识定滑轮和动滑轮

把定滑轮动滑轮统一起来认识，而不是按课本各个分开。这样有利于实验探究过程的统一，形成对比，突出定滑轮与动滑轮的异同（见图4）。

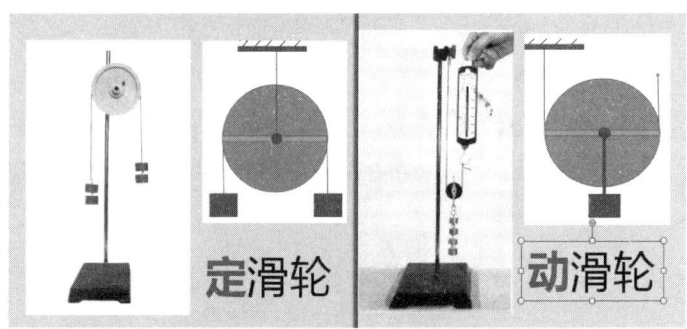

图 4　区别动滑轮与定滑轮

（四）画一画滑轮的结构

这一环节重点学习如何画圆圈，如何体现凹槽，以及中心的轴等。这里涉及技术与工程的数学问题（见图 5）。

图 5　设计滑轮

（五）拆一拆，研究滑轮的设计

为了进一步研究滑轮，对旗杆上放大的滑轮进行加工。"拆一拆"这一环节是为了引导学生思考滑轮构造和前面学习的杠杆有什么内在联系。其实，把滑轮拆开后留下中间部分，会发现剩下的就是杠杆。通过探究学生自己得出结论：滑轮即杠杆（体现了技术工程里面生活环境加以系统开发、生产、加工等）。同时推出定滑轮支点到用力点与阻力点的距离就是轮的半径的杠杆。同一个轮半径是相等的（距离也相等），所以定滑轮不省力不费力（见图 6）。

图 6　拆分滑轮

（六）找一找动滑轮的支点、用力点、阻力点

首先看 PPT。这是一个动滑轮，如果把圆外框去了，发现这是一个杠杆，再引导学生找出支点、用力点、阻力点。再看看改进的实验器材，动滑轮上升过程中一根根杠杆在移动着，如果把其他杠杆遮住，就会发现只有一根杠杆在运动。通过在动滑轮上画的杠杆，找出动滑轮上的支点、用力点、阻力点。支点到阻力点距离是轮的半径，支点到用力点的距离是轮的直径，所以定滑轮省一半的力（见图 7）。

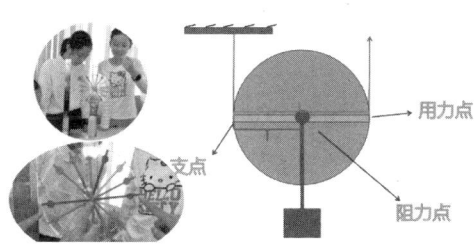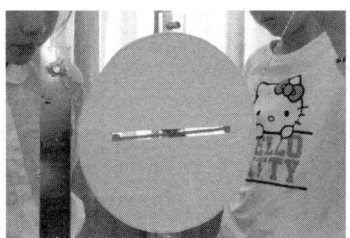

图 7　研究动滑轮的杠杆

（七）根据实验方案完成实验操作

（1）探究定滑轮的作用。

（2）探究动滑轮的作用。

（3）实验方法：观察、比较、变量实验方法。

（4）汇报、交流。实验记录单是科学探究必不可少的元素之一，它可以培养学生的逻辑思维能力。为了体现技术与工程特点，对实验记录单也进行了一定的修改。

定滑轮：不省力，可以改变方向。为什么不省力？（引导学生和前面学习的定滑轮是一个不省力也不费力的杠杆有机结合）动滑轮：省力，不可改变方向。为什么能省力？学生得出动滑轮是一个能省一半力的杠杆（引导学生和前面学习的动滑轮是省力杠杆有机结合）。通过这一系列的探究，学生对定滑轮和动滑轮的理解更深入了（见图8）。

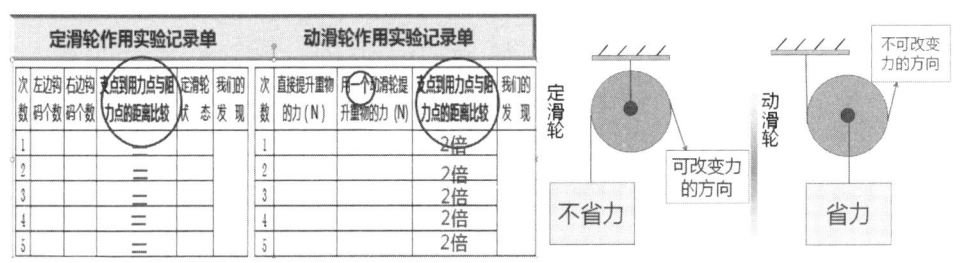

图8　实验记录单

八、生活中的运用

科学的尽头就是回到生活，工程师根据定滑轮动滑轮的科学原理，制造出实际应用的产品，使生产和生活更加便利、快捷、舒适。那么我们探究了定滑轮与动滑轮的特点之后，引导学生回到生活，认识生活中有哪些地方应用到这样的产品。课后引导学生再进一步探究，根据课堂上画的图纸，亲自动手制作滑轮，可以制作一个简单的升降晾衣架，可以到工地近距离观察起重机的结构。

九、实验效果评价

本节课对实验器材、实验方法、实验过程、记录单等进行一定的改进。这样的改进符合新课标的要求，从而取得很好教学效果，最明显的特点是"领悟新课标、活用旧教材"。

（1）彻教学理念：激发学生探究欲望，保护学生的好奇心求知欲。
（2）新教学内容：体现了逻辑关系。
（3）挥教具作用：加强科学概念的形成。
（4）强工程实践：提高创新能力、实践能力、解决实际问题的能力。
（5）最终提高学生的科学素养。

科学的核心是发现，技术的核心是发明，工程技术的关键是设计。这也是我们当下热点课程STEM。"定滑轮和动滑轮"的学习使学生有机会综合以上（科学、技术、工程、数学）各方面知识，体验科学技术对个人生活和社会发展的影响，创造丰富多彩的人工世界。

我的滑轮

郑州市管城回族区外国语小学　李丹

一、使用教材

本课来自义务教育小学科学大象版课程标准实验教科书四年级下册第五单元"生活中的机械"第四节"我的滑轮"。

"生活中的机械"这一单元，集中研究有关简单机械方面的科学知识，使学生对物质世界中的运动和力有一个完整的认识，体验并意识到物质运动与力之间的相互关系。

"我的滑轮"从知识层面上讲属于小学科学课程内容中的物质科学领域，是一节综合探究实践活动课。作为本单元的最后一课，是在学生认识了机械、平衡和杠杆的基础上，通过提升重物等活动，自然过渡到理解各种滑轮的原理和作用。以培养学生科学素养为宗旨：倡导学生亲身经历以探究为主的学习活动，激发他们的好奇心和探究欲，发展他们对科学本质的理解，促使他们学会探究解决问题的策略，并乐于与人合作。

二、学情分析

四年级的学生，思维形象性优于抽象概念，好奇心强烈，学习动机高。

设计以下问卷调查：你听说过滑轮吗？你在哪里见到过滑轮吗？你知道滑轮的工作原理吗？你想了解有关滑轮的哪些知识？

汇总分析学情。接受调查的90名学生中，81人听说过滑轮，但没有学生知道滑轮的工作原理。学生会联想到的滑轮，如国旗杆顶部的滑轮、建筑工地机械用滑轮等。但也有一半学生认为是轮滑鞋下面的轮子，说明对滑轮的正确认知并不够。学生希望了解滑轮的用处、用法、原理等知识，这将作为学生的求知动力，推动探究活动过程。

三、实验教学目标

（一）科学知识目标

认识定滑轮、动滑轮，知道它们的作用和特点。

（二）科学探究目标

建构科学探究模型，自主探究滑轮是否省力、省距离。

(三）科学态度目标

体会到合作的重要性，有计划地进行学习探究。

（四）科学技术社会环境目标

关注到社会生活中的机械给人类带来的诸多方便，从而引发学生利用科学技术提高生活质量的意识。

四、教学重难点

（一）教学重点

认识滑轮，知道定滑轮、动滑轮的作用和特点。

（二）教学难点

通过对比实验自主探究使用滑轮是否省力、省距离。

五、教学方法

本课教法设计遵循的是科学探究的过程：猜想—验证实验—数据分析—归纳整理。学习过程从"儿童电影片段"这样的情景形式导入，从而引出问题"为什么人们要使用滑轮来提升重物"引起学生的猜想。小组自主进行实验设计，进行实验验证。第一个实验由老师带领学生完成，第二个探究滑轮是否省距离的实验由学生自主完成。通过实验数据的汇总分析，学生自主探究出这节课所需掌握的科学概念。

六、实验教学内容

本课是在学生认识了机械、平衡和杠杆的基础上，通过提升重物等活动，自然过渡到理解各种滑轮的原理和作用。利用滑轮工作展示台进行实验，探究使用定滑轮和动滑轮是否能够省力、省距离。

七、实验原理/实验设计思路

（一）实验原理

作为本单元的最后一课，承接了杠杆中的杠杆原理知识，用于解释为什么定滑轮不省力、动滑轮省力的科学探究结论。

定滑轮实质是一个等臂杠杆，而动滑轮是一个动力臂是阻力臂两倍的省力杠杆。

（二）实验设计思路

（1）利用滑轮工作展示台进行"使用滑轮是否省力"的实验。重物分别为1个、2个、3个钩码时（每个钩码重量0.5N），测量使用定滑轮、动滑轮后拉力示数,并记录,对数据进行分析。

(2)利用滑轮工作展示台进行"使用动滑轮是否省距离"的实验。使用定滑轮、动滑轮分别提升物体,让物体升高高度相同,测量拉力端运动距离,并记录,对数据进行分析。

八、实验器材

展示材料:自制教具滑轮工作展示台(见图1)。

分组材料:铁架台、细线、滑轮、钩码、滑轮工作展示台、拉力传感器(见图2)、电脑。

图1 滑轮工作展示台

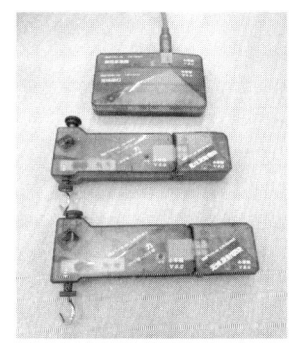 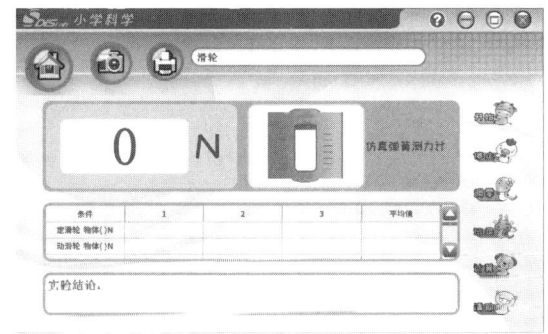

图2 拉力传感器与相应电子表格

九、实验创新要求/创新要点

使用传统的实验器材,有一定的局限:①拆卸耗费时间,学生要利用铁架台分别进行用定滑轮提升物体和用动滑轮提升物体两组实验;②不易对比使用定滑轮和使用动滑轮的作用和区别;③实验时,物体悬挂在空中,不容易看出物体升高的高度与拉力所在端运动长度的关系;④学生很难用杠杆原理对其进行解释。

因此,对实验教具进行了创新性设计,自制实验教具滑轮工作展示台是由定滑轮工作展示台和动滑轮工作展示台并列组成的。

双层亚克力板和底座构成支架。第一层板中间镂空，提升物体时可以保证物体悬空，减少摩擦带来的误差。下方有便于学生放钩码或重物的平台，能够保证物体从同一水平线提升。

摇把：转动摇把可以使物体提升。

线头连接器：白色的小方块为线头连接器，可以打开，使拉力端与拉力传感器相连，通过数据采集系统，将拉力大小同步显示在电脑屏幕上。

坐标格：滑轮工作展示台的背板设计了坐标格子，每个格子为边长 2cm 的正方形，帮助学生控制物体升高的高度。

标尺：展台中间的标尺可以左右移动，便于学生观察拉力端运动的距离。

创新实验教具滑轮工作展示台经历了多次调整和改进（见图3）。便于让它更好地发挥优点：①节省拆卸时间；②对比作用显著，学生可以把使用定滑轮和使用动滑轮提升物体的作用和特点形成对比；③深入理解原理，方便学生找到动力臂、阻力臂，用杠杆原理对其进行解释；④增加探究空间，利用后面的坐标格子和中间的标尺，可以直观地比较使用不同滑轮时，物体升高的高度和拉力端运动长度的关系；⑤提高实验精度，拉力传感器的使用（见图4）进一步减少误差，让我们的创新教具更加便于学生在课堂上采用自主探究的方式进行实验学习。

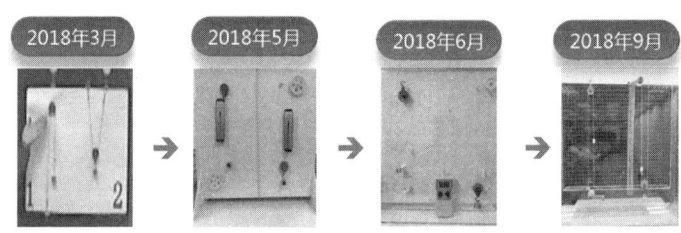

图3 滑轮工作展示台的四次调整与改进

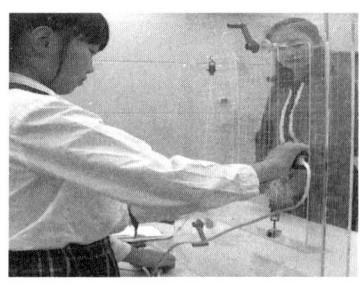 

图4 学生实验操作与数据提取

十、实验教学过程

本节探究实践活动课的教学过程分为三部分。

我的滑轮

（一）感官课堂，把真实还给儿童

课程的开始，以儿童电影《帕丁顿熊》的片段作为本节课的情景引入，滑稽的镜头引得孩子们放声大笑，共同营造了一种轻松和谐的学习氛围，同时牵引出许多生活中类似的真实场景。将电影中小熊提升水桶借助的钢管与滑轮建立联系，点燃学生思维的导火索，马上让学生观察实验台上滑轮的特点。通过用手摸、用眼睛观察和用嘴巴交流，建立滑轮的概念。与现实生活相联系，让学生以帮助小熊提升水桶为由，进行简单实验，亲自体验动手组装滑轮的过程，帮助学生打下认知基础。

（二）探究课堂，把问题还给儿童

这个部分是本节课的重点。新课标要求学生能够利用简单的观察实验作好分析记录，让学生经历一个完整的探究过程。通过简单提升物体模拟实验，学生们所用的方法分为两种，其实就是用定滑轮提升或用动滑轮提升。通过观察对比，学生很快发现定滑轮可以改变力的方向，而动滑轮不能改变力的方向。

（1）实验一：使用滑轮是否省力？

通过一系列问题，点燃学生的思维："人们为什么要用滑轮提升重物呢？"

根据学生的猜测是否省力，引出本节课的探究问题："我们该怎样研究使用滑轮是否省力这样一个实验""在实验的过程当中，有哪些需要注意的事项"。

接下来进入设计实验、验证猜想环节，学生通过小组合作分析，设计实验方案。

同时对学生的设计给予补充和引导，最终完善出一张实验记录表，并对学生的设计给予评价，鼓励学生多动脑，体现本学科实验的严谨性。

学生使用滑轮工作展示台进行实验。学生采集到的数据可以直接在系统中的表格里记录下来。通过三次的实验数据对比分析，学生发现：定滑轮不省力，动滑轮省力。并板书。

（2）实验二：使用滑轮是否省距离？

新旧知识的联系："杠杆可以省力或者省距离，能否在滑轮的使用中也达到这样的效果"。

引导学生自主进行探究活动，验证使用滑轮是否省距离。活动结束后对学生的操作给予评价。

（三）联系生活，把思考还给儿童

让学生联系生活中的滑轮。定滑轮和动滑轮作用和特点各不相同，那我们在实际应用中该如何选择呢？学生通过已经掌握的知识，设计滑轮组，使学生明白，知识来源于生活又服务于生活，关注到社会生活中的机械给人类带来的诸多方便,从而引发学生利用科学提高生活质量的意识。

十一、板书设计

我的滑轮

定滑轮:可以改变力的方向,不省力。

动滑轮:不能改变力的方向,省力。

十二、实验教学评价

实验改进后,效果良好,这主要得益于实验器材的改进:①便于对比实验;②提高实验精度;③提高课堂效率。

本节课从学生的先前概念出发,逐步突破问题,达到了期望的教学目标。

比较韧性

乌鲁木齐市第八十二中学　颜涵瑜
乌鲁木齐市沙依巴克区教研室　张美华

一、使用教材

教科版小学《科学》三年级下册第三单元"我们周围的材料"第三课"比较韧性"。

二、实验教学内容

比较不同材料韧性的实验,是"比较韧性"一课的核心学习活动。这是学生在小学阶段第一次真正接触实验,更是第一次接触对比实验。教科版小学科学的教材对培养学生对比实验的能力非常关注,主要要求学生了解对比实验的公平性,即"一个条件变化其他条件都相同"的原则。在"比较韧性"这课的实验中,很明显唯一一个变化条件就是材料不同,所以其他的条件都必须完全相同。

三、实验教学目标

(一)认知目标

知道不同材料的韧性不同。

(二)技能目标

通过观察、实验等收集资料,运用表格整理分析资料;在证据的基础上得出三种材料中塑料的韧性最好的结论。

(三)情感目标

在比较不同物质韧性的实验中促进学生养成大胆想象、尊重证据、敢于创新的科学态度。

四、实验器材

自制教具支架、钩码、相同直径(3mm)的铁棒、塑料棒、木棒。

五、实验设计思路

在实际教学中很难找到符合教材中要求的厚度和宽度相同实验材料,教材中的实验方法对实验场地和学生的实验能力也有较高要求,不符合三年级学生实际情况。

所以针对这几点,自制了符合教学要求的教具,对实验方法适当调整,达到了教材中的要求，比较几种不同材料韧性并得出塑料韧性最好的结论。

六、实验改进要点

（1）将教材中不容易准备的条形材料，换成了容易寻找的棒状材料进行实验。只要铁棒、木棒、塑料棒的直径相同，就能保证实验的公平性。

（2）为了方便学生挂钩码，更顺利地完成实验，用胶棒在材料末端加工出了一个凸起（见图1），使钩码不会因为材料弯曲而滑落。

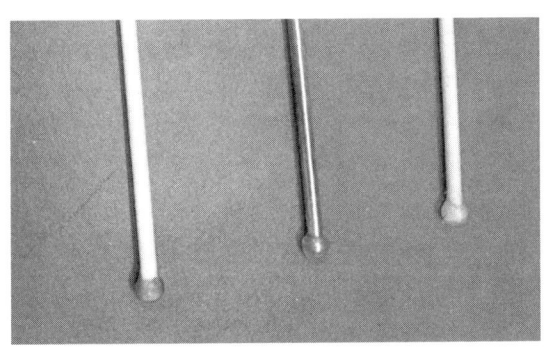

图1　加工后的棒状实验材料

（3）为了方便学生在实验中操作、测量与记录，还针对这个实验制作了教具（见图2）。教具主要使用亚克力板制成。在亚克力板上钻了和三种材料直径相符的小孔（见图3），使学生能方便将材料穿过，更容易固定三种材料。并且在支架上了刻度尺，使学生不仅能直观观察到实验现象，更可以简便、清晰地完成数据测量和记录。

图2　自制实验用支架　　　　　图3　方便固定棒状材料的小孔

七、实验教学过程

（1）提供三种物体，让学生说一说它们分别是用什么材料做的。再请学生用自己的方法来比较它们的韧性（当产生意见分歧时，引导学生发现：比较的材料由于形状、长度、用力大小不同，这样比较它们的韧性是不公平的）。

（2）出示粗细相同的塑料棒、木棒、铁棒和钩码，请学生分组讨论并且交流：可以怎样公平地研究它们的韧性。

（3）出示实验材料，播放微课视频讲解实验方法和步骤（见图4）。

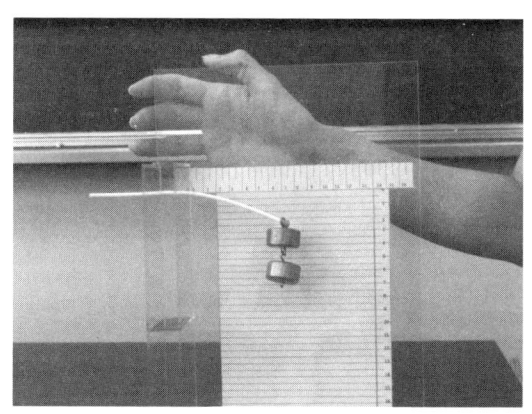

图4 实验过程

（4）学生进行分组实验并及时在表格中记录实验数据。

（5）师生交流实验数据，并总结实验结论：哪种材料的韧性最好。

八、实验效果评价

通过实际操作可以看出，改进实验器材和实验方法保证了实验的公平性，并且改进后的实验材料不受地域和经济条件的限制，具有很强的推广性。改进后的三种材料末端可以自由悬挂钩码，同时刻度尺也便于观察数据，对于三年级的学生来说实验的操作也更简便更容易上手。这些都再一次证明了可操作的、成功的实验才是科学课堂教学的基石。

课堂教学实践证明学生非常喜欢科学探究活动。教师只要正确地引导，并为他们创设一定的情境和探究空间，为他们提供一定的学习资源，就会激起他们的好奇心和求知欲，学生的主体作用和潜能就可以得到充分的发挥。

总的来说，这节课立足学情，关注学生的实验操作、数据测量、记录与分析比较能力的培养，学生的创造性思维得到发展，学生的科学素养得以提高。

注重观察分析,研究物体反光

江苏省无锡市江阴市利港实验小学　陆新丽

一、使用教材

苏教版小学《科学》五年级上册第二单元"光与色彩"第二课"照镜子"第一课时,认识"光的反射——研究物体的反光"。

二、实验器材

(一)学生实验器材

上课用:物体反光检测器(见图1),9种不同材质物品:镜子、毛巾布、毛玻璃、蜡光纸、塑料膜、砂皮纸、皱纹纸、素描纸、反光布(见图2)。

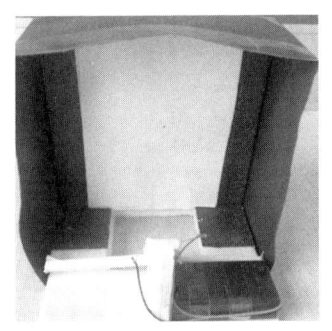
图1　物体反光检测器

图2　待检测的9种不同材质物品

课后拓展研究用:加照度仪的物体反光检测器及研究检测的材料(见图3~图7)。

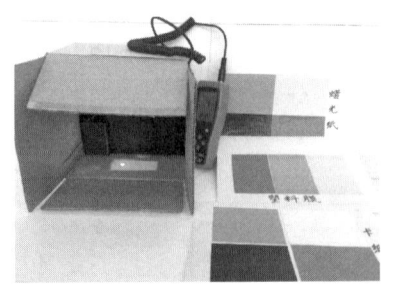
图3　加照度仪的物体反光检测器及实验材料

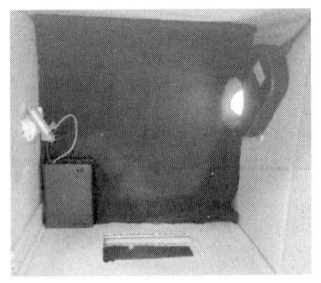
图4　加照度仪的物体反光检测器内部

注重观察分析，研究物体反光

图5　不同颜色卡纸　　　图6　不同颜色蜡光纸　　　图7　不同颜色塑料膜

（二）教师演示用器材

第一组：智慧箱（见图8），内含银灰色反光布制作的小鱼及银灰色棉布背景（见图9）。

作用：激趣，怎样看到黑盒子里的图形？——用镜子将灯光引入黑盒子，即利用镜子让光发生反射。

图8　智慧箱　　　　　　图9　银灰色棉布背景及反光布材质小鱼

第二组：磁性可固定镜子、磁性可固定红光灯、磁铁、胶带（见图10）。

作用：在黑板上呈现光的反射现象（见图11）。

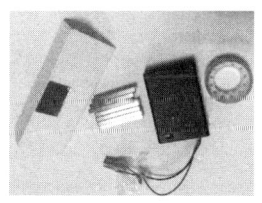 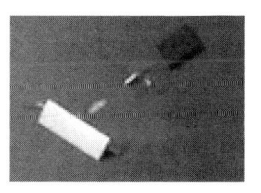

图10　可固定镜子及红光灯、磁铁、胶带　　　图11　反光现象效果图

第三组：艾条盒、打火机（见图12）。

作用：用艾条烟雾清晰呈现光的反射现象。

第四组：激光笔、白板（见图13）。

作用：用于学生玩捕捉反光游戏。

图12 艾条盒、打火机

图13 激光笔、白板

三、实验改进要点/创新要点

（一）原教材实验的不足

（1）根据教材呈现，力图通过反光强的镜子、玻璃幕墙以及对学生而言非常遥远的月亮来使学生建立"几乎每样东西都可以反射光"的概念显然是不够严谨、缺乏说服力的。完全达成这样的认知需要更多的材料、更多的感知来支撑。

（2）对于"认识物体的反光"教材安排的体验活动不足以帮助学生建立光的反射最基本的认知：一切物体都能反光。

（3）"照镜子"一课的实验多，主要围绕镜子的反光展开，而镜子反光规律的认知应是在建立光的反射的普遍性认知的基础上的特例学习。因此，有必要设计实验帮助学生建立光反射的普遍性认知。

（二）实验创新点

（1）在"看见光反射"的活动中，借助艾条烟雾及激光笔、镜子，从"看不见的光"到"看得见的光"，再到"看不见的光线和看得见的光斑"，逐步引导学生理解"光斑"在研究物体反光实验中的意义。实验设计顺应学生年龄特征和思维特点，趣味性强。

（2）在"体会光的反射"实验中，根据学生对镜子及另一物体的反射过程的对比、思考，匹配学生能力，顺应学生思维发展，响应学生研究需要，在学生的理解和思考中梳理学生的思维成果，最终形成一个物体反光检测器的设计模板和创造雏形。

（3）在"研究物体的反光"实验中，根据学生的思考将其形象化，从而制作出物体反光检测器，它制作简单、材料易得、操作便捷、易于理解。在研究物体反光时，通过配以9种不同的物品进行操作，通过预测、实验、观察、辨析，帮助学生完成"有些以为不能反光的物体也能反光"的认知突破；再通过二次检测、分类、对比，完成"物体表面越光滑，反光能力越强"的认知发展；最终通过分小组分区域大量检测身边的尽可能多的物品（眼睛除外），最终帮助学生达成"一切物体都能反光"的认知建构。学生对物体反光的研究感知丰富，认知建构层次清晰、扎实有效。

（4）在"感知光反射"及"认识物体反光的应用"环节，使用"智慧箱"（内含反光布制作的小鱼，配以毛巾布做背景），让学生在思考、操作中开启对镜子反光的生活经验的再现，开启对"物体反光"的学习，也让学生及时将学习中的认知用来解释身边的现象，激发学生的创新思维、实践动力。

（5）在"继续研究物体反光"的任务中，根据学生课堂研究的新发现、新思考、新需求提供给学生便捷的加照度仪的物体反光检测器，满足学生的研究新需求，顺应学生的研究新发展，让学生能展开对物体的反光更为深入的研究，让学生的后继研究有保障。

(三) 实验不足与改进

自制教具"物体反光检测器"的主部件使用KT板，固定时使用的是泡沫胶，作为反光接收屏的白纸每年也都会老化变黄，因此盛夏过后再次使用时需要重新加固、更换白纸。日后可以试着用3D打印整体一次成型，反光接收屏也可以使用白色哑光材料制作。

四、实验原理

本实验及学生学具"物体反光检测器"均利用了光的反射原理（见图14、图15）。

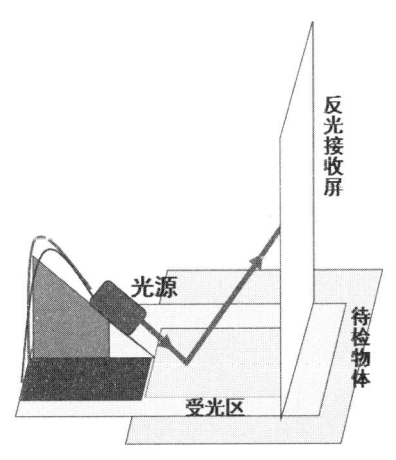

图14 物体反光检测器设计原理

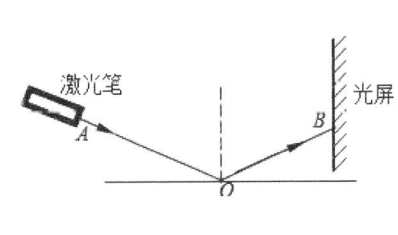

图15 物体反光检测器设计原理

五、实验教学目标

根据内容及目标，"照镜子"一课可分两课时展开学习。第一课时是认识

"光的反射——研究物体的反光",第二课时是认识"光的反射——研究镜子的反光"。因此本课的课时目标为:

（1）科学知识目标：知道一切物体都能反光，物体表面越光滑反光效果越好，表面越粗糙反光效果越差。

（2）科学探究目标：能设计科学的研究物体反光能力的实验，会比较分析实验中获得的现象。

（3）科学能力目标：实验中能用心观察、严谨操作、及时记录，实验后能充分交流，理性思辨。

（4）科学、技术、社会与环境目标：能用所学解释生活中的设计，激发学生应用、创新、实践的意识。

六、实验教学内容

本课作为"照镜子"的第一课时，摈弃了各种光反射的体验式实验串烧，从学生的认知基础及特点出发，设计了"看见光反射"的演示实验和"研究物体的反光"的学生实验，作为本课学习的主要内容。

（1）为了突出教学重点，设计了3个有梯度的学生实验和交流讨论。

1）用物体反光检测器检测9种不同物品，并对砂皮纸能否反光进行辨析，发现"有些以为不能反光的物体也能反光"，且物体反光能力不同，物体的反射光斑也不同。

2）用物体反光检测器再次检测9种不同物品，根据光斑的大小、亮度判断9种物品的反光能力，再通过分一分、比一比，发现反光能力强的物体表面都很光滑，反光能力弱的物体表面都很粗糙。

3）用物体反光检测器快速检测上课教室内的所有物品，包括学生自身及衣物、学具等（眼睛除外），尝试寻找不能反光的物体，最终发现"几乎每样东西都能反光"，建立起"一切物体都能反光"的科学认知。

（2）为了突破难点，设计了一组演示实验，帮助学生逐步建立"光斑"与"研究物体反光"之间的联系。

1）通过镜子反射光的生活经验，将光引入黑黑的"智慧箱"内，唤醒生活中最常见的镜子反光现象的体验和认知。

2）通过艾条的烟雾让镜子反光现形，让"看不见的光"变成"看得见的光"。

3）通过对"看得见的光"的感知，建立起"光斑"与光的联系。

七、实验教学过程

（一）感知物体反光

（1）"我"能让光拐进黑黑的智慧箱。

（2）看见镜子反光。

（3）我们可以通过反射光斑来研究物体反光。

（二）研究物体反光

（1）用白板捕捉镜子的反光和教室内另一反光物体的反光。

（2）对比两次反光的过程及现象，思考研究物体反光过程中的定量与变量，设计"研究物体反光"的实验，理解反光检测器的制作原理及使用方法。

（3）使用反光检测器初步检测9种不同物体，在"砂皮纸能否反光"的辨析中，发现"有些以为不能反光的物体其实也能反光"，并意识到可以通过光斑来衡量物体的反光能力。

（4）再次使用反光检测器再次检测9种不同物体，通过对反射光斑的观察，根据反射光斑的大小、亮度确定9种物体的反光能力。

（5）根据物体反光能力的强弱将9种物体分一分，同一类的进行对比，发现"表面越光滑的物体反光能力越强，表面越粗糙的反光能力越弱"。并能尝试从9种材料中选择一组材料，如毛玻璃的光面和毛玻璃的糙面，或者是蜡光纸、素描纸、皱纹纸，或者是反光布和毛巾布来佐证自己对"物体表面光滑度决定物体反光能力的强弱"的认知。

（6）最后利用反光检测器分区域快速检测身边的更多物体，包括人体表面（除眼球外）和穿着、文具，尝试寻找不能反光的物体，最终建立"一切物体都能反光"的认知。活动前特别强调激光笔的红光是强光，容易灼伤眼睛，因此在实验时一定要确保激光笔的红光不会直射或是反射到人的眼睛中。

（三）应用拓展，继续研究

（1）学习了今天这一课，你有哪些收获？

（2）你有没有办法让一个物体的反光能力增强？如果要减弱一个物体的反光效果，可以怎么办？

（3）生活中有没有这样的应用（反光路标路障、安全背心、军用钢盔、磨砂黑板）？

（4）你在研究物体反光实验中还有什么发现？

（5）对于肉眼区别不出的物体反光，你怎样继续研究（改进检测器，加入照度仪，让学生的检测结果数字化、标准化、利用科技帮助我们观测）？

八、实验效果评价

（一）简化操作效率高

学生利用反光检测器，可以快速完成多次检测，实验现象更为清晰直观，有效帮助学生在短时间内丰富对光的反射的感性认知和深度理解的探究性体验。

（二）反复实践真认知

学生在实验中，通过多次检测，反复实践，反复检验，逐步建立了对物体反光普遍性的科学认知。

（三）多管齐下长思维

本实验从各个环节提高了学生分析问题与解决问题的能力，多角度促进了学生的思维成长，拓展应用的环节培养了学生的应用意识和创新精神。

（四）学具易成用途多

本实验中的反光检测器材料及其他教具材料易得、制作简便，除了可以帮助学生建立对光的反射的认知，还能帮助学生建立"镜面反射、漫反射"的丰富的感知基础，还能促进学生对反光现象更多奥秘的追寻欲望。

巧用自制教具，探究影子的变化特点

江苏省徐州市铜山区黄集实验小学　杜明康　侯微微

一、使用教材

教科版小学《科学》五年级上册"光"单元第一课。

二、实验器材

自制测量影子长短变化、大小变化、形状变化的仪器。

三、实验创新要点/改进要点

（一）原实验器材的不足

（1）测量影子长短变化的实验器材的不足。

1）由于没有支撑，很难控制光源和遮挡物之间的距离始终保持不变。

2）不容易测量屏上影子的长度。

3）测量不同高度的物体的影长，需要更换不同的遮挡物。

（2）测量影子大小变化的实验器材的不足。

1）遮挡物是悬空的，容易晃动。

2）测量屏上影子的大小比较麻烦。

3）遮挡物和光源之间的距离不能够精确的移动。

（3）测量影子形状变化的实验器材的不足。遮挡物木块是悬空的，非常不稳定，用手拿着遮挡物，影子常常被手挡住一部分。

（二）实验创新点

（1）利用透明塑料板、木板、螺钉套件、纸质直尺、A4纸、木条、手电筒等器材自制成测量影子长短变化的实验装置，结构简单，操作方便，实验效果明显（见图1、图2）。

（2）利用钢尺、各种形状的木块、A4纸、木板、手电筒等器材自制成测量影子大小变化的实验装置，操作方便，实验效果非常明显（见图3）。

（3）利用木块、A4纸、木板、手电筒、螺钉套件等器材自制成测量影子形状变化的实验装置，操作方便，实验效果非常明显（见图4）。

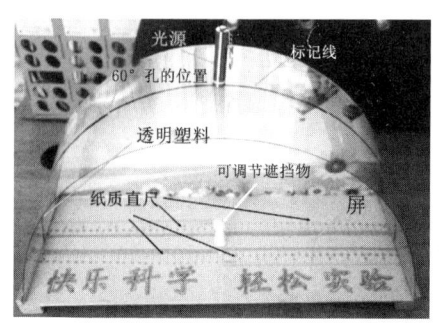

图1 测量影子长短变化的装置
（教师演示用）

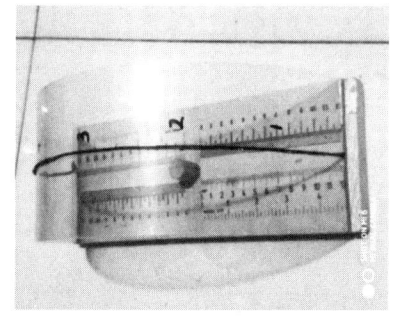

图2 测量影子长短变化的装置
（学生分组用）

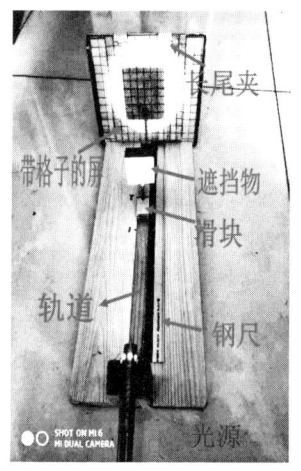

图3 测量影子大小变化的装置

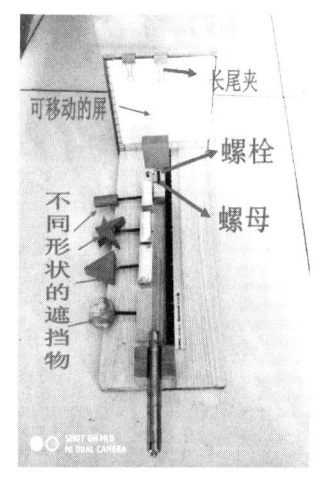

图4 测量影子形状变化的装置

四、实验原理/实验设计思路

　　从传统的注入式的实验教学模式，向以探究为主的实验教学模式转变，是当前小学科学实验教学改革的重中之重。科学实验探究教学模式的基本目标是激发学生的求知欲，培养学生发现和提出实验问题的能力，进而训练学生实验探究的思维方法。

　　本实验中的教具都具有很强的可操作性，让孩子们在动手动脑的操作活动中去探索、去发现，让孩子在动手动脑中主动学习。本课中的自制教具就地取材、材料易得、节能环保，制作方法简单，不仅具有较强的实用性和可推广性，而且能够从小培养孩子珍惜资源、保护环境的可持续发展的意识和行为。

五、实验教学目标

（一）科学概念

（1）知道影子的方向、长短随光源位置的改变而改变。

（2）知道影子的大小与光源和遮挡物之间的距离有关。

（3）知道影子的形状与光源照射物体侧面的形状有关。

（二）过程与方法

（1）做光和影实验，用图画、数字进行记录。

（2）通过对比实验，分析推理出影子的变化规律。

（三）情感态度与价值观

（1）认识到事物的变化有规律。

（2）养成严谨认真、实事求是的科学态度。

六、实验教学内容

本课在教学过程中重点通过对比实验，掌握控制变与不变条件的探究方法，找到影子的变化规律，为学习"光"这一单元的知识打下基础。五年级的学生对于影子的产生和特点已经积累了不少的经验，他们知道影子产生的条件必须要有光和物体，影子的长短随光源位置的改变而改变等，但是他们的这些认识还比较模糊。因此教学中，需要通过教师的指导，实际地去观察、去发现光和影子之间的变化规律。

七、实验教学过程

（一）测量影子长短变化实验装置的改进方法

（1）用有一定厚度的透明塑料制作成了一个半圆形，并在塑料板的30°、60°、90°、120°、150°分别打孔定位，经过这5个孔，画一条标记线，只要光源沿着标记线对遮挡物进行照射，就能保持光源和遮挡物之间的距离始终不变。

（2）在屏上贴了纸质直尺，而且尺子中间的空白纸条是可以移动的，当遮挡物的影子投射到纸条上的时候，孩子们先在纸条上画出影子，然后对照尺子写下影子的长度，实验完成后，把纸条取下来，贴在实验记录单上，便于展示交流。

（3）使用了螺钉套件的装置来固定遮挡物，可以调节螺栓和螺母之间的松紧程度来实现遮挡物的高度变化。

（二）测量影子大小变化实验装置的改进方法

在木板上挖一个凹槽当作轨道，用和凹槽几乎等宽的小木块当作滑块，在滑块上用螺钉套件固定遮挡物。在凹槽的一侧安装尺子，用来控制遮挡物和光源之间的距离。用长尾夹把带有1cm见方格子的纸夹在木板上当作屏，当影子投射到屏上的时候，用不同颜色的水彩笔画出不同距离的影子的外部轮廓，然后取下来贴在实验记录单上，便于交流展示。

（三）测量影子形状变化实验装置的改进方法

螺栓和螺母之间可以转动，旋转螺栓时遮挡物也会随之转动，屏上就会显示不同侧面的遮挡物的影子。同时，由于屏是插在凹槽之中的，可以左右随意移动。同时还准备了不同形状的遮挡物，三角形、球形、圆柱形、不规则的五角形，使学生能够清晰地观察到不同侧面影子的变化。待实验完成后，把纸条取下来贴在实验记录单上，便于交流展示。

八、实验效果评价

自制教具的使用，大大提高了孩子们实验探究的效果，给他们留下了更多的时间和空间去思考。正所谓：自制教具很奇妙，材料易找花钱少；抽象立刻变形象，化繁为简效率高；合作体验教之道，核心素养是首要；实验结论信手来，留出时间给大脑；动手动脑就是好，探究收获真不少；轻松快乐玩科学，孩子本领渐提高。

光沿直线传播实验说课

北京小学广内分校　孙宏

一、使用教材

教科版北京市义务教育课程改革实验教材《科学》五年级上册"光"单元第3课"光是怎样传播的"。

二、实验器材

实验分为三个层级，按三个层级介绍实验装置。

（一）第一层级实验器材件

使用一号（平面）光传播实验台（见图1）。具体器材包括：磁性白板、用铁夹固定的带孔卡片、用磁铁固定的带支架的手电座、广告板制作的屏、扩大了光区范围的手电筒（见图2）、支撑磁性白板的合金支架。

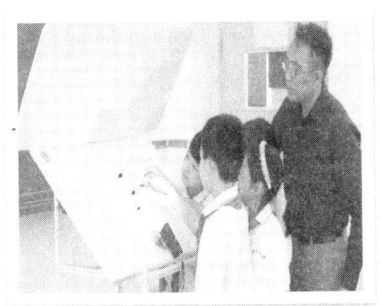

图1　一号（平面）光传播实验台

图2　扩大了光区范围的手电筒

（二）第二层级实验器材

使用一号（平面）光传播实验台。具体器材包括：磁性白板、很多组用铁夹固定的带孔卡片（见图3）、用磁铁固定的带旋转支架的手电座、广告板制作的屏、扩大了光区范围的手电筒、支撑磁性白板的合金支架。

图3　多组用铁夹固定的带孔卡片

（三）第三层级实验器材

使用二号（立体）光传播实验台（见图4）。具体器材包括：多条共轴旋转圆环轨道（见图5）、LED光源（见图6）、可旋转LED灯座（见图7）、带孔卡片、屏、合金支架。

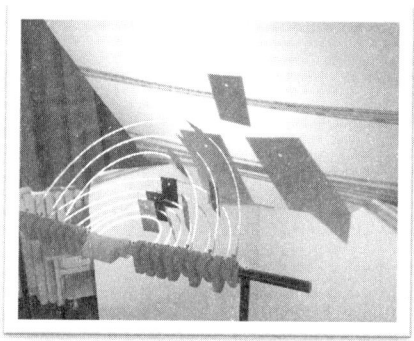

图4　二号（立体）光传播实验台

图5　多条共轴旋转圆环轨道

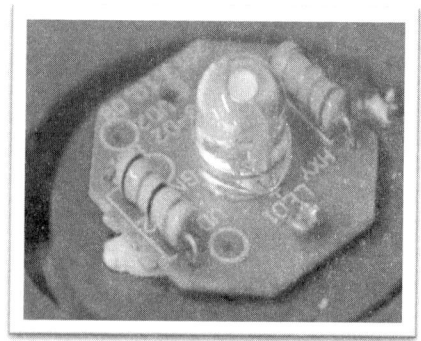

图6　LED光源

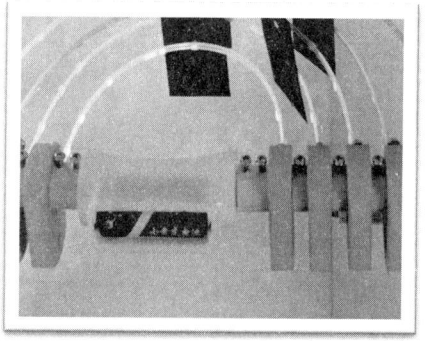

图7　可旋转LED灯座

三、实验创新点

（一）现用教材情况分析

教材中利用带孔纸板观察并记录光的传播路线（见图8），学生是通过观察和记录认识光是直线传播的。

原教学实验后我们对学生进行了测查（见图9）。根据原教材实验后测数据分析，我们发现大多数学生在实验后能描述光是沿直线传播的这一概念，但是从他们的画图中反映出一部分学生认为只有一条光能穿过卡片上的小孔，在光屏上形成光斑；还有一部分学生能画出穿过小孔的这些光的边缘，但是在这个光区内，这些光是怎样传播过去的，没有形成进一步的解释和描述；也有少数学生作出了这样的解释，他们认为很多光线穿过这个小孔，由于他们都是沿直线传播的，所以能穿过沿直线排列的每一个小孔，从而在屏上形成光斑。但是这样的解释在全班中占的比例很少，只有11%。

由此可以看出，绝大多数学生对于"光在空气中是沿直线传播的"这一概念的理解还不完善。

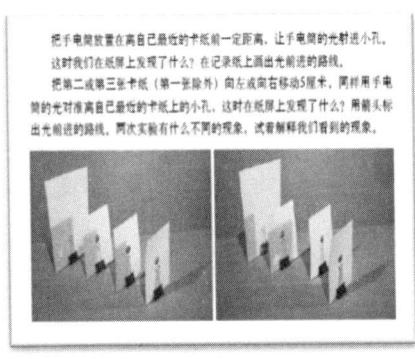

图8　教材中利用带孔纸板观察并记录光的传播路线

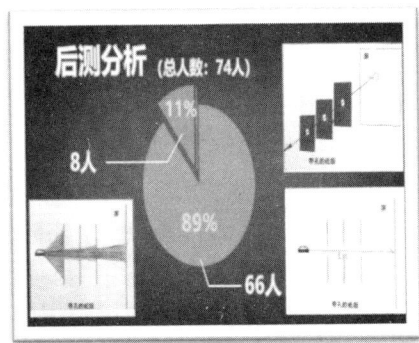

图9　原教学实验后测

（二）创新策略

根据原教材实验后测分析发现：学生对光沿直线传播概念的理解比较片面。现行课标更加关注学生对概念的理解，不能只会描述概念、将概念的理解停留在陈述的层面上，所以在原有教材实验基础上进行改进、创新，又增加了两组实验，设计并制作了一套系列探究性实验台，帮助学生分三个层级进行实验研究，促进学生有效、全面地建构光是沿直线传播的这一科学概念，同时通过这样的实验教学的改进、创新，也为学生升入中学后更好地研究小孔成像等相关知识奠定科学、准确的基础，将课标中强调的学习进阶这一教学观点落在实处。

第一层级：帮助学生求证一条光线沿直线传播。
第二层级：帮助学生求证光平面内的每一条光线沿直线传播。
第三层级：帮助学生求证立体空间内的每一条光线沿直线传播。

（1）关注概念理解，以学生先前概念为切入点，通过层层递进的方式进行系列实验研究，促进学生建构光是沿直线传播的这一概念。

使用磁性白板，首先展现个人初始观点；之后不断呈现观点的变化；让学生暴露先前概念，实验设计帮助学生先前概念发生转变，和先前概念产生认知冲突。在学生自主求证中，他们逐步清晰地认识到穿过卡片圆孔的一条光线是由直线传播的，但随即而来的是，在研究中他们又发现了新问题——光在平面内是一个扇面光区，光不是仅有一条，在这个光区中每条光线都是沿直线传播的吗？立体空间内的光就更产生认知冲突。学生在冲突中发现不冲突、发现规律性，概念在他们的头脑中不断发展、建构、完善。

（2）学生对现象进行比较、分析、归纳、演绎等，推动学生理性思维、大胆质疑，将科学素养的培养落在实处。实验探究过程中使用磁性白板，随时在磁性白板上进行记录在学生的研究中起到了很重要的作用，它不但可以将个人初始观点通过图画的形式表征出来，还能不断呈现观点的变化。将手电筒和屏固定在磁性白板上，用带孔的卡片在磁性白板上摆放，以求证自己的观点，通过对实验过程中发现的现象进行分析、比较、归纳，最后形成新的认识，同时使组内及组与组之间的信息的交流和共享成为可能，为学生创造了一个可以进行集体论证的小平台，推动学生理性思维、大胆质疑，将科学学科核心素养的培养落在实处。

（3）通过对实验教学的改进创新，力图还原真实情境，帮助学生搭建实验与现实之间的桥梁。学习者要想由新手变成专家，就需要由情境化的理解到情境的组织再到情境的直觉判断，经历和体验一种深层次的学习。教学注重情境化，经过学生的思考和筹划才能使学习的内容相互联结，促进概念建构由直观向结构化发展，易于将知识迁移到生活中去解决那些复杂多变的问题。

日常生活中的光是在立体空间中的，向四面八方沿直线传播，而原有教材实验容易让学生产生光只是穿过小孔的那一条光线沿直线传播的印象，这样的认识是不全面的，从学习进阶的角度去审视，会大大影响到中学这一领域的学习。所以设计三个层级的实验，在第三个层级的实验中还原生活中的真实情境，帮助学生进行求证，一个 LED 光源向四周发射光线（不是一束光，也不是一个扇形光区），实验台上的多个圆环轨道共轴旋转，每条圆环轨道都可以绕轴进行任意角度的旋转，带孔板可以沿着轨道外侧任意位置进行固定。其实就是把前面用到的实验求证方法放到了立体空间当中，这样的设计使学生在实验过程中，可以求证立体空间中不同角度的光线沿直线传播，从而理解在立体空间内所有光都各自沿直线传播。

四、实验原理及实验设计思路

（一）实验原理

使用带小孔的卡纸，这些小孔在卡纸上的位置是一致的，当它们摆成一列纵队时，这些小孔就处于一条直线上，如果"光线"能依次穿过这些小孔，并在"屏"上形成光斑，就能证明光是沿直线传播的。

（二）实验设计思路

学生在先前概念的基础上，通过这套创新实验设备，进行三个层级的科学探究，帮助学生有效地建构光线沿直线传播的科学概念：

第一层级：使用一号（平面）光传播实验台重现教材实验，帮助学生认识一条光线沿直线传播；第二层级：使用一号（平面）光传播实验台，帮助学生求证光平面内的每一条光线都是沿直线传播；第三层级：使用二号（立体）光传播实验台，帮助学生求证立体空间内的每一条光线沿直线传播。

三个层级，从线到面再到立体空间，从一条光线到平面内的每一条光线再到立体空间内的每一条光线，逐层递进，使学生对光沿直线传播建构了完整的概念。从现实生活出发，力图还原真实情境，帮助学生搭建实验与现实之间的桥梁，认识到自然界中的光都是沿直线传播。

五、实验教学目标

新课标对这部分内容的要求如图 10 所示。据此，我设定了以下实验教学目标：

学习内容	学习目标		
	1~2 年级	3~4 年级	5~6 年级
6.2.1 有的光直接来自发光的物体，有的光来自反射光的物体。			•识别来自光源的光，如太阳光、灯光；识别来自物体反射的光，如月光。 •知道来自光源的光或来自物体的反射光进入眼睛，都能使我们看到光源或该物体。
6.2.2 光在空气中沿直线传播，行进中的光遇到物体时会发生反射，会改变光的传播方向，会形成阴影。		•描述行进中的光被阻挡时，就形成了阻挡物的阴影。	•知道光在空气中沿直线传播。 •知道行进中的光遇到物体时，会发生反射现象，光的传播方向会发生变化。

图 10　新课标要求

（1）知识与技能：让学生知道光在空气中沿直线传播，并且能够用光沿直线传播来解释影子的形成。

（2）过程与方法：学生能够就光是怎样传播的提出自己的观点，逐层递进进行求证，并在一定范围内进行集体论证和相互交流。

（3）情感态度与价值观：学生对现象进行比较、分析、归纳、演绎等思维活动，推动学生理性思维、大胆质疑，培养学生的科学素养。

六、实验教学内容

实验分为三个层级，采用逐层递进的方式建构光沿直线传播的科学概念。

（一）第一层级实验：帮助学生认识光区内的一条光线是沿直线传播

（1）实验方法。

1）在获取学生初始想法的时候，就让学生关注“光是怎样传播到屏上的”。接下来，学生可以依据自己的观点，把自己的想法画到磁性白板上，逐一进行验证。

2）介绍实验的器材、方法和步骤。使用带小孔的卡纸。这些小孔在卡纸上的位置是一致的，当它们摆成一列纵队时，这些小孔就处于一条直线上，如果"光线"能依次穿过这些小孔，并在"屏"上形成光斑，就能证明光是沿直线传播的。

3）学生通过实验对于一条光线沿直线传播进行求证。

（2）实验现象及结论。"光线"能依次穿过这些小孔，并在"屏"上形成光斑，能证明这一条光线是沿直线传播的。

（二）第二层级实验：实验求证光平面内有许多条光线，每一条光线都是沿直线传播的

（1）实验方法。使用带小孔的卡纸。这些小孔在卡纸上的位置是一致的，当它们摆成一列纵队时，这些小孔就处于一条直线上，如果"光线"能依次穿过这些小孔，并在"屏"上形成光斑，就能证明光是沿直线传播的。学生使用多个带孔卡片，排成多列纵队，每一列都有光依次通过，并在"屏"上形成多个光斑。用这种方法依次验证光区内任意一条光线沿直线传播。最后旋转手电筒证明每一条光线都是沿直线传播的。

（2）实验现象及结论。学生能够看到多个带孔卡片排成多列纵队，每一列都有光依次通过，并在"屏"上形成多个光斑。最后旋转手电筒，每一让光区内的每一束光都通过这些小孔构成的直线通道，在屏上看到光斑，从而进一步验证，光区内有无数条这样的光束，并且它们都是沿直线传播的。

（三）第三层级实验：帮助学生求证在立体空间中有无数条这样的光线，并且它们都是沿直线传播的

（1）实验方法。使用带小孔的卡纸。这些小孔在卡纸上的位置是一致的，将它们摆成不同角度多列纵队固定在同心圆环轨道上，根据需要可任意角度调整，这些小孔就处于一条直线上，如果"光线"能依次穿过这些小孔，并在"屏"上形成光斑，就能证明光是沿直线传播的，相当于使用之前的实验方法放到立体空间中进行求证。旋转光源，用这种方法依次验证立体空间内任意一条光线沿直线传播。

（2）实验现象及结论。学生能够看到在圆环轨道上不同角度多列带孔卡片，每一列都有光通过，并在"屏"上形成多个光斑。说明不同角度多条光线都是沿直线传播。通过旋转光源，光斑没有发生变化，从而进一步求证，立体空间内的无数条光线都是沿直线传播的。

七、实验教学过程

(一) 认识到一条光线是沿直线传播的

(1) 提问：你认为光是怎样传播的？

(2) 谈话：把你的想法记录到磁性白板上。

出示教具：带孔卡片、手电筒。

提问：用带孔卡片摆在你认为的光传播路径上，你能看到什么现象？

(3) 学生思考回答。

(4) 学生实验并记录（见图11）。多个带孔卡片排成一列，圆孔对齐，打开手电筒，光穿过小孔在屏上形成光斑。

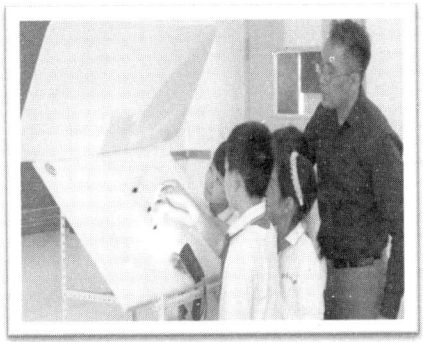

图11　穿过带孔卡片圆孔的光沿直线传播

(5) 学生小结：我看到了穿过小孔的光是沿直线传播的。

(二) 认识光平面内的每一条光线都沿直线传播

(1) 提问：打开手电，光平面内的光是怎样传播到屏上的？怎样来求证你的观点呢？

(2) 学生小组讨论，设计实验。

(3) 学生在磁性白板上实验并记录（见图12）。多组排成直线的带孔卡片，打开光源，屏上形成多个光斑。

图12　多组排成直线的带孔卡片，打开光源，屏上形成多个光斑

(4) 学生小结：光平面内有多条穿过小孔的光线，穿过小孔的多条光线都沿直线传播。

(5) 提问：光平面内没有穿过小孔的光线是不是沿直线传播？

(6) 演示实验：旋转手电筒，让光平面内每一条光线穿过小孔，看到光斑位置不变。

(7) 学生小结：光平面内的有许多条光线，每一条光线都是沿直线传播的。

（三）了解立体空间内的每一条光线沿直线传播

（1）提问：自然界的光是怎样传播的？怎样求证？

（2）出示教具进行演示实验（见图13）。

（3）学生观察，分析。

（4）谈话：经过了一系列的实验，现在你对光的传播有什么新的认识？

（5）总结：立体空间里有许多条光线，每一条光都沿直线传播。

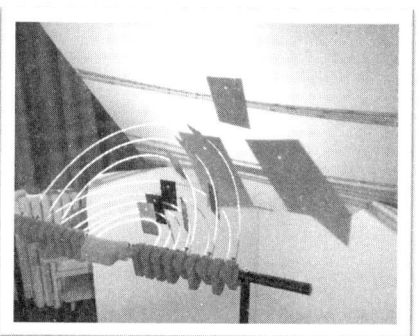

图13 求证立体空间里的光线，每一条光线都沿直线传播

八、实验效果评价

实验教学后测如图14所示。

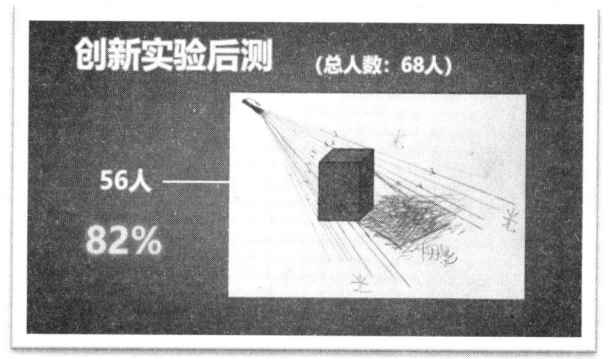

图14 实验教学后测

实验教学之后我再次对学生进行了测试，测试内容是让学生在图上画出手电筒发出的光是怎样传播的，有82%的学生能够达到图中这样的效果。通过分析：学生能用光沿直线传播来解释影子的产生这一现象，我们可以看出他们能够理解并在头脑中建构光沿直线传播这一概念。说明我们的创新实验达到了预期的效果，采用逐层递进的探究式创新实验，通过探究与思维相互螺旋上升的形式，可以帮助学生有效建构光沿直线传播的概念。

（1）首先通过实验让学生以初始概念为基础上进行三个层次的实验探究，建构完整的科学概念。

第一层：学生能够认识到一条光线沿直线传播。

第二层：学生能够理解光平面内的每一条光线沿直线传播。

第三层：学生能够理解立体空间内的每一条光线沿直线传播，能够清楚地描述自然界的光向四面八方照射，每一条光线都沿直线传播。

从线到面再到立体空间思维，学生分三个层次对光沿直线传播建构了完整的概念。呈现概念建构过程也是学生思维发展过程。

（2）教具的使用在学生的研究中起到了很重要的作用，它不但可以展示个人初始观点，还能不断呈现观点的变化，同时使组内及组与组之间的信息的交流和共享成为可能。

怎样得到更多的光和热

广东省深圳市龙岗区布吉街道信义假日名城小学　蔡旭聪

一、使用教材

教科版小学《科学》五年级上册第二单元第六课。

二、实验器材

光热实验箱。

三、实验创新要点/改进要点

(一) 教材中实验的不足

（1）学生要在阳光下进行操作，如果遇到阴雨天则实验无法进行，即使天气晴朗，需要学生在室外直接暴晒，容易造成中暑现象。

（2）教材实验利用太阳加热效果不明显，同时，使用温度计进行读数会产生较大误差。

（3）由于太阳位置的改变、亮度大小的改变，学生难以确定阳光的方向。

(二) 我对教材实验所作的改进

（1）通过设计实验箱，把实验场地由室外改成室内，将不可控的天气因素变得可控，将太阳换成不同功率的灯泡，适应学生不同需求。由于太阳位置不确定，学生也难以确定阳光的方向，很难界定是正对阳光还是斜对阳光。而我设计的实验箱中，有固定位置的灯泡，同时底座可180°旋转，让学生准确找到斜射、直射的位置。

（2）原有的温度计读数效果较差，且不能连续读数，而普通的传感器感应较差，所以实验箱采用工业级别传感器探头，感应灵敏，在高温下能保持优良的稳定性，可测量范围广，能够承受高电压并有一定的绝缘性。再经由信号处理器进行放大处理，使得温度变化显示可精确到小数点后4位。并且，探头可连续读数，在直角坐标上直接呈现曲线图，效果直观。最后，数据可直接通过后台保存，供学生课后进一步探讨。

（3）教具使用率高，可延伸至其他知识，如比较铜铁铝以及其他材料的导热性。实验箱传感器也可更换，从而完成其他实验，例如采用光敏传感器可研究光的直线传播，采用磁敏传感器可研究电磁铁磁力大小的变化与什么因素有关，采用声音传感器可完成声音的变化以及声音的传播等实验。我们还可以同时结合多个传感器一同使用,讲解能量的直接转换。

(4) 相对于现有的数字化实验平台,本实验箱造价低廉、功能强大,适合推广。

(5) 实验工具箱采用亚克力板,较为坚固,可以防止学生损坏,保证实验仪器可重复使用。同时,实验箱采用两层设计,将实验电路与实验场地分开,让学生直接简单操作的同时,教师可在课后对仪器进行相应调试。

(6) 本次实验增加小风扇,学生实验过后可以迅速降温,增加实验效率。学生学习了"光和热",初步了解光能带来热量后,再通过实验探究物体吸热与色彩、材质,以及阳光直射、斜射之间的关系。本节课正是基于物联网时代背景,运用了温度传感器探头、信号处理器、电脑等器材,大胆创新实验,让实验现象更直观,实验操作更简便,实验数据更准确。

四、实验原理/实验设计思路

使用单板机、传感器,利用机械控制,高精度实时测量绘图,探究物体的颜色与吸热本领的关系。

五、实验教学目标

(一)知识与技能目标

太阳是地球最大的光源和热源。

(二)过程与方法目标

探究物体的颜色与吸热本领的关系。

(三)情感、态度与价值观

在实验中严格按照实验要求进行操作,实事求是地观察实验。

六、实验教学内容

设计对比实验,探究物体吸热与色彩、材质以及阳光角度之间的关系。

七、实验教学过程

(一)实验导入

通过让学生分享夏天和冬天分别穿什么颜色的衣服,激发疑问,引出新知。

(二)实验探究

通过老师的引导,让学生对于光和热的理解问题中,重点探究物体吸热与色彩、材质,以及阳光直射、斜射之间的关系。在此过程中,为了让学生发挥自主探究学习的能力,我发给学生不同材料和颜色的卡纸,让学生自行选择材料进行实验探究,并让学生重点分析哪些量可以改变、哪些量不可以改变。学生对自己的实验设计完成以后，我再向学生介绍本次实验的实验箱，并分发隔热手套，让学生进行操作。

（三）实验分析

学生实验过后，通过电脑分析实验数据，并与其他小组进行对比，上台分享实验成果，并推断实验结论。

（四）课后拓展

查阅资料，了解太阳能热水器的设计、构造及工作原理。

八、实验效果评价

本节课以新一代信息技术增强学生的信息意识与创新意识。首先，让学生利用实验箱进行数据处理并推断实验结论，此过程中将数学和科学原理与实际生活相结合。然后，学生解决技术和工学的相关问题，以此拓展学生的思考视角并感受科技的伟大。最后，通过图纸的变换、图形的设计让学生理解艺术的内涵。在此过程中将原本孤立的学科进行有机整合，以此完成 STEAM 跨学科教育。

怎样得到更多的光和热

江西省鹰潭市余江区第四小学　郝婷婷

一、使用教材

教科版小学《科学》五年级上册第二单元第六课。从教材的地位看，本课介于"光和热"与"做个太阳能热水器"两课之间，在教学上起承上启下的作用。

二、实验器材

自制教具模型、灯泡、不同颜色的电子温度计5个、不同颜色的探头组、秒表、手机、调光开关、太阳能吸热板、小风扇、旋钮。

三、实验创新要点/改进要点

（一）改进一：探究物体颜色与吸热的关系

教材中提供的实验环境中光源为太阳，这就导致了实验受天气影响很大，阴雨天没法实验操作；教学需要在户外开展，不利于课堂组织；实验耗时长，效果不明显（见图1）。

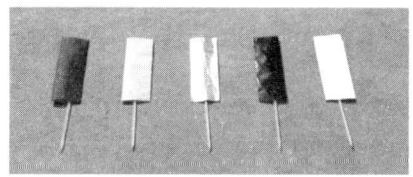

图1　教材中的实验

改进：用灯泡代替太阳并使用调光开关，可以随时随地做实验；用电子温度计代替液体温度计，可以直观显示具体数据，且数据准确；用不同颜色的感温探头代替不同颜色的纸袋，有利于控制变量（见图2）。

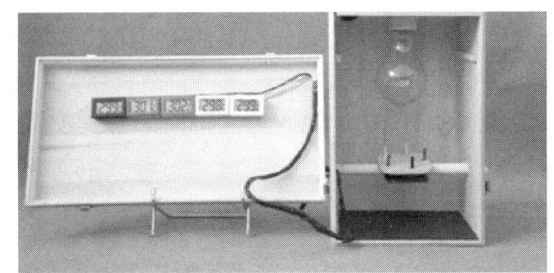

图 2 探究物体颜色与吸热的关系实验装置

（二）改进二：探究光照角度与物体吸热的关系

光照角度对于学生来说比较难把握（见图3），改用了太阳能吸热板和小风扇，这些材料更贴近学生的生活，实验现象也更直观，同时增加实验的趣味性，为下一节课的学习奠定基础（见图4）。

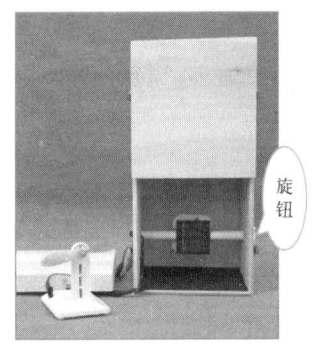

图 3 教材中的实验　　　　图 4 探究光照角度与吸热关系的实验装置

将右侧的旋钮旋转180°开始探究活动。打开电源开关，轻轻旋转旋钮，关注小风扇转速变化和太阳能吸热板的倾斜度，与光线垂直、倾斜、平行，小风扇越转越慢；再倾斜、垂直，小风扇越转越快（见图5）。

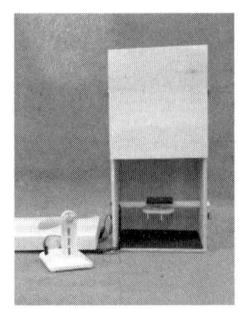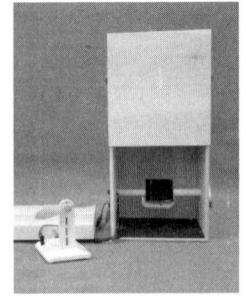

图 5 三个角度的太阳能吸热板

(三) 改进三：学以致用，延续探究

课下学生自主设计实验探究受热面积大小、表面光滑程度、光源远近与吸热本领的关系（见图6）。

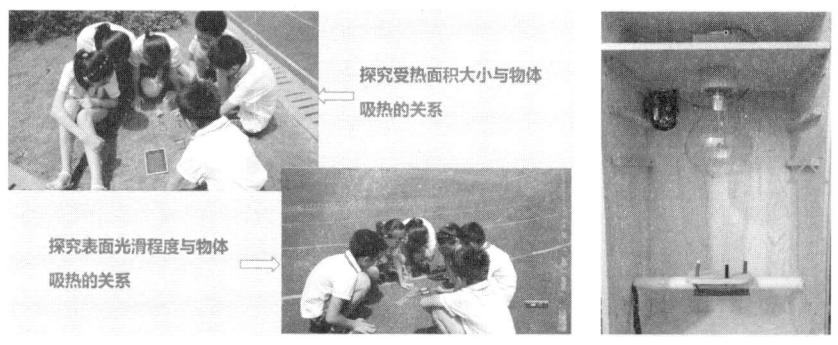

图6 探究受热面积大小、表面光滑程度、光源远近与物体吸热的关系

四、实验原理/实验设计思路

物体的吸热本领与物体的颜色、光线照射角度等因素有关。利用改进的实验装置将实验活动从室外搬到了室内进行。打开电源开关，不同颜色的探头开始吸热，电子温度计数值不断变化。收集、整理数据，绘制成折线统计图，发现规律：深色物体比浅色物体吸热多，升温快。第二个实验中利用太阳能吸热板吸热，将热能转化成电能从而驱动小风扇转动，通过小风扇的转动快慢来判断吸热板三个角度吸收热量的多少，这样实验现象更加直观。多次实验，发现规律：物体垂直于光线的角度吸热多。

五、实验教学目标

（一）科学概念

（1）太阳是地球最大的光源和热源。

（2）物体的颜色与吸热的本领有关系，深色物体比浅色物体吸热快。

（3）物体受阳光照射角度与吸热的关系，物体与阳光垂直比倾斜吸热快。

（二）过程与方法

（1）做探究物体的颜色与吸热本领有关系的实验。

（2）做探究物体吸热与阳光直射、斜射关系的实验。

（3）将物体的颜色与升温情况的实验数据绘制成折线图。

（三）情感、态度、价值观

（1）在实验中能严格按照实验要求进行操作，实事求是地记录观察数据。

（2）认识到自然事物的变化之间是有联系的。

（3）认同科技的发展能促使人们更好地利用自然资源和自然规律。

六、实验教学内容

（1）探究物体颜色与吸热的关系。

（2）探究光照角度与吸热的关系。

七、实验教学过程

（一）激趣导入发现问题

太阳是地球上最大的光源和热源，太阳能量是取之不尽用之不竭的清洁能源，人类只利用了太阳能源的很小一部分，还有大部分的光和热没有被充分利用，引出课题"怎样得到更多的光和热"。

（二）探究物体的颜色与吸热的关系

实验前注意事项：实验用电安全；用遮光板保护视力；秒表计时，手机同时拍摄 5 个温度，减少实验误差；防止烫伤、严禁触摸灯泡。

实验操作步骤：学生明确分工，拍摄初始温度，放下遮光板，打开电源开关，同时用秒表计时，观察数据，每隔 1min 拍摄一次数据，改进后的装置对比效果明显，5min 之内即可完成实验。学生通过对实验数据的收集、整理、分析，绘制折线统计图，得出规律：深色物体比浅色物体吸热多，升温快（见图7）。

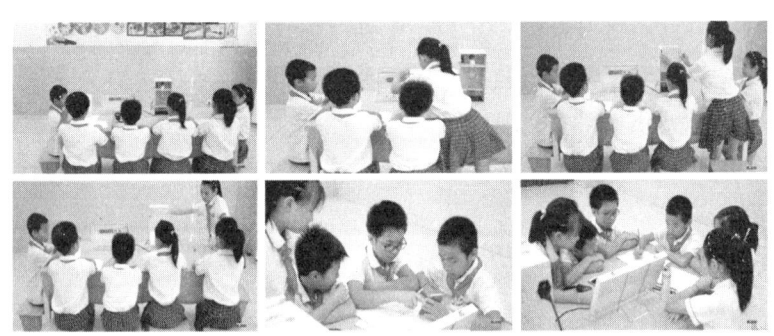

图7 小组合作自主探究物体的颜色与吸热的关系

（三）探究光照角度与吸热的关系

小组合作，观察，记录，多次实验，发现物体垂直于光线的角度吸热多（见图8）。

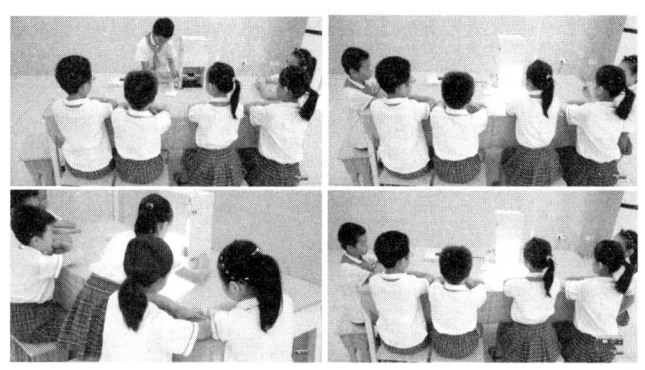

图8 小组合作自主探究光照角度与吸热的关系

（四）学以致用，延续探究

在课堂接近尾声的时候，提出三个问题："为什么夏天人们喜欢穿浅色的衣服""为什么太阳能热水器会这样放置""宇航服的颜色与光泽和防辐射有关吗"。前两个问题是对本节课知识的回顾，同时感受科技的发展能促使人们更好地利用自然资源，最后一个问题是为了激发孩子们保持持续探究的热情。

八、实验效果评价

从教学实践来看，改进后的实验具有以下亮点。

（1）实验教学自主化。学生在小组合作中，自主探究科学规律。

（2）实验器材常见化。利用生活中常见的材料制作成教具，成本低，又实用。

（3）测量数据具体化。利用电子温度计代替液体温度计，反应更灵敏，读数更方便。

（4）课堂内外一体化。引导学生把课堂习得的实验方法，延伸到课外探究活动中，加强教学的实效性。

（5）教具功能多样化。对教具不断地进行改进，为学生尝试探究活动提供更多的可能。

怎样得到更多的光和热

广西南宁市滨湖路小学山语城校区　李盼盼

一、使用教材

本实验选自教科版小学《科学》五年级上册"光"单元的第六课"怎样得到更多的光和热"。学生在前五节的学习中已经了解了光与热和光的反射。本节课教材共安排了两个实验活动，其中，学生掌握"探究物体的颜色与吸热的关系"的实验是第二个探究活动有效开展的前提。

五年级的学生对光与热的关系有自己的感性认识，已经了解有的光源在发光的也会产生热，但限于认知水平，他们不知道物体本身的颜色是否会对吸热产生影响，以及光照角度不同产生的影响又是如何。本节课所设计的探究实验，正是为了解决这些问题。

二、实验教学目标

（一）教学目标

根据教材和学情分析，结合课程标准对本节内容的具体要求，我制定了以下教学目标：

（1）科学知识：知道深色物体比浅色物体吸热快；知道物体与光垂直比斜射吸热快。

（2）科学探究：做探究物体颜色、光的照射角度与吸热本领关系的实验。

（3）科学态度：实事求是地采集观察数据和记录。

（4）科学、技术、社会与环境：相信科技的发展能促使人们更好地利用自然资源和自然规律的观点。

（二）教学重难点

统筹学生的具体学情，为更好地落实教学目标，我制定了以下教学重难点。

（1）教学重点：探究物体的颜色与吸热本领的关系；探究物体光照射角度与吸热的关系。

（2）教学难点：学会对比数据，分析实验现象。

通过一个自制教具完成两个探究活动，使得实验操作简化、现象明显，以此来突出重点；根据对教材的掌握以及对学生的了解，我认为该实验的难点是"学会对比数据，分析实验现象"，我计划运用温度传感器连接笔记本电脑将数据自动生成折线图，把温度的变化用图像显示出来，给学生最直观的感受，以此来突破难点。

三、实验内容设计

为了有效达成教学目标，我将本课实验内容设计为三个部分：

（1）用自制教具测量在光照下不同颜色纸的温度变化。

（2）运用平板将数据生成折线图并进行分析。

（3）设计实验探究物体光照射角度与吸热的关系。

四、实验方法设计

（一）原实验介绍及不足

在我的实际教学过程中，发现教材对这个实验的设计存在以下几点不足：

（1）煤油温度计读数不稳定，有些温度计在未测量的情况下，起始温度差距大于2℃。

（2）在太阳的强光下，平躺着的温度计大大增加了读数的难度。这两项不足使得读出的温度数据不精确不稳定，不符合控制变量法的具体要求（见图1）。

（3）本实验对太阳光有一定的要求，阴雨天不能进行实验，而阳光过强过大时也会使实验现象不明显，加大了实验失误的概率。

（4）当纸袋放入长温度计时，让其与地面垂直时容易立不稳，而与太阳光垂直就更有难度了。给学生的操作增加了难度（见图2）。

（5）教材中要求学生对实验一的实验数据进行手绘折线图，但在操作实验中已花费了大量的时间，所以课堂中的时间不足以完成，故而减少了学生对温度变化的直观认识。

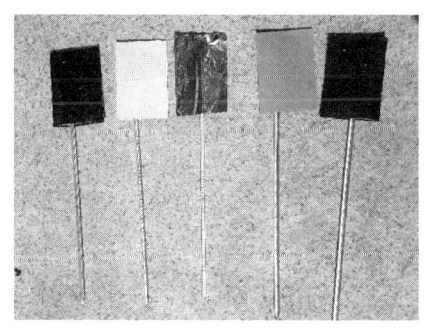

图1 教材中实验一操作图

图2 教材中实验二操作图

（二）解决方案

基于以上问题，遵循实验原理，我们自制教具光与热实验盒，以新技术助推科学探究，有效解决问题（见图3）。

（1）用带有探头的温度传感器计代替煤油温度计，使得读数更加精确且读数用时短，减少了实验的变量。

（2）实验盒在天气及阳光适宜时可在室外进行实验，如当遇上阴雨天等情况，可以在实验盒上安装钨丝灯进行室内模拟实验。这样整个实验不受天气影响，而且更容易操作，两名学生即可合作完成（见图4）。

（3）连接有温度探头的感应板，可以贴上不同颜色的材料纸，同时也可以根据实验需要调节到合适的角度，学生更容易操作和理解。

（4）温度传感器连接电脑记录数据，可以及时将数据生成折线图，通过比较图像中折线的变化即可知道温度的变化，便于学生比较。

 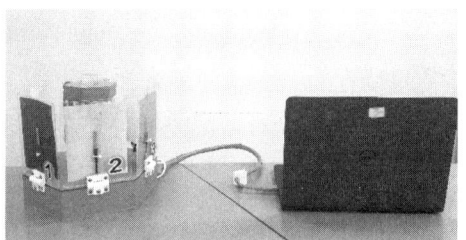

图3　自制教具光与热实验盒　　　　图4　实验盒与电脑连接

五、教学过程设计

（1）将5种颜色的纸片贴在感应板上，调节感应板的角度均为90°，打开平板记录下6个初始温度；然后打开计时器开始计时，每隔2min观察电子温度计，记录下数据。如果是在室外实验，取下灯泡，调节6块感应板至与地面平行的角度即可进行实验。

（2）使用光与热实验盒后，实验操作上发生的变化是：第一，学生的探究活动不受天气的变化而影响；第二，原本每次读数需要40s以上现在只需要3s左右；第三，学生可以在课堂中及时得到一个可视化的实验结果。

（3）观察平板生成的折线图容易得到如下实验结果（见图5）：颜色深的纸比颜色浅的纸吸热快；表面粗的纸比表面滑的纸吸热快。

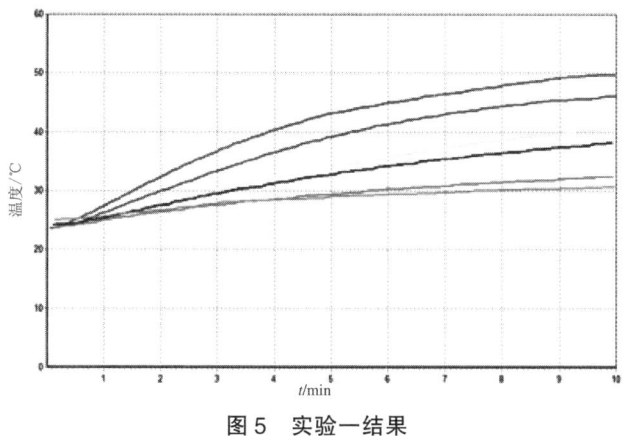

图5　实验一结果

（4）再次运用光与热实验盒，鼓励学生设计实验：探究光不同角度照射与纸吸热快慢的关系。学生只需将感应板上的卡纸均更换为黑色，根据实验设计分别调节角度。

（5）同样通过电脑软件记录数据，将温度变化以图像的形式展示出来。学生可以通过对比数据直观而且快速地比较出光直射时吸热最快，甚至还会有学生发现斜射的角度越大吸热能力越弱等实验结论。

两个探究实验活动，只需通过光与热实验盒即可在室内完成，实验更严谨，操作更高效，能够突破重难点，有效达成教学目标。

六、实验教学反思与评价

（1）课标中指出：科学探究是科学课最重要的学习方式，本着以"学生为主体，教师为主导，探究为主线"的原则，在学生原认知中启发学生的探索灵感，培养创新意识，在做中发现问题并寻找方法。

（2）通过对实验器材的改良，使得探究过程更科学，实验结论更符合科学认知。

（3）用数据转换统计表的形式呈现实验结果，符合五年级学生认知规律而实验效率高。

光与热

吉林省辽源市实验小学校　张坤鹏
吉林省辽源市教师研修院　李晓娜　潘海滨

一、教材分析

"光与热"一课是教科版小学《科学》五年级上册"光"单元的第五课。

光既是物质也是能量。根据学生的认知水平,"光"单元主要是引导学生观察可见光。本单元一共8课,第1~4课是探究光的传播特点——直线传播和反射现象。从第5课开始,探究光和热的关系。许多光源在发光的时候也在发热。太阳在带来光明的同时,也带来了热量,所以我们会感觉到温暖。但是阳光的强弱和获得热量的多少有什么关系呢?本节课引领学生通过实际的观测得出结论。

二、学情分析

五年级的学生有了一定的抽象思维能力和探究能力,能够通过设计、操作对比实验,探究光的强弱与热量之间的关系。

对比实验是五年级科学教材的重点内容,前一个单元探究种子的发芽时学生一直在做对比实验,所以,学生很容易会想到这个实验是对比实验,他们也会设计对比实验。

三、教学目标

根据课标对本单元的要求及学生的年龄特点,确认了本课的教学目标。

(一)　科学知识目标

光是生活中最重要的能量之一。光照越强,获得的热量越多。

(二)　科学探究目标

培养学生设计、操作对比实验的能力。

(三)　科学态度、情感目标

让学生体验合作探究的乐趣。

(四)　科学、技术、社会与环境目标

太阳是地球最大的光源和热源。

四、教学重难点

设计、操作对比实验，探究光照强弱与获得热量的关系。

五、教法与学法

根据课标理念、本节课的教学目标以及五年级学生的生理心理特点，本节课采用合作、探究的学习方法。在学生小组合作的基础上，教师引领学生经历"提出问题→作出假设→制订计划→收集数据→处理信息→得出结论→表达交流→反思评价"这样完整的科学探究过程。

六、教学过程

（一）导入

从学生亲身经历提出问题：为什么在早上来到学校的时候穿着长袖的衣服，到了中午换成了短袖的衣服。引导学生说出阳光与热量之间的关系。

（二）科学探究

（1）提出问题：阳光的强弱与获得热量多少有怎么样的关系？

（2）作出假设：让学生以小组为单位一起讨论，大多数学生会认为，光照越强，获得热量多。

（3）制订计划：假设需要实验来验证，引领同学们以小组为单位，根据这个实验的特点制订实验计划。

（4）收集数据：根据同学们制订的实验计划进行实验，并记录整理好实验数据。

（5）处理信息：对实验数据进行分析和总结。

（6）得出结论：通过对数据的分析得出"光照越强，获得热量越多，温度越高"的结论。

（7）表达交流：让学生代表小组进行发言，分享实验经过与结论。

（8）反思评价：让学生反思在实验中遇到的问题，小组内是如何解决的，在下次实验应该提前注意哪些问题。

（三）拓展与应用

（1）科学要从学生的生活入手，更重要的是解决生活中遇到的实际问题。通过前面的结论学生就能知道：凸透镜和凹面镜把光线汇聚起来之后，产生了很高的温度（见图1、图2）。

（2）太阳灶、奥运圣火火种也利用同样的原理。

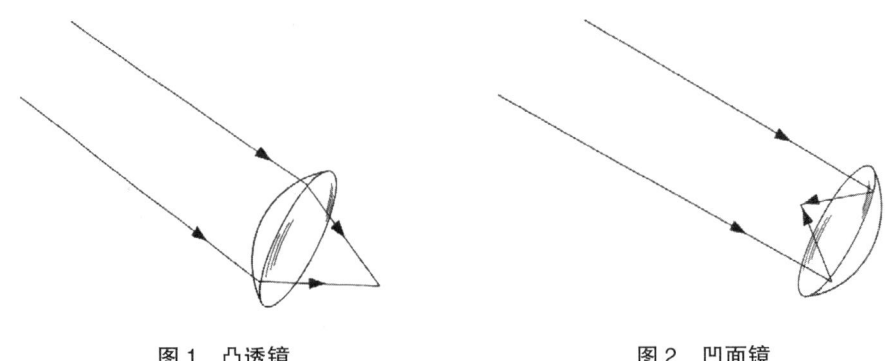

图1 凸透镜　　　　　　　　图2 凹面镜

七、实验创新

（一）原实验

教材中的这个对比实验是利用平面镜将太阳光反射到温度计上，观察温度的变化情况。先测量室外温度，然后分别用一面镜子、二面镜子……多面镜子反射时光照强弱的变化，观察温度计的示数（见图3）。

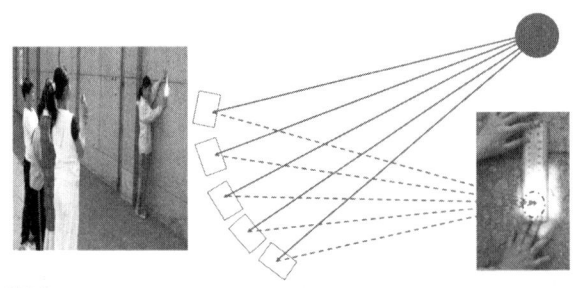

图3 原实验操作

最初在讲这节课的时候是带领学生到室外进行。有时候正赶上阴天或下雨，就得往后调课，赶上一周的阴雨天会很麻烦。

学生用镜子将太阳光反射到温度计的液泡时，时间一长会出现手抖的情况，无法持续地反射太阳光到某一点，这样数据也不是很准确。

学生用多面镜子反射太阳光线时会产生强光，导致学生无法直视，对实验数据也会产生一定的影响。因此对实验进行创新。

（二）实验创新

（1）实验器材：圆形塑料板底座、圆形挡板、激光手电、激光手电夹、照度仪。

（2）实验创新：购买激光笔和照度仪。用激光笔作为光源，照度仪进行改装放置温度传感器（见图4），不仅可以显示温度读数，同时也可以显示光照强度的数值。

设计一个圆盘底座，底座被分为24份，每份为15°。底座的圆心位置放一个挡板，挡板可以360°旋转。挡板的两侧都可以放置照度仪，高度也可以上下调节。将激光笔夹在底座的两端使其距离相等，同时激光笔可以360°旋转和上下调节。通过激光笔支数的不同，分别使用1支、2支照射照度仪，读取光照强度和温度的数值（见图5）。

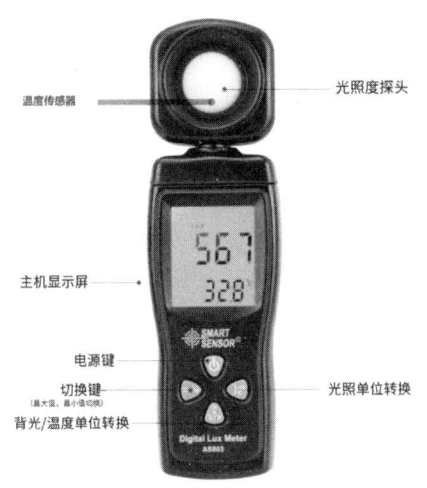

图4　改装后的照度仪

图5　改进后的实验装置

（3）实验操作：分别用1支、2支激光笔，使其高度相同。照射30s到照度仪的温度传感器上，测量三次，观察照度仪上光照强度的数据和温度的数值（见图6、图7）。

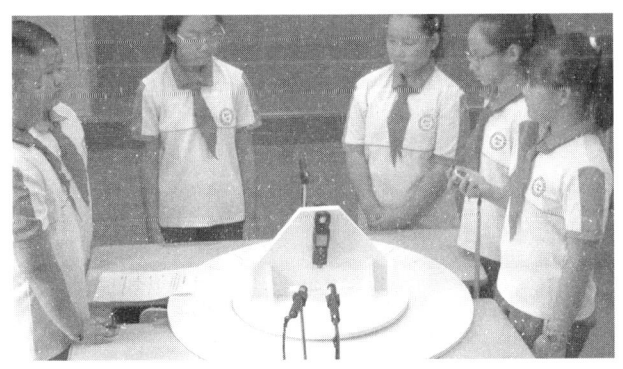

图6　学生实验操作

光照强度	第一次温度/光照强度（摄氏度/LUX）	第二次温度/光照强度（摄氏度/LUX）	第三次温度/光照强度（摄氏度/LUX）	三次平均温度/光照强度（摄氏度/LUX）
无激光照射	327 23.6	516 24	520 24	521 25
一束激光照射	4320 26.2	4000 28	3240 29.1	3910 28
两束激光照射	8712 29.4	9000 30	9100 29	8915 29
通过数据分析得出结论	光照强度越强温度读数越大，说明获得的能量越多。			

图 7　实验报告单

八、教学反思

我们会把学生带到室外，利用太阳光做这个实验。同时也让学生利用这个改进后的仪器做这个实验，让学生感受到仪器改进后，实验操作更加方便，数据更加准确，实验效果更明显。

利用激光笔代替阳光，可以避免实验受天气的影响，可以在实验室内完成。利用照度温度仪，既可以读取温度数值，同时也可以观测到光强度数据，更利于用数据得出结论。

这个实验装置不仅在本节课上可以使用，在探究"光"单元的一系列实验中，都可以得到应用。

光与热

云南省瑞丽市姐岗小学　杨喆

一、使用教材

"光与热"是义务教育课程标准实验教科版小学《科学》五年级上册"光"单元中的第五课。本单元的主题是培养学生认识到认真观察、实验、实事求是地记录数据的重要性,认识到自然事物之间的变化是有规律的,形成对光的研究兴趣。本课内容分为两部分:一是指导学生探究"光的强弱与温度"的关系;二是知道利用凹面镜和凸透镜能汇聚光线。

教学中让学生按照自己设计的方法去实验,注重培养学生记录数据的意识,根据数据得出结论,最终认识光的强弱与温度的关系,这也是本课教学的重点。而难点是设计"探究光的强弱与温度关系"的实验方案。

二、实验器材

小镜子、凹面镜、凸透镜、探针式数字温度计、白纸屏、手机架、热敏试纸、纸巾、火柴、秒表、实验记录单。

三、实验创新要点

基于以前课堂中遇到的实验困难:课本中的实验方法难以快速汇聚光线;学生操作平面镜时身体会挡住阳光;实验需要较长时间;同时由于当地秋季光照变化较快,每一时刻的光照强度也各不相同,导致得出的数据不精确,实验过程不严谨。

为此,我们对实验进行了两次改进。第一次用可拉伸的支架固定平面镜,但学生力气小扳不动支架,导致平面镜叠放在一起,难以有效汇聚光线,支架的晃动也导致光线不稳定。于是,我们进行了第二次改进。

(一) 选取生活化器材进行实验,有效降低实验难度

(1) 借助身边常见易得的物品——手机架做固定平面镜支架(见图1)。此类型手机架底座和支架采用优质稳重的金属材料,稳固耐用,方便摆放。支架和夹头可拆分,可360°旋转,夹口有硅胶护垫,固定时平面镜不会滑落,方便学生在室内外

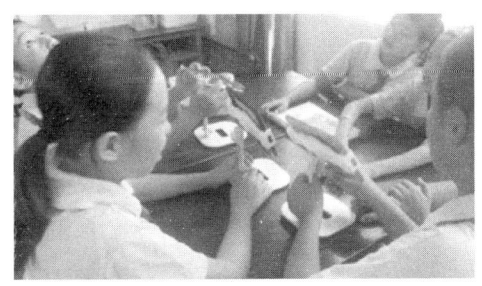

图1　使用手机架

任何有阳光的地方操作，解决了光线晃动难以汇聚、实验时间较长的问题，保证各小组能在同一时刻、同一时长测量光的温度（见图2）。

图2　学生分组调节镜子支架

（2）使用白纸屏观察光线强弱。相较于课本中使用墙壁来观察光的强弱，它更加能凸显光线强弱变化的对比效果。利用白纸屏让学生无论从近距离还是远距离，都能在视觉上非常清楚地观察到光的强弱（见图3）。

图3　白纸屏上的光线对比效果

（3）用探针式数字温度计代替传统气温计。这种温度计一键开关，屏幕大，字体清晰可见，不锈钢探针安全耐热、测量温度变化能精确到0.1℃，且使用安全、携带方便（见图4）。

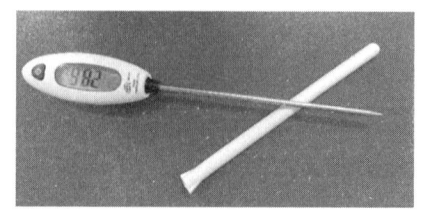

图4　探针式数字温度计

学生在室外分组实验时，能更加灵敏、准确地测量出同一时刻、同一时长温度的细微变化（见图5）。

图5　各组同时测量温度

（4）热敏试纸的使用，让学生在测量的同时使温度变化可见可观察。热敏试纸采用温度敏感变色测温技术，能贴到纸屏上随温度变化而改变颜色，让学生对温度的变化从触觉上的感知转化为视觉的认知，大大提高了学生的兴趣（见图6）。

（二）学生分组对比实验条件的改进

课本上对比实验条件是使用0面、1面、2面、3面镜子。我改进了学生分组对比实验的条件，使用0面、1面、3面、6面镜子，使对比效果更加突出明显，使学生更容易感受到光的强弱变化。

图6　经高温变黑的热敏试纸

（三）教法的改进：抓生活的契机，拓展学生课外对光的探究范围

实验当天强光和高温导致学校水塔的水持续喷出，我抓住生活中的契机和实例引导学生探究利用光获取更多热量的方法。教法的改进达到学以致用的目的，从中体会科学在生活中的价值（见图7）。

图7　正在喷水的水塔

实验方案的改进，让学生在亲历思考—探究—验证的过程中，了解到汇聚光与热有多种方法，更好激发了学生的求知欲。

四、实验设计思路

（一）设计一

（1）使用生活化、易于操作、稳定性好的手机架支撑平面镜，保证各小组能快速准确汇聚光线，不仅降低实验操作难度，而且可以让各组在同一时刻、同一时长内测量光的温度，从而减少实验数据的误差。

（2）学生使用气温计测量温度会有一定的误差，且强光照射温度计时读数较难看清楚。运用探针式数字温度计能快速准确测出温度，学生能快速掌握其使用方法，电子屏幕显示清晰，读数时不会受到强光干扰。

（3）白纸屏使光的强弱对比效果更加突出、明显，让学生在视觉上更加容易辨别出光的强弱变化。

（4）热敏试纸是在课本原有实验的基础上新增加的一个器材，它的变色测温效果可以增加实验的可视性和趣味性，激发学生的实验兴趣，了解到观测温度的变化有多种方式。

（二）设计二

修改对比实验条件，放大对比条件的差距，能更加突出光的强弱与温度变化的对比效果，更加有效达成教学目标。

（三）设计三

实验的拓展延伸部分是实验当天的一个偶然现象，抓住生活的契机和实例达到对教材内容拓展延伸的目的，同时也培养了学生逐步形成留心观察身边的事物与现象的科学素养，学会用所学知识解释生活中的现象，保护了学生继续探索的好奇心和求知欲。

五、实验教学目标

（一）科学概念

（1）许多光源在发光的时候也在发热。

（2）太阳给我们带来光明的同时，也给我们带来了温暖。太阳是地球最大的光源和热源。

（3）光强温度就高，光弱温度就低。

（二）过程与方法

（1）对光和热的关系作出推测。

（2）通过用一面镜子和多面镜子照射探究光与热的关系。

（3）整理获得的信息，根据实验的数据绘制出柱状图。

(4) 自觉地将实验结果和假设相对照。

(三) 情感、态度、价值观

(1) 认识到自然事物之间是有联系的,自然事物的变化是有规律的。

(2) 人们掌握了自然规律就能更好地生产和生活。

六、实验教学内容

本课实验教学内容分为以下 5 个环节:

(1) 游戏导入,引出疑问。

(2) 提出假设,设计实验。

(3) 合作探究,实验记录。

(4) 分析数据,汇报交流。

(5) 拓展延伸,联系生活。

七、实验教学过程

(一) 第一环节:游戏导入,引出疑问(预设:1min,室内)

(1) 教师提问:同学们上节课我们学习了光的反射,我们知道光碰到镜面会改变传播方向。现在,老师给大家都准备了小镜子,大家动手玩一玩(见图 8、图 9)。

图 8　学生做反光游戏

图 9　汇聚的光斑

(2) 教师顺势提问:老师发现有的同学很会玩,把几面镜子反射的光集中在一起。这些光汇聚在一起会产生什么现象?

设计意图:关注学生的先前认知概念,创设愉快的学习氛围,既能巩固旧知识,又能激发学生主动探究的兴趣,保护学生的好奇心和求知欲。

(二) 第二环节:提出假设,设计实验(预设:5min,室内)

(1) 光的强弱与温度的高低有什么关系?首先让学生针对这个问题结合亲身体会自由发言,提出猜想。真是这样吗?这节课我们一起来学习第五课"光与热"(板书:光与热)。

设计意图:这个问题并不需要急于回答,而是引出课题,激发学生的探究期待。

（2）同学们已经谈了许多生活中的感受，但是用什么更具有说服力的科学方法来验证我们对光与热关系的猜想和感受呢？

设计意图：激发学生探究的欲望，也让学生了解这节课所要探究的问题。

（3）学生分小组开始讨论设计实验方案。

（4）小组讨论时教师巡视指导，鼓励学生拿着镜子操作一下，他们会发现手持镜子难以汇聚光线，从而提出质疑：用什么方法来固定镜子，怎样解决温度计测量慢的问题？如何更快速准确地测出温度？

（5）教师引导学生，借助身边常见易得的物品来改良难以操作的实验，然后重新设计实验方案。最终得出改进方法：借助手机架同时固定数面镜子，用探针式数字温度计准确快速测出温度。

确定实验方案：①用不同数量的镜子得到强弱不同的光；②温度计放置的位置、照射时刻和时长一样。

（6）出示课件，齐读实验要求：

1）合理分工，分组进行对比实验。

2）反射光要集中到温度计的探针上，确保测量时刻、时长一样。

3）认真观察，及时记录数据。

4）注意安全，不直视阳光，户外观测必须佩戴太阳镜。

注意：千万不能用放大镜和望远镜看太阳！

设计意图：明确实验要求，提高实验效率的同时培养学生合作能力，提高自我保护意识。

（三）第三环节：合作探究，实验记录（预设：24min，室外）

（1）本课重点：学生在操场上分组进行对比实验（见图10）。

图10　各组正在汇聚光线

首先调整好各镜子的支架，将光线汇聚到一点，然后同时在纸屏上悬挂温度计，并粘贴好热敏试纸，教师计时，由各组同学观测并如实在表1中记录数据。

表1 光的强弱与温度的关系实验记录表

镜子数	无镜子	1面镜子	3面镜子	6面镜子	凸透镜（教师演示）
光的强弱					
最高温度/℃					
热敏试纸是否变色					

设计意图：让学生通过实验验证猜想。培养学生在实验中记录数据、分析数据的意识，学会用科学来答疑解惑，提高学生的科学思维能力。

（2）引导学生深入思考：更多的光汇聚在一起会发生什么现象？教师出示并简介凹面镜及其使用方法，学生分组用凹面镜点燃火柴（见图11）（为使实验效果更明显，用纸巾包裹在火柴外让火焰更大）。

图11 学生分组操作凹面镜

（3）教师用凸透镜演示点燃火柴并测出温度，学生记录数据。

设计意图：让学生亲历思考—探究—验证的过程。通过用凹面镜和凸透镜点燃火柴的方式，感知科学知识在生活中的运用，从中了解到会聚光与热有多种方法。

（四）第四环节：分析数据，汇报交流（预设：5min，室内）

（1）小组汇报数据，根据实验数据绘制光的强弱与温度关系的柱状图，教师适时指导学生绘制柱状图（见图12）。在画统计图时根据实际情况指导学生完成，如果学生没有接触过柱状图，教师可以以一个小组的例子进行示范。

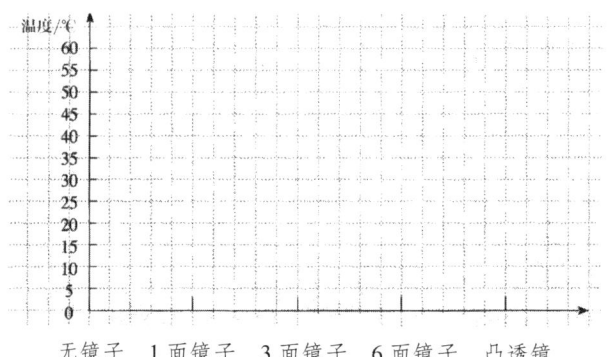

图 12 光的强弱与温度关系的柱状图

（2）根据柱状图，教师提问：从数据中分析，光的强弱和温度有什么关系？

（3）小结板书：光强温度高，光弱温度低。

设计意图：培养学生用柱状图处理数据并从中找出规律得出结论的能力，用实验数据证实猜测，培养严谨的科学思维。

（五）第五环节：拓展延伸，联系生活（预设：5min，室内）

（1）在我们生活中还有哪些事情是通过强光和高温来完成的？让学生寻找生活中的例子，教师可以相应的出示图片。

（2）观察强光和高温导致学校围墙外水塔的水持续喷出的现象（可用当天摄制的视频反复播放），用实例引导学生探究利用光获取更多热量的方法，拓展学生课外对光的探究范围。

（3）在生活中，我们还可以利用哪些方法得到更多的光和热呢？课后请同学们在身边的事物中找一找，也许你会有更多的发现。

设计意图：达到学以致用的目的，让科学变得生动、有趣、容易被学生理解和接受，从中体会科学在生活中的价值，感悟科学是无止境的探索。

八、实验效果评价

（1）改进后的实验，使用的手机架操作简单，汇聚的光平稳便于观察和测量。由于我所在地区工程技术较为落后，没有专业技术人员和工厂能定制教具，所以我选取的器材非常生活化，可操作性强、可推广面大，适用于许多资源匮乏的地区。

（2）白纸屏让学生在视觉上非常清楚地观察到光的强弱变化。

（3）探针式数字温度计与传统气温计相较，方便快捷，显示清晰，测量精确。

（4）热敏试纸使温度变化可见可观察（见图13）。

图 13　各组不同光照强度后的热敏试纸

（5）修改后的对比实验条件分别使用0面、1面、3面、6面镜子进行分组实验，再用凹面镜和凸透镜进行分组和演示实验，相较于课文中的分组标准，对比更加突出明显，增强实验效果，使学生更清楚地观测到温度的变化（实验数据记录见图14）。

（6）拓展部分我抓住生活的契机和实例引导学生拓展了课外对光的探究范围。

以上改进后的实验方案有效解决了对比实验中的缺陷。

整节课尝试以小组合作探究式学习为主，让学生充分经历自我反思、逐步改进、合理完善实验方案的探究过程，有效达成教学目标，培养学生良好的科学素养、创新精神和实践能力，体现小学科学新课程的基本理念。

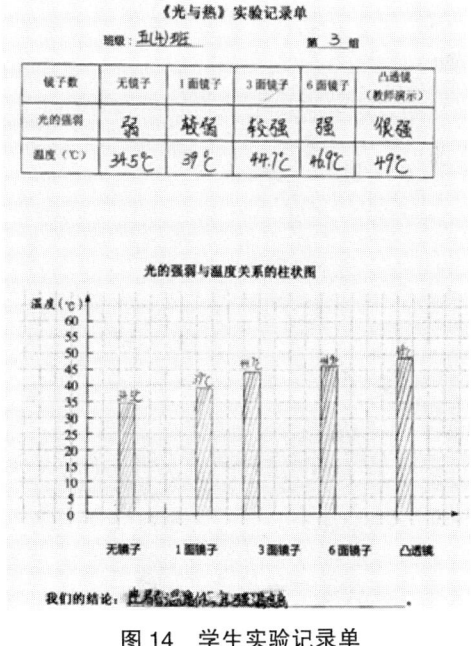

图 14　学生实验记录单

冰融化了

郑州市中原区郑上路第二小学　韩玉

一、使用教材

本课选自教科版小学《科学》三年级下册第三单元第四课"冰融化了"。

二、实验器材

温度传感器 1 个、酒精温度计 2 支、冰块 4 块、碎冰 1 份、烧杯 1 个、便捷式观测台 1 台。

三、实验改进要点

（一）块冰改碎冰

在传统的教学中一般使用块状冰进行实验（见图 1），但由于块状冰之间空隙较大，会导致温度计玻璃泡周围会存在大量的空气，影响温度计测量的准确性。因此，在实验中，我将块状冰改为碎冰（见图 2），从而大大减小了冰块之间的空隙，使温度计的读数更接近真实温度。

图 1　块状冰

图 2　碎冰

（二）增加温度计数量

教材中的实验方案，仅设置了一支温度计（见图 3），只能测量冰块的温度变化，不能测量冰块周围环境的温度变化。学生无法通过实验明确冰在融化时会从周围的环境中吸收热量，不利于教学目标的达成。

针对这点不足，我对实验进行了改进：在紧邻冰块和远离冰块的位置各增加一支温度计（见图4）。通过这两个位置温度的对比，从而帮助学生发现冰在融化时会从周围的环境中吸收热量。

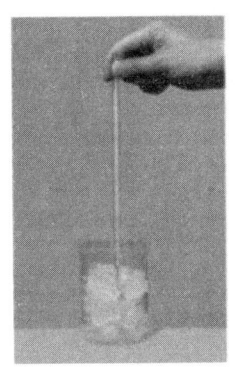

图3　教材原实验方案

图4　增设两支温度计

（三）自制"便捷式观测台"

由于该实验需要长达 8~10min 的连续观测和记录，学生长时间手持温度计会很累，而且不利于实验数据的及时记录。因此，我自制了"便捷式观测台"（见图5），解放学生双手的同时，有利于及时记录数据。该便捷式观测台的横梁和两侧立柱均为透明有机玻璃材质，方便学生的观察；同时两侧立柱标有刻度，可以根据需要，自由调节横梁的高度；横梁上有三个卡槽，可以灵活的调节温度计的位置。

侧面特写

横梁特写

图5　便捷式观测台

（四）使用温度传感器

传统酒精温度计的灵敏度和精确度不够，无法准确地测量出冰在融化的过程中温度会长时间维持在0℃，不利于准确实验数据的得出。因此，我将用于测冰温度的酒精温度计改为误差值为±0.1℃且可以显示读数的温度传感器（见图6），最大限度地避免了读数的误差，有助于教学目标的有效达成。

图 6　温度传感器测量冰融化过程中的温度变化

四、实验原理

（1）冰在融化时温度会一直维持在 0℃。传统的酒精温度计的灵敏度和精确度不够，无法精确地测量出冰融化过程中温度会始终保持在 0℃，因此选择用灵敏度和精确度更高的温度传感器来测量冰块的温度变化，有利于得出准确的实验结论。

（2）冰在融化时会从周围环境中吸收热量。通过测量紧邻冰块的环境温度和远离冰块的环境温度，并对这两个位置的环境温度进行对比，可以总结出：冰在融化时会从周围的环境中吸收热量。

五、实验教学目标

（一）知识与技能

（1）冰在融化的过程中，温度会一直维持在 0℃，直至完全融化成水。

（2）冰在融化时要从周围的环境中吸收热量。

（二）过程与方法

（1）观测并记录冰块融化过程中的温度和现象。

（2）观测并记录冰块周围空气的温度变化。

（三）情感、态度与价值观

（1）养成在实验观察活动中保持认真、细致的态度，意识到细致的观察能获得更多发现。

（2）初次感受、体验物质状态变化的可逆性。

六、实验教学内容

（1）体验引入，猜想假设。

（2）设计方案，实验探究。
（3）分析数据，得出结论。
（4）总结提升，启发思考。

七、实验教学过程

（一）体验引入，猜想假设

上课伊始，我为每位同学发了一个冰块，让学生把冰块放在手心进行观察。学生初步观察了冰的融化过程，并感受到手心温度有明显的变化。我随即提出问题："为什么我们的手心会变凉呢？"学生会说："因为冰块把手心的热量吸走了。""那冰把手心的热量吸走了，冰会变热吗？"从而引导学生提出猜测，激发学生的探究欲望。

（二）设计方案，实验探究

我引导学生根据提出的猜测，自主设计实验方案并进行小组讨论交流。在巡视过程中，我发现学生的实验方案中存在一些问题，于是我适时点拨："我们要观测记录哪些温度呢？实验中会用到哪些实验器材呢？观察多长时间记录一次呢？"在我的启发帮助下，孩子们完善了实验方案，并根据此方案，小组合作进行实验探究，记录实验数据。

（三）分析数据，得出结论

实验结束后，由学生观察实验数据，并说出自己的发现。随后，全班一起交流实验数据。我提醒学生横向观察碎冰 1~6min 的温度变化，发现冰在融化时温度一直维持在 0℃。纵向对比紧邻冰块和远离冰块的环境温度，发现冰在融化时会从周围的环境中吸收热量，进而得出完整的实验结论，达成教学目标。

（四）总结提升，启发思考

"同学们，上课开始我们猜测冰在融化时温度会变化，通过实验我们得出了数据，并对数据进行了分析整理，最后发现冰在融化时温度不会变化，一直维持在 0℃，而且会从周围环境中吸收热量。"通过这一环节，帮助学生再次明确科学探究的完整过程，进一步提升学生的科学素养。

然后，我又引导学生用手去触摸做实验的烧杯外壁，学生会发现烧杯外壁有水珠。"那，水珠从哪里来呢？"有效地激发了学生继续进行课外延续探究的动力。为下节课"水珠从哪里来"进行了铺垫。

八、实验效果评价

通过对教材中设置的原实验方案的改进，学生可以通过记录的实验数据，直观准确地发现冰融化过程中温度会始终维持在 0℃，且冰在融化的过程中需要从周围的环境中吸收热量。再联系上节课已经学习到的知识，学生可以总结出水在温度下降到0℃时会结冰，冰在温度上升到0℃时会融化成水，初步感知水的固态和液态之间的转化；同时学生从"冰在融化时会从周围的环境中吸收热量"这一实验结论，可以初步感知热量的变化可以引起水的状态变化。

最后以悬念结束本节课的学习，能有效激发学生继续进行课外延续探究的动力。

颜色对热的吸收

西安市碑林区铁五小学　魏敏菲

一、使用教材

苏教版小学《科学》四年级上册第二单元"冷和热"的第四课"吸热与散热"，本实验为本课第二课时内容。

二、实验器材

自制教具——颜色对热的吸收对比实验装置（主要使用材料：各种颜色亚克力板、灯座4个、40W白炽灯管4只、开关1个、电线、三相插头1个、数显感温温度计6个）。

实验装置构成：光源（白炽灯）、正面黑白色块区、背面其他颜色区、数显温度计。

三、实验创新与设计亮点

（一）与原教材中推荐的实验对比（见表1）

表1　与教材中实验的对比说明

对比内容	教材中实验	本实验装置
实验时间	时间长	时间较短
实验环境	室外实验，受天气影响大	室内实验，不受天气影响
实验条件控制	影响数据准确的因素多，学生不易控制	将不易控的因素转变为可控因素，学生操作简单
数据收集、整理	数据记录因温度计本身误差及学生读数错误，往往较难得出有效数据	实验数据直观、易读取、数据误差小
课堂组织	学生组织难度大	学生不需要额外组织

（二）设计亮点

（1）用人造光源替代自然光源，白炽灯管的使用大大减少了实验的时间，接通电源2~3min，黑白色块区温差就能达到10℃以上，效果十分明显。

（2）数显温度计反应灵敏，读数简单直观，降低了实验难度，为学生收集准确的数据带来方便。传感器技术的引入，也拓展了学生的眼界，为他们打开一扇新技术应用的窗口。

（3）实验装置丰富的色彩，打破了实验材料的沉闷感，能很轻松地吸引学生的眼球，激起学生的探究兴趣。

（4）亚克力材质的装置轻巧，取用方便，上方设计活盖，方便更换灯泡及色块的颜色。推荐使用即时贴式广告绘贴纸。

（5）分正反两个色区的区域设置，方便教师根据教学时间选择作黑白两色对比还是多色对比，实验方法可以灵活多样。

（6）此装置数据采集准确，有利于学生分析得出结论，培养学生严谨的科学态度。

四、实验原理/实验设计思路

（一）实验原理

在可见光下，同一物体对热的吸收比主要受物体颜色的影响。物体的颜色不同，吸热与散热性能不同，且深色吸热性能强于浅色。

（二）硬件支持

（1）白炽灯是一种热辐射光源，光谱连续。

（2）数显温度计应用传感技术，灵敏度高，数据可靠。

（3）基于以上原理，设计将不同颜色的亚克力板集成于同一个灯箱上，打开光源观察分析数据，发现深色区温度上升与下降均快于浅色区，以此通过数据对比分析，意识到深色物体吸热与散热性能强于浅色物体。

五、实验教学目标

（一）科学探究

能够亲历物体颜色对吸热性能影响的实验，并根据观察数据通过科学分析得出结论。

（二）科学知识

对于同一物质，深色的吸热及散热性能均优于浅色。

（三）科学态度

通过实验体验收获的乐趣及实证的意义。

（四）科学、技术、社会与环境

意识到在生活中利用好颜色与吸热性能的关系，有助于节省能源，方便生活。

六、实验教学内容

本实验是了解了不同材质的物体吸热性能不同之后的学习，通过生活中的现象引入话题，利用自制实验装置和现代化技术传感器，探究同一物质不同颜色吸热散热性能的不同。

七、实验教学过程

为了达成教学目标，我设计了如下的教学过程：情境引入、提出问题→实验探究、研究问题→数据分析、得出结论→迁移应用、利用新知。

（一）环节一：情境引入、提出问题

（1）一到夏天，就会发现黑色车在外面停的时间久了，在打开车门钻进去时就有钻入蒸锅的感觉，可是白色车却没那么难以忍受，这是怎么回事？

（2）学生思考、回答。

（3）质疑引题：对于同一物质深色物体比浅色更容易吸热吗？

（二）环节二：实验探究、研究问题

讨论设计实验方案，探究同一物质不同颜色物体吸热性能的不同。

（1）怎么才能知道我们的猜想是否正确呢？（做实验来验证）

（2）那这样的实验属于对比实验吗？这个对比实验应该具备哪些相同因素、哪些不同因素？

（3）学生讨论设计。引导学生把握以下几点：各种颜色材质应相同；距离光源的远近相同；测量读数的时间应相同。

（4）这个实验可以在太阳光下去做。但能发光发热的其实不止太阳一种，生活中有些物品其实也能发光发热，因此也能用来做这个实验。你想到我们还可以用什么替代太阳了吗？

（5）家里用的灯泡其实也能发光发热，尤其是以前用的钨丝灯泡，就特别适合用来在室内帮助我们研究这个问题。

（6）按照大家的想法，我制作了一个对比实验装置，它满足我们刚才讨论的设计要求吗？（出示装置）哪些地方符合？

（7）介绍装置的各部分。本装置分为四部分：光源区（见图1）、正面黑白色块区（见图2）、背面其他颜色区（见图3）、数显温度计（见图4）。

图1 光源区（白炽灯）

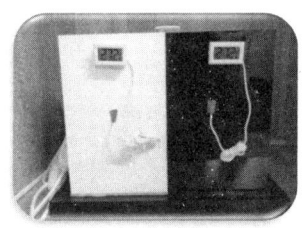

图2 正面黑白色块区

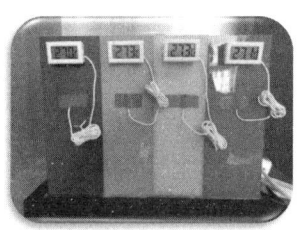

图3 背面其他颜色区

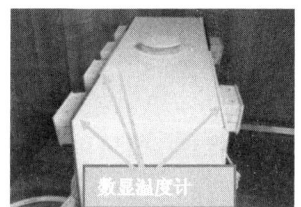

图4 数显温度计

（8）你认为应该怎么用它来研究我们今天的问题呢？

（9）实验步骤。

1）六人小组，作好分工，每人记录一种颜色的温度变化，并记录在个人实验观察记录单（见表2）中。

2）准备好计时工具，并记录起始温度，然后在计时开始的同时，打开电源开关。

3）每隔1min读数1次，实验时间为3min。

4）停止加热，继续读数3min，仍然每隔1min读数1次。

表2　个人实验观察记录单

个人观察记录：我观察的是＿＿＿色	
起始温度 0min	＿＿＿ ℃
加热：1min	＿＿＿ ℃
加热：2min	＿＿＿ ℃
加热：3min	＿＿＿ ℃
关闭电源，停止加热	
停止加热：2min	＿＿＿ ℃
停止加热：1min	＿＿＿ ℃
停止加热：0min	＿＿＿ ℃

5）将六人数据汇总在"颜色对热的吸收"分组实验记录单（见表3）中，并作折线统计图进行分析。

表3 "颜色对热的吸收"分组实验记录单

温度＼颜色	白色	黑色	红色	黄色	绿色	棕色
0min						
1min						
2min						
3min						
4min						
5min						
6min						

（10）学生实验。

（三）环节三：数据分析、得出结论

（1）出示学生实验结果（见图5），这6条线分别代表什么？

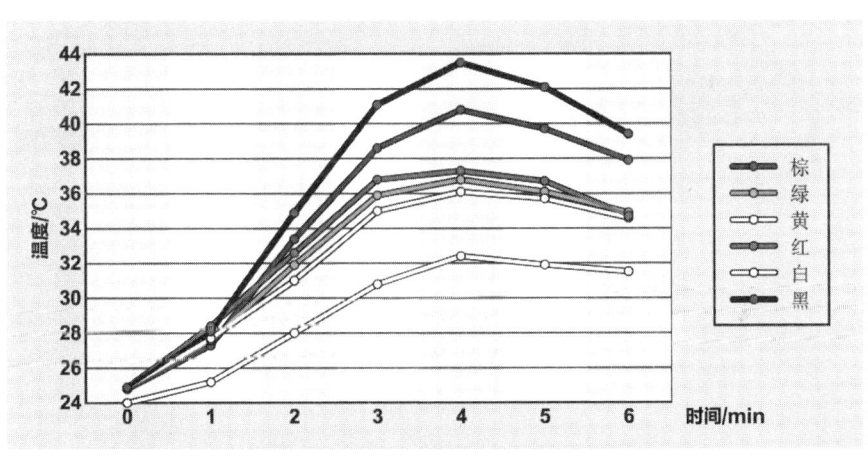

图5 学生分组实验数据统计折线

（2）它们有什么相同点？有什么不同点？

（3）同一时间，点的位置高说明什么？

（4）折线的坡度大说明什么？

（5）哪种颜色温度上升最快，哪种最慢？

（6）得出实验结论：同一种物质，表面颜色深的吸热和散热性能都比表面颜色浅的强。

（四）环节四：迁移应用、利用新知

讨论：冰箱后面的散热板为什么要被漆上黑色？为什么沙漠地区的人们喜欢穿白色而宽大的衣服？

八、实验效果评价

（1）学生在整个活动中亲身经历了"问题提出—猜测—实验设计与讨论—实验观察—数据整理、分析—得出结论"的全过程，使学生的实验技能、动手能力、分析和解决问题的能力得到了锻炼。

（2）在实验过程中，学生先分工观察、记录数据，再合作完成一张数据记录总表及数据分析折线图，通过分工与合作，培养了团队合作意识。

（3）实验中数字传感技术的应用，使学生意识到科技在不断发展进步，新技术的使用同时也大大提高了数据采集的准确性，提升了研究效率。

金属的热胀冷缩

长春东师中信实验学校　宋小南

一、使用教材

"金属的热胀冷缩"为教科版小学《科学》五年级下册"热"单元的第五课时。本课是继研究液体、气体之后，以金属为代表研究固体热胀冷缩的实验探究课。

二、实验器材

金属材料：钢片、铁片、铝片、钨丝、铜球。

装置基本材料：酒精灯、点火器、湿毛巾、三脚架、木板。

三、实验的改进和创新

（一）教材实验的不足

（1）金属种类少，归纳不充分。对于金属热胀冷缩性质的探究，教材只设计了铜和钢这两种金属，用两种金属使学生归纳出一些金属具有热胀冷缩的性质有些牵强。

（2）钢条实验装置操作时间长，现象不明显。用钢条做的桥模型做实验，20min后才会观察到很微弱的现象，且效果不明显。

（二）实验的改进和创新

归纳是由特殊到一般，强调从个别经验或个别事物出发，概括出一般结论。归纳对于科学概念的形成有着至关重要的作用，因此，我设计了一套适用于各种不同金属的实验装置，具体的改进和创新如下。

（1）实验改进。

1）金属种类的选择。考虑到金属的热膨胀系数，并结合学生对金属的熟悉程度和价格，我选择了铝、铜、铁、钢、钨这五种常见金属。虽然钨的热膨胀系数没有前四种的大，但是钨具有熔点高、导热快的性质，是可以达到很理想的实验效果的。

2）金属形态的选择。本实验我们主要是以长度的变化来标记金属的热胀冷缩现象，而对于同一种金属来说，它的粗细、薄厚不同，实验效果的差异也是很大的。我前后尝试了20种不同规格的金属，为了确保实验效果，最后确定了每种金属的规格，如表1所示。

表1 金属形态与实验时间的关系

金属形状	金属规格	实验时间
铝片	厚2mm	2min
铜球	直径2cm	2min
钢片	厚1.5mm	6min
铁片	厚1mm	5min
钨丝	直径0.8mm	5min

（2）实验创新。实验装置（见图1）的设计，是本实验创新点。其优点体现如下：

图1 实验装置图

1）实验时间短。短时间内就可以观察到金属的热胀冷缩现象：铝片最短，2min便可观察到现象；钢片最长，用6min。

2）现象明显。两根金属之间的缝隙在2mm左右，既可以实现两根金属同时加热，又可以清晰地观察到缝隙的变化，即金属受热膨胀，缝隙会明显缩小；金属受冷收缩，缝隙又会在缩小的基础上明显增大。

3）操作简单。只需学生点燃和熄灭酒精灯即可。

4）安全系数高。金属被固定在木板上，不需要学生摆放，减少事故发生的概率。

5）装置通用率高。此套装置适用于探究各种金属热胀冷缩的性质。

6）装置简易、经济。此套装置采用的材料常见且经济，组装后简易不复杂。

四、实验原理

金属受热膨胀，两根金属之间的缝隙会在肉眼可见的程度下缩小；金属受冷收缩，两根金属之间的缝隙会在肉眼可见的程度下增大。

五、实验教学目标

通过本节课的学习，希望达成以下目标。

（一）科学概念

一些金属具有热胀冷缩的性质。

（二）过程与方法

（1）设计简单操作的实验活动，有效地观察金属体积变化的现象。

（2）正确使用酒精灯给物体快速加热。

（三）情感、态度、价值观

（1）对探究各种金属的热胀冷缩现象表现出更浓的兴趣。

（2）初步意识到事物遵循普遍的变化发展规律，但也有特殊性。

六、实验教学内容

本课是教科版《科学》五年级下册第二单元"热"中的第五课，在学生们知道了大多数液体和空气会热胀冷缩后，继续探究金属热胀冷缩的性质。通过本节课多种金属热胀冷缩性质的探究，使学生们能够自行归纳出一些金属具有热胀冷缩的性质。这一课的学习，学生们经历了从个别到一般的归纳过程，初步意识到事物遵循普遍的变化发展规律。

七、实验教学过程

（一）情境导入

（1）观看电影《厉害了，我的国》片段，引入中国高铁。

（2）观看1825年世界第一条铁轨的设计，引起学生对两段铁轨间的缝隙的思考。

（3）请学生思考：铁轨被破坏的原因是什么？

（4）确立研究问题：除了铁会热胀冷缩之外，还有哪些金属会热胀冷缩？

（二）实验装置的设计

（1）确定学习任务，设计实验方案。

（2）小组讨论。主要从怎样加热、怎样放置、怎样观察这三方面考虑，观察方法需要重点思考。如果金属热胀冷缩的现象也和液体那样不明显，怎样观察才能够更明显。

1）将方案记录在卡片上（见表2）。

2）小组汇报并集体讨论出合理方案。

表2　实验装置的设计

我们的设计

第_____组

实验装置图

温馨提示：不会画的物体可以用文字代替。

（三）小组实验操作

（1）确定学习任务。实验探究常见金属是否会热胀冷缩。

（2）实验前指导。出示学习指南及注意事项。

（3）小组实验并记录（见表3）。

（4）小组汇报。

表3　"金属的热胀冷缩"实验记录表格

"金属的热胀冷缩"实验记录表格

第_____组

金属名称 \ 发现	加热后金属间的缝隙变化	冷却后金属间的缝隙变化

结论：通过上述实验现象，我们发现_____

（四）铜球演示

老师演示，学生仔细观察铜球的热胀冷缩现象。由于时间关系，铜球实验调整为演示实验，虽然不是全班集体体验，但铜球演示实验也使学生学习的兴趣达到了高潮，从神奇的小实验中观察到铜球立体膨胀的现象并发现铜球的热胀冷缩的现象。

（五）两次归纳

通过本课的教学，学生们潜移默化地进行了两次归纳：一次归纳是一些金属会热胀冷缩；实验中的金属材料有丝状的，球状的，片状的，另一次归纳是金属的形状不会影响其热胀冷缩的性质。

（六）总结及应用

讨论并解释日常生活中应用热胀冷缩现象的例子。例如：电线工人为什么这样架电线呢？

（七）板书设计（见表4）

表4　板书设计

金属的热胀冷缩

现象	金属	受热	受冷	结论
	铁	↑	↓	一些金属会热涨冷缩
	铝	↑	↓	
	钢	↑	↓	
	钨	↑	↓	
	铜	↑	↓	

八、实验效果评价

本次实验的改进效果明显，对于实验装置的改进，既可以使学生清晰地观察到金属热胀冷缩的现象，又可以大幅度减少学生的实验时间。对于实验设计的改进，既能使学生在有限的时间内观察到多种金属的热胀冷缩现象，又可以促进学生进行有效的归纳，实现有过程的归纳教学。

金属热胀冷缩吗

杭州长江实验小学　郑建华　吴妍

一、使用教材

教科版小学《科学》五年级下册第二单元第五课"金属热胀冷缩吗"。

二、实验器材

自制教具铜丝加热演示仪、铜铝钢热胀冷缩演示仪、iPad、实验记录单。

三、实验创新要点/改进要点

教具提供三组金属棒，分别为铜棒、钢棒和铝棒，每根金属棒的两端分别连接一个简单电路。三组金属棒的长短粗细几乎是一样的，中间有一个断口，断口的距离也尽量做到相同。用固体酒精给断口加热，观察小灯泡的变化。

演示仪的优势在于能明显观察到金属的热胀冷缩现象，同时能观察到不同金属热胀冷缩能力不同，但演示仪在实际教学中也暴露出了很明显的两个弊端：第一，完成整个演示实验需要10min左右的时间，课堂上完成该实验时间很紧；第二，炽热的火苗和烧红的金属棒都存有不安全因素。

基于以上问题，又将此实验过程录制为微视频，并采用视频中的快速播放技术来解决时长问题，同时安全问题自然迎刃而解。另外还寻找更多能热胀冷缩的金属制成微视频，包括铜、铁、钢、镍、汞、铝、锑、铋等，上课时给每个小组提供 iPad，供学生自由选择。

四、实验原理/实验设计思路

"金属热胀冷缩吗"是本单元的第五课，前面学生已经了解了气体及液体具有热胀冷缩的现象。可以说关于热现象，学生们已有了不少的经验，但要问学生真正理解热胀是怎样一个过程，其实学生是不清楚的。根据对杭州长江实验小学2011级144名五年级学生有关"热胀过程到底是怎么样"的调查问卷，43%学生认为金属会变长的同时变细，问其理由，答曰：总体积是一样的，不会无缘无故变多；有49%同学认为变长的同时变粗；还有9%的同学选择了不清楚。所以如果这一课教学，按照传统的铜球实验得到结论，不仅不能解决热胀的过程是怎样的，而且整个探究过程会显得浅显苍白，且科学实证意识淡薄，即一种金属不能代表所有金属。故教材也提出"要作出这一类完整的概括之前，应该先做些什么"等问题。结合以上两点，对本课的实验教学进行了重新设计。

五、实验教学目标

科学的本质是实证，科学活动是一种求真活动，科学必须用事实说话，从证据出发去探索结果。因此将本堂实验课的目标定位于：

（1）科学知识：许多金属都有热胀冷缩的性质，有些金属在一定条件下是热缩冷胀的。

（2）科学探究：设计简单操作的实验活动，有效地观察金属体积变化的现象；探究到不同金属热胀冷缩能力不同。

（3）科学态度：初步意识到事物遵循普遍的变化发展规律，但也有特殊性。

（4）科学、技术、社会与环境：初步意识到工具的使用给科学探究带来的帮助。

教学重点：设计实验观察金属体积变化的现象。经历对铜、铁、铝等金属热胀冷缩性质的探究过程，培养学生证据意识。

教学难点：设计观察金属受热体积膨胀的实验，培养学生实证意识。

六、实验教学内容及过程

（一）开门见山，直奔主题

教师讲述：上节课，我们学习了空气具有热胀冷缩的性质。如果是坚硬的金属，它也会发生热胀冷缩现象吗？今天我们就来研究金属会热胀冷缩吗？

简约课堂，直奔主题，为学生探究留出更多时间和空间。

（二）实验探究，验证猜测

在美国华盛顿儿童博物馆里有这样一句名言：我听见了，我就忘了；我看见了，我就记住了；而我做了，我就理解了。

出示一根铜导线，提问：这是金属吗？你们打算怎么研究？

请学生观看老师带来了一套自制实验装置（见图1），说说如何进行实验。明确实验要求及注意点后，学生亲历探究铜丝的热胀冷缩实验。

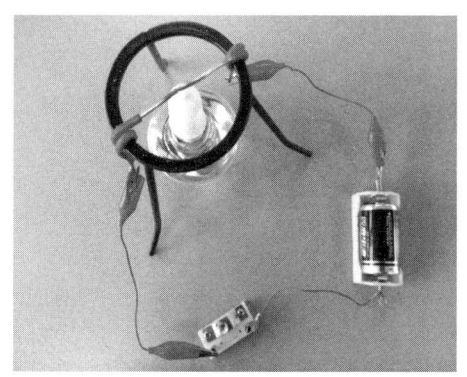

图1 铜丝加热实验

请学生说说观察到了什么？思考铜导线在热胀的过程中发生了怎么样的变化？

变长可以确定，那粗细有没有变化呢？有学生说变细，有的说变粗。

提问：你们有证据吗？有什么办法来验证呢？

学生设计和亲历铜球加热，并用精密的游标卡尺测量铜球各个方向直径的变化，从而通过实验理解"胀"的概念："胀不仅变长，而且变粗"。

发现铜能热胀，同学们纷纷表示金属能热胀冷缩，此时教师抛出一个问题："铜能热胀冷缩就代表所有金属能热胀冷缩吗？我们可以怎么办？"引导学生思考观察更多金属的热胀冷缩情况，培养学生的证据意识，即一种金属不能代表所有金属。从而过渡到各组开展微课学习（见图2），展开科学研讨，自然而然地引出相对完善的科学概念：大多数金属具有热胀冷缩的性质。

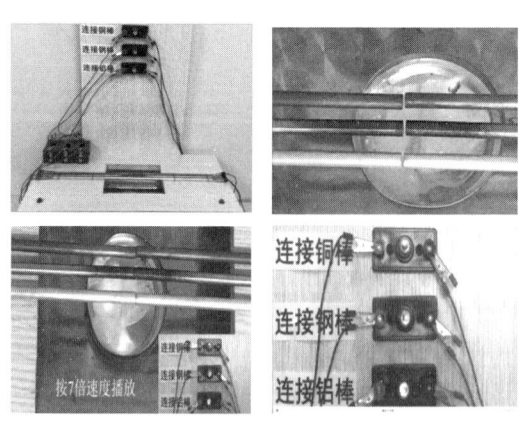

图2 自制铜铝钢热胀冷缩演示仪

（三）联系生活，拓展延伸

一个人的科学素养不仅要看他的科学知识的多少，更要看能不能运用科学知识解决实际问题。所以在课的最后，出示钢轨和高压电线架设的案例，请学生运用所学知识进行讨论分析，并提出生活中金属热胀冷缩的案例。

纵观全课，学生动手实践探究和视频学习相辅相成，亲历探究和科学研讨相得益彰，在多次省市展示课中，获得与会专家和教师的一致好评。

七、实验效果评价

本堂课的设计，基于证据意识的培养，通过自制教具，并整合微课教学，化长时为即时，更快速地得出实验现象，帮助学生获得事实结果，使得学生在课堂上获得更多的信息，从而为科学实证意识奠定更深的基础。

不过，欣喜之余，我们还应该有更深层次的思考：第一，为了节约时间，将大量探究内容录制成微视频为课堂所用对于学生科学素养培养是否一定合适；第二，将有危险系数实验录制成微视频是否一定合理。有时教师介绍清楚使用方法，对于学生探究能力培养也不失为一件好事。

谁的本领大

东营市海河小学　孟庆福

一、使用教材

青岛版小学《科学》三年级下册第 13 课"谁的本领大"。

二、实验创新要点

（1）创造性使用教材。为完善学生对"导体"和"绝缘体"的认识，激发学生的探究兴趣，增加了一组对比实验：研究同一物体当外部条件发生变化时它的导电情况。

（2）体现 STEM 教育理念。整个教学过程由问题引入，利用科学、数学、工程学等综合技能，设计实验，收集整理实验数据，得出结论，交流评价，体现 STEM 教育理念。

（3）自制教具的研制和使用。教学难点的突破是通过增加的对比实验来实现的。自制教具"物体导电检测仪"（见图 1）是为此实验而研制的，它不仅能检测固体材料是否导电，还能检测液体、气体是否导电，克服了普通导电检测装置不灵敏、适用检测材料少的不足，为进行导体和绝缘体实验教学提供了仪器保证。

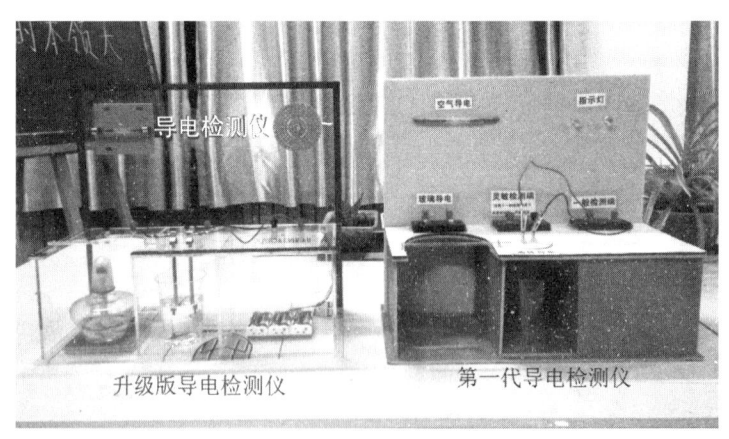

图 1　物体导电检测仪

三、实验器材

学生准备材料：铁钉、铝片、铜线、干木棒、塑料管、橡胶棒、铅笔、橡皮、尺子等。

教师准备材料和仪器：灯座、灯泡、电池盒、电池、鳄鱼夹线、净化水、食盐等材料和物体导电检测仪。

四、实验设计思路

（1）分组实验：学生制作简单"电路检测器"，检测常见物体是否导电，并记录现象，分析归纳得出结论，交流探究过程。

（2）演示实验：用"物体导电检测仪"检测干木棒、湿木棒、净化水、盐水、空气、玻璃管的导电性。

五、实验教学目标

（一）科学知识

知道有些物体容易导电，是导体；有些不容物体易导电，是绝缘体。

（二）科学探究

能设计、制作简单电路检测器，并完成对常见物体导电性能的探究性实验，通过对收集到的证据进行分析、归纳，得出结论，并与同学交流。

（三）科学态度

尊重事实，愿意用证据验证猜想；乐于与人合作完成探究；学会辩证地认识事物（导体和绝缘体）。

（四）科学、技术、社会与环境目标

能够分辨生活中常见的导体和绝缘体，了解导体和绝缘体材料对人类生活的影响，能用所学导体和绝缘体知识解决实际的问题。

六、教学内容

教材一共提供了三个活动。

（1）探究活动：哪些物体容易导电。

（2）自由活动：辩论导体和绝缘体谁的本领大。

（3）课外拓展活动：我们去调查、了解半导体。

七、教学过程

教学流程设计如图2所示。

（一）激趣导入，提出任务

教师展示"灯泡亮了"的简单电路，其中一段导线用棉线代替。合上开关，灯泡不亮，请同学们查找原因。同学们很快就找出问

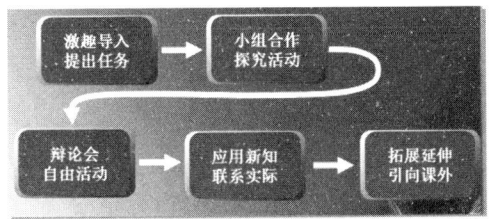

图2 教学流程

题所在，因为棉线不导电，所以灯泡不亮。

教师趁机引导："哪些物体容易导电，哪些物体不容易导电呢？今天，我们就来研究这个问题。"

导入是我的创新设计，不仅复习了旧知识，还引出了新任务，同时大大调动了学生的学习兴趣。

（二）小组合作，探究活动（见图3）

（1）请同学们对这些常见的材料进行猜想，哪些材料容易导电、哪些材料不容易导电，根据猜想把材料分类。

（2）小组合作设计实验，制作电路检测器（这个环节体现了学生用已有的知识解决实际问题）。

（3）同学们用设计的电路检测器检测物体是否导电，对前面猜想进行验证。把实验的结果记录下来，进行分析，得出结论。

图3 制作电路检测器检测物体是否导电

（4）进行交流汇报，对小组的探究进行评价。

（5）引出导体和绝缘体的概念，并对身边的材料进行判断，哪些是导体、哪些是绝缘体。

（6）为完善学生对导体和绝缘体的认识，培养学生探究兴趣，拓展了一组对比实验。

1）干木棒和湿木棒导电的对比实验。

2）净化水和盐水导电的对比实验。

3）常温玻璃管和高温玻璃管导电的对比实验（见图4）。

4）低电压和高电压下空气导电的对比实验。

图4 研究加热条件下玻璃管是否导电

通过实验得出结论：导体和绝缘体不是绝对的，在特定条件下物体的导电性会发生变化。

（三）自由活动，辩论导体和绝缘体谁的本领大

通过辩论（见图5）得出：我们利用导体把电流送到人们需要的地方，我们利用绝缘体阻止电流到人们不希望有电的地方。导体和绝缘体不能单独工作，它们只有互相配合才能实现自己的本领。

图5 辩论：谁的本领大

（四）解决实际问题

有人不小心触电了，用什么物体把搭在身上的电线头挑开？同学们选择：铁棍、不锈钢管、干木棒、塑料棒、湿木棒（用学到的导体和绝缘体知识解决实际问题；科学技术改变人们的生活，也是对学生探究活动结果的评价）。

（五）课堂小结

本节课你解决了什么问题？收获了哪些知识？

（六）作业：查阅资料，调查、了解半导体

这是教材上的拓展活动，放到课外，让学生查阅资料完成，进一步培养学生探究的兴趣。

八、效果评价

本课亮点：①学生最感兴趣的是用"物体导电检测仪"做的一组对比实验。玻璃也能导电？空气也导电了？这简直颠覆人们的常识，大大激发了同学们探究的兴趣，同时完善对导体和绝缘体的认识。②探究活动在 STEM 教育理念引领下开展。整个探究过程同学们分工合作，设计制作电路，动手检测材料，记录实验结果分析归纳，得出结论并与人交流。有明显的创造性思维过程，是非常有效的有深度的探究活动。

本课的不足之处：三年级学生设计实验还有一定的难度，需要教师的适时指点；需进一步培养小组各成员科学分工、团结协作的能力。

导体和绝缘体

广西柳州市北雀路第三小学 李红

一、使用教材

"导体和绝缘体"选自教科版小学《科学》四年级下册第一单元"电"的第五课。

二、实验器材

原电路检测器，自制电路检测器，金属棒、木片、橡皮、塑料尺、干抹布、湿抹布、泥土、自来水、新鲜的树叶等生活中常见的材料。

三、实验创新要点/改进要点

在本课中，模型设计的科学性对实验探究的过程影响很大。在教学实践中，我发现原实验器材存在以下不足。

首先，原实验器材功能单一，只能依靠小灯的明灭判断物体的导电性，并且无法判断物体导电性的强弱（见图1、图2）。

其次，原实验器材测试的范围有限，无法检测大电阻物体的导电性（如自来水、人体、树叶、大地等），难以建立正确概念，不利于培养安全用电意识（见图3、图4）。

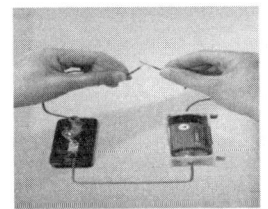

图1 原导体绝缘体简易检测器

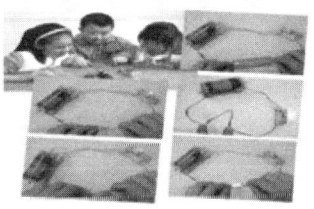

图2 原实验器材功能单一

图3 检测自来水，小灯不亮！

图4 检测铁勺，小灯亮了！

而利用自制实验器材进行检测有以下优势：①功能多样，既有灯光提示功能，又有声音提示功能；并且通过亮起小灯的数量或音频的高低可以快速判断物体导电性的强弱。②自制实验器材测试的范围广，能精确检测生活中常见的任何物体的导电性。新检测器能充分吸引学生的注意力，增添实验趣味性。

四、实验原理

结合我校的科普特色，我重新设计半导体振荡电路，并尝试检测。最后，利用发光二极管、三极管、电阻、喇叭等常见的电子元件组装成新的检测器（见图5、图6、图7）。新检测器的LED灯、喇叭会根据物体的导电性的强弱分别发出不同信息。

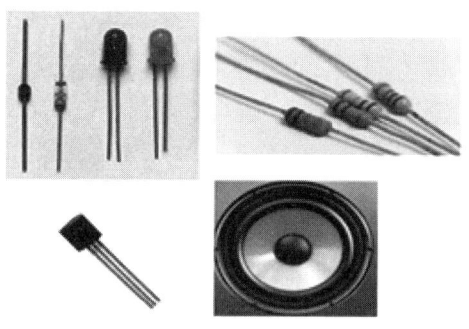

图5　新检测器部分材料

图6　新检测器（演示）

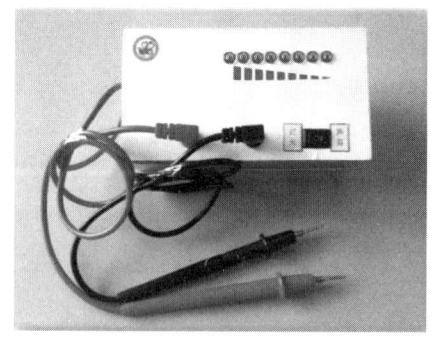

图7　新检测器（操作）

五、实验教学目标

基于教材和学情分析，根据《小学科学课程标准》，我制定了以下教学目标，并确定了本课的教学重难点。

（一）教学目标

（1）科学知识目标。

1）知道物体根据其导电性可以分为导体和绝缘体两大类；描述物体的导电性能。

2）了解导体、绝缘体的相对性。

（2）科学探究目标。根据课标的八个要素，学生能在教师引导下检测常见物体是否导电，并记录整理信息，分析结果，得出结论。

（3）科学态度目标。激发学生探究电学的兴趣，并能主动与他人合作，分享想法；培养敢猜想、敢质疑的好习惯及尊重事实的实证精神。

（4）科学、技术、社会与环境目标。通过实验探究，观察科学现象，初步了解科学知识在生活中的应用，强化安全用电意识。

（二）教学重难点

（1）教学重点：通过探究活动，初步学会判断生活中哪些物体是导体，容易导电；哪些物体是绝缘体，不易导电。

（2）教学难点：检测大电阻物体的导电性；导体、绝缘体相对性的认识。

六、实验教学内容

显而易见，借助电路检测器检测常见物体的导电性是本课的核心实验。

七、实验教学过程

根据本课的教学目标和学生原有的认知结构，我们不仅对教学仪器进行了改进，还充分利用互动教学，有效地促进学生主动探究学习。创新后的实验教学分为五个环节。

（一）互动教学，大胆猜想

课堂上，我先利用互动教学，引导学生进行大胆猜测，激发了学生的学习兴趣，培养了敢猜想、敢质疑的好习惯。

（二）自学微课，掌握方法

学生通过观看微课，自学新检测器的使用方法及实验的注意事项，既保障了实验的安全，又培养了自主探究学习的能力。

（三）动手实验，得出结论

为了丰富学生对导体和绝缘体的认识，我分别利用原检测器和自制检测器进行了二次实验，学生从中知道了随着科学实验设备的不断更新，实验结论也会越来越精确，培养了学生尊重事实的实证精神和科学严谨的学习态度。

（四）联系生活，强化安全

这一环节，我同样利用了互动教学，改变了学生只能在记录表上填写结论的方式，让学生进行分组对抗，通过这样的游戏，又一次逐步深入、丰富了对导体和绝缘体的认识和理解。最后，以实验现象联系生活实际，对安全用电进行教育水到渠成。

（五）实验拓展，启发思考

这个环节，由教师演示半导体二极管的单向导电性，启发学生的后续思考，充分激发了学生继续探究电学的欲望。

八、实验效果评价

基于科学课程全面提高每一位学生科学素养这一核心理念，我用新的教学设计，让学生主动参与、自主探究，在做中学、在学中思，充分体现了以学生为本的教学理念。为突破教学重难点，我制作了全新的教具，使实验探究更方便、更直观、更科学，从而达成本课的教学目标。在本课中共出现了以下亮点：

（1）教具创新自制，突破教学重难点，提高探究效率。自制实验装置多感官结合更直观；灵敏度高，实验结论更科学；取材简单、成本低廉，易推广。

（2）实验教学创新，运用新技术，扩大交流平台。将白板的交互功能、微视频等引入课堂，充分发挥每一位学生的主体地位，给学生提供更多自主学习的空间和分享交流的机会，营造了师生互动、生生互动的高效课堂。

本节实验课不仅突破了教学重难点，有效达成了教学目标，也让源于生活的科学回归生活，强化了安全用电意识，凸显了科学在生活中的价值，使学生的各项能力得到了提升。

比较白炽灯与荧光灯哪个效率高

山西省晋中市太谷县实验小学　侯俊秀

一、使用教材

苏教版小学《科学》六年级下册第五单元第四课。

二、实验器材

荧光灯一只、白炽灯一只、温度计两支、插座一个、热感应手机壳和光感测试仪一个。

三、实验创新要点

（一）改进实验装置

在原有材料的基础上我又增加了热感应片与光度测试仪。热感应片就是热感应手机壳，我选用的是红底，受热后显现黄色的一种；光度测试仪的使用可以让孩子们感受到科技服务于生活的意义。

（1）将灯泡固定在同一个插座上，保证了同时开灯。

（2）将温度计固定，保证与灯泡距离、高度不变，还保证了同时对温度进行监测。

（二）多方式展示实验效果

本实验在改进之后分别使用温度计、热感应片来展示实验结果，既有数据的准确体现又增加了趣味性，便于学生对重点内容的理解。在此过程中培养了学生的观察能力。同时还借助了光感测试仪，发现两种灯泡发光率确实存在差异，荧光灯的使用效率更高。

多方式、多角度的体验使学生的实验能力、归纳概括能力以及思维能力得以提升，体验到探究的乐趣。

（三）学科学用科学

科学来源于生活，应用于生活。让学生就选择哪种灯泡效率更高展开讨论，在讨论中思维的火花碰撞，学生们进行深入思考。也充分体现了刘默耕老前辈"一英寸宽，一英里深"的教育理念。

四、实验原理与设计思路

结合生活实际，本课具有极高的现实意义。有了前面的知识铺垫，教材将关注点转移到了孩子们身边熟悉的环境。孩子们每天都会看到无数的发光材料不分昼夜的工作，同时也发现这些发光材料在市场占有份额方面发生着很大变化。现在的灯具市场几乎被 LED 和节能灯覆盖，而由爱迪生发明的钨丝灯泡（也就是白炽灯）几乎退出历史舞台。那么孩子们就有了这样的探究诉求：可不可以设计一个实验亲自对比两种发光材料哪个更节能？学贵有思，思贵有疑。孩子们又迈出了坚实的一步。为了满足孩子们的探究欲望，教材就设计了本实验。在分析了学情，深度解读了教材之后，我从以下几方面制定了本实验的教学目标。

五、实验教学目标

（一）科学知识与技能

知道使用效率高的含义。

（二）科学探究

学会设计比较白炽灯与荧光灯哪个效率高的实验。

（三）科学情感态度价值观

体验探究的乐趣。知道节约能源的重要性。

（四）科学、技术与社会的关系

科学推动技术进步，科学技术是第一生产力。

六、实验教学内容

比较白炽灯与荧光灯哪个效率高。

七、实验教学流程

（一）情景导入，产生认知冲突

现在的灯具市场几乎被 LED 和节能灯覆盖，而由爱迪生发明的钨丝灯泡（也就是白炽灯）几乎退出历史舞台。是什么原因呢？

（二）科学探究，建构科学知识

（1）我们要与学生讨论灯泡在工作中的能量转换——电能转换为光能和热能。人们在使用灯泡时是希望将电转化为更多的光还是热？如果某种灯泡将更多的电能转换为光能，那么这种灯泡的使用效率就高。

（2）实验比较两种灯泡的效率高低。与学生讨论实验中的定量与变量。

1）定量：相同的瓦数，同时开灯，同时测量，温度计与灯泡距离相同。

2）变量：灯泡类型不同（白炽灯和荧光灯）。

（3）观察重点：温度变化、热感应片的变化、亮度值。

这些条件控制得当，得出的结论就真实可信。

（三）填写实验报告单（见表1）并进行数据分析，获取科学结论

表1 "比较白炽灯与荧光灯哪个效率高"实验报告单

不同灯泡	温度值/℃			亮度值
	0s	60s	120s	
白炽灯	26	33	38	2580
荧光灯	26	29	32	5670

分析数据后得出结论：相同的通电时间荧光灯将更多的电能转化为光能，效率更高。

（四）拓展延伸，体现科学本质

荧光灯市场售价10元左右，白炽灯市场售价2元左右。围绕建设"节约型社会"这一主题作出你的选择。

运用此实验装置，可在较短的时间内得到可信的结论。将前面实验节约出的时间不如就交给学生开一个小型辩论会，教会学生用发展的眼光看问题，会终身受益。

八、实验效果评价

本实验课中，我以学生生活为题材，以认知冲突为起点，以科学探究为主线，以结构性材料为突破口，注重学生科学思维的发展，体现了"生活中处处有科学，科学能提升生活品质"这一理念。

设计与制作
——简单智能电路

佛山市顺德区本原小学 曹麟光

一、使用教材

粤教版小学《科学》四年级上册第四单元拓展课。

二、实验器材

教师自主配置学生实验盒（见图1）：主控板（带有程序）、各种传感器模块（声控、光控、触摸、接近、倾斜）、LED灯模块、七彩灯、蜂鸣器模块、小马达、杜邦线、9V电池、电源连接线。

教师演示教具：磁控魔术灯泡、磁性戒指。

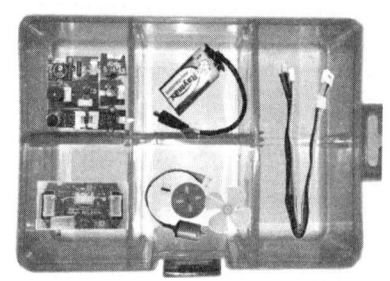

图1 实验学具盒

三、实验创新点

教师自主配置实验教具盒，采用当前热门的智能硬件为实验器材，实验元件材料丰富，易操作，现象明显。以STEM教育理念为核心，倡导跨学科融合，以解决实际生活问题为导向，以创客教育理念组织课堂。

四、实验设计思路

整个实验教学的设计思路以"做中学""玩中学"为方式，学生在开放的环境下，运用教师提供各种工具、材料，通过小组合作、自主探究来完成学习任务。学生通过认识简单的智能元件到拼装简单的智能电路，再到自己设计一个能在生活中使用的智能电路，实现从拼装到造物、从模仿到创新、从知识传承到知识创造、从知识的消费者到知识的生产者的转变。

五、实验教学目标

（一）科学知识目标

认识简单的智能电路；了解传感器的功能。

（二）科学探究目标

能基于所学的知识，提出可探究的科学问题。

(三) 科学态度目标

培养科学探究的兴趣，培养实事求是、追求创新、分享合作的精神。

(四) 科学、技术、社会与环境目标

知道科学技术与日常生活的联系，了解社会需求是推动科学技术发展的动力。

六、教学重点与难点

(1) 实验教学重点：认识简单的智能元件和电路。

(2) 实验教学难点：设计一个简单智能电路。

七、实验教学内容

本节课是学生学习完电路知识后的拓展课。智能元件是近年来的热门产品，通过磁控灯泡魔术导入，来认识构成智能电路的基本元件。课堂上让学生能正确拼装简单智能电路模型，并让学生自己来设计一个能用在生活中的简单智能电路方案。

八、实验教学过程

(1) 魔术引入：磁控灯泡（见图2）。意念亮灯的魔术表演引出智能元件是构成智能电路必不可少的元件，从而导出课题。

(2) 认识元件和点亮一盏灯：认识一些基本的智能元件，并从点亮一盏光控灯开始（见图3）。

图2　磁控灯泡

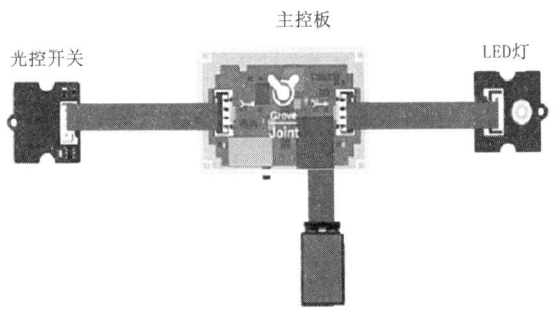

图3　光控智能电路

(3) 升级玩法：在点亮一盏灯的前提下，熟悉其他智能元件的功能。学生通过知识的迁移，尝试拼装不同效果的电路。本环节的设计就是让学生熟悉实验盒中材料和功能，并能联系生活，知道将智能元件的功能用于生活当中。

(4) 设计一个智能电路：学生根据教师提供的实验材料，联系生活，小组合作设计一个智能电路。

(5) 总结和拓展：学生汇报展示自己的作品，教师总结。

九、实验效果评价

(1) 实验教学体现创客理念，体现 2017 版小学"科学"课程标准中的技术与工程领域，通过这样的一堂拓展课的学习后，学生对于电路的知识有了全新的认识，除了书本中简单的串并联知识外，学生了解到生活中电路可以用各种智能传感器来控制，并能联系生活，学以致用。

(2) 实验所用教具盒采用杜邦线连线，方法简易，区别于教材中的原始连线方法。先进的智能硬件材料，现象明显，易于操作。让学生体验到技术的创新是人类进步的源泉，对培养学生的创新能力和思维有很大的作用。

(3) 从课堂设计来看，从点亮一盏灯开始，到升级玩法，再到自己设计一个智能电路，由浅入深，环环相扣。课堂以任务驱动为辅助模式，学生把自己当成小小设计师，变被动学习为主动学习。在开放的环境、充足的实验材料下完成自主探究，变拼装为造物，真正体验成为一名创客。

(4) 从课堂实施过程来看，导入环节将魔术表演引入课堂，以"科技达人秀"或"科普小品"等形式为载体，增强了课堂的活力。课堂上教师作为一名指导者，突出学生的主体地位，形成良好的师生关系。

总体来说，整个教学过程能较好地完成课前设定的教学目标，能体现新版的小学科学课程标准的要求，能体现出创客教育的理念，学生参与度非常高、学习兴趣浓厚，实验过程简单易操作，学习效果良好。但还需从如何更高效地实现教学目标等方面进行改善。

神奇的小电动机

天津市河东区六纬路小学　张金雪

一、使用教材
教科版小学《科学》六年级上册第三单元"能量"第五课的实验教学内容。

二、实验器材
（1）由开关、导线、电池、电池盒、转子支架组成一体式实验设备；磁铁摆放支架（见图1）。

（2）一体式设备大模型（见图2）。

（3）实验记录单（见图3）。

（4）磁铁、电磁铁、小电动机转子三组转动设备（见图4）。

（5）磁铁、电磁铁、小电动机转子三组转动设备模型（见图5）。

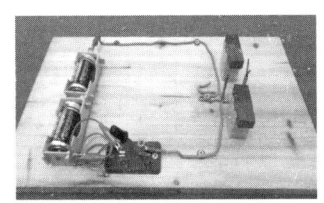
图1　一体式实验设备

图2　一体式设备大模型

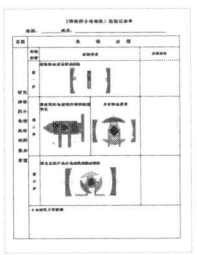
图3　实验记录单

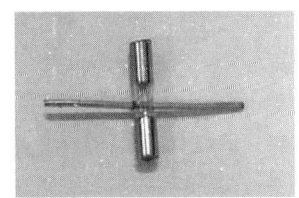
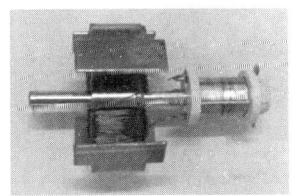

图4　磁铁、电磁铁、小电动机转子三组转动设备

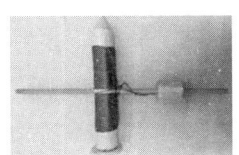

图5　磁铁、电磁铁、小电动机转子三组转动设备模型

三、实验创新要点/改进要点

从学生已有科学知识出发，遵循儿童认知规律、思维方式进行实验改进创新，从磁铁转动设备、电磁铁转动设备到小电动机转子，三组转动设备外形逐级变化，采取任务驱动"转动设备转动半圈、转动设备转动一圈、转动设备连续转动"，让学生有逻辑地、由浅入深分三步进行实验。

增加配套放大模型和实验记录单。学生实验后利用放大模型进行思维加工和实验分析，模型中红灯、白灯代表南北磁极，实现电流改变磁极变化的可视化。实验记录单贯穿整个实验，便于学生理解小电动机工作原理。

四、实验原理/实验设计思路

小电动机工作的原理：用电产生磁，利用磁的相互作用转动。

实验设计共三步，从转动设备转动半圈到转动设备转动一圈再到转动设备连续转动，学生在科学研究的过程中逐步理解电动机的工作原理。

五、实验教学目标

（一）知识与技能

在教师指导下分步骤理解小电动机转动的原理。

（二）过程与方法

体验科学研究的基本过程、方法，培养学生运用科学知识分析问题、解决问题的能力。

（三）情感态度与价值观

通过亲身实验，提高学生学习科学的兴趣，初步养成发明创造的意识。

六、实验教学内容

本实验在"能量"单元的学习中承上启下，既是前面电磁铁知识的充分应用，又将研究内容开始转到对电能的研究上，为下一课"电能和能量"作好学习铺垫，同时也是磁铁和电磁铁性质的综合运用。

七、实验教学过程

（一）从磁铁的受力分析做起点展开（见图6）

任务驱动：让中间转动设备转动起来并记录转动幅度。

学生通过磁铁转动实验，发现中间磁铁能够转动起来，再仔细观察并记录，中间磁铁转动最大幅度为约半圈。

师生利用磁铁模型进行受力分析，是磁铁与磁铁间磁的相互作用推动中间磁铁设备转动半圈。

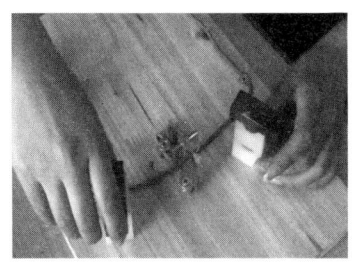

图 6　实验第一步

（二）理解电磁铁转动原理（见图 7）

任务驱动：怎样让转动设备实现转动一整圈？

根据前四课的知识储备和"电磁铁的磁力"实验的余热，学生马上想到利用电磁铁代替中间磁铁设备实现转动一整圈。

教师引导学生利用放大模型边演示边讲解具体实验思路：接通电流，磁的相互作用推动电磁铁设备转动半圈后，改变电流方向，电磁铁两端的磁极发生改变，磁的相互作用下继续转动后半圈。

教师引导学生改进电磁铁转动实验器材。

（1）实验缺点是手动改变电流方向太麻烦。怎样实现自动改变电流方向？

师生共同了解换向器结构及作用。换向器的作用是接通电源并转换电流的方向。以两个金属片作为接触换向器的电刷。接通电源，电磁铁设备在转动过程中电刷依次接触换向器的两个金属环，每转动半周通过电磁铁线圈的电流方向就会自动改变。

（2）铁钉式的电磁铁一边是钉尖儿一边是钉帽儿，不便于进行转动实验。

电磁铁转动设备结构不变，外形升级。

检查电路连接后，学生利用电磁铁转动设备进行实验。有的组能转动起来，有的组不动。哪里出了问题？用手动一动，能转动起来了。

利用电磁铁模型来进行分析：可能静摩擦力大；还有一种原因是电磁铁与外部磁铁磁的相互作用处于平衡时，电磁铁设备就静止不动，用手拨动或惯性作用下过了作用平衡点就能继续转动了。

电磁铁转动设备用电产生磁，利用磁的相互作用能转动一整圈。

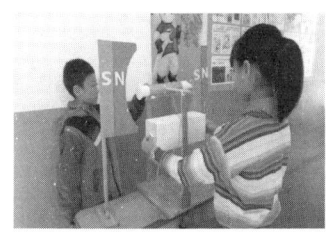  

图 7　实验第二步

（三）理解小电动机的工作原理

任务驱动：怎样让电磁铁设备随时自动转起来？

教师引导，学生分析：电磁铁与外部磁铁磁的相互作用始终不平衡，就能随时自动转起来。

小组讨论实验设备改进方法并记录在实验记录单上（见图8）。

 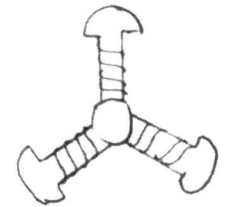

图 8　学生部分实验设备改进方法

教师引导学生讨论、比较实验改进方法，学生建议采用3个电磁铁转动设备比较合适，并进行实验：实验成功（见图9）！

在孩子们成功的喜悦没有消退时告诉他们：用电产生磁，利用磁的相互作用转动，这一实验原理制造出一种神奇的产品——小电动机。

最后学生依托小电动机实际产品和模型，相互介绍小电动机工作的原理，使所有学生在科学概念上都有明确的收获。

 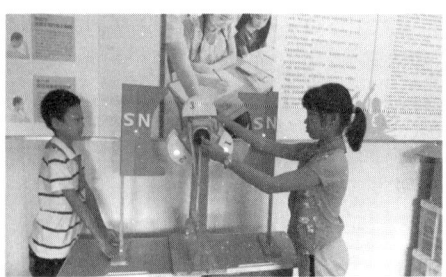

图 9　实验第三步

八、实验效果评价

通过对实验设备器材的改进和实验设计的创新，利用三组不同的转动设备和模型，采用三步递进式实验，带灯模型实现电、磁的可视化，突破了"神奇的小电动机"实验由来已久的学习难点。

学生亲身体验科学知识转化成为实际产品的过程，在实验中充分发挥自己的主动性和创造性，收获了知识、能力和喜悦，无形中养成了发明创造的意识。

能量大小与物体运动的关系

山西省长治市城区上南街小学　冯鹏

一、使用教材

苏教版义务教育课程标准实验教材《科学》六年级下册第五单元"各种各样能量"第1课。

二、实验器材

（1）教材所用材料：一个卫生纸卷芯、一根橡皮筋、三根吸管、米尺。

（2）改进实验所需材料：废旧羽毛球桶两个、条形测力计一个、圆柱水准泡两个、火箭笔一个、钢珠若干、速度测试仪一个、纸质刻度尺。

三、实验创新要点/改进要点

（一）原实验的问题

（1）起点：火箭发射器起点未固定，发射时火箭容易抖动或移动。

（2）终点：动态下的争论。火箭上升后，短时间不易观察测量，有时需要俯视、仰视读数，形成错误读数方法。

（3）方向：火箭发射后，飞行方向容易倾斜或翻转，同时由吸管做成的火箭较轻，很容易超出米尺最大量程。

总之，依据原教材中的实验方法制作的"发射器与火箭"在探究能量大小与物体运动的关系时，测量精确性不高，数据误差较大（见图1、图2）。

图1　教材中的发射器、火箭、米尺　　　图2　教材中的发射方法

（二）创新与改进要点

（1）外观：新的火箭发射器的外部构造由两个废旧羽毛球桶与一个矿泉水

瓶组合而成，火箭模型用废旧的火箭钢笔做成。外观形象贴近生活，利用情景导课可激发学生学习兴趣（见图3、图4）。

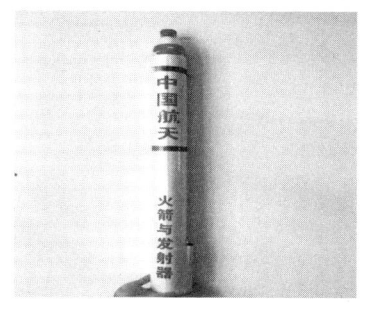

图3　自制火箭发射器

图4　自制火箭

（2）内部：火箭发射器内部有发射底座、水平仪、测速仪、刻度尺等。发射器底座由条形测力计、发射导管、圆柱水准泡组成，起点比较稳固，可减小发射时的误差。实验时，通过改变拉力的大小与距离来改变能量大小，探究与火箭发射速度、距离的关系（见图5）。

（3）方向：轨道内侧增加两个圆柱水准泡可调节火箭发射时的水平状态，发射角度更精确。

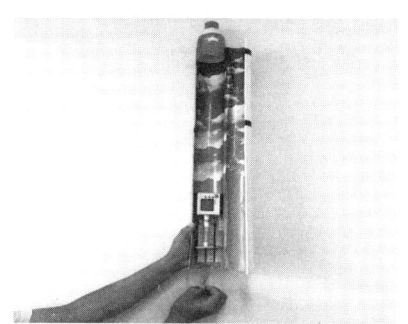

图5　创新发射方法

（4）测量：由传感器构成的测速仪可测量火箭飞行的动态速度，轨道内侧的刻度尺可测量火箭发射静止后的距离，动静结合数据更准确。

（5）射程：火箭内部装置5mm钢珠，可改变重量，既能有效控制火箭射程，又能激发学生探究兴趣。

四、实验原理/实验设计思路

（一）实验原理

制作"火箭与发射器"，探究能量大小与物体运动关系，利用条形测力计的拉力产生能量，通过测速仪或刻度尺测量物体运动的速度或距离。

（二）设计思路

巧用废旧羽毛球桶和矿泉水瓶组成火箭发射器的外观模型。利用条形测力计的反弹力产生发射动力，在发射底座上安装水平仪调节发射水平状态。轨道内侧安装测速仪和刻度尺测量火箭运动的瞬间速度和静止后的距离，从而得出

"拉力越大能量越大，火箭运动的距离越远，火箭运动的速度越快"的结论。

五、实验教学目标

（一）知识与技能

学会简易制作"火箭"与"发射器"的原理与方法，培养动手创新能力。

（二）过程与方法

利用"火箭"与"发射器"依据控制变量实验法探究能量大小与物体运动的关系。

（三）情感态度与价值观

通过分组实验、合作探究，培养学生团队意识、促进人际交往。

六、实验教学内容

本课教学内容总结为4个字："二学一做"。

（1）一学："火箭与发射器"制作原理与方法。

（2）二学：用控制变量法探究能量大小与物体运动的关系（重点）。

（3）一做：大胆的假设与分组实验探究（难点）。

七、实验教学过程

（一）环节一：了解原理，熟练操作

（1）引导学生了解火箭与发射器的外部和内部构造、原理、性能、测量范围等参数，熟练操作并识记实验注意事项（见表1）。

表1 教具参数

性能指标	测量范围
发射器拉力	0~5N
弹簧拉伸距离	0~8cm
火箭飞行速度	0~5m/s
火箭发射距离	0~100cm

（2）注意事项。

1）观察与调节水平液柱后再发射火箭。

2）严禁对人发射，注意安全。

（二）环节二：变量探究，得出结论

引导学生运用第一种方法：探究能量大小与物体运动距离的关系。具体操作是一手握住发射器将火箭放入发射导管内，另一只手向后拉动条形测力计，记录拉力大小（如2N），松手后火箭被弹射向前飞出，火箭静止后通过轨道内侧刻度尺读取火箭飞行的平均距离约30.2cm（见图6）。然后改变拉力大小（如3N），用同样方法记录火箭飞行的平均距离约40cm。从而分析数据，得出"拉力越大，产生的能量越大，火箭运动距离越远"的结论（见表2）。

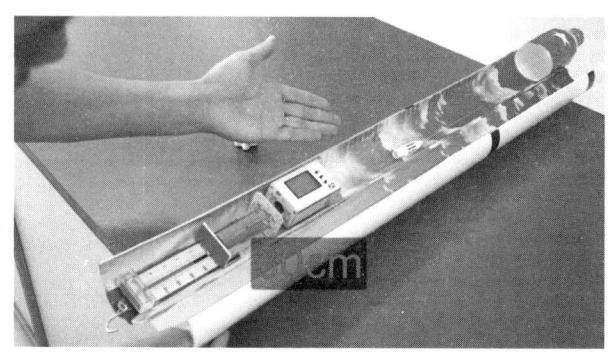

图6 读取火箭飞行距离

表2 实验记录表一

拉力/N	弹簧拉伸长度/cm	火箭发射平均距离/cm
2	3.2	30.2
3	4.0	40

（三）环节三：再次实验，继续验证

引导学生变换第二种方法：继续探究能量大小与物体运动速度的关系。首先打开测速仪，一手握住发射器将火箭放入发射导管内，另一只手向后拉动条形测力计，记录拉力大小（如2N），松手后火箭被弹射向前飞出，通过测速仪读取火箭飞行的平均初速度，约为1.5m/s（见图7）。然后改变拉力大小（如3N），用同样方法记录火箭飞行的平均初速度，约为2.2m/s。从而分析数据，得出"拉力越大，产生的能量越大，火箭运动速度越快"的结论（见表3）。

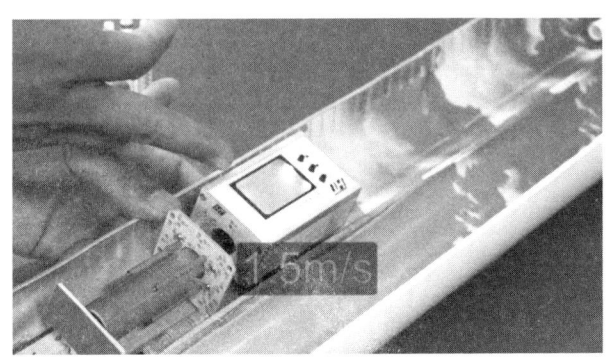

图 7 读取火箭飞行速度

表 3 实验记录表二

拉力/N	弹簧拉伸长度/cm	火箭发射后平均初速度/(m/s)
2	3.2	1.5
3	4.0	2.2

（四）环节四：讨论交流，形成知识

通过以上两种实验方法，让学生记录分析得出以下两种结论：

（1）拉力越大，能量越大，火箭运动的距离越远。

（2）拉力越大，能量越大，火箭运动的速度越快。

从而完成本课探究能量大小与物体运动的关系的学习目标。

八、实验效果评价

通过教材实验与创新实验方法对比可以看出，在解决本课重点时，创新实验方法更加丰富有趣；在突破本课难点时，通过"两改两增"，数据测量更加精确，误差更小（见表4）。

表 4 实验效果对比分析

对比实验	重点	难点
教材实验	橡皮筋拉伸长短与火箭发射高度的关系 （1种方法）	能量大小的控制以及火箭发射高度测量的精确性 （误差较大）

续表

对比实验	重点	难点
创新实验	（1）测力计拉力与火箭发射距离的关系。 （2）测力计弹簧拉伸长度与火箭发射距离的关系。 （3）测力计拉力与火箭发射初速度的关系。 （4）测力计弹簧拉伸长度与火箭发射初速度的关系 （4种方法）	两"改"两"增" （1）改：固定发射器的起点。 （2）改：高度为初速度和远度的测量。 （3）增：增加测量力与距离表达能量大小。 （4）增：增加动态测速仪与调节水平仪（误差较小）

总之，瓶瓶罐罐能当器材，拼拼凑凑就有创新。我和学生根据这种理念结合我校实际情况，通过查新、改良创新出新的学具。材料取源于生活而高于生活，变废为宝，经济实用，科学与技术融合、定性与定量结合，数据测量更加准确，变量探究更加有趣。

能量转换科学研究

北京市朝阳区垂杨柳中心小学 邓新阳

一、使用教材

首师大版小学《科学》第 6 册"能源与生活"单元"能量转换"。

二、实验器材

海洋实验箱 50cm×20cm×50cm（见图 1）、蓄水池实验箱 30cm×20cm×50cm（见图 2）、微型水力发电机（叶轮）（见图 3）、微型水力发电机（涡轮）（见图 4）、万用表（见图 5）、水泵（见图 6）。

图 1　海洋实验箱

图 2　蓄水池实验箱

图 3　微型水力发电机（叶轮）

图 4　微型水力发电机（涡轮）

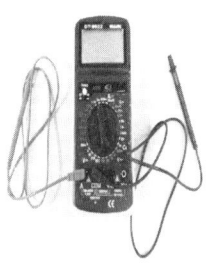
图 5　万用表

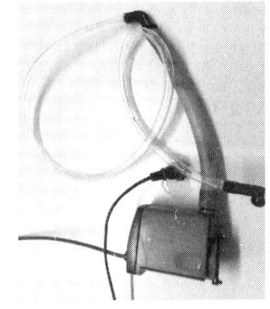
图 6　水泵

三、实验创新点

（一）学生简单的模型设计制作

学生设计模型（见图 7、图 8），只能观察到水带动叶轮转动，与真实的潮汐发电相差甚远。

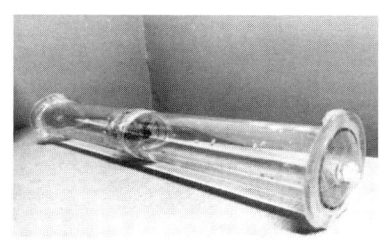
图 7　学生设计模型一

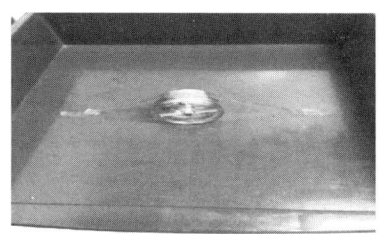
图 8　学生设计模型二

（二）实验创新

（1）模型教具更贴近真实的潮汐现象，现象可视化（见图 9）。利用潮汐发电模型教具能够清晰地呈现潮汐发电现象。水泵控制海平面高度，学生清晰地观察到潮汐现象的发生，所产生的能量使二极管（LED 灯）发光。实验现象直观、清晰、可见。

图 9　潮汐发电模型教具

（2）依据学生的认知发展规律，逐步替换拆装模型教具核心（见图 10、图 11），分步骤理解潮汐发电原理，感受能量逐步转换的过程。

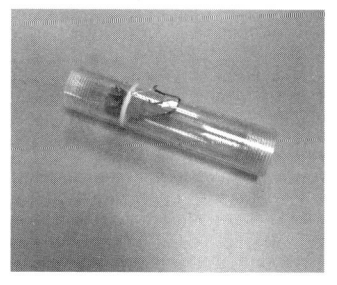
图 10　模型核心一（叶轮）

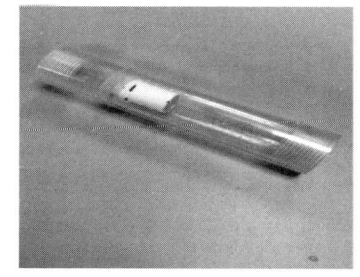
图 11　模型核心二（涡轮）

（3）突出学生主体地位，学生通过自主探究借助可拆卸的模型教具核心，感受不同能量之间的相互转换。

学生自主探究体验。除潮汐现象产生的能量可以转换成电能外，以多种形式存在的能量之间的可以有多种转换形式（见图12~图16）。

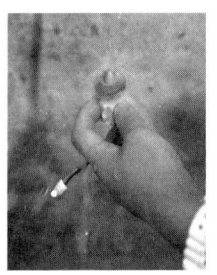
图12　重力势能

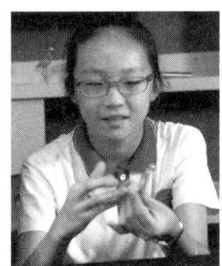
图13　动能

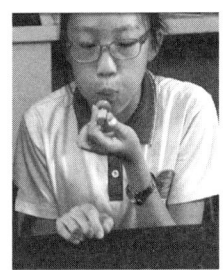
图14　风能一

图15　风能二

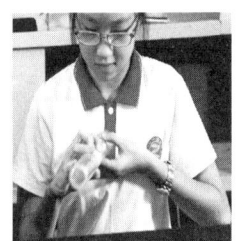
图16　风能三

四、实验原理/实验设计思路

（一）实验原理

将一定高度的水所储存的势能转化成动能，再通过微型发电机转化成电能，最后将电能通过发电机前的二极管转化成光能。

（二）实验设计思路

本教具模拟真实的潮汐发电场景，使课堂教学生动有趣。

（1）演示实验：学生观察潮汐发电模型核心，逐步感受潮汐能转换成电能的过程；加装发光二极管，电能转换成光能使其可视化。

（2）自主探究：学生使用潮汐发电模型核心，自主探究多种形式的能量间的转换。

五、实验教学目标

（一）科学知识

（1）了解潮汐现象并知道利用潮汐现象可以发电。

（2）利用潮汐发电的模型教具感受潮汐能（重力势能）、动能（机械能）、电能、光能之间的转换。

（二）科学探究

学生设计并制作简单的模型，并能独立思考。设计使用模型教具，感受多种能量间的相互转换。

（三）科学态度

在科学探究过程中，学生用心观察、认真实验、严谨推理、勤于思考。

（四）科学、技术、社会与环境

感受到人类的活动对环境产生了负面影响，清洁能源的需求已成为科学技术发展的一大动力。

六、实验教学内容

借助潮汐发电模型，探究潮汐能转换成电能的过程，使用模型感受不同能量间的相互转换。

七、实验教学过程

（1）学生使用模型核心，自主探究能量的转换。

（2）使用模型核心一形成潮汐发电模型1。学生感受到潮汐现象所产生的势能转换成电能的过程。

（3）使用模型核心二形成潮汐发电模型2。二极管没有发光，学生不能看到能量以光的形式被转换，从而产生疑惑。

（4）在潮汐发电模型2的基础上，并联一个万用表，通过万用变的示数变化证实潮汐能转换成电能。

八、实验效果评价

（一）潮汐发电可视化

在模拟潮汐发电中，潮汐能转换成电能从不可见到可见。通过发光二极管的亮灭使电能变得可见，使学生直接收集到事实，易于学生对科学原理的理解。

（二）可以替换的模型发电核心，解释能量的逐步转换

模拟实验遵循学生的认知发展规律，并考虑了学生以形象思维为主的特点。学生看到潮汐发电现象后，对能量转换过程进行探究，借助核心教具方便拆装更换的特点，逐步感受能量转换的过程，更有助于学生对科学原理的理解。

（三）自主探究模型核心

学生通过自主探究模型核心，感受其他能量间的转换过程。借助将模型核心装入大型教具后将能量转换概念的理解迁移到潮汐发电中。

九、补充拓展实验

使用本实验装置可以就能量相关的多个实验进行探究，可以用来做三年级"流动的水"一课的实验，是一套组合教具。

使用本实验装置可以解答电能何时停止的转换，并且可以对潮汐能与水位差的关系进行拓展研究。

解决问题：潮汐能与水位差的关系。

解决方法：并联万用表后进行模拟实验并记录实验记录单。

能量的控制

河北省邯郸市永年区刘汉乡总校　李立

一、使用教材

冀教版小学《科学》六年级上册第13课"能量的控制"。

二、实验器材

（一）自制教具

光控装置、磁控装置、时控装置、磁控时控一体装置。

（二）光控装置

光敏电阻、LED 灯、3 节五号电池及相应电池盒等。

（三）磁控装置

干簧管、磁铁、3 节五号电池及相应电池盒等。

（四）时控装置

机械定时器、玩具摩天轮、3 节五号电池及相应电池盒等。

（五）磁控时控一体装置

标准件丝杠、螺母、磁铁、LED 灯等。

（六）学生实验器材

水、音乐片、铁粉水泥混合物、电炉丝、旋转木马玩具等。

三、实验改进要点

（1）改进原有教材中的铅笔芯滑动变阻器，缩短操作时间；侧切铅笔标有刻度，进行定量研究，便于学生更好地理解电阻与电流关系的科学原理（见图1）。

（2）自制的系列化能量控制装置，激发了学生的学习兴趣，开阔了学生的视野（见图2～图4）。

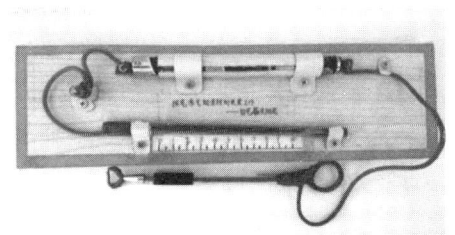

图1　铅笔芯滑动变阻器

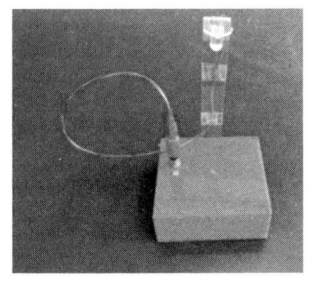  

图 2　光控装置　　　　图 3　磁控装置　　　　图 4　时控装置

四、实验原理

（一）调光装置

所有导线连接处用螺钉铁片固定好，笔尖上安装金属环，通过滑动调整距离，调节通过铅笔芯的电流大小，从而实现控制灯泡的明暗。侧切铅笔上标有刻度，进行定量研究，便于学生更好地理解电阻与电流关系的科学原理。

（二）光控装置

利用光敏电阻对光强敏感的特性来控制三极管的状态，进而控制开关的导通、截断状态。白天，光照较强——光敏电阻的内阻小，照明灯不能点亮；夜晚，光线变暗——照射在光敏电阻上的光通量减弱，光敏电阻的内阻变大，照明灯点亮。

（三）磁控装置

平时，玻璃管中的两个簧片是分开的。当有磁性物质靠近玻璃管时，在磁场作用下管内两个簧片被磁化而互相吸引接触，使结点所接的电路接通。外磁力消失后，两个簧片由于本身弹性分开，线路也就断开了。

（四）时控装置

当把定时旋钮扭到某个时刻时，相当于给定时器的发条施加了能量，这时导通电流的弹片被压紧，通电。然后定时器就像钟表一般通过摆轮慢慢释放，直到能量释放完毕，导通电流的弹片被释放，停电。

五、实验教学目标

（一）科学知识目标

理解能量控制装置概念；能说出一些常见的能量转换装置的工作原理。

（二）科学探究目标

能根据实验方法，操作实验装置，并通过实验操作观察到实验现象。

（三）科学态度目标

能与同学交流自己的发现，并设计实验方案。

（四）STSE 目标

能将所学知识运用到生活中去，解决实际问题。

六、实验教学内容

能量的控制分为三类：控制能量的大小、有无、时间长短。在控制能量的大小方面，利用改进后的调光装置，使学生更好地理解电阻与电流关系的科学原理；在控制能量的有无方面，自制光控、磁控装置；在控制能量的时间长短方面，自制时控装置。引导学生分别从这三方面展开探究活动。

七、实验教学过程

（一）情景导入，形成问题

教师利用生活中常见的能量控制装置图片，让学生简单思考：灯为什么能调节明暗？小夜灯为什么晚上亮？电扇怎样定时？（见图5~图7）

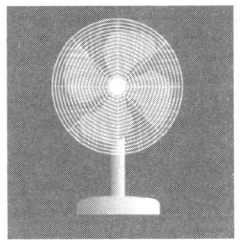

图5　台灯旋钮调节明暗　　　　图6　光控小夜灯　　　　图7　电扇定时

（二）掌握方法，实验探究

（1）出示模型、掌握方法。教师出示能量控制装置，为学生演示操作方法，学生在掌握了实验方法之后，分组开始操作实验，探究能量控制的工作原理。

（2）分工合作、实验探究。引导学生分别从大小、有无和时间长短三方面展开系列探究活动。

1）能量的控制：大小。教师通过教材中学习的"铅笔芯滑动变阻器"，引发学生思考：还有哪些材料可作为电阻？学生通过已有的知识和课下收集资料，找到了三种材料，分别是水、铁粉+水泥混合物、电炉丝。

①学生根据水能导电的性质制作滑动变阻器（见图8）。

实验器材：音乐片、硬纸板等。

操作方法：将水刷在纸板上；滑动导线，听见声音由大逐渐变小。

②利用"铁粉+水泥"混合的制成滑动变阻器（见图9）。

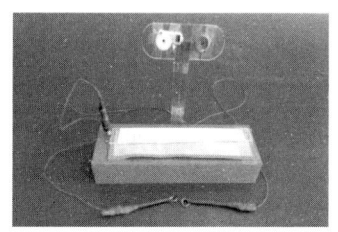
图8 水滑动变阻器

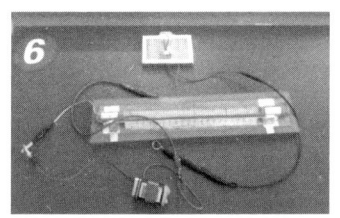
图9 "铁粉+水泥"滑动变阻器

制作过程：利用高纯的超细铁粉和水泥混合，晾干制作而成。

制作过程中需要注意两点。选料：超细的高纯铁粉导电效果最好。比例：要适合本装置的9V电压，于是制作了6根长度相同但比例不同的电阻棒。经过实验，水泥和铁粉的比例为6：1是符合条件的（见表1）。

表1 水泥铁粉比例

比例	水泥	铁粉
1号	1	6
2号	2	5
3号	3	4
4号	4	3
5号	5	2
6号	6	1

③利用电炉丝制作的滑动变阻器（见图10、图11）。

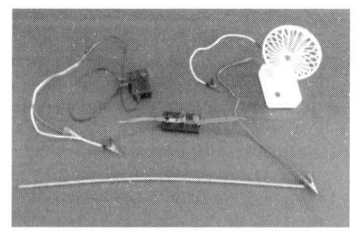
图10 电炉丝滑动变阻器组装材料

图11 学生操作电炉丝滑动变阻器

通过滑动电炉丝，可以看见灯泡的明暗变化，感受风速的变化。

④根据学生制作的电炉丝滑动变阻器，改进制成手摇滑动变阻器。

改进之后，不仅造型新颖美观，操作方便，而且利用转速表，测出电机转速的变化，进行定量研究，使实验结果更精确、可靠，更有利于学生理解科学的本质（见图12、图13）。

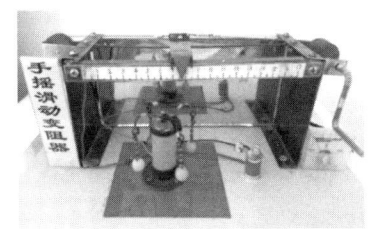

图12　手摇滑动变阻器

图13　学生操作手摇滑动变阻器

2）能量的控制：有无。

①教师根据制作的磁控装置，引导学生：磁控开关除了能控制飞轮转动还可以控制什么？学生将生活中的玩具旋转木马安装在磁控开关上（见图14）。

②学生受到启发，将旋转木马又安装在时控开关上（见图15）。

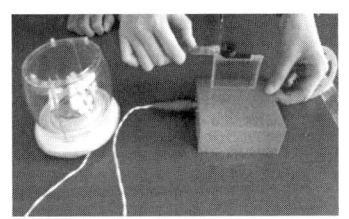

图14　磁控旋转木马装置

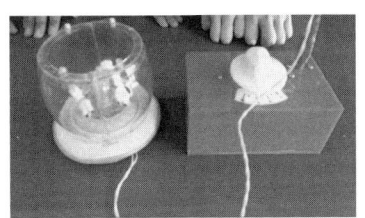

图15　时控旋转木马装置

通过实验，学生们总结出，在同一种能量控制装置中，它们的表现形式是可以多种多样的。

3）能量的控制：时间长短。

教师根据自制的时控装置启发学生：能否根据需要再加上一个开关？学生在原装置上串联了一个开关（见图16）。

假如，高空缆车遇到紧急情况可以按下按钮暂停，当故障排除可以再按下按钮继续转动。

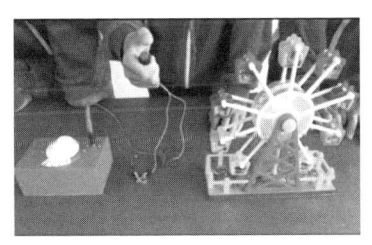

图16　时控串联开关装置

通过实验，学生们总结出，在一个能量控制装置中，人们可以根据生产生活需要再加上一个甚至多个开关。

教学效果：学生们的探究热情高涨，真正做到了从日常生活中出发，亲身经历动手动脑的实践活动，并将学习内容与已有经验相结合，书本知识与实践活动相结合。

（3）实验探究，观察记录。教师通过实验报告单及自评互评的方式，充分地调动了学生的学习激情和表现欲望，引导学生认识自我、分析自我、提高自我，从而促进了学生的进步与发展（见表2）。

表2　实验报告单：探究能量控制装置

实验记录		评价项目	自评	互评
大小	滑动控制装置	能积极查阅，收集整理资料，选择电阻材料		
		能合作设计制作实验装置		
有无	光控	能动手操作实验装置		
	磁控	能动手操作实验装置		
		能合作设计，制作实验装置		
时间长短	时控	能动手操作实验装置		
		能合作设计，制作实验装置		
实验观察		能发现实验装置的工作原理		
		能根据实验现象验证假设		
实验结论		能与其他同学交流发现		

（三）讨论交流，形成知识

我引导学生利用比较、分析、归纳、推理的思维过程建构知识，并培养学生形成"提出问题—作出假设—通过实验—验证假设"这一科学的思维探究方式。

（四）联系生活，拓展设计

结合永年本地的标准件特色，我用标准件丝杠、螺母制作了磁控、时控一体的能量控制装置。通过该装置不仅大大激发了学生的探究兴趣，还使学生加深了对本节课能量控制装置原理的理解（见图17）。

操作方法：将磁铁放在要指定到达的数字编号位置，此时下面的螺母就会被吸上来，拨动开关，线路接通，当到达数字编号位置时，磁铁被推开，线路切断，停止运动。

图17　学生操作磁控时控一体装置

八、实验效果评价

本节课,我充分关注了 2017 版小学课程标准,全方位提升了学生的科学素养。

(一)实验装置

造型美观,联系生活实际,大大激发了学生的探究兴趣,并且操作简便,实验现象明显。

(二)实验效果

我所引导学生进行的系列探究活动,不仅激发了学生的探究热情,使学生乐于参加观察、实验、制作、调查,还在活动中增强了班级凝聚力和向心力,并培养了他们面对困难奋勇向前的良好品质。

(三)实验评价

我将评价量表和实验报告单相结合,形成过程性评价;自评互评方式更突出了以学生为主体,体现对学生的尊重。

为什么一年有四季

四川省凉山州西昌市第二小学　吴莉萍

一、使用教材
教科版小学《科学》五年级下册第四单元"地球的运动"第七课时。

二、教学目标
在学习本节内容之前，学生对地球的公转和自转已经有了初步的认识，但对四季成因的认识却比较模糊错乱。基于以上认识，制定如下实验教学目标：

（1）学生通过自主探究实验知道四季的成因。

（2）培养学生小组合作的精神，让学生意识到科学现象的解释需要得到证据的支持。

教学重难点为：理解四季成因和地球公转以及地轴的倾斜有关。

三、实验设计思路
"为什么一年有四季"是小学科学教学中最难的教学内容之一，难在孩子们缺乏空间想象能力，缺乏对四季气温和太阳关系的观察记录，更缺乏适合学生作探究的教具。目前能演示的教具只有三球仪，而三球仪的地球仪部分比较小，且它是活动的，不适合给学生当探究教具。学生分组探究教具一般都用小地球仪代替，实验光源大多用电筒代替，在实验中学生很难做到地球仪围绕光源转动时距离和方向不变，加上光源无支架固定和电筒光的指向性，实验不好把控，学生很难对地球仪上南北极影子的变化作出准确记录，从而影响学生对四季成因的理解。

四、教具的改进与创新
我们团队对实验教具进行了改进，改进后的教具由两部分组成。

第一部分是地球仪，将地球仪外观的支架去掉，用一根直径 5mm 的金属当轴。为了让教具"一具多用"，我们在地球仪内部安装有两个减速电机和电源，充电口和开关在地球仪南半球，其中一个电机可以带着地球仪以 50r/min 的速度逆时针旋转。在地球仪北极点留有插口，可以插上模拟月球的小球，和另一个电机连接，月球可以独立逆时针旋转，转速是地球仪自转的 1/28，改进后教具可以用于地球昼夜形成、月相和日食、月食的教学；地球仪底座是一块实心有机玻璃，在圆心上钻有直径 5mm 垂直孔，在垂直孔旁钻 5mm 倾斜 23°的斜孔，经过垂直孔和倾斜孔画有一直径，并有箭头，实验时可以将地轴插入倾斜孔，对比实验时调整地轴插入垂直小孔，而以往的教具就没有这么方便了。

第二部分是一块用 PVC 板做的直径 65cm 的底板，中心配置有一个 12V 卤素灯用来模拟太阳，12V 电源置于底座下面；底板上还刻有地球公转轨道槽，标有 A、B、C、D 四个位置点，并在每个点上都标有箭头指示方向，这个箭头和地球仪底座上的箭头相对应。

为了便于学生观察四季影长记录和月相的成因，我们另外增加了一个微型视频采集头，通过无线网络及时将实验现象传送到电脑和投影机，在教学中发挥了很好的作用。

五、实验教学过程

在进行实验教学时，老师先给学生介绍实验器材、实验注意事项。在进行实验前，我们已经学习了古人探究四季的方法，学生知道在一年中的正午时分，冬季影长最长、夏季影长最短，春秋两季影长适中。我们还通过条形统计图让学生了解到一年中影长和四季气温的变化关系。实验时，先调整底板上的 N 点指向北方，打开底板中心 12V 卤素灯模拟太阳。地球仪在自传的同时还在围绕太阳公转，转动时地轴始终倾斜指向北极星。以往的教具中学生很难把握这个方向，改进后只需要地球仪底座上的箭头和底板上 A、B、C、D 每个位置点上的箭头重合即可。观测时注意地球仪上插的针要正对灯，用同样标有 A、B、C、D 点的卡纸去靠近针，纸和针相互垂直，然后画出每个位置点的影长。学生会明显看到 A 点影长最长，说明太阳是斜射北半球，温度较低，为冬季。B 点影长适中，四季轮回为春季，C 点影长为零点，说明太阳直射北半球，温度高，为夏季。D 点影长适中，为秋季。

探测完北半球的季节变化，还可以用这个教具探测南半球的季节变化，只需要把针换到南半球，用同样的方法探测每个点的影长，学生会明显看到 A 点影长是最短的，C 点反而是最长的，因此得出结论南北半球的季节变化是相反的。

以上两个实验地轴都是倾斜的，如果地轴是垂直的，地球上还会有四季之分吗？现在学生就可以调整地轴垂直于底板，观测每个点的影长，会发现影长无长短之分，因此得出结论四季形成与地球公转及地轴倾斜有关。

六、实验评价效果

用改进后的教具做实验，学生操作起来更加方便准确，便于观察实验现象，从而帮助老师突破了教学难点，帮助学生更好地理解了四季的成因。

日食和月食

浙江省江山市城南小学　王丽萍

一、教材分析

"日食和月食"是教科版《小学科学》六年级下册第三单元第四课。

"日食和月食"是在地球运动、月球运动、月相变化等基础上的再学习，是"地球与宇宙科学"领域的教学难点。教材安排了两个部分的内容，其中探究日食是教学的重点，月食是日食教学的拓展和深化。

教材呈现这样一个模拟实验：用手电筒、乒乓球、玻璃球分别模拟太阳、地球和月球，以三者之间的相对运动解释日食的形成原因。这个模拟实验要求学生站在地球以外的空间来想象日食的发生，不符合我们是在地球上进行观察的事实。同时引入的"本影、半影"等专业名词，超出了学生当前的认知水平。在教学实践中，我发现学生很难理解这部分内容。

二、实验器材

大灯泡、黑白小球、标有中国地图（其中江山市和北京市各扎个小孔）的PVC板、微型摄像头、有黑色屏幕的长方体木板框架。

三、实验创新要点

为了突破这个教学难点，我设计了一个模拟日食的新装置。大灯泡模拟太阳，黑白小球模拟月球，圆弧PVC板代表地球上的某一区域。板上的两个小孔分别代表同一时区不同的观察点。小孔装上摄像头，就可以模拟站在地球上观测。两条圆弧形的轨道分别模拟月球围绕地球公转的远、近轨道。黑色的屏模拟浩瀚的宇宙（见图1）。这样，学生在模拟实验时就能把抽象的想象转化为直观的感受，更能接近真相，也更符合学生的认知水平。

图1　模拟日食新装置

四、实验教学目标

为了便于学生自主地探究日食，我结合新课程标准，将教学目标设定为以下四个方面：

(1) 科学知识目标：用模拟实验的方法探究日食和月食的成因。
(2) 科学探究目标：对模拟实验的现象进行细致的观察和逻辑推理。
(3) 科学态度目标：激发学生更深入探究日食和月食的兴趣。
(4) 科学技术与社会环境目标：借助科技的力量，深化学生对日食的认识。

教学的重难点：

(1) 教学重点：利用模拟实验，学生能自主探究日食和月食的成因。
(2) 教学难点：根据模拟实验中的现象进行逻辑推理，推测日食和月食的成因。

五、实验教学方法

教学仪器的创新、科技技术的引入也带来了学习方法的变革。本节课以学生自主探究为基础，教师演示为辅助，让学生在观察、推测的基础上进行大量求证，引导他们对日食和月食作出自己的解释。

六、实验教学过程

（一）观察现象，猜想推测

学生的生活经验是科学学习的基础。我以 2009 年 7 月 22 日发生在浙江的日食视频开始本课，让学生感受日食发生的过程，激发学生的探究兴趣。视频过后，请学生说一说遮住太阳的这个物体有哪些特征，接着大胆猜测是什么遮住了太阳，并说出理由。这是学生猜测记录单（见图 2）。

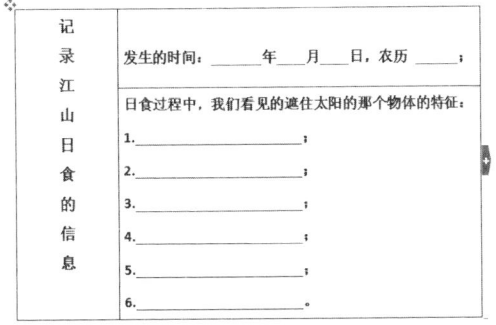

图 2　猜测记录单

（二）模拟实验，自主探究

猜想推测是科学思维的要素。学生通过讨论交流，一致认为符合这些特征的最大可能是月球，怎么寻找证据验证猜测呢？我出示了这个新装置和探究日食的导学单（见图3），引导学生根据导学单的不同内容进行小组探究。

日食探究导学单

记录人＿＿＿＿＿＿＿＿

日　　　食					
发生的时间	我们看见的现象	我们的猜测	模拟实验（日地月三者的位置关系图）	能模拟三种日食的类型过程吗？	日食带
				日全食（　） 日偏食（　） 日环食（　）	

图3　日食导学单

学生们分以下四组从不同的角度进行探究：

第一组，研究的是日地月三者的位置关系，小组内轮流进行观察记录；

第二组，研究的是日食的类型，学生通过摆放远、近不同的轨道进行观察和记录；

第三组，研究的是同一时间不同观察点的日食现象；

第四组，研究的是太阳照射月球留下的影子，观察日食带的形成。

当然，这些不同的探究活动各个小组都可以轮流完成。

（三）研讨交流，分析成因

（1）当月球围绕地球逆时针运动时，月球运行到太阳和地球的中间，挡住了太阳射向地球的光线，就形成了日食，和真实的日食现象非常吻合（见图4）。

（2）站在浙江发现月球全部遮住了太阳，形成了日全食。能模拟其他类型的日食吗？我们把月球移到远轨道，看，美丽的日环食形成了（见图5）。

（3）在浙江我们观察到的是日全食，在北京也能观察到日全食吗？我把摄像头移到北京这个观察点，发现月球只遮住了太阳一小部分，形成日偏食（见图6）。

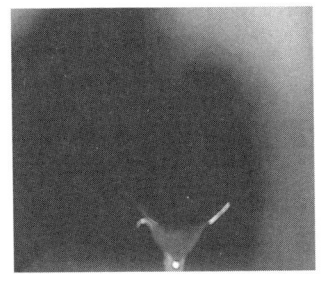 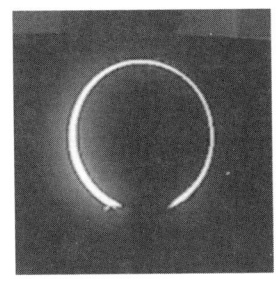 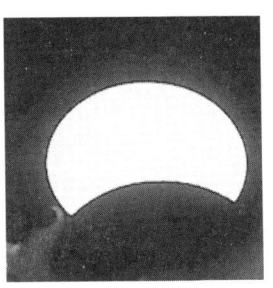

图 4　日全食　　　　　图 5　日环食　　　　　图 6　日偏食

（4）跳出地球，从太空来看地球，地球上会留下什么呢（见图 7）？

图 7　日食带

最后，引导学生看一组发生日食的时间表，发现日食都发生在农历初一。这样，通过一系列的自主探究，学生深化了对日食的认知，也顺利地建构了日食成因完整的知识体系。

（四）课后拓展，思维深化

学习方法的迁移让学生"学会学习"。那么月食又是怎么样形成的呢？我出示一组月食变化图片，引导学生用探究日食的方法来探究月食。让科学方法、科学思维得到迁移和深化。

七、实验效果评价

通过结合新装置的探究学习，我认为达到了以下这些效果。

（1）实验器材简约。新装置制作简单，观察方便，现象明显，把想象的日食可视化，且易于推广。

（2）技术思维同步。借助新技术辅助课堂教学，把抽象的日食形象化，又深化学生对日食的认知，帮助学生科学概念的建立。

（3）评价量表跟进。根据浙江省综合评价改革建议，我特地为本课设计了评价量表（见图8），从三个领域量化评价学生学习的全过程。通过两个班级的对比测评，发现使用此装置的班级自评三星人数占92%，而没有使用这套装置的班级自评三星人数占76%，可以看出这套装置确实能大大提高学生的学习效果。

最后我想说：让学生成为课堂的主角，让模型接近原型，让模拟揭示真相。

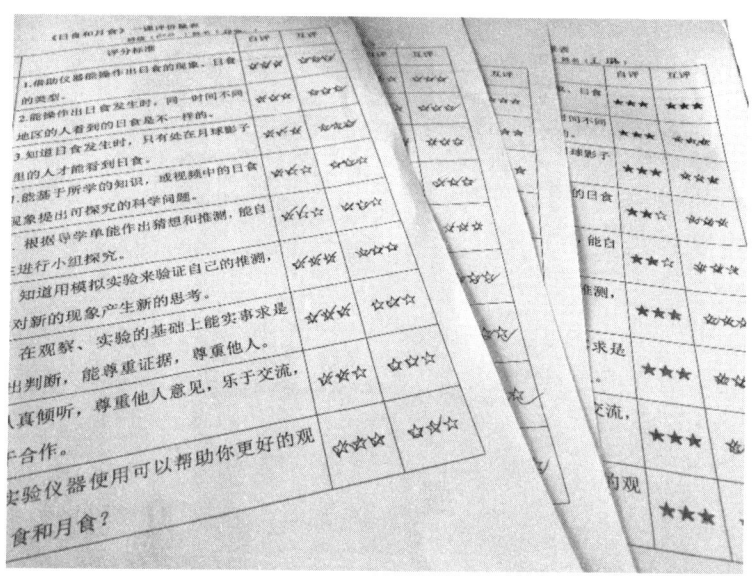

图8　学生评价量表

月相变化

浙江省温岭市太平小学　王婷婷

一、使用教材

本实验选自教科版小学《科学》六年级下册"宇宙"单元第二课。

二、实验器材

月相变化演示仪：光源、泡沫球、地球仪（上有微型摄像头）、转盘、底座（贴有农历一个月的日期）。

月相变化分组装置：光源、泡沫球、铁丝、自制月相变化分组装置。

学生模型器材：塑料圈、一半被涂黑的乒乓球、牙签等。

三、实验创新要点

（1）结构科学：用光源模拟太阳光照射的状态；用泡沫球模拟月球，避免乒乓球在光照下透光的不科学现象；利用微型摄像头或自制潜望镜限制观察者的视角，使其只能从正面观察月相，避免视觉误差。

（2）现象直观：不论是月相变化演示仪还是月相变化分组装置都能直观地看到月相的持续变化。

四、实验原理

月相变化演示仪。如图 1 所示，用强光手电模拟太阳，用泡沫球模拟月球，地球仪以及上面的摄像头模拟了地球以及地球上观察者的视角。转盘可以转动，底座上标出了一个月 30 天的日期。点亮光源，使作为"月球"的泡沫球一半被"太阳"照亮。转动一周，就能看到一个月内月相的持续变化。倾斜环的使用避免了平行双轨及齿轮结构中农历十四、十五、十六因"阳光"被"地球"遮挡而出现"月球"无光的现象，同时展现了为何在每天观察月相会比前一天偏移一些位置，使得我们看到的现象与实际观察的现象接近。结合模型结构，学生更容易接受和理解月相变化过程中日、月、地三者的位置关系和月相变化原理。演示仪上的微型摄像头可以连接电脑、投影，可以拍摄照片或视频，便

图 1　月相变化演示仪

于教师讲解。

月相变化分组装置。如图2所示，由光源、泡沫球、铁丝和自制潜望镜几个部分组成，用手电筒模拟太阳，用泡沫球模拟月球。使用时，一个同学手拿光源，并点亮光源，让它和泡沫球在同一高度，观察的同学拿起装置用眼睛对准观察孔，转动一周就能够看到一个月中月相的持续变化。本装置中潜望镜的

图2 月相变化分组装置

使用，一方面使泡沫球高过头顶以及其他部分，避免光线被遮挡，另外一方面使得观察者只能从正面观察月亮，避免了视觉偏差。

五、实验教学目标

（一）知识与技能

知道月相在一个月的不同时期有不同的形状。理解月相变化是月球围绕地球公转过程中形成的，变化是有一定规律的。

（二）过程与方法

通过月相模拟装置，观察月相的持续变化，初步学习利用模型解释自然现象。

（三）情感、态度与价值观

初步意识到宇宙是一个变化的系统，初步形成观察月相的兴趣。

六、实验教学内容

本节课从学生最熟悉的与月相有关的古诗词入手，提出问题并根据实际观察到的月相猜测月相的成因以及变化规律。引导学生利用"月相变化分组装置"进行模拟实验验证猜测。

利用"月相变化演示仪"进一步分析月相变化的规律及成因，帮助学生构建月相变化的知识体系，激发学生对月相变化的探究兴趣，引导学生对相关内容的自主探究。

七、实验教学过程

（一）从生活现象提出问题

从学生最熟悉的与月相有关的古诗词入手，提出问题：你见过哪些月相？月相变化有什么规律？

（二）根据观察到的现象猜测月相变化成因及规律

如图 3 所示，此前，学生已经持续一个月观察月相，但是这个观察因为时间、天气的限制多有中断。根据学生已经观察到的月相，分析月相变化的周期，猜测月相变化的成因及规律。

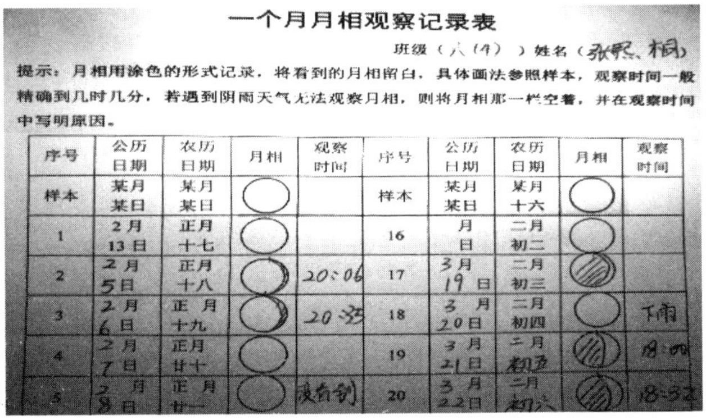

一个月月相观察记录表

班级（六（4））姓名（张熙桐）

提示：月相用涂色的形式记录，将看到的月相留白，具体画法参照样本，观察时间一般精确到几时几分，若遇到阴雨天气无法观察月相，则将月相那一栏空着，并在观察时间中写明原因。

序号	公历日期	农历日期	月相	观察时间	序号	公历日期	农历日期	月相	观察时间
样本	某月某日	某月某日			样本	某月某日	某月十六		
1	2月13日	正月十七			16	月日	二月初二		
2	2月5日	正月十八		20:06	17	3月19日	二月初三		
3	2月6日	正月十九		20:35	18	3月20日	二月初四		下雨
4	2月7日	正月廿十			19	3月21日	二月初五		18:00
5	2月8日	正月廿一		没看到	20	3月22日	二月初六		18:32

图 3　学生记录的实际月相观察表

通过交流与讨论发现：

（1）月相的变化周期是一个月，猜测月相的成因可能与月球的公转或自转有关。

（2）月相在上半个月是从缺变圆，下半个月可能是从圆变缺。

（3）每天的同一时间观察月相，发现它们的位置是会变化的，从低到高、再从高到低。

（4）初五、初六的时候傍晚 6 点多能看到月亮，而到了二十几却是在早上能看到月亮。

（三）模拟实验验证猜测

（1）月相成因实验。学生利用月相分组实验器材进行模拟实验，分析月相变化的成因。通过实验发现：月球只有自转是不能形成月相变化的，月相变化与月球公转有关。

（2）月相变化规律实验。

1）学生利用月相变化分组装置，观察“一个月中月相”的持续变化（见图 4），并记录（见图 5），根据实验记录分析月相变化的规律。

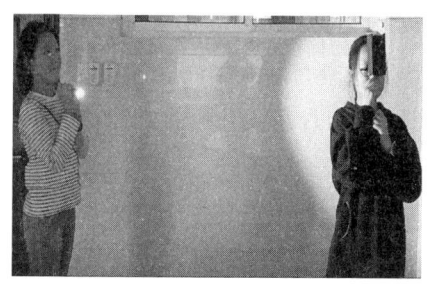

图 4　月相变化规律实验

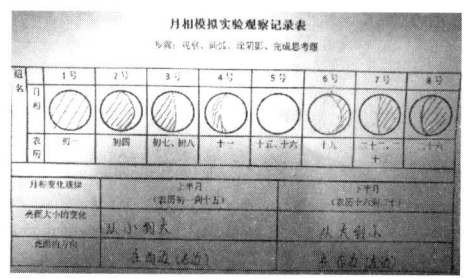

图 5　学生的月相变化规律记录单

2）交流与汇报。学生利用月相变化演示仪交流与汇报。在一个小组汇报发现的同时，其他学生可以通过投影在大屏幕上观看（见图 6）。通过模拟实验发现：在农历一个月中，上半月的月相由缺到圆、亮面在西，下半个月的月相从圆到缺、亮面在东边。

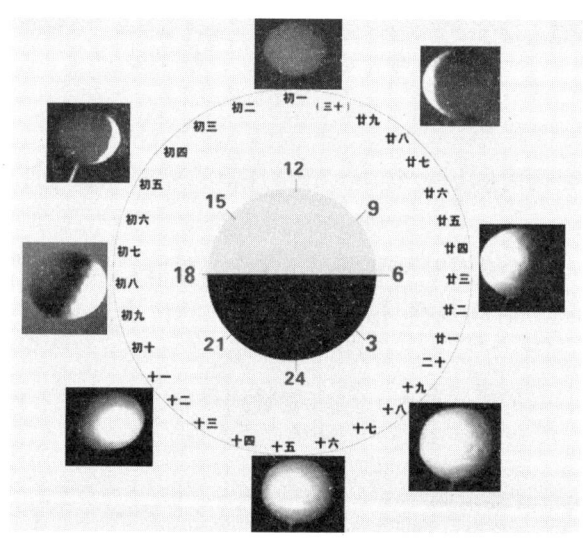

图 6　月相变化演示仪观察到的现象

（3）月相变化拓展研究。

1）为什么每天的同一时间观察月相，发现它们的位置是会变化的？根据模拟实验，推测月球公转的轨道到地平线的高度不一样，有高低。教师出示倾斜环，利用倾斜环模拟白道面和地球黄道面的夹角。

2）初五、初六的时候傍晚 6 点多能看到月亮，而到了二十几却是在早上能看到月亮。由于月球公转，每天向东转动 12°，地球自转每小时 15°，每天比前一天看到月亮的时间晚约 50min。

3）同一天，南半球和北半球的人看到的月相相同吗？猜测：北半球的人从上往下观察月球的亮面，南半球的人从下往上观察月球的亮面，看到的可能不一样。通过模拟实验发现，同一天南半球和北半球观察到的月相是相反的。

（四）我来动手做模型

在实验完成后，让学生利用一半被涂黑的乒乓球摆一摆月相模型，向其他学生解说，可以加深学生的理解，增强学生的科学表达能力。

八、实验效果评价

（一）材料简单、结构科学

本装置利用了手电筒、泡沫球等简单、常见的材料，结构科学。特别是其中光源的使用，模拟了太阳，便于学生理解月相发生时日、月、地三者的位置关系。

（二）信息技术和科学课堂结合

本实验把现代信息技术运用到科学课堂教学中，用摄像头模拟地球上观察者的视角，一方面现象明显，激发了学生的探究兴趣；另一方面用摄像头连接电脑与投影设备，在一组学生汇报时其他小组的学生也能同时观察现象，提高了课堂学习效率。

第三部分

中学物理

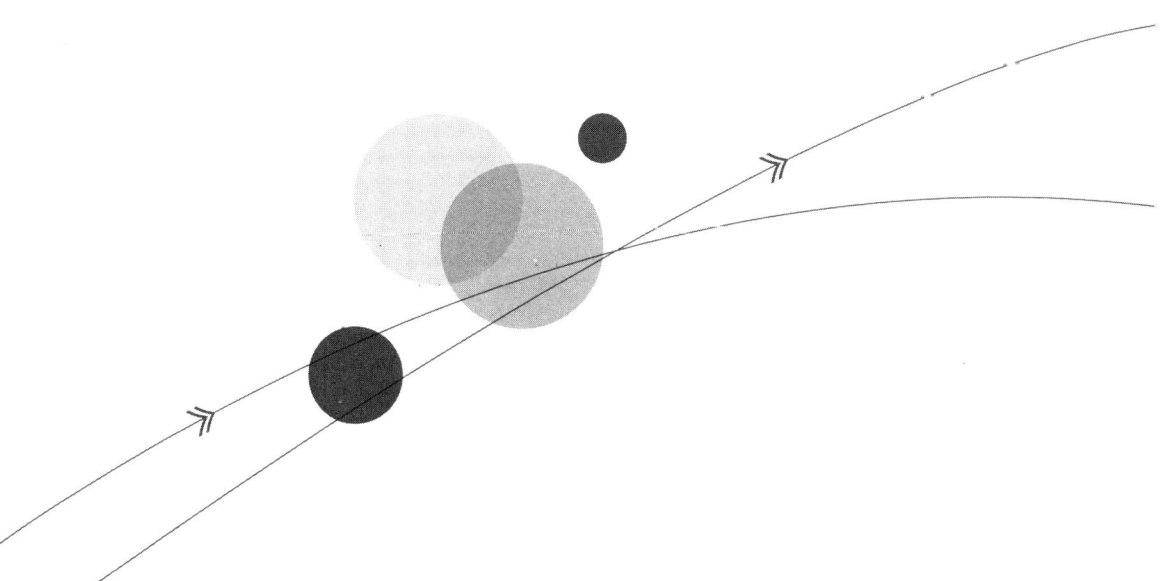

▶初中物理

大气压强
——马德堡半球实验

宁夏石嘴山市第四中学　魏渊峰

一、使用教材

本节课内容选自人教版初中《物理》八年级下册第九章第三节"大气压强"。

二、教材分析

"大气压强"是在学习了压强和液体压强后的知识延伸，也为后面学习流体压强与流速关系奠定基础，在知识结构上，起到了承前启后的作用。本节的特点是：理论联系实践，是一节培养学生创新能力的好课程。本节课中的马德堡半球实验能够使学生真正体会到大气存在且压强很大，凸显出实验在物理课当中的价值，体现了从生活走向物理、从物理走向社会的课程理念。

三、实验器材

（一）教师用

利用生活中常用的较厚钢化盆自制两个马德保半球（见图1）、玻璃罩、带有自制支架的试管、烧杯、抽气机（见图2）。

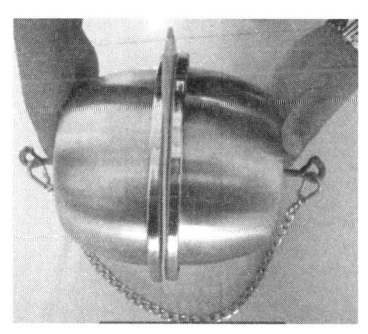

图1　自制半球

图2　证明试管内液柱是被大气拖住

（二）学生用

塑料饮料瓶、玻璃饮料瓶、塑料吸盘、注射器、玻璃板、烧瓶、鹌鹑蛋等。

四、实验创新要点

（一）马德堡半球实验

（1）用我们常见的两个较厚的钢化盆代替两个半球，通过在盆内燃烧纸片消耗盆内空气的方法代替抽气机。

（2）在盆底打孔安装上了挂钩代替拉手。

（二）证明倒插在烧杯中的试管内液柱是被大气拖住的

通过玻璃罩和抽气机给倒插在烧杯内的试管制造真空环境和非真空环境，观察试管内液面的变化。

五、实验原理

（1）通过在盆内燃烧纸片消耗盆内空气，使盆内外形成气压差，让大气将两半球（两个钢化盆）紧紧压在一起。

（2）将倒插在烧杯内的试管放在玻璃罩内，利用抽气机将玻璃罩内空气抽掉，观察试管内液柱高度变化，再将空气注入玻璃罩内再次观察液柱高度变化，通过对比得出结论（见图3）。

图3 实验现象

六、实验教学目标

基于教材地位和作用，依据物理课程标准的教育理念确定了如下的教学目标。

（一）知识与技能目标

（1）通过实验了解大气压的存在，能通过实例说出大气压在生产、生活中的应用。

（2）了解大气压强的测量方法及大小。

（二）过程与方法目标

通过观察与实验，感知大气压强的存在，感知人类是如何利用大气压强的。

（三）情感态度与价值观目标

（1）让学生主动参与课堂活动，让他们充满探究科学的欲望，培养学生实事求是的科学态度。

（2）通过探究活动培养学生参与物理学习活动的兴趣，提高学生学习的自信心，激发学生学习热情。

七、实验教学内容

通过实验证明大气压强存在且很大；利用托里拆利实验定量测量大气压。

八、实验教学过程

（一）复习提问，引入新课

课件展示：

（1）固体压强的计算公式是 $P=$ _____。

（2）液体压强的计算公式是 $P=$ _____。

（3）液体压强产生的原因是什么？（答：液体受重力作用，且液体具有流动性。）

问题：大气也有重力，也具有流动性，大气是否也具有压强呢？

（二）实验演示，激发兴趣

教师展示两个钢化盆，说："这里有两个钢化盆，老师现在要让大气将它们压扁，同学们相信吗？"很多同学心存质疑。然后教师在一个盆内点燃纸张，再将另一个盆盖上，学生观看到会很惊奇。在学生高涨的兴趣中引入课题，并板书标题"大气压强"。

（三）分析交流，归纳推理

教师通过问题引导学生分析上述进行交流。

问题一：通过上述实验现象，分析钢化盆为什么发生了不规则的形变（见图4）？

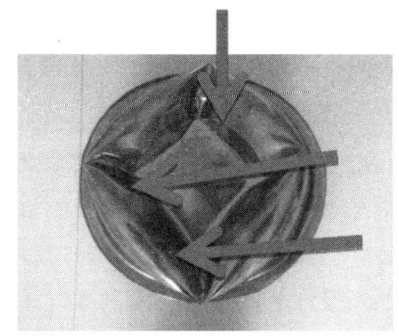

图4　钢化盆发生不规则形变

同时利用媒体展示实验现象辅助学生分析，最后得到以下结论：①盆发生形变，说明大气存在压强；②发生不规则形变，说明大气朝各个方向都有压强。

问题二：为什么实验前盆没有被压扁呢？

教师引导学生进行受力分析，结合实验现象得出结论。

意图：用直观演示方法，冲击学生视觉，让学生对大气压有关的现象产生浓厚的兴趣，提高课堂效率。

（四）联系生活，解释说明

组织学生利用教师准备好的生活中常见器材分组探究大气压强存在（用时8min左右）。

（1）例1（学生实验1）"覆杯实验"：将玻璃杯装满水，用硬纸片盖紧倒过来或朝向各个方向，你看到了什么？

（2）例2（学生实验2）"圆底烧瓶吞鹌鹑蛋"：在烧瓶中加入适量开水，使烧瓶受热后将水倒掉，然后将一枚剥皮鹌鹑蛋放在烧瓶口，观察现象。想一想现象出现的原因，思考如何将鹌鹑蛋从瓶中取出。

（五）参与实验，感知大小

教师利用自制教具模拟马德保半球实验，让大部分学生参与，让学生体会到大气存在压强且很大。

（六）交流评估，浅谈收获

教师将引导学生交流，让参与实验以及观察实验的学生分享上述两个实验中的收获。

（1）大气存在压强。

（2）大气压强很大。

（七）观看微课，自主学习

在学生实验的基础上，通过观看微课，自主学习，适时引导学生了解大气压强的测量方法及大小。

九、实验效果评价

在本节课中，一共对两个实验进行了创新改进。经过改进创新之后，相比实验室配套器材，本实验操作更为简单，现象明显直观，便于突破难点。由于实验器材较轻，操作安全，整个实验过程大部分学生均能够亲自参与，能够激发学生学习的积极性，使学生感受到大气压的存在及大气压力之大。借助实验通过教师引导，学生能够轻松完成本节课的学习活动，减轻学生负担，提高课堂效率。

自制气压计,探究大气压的变化

云南省昆明市第十中学 张皓辉

一、使用教材
人教版初中《物理》八年级下册第九章第三节"大气压强"。

二、实验器材
毛细管、注射器、染色的水、刻度尺、测量标尺、橡皮泥、量角器、温度计、自制刻度盘、铁架台,如图1所示。

图1 实验器材

（1）测量标尺：由长1m内径1mm、两端与大气相通的毛细玻璃管制成。

（2）校准标尺：由1m长刻度尺制成，起到校准密闭气柱、液柱长度的作用；上端连接量角器，用于测量毛细玻璃管与水平面的夹角，下端固定在铁架台上。

（3）自制刻度盘：有帕斯卡（Pa）和厘米汞柱（cmHg）两种单位，便于学生理解和比较大气压的大小。

（4）将测量标尺固定在校准标尺上，并能在竖直平面内自由转动。保证测量大气压时测量标尺在竖直方向上，能够准确读出数值，并通过温度计监测环境温度的变化，以便及时校准，减小测量误差，如图2所示。

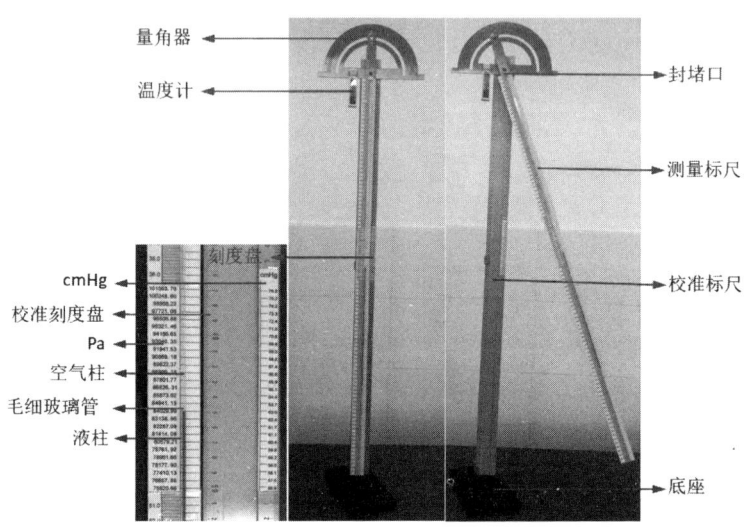

图2 组装实验器材

三、实验创新要点/改进要点

（一）实验改进要点

自制实验装置利用水作为介质，运用气体等温变化规律来测量大气压强，无汞污染、测量准确、携带方便、演示操作简单。可用于中学物理演示实验或课外实验，让学生通过测量大气压强加深对大气压变化规律的理解。本装置对教材中简易自制气压计存在的问题进行如下改进：

（1）实验现象不明显。改用毛细管内空气柱长度来反映大气压强变化，使得实验现象明显。

（2）受温度影响大。运用气体等温变化规律，通过毛细管内空气柱长度来反映大气压强变化，减小温度的影响。

（3）不能研究一段时间的大气压变化。本装置可在不同温度下对空气柱的长度和液柱长度进行校准，能测量不同温度下的大气压强，解决了该问题。

（4）不能定量研究大气的变化，缺乏充分证据。本装置不仅现象明显，还可准确测出大气压的数值，能够得出不同海拔的大气压，从而提供充分的证据支持教材内容。

（二）实验改进过程

日常教学当中，由于探究大气压强的大小与海拔的关系缺乏实验的支持，因此让学生动手制作简易气压计。该气压计易形变、密封性差，改用广口瓶和橡胶塞后解决了这一问题。但实验现象不明显，改用毛细玻璃管后实验效果显著。经过多次实验数据的收集和处理，选定了适合的管径、液柱长度、密闭气柱长度的最佳配置方案。并且通过最小二乘法拟合回归方程，制作出了刻度盘，能够准确测量。

（三）气压计的定标

由于环境温度的变化会导致气压计内的密闭气柱长度发生较大变化，因此在每次测量前都应对气压计进行定标。定标的具体步骤如下：

（1）将毛细玻璃管水平放置。

（2）在毛细玻璃管内注入选定长度的水柱。

（3）调节水柱位置，使水平空气柱长度为选定长度。由于所选择的管径不同，因此根据实验原理所述，需分析选定的水柱和密闭空气的长度组合，不同装置所选长度不同。我所用的1mm管径毛细玻璃管，经过实验计算分析，选定30cm水柱和45cm密闭空气柱长度最佳。

（4）密封封堵口，将毛细玻璃管置于竖直位置。

（5）每次测量前或环境温度发生较大变化时，都需要定标校准。

四、实验原理/实验设计思路

（一）实验设计思路

将简易自制气压计正置（$p_气 = p_液 + p_{大气}$）、倒置（$p_{大气} = p_液 + p_气$）在水平桌面上（见图3）。将瓶子换成毛细玻璃管，下端封堵住。正置时 $p_1 S = mg + p_{大气} S$、倒置时 $p_{大气} S = mg + P_2 S$，与简易自制气压计的压强关系相同，从而推导出管内的压力关系。

图3　简易自制气压计正置、倒置在桌面上

（二）大气压的测量

取一根毛细管水平放在桌面上，用注射器向管内注射适量水，调节水柱到管内适当位置，用橡皮泥封住。

设毛细管的横截面积为 S，由于是毛细管内横截面积处处相等。第一步把毛细管正置，大气压强为 $p_{大气}$，封闭空气柱压强为 p_1、体积为 V_1、空气柱高度为 d_1，水柱长度为 d，质量为 m，密度为 ρ，重力加速度为 g。第二步倒置，封闭空气柱压强为 p_2、体积为 V_2，空气柱高度为 d_2。

在以上两步的过程中都在等温条件下，封闭气体柱符合等温气体实验规律，由玻意耳定律可得：

$$p_1 V_1 = p_2 V_2 \tag{1}$$

$$(mg + p_{大气}S)d_1 = (p_{大气}S - mg)d_2 \tag{2}$$

$$(\rho S d g + p_{大气}S)d_1 = (p_{大气}S - \rho S d g)d_2 \tag{3}$$

化简得：
$$p_{大气} = \rho g d \frac{d_2 + d_1}{d_2 - d_1} \tag{4}$$

应用式（4），转动装置，可测得大气压强 $p_{大气}$。

通过 263 次实验判定管径、密闭空气柱长度、水柱长度的选择，从而选定最佳器材配置方案。实验数据处理如图 4 所示。在以上讨论下我选定了水平气体柱为 45.00cm、液体柱为 30.00cm、内径为 1.00mm 的毛细管测量大气压强，实验数据如表 1 所示。

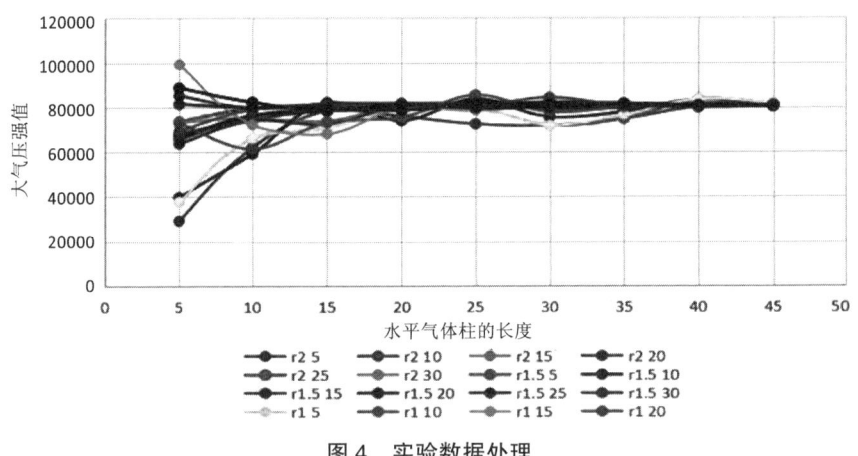

图 4　实验数据处理

表 1　实验数据（温度为 24℃，压强为 810~814hPa）

实验次数	内径 r/mm	d/cm	d_1/cm	d_2/cm	$p_{大气}$/Pa
1	1.5	30	44.22	47.60	79778.27
2	1.5	30	44.22	47.61	79551.60
3	1.5	30	44.21	47.58	79988.86

续表

实验次数	内径 r/mm	d/cm	d_1/cm	d_2/cm	$p_{大气}$/Pa
4	1.5	30	44.24	47.65	79136.69
5	1.5	30	44.23	47.59	80253.14
6	1.5	30	44.22	47.67	78219.17

当天温度24℃，外界大气压强在801~804hPa，大气压强的平均值为 $p_{大气}$ = 79487.95Pa，利用气象数据和手机定位显示的大气压测得误差：

$$\Delta E = \frac{p_{准} - p_{大气}}{p_{准}} \times 100\% = \frac{81450 - 79487.95}{81450} \times 100\% = 0.95\%$$

（三）刻度盘的制作

封闭气体柱符合等温气体实验规律，由玻意耳定律得出大气压与密闭气柱和水柱长度的关系。方法如下，毛细管与水平面成任意夹角 θ 时，此时空气柱的压强为 p、体积为 V、长度为 L，水柱受力平衡

$$pS = p_{大气}S - mg\sin\theta \tag{5}$$

由于实验都在同样的环境中完成的，所以毛细管中的封闭空气柱都满足玻意耳定律。由玻意耳定律得：

$$pV = p_1V_1 = p_2V_2 = C（C 为常数） \tag{6}$$

$$pSL = C \tag{7}$$

把式（5）代入式（7）得：

$$(p_{大气}S - mg\sin\theta)L = C \tag{8}$$

$$(p_{大气} - \rho dg\sin\theta)L = \frac{C}{S} = C_1 \tag{9}$$

$$\sin\theta = \frac{p_{大气}}{\rho dg} - \frac{C_1}{\rho dg}\frac{1}{L} \tag{10}$$

令 $y = \sin\theta$，$x = \dfrac{1}{L}$，截距为 $a = \dfrac{p_{大气}}{\rho dg}$，斜率为 $b = -\dfrac{C_1}{\rho dg}$。

则式（10）变为

$$y = a + bx \tag{11}$$

化简式（5）得：封闭气体柱的压强 p

$$p = p_x - \rho gd\sin\theta \quad p = p_0 - \rho gd\sin\theta \tag{12}$$

假设该装置竖直放在另一个温度相等、大气压强为 p_x 环境中时，水柱受力平衡时有：

$$p_xS = pS + mg \tag{13}$$

$$p_x = p + \rho g d \tag{14}$$

把式（10）（12）代入式（14）化简得：

$$p_x = \frac{C_1}{L} + \rho g d \tag{15}$$

测量出对应一系列空气柱长度 L，并计算出 $\sin\theta$ 和 $1/L$ 的值，利用最小二乘法拟合出 y-x 的回归方程，从回归方程中求出截距和斜率，进而求出大气压强 $p_{大气} = a \times \rho g d$ 和常数 $C_1 = -b \times \rho g d$。通过多次测量的数据，利用改进后的气压计，改变角度测得数据如表 2 所示（当天温度为 24℃，外界大气压强在 810~814hPa）。

表 2　实验数据

θ	r/mm	L/cm	$\sin\theta$	$1/L$
0	1.5	45.45	0	0.022002
10	1.5	45.71	0.173648	0.021877
20	1.5	46.1	0.34202	0.021692
25	1.5	46.28	0.422618	0.021608
30	1.5	46.55	0.500000	0.021482
35	1.5	46.61	0.573576	0.021455
40	1.5	46.78	0.642788	0.021377
45	1.5	46.80	0.707107	0.021368
50	1.5	47.09	0.766044	0.021236
55	1.5	47.20	0.819152	0.021186
60	1.5	47.25	0.866025	0.021164
65	1.5	47.27	0.906308	0.021155
70	1.5	47.35	0.939693	0.021119
75	1.5	47.41	0.965926	0.021093
80	1.5	47.50	0.984808	0.021053
85	1.5	47.55	0.996195	0.0210300
90	1.5	47.6	1	0.021008

利用最小二乘法处理数据得：

斜率　　　　　　　$b = -12.427$
截距　　　　　　　$a = 27.302$
相关系数　　　　　$r = 0.9934$
所以式（11）为　　$y = 27.302 - 12.427x$

则：

$$p_{大气} = a \times \rho g d = 80177.78 \text{ Pa}$$

$$C_1 = -b \times \rho g d = 36491.967$$

拟合曲线如图5所示。利用式（15）$p_x = \dfrac{C_1}{L} + \rho g d$ 和 C_1 求出刻度对应的大气压强值，如表3所示。

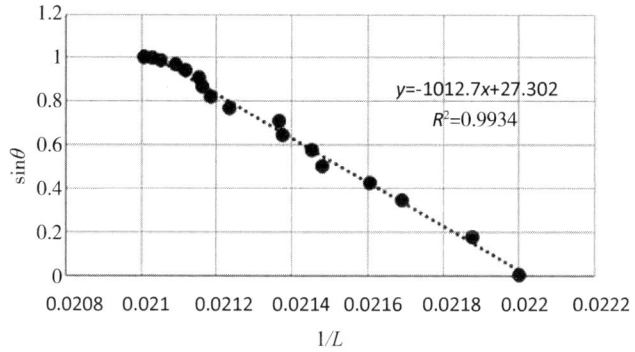

图5　拟合曲线

表3　刻度对应的大气压强值

刻度 L/cm	压强 p_x/Pa	刻度 L/cm	压强 p_x/Pa	刻度 L/cm	压强 p_x/Pa
37.0	101563.7	41.5	90869.18	46.0	82267.09
37.5	100248.6	42.0	89822.37	46.5	81414.08
38.0	98968.22	42.5	88800.18	47.0	80579.21
38.5	97721.06	43.0	87801.77	47.5	79761.92
39.0	96505.88	43.5	86826.31	48.0	78961.66
39.5	95321.46	44.0	85873.02	48.5	78177.9
40.0	94166.65	44.5	84941.15	49.0	77410.13
40.5	93040.35	45.0	84029.99	49.5	76657.88
41.0	91941.53	45.5	83138.86	50.0	75920.66

用表 3 中的数据在毛细管的对应刻度处刻上对应的压强值，即可获得一只随时测量的大气压强计。

五、实验教学目标

（一）物理观念

（1）知道大气压强的大小和单位。

（2）知道大气压强与哪些因素有关。

（二）科学思维

（1）会判断大气压强与海拔的粗略关系。

（2）能够分析生活中大气压强的大致变化。

（三）实验探究

（1）通过实验探究大气压强的变化，了解大气压强大致的变化范围。

（2）根据实验结论得出正确的结论。

（3）通过实验探究培养实验设计、数据收集及处理、评估实验误差、交流合作提出改进方案的能力。

（四）科学态度与责任

（1）培养学生实践—认知—实践的思想。

（2）培养学生尊重客观事实，不迷信权威，实事求是的科学态度。

六、实验教学内容

本实验的教学内容是探究大气压强的变化，同时用改进的自制大气压强计让学生亲身经历方便、直观、安全环保的测量过程。进一步验证教材当中的结论，提供可靠证据。

大气压的变化和哪些因素有什么关系呢？探究过程如下：

（1）监测环境温度，在玻璃管内用注射器注入适量水柱。

（2）调整水柱位置，使空气柱长度适当，封住封堵口，使压强计竖直放置，即可通过空气柱长度变化反映高度变化对大气压的影响。

（3）水柱长度 10cm 以上，空气柱长度 15cm 以上，封住封堵口，使压强计竖直放置，通过空气柱长度在刻度盘上的读数，测出当时的大气压。

（4）利用自制大气压强计，测量山脚、山顶的压强，即可得知大气压与海拔的关系。提供可靠证据，加深学生对大气压变化规律的认识。

七、实验教学过程

（一）探究楼层高度变化对大气压的影响

利用教材上的自制气压计和改进自制气压计分别研究。

简易自制气压计：变化 1.5cm；

改进自制气压计：变化 6.0cm 左右。

效果显著，实验过程如图 6 所示。

图 6　实验过程

（二）探究海拔高度（山脚到山顶）变化对大气压的影响

简易自制气压计：无法探究，大气压变化和温度变化对液柱高度的影响都很大，山顶上气压计液体已大量溢出，如图 7 所示。

图 7　山顶上简易气压计液体大量溢出

改进自制气压计,如图 8 所示。

图 8　改进自制气压计测量现象

山脚:海拔 1897m,大气压 80579.21Pa 合 60.4cmHg。
山顶:海拔 2337m,大气压 76657.88Pa 合 57.5cmHg。
$\Delta h = 440m$, $\Delta p = 3921.33Pa$。

海拔每升高 10m,大气压减小 89.1Pa。与人教版教材中的结论十分相近,为大气压随海拔的变化规律提供了可靠证据,实验效果显著。

八、实验效果反馈及评估

在人教版教材中提出,通过自制简易气压计观察大气压随高度的变化,于是按照教材制作出简易气压计如图 9 所示。

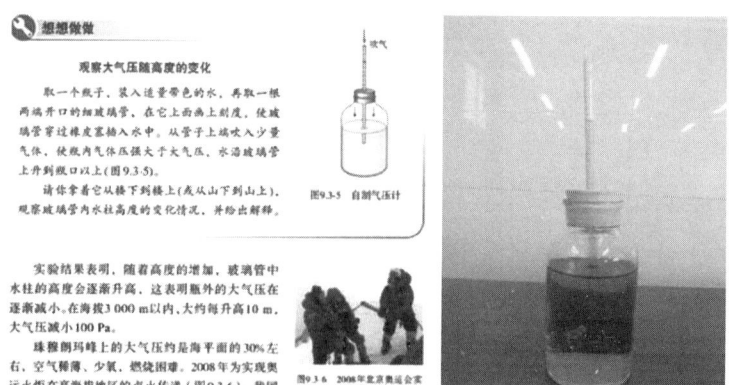

图 9　按照教材制作出简易气压计

简易气压计的优点：①实验器材易得；②仪器成本低廉；③制作过程简便；④实验原理简单。但存在以下不足：①实验现象不够明显；②受温度影响大；③不能研究一段时间的大气压变化；④不能定量研究大气的变化，缺乏充分证据。

该器材受温度影响大，无法完成教材中从山下到山上的实验过程。而且由于一段较长时间的温度变化很大，该器材无法探究一段时间的气压变化。教材中提出"在3000m以内，大约每升高10m，大气压减小100Pa"这一结论的得出缺乏足够的证据支持，学生死记硬背常常造成知识性错误。

自制气压计在教学中的应用：

初中物理中，为研究大气压的变化提供可靠证据，了解大气压、密闭气压、液压的关系，还可进一步研究大气压的日变化、大气压与气候、季节等关系。

高中物理中，有助于人教版选修3-3第八章"气体"第一节"气体的等温变化"的学习和理解。

大学物理中，有助于训练学生利用最小二乘法拟合回归方程，提高分析和减小实验误差的能力。

气体压强与流速的关系

台州市书生中学　徐茜茜

一、教材分析

本节内容选自浙教版初中《科学》八年级上册第二章第三节"大气压强"的第二课时。教材不是直接呈现"流体压强与流速的关系",而是通过实验证明以促进学生理解。该节内容包括流体压强与流速的关系等相关知识,是上一课时"大气压强的存在"的延伸与拓展,"应用气体压强与流速的关系解释生活现象"也是后续课时"大气压与人类生活关系"的基础,体现了教材编排的逻辑性。

二、实验器材

吹风机一个、吸管三根、乒乓球三个、泡沫球若干个、PVC 管四根、吸吹两用机一个、装有红墨水的 U 形管两根、塑料板一块、飞机升力原理演示器一套、棉线一卷等。

三、实验创新要点

（1）三球共舞实验，带有游戏趣味，实验效果好。
（2）大小管比流速实验，学生能直观认识到流速变化会引起压强变化。
（3）用五根棉线模拟流动的气流，让看不见的物理现象直观地演绎出来。

四、实验原理

伯努利原理：气体流速越大气压越小。

五、实验教学目标

（一）知识与技能

知道气体压强和流速的关系。

（二）过程与方法

应用知识解释有关现象，提高语言表达能力。

（三）情感态度与价值观

增长学习物理的兴趣，培养科学创新意识，体会科学就在身边。

六、实验教学内容

课堂演示五个实验：①三球共舞；②大小管比流速；③泡沫板模拟飞机升力；④模拟飞机上下表面流速差；⑤测量飞机上下表面压强。课后增加一个实验：利用吸管、饮料瓶盖、泡沫球自制实验仪器。

在课堂上创设情境，通过真实生动奇妙的实验现象，同学们能探究压强和流速的关系，运用其关系分析解释日常生活中的一些现象，并通过课后实验活动来达成本课教学目标。

七、实验教学过程

（一）创设情境

教师演示"分别用大小不同的力吹两张纸条"的实验，请学生像伯努利一样去思考，从而激发学生的好奇心。教师演示吹风机吹乒乓球实验，进一步激发学生浓厚的兴趣，这时趁热打铁提问：你知道这些现象的原因是什么吗？

（二）实验探究

（1）学生阅读课文，初步了解压强与流速的关系。

（2）用同一个风力较大的吹吸机分别吹大管和小管，发现 U 形管左边液面高度高于右边液面，且小管实验中 U 形管液面差更大。

（3）用泡沫板模拟飞机升力。流体压强和流速关系的一个典型应用就是飞机，用塑料板模拟飞机，用含扁头的吹风机对着竖直的白纸板上表面吹气，发现纸板横起，握着纸板的手会感到明显的升力。

（4）模拟飞机上下表面流速差。机翼的上侧做成凸圆形状，下侧成平面形状，飞机能够得到升力，说明飞机下侧受到气体向上的压强要比机翼上侧受到气体向下的压强大，即上方流速大于下方流速。那有什么方法能直观表示流速差吗？教师用五根棉线模拟流动的气体，发现飞机模型上表面棉线密集，下表面棉线几乎平行。

（5）用 U 形管测量飞机上下表面压强，进一步说明气体压强与流速的关系。

（6）课后新增实验：利用吸管、饮料瓶盖、泡沫球自制实验仪器。

八、实验效果评价

（一）实验改进一：三球共舞

在吹风机上安装三根吸管，形成三球共舞场面。在泡沫球上安装不规则图钉，泡沫球能自由旋转。此实验能见度高，能引起学生兴趣。

（二）实验改进二：大小管比流速

同一个吹吸机吹大小塑料管，大管流速小，U 形管液面差小，小管流速小，U 形管液面差大。旨在让学生直观认识到流速变化会引起压强变化，并帮学生找出气体压强与流速之间的浅显规律。

(三）实验改进三：模拟飞机上下表面流速差

由磁场越强磁感应线越密集可知，在流量不变的情况下，流速越大，气体分布越密集。教师用五根棉线模拟气流，本实验将看不见的物理现象直观演绎。用U形管直接测出飞机上下表面压强，化抽象为具体，大大降低学生思维上的跨度。

（四）实验改进四：实验器材来自生活

新增一个课外实验，利用吸管、饮料瓶盖、泡沫球自制实验器材。课堂上第三个实验所用的纸板和吹风机基本属于废物利用，且成功率达到100%。学生在认识到"气体压强和流速的关系"的同时，还能体会到物理实验带来的乐趣。有理由相信，我们的学生也能完成出色的物理实验。

流体压强与流速的关系

洛阳市第五十六中学　赵子莹

一、使用教材

人教版初中《物理》八年级上册第九章第四节"流体压强与流速的关系"。

二、实验器材

实验一：大针筒、橡胶管、水槽。

实验二：大雪碧瓶、小矿泉水瓶、塑料管、三通、水龙头、热熔胶、打火机、玻璃棒、地暖板、木板。

实验三：鼓风机、U形管、塑料管、PVC板、机翼模型、相对压强传感器。

三、实验改进要点

本节课所有自制实验用品全部来源于生活，实验装置简约化。

实验一：用针筒来探究液体压强与流速的关系，注意开孔时孔的大小要适中。

实验二：要选择合适的三通来连接两个粗细不同的管子，同时注意装置的密封性。

实验三：飞机机翼模型的制作，要长、宽、弧度适中，压强传感器及U形管两端连接选择的位置要调节合适，且鼓风机吹风时要选在恰当的位置。

将DISlab融于物理教学实现数据的定量测量。

四、实验设计思路

实验一：取材容易，制作简单，小巧轻便，便于携带；实验现象明显直观，既可学生分组实验又可用于教师演示，从而激发学生的兴趣和学习热情。

实验二：通过水龙头实现控制流速的动态变化，现象持续、直观；实验材料源于生活，唾手可得；实验装置组装零成本，体现了"变废为宝"的制作理念。

实验三：该实验装置从看见机翼模型飞起来了而思考飞机升力是如何产生的，由感性体验到U形管直观显示再到数据直接读出，从感性到理性、从定性到定量，将信息技术与物理教学完美结合，突破教学难点。

五、实验教学目标

（一）知识与技能

（1）通过实验让学生理解流体压强与流速的关系。

（2）通过实验，分析飞机升力产生的原因。

（二）过程与方法

（1）通过观察实验现象与实验探究，得到流体压强与流速的关系。
（2）能应用所学知识分析验证生活中的相关现象。

（三）情感态度与价值观

（1）感受物理的实用性，提高学习兴趣。
（2）增强科学探究精神。
（3）体验信息技术在物理学科中的应用。

六、实验教学内容

本节课主要探究流体压强与流速的关系，通过学生自主探究实验和教师演示实验，利用自制教具探究流体压强与流速的关系从而建立规律，再利用自制的飞机升力演示仪来探究飞机升力产生的原因。

七、实验教学过程

（一）创设情境，实验导入（见图1）

本节课采用"学生比赛用漏斗向上吹乒乓球"（见图2）和"教师演示用水向下冲乒乓球"（见图3）的对比实验引入，结果引起学生强烈的认知冲突，进而进入新课的学习。

魔术：神奇的乒乓球

 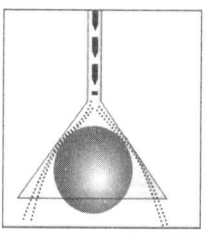

图1　导入实验

图2　向上吹乒乓球　　　　　图3　向下冲乒乓球

（二）互助探究，建立规律

分小组合作完成吹纸、吹乒乓球、吹船、按压针筒四个实验，通过学生自主探究、观看演示实验（见图4、图5），教师层层引导从而分析规律。

 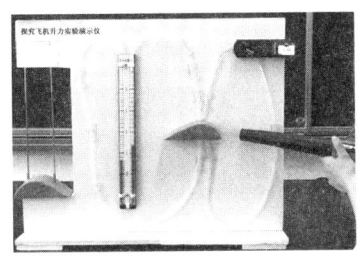

图4　探究液体压强与流速关系的演示仪　　图5　验证飞机升力产生原因的演示仪

（三）联系实际，分析论证

让学生思考并演示火车进站模型（见图6），将学生仅停留在理论层面的分析付诸实践，通过实验的方式，验证所学的物理知识的正确性。

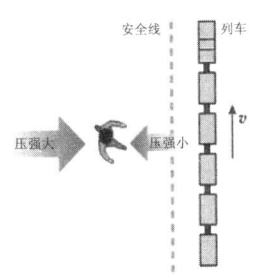 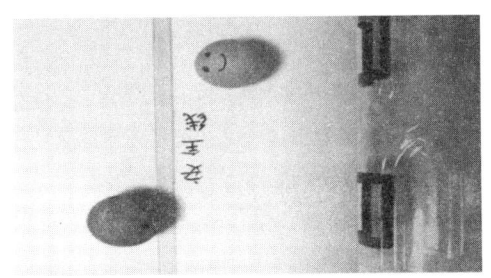

图6　火车进站模型

（四）生活应用，巩固知识

学完本节课的知识后，学生动手制作简易吸尘器（见图7）、简易热水器（见图8），将所学内容和实际生活相结合。

 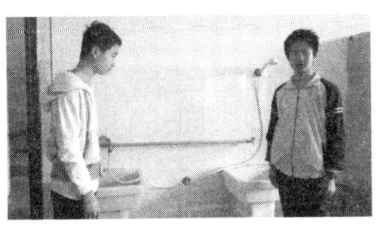

图7　简易吸尘器　　　　　　　　　图8　简易热水器

八、实验效果评价

本节课通过一系列的学生课上动手实验、自制教具教师演示实验、课后小制作等，从看到实验现象到进行理论分析，从而建立流体压强与流速关系的规律，符合皮亚杰的认知发展理论，循序渐进地让学生掌握了所学内容。

通过探究生活中的相关现象，例如飞机升力产生的原因、火车站黄色安全线设置的原因、吸尘器和热水器的工作原理，培养了通过实验现象来分析物理问题的能力，同时通过不断的交流锻炼了学生的语言表达能力。

本节课中 DISlab 的融入，让学生感受到物理与生活、与科技紧密相连，激发了学生的物理学习兴趣及动手能力。本节课的教学设计高效地完成了教学目标任务。

流体压强与流速的关系

徐州市撷秀初级中学　李超

一、使用教材

江苏凤凰科学技术出版社初中《物理》八年级下册第十章第三节"气体压强"中的流体压强与流速。

二、实验器材

（1）引入实验：长纸条、空调排水管、泡沫颗粒。

（2）演示实验：流体压强演示器、特制玻璃管、U形管水柱、灵敏气压计、风洞机翼模型套装。

（3）分组实验：直尺和纸片、两端开口的玻璃管、圆柱形纸柱。

三、实验创新要点/改进要点

详见教学过程。

四、实验原理/实验设计思路

流体压强与流速的关系。

五、实验教学目标

（一）知识与技能

通过实验使学生理解流体压强与流速关系，利用简单实验体会流体压强与流速关系，解释相关现象。

（二）过程与方法

经历科学探究过程，培养学生的动手能力和创新意识，养成勇于创新的科学素养。

（三）情感态度与价值观

在实验过程中使学生产生科学探究创新的意识，实现知识的升华，产生物理服务于生活和科技发展的意识。

六、实验教学内容和教学过程

（一）课本原实验（见图1）

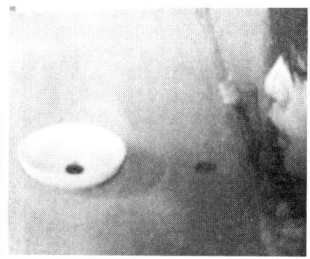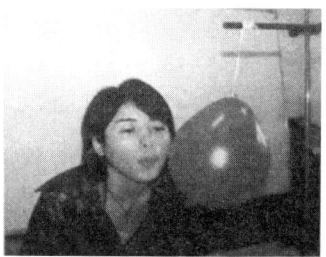

图1 课本原实验

（1）吹纸实验：向纸条上方吹气。此实验可见度较高，成功率也高，操作简单，但思维跨度稍微大。

（2）吹气球实验：离得远时吹气现象不明显，离得太近由于气流分散，吹气方向不好把握，很容易把气球吹跑，这样和需要得到结论相反。

（3）硬币跳高实验：此实验可见度偏低，带有游戏味道，能引起学生兴趣，但实验的成功率偏低，每届总有学生认为是吹气推力把硬币顶翻，不利于得到上下气压差问题。

（二）创新演示实验（液体）

（1）实验名称：压强喷泉（见图2）。

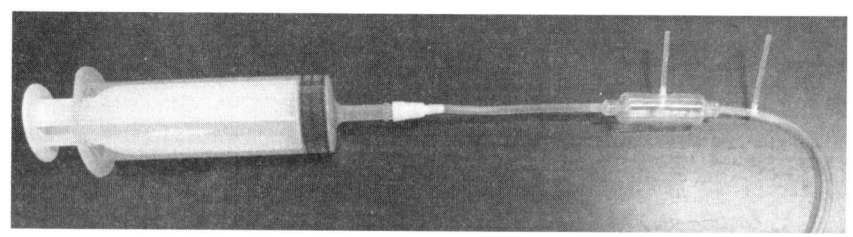

图2 自制流体压强与流速演示器

1）操作方法：大号注射器迅速推水，观察两个水管中喷出水柱现象。

2）实验现象：粗管出水柱很高，细管处水柱较低。

3）现象解释：在液体流过粗管处流速小，液体压强大，喷出水柱高，流经细管处液体流速突然变大，液体压强突然变小，喷出水柱低。

（2）实验名称：压强演示器（见图3）。

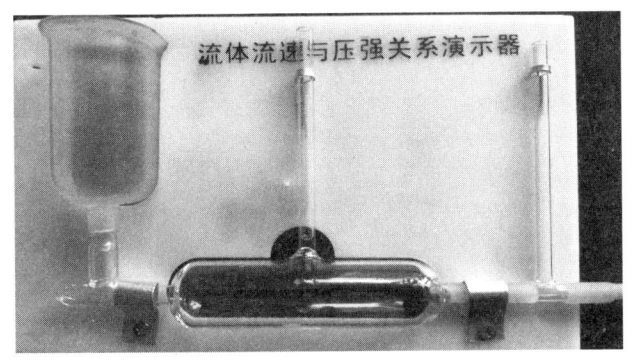

图 3　流体流速与压强关系演示器

(三) 创新演示实验 (气体)

(1) 实验名称：空气炮 (见图 4)。

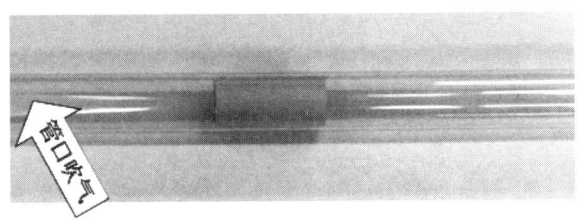

图 4　空气炮

1) 实验器材：玻璃管，纸柱。

2) 操作方法：纸柱静止在玻璃罐中，向玻璃管一端吹气，观察现象。

3) 实验现象：纸柱快速从玻璃管一端飞出。

4) 现象解释：在气体流速大的地方压强小，当一端迅速吹气时候，玻璃管一端气体流速迅速变大，使得气体压强突然变小，另一侧气压大，气压差使纸柱沿管子方向被快速推出来。

(2) 实验名称：自制流速压强差显示仪 (见图 5)。

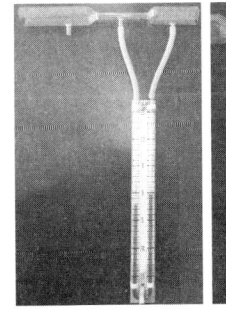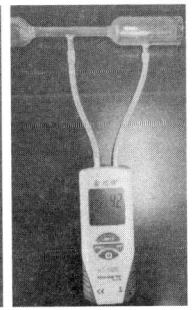

图 5　自制流速压强差显示仪

1) 实验器材：U 形管、红墨水。

2) 按图 5 组装器材。

3) 操作方法：用嘴吹玻璃管的一端管口，观察 U 形管中两侧液面高度的变化。

(3) 实验名称：机翼升力显示仪（见图6）。

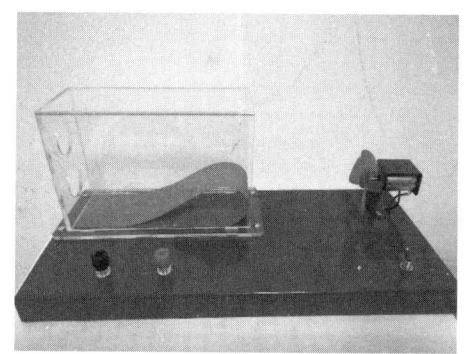

图6　机翼升力显示仪

(四) 分组创新实验

(1) 实验名称：纸片是否掉落（见图7）。

1) 实验器材：直尺、比尺子略宽带有翼展的纸片。

2) 操作方法：自然状态下纸片在重力作用下下落；正对尺面吹气，观察纸片是否掉落。

3) 实验现象：纸片紧贴尺子不掉落。

4) 现象解释：在尺子正面空气流速大气压小，背面气体流速几乎不变，产生气压差把纸片紧压在尺子上。

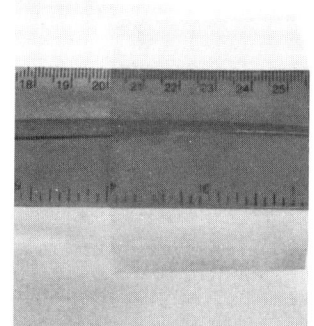

图7　纸片是否掉落

(2) 实验名称：模拟龙卷风（见图8）。

1) 实验器材：软水管一根，碎纸屑（彩色泡沫屑）适量。

图8　模拟龙卷风

2）操作方法：将泡沫屑放于一小盒中，置于桌面上。取一截软排水管，一端靠近泡沫屑，手拿排水管另一端，快速甩动。

3）实验现象：泡沫屑自动从纸盒中上升，从排水管另一端飞出。

4）现象解释：在液体流速大的地方压强小，而在流体流速小的地方压强大；当甩动排水管时，由于排水管口处的流速大，使得压强变小，下方与周围大气相连，压强几乎不变，使得泡沫屑在指向管口方向的压强差的作用下沿管子方向被推出来。

（3）课后体验创新实验：吸管模拟龙卷风吸水。

七、实验效果评价

（1）空气"炮"实验、模拟龙卷风实验，旨在激发学生学习兴趣与探究欲望。

（2）用嘴吹玻璃管实验，旨在让学生直观地认识到流速变化会引起压强变化，并帮学生找出气体压强与流速之间的浅显规律，让学生直观地认识到流体流经管道时，细管处流速快、压强小，粗管处流速慢、压强大。灵敏气压计是通过科学测量证明大气压的变化。

（3）模拟飞机机翼实验，电动机产生持续气流通过机翼模型产生气压差，现象持久易于学生理解本节课内容。

（4）自制液体流速演示器使学生加深流体压强与流速关系，现象明显比传统实验效果更好，带给学生更大的思维上的冲击力。

（5）分组实验不仅有利于学生理解本节课的知识点，更是让学生利用身边的简单器材体验本节重点和难点，使本节课达到高潮。

在本课教学活动中，学生创设情境，创造科学探究的机会，引导学生学以致用，巩固和加强科学知识技能，有利于学生科学素养的形成。为了让学生在认识"流体压强与流速的关系"的同时还能体会物理实验的快乐，增加实验的可见度和趣味性，我改进设计了流体压强与流速关系的实验，力求让学生更直观地了解流体压强与流速的关系。

探究液体压强与深度、密度的定量关系

四川省南充高级中学　姚洋　王超　郭长春

一、使用教材

人教版初中《物理》八年级下第九章第二节"液体的压强"。

二、实验器材

（1）学生实验：微小压强计、酒精、水、饱和硫酸铜溶液。

（2）教师演示实验：自制的液体压强定量关系演示仪、甘油、100g砝码若干、自制镊子。

（3）自主探究实验：自制的液体压强定量关系演示仪、甘油、100g砝码若干、自制镊子、托盘天平配套砝码一套、酒精、水、饱和硫酸铜溶液、学生自备液体。

三、实验创新要点

（一）传统教学分析

传统教学中研究液体压强与深度、密度关系时使用微小压强计分别探究得出液体压强与深度、密度的定性关系，然后进行理论定量推导。这种方法缺点是理论推导部分无实验数据支撑，对学生而言抽象难懂。

（二）实验改进要点

受托里拆利实验的启发，创新实验中利用固体压强来测量液体压强的大小，使用自制液体压强定量关系演示器探究液体压强与液体深度、密度的定量关系。实验原理简单易懂，现象明显，数据可信度高；实验装置可重复利用、制作简单，可作为学生分组实验使用。

四、实验设计思路

本实验建立在传统定性实验基础上，利用自制液体压强定量关系演示器实现对液体压强的测量和定量探究。教师演示完成探究液体压强与深度的定量关系，学生观察学习实验操作和数据处理过程，为自主探究实验打下基础，师生合作完成探究液体压强与深度、密度的定量关系。

五、实验教学目标

（一）物理观念

了解液体内部存在压强，且液体压强大小与深度、密度有关。

（二）科学思维

能从定性、定量两个方面进行实验推理。

（三）科学探究

利用控制变量法分析问题、利用图像法处理数据。

（四）科学态度与责任

养成实事求是的科学素养，掌握简单的误差分析方法、增强与人交流合作能力。

六、实验教学内容

（1）定性实验：学生使用微小压强计探究得到液体压强与深度、密度的定性关系。

（2）定量实验：探究液体压强与深度的定量关系。

（3）学生自主探究：探究液体压强与密度的定量关系。

七、实验教学过程

（一）定性实验

教师活动：引导学生使用微小压强计分别探究得出液体压强与深度、密度的定性结论，并组织学生进行交流讨论。提出问题：液体压强与深度之间是否有定量的关系？鼓励学生进行猜想与假设。

学生活动：分组合作探究液体压强与深度的定性关系。

设计意图：以传统实验为铺垫，从液体压强与深度之间的定性关系到定量关系，激发学生的学习兴趣，培养学生的探究意识。

（二）探究液体压强与深度定量关系

教师活动1：向学生介绍自制仪器结构、原理及使用方法。

（1）介绍仪器：自制的液体压强定量关系演示器，结构如图1所示。

液体压强与深度定量关系演示仪各部分作用说明：①透明水槽——盛液容器。②载物盒——$m=200g$，底面积$S=0.01m^2$，前后

图1 仪器结构

有刻度贴纸，承载砝码。③固定立柱——固定载物盒，使其保持水平状态浸入液体中。

（2）介绍实验原理。

图2中固体载物盒静止时，容器对下方液面有向下的压力，根据力的作用是相互的，下方液面对容器底部也有向上的反作用力，它们大小相等，即 $F_1 = F_2$，也就有：

$$p_2 = p_1 = \frac{F_1}{S} = \frac{G}{S} = \frac{mg}{S}$$

通过刻度贴纸读出此时浸入深度 h。这就是第一组压强与深度值。接下来，每次添加一个质量为100g的砝码以增大压力压强，读出新的深度 h。

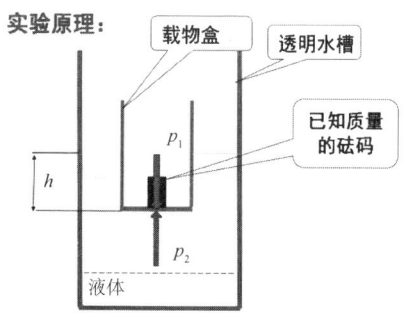

图2 实验原理图

完成实验操作，请学生用设计好的数据表格（见表1）和坐标纸（见图3）完成数据记录和处理；在学生记录完后用Excel软件处理数据；引导学生完成误差分析。

学生活动：观察教师实验操作完成数据记录和处理，交流总结得出实验结论；观察教师处理数据的过程，将自己结论和教师的作对比。

设计意图：创新实验利用相互作用力和二力平衡知识实现了对液体压强的定量测量，增强了实验的说服力；数据处理过程强化学生分析数据和利用图像法处理数据的能力；误差分析有利于培养学生实事求是的科学素养。

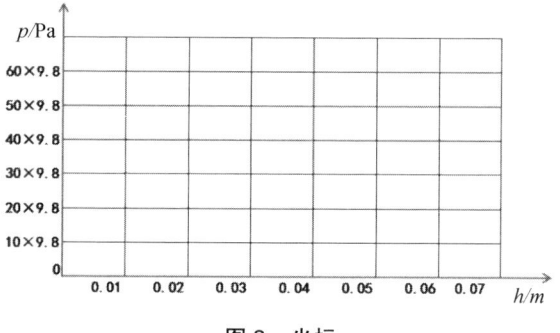

图3 坐标

表1 液体压强与深度定量关系实验数据记录表　$S=0.01m^2$

序号	1	2	3	4	5
质量 m/kg	0.2	0.3	0.4	0.5	0.6
压力 F/N	0.2×9.8	0.3×9.8	0.4×9.8	0.5×9.8	0.6×9.8
压强 p/Pa	20×9.8	30×9.8	40×9.8	50×9.8	60×9.8
深度 h/m					

（三）探究液体压强与密度的定量关系

教师活动1：介绍实验原理。实验需控制载物盒在密度不同的液体中的浸入深度 h 相同，事先设定某一浸入深度，采用先大后小的方法在载物盒中添加不同规格砝码，使其浸入深度为设定深度。记录载物盒静止时的总质量 m 和对应的液体密度填入表格中，实验中至少选取五种液体进行实验。

教师活动2：指导学生利用液体压强定量关系演示器完成自主探究，请学生在设计好的数据表格（见表2）中记录数据，帮助学生用 Excel 软件处理实验数据，交流得出结论。

表2　液体压强与密度定量关系实验数据记录表格　$h=$　cm　$S=0.01m^2$

序号	1	2	3	4（待填）	5（待填）
液体	酒精	水	饱和硫酸铜溶液	植物油	饱和食盐水
密度 ρ /（kg·m^{-3}）	800	1000	1200	900	1300
质量 m/kg					
压强 p/Pa					

设计意图：学生在演示实验中通过观察学习已经基本具备了完成实验操作和用 Excel 软件处理数据的能力，学生合作自主探究总结出液体压强与密度的定量关系，保证了实验的完整性且对创新实验体会更深刻。

八、实验效果评价

（一）优点

（1）受托里拆利实验的启发，本实验利用固体压强来测量液体压强的大小，原理简单易懂，现象明显，数据信度效度高。

（2）实验装置可重复利用、制作简单，可用于学生分组实验。

（3）本实验既有教师演示也有学生自主探究，体现了以学生为主体、以教师为主导的教学理念。

（二）可改进之处

可设法进一步减小载物盒与固定立柱之间的摩擦力，使实验结论更加准确。

认识浮力

安徽省合肥市第四十五中学　王晴晴

一、使用教材

沪科版初中《物理》八年级全一册第九章第一节"认识浮力"。

二、实验器材

实验一：特制连通器、彩色立方体、铁架台、弹簧测力计、水管。

实验二：透明塑料瓶、气球、铁网、杠杆、砝码、VC泡腾片和水。

三、实验创新要求/改进要点

（一）探究液体浮力的改进

（1）利用体积较大、形状规则的立方体替代石块进行实验，受到的液体浮力更大，弹簧测力计示数变化更加明显。

（2）用铁架台固定弹簧测力计，实验中读数更加稳定。

（3）用左右两侧横截面积不同的连通器替代水槽，从横截面积较小的左侧加水，横截面积较大的右侧水位稳定缓慢地上升。既可以控制物体浸入水中受到的浮力大小，也避免了物体晃动影响弹簧测力计读数。

（二）探究空气浮力的改进

（1）利用VC泡腾片和水反应产生大量气体充入气球，气球膨胀的体积更大，受到的空气浮力更大。

（2）通过瓶内外两个磁体相互吸引，控制瓶内装有VC泡腾片的铁网位置，达到实验前隔离VC泡腾片和水、实验中快速接触反应、不改变装置整体质量的目的。

四、实验原理/实验设计思路

（一）探究液体浮力

通过受力分析，可以利用二次称重法测量液体的浮力大小。

（二）探究气体浮力

空气浮力很小，难以用弹簧测力计直接测量。可以通过杠杆平衡条件，判断物体受到的浮力变化。

五、实验教学目标

通过演示实验,让学生直观地感受到液体和气体对浸在其中的物体有浮力作用。规范实验装置和操作过程,体现物理实验的科学性和严谨性。

六、实验教学内容

(1) 探究液体的浮力,通过二次称重法测量液体的浮力,认识到物体在液体中受到浮力作用。

(2) 探究气体的浮力,通过实验直观地感受气体浮力的存在。

七、实验教学过程

(一) 探究液体的浮力

(1) 分析传统实验不足。

1) 石块逐渐浸入水的过程中,弹簧测力计示数变化范围小。

2) 教师手持弹簧测力计进行操作,不够稳定。悬挂在弹簧测力计下的石块容易晃动,导致弹簧测力计指针晃动,读数不够准确。

(2) 实验装置改进。

1) 如图 1 所示,用体积更大的立方体替代石块,浸没水中受到的浮力为 3.4N,弹簧测力计的示数变化为原来的 3 倍左右,现象更加明显。并且相比于石块,使用外形规则的实心物体进行实验,能够让学生在观察实验的过程中,对浮力的认识更加深刻。

2) 用铁架台固定弹簧测力计,避免主观操作的影响。固定弹簧测力计后,需要改变水位的高度使物体逐渐浸入水中。但是,直接向水槽中加水,物体容易晃动。所以利用连通器原理,从横截面积较小的左侧加水,可以让横截面积较大的右侧水位稳定缓慢地上升。整个装置的稳定性提高,弹簧测力计读数更加准确。

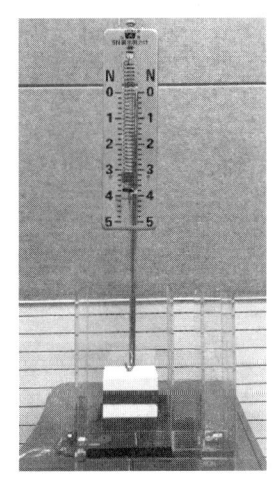

图 1 改进装置

3) 该装置下方还加了一个出水口,将出水口打开,水位下降,观察到弹簧测力计示数变大,进一步让学生认识液体对浸在其中的物体有浮力作用。

(二) 探究气体的浮力

(1) 分析传统实验的不足。传统的实验方法是在杠杆一端悬挂充满气体的篮球和未充气的气球,另一端悬挂钩码,调节杠杆平衡,如图 2 所示。实验时,将篮球内的气体通过阀门充入气球，篮球体积不变，气球体积增大，受到的空气浮力增大，打破杠杆平衡。但是，实际操作中很难成功，主要原因是：气球体积变化大小不易控制。篮球内部的气体压强有多大，直接影响实验是否成功。我通过实验操作发现，即使篮球内气体十分充足，能够充入气球的气体只有 $300cm^3$ 左右。通过阿基米德原理计算气球在空气中受到的浮力约 0.0038N。而悬挂的篮球和气球的总重力为 6.5N，浮力与左侧总重相比，占比万分之六。因此实验很难获得成功。

（2）实验装置改进（见图3）。

1）实验选用 VC 泡腾片和水反应产生大量气体充入气球。VC 泡腾片中含有酒石酸晶体和碳酸氢钠粉末，放入水中，会溶解成酒石酸溶液和碳酸氢钠溶液，相互反应产生大量的 CO_2。10 片 VC 泡腾片和 200mL 水反应可以向气球内充入 $1000cm^3$ 左右的气体，气球所受的空气浮力为 0.0127N。浮力与总重相比，占比千分之四。使实验的成功率大大提高。

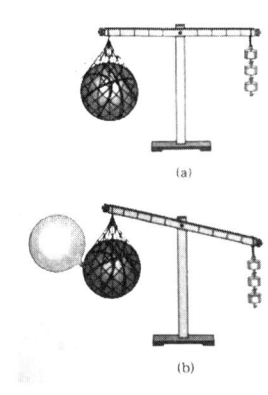

图 2　探究气体浮力

2）在实验前，为了隔离 VC 泡腾片和水、调节杠杆平衡，在装有 VC 泡腾片的铁网边安装一个磁体，只需上下移动瓶外的另一个磁体就可以改变 VC 泡腾片的位置，同时保证了整个装置的质量不变（见图4）。

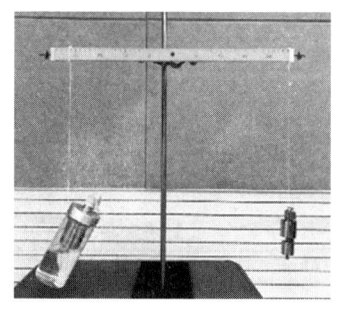

图 3　改进装置

图 4　内外两个磁体

八、实验效果评价

（一）探究液体的浮力

（1）物体受到液体浮力变化更大，弹簧测力计示数变化更加明显。

（2）实验装置更加科学合理，实验操作方便直观。

（3）实验装置可适用于多个实验探究活动。

1）二次称重法测浮力大小。

2）探究浮力大小与哪些因素有关。

（二）探究气体的浮力

通过对实验装置的改进，使实验成功率更高，直观性更强，实验现象更加明显，能更好地完成教学目标要求。

探究影响滑动摩擦力大小的因素

福建省莆田第二中学 张静

一、使用教材

人教版初中《物理》八年级下册第八章第三节"摩擦力"。

二、实验器材

自制探究滑动摩擦力教具，包含：主体支架、减速电机、滑台、力传感器、采集器、光电门、无线遥控器、3D打印各面贴有不同材料和各面面积不同的棱柱、DIS专用软件等。

三、实验创新要求/改进要点

（1）利用减速电机带动底板运动，既方便又稳定。

（2）利用DIS力传感器代替弹簧测力计采集数据，更精确。

（3）利用3D打印机打印各面贴有不同材料的棱柱探究滑动摩擦力大小与接触面粗糙程度的关系，实验过程中不用一直更换底面材料，操作起来更方便。

（4）通过调速旋钮改变相对运动速度，既可以探究滑台在移动（匀速直线运动）时滑动摩擦力是否受到影响，还可以探究滑台在持续变速过程中滑动摩擦力是否变化。

（5）设计装置竖直翻转90°探究滑动摩擦力大小与压力大小的关系，解决了水平实验中摩擦块上加上砝码后压力和重力同时变化的问题。

（6）自制教具中的材料来源于生活，成本低。

四、实验原理/实验设计思路

课本中利用二力平衡的原理，通过水平匀速拉动摩擦块使得滑动摩擦力的大小等于拉力的大小，从而间接测量滑动摩擦力。但是用手拉动摩擦块很难让摩擦块做匀速直线运动，而且移动的测力计读数困难、误差大。

装置利用减速电机驱动滑台，更稳定；根据二力平衡的原理（见图1），使用力传感器代替弹簧测力计间接测量滑动摩擦力大小，读数更精确。

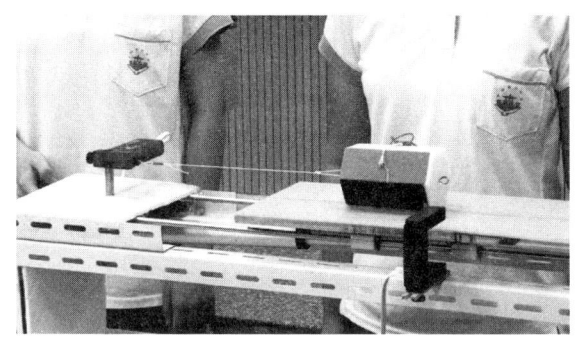

图1 二力平衡的原理

五、实验教学目标

（一）知识与技能

知道决定滑动摩擦力大小的因素。

（二）过程与方

（1）经历探究滑动摩擦力大小与什么因素有关的实验过程。

（2）经历制订计划、设计实验的过程，学习控制变量的方法。

（3）学习分析实验现象、归纳实验结论的一般方法。

（三）情感态度与价值观

通过对摩擦的分析，激发学生用基础知识解决实际问题的热情，并养成运用所学知识联系生活、生产问题的良好习惯。

六、实验教学内容

（1）装置的原理以及操作方法的介绍。

（2）学生分组实验。

实验一：探究滑动摩擦力大小与接触面粗糙程度的关系；

实验二：探究滑动摩擦力大小与接触面积的关系；

实验三：探究滑动摩擦力大小与相对运动速度的关系；

实验四：探究滑动摩擦力大小与压力大小的关系。

七、实验教学过程

（一）提出问题

以《捉泥鳅》音乐为游戏背景，请两位同学上台现场捉水中的泥鳅和沾满木屑的泥鳅，引导学生提出滑动摩擦力大小到底与哪些因素有关。

（二）猜想与假设

通过捉泥鳅活动和生活经验，让学生猜想滑动摩擦力大小可能与哪些因素有关。

（三）设计实验

提出问题：要探究滑动摩擦力大小可能与哪些因素有关，就必须测量滑动摩擦力。如何测量滑动摩擦力？

引导学生根据学过的二力平衡的知识去测量滑动摩擦力的大小，同时学生发现在测量过程中用手难以保证摩擦块做匀速直线运动且移动的测力计读数困难、误差大。接着推出探究影响滑动摩擦力大小因素的新装置（见图2）并介绍装置的使用方法。

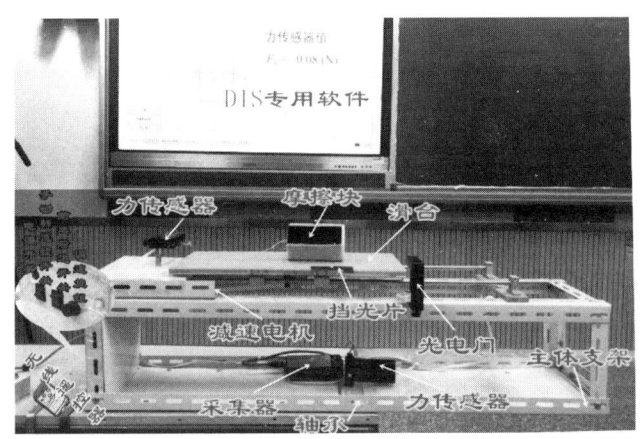

图2 装置主要组成

（四）进行实验

三个人一个小组，探究滑动摩擦力与各个猜想因素间的关系。

（1）实验一：探究滑动摩擦力与接触面粗糙程度的关系。

首先，选取毛巾面进行实验，测量滑动摩擦力大小，截取有效区域取平均值。再换用棉布面继续实验，记录滑动摩擦力的大小。最后换用木板面进行实验，记录滑动摩擦力的大小（见图3和表1）。

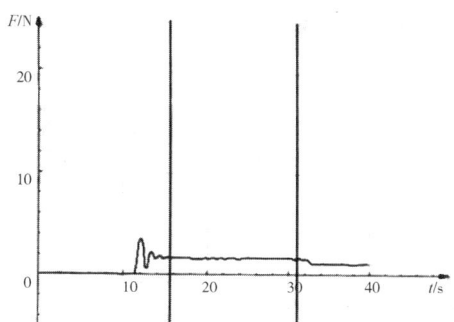

图 3 探究 F_f 与接触面粗糙程度的关系图像

表 1　F_f 与接触面粗糙程度的关系

次数	1	2	3
接触面材料	毛巾	棉布	木板
F_f/N	0.34	0.30	0.16

分析数据，学生很容易发现：滑动摩擦力大小与接触面粗糙程度有关。在其他条件一定时，接触面越粗糙，滑动摩擦力越大。

（2）实验二：探究滑动摩擦力与运动速度的关系。

选取最大速度进行实验，测量滑动摩擦力，截取有效区域取平均值。改变速度继续实验，测量滑动摩擦力，记录数据。持续变速进行实验，测量滑动摩擦力，记录数据（见图 4 和表 2）。

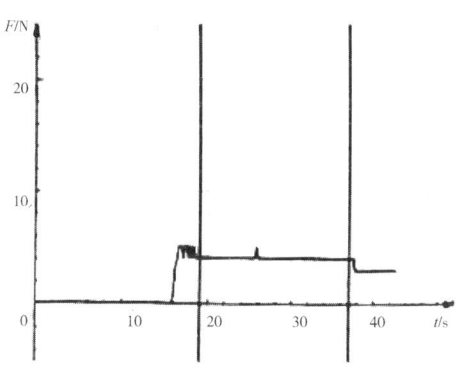

图 4 探究 F_f 与相对运动速度的关系图像

表2　F_f与相对运动速度的关系

次数	1	2	3	4
相对运动速度 v/（cm/s）	11.0	10.7	8.9	9.8
F_f/N	0.4	0.4	0.4	0.4

可以得出：滑动摩擦力的大小与运动速度无关。

（3）实验三：探究滑动摩擦力与接触面积的关系。

首先我们选择70cm²进行实验，截取有效区域，取平均值，不断改变接触面面积，重复实验，得到数据（见图5和表3）。

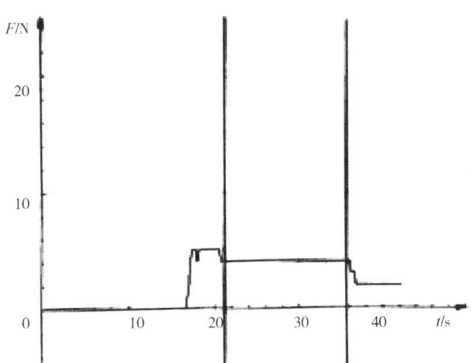

图5　探究F_f与接触面积的关系图像

表3　F_f与接触面积的关系

次数	1	2	3
接触面面积大小 S/cm²	70	56	43
F_f/N	0.4	0.4	0.4

通过实验数据可知：滑动摩擦力大小与接触面积大小无关。

（4）实验四：探究滑动摩擦力与压力大小的关系。

两测力计调零，挂一条橡皮筋进行实验，记录压力，测量滑动摩擦力，截取有效区域取平均值；挂两条橡皮筋，记录压力，测量滑动摩擦力并记录数据；不断增加橡皮筋的匝数改变压力，测量滑动摩擦力并记录数据（见图6和表4）。

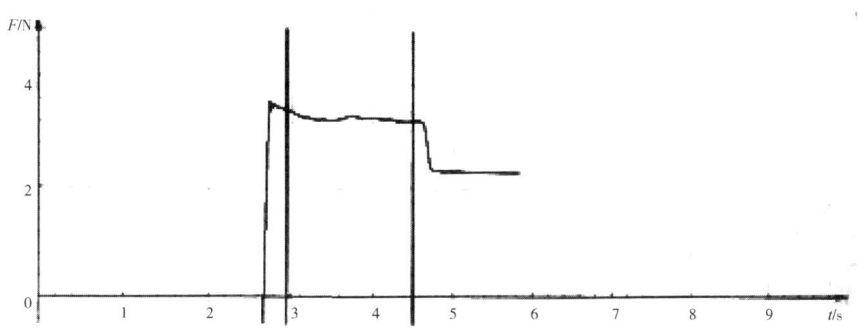

图6 探究 F_f 与压力大小的关系图像

表4 F_f 与压力大小的关系

次数	1	2	3	4
F_n/N	1.57	3.28	5.07	6.74
F_f/N	0.84	1.69	2.50	3.33

可以得到：滑动摩擦力大小与压力有关；在其他条件不变的情况下，接触面间的压力越大，滑动摩擦力越大的结论。

可以引导学生进一步对数据进行处理，描点、线性拟合，得到图像（见图7）。

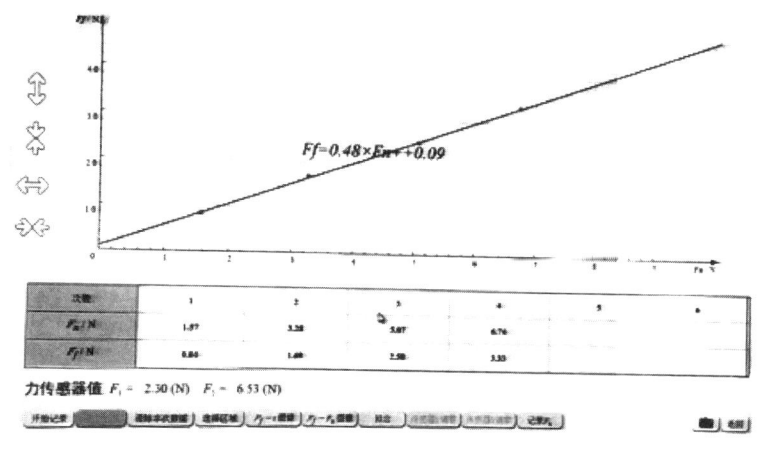

图7 滑动摩擦力与压力大小的线性图像

由图像可知：在其他条件一定时，滑动摩擦力与压力成正比。

（五）分析论证

小组展示实验成果并总结，教师作适当引导并共同总结结论：滑动摩擦力大小与压力大小、接触面粗糙程度有关，与其他因素无关。在其他条件一定时，压力越大，滑动摩擦力越大；接触面越粗糙，滑动摩擦力越大。

八、实验效果评价

（一）提高实验效率

使用改进后的装置不仅方便探究滑动摩擦力与各个猜想因素间的关系，节约宝贵的课堂时间，而且降低了实验数据错误的概率，使学生能够得出正确的实验结论。

（二）探究更全面

自制教具功能多，可水平、竖直翻转使用，全面探究影响滑动摩擦力大小的各个猜想因素，实现传统实验无法实现的教学功能，突破教学重、难点。

（三）有利于培养学生的科学素养

本设计充分展示了信息技术与物理实验的深度融合，培养学生终身的探索兴趣。

探究杠杆的平衡条件

天津市西青区杨柳青第二中学　李明盈

一、教材及学情分析

（一）教材分析

选自人教版初中《物理》八年级下册第 12 章第 1 节"杠杆"第二课时的内容。教材第 7 章、第 8 章分别介绍了弹力、重力和二力平衡的知识，本节是力学知识的延伸，是学习本章后两节滑轮、轮轴以及机械效率等知识的理论依据，是力学的重点内容。通过本节教学，继续向学生渗透从生活走向物理、从物理走向社会的课程理念。

（二）学情分析

八年级的学生已学习了有关力的知识，对于力、平衡等概念及天平的调节比较熟悉，上一课时已经掌握了杠杆的五要素，对杠杆又有了初步的认识。同时该阶段的学生对探究和处理信息的基本能力已初步形成，这些都为学习本节作好了铺垫。

二、实验教学目标及重难点

（一）教学目标

（1）知识与技能。

1）会设计实验探究杠杆的平衡条件。

2）会归纳得出杠杆的平衡条件。

（2）过程与方法。

经历实验探究杠杆平衡条件的过程，培养学生分析数据并能归纳结论能力。

（3）情感态度与价值观。

通过实验的操作和分析，培养学生实事求是的科学态度与合作交流的意识。

（二）重难点

探究杠杆的平衡条件和力臂的测量。

三、实验教学内容

（一）体验活动

影响杠杆平衡的因素。

（二）探究活动

水平位置和非水平位置杠杆的平衡条件。

（三）自主活动

利用杠杆的平衡条件解决实际问题。

四、实验教学过程

（一）复习旧知，情景激趣

请一位同学现场模拟展示硬棒抬重物，以复习杠杆的五要素，进而扩展：仅重物向后移动或仅增加物重，感知"硬棒"还能否保持原平衡状态。引导学生猜想：杠杆的平衡与力的大小和力臂有关。

（二）实验探究，反馈交流

（1）提出问题。杠杆平衡时，动力 F_1、动力臂 l_1、阻力 F_2、阻力臂 l_2 存在什么关系？

（2）猜想与假设。

1) $F_1 \times l_1 = F_2 \times l_2$。

2) $F_1 \div l_1 = F_2 \div l_2$。

（3）设计实验与制订计划。实验探究杠杆在水平位置和非水平位置平衡条件的研究，通过多次测量得到具有普遍性的结论。

（4）进行实验与收集证据。根据以往的教学经验，针对学生在实验探究中提出的问题，我对实验进行了分析并改进如下：

1) 实验前，应调节杠杆两端的平衡螺母，使杠杆在不挂钩码时保持水平并静止，其目的在于排除杠杆自重对实验结果的影响。但使用传统实验装置进行实验操作时，学生很难把握杠杆是否已在水平位置平衡，全凭学生估计，实验的可信度不强。

解决方法：为了让学生能较准确地判断杠杆是否已在水平位置平衡，我制作了一个圆形纸盘，且过圆盘的圆心 O 作一条直径 AB。把它作为杠杆在水平位置时参考线的做法是：过圆心 O 作其垂线 CD，此时线 CD 的方向即为竖直方向（见图1）。接着将圆盘的圆心 O 与杠杆的支点重合。那么安装后又怎么保证圆盘上的线 CD 一定是竖直方向呢？为此，笔者又在杠杆的中部安装一个简易的铅垂线，大家知道，铅垂线的方向是竖直向下的，将杠杆支点、圆盘的圆心、铅垂线的自由端三者共轴（见图2），通过转动圆盘，使圆盘中的线 CD 与铅垂线重合，那么线 AB 所处的位置即为水平位置。这样，杠杆是否已达到水平位置就有了参照（见图3）。

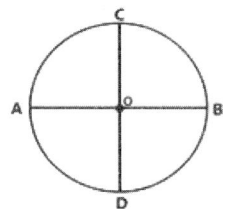 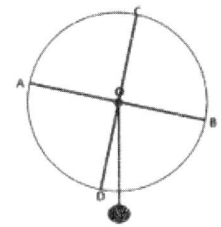 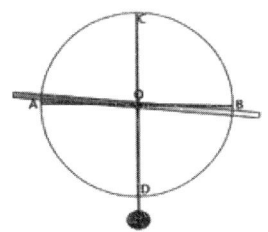

图1　圆盘的设计　　图2　铅垂线的添加　　图3　杠杆水平位置的依据

2) 当杠杆两侧挂上数量不同的钩码时，要求杠杆重新在水平位置平衡，这样设计的好处是：巧妙地把力臂置于杠杆之上，这样力臂的数值便可以直接读出。但对于初学者而言，这种读取力臂的方法具有误导性，学生会误认为力臂是支点到力作用点间的距离，不利于力臂概念的正确建立。同时教材只涉及了杠杆水平位置平衡，虽简化了实验过程，但属于特例。在特例下所得出的实验结论具有特殊性，应用到一般情况时，增加了学生解决实际问题的难度，不利于学生创新思维的培养。

为使结论更具普遍性，我又加设了杠杆在非水平位置平衡条件的研究。

①杠杆在水平位置平衡条件的研究。杠杆调平后，当杠杆两侧各挂上一定数量的钩码时，通过移动钩码的位置使杠杆在水平位置平衡，规定作用在左边杠杆上钩码提供的力为动力，右边钩码提供的力为阻力，此时从杠杆上能直接读出力臂的数值。

②杠杆在非水平位置平衡条件的研究。当杠杆两侧分别挂上一定数量的钩码后，杠杆在非水平位置平衡，此时力臂不在杠杆上，实验的关键在于测量出力臂的数值。我在原实验装置的基础上，在杠杆上打孔并添加了棉线用于挂钩码，棉线可作为力的作用线，该设计在一定程度上对力臂的测量起到了辅助的作用。

力臂测量的奥妙就在于圆盘上设计了很多互相垂直的线，通过转动圆盘，使杠杆受到的力的作用线与圆盘中的某一竖线重合，则该条竖线所对应的刻度值即为此时力臂的数值（见图4）。简而言之，力臂测量的原理即圆盘中相互作用的两根线分别表示力的作用线和力臂，应用了两者的垂直关系。

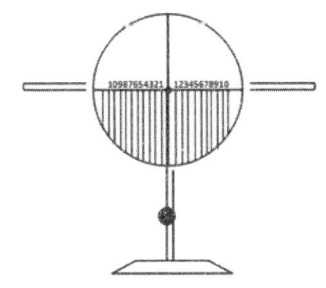

图4　力臂测量原理图

当杠杆一侧挂上钩码，另一侧使用弹簧测力计进行实验时（见图5），杠杆一侧受到竖直方向的力，另一侧受到非竖直方向的力。需要同学们注意的是，因弹簧测力计外壳有重力，所以当弹簧测力计倒着向下拉时，应用手提起秤钩，使指针指在零刻度处，目的在于排除外壳重力对实验结果的影响。不难发现，此时的力臂也不在杠杆上，通过转动圆盘，使圆盘上的某条竖线与力的作用线重合，则该条竖线所对应的刻度值即为此时力臂的竖直（见图6）。

图5 杠杆受到非竖直方向力

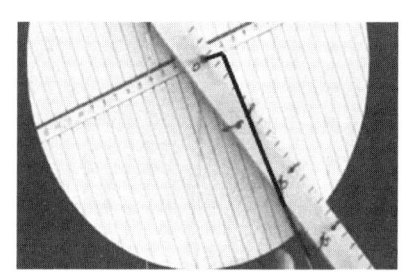

图6 力臂大小的确定

学生将实验收集到的数据填入表格中。在表格设计上，我将教材给出的实验数据表格进行了改进，在表1中添加了"杠杆是否水平平衡"一列，这样使得学生更贴切地把实验数据与实验过程有机地联系到一起，使实验教学的结果更加明显且实验结论更具普遍性。

表1 表格设计的改进

实验次数	杠杆是否水平平衡	动力 F_1/N	动力臂 l_1/m	阻力 F_2/N	阻力臂 l_2/m
1					
2					
3					

（5）评估。动力×动力臂=阻力×阻力臂。

（6）交流与合作。各小组派代表交流实验过程中遇到的问题，吸取经验教训。

（三）巩固知识，联系生活

一位体重约为500N的男同学在做俯卧撑。当他保持静止时，请你设计一个实验估测地面对他双手的作用力的大小。

五、实验效果评价

（一）实验改进亮点

（1）杠杆是否已经达到水平位置有了参照物，有利于培养学生严谨的科学态度。通过对实验装置的改进，学生自主制作、探究实验的兴趣倍增，减少了学生的定向思维，有利于培养其科学素养。

（2）多方位进行实验，增强了实验结论的可信度。该装置是利用身边容易获得的材料改进的，制作简单、可操作性强，可以演示得出杠杆在任何位置静止平衡时的平衡条件，避免了杠杆只能在水平位置平衡的错误认识的发生，丰富了实验内容，使实验结果更具普遍性。

（3）强化了对力的作用线的理解。作用在杠杆上的力因使用长细线，使力的作用线一目了然，强化了对力的作用线的理解。同时细棉线的质量小，对杠杆平衡条件的实验进行探究时对结果的影响可忽略不计。

（4）突破了力臂测量的难点。相互作用的两条线分别表示力的作用线和力臂，应用了两者垂直的关系。学生可在圆盘上直接读出力臂的数值，操作简便，现象直观。

（二）待改进的方面

使用弹簧测力计进行实验时，若使作用在杠杆上的力为恒力且便于操作，可增加实验的准确性。

探究杠杆的平衡条件

湖南省张家界市桑植县澧源中学　周新

一、使用教材

人教版初中《物理》八年级下册第 12 章"简单机械"第一节"杠杆"。

二、学情分析

课本中直接给出杠杆三要素的概念，再给出杠杆平衡的定义，然后用调至水平的杠杆进行实验，最后得出杠杆平衡条件。但学生们对这个知识体系的生成颇为疑惑：一是不理解"力臂"的概念，不明白杠杆的平衡为什么与"力臂"有关；二是探究杠杆平衡条件时容易产生一些思维定式。

因此我把以下内容作为教学的难点：

（1）如何引入"力臂"这个概念。

（2）如何引导学生探究得出各种情形下的杠杆平衡条件。

三、实验教学目标

（一）知识与技能

（1）在知道杠杆的三要素的基础上，重点理解力臂的概念。

（2）通过实验探究出杠杆的平衡条件。

（二）过程与方法

经历"探究杠杆平衡的条件"，学会通过实验并从不同角度分析问题、寻找规律、总结结论的方法。

（三）情感、态度与价值观

感受科学探究的过程和方法，培养学生实事求是的科学态度和与人协作、积极向上的团队精神。

四、实验教学内容

（一）演示实验："力臂"概念的理解

通过观察，当水平塑料吸管从中间弯折后只移动右边乒乓球在杆上位置，左边杆仍保持水平平衡，思考：两球的重力和左边球在杆上的位置没变，那么右边的什么因素也没变？结果发现"从支点到力的作用线的距离"没变，从而引入"力臂"的概念。

(二)学生实验

运用定滑轮、弹簧测力计及自制的"十字尺"测出各种情形下的拉力及力臂,最后总结出杠杆的平衡条件——动力×动力臂=阻力×阻力臂。

五、实验器材

(一)演示实验

平衡鸟(见图1),创新自制教具"力臂概念演示器"——两个加重的乒乓球、轻塑料吸管、细绳(见图2)。

图1 平衡鸟

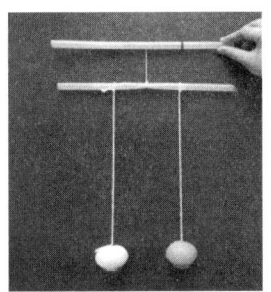

图2 力臂概念演示器

(二)学生实验

定滑轮、弹簧测力计、创新自制教具"水平位置判断器"——绳挂钩码、力臂的直接测量工具——"十字尺"。

六、实验设计思路

演示自制教具使学生们明白"力臂"的定义——从支点到力的作用线的距离,而不是从支点到力的作用点的距离;引导学生运用定滑轮、弹簧测力计及自制的"十字尺"测出各种情形下拉力的大小及力臂,最后总结出杠杆的平衡条件——动力×动力臂=阻力×阻力臂。

七、实验教学过程

(一)知识准备

创设情境,提供器材完成了对杠杆的模型建立,并因此能从常见的工具中辨认出杠杆。认识杠杆的三要素:支点、动力、阻力,学会在简图上标出支点、动力和阻力的示意图。

(二) 认识平衡

用图片展示生活中的杆秤，再展示玩具平衡鸟（见图1），通过杠杆平衡的场景，介绍什么是平衡状态，提出问题：杠杆的平衡与什么因素有关？

(三) 力臂的引入

教师自制教具设计了一个实验：将两个乒乓球悬挂在质量可以忽略不计的塑料杆上，调节到水平平衡状态，并标记好右边橙色乒乓球在杆上的位置。现在将杆弯折（见图3），问学生："如果要使杠杆的左端仍然保持水平平衡，你有什么办法？"学生们根据生活经验纷纷回答，要么增加或减少乒乓球的重力，要么移动乒乓球在杆上的距离。说到移动距离，我先让学生们观察此时右边乒乓球的重力方向所在的那条直线（简称力的作用线），由图可知已偏离了原来的位置，现在只移动右边乒乓球在杆上的位置，使杠杆左端又达到水平平衡（见图4），然后让学生比较图2和图4的右边部分除了力的大小相同外还有什么相同的地方。有的同学就会发现从支点到力的作用线的距离都相同。我们把这个距离称为力臂。接下来引入动力臂、阻力臂的概念。

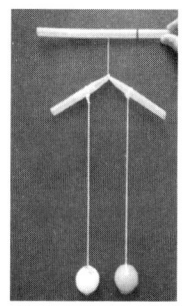
图3　将杆弯折

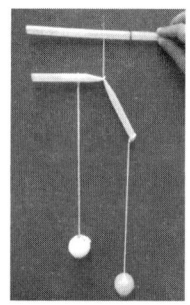
图4　移动右边乒乓球在杆上的位置

这个实验的设计不仅创设情景，引入"力臂"概念，而且使同学们感到杠杆的平衡可能与力臂和力的大小有关，到底有什么关系呢？那就需要我们设计实验测出数据并寻找其中的规律，从而引出下面的实验情景。

(四) 实验探究

（1）学生自学课本弄清以下四个内容：实验目的、实验器材、实验步骤和实验记录。

（2）讨论并改进实验。自学过程学生出现以下问题：实验中杠杆为什么要先调节保持水平？杠杆是否水平怎么准确快速的判断？为什么要换不同的钩码多测几次？针对问题，老师在演示中使学生们意识到这是避免杠杆自身重力的影响，调平后还可以直接从杠杆上读出力臂；快速判断平衡的方法大家就地取材——绳挂钩码，利用重力的方向总是竖直向下，钩码悬挂在支点上，当杠杆中间的刻度线和挂钩码的细绳视线上平行或重合，就可以判断杠杆水平了。让学生来完成一组数据的读取后问：一组数据能得出结论吗？从而让学生们意识到，为避免偶然性使结论具有普遍规律，应该换不同的钩码个数和位置多测几组数据。

为了避免学生形成思维定式，我提出两个问题：拉力倾斜时杠杆也能平衡吗，若能平衡如何测力臂？两个力一定要在支点的两侧杠杆才会平衡吗？

1）实验1：换用弹簧测力计分别在竖直方向和斜向左、向右方向演示，结果杠杆也能保持水平。接下来让学生们观察：当拉力在原钩码位置竖直向下拉至杠杆水平时，拉力的大小还是原钩码的重力吗？结果不是。演示将弹簧测力计挂至另一弹簧测力计下，学生们很直观地感受到测力计自身有重力。"那么有没有办法测出竖直向下的拉力？"引入下一节将要接触到的机械——定滑轮，并沿竖直方向为大家作演示，实验证明它只改变拉力的方向不改变力的大小，若要测倾斜方向上的拉力，只要将定滑轮左右移动。"如何测出倾斜拉力的力臂呢？"为了加深学生们对"力臂"的直观理解我设计出了一套"十字尺"（见图5），将尺挂在支点上，一尺沿着拉力的方向，从另一把与它垂直的尺上就很容易读出力臂的大小。它能测量出各个方向上拉力的力臂，而且尺和尺之间能滑动，测出的力臂可大可小，零刻线从支点开始，读数方便（见图6）。

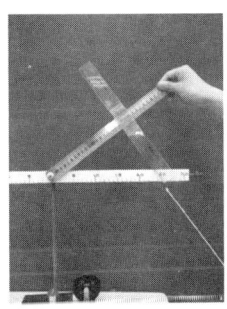 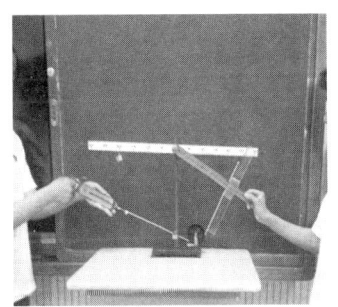

图5　十字尺　　　　　　　　图6　力臂的测量

2）实验2：用弹簧测力计演示两个力在支点的同侧杠杆也会平衡，此时拉力的方向只能向上，力臂的测法同上。

（3）分组实验，记录数据。学生分组按照图7的方法各测3组数据填入表1，教师巡回指导（力臂读数根据各自的刻度尺估读到分度值的下一位）。

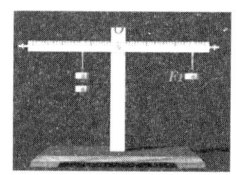 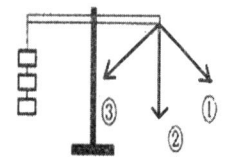 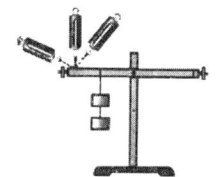

图7　三种实验方法

表1　探究杠杆的平衡条件

次数	动力 F_1/N	动力臂 l_1/cm	阻力 F_2/N	阻力臂 l_2/cm
1	1	10.0	0.5	20.0
2	2	20.0	4	10.0
3	1.5	30.0	3	15.0
4	0.7	15.10	1	10.0
5	0.5	20.00	1	10.0
6	0.8	13.40	1	10.0
7	0.66	15.50	1	10.0
8	0.5	20.00	1	10.0
9	0.6	16.00	1	10.0

(4) 数据分析。由前3组数据很容易得出一个规律：$F_1 \times l_1 = F_2 \times l_2$。由后面的记录近似得出这个结论。"为什么乘积会有差异"，从而进行以下评估交流。

(5) 评估交流。刚才的实验操作有没有不妥之处？哪些方面会导致误差的产生？如何更好地减小误差？使学生们意识到可能是测量仪器制造不够精准、读数有误差、有摩擦力的影响等。提出启发性的思考：若有3个或以上的力使杠杆平衡，那么它们的平衡条件又会是什么？

设计目的：发展学生的批判、创新精神，培养学生实事求是、严谨的科学态度以及发散性思维的培养。

（五）归纳总结　学以致用

(1) 最小力的判断：使用羊角锤拔钉子，动力作用在锤柄上 A 点。请作出拔钉子时所用最小动力 F 的示意图和它的动力臂 l_1（见图8）。

(2) 杠杆平衡的判断：杠杆在水平位置平衡后，两边各加一个钩码，杠杆会_____（填"平衡""向左下降"或"向右下降"）（见图9）。

(3) 力大小的判断：小猴和小兔分萝卜，到底哪个分的多（见图10）？

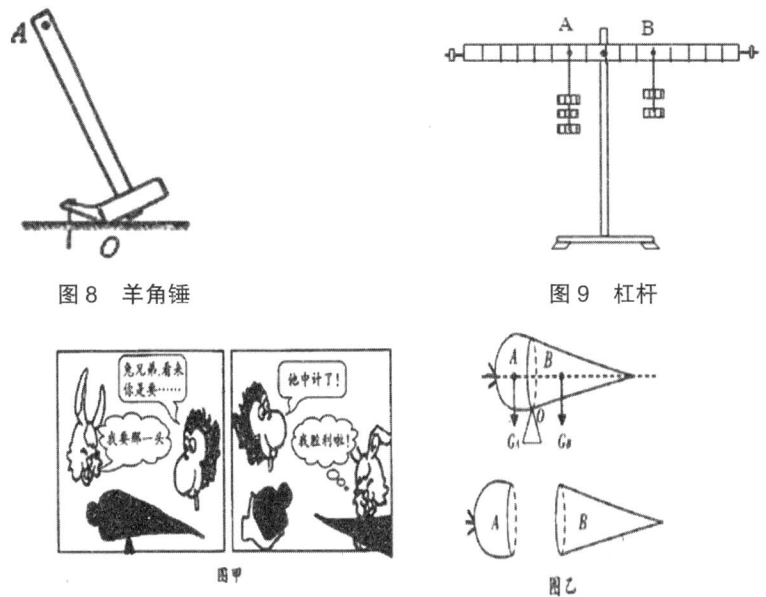

图8 羊角锤　　　　　　　图9 杠杆

图10 分萝卜

(4) 实验教学的最后，拿出自制的小杆秤（见图11）示范，激励学生通过小制作，经历"支点应定在哪里、刻度如何划分"的过程，更加深刻体会有关杠杆的物理知识。

设计目的：培养学生的动手能力，激发学生理论联系实际的兴趣，体现了物理教学"从生活走向物理，从物理走向社会"的新课程理念。

八、实验创新要点

图11 自制小杆秤

(1) "力臂"的引入设计了一个实验。让学生更好地理解"力臂是支点到力的作用线的距离，而不是支点到力的作用点的距离"。

(2) 杠杆上就地取材的"水平位置判断器"——绳挂钩码，使学生快速判断杠杆是否平衡。

(3) 定滑轮的使用，既可以承上启下为后面有关滑轮的学习埋下伏笔，也可以帮助测量任何方向的拉力的大小。

(4) 十字尺。

1) 用于测量任意方向的拉力的力臂长度，使学生更好地理解力臂的概念。

2) 两把尺之间能滑动，力臂测量可大可小使用方便。

3）它的零刻线是从支点开始的，设计合理。

九、实验效果评价

（1）很好地完成了三维教学目标。

（2）注重知识体系的构建，学生很容易理解和接受，轻松地完成了教学重难点的突破。

（3）激发学生学习的兴趣，使学生更加明白了"为什么学、学什么、怎样学"。

机械效率

四川省自贡市蜀光绿盛实验学校　徐文治
四川省自贡市汇东实验学校　丰七星

一、使用教材

"机械效率"选自人教版初中《物理》八年级下册第十二章简单机械第 3 节。在学生学习了各种简单机械和功的基础上，机械效率是对这些内容的实际分析和综合应用，是对知识的进一步延伸。机械效率也对学生学习太阳能热水器的效率、炉子的效率、热机的效率等利用和转化知识起铺垫作用，体现了物理知识最终要服务于生产和生活的理念。提高机械效率对社会可持续发展和节能减排有着重要意义。

二、教学目标

测量滑轮组的机械效率是本节最重要的知识。通过测量滑轮组的机械效率实验能够有效地培养学生的科学思维，实验使用的探究方法也是物理核心素养的集中体现。

三、实验创新点

（1）木板和铁架台组合固定在一起，刻度尺可垂直于水平桌面并固定在木板上，减小测量误差。

（2）可根据需要旋转对齐物体和绳，也能上下移动刻度尺调整零刻度线的位置，读数直观准确。

（3）操作更简单，解放学生双手，把注意力集中到测量上来。

（4）增加了减速电机，基本可以控制匀速直线运动。

（5）自制可固定和滑动以及收放的金属记录标志，方便学生读取物体和绳子末端的起始位置。

（6）可以探究斜面的机械效率和水平方向克服摩擦力做功的机械效率。

四、实验设计思路

主要解决教材实验装置学生使用不方便的问题。该实验装置只有一个铁架台和一把刻度尺以及一个滑轮组。第一，使用不方便。一手要拿刻度尺另一只手又要拉弹簧测力计，双手不空，容易手忙脚乱，直接影响测量的结果。第二，测量不方便。既要保证刻度尺竖直放置，又要让弹簧测力计在竖直方向上做匀速直线运动，容易顾此失彼。第三，读数不方便。既要读刻度尺的读数又要读弹簧测力计的读数，而且弹簧测力计还是运动的，即动态读数。

五、实验教学目标

（一）知识与技能目标

（1）了解什么是有用功、额外功和总功。

（2）理解机械效率，会做实验和用有关公式进行简单的计算。

（3）知道机械效率总小于1，知道提高机械效率的方法和意义。

（4）知道使用机械的目的是省力、省距离或改变方向，而不能省功。

（二）过程与方法目标

（1）通过观察和实验的方法探索使用机械能不能省功。

（2）通过实验与讨论，认识提高机械效率的方法。

（3）在实验探究过程中，培养学生设计实验、收集实验数据从实验中归纳科学规律的能力。

（三）情感、态度与价值观目标

（1）通过探究性物理学习活动，使学生体验探究的乐趣。

（2）在实验探究过程中，培养学生尊重实验结果、实事求是的科学态度。

（3）知道提高机械效率的实际意义，从而增强节约能源意识。

六、实验教学内容

（1）安装滑轮组，算出钩码的重力并记下钩码和弹簧测力计的位置。

（2）匀速竖直缓慢拉动弹簧测力计，使钩码缓慢上升，读出拉力 F 的值，并用刻度尺测出钩码上升的高度 h 和弹簧测力计移动的距离 S。

（3）算出有用功 $W_{有}$、总功 $W_{总}$、机械效率，并填入表1。

（4）改变钩码的数量，再做两次上面的实验。

表1 实验数据记录表格

次数	钩码所受重力 G/N	提升高度 h/m	拉力 F/N	绳端移动的距离 s/m	有用功 $W_{有用}$/J	总功 $W_{总}$/J	机械效率 η
1							
2							
3							

七、实验教学过程

（一）发现问题

为了完成教学目标，根据教材为学生设计了"使用滑轮是否省功""测量滑轮组的机械效率"两个实验。

根据我对新课程的理解，教材中的实验我认为它有两点值得商榷。第一，测量滑轮组的机械效率提供了实验步骤和实验操作图画。这种呈现出实验步骤的教学设计我认为它束缚了学生的发散思维。第二，它设计好了实验表格，我认为它削弱了学生的表达能力。如果我们就按照要求的那样，按部就班地去把实验"过"一遍，能起到培养学生创新能力的目的吗？可即便是照着书上的实验来做，将实验报告单收上来，发现实验的数据误差依然很大。这引起了我的思考，于是我将课代表和几个小组长集合起来，让学生重做实验并一起讨论分析误差。由于充分发挥了学生的主动性，分别从测量仪器、方法以及外界条件的影响等因素进行了分析。学生提出主要是以下三方面产生了较大误差。

第一，使用不方便。一手要拿刻度尺另一只手又要拉弹簧测力计，双手不空，容易手忙脚乱，直接影响测量的结果。第二，测量不方便。既要保证刻度尺竖直放置，又要让弹簧测力计在竖直方向上做匀速直线运动，容易顾此失彼。第三，读数不方便。既要读刻度尺的读数又要读弹簧测力计的读数，而且弹簧测力计还是运动的，即动态读数。

（二）尝试创新

经过改进，仪器具有以下优点：①木板和铁架台组合固定在一起，刻度尺可垂直于水平桌面并固定在木板上，减小测量误差；②可根据需要旋转对齐物体和绳，也能上下移动刻度尺调整零刻度线的位置，读数直观准确；③操作更简单，解放学生的手，把注意力集中到测量上来。

改进后的仪器给学生们使用过后，学生继续提出了有待完善的地方：①刻度尺的量程偏小；②不容易保证物体匀速拉动；③读数仍是动态。

（三）继续改进

改进后的第二套装置具有以下优点：

(1) 换用了量程更大的刻度尺，增加了测量范围。

(2) 增加了转盘，基本可实现匀速运动，弹簧测力计读数稳定（见图1）。

(3) 增加了胶条，可调整绳子自由端起始位置为整数。

(4) 增加了夹子，可记录物体和绳自由端的始末位置（见图2）。

图1 手动转盘

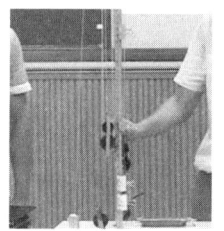

图2 夹子

（5）水平方向增加了刻度和刻度尺，可以将物体上升的高度和绳子自由端移动的距离进行分开读数（见图3）。

（6）用合页把木板连接，增加升降台可变成斜面（见图4）。

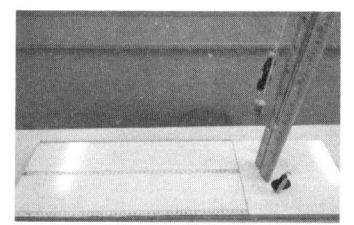

图3 水平刻度

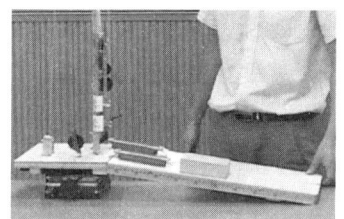

图4 斜面

（四）再次优化

课后，学生提出可将仪器再美化，可尝试用塑钢、亚克力、钢材等其他材料进行制作。

经过第三次改进后的装置优点有：①增加了减速电机，基本可以控制匀速直线运动（见图5）；②自制了可固定和滑动以及收放的金属游标（见图6）；③利用该仪器还可以进行多个物理实验的操作，比如测电机的机械效率，斜面的机械效率，水平拉动物体的机械效率，在水中提升物体的机械效率等。

图5 减速电机

图6 金属游标

改进完成后学生也提出了一些相当实用的建议：①使用金属记录标志，可以把容易晃动的滑轮组给固定住，避免了由于实验前的搬运造成绳的缠绕打结，提高了课堂实验的效率；②就地取材，利用之前的夹子也可以起到从绳中间固定的效果（见图7）。

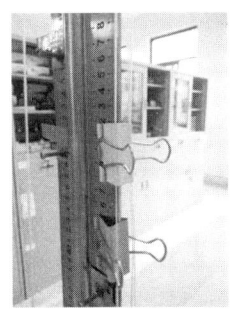

图7　固定夹子

八、实验效果评价

学生全程参与改进实验，积极性强，充分发挥了学生的创造力和想象力，运用小组学习讨论探究的方法实现了"高效快乐课堂"。

两学校合作实验研究，制作多套仪器分发给相应物理教师。实验效果较好，实验误差较小，由实验数据可以得出相应的正确结论。如，改变提升物体高度，发现机械效率不变，经实验和公式推导发现机械效率与物体提升高度无关。

实验装置制作简单，使用方便，适合量产推广。

探究声音产生与传播的条件

西藏自治区曲水县中学 薛治国

一、使用教材

"声音的产生与传播"是人教版初中《物理》八年级上册第二章第一节"声音的产生与传播"的内容。

二、实验器材

本着"生活即教育"理念，本节运用教材中提及的音叉、闹钟、真空设备等器材，还利用生活中的锣、乒乓球、面粉、吉他、口哨、口琴、水槽、水、橡皮筋（或细线）、一次性纸杯、小音响、塑料袋、铁钉等教具进行实验。

三、实验创新方面

（一）实验理念的创新

打破西藏农牧区物理教学中教师讲实验、学生观看多媒体实验、老师演示学生模仿实验的传统观念，使学生全员参与实验，并自主总结结论，成为课堂的真正主人。

（二）实验器材的创新

在教学中不仅使用了教材中提及的所有器材（物品），还以"生活即教育"为出发点，将生活中常见的生活用品及乐器列入学生实验器材备选行列。

（三）实验方法的创新

在自主实验的基础上，要求学生完成微小现象扩大化的方法实现。

四、实验原理

本实验意在探究声音产生的条件和声音传播的条件，通过实验得出结论：声音产生原因的是物体的振动（固体、液体、气体均可发出声音），振动停止，发声停止。声音的传播需要介质（固体、液体、气体均可成为声音传播的介质），真空不能传播声音。

五、教学目标

依据课程标准要求，结合本节教材特点以及学生现有的认知水平，确定本节课的教学目标为：

（1）通过合作、探究、对比分析，掌握声音产生和传播的条件。

(2) 通过探究活动，初步培养学生的观察能力与研究问题的基本方法。

(3) 通过学生亲身体验，激发学生的学习兴趣和对科学的求知欲望，使学生乐于探索自然现象和日常生活中的物理学道理。

六、实验教学内容及实验注意事项

（一）实验操作与技能方面

使学生能全员参与实验，小组合作、共同探究，掌握实验的操作方法与技巧，开拓学生思维，实现将微小现象扩大化的能力拓展。

（二）实验情感方面

使学生全员参与实验，在实验中体验实验的乐趣，体验物理与生活之间密不可分的情感，进而热爱物理，热爱生活。

（三）实验理论方面

使学生通过实验学习到声音产生的原因是物体的振动（固体、液体、气体均可发出声音），振动停止，发声停止。声音的传播需要介质（固体、液体、气体均可成为声音传播的介质），真空不能传播声音。

（四）实验突破性

实验不仅在实验理念、实验器材、实验方法等方面进行了创新，更在培养西藏农牧区学生的语言组织、口语表达、概括总结等能力方面进行突破。

（五）实验注意事项

本节为创新性实验课，在常规实验要求的基础上，对防止吉他弦断裂等安全事项和组织课堂纪律等注意事项引起重视。

七、实验教学过程

（一）创设情境，提出问题

通过播放合成声音，以吸引学生的注意力和激发学生的学习兴趣。提问：各种声音是如何产生的？

（二）合作探究，展示交流

通过多媒体对探究要求的展示，引导学生根据所选择的实验器材进行以下探究：

(1) 固体是如何发声的（见图1、图2）？

(2) 液体是如何发声的（见图3）？

(3) 气体是如何发声的（见图4）？

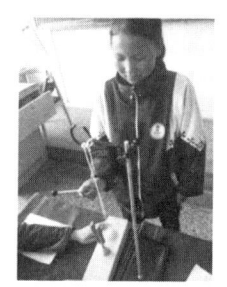

图1 学生进行音叉发声演示　　图2 学生进行土电话（固体）传声演示

图3 学生进行液体发声演示　　图4 学生进行气体发声演示

（三）展示成果，分享结论

组织学生演示，分享实验所得并提炼"固体、液体、气体都可以发出声音，发声时都在振动，振动停止发声就停止"的结论，引导学生完成导学案。

（四）提出问题，亲身体验

提出问题：声音是如何传播的？学生利用观察实验、教材、引用生活中的实例、《小儿垂钓》（见图5）等资源进行小组探究学习。

（五）举例演示，分享结论

组织学生演示（见图6），分享实验所得并提炼"声音的传播需要介质，真空不能传播声音"的结论，引导学生完成导学案。

（六）开拓思维，自由问答

组织学生之间的自由问答，提炼相关知识进行总结，培养学生的创新意识与表达能力。

图5 "小儿垂钓"图文

图6 真空不能传播声音的学习素材

（七）实验小结，构建体系

引导学生完成知识、技能、实验反思、情感等方面的总结，并对学生的总结进行梳理、提炼，培养学生的概括总结能力与表达能力。

八、实验效果评价

（一）优点

通过本节实验探究，体现了以学生为主体、以老师为主导的教学模式，让学生在轻松愉悦的氛围中掌握了声音产生与传播的条件，实验过程实现了学生从学会到会学的转变，为学生形成系统的学习方法奠定了一定的基础，让学生爱上物理，达到了教学的预定目标。

（二）缺点

可提前引导学生完成一些实验器材的准备工作。

（三）改进方向

"相信孩子，解放孩子"，相信每位学生都有可能是将来的物理学家，因为"孩子是创造产业的人，不是继承遗产的人"。让我们都能以"爱满天下、乐育英才"的情怀开展教育工作。

（四）意外收获

（1）学生对生活和乐器的热爱超出了预期所想（见图7）。

（2）能主动开发身边资源自制教具（见图8）。

图7 学生学习乐器演奏

图8 学生自制的教具（瓶中加入小量彩色泡沫，演示气体发声时空气的振动情况）

做功改变内能

北京市陈经纶中学保利分校　刘鹤

一、使用教材

人教版初中《物理》九年级全一册第13章"内能"第2节"内能"，课程名称"做功改变内能"。

二、实验器材

温度传感器、注射器、传感器终端、计算机、改进的打气筒、玻璃瓶、普通打气筒、胶塞（打孔）、细绳、气针。

三、实验创新要点和实验设计思路

（一）用温度传感器研究气体对外做功时内能的变化

（1）使用器材：注射器、胶塞（打孔）、温度传感器。

（2）创新要点：用温度传感器准确地测量温度以反映内能的变化，可以在排除热传递影响的情况下研究气体对外做功内能变化的情况。

（3）实验原理：质量和温度是内能的主要影响因素，热传递时内能从高温物体传递到低温物体。

（4）实验设计思路：通过实验可以发现，通过做功改变内能，可以使注射器中的气体温度低于室温，排除热传递的影响，证明气体对外做功，内能减小，温度降低。

（5）实验目的：针对学生思维障碍，即生活中缺乏通过做功减小内能的例子，用实验真实体会做功减小内能，同时排除热传递的影响。

（二）改进的白雾实验

（1）使用器材：玻璃瓶（打孔）、胶塞、细线、温度传感器、激光器、分光器、打气筒、气针。

（2）创新要点：用白雾显示内能减小温度降低，用激光更明显地显示出白雾的产生过程。玻璃瓶承压能力强，白雾明显，且可以演示产生白雾后再打气白雾立刻消失的神奇现象。

（3）实验原理：利用水蒸气遇冷液化，显示内能减小温度降低，白雾产生后再打气内能增大、温度升高又会产生汽化现象。

（4）实验设计思路：用水蒸气的液化作为效果显示器，显示做功改变内能后气体温度的变化情况。

（5）实验目的：通过实验将物态变化知识和内能知识相联系，同时用强烈的视觉和听觉冲击给学生留下深刻的印象。

（三）打气筒升温的秘密

（1）使用器材：打气筒、美式自行车气门、气阀、温度传感器、传感器显示终端。

（2）创新要点：利用气阀的控制作用进行调节，使打气筒打气时一次有压缩作用、一次没有压缩作用。温度变化区别明显，证明活塞压缩气体是打气筒温度升高的主要原因。

（3）实验原理：利用自行车气门的调节作用，释放或密闭气体，以造成打气时有无气体压缩的对比，用温度传感器观察温度，得出结论。

（4）实验设计思路：利用对比实验的方法，改变两个因素中的一个因素，判断打气筒温度升高的主要原因。

（5）实验目的：从生活走向物理、从物理走向社会，解决学生生活中遇到的问题，引导学生学习物理的同时对生活中的科学现象予以关注。

（四）探究内能变化多少和做功多少之间的量化关系

（1）使用器材：注射器、胶塞、温度传感器、传感器显示终端。

（2）创新要点：本实验中，利用转换法可以量化内能变化多少和做功多少之间的关系，揭示做功改变内能过程中能量守恒的特性。

（3）实验原理：做功是能量转化的量度，做功改变内能的过程就是内能与其他形式的能相互转化的过程。

（4）实验设计思路：利用转换法将做功多少转换成体积变化多少，将内能变化多少转换成温度变化多少，实现自变量和因变量的量化。

（5）实验目的：引导学生建立能量的视角，用能量转化和守恒的思想分析做功改变内能的本质。

四、实验教学目标

（一）知识与技能

（1）通过总结归类知道做功和热传递可以改变物体的内能。

（2）通过实验得出做功和热传递都可以增大或减小内能，从而知道做功和热传递在改变物体内能上是等效的。

（3）通过实验探究了解内能变化量和做功多少之间的量化关系，知道做功和热传递在改变物体内能时能量变化的区别。

（二）过程与方法

（1）通过归纳学生实验、气体做功实验现象，分析、归纳总结热传递和做功两种方法在改变内能时的区别。

（2）学会运用已学知识解决实际问题，从生活走向物理，从物理走向社会。

（三）情感态度与价值观

（1）通过本节课的学习，培养学生对能量及其转化的理解。

（2）通过学生小组讨论合作学习，培养学生团结协作精神。

（3）通过本节课的学习，培养学生乐于探索自然现象和日常生活中的物理学道理。

五、实验教学内容

（一）用温度传感器研究气体对外做功时内能的变化

实施策略：针对思维障碍，对外做功时内能如何变化，用温度传感器准确测量温度，明确引起内能变化的原因。

（二）神奇的白雾

实施策略：利用强烈的声光冲击引发学生兴趣，与前面所学知识相互呼应，同时复习物态变化的知识。

（三）打气筒温度升高的秘密

实施策略：从物理走向社会，解释生活中的现象，引发学生思考的同时，引导学生建立对比实验的思想。

（四）内能变化和做功多少的关系

实施策略：引导学生建立能量守恒的思想，用能量的观点解决实际问题。

六、实验教学过程

（一）用温度传感器研究气体对外做功时内能的变化

在引入环节提出问题，以一根铁丝为例，讨论一下改变内能的方法。教师提出问题：在刚才的例子中，热传递可以增大或减小内能，我们对铁丝做功，铁丝的内能增大，如果物体能够对外做功，它的内能又会如何变化呢？

教师提问：（展示图1装置）怎么用这个仪器检验气体对外做功时能量的变化的情况？

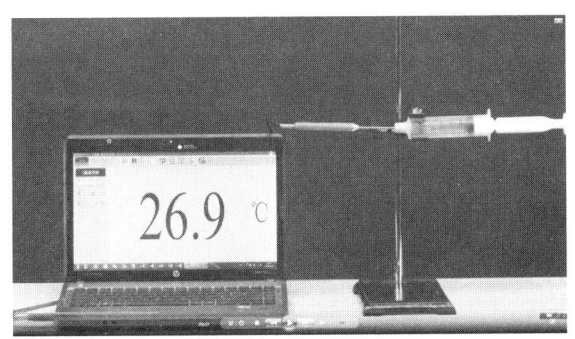

图 1 探究气体对外做功内能变化情况的装置

温度确实下降了,并且末温低于室温。向学生提问:这一温度的变化可能是由热传递引起的吗?

根据实验得到如图 2 的实验图像,最后发现末温低于室温,这就排除了热传递的影响,我们就这样找到了通过做功减小内能的方式。看来做功和热传递都能增大或减小内能,在改变内能的过程中,做功和热传递是等效的。

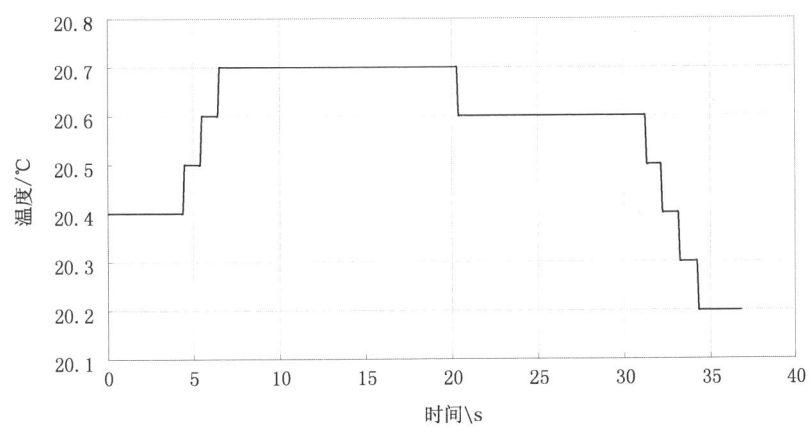

图 2 用传感器绘制的气体对外做功时温度变化曲线

(二) 改进的白雾实验

提出问题:如果没有温度传感器,我们有什么方法可以显示气体对外做功过程中内能的减小和温度的降低?请结合物态变化知识思考。

用如图 3 所示的装置来研究物体对外做功时内能的变化,我们可以在瓶内加入水以产生水蒸气,用水蒸气的液化来显示内能的减小和温度的降低。

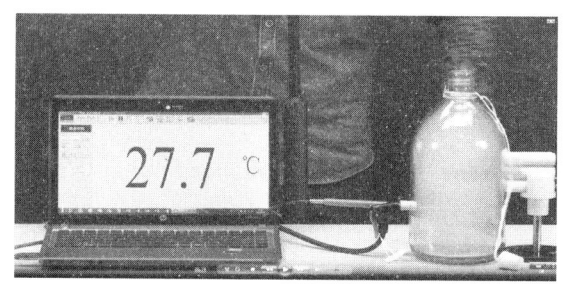

图 3　改进的白雾实验

（三）打气筒升温的秘密

继续提问：刚才的实验中使用了打气筒。哪位同学使用过打气筒？在使用过打气筒后摸过筒壁吗？你有怎样的发现？

引导学生一起回忆并分析打气后打气筒温度升高的原因：跟压缩注射器活塞一样，对气体压缩做功可能是温度升高的原因之一。打气筒活塞和筒壁之间的摩擦也可能是筒壁温度升高的原因之一。

到底哪种方式占主要因素呢？我们用如图 4 所示的实验装置来研究打气筒温度升高的原因。首先关闭气阀并压缩活塞，

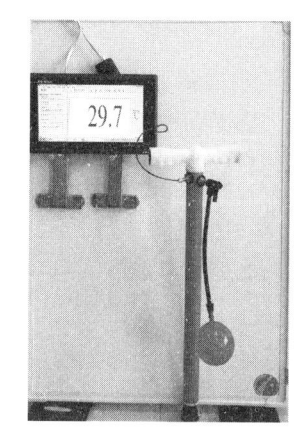

图 4　探究打气筒温度升高原因实验装置

此过程同时存在做功和热传递两种因素。注意观察温度传感器示数的变化。第二次打开阀门，不对气体压缩，排除压缩气体做功的影响，观察此时温度的变化。

同时压缩和摩擦时，温度上升很快。只摩擦不压缩时，温度几乎不上升。这说明压缩气体对气体做功是打气筒温度升高的主要原因。

（四）探究内能变化多少和做功多少之间的量化关系

提示同学：那么我们能否用实验探究的方式来量化地得到内能变化多少与做功多少之间的关系？

引导学生用如图 5 所示的装置来研究物体内能变化多少和做功多少之间的关系。

通过实验，我们得到了如图 6 所示的实验图像。学生通过分析发现：对气体做

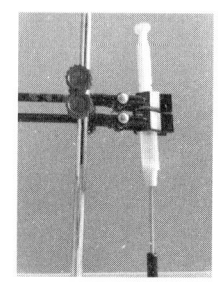

图 5　探究内能变化与做功关系的实验装置

功越来越多时,其内能的变化量也越来越大,思考并得出做功改变内能的过程中内能变化和做功多少之间的关系。

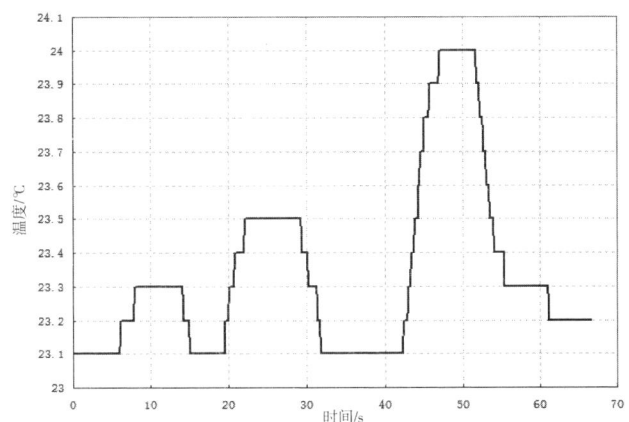

图6 用传感器绘制的气体做功不同时温度的变化情况图像

通过分析图像我们知道,在做功改变内能的过程中,内能既不会凭空产生,也不会凭空消失。做功改变内能的过程其实就是内能和其他形式的能相互转化的过程。能量有着某种守恒的特性,我们将在以后的学习中继续对这一特性进行研究。

七、实验效果评价

(1) 解决学生的思维障碍问题。学生由于缺少生活经验的积累,缺乏通过做功改变内能的经验。通过系列实验,学生可以了解到气体对外做功,就是通过做功减小内能的例子。

(2) 解决生活中遇到的问题。利用改进的打气筒,揭示打气筒温度升高的秘密,破除了学生对于摩擦生热的错误认知,解决了学生的疑惑。

(3) 实验可量化程度高。通过温度传感器准确的测量值可以量化探究内能变化多少和做功多少之间的关系,从而使学生了解到做功改变内能的本质,引发学生对于能量守恒这一基本规律的思考。

(4) 可重复性高。无论是分组实验还是演示实验,实验现象明显,留给学生的印象深刻,仪器可多次重复使用,可随时根据学生的反应调整实验方案,可复现率高。

探究熔化和凝固的特点

江西育华学校　李建明

一、使用教材

沪粤版初中《物理》八年级上册第四章第三节。

二、实验器材

（一）硬件设备

自制制冰机、温度传感器、电脑。

（二）软件

温度传感器软件：ScienceCubestudioⅡ。

数据共享平台：飞鸽传书。

三、实验创新要点

（一）能让学生直接观察到水的凝固过程

（1）常规实验中，教师都是提前在冰箱内制取大量冰块，带到教室做实验。学生无法直接观察到水凝固的过程，往往只能做冰的熔化实验，最后教师告知学生凝固是熔化的逆过程，让学生自行想象凝固过程。

（2）本实验中制冰机温度最低可达−13.9℃，能够短时间内在教室环境中成功制取冰块，让学生直接观察到水的凝固过程。

（二）解决了教材实验的最大困难：海波熔点不稳定且易出现过冷现象

（1）教材实验利用水浴法加热海波进行实验。若内外温差过大，会导致熔化过程中海波的温度一直升高，得不到稳定的熔点；而凝固时，由于缺乏凝结核，温度低于熔点时海波仍未凝固，出现过冷现象；使实验现象和教材结论不相符，动摇了学生科学信念。

（2）本实验中水的熔点、凝固点温度相等，不易出现过冷现象。

（三）实验可视度好、操作简单、规律明显

（1）教材实验中学生要隔水观察试管中海波物态变化，视觉障碍大；要严格控制温差和及时加入凝结核才能确保实验成功，操作难度大。

（2）本实验用温度传感器直接在电脑上显示温度图像，反应灵敏、读数准确；透过制冰机上的透明容器，学生可直接观察容器内物态变化，可视度好。且本实验可反复进行水的凝固和熔化实验，让学生得到普遍规律。

（四）建立数据共享平台，畅通交流和合作

组建局域网，利用飞鸽传书软件搭建共享平台，实现所有实验小组的数据的共享。数据上传后，小组电脑上可查看所有实验小组的数据。用数字化信息手段，建立了高效的交流与合作平台。

四、实验原理

（一）自制制冰机原理

（1）核心部件是一块制冷片，通电后正面冷、背面热，只需把正面贴在散热底座上，就形成了一个稳定的低温源。

（2）用厚度为 2cm 的透明亚克力板做容器，隔热效果好；利用折射作用，能起到放大作用，便于观察。

（二）温度传感器的改进

传感器探头体积小，感受范围窄，导致温度不均匀、不稳定。用导热性好的铜丝，缠绕在探头上，并且把探头弯成环状，能有效提高读数的稳定性、均匀性。

（三）数据共享平台的搭建

把所有电脑连接到同一台路由器（不需联网），每台电脑都安装飞鸽传书软件，并且设置 IP 地址在同一范围。打开软件，建立讨论组，把所有电脑加入同一平台，便可实现数据共享。

五、实验教学目标

（一）知识与技能

知道晶体熔化和凝固过程中的温度特点，了解熔化凝固特点的应用。

（二）过程与方法

使用制冰机和温度传感器进行实验，观察水的凝固过程和冰的熔化过程，通过小组合作得出实验规律。

（三）情感态度与价值观

感受实验创新，培养学生的创新思维。通过震撼的实验现象，体验物理实验乐趣，渗透终身从事物理研究的信念。

六、实验教学内容

学生利用自制制冰机、温度传感器、电脑自主合作探究水的凝固和冰的熔化

特点，得到数据后利用共享平台实现所有小组数据的共享，从而交流合作得出结论。并利用该结论理解摄氏温标中用冰水混合物来定标0℃的原因，实现学以致用。引入"撒盐除雪"的案例，延伸课堂、拓展课外，引导学生课后用本套实验器材探究影响熔点凝固点的因素。

七、实验教学过程

（一）引入创新器材，激发探究兴趣

本实验器材新颖，科技感强（见图1），是学生在传统实验未曾接触过的。学生拿到器材后，兴趣十足，同时也有些茫然，不知如何操作，所以要进行必要的讲解。

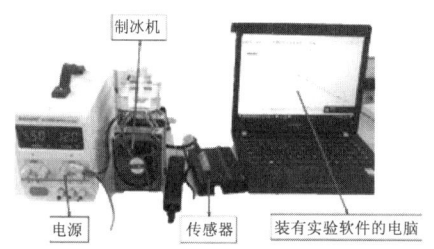 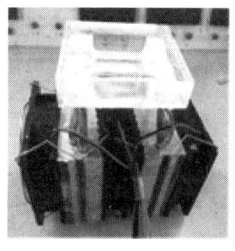 

图1　实验器材　　　　图2　自制制冰机　　　图3　-13.9℃低温

师：通过前面的学习，我们掌握了熔化、凝固的定义。那熔化、凝固有怎样的特点呢？下面一起通过实验来探究。请看屏幕上是本次实验的器材：电源、制冰机、温度传感器、电脑。先认识一下最主要的仪器的——制冰机（见图2），主要由制冷机、透明容器两部分组成。通电后制冷，最低可达-13.9℃（见图3）。想一想，用这个仪器可以让水发生怎样的物态变化？

生：凝固。

师：很好，那要让冰熔化怎么办呢？

生：断电。

师：为什么？

生：因为室温比较高，断电后，冰自然就熔化了。

师：很好，请坐。这样的话，我们只要测出容器内的温度变化，就能得到熔化和凝固的特点了。把温度传感器连接电脑，软件界面上就能显示出温度的变化图像。在实验之前，老师要给大家提几个要求：通电后，仔细观察容器内水的物态变化和相应的温度图像；水凝固后，断电，重复上面的观察过程；最后，把数据上传到共享平台。好，开始实验。

（二）分组合作实验，体验新奇现象

在学生进行实验时，教师巡视指导，引导学生关注重要的实验现象。

（1）引导学生关注冰花的形成。接通电源后，制冰机开始工作，电脑上温度图像开始下降，但降到临界点附近时，让学生仔细观察容器内水的物态变化。确保每个学生都能观察到冰花形成的瞬间，给其震撼的实验体验。

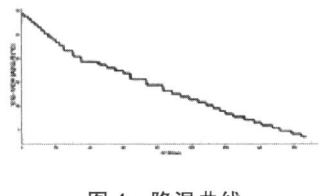  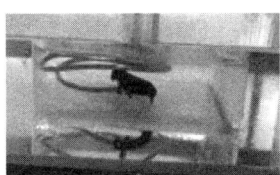

图4　降温曲线　　　　　图5　结冰前瞬间　　　　　图6　结冰后瞬间

师（指着学生电脑）：现在正在降温（见图4），仔细观察容器，会出现一个神奇的现象。

生：哇——

师：看到了什么？

生：瞬间结了一层冰（见图5、图6）。

师：继续观察，还有更神奇的事。

（2）观察水凝固时的温度特点。当屏幕上出现温度曲线为一段不变的横线时（见图7），引导学生观察容器内的物态变化，引入冰水混合物（固液共存态）的概念（见图8），得到水的凝固特点。

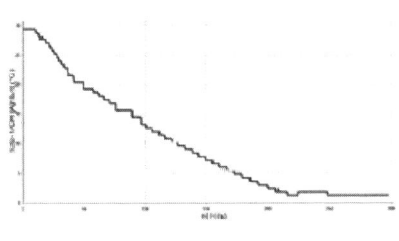 

图7　水凝固时温度不变　　　　　图8　冰水混合物状态

学生发现温度示数不变，举手提问：老师，我们的温度示数不变了，是不是坏了？

师：看看现在容器物态是怎样的？

生：有冰，还有水。

师：这种叫冰水混合物，物理上叫作固液共存态。你再等等，这个状态结束了，再看温度变不变？

(3) 观察冰熔化时的温度特点。当水全部凝固后，提醒学生断电，观察电脑上的温度图像变化。使学生们意识到冰熔化时，也有温度保持不变的一段。

 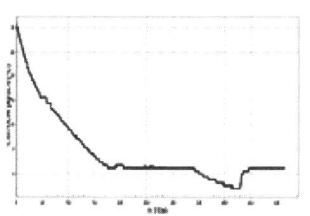

图9　水全部凝固　　　图10　温度降至0℃以下　　　图11　冰熔化时温度不变

生：老师，我们这里全部结冰了，温度已经降到了-13℃了（见图9、图10）。

师：好，现在断电，看看温度怎么变？

生：温度上升，但又出现了温度不变的一段（见图11）。

师：现在容器里面物态怎样？

生：冰在熔化，是冰水混合物。

师：总结一下，这里面有什么规律？

（三）共享实验数据，交流讨论结论

(1) 上传数据，小组代表解读本组数据。各个小组完成实验后，教师调出共享平台，让学生把数据上传到屏幕上的共享平台（见图12、图13），并让各个小组的代表来解读本组的数据（见图14）。

图12　学生上传数据　　　图13　共享平台展示所有数据　　　图14　学生解读数据

师：非常好。这些数据都是你们亲手得到的，你们最有发言权。请小明来前面解读一下你们的数据。

生：制冷机工作后，水放热，温度降低。在200s时，容器内出现冰，水开始凝固，处于冰水混合物，温度不变。持续了200s后，水全部凝固成冰，温度再次降低。在500s的时候，断电，由于室温较高，冰吸热升温。在550s时，冰开始熔化，处于冰水混合物，温度不变。持续了100s后，冰全部熔化，温度继续上升。

师：观察得很仔细，描述得很到位。请坐。小红，来分析一下你们的数据。

生：我们的数据特征和小明的基本一样，也是这一段是水，这一段是水开始凝固，是冰水混合物，温度不变。在这个点断电，这一段是冰开始熔化，是冰水混合物，温度不变。冰全部熔化完后，温度继续上升。

师：说得很好，看来水的凝固和熔化过程中有一定的规律。小丽，你来谈谈你们的数据。

生：我们的数据特点和前面两组的差不多。

师：好，请坐。小亮，你们组呢？

生：我们的数据也和他们一样，但我们发现图像中这两段温度不变的横线，温度大小是相等的。

师（用尺子比画）：好像是真的。非常细心，请坐。

(2) 学生热烈讨论，思维碰撞得出结论。前面的探究过程，已经非常接近真实的科学实验，以此鼓励学生，增强其信心，激发讨论热情。使每个学生都卷入到讨论过程中来，促进其对熔化凝固特点的理解。

师：同学们的数据和解说都非常专业，我仿佛看到了未来的科学家。我提议，给未来的科学家一次热烈的掌声。

学生鼓掌，并激起了强烈的自豪感。

师：结合他们的解读，大家也可以自己在共享平台上查看所有小组的数据。大家讨论讨论，熔化和凝固到底有怎样的特点？

学生热烈讨论（见图15），教师巡视指导学生在共享平台上查看所有小组的数据，得出普遍规律。

师：好，有了答案的同学，请举手。

生1：水凝固时，处于冰水混合物，温度保持不变。

图16 学生热烈讨论

师：嗯，对，请坐。物理学上，把这个不变的温度叫作凝固点。还有吗？

生2：冰熔化时，也处于冰水混合物，温度也保持不变。

师：看来冰也有这个特点，说的好，请坐。物理学上，把这个不变的温度叫作熔点。还有吗？

生3：我发现水的凝固点和冰的熔点相等。

师：非常好，请坐。你们和科学家的发现是一致的。生活中还有很多固体熔化凝固的特点和冰一样，把它们叫作晶体。经过科学家大量的实验证明：晶体熔化和凝固时，温度保持不变；且同种晶体的熔点和凝固点相等。

（四）解决实际问题，延伸拓展课外

在学习温度计时，就有不少学生对0℃的定标（见图16）过程有很大的疑问，现在有了新的知识，恰好能够倒回去解决问题。同时在生活中也有不少通过掺杂来改变熔点凝固点的事例，通过撒盐除雪，引导学生到课外去进行物理探究（见图17）。

图16　解释温度计定标　　　　　　图17　课外拓展：影响熔点的因素

师：根据这个结论，我们再倒回来理解前面温度计的定标过程。摄耳修斯规定：一个标准大气压下纯净冰水混合物为0℃。想一想，为什么要用冰水混合物来定标？

学生思考后，陆续举手。

师：来，小王。

生：因为冰水混合物的温度能够保持不变的。

师：对，请坐。这样温度的测量就有了一个固定的参照点。

师：物理不仅仅在课堂中，生活中也有大量的物理现象。比如冬天，大雪封路，人们会撒盐除雪。想一想，撒盐后，雪的什么变了？

生：熔点。

师：变高了，还是变低了？

生1：变高了。生2：变低了。（学生之间出现了不同意见）

师：真相究竟如何，就留给大家课后用这套器材去一探究竟了。

八、实验效果评价

本实验很好地解决了教材实验的困难，突破以往无法做水的凝固实验的局限，且实验操作简单，易成功，增强了学生的实验体验。实验现象新奇，极大地激发了学生的实验兴趣，很好地把知识的探究和学生的内在需求统一起来了。

看得见的眼睛

新疆维吾尔自治区哈密市第四中学　李伟　熊炯　宋士哲

一、使用教材

人教版初中《物理》八年级上册第五章第 4 节 "眼睛与眼镜"。

二、实验器材

（一）可变焦油透镜（见图 1）

0.2cm 厚塑料桌布，塑料管接头一个，螺丝、螺帽和垫片若干，点滴针头一个，注射器一个，缝纫机油若干，"哥俩好"胶水一对。

（二）眼球（见图 2）

眼球状塑料罐一个、半透明薄膜、白色纸板。

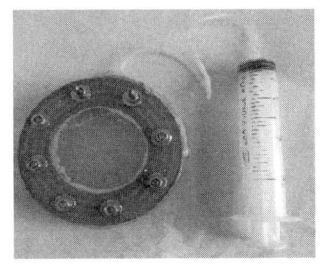
图 1　可变焦油透镜

图 2　糖罐眼球

（三）制作工具

老虎钳、螺丝刀、剪刀、打孔机。

三、实验改进要点

（一）增加结构强度

用塑料布做镜面，塑料管接头做骨架增加了可变焦透镜的结构强度，避免透镜中液体重力对透镜曲率的影响，从而使可变焦透镜能投射出物体不变形的实像。

（二）用透明的缝纫机油代替水作为油透镜介质

（1）使介质的折射率与透镜表面塑料一致，使成像更清晰。

（2）增加透镜的变焦范围。

（三）使用眼球装的塑料罐作为眼球

将眼睛的调节原理呈现在"眼球"中展示给学生，让学习变得更容易。

四、实验设计思路

油透镜改进思路：

（1）使用较厚的塑料布做透镜的面料、塑料管接头做透镜的骨架，增加透镜结构强度，使透镜能承受更大的液体压强，避免液体自身重力对透镜曲率的影响。

（2）使用缝纫机油代替水作为透镜介质，使介质折射率增加至透镜表面材料一致，在增加了透镜焦距变化的同时也让投射出的实像更加清晰。

（3）用眼球状塑料罐演示眼睛与眼镜的调节原理，让实验现象更生动形象地呈现在眼球中，便于学生学习理解。

五、实验教学目标

（一）知识与技能

（1）知道眼睛的视物原理：晶状体让物体在视网膜上成倒立缩小的实像。

（2）认识晶状体的调节作用，知道人眼看远、近物体的调节。

（3）通过分析近视、远视的成因，理解眼镜怎样矫正视力，注意用眼卫生。

（二）过程与方法

（1）通过实验器材用透镜焦距的调节方法来类比眼睛的结构。

（2）通过实验演示眼睛成像的原理以及与光线汇聚的关系。

（3）通过实验演示眼睛看远近物体时晶状体的调节。

（4）通过实验演示近视眼及远视眼的成因及调节。

（三）情感态度与价值观

（1）通过学习养成爱眼护眼的良好习惯。

（2）认识凸透镜成像规律在生活中的应用，培养学生应用所学知识解决问题的能力。

六、实验教学内容

（1）演示用油透镜投射蜡烛火焰的像，认识眼睛成像原理。

（2）演示和蜡烛火焰在同一处的点光源发出的光线也汇聚在视网膜上，将成像和光线的会聚联系起来。

（3）演示眼睛看远近物体时晶状体的调节。

（4）演示近视眼、远视眼的成因以及矫正。

七、实验教学过程

（一）活动一：介绍油透镜焦距改变方法

（1）教师展示油透镜结构：在前后两边用塑料布封闭的透镜里用注射器注入缝纫机油，这样就做成了一个凹凸程度可以改变的透镜。提问：怎么让透镜变凸让透镜的焦距变小呢？

（2）学生回答："用注射器再向透镜中注入一些缝纫机油"，由此得出改变油透镜焦距的方法。

（二）活动二：用油透镜演示眼睛成像的原理

（1）教师将点燃的蜡烛放在油透镜作为晶状体的"眼睛"旁边，使视网膜上呈清晰的像。

（2）学生观察到眼睛和照相机一样，呈倒立缩小的实像。

（3）教师再将交点在蜡烛火焰处的两束光线投射在白色木板上，并提示学生：这就相当于在蜡烛火焰的位置有点光源，并观察该点光源发出的光线也汇聚在此时的视网膜上。

（4）学生体会：物体的像是凸透镜把物体每个光点的光线都汇聚在光屏的对应位置上而得到的。因此我们后面将物体的成像可以简化为点光源的成像（见图3）。

图3 光线的汇聚点和物体的像同时投射在视网膜上

（三）活动三：说明物体靠近眼睛，传入眼中的光线更发散

用第三只激光笔打出光线与前两束有同一个交点，将物体移近"眼睛"发现三束光线都传入"眼睛"中，且汇聚点在视网膜后方。学生体会到"眼睛看近处物体需要将晶状体变厚，原因是传入眼睛的光线夹角变大，更发散了"（见图4）。

图 4　点光源靠近后更发散的第三条光线也照射在晶状体上

（四）活动四：演示近视眼的成因和矫正

（1）在不调节晶状体的前提下，将物体远离眼睛，发现光线汇聚在视网膜的前方，同时蜡烛的像变模糊。学生得出近视眼成因是，晶状体太厚聚光能力太强，光线汇聚在视网膜前方（成像在视网膜前方）。

（2）在眼睛和物体间分别放入凸透镜和凹透镜，发现凹透镜可以完成近视眼的矫正。

八、实验效果评价

（1）在课堂中，学生通过现象认识到眼睛和眼镜调节的原理，将文字的记忆变为现象的观察，提高了学习效率让学习变得更容易。

（2）在课堂外制作过程中。

1）学生体会到物理知识在生活中的应用，通过各种途径认识了相关材料的性质，学会对生活中材料的利用，拓展了知识面，增强了实践能力，增强环保意识。

2）学生在制作过程中，通过"选材料制作—实验观察—发现问题—分析原因—设计改进方案—重新选材制作"等环节反复体验"应用物理概念—通过实验探究—形成科学思维—形成新物理概念—最终内化成科学态度和责任"的过程，达到培养学生物理学科核心素养的目的。

探究光的反射定律

浙江省衢州华茂外国语学校　郭浩佳

一、使用教材

浙教版初中《科学》七年级下册第二章第五节"光的反射和折射"的第一课时。

二、实验器材

木板、球形塑料、铁丝、磁铁、圆形平面镜、激光笔、圆弧刻度板、双层透明硬塑料片、线香、金属凹槽（见图1）。

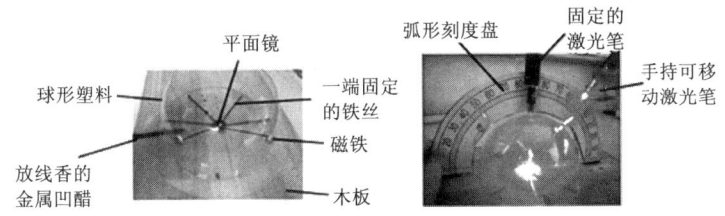

图1　实验器材

三、实验改进要点

（1）遵循学生的认知规律，变直接呈现法线为探究引入法线。

（2）重视科学方法的应用，变直接观察光路为模型研究光路。

（3）促进科学本质的理解，多次实验寻找普遍规律。

（4）利用自制组合器材，突破常规实验达成功能拓展。

四、实验设计思路

实验的设计基于两个不足：一是直接引入法线，没有留给学生思维的过程和空间，弱化了学生探究能力的培养；二是纸板向后偏折时，无法承接到反射光线，并不能确定反射光线还在原处，自然不能说明三线仍共面。

本实验的设计思路：以"光线—模型—光线"作为探究主线，让学生先从反射现象的感性认识中，建构自己的反射模型，然后对照光线修正模型，利用该模型发现三对光线所在平面的共线特征，结合三维探究确立法线和三线共面，继续三维探究最终确定光的反射定律。

五、实验教学目标

（一）知识与技能

了解光的反射现象，理解并应用光的反射定律。

（二）过程与方法

利用模型建构法线的概念；通过探究得出光的反射定律。

（三）情感、态度与价值观

提高探究意识和能力，培养严谨求实的科学精神，加深对科学本质的认识。

（四）教学重难点

建立法线概念和理解光的反射定律。

六、实验教学内容

（1）实验一："激光打靶"感受光的反射现象。

（2）实验二：建构光的反射模型并验证。

（3）实验三：建构法线确定三线共面。

（4）实验四：探究两线分居和两角相等。

七、实验教学过程

（一）环节一：建构模型，引发冲突

（1）激趣引课："激光打靶"。激光经平面镜反射后照射到画在白纸上的靶面上，调整激光的入射方向，使反射的光点不断靠近靶心（见图2）。

（2）建立模型：利用两条铁丝模拟一对入射光线和反射光线。铁丝的一端固定在圆形平面镜周围，可用磁铁调整铁丝另一端的位置（见图3）。

（3）评价交流：寻找典型错误模型。引导学生说出错误观点：两条光线和镜面的夹角相等。

（4）营造冲突：与镜面夹角相同的光线只有一条吗？

（5）教师演示：调整剩余的四条铁丝与镜面的夹角，达到和前两条光线一致（见图4）。

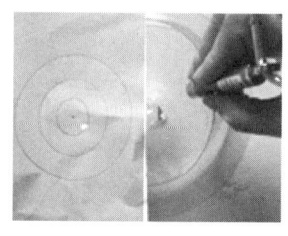 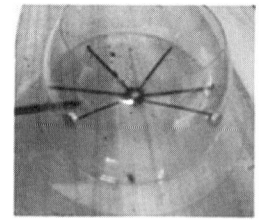 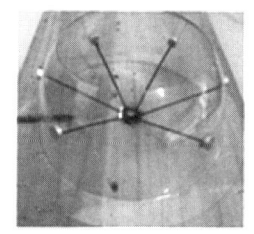

图2　激光打靶　　图3　模拟一条发射光路　　图4　模拟与镜面夹角相同的光线

（二）环节二：利用模型，观察共线

（1）验证模型：利用烟室观察实际的反射光路，由于铁丝的交点在入射点

下方,故采用铁丝与光线平行的方式固定光线的位置。使入射光线平行于一条铁丝入射,观察反射光线是否与另一条铁丝平行:若平行,说明原来的模拟是正确的;若不平行,则移动铁丝的一端与反射光线平行,从而得到正确的反射光路(见图5)。

(2)利用模型:依次得出六条铁丝模拟三对光线的实际位置,用双层硬塑料套在对应的入射光线和反射光线上(见图6),可以得到三个相交的平面。

(3)引导观察:反射光线和入射光线所在的平面有什么共同点(见图7)?

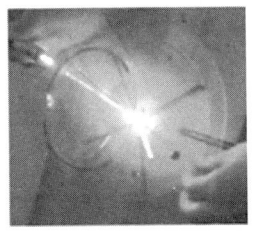 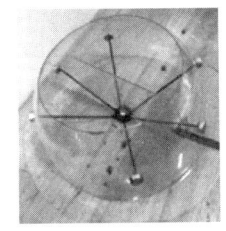 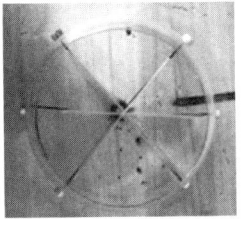

图5　确定光路的位置　　　图6　确定光线所在平面　　　图7　三面交于一线

(4)交流总结:三个平面相交于一条直线,说明这条直线与每对入射光线和反射光线都处于同一平面。

(5)观察交线:利用光路显示出交线,可以观察到交线过入射点,且与镜面垂直(见图8)。

(6)拓展质疑:是否经过这个入射点的入射光线和反射光线都和这条交线处于同一平面?

图8　观察交线特征

(三)环节三:三维探究,寻找规律

(1)三维探究:利用烟室演示光路,用过该入射点且与镜面垂直的光路显示交线的位置,使光线斜射到该入射点发生反射,观察反射光线、入射光线和交线三者的位置关系。多次改变入射光线的位置,重复实验,都可以得出相同的特点:从反射光线或入射光线的侧面看,三线合一,说明反射光线、入射光线和交线三者位于同一平面,且该平面与镜面垂直(见图9)。

 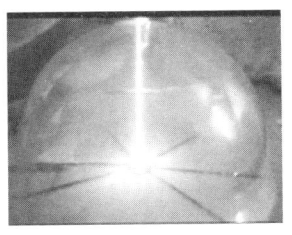

图9　三维空间中法线的确立

（2）建构概念：将这条特殊的交线抽象出来，称为法线。反射光线、入射光线和法线位于同一平面内，法线与镜面垂直，即确定了反射光线和入射光线所在的平面与镜面垂直。

（3）继续探究：利用弧形刻度盘和烟室，用光路显示法线的位置，在三维空间中任意改变入射光线的位置和入射角的大小，观察反射光线的位置和反射角的大小（见图10）。

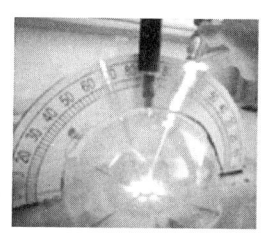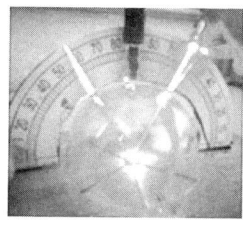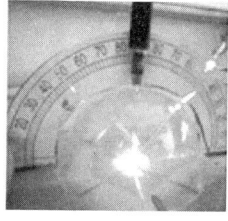

图10 探究两线分居与两角相等

（4）总结归纳：光的反射定律：反射光线、入射光线和法线在同一平面内，反射光线和入射光线分居于法线两侧，反射角等于入射角。

（四）环节四：拓展应用

入射光线所在的平面与镜面不垂直时，如何确定反射光线的位置？

八、实验效果评价

（1）改操作实验为探究实验。教材中方案进行实验属于操作性实验，将其改进为符合学生认知的探究实验，可以有效激发学生的科学思维。

（2）改一次实验为多次实验。传统教学中探究三线共面时，只进行一次正反对比就得出规律是缺乏说服力的。只有改进成多次实验，才能得出普遍规律，遵循科学本质，有利于培养学生的实证意识。

（3）变二维平面为三维空间。仅在平面上研究反射光线和入射光线的位置关系，局限了学生对反射定律的认知。改进为在烟室中观察三维空间中的光路，可以使探究过程形象直观，促进学生对于反射定律的理解。

光的折射

福建省福安市溪潭中学　刘蕊清

一、使用教材

人教版初中《物理》八年级上册第四章第四节。

二、实验器材

自制教具：胶体蜃景装置、可示光路的树脂砖、带虹吸套管的高脚水槽、演示用喷雾器、手持式激光喷雾一体器。

其他：玻璃纸、投屏软件、绘图工具、激光笔等。

三、实验创新要点及改进思路

（一）实验改进背景

这是实验室配备的仪器（见图1），其装置简单小巧，便于分组。但该实验教学中一直存在几个困扰：①水槽不贴合，光路呈现不良；②直接读取角度，数据处理过程粗糙；③装水量需要精确到规定的分界线，存在不必要的误差；④入射点必经过圆心，初二学生存在理解困惑。

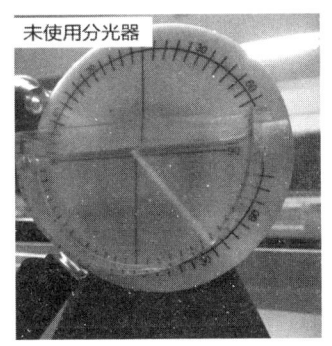

图1　实验室配备的仪器

我认为该器材更适合于光的折射公式的验证，而折射规律的探究则需要一个可以更全面探究折射光路的器材。基于此观点，我对该实验进行了调整。

（二）回归本质，用带虹吸套管的支脚水槽代替半圆形水槽

改进后的水槽（见图2），入射点自由；结合演示喷雾器（见图3）可同时观察空气→水→空气的折射光线；结合水泵和虹吸套管，实现水位稳定可调（可观察动态折射光路）；利用结合投屏和绘图功能可更方便地进行数据记录和处理，小改进、深探究。

演示喷雾器出雾量大，演示光路的范围大。配合强力调速风扇，抗干扰性强、光线效果调节方便。适合教师进行各类空间几何光路呈现的演示实验。

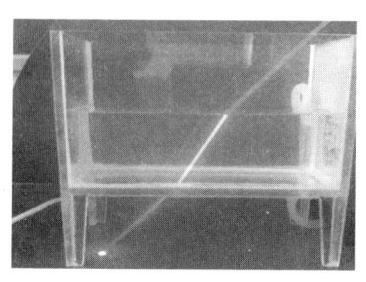
图2 高脚水槽

图3 演示喷雾器

（三）自制可示光路的方形树脂砖代替半圆形玻璃砖

固体折射光路的观察，教学常用的是半圆形玻璃砖。但由于玻璃砖的光路不可见，我们需要借助光屏观察，得到一个平面的折射效果。为了更好地观察固体的折射现象，我在水晶胶中加入少量爽身粉，制成了可示光路的环氧树脂砖（见图4）。结合手持喷雾，就可以呈现完整的立体折射光路，实现分组实验探究。新课程理念下，课程标准、考试大纲对学生实验能力要求越来越高。这就要求实验需从简单的感性认知提升到理性分析。基于此考虑，利用可示光路的树脂砖结合玻璃板，描绘光线模型，训练学生的数据处理能力。水平描绘光线，代替竖直方向读取角度。

手持激光喷雾一体器（见图5）小巧便携，喷雾、激光、电源、风扇一体式结构，可随意移动至任何位置进行分组实验，实现场地的随机性。

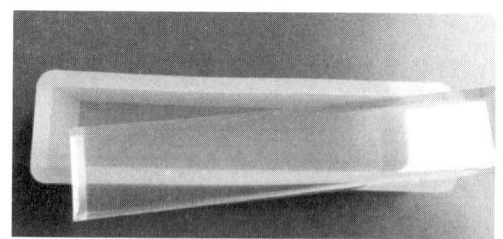
图4 环氧树脂砖

图5 手持激光喷雾一体器

（四）用胶体蜃景代替液体蜃景

蜃景是一种自然奇观，是由于光经过不均匀的空气带后发生偏折而形成的。我们一般利用不同浓度的液体间形成的不均匀扩散层来实现。采用的溶剂有盐和糖。盐水蜃景透明度高，但持续时间短，一个小时左右光路的偏折效果就大打折扣。糖水蜃景观察时间长，但耗糖。两者的共同不足是：由于液体的流动性，搬动过程扩散层容易被破坏，所以观察时间和场所都较为被动。基于这个问题，我用胶体作了蜃景改进（见图6），并探索出了明确的配比方案。经过我长期的实践验证，该胶体装置稳定便携，在经过长途运输后也不会造成明显的变化，并可维持7天左右。

图6 胶体蜃景效果

四、实验原理/实验设计思路

光的折射是几何光学的两大定律之一。学生已经学习了光在同种均匀介质中沿直线传播并掌握了探究光的反射规律的方法，具备进一步探究折射规律的能力基础。

基于此，我将本节课定位更具开放性的探究实验。依据学生的认知发展规律，让学生经历"认识折射→定义折射→描述折射→另一种折射（蜃景奇观）→应用折射"的过程。教师设置思维阶梯，让学生主动建构新知，并培养其学科素养。根据预设，为更好辅助教学，我将演示实验器材和分组实验器材一一进行了改进或重构。

五、教学目标/核心素养

（一）物理观念

（1）光的折射规律。

（2）海市蜃景的原理。

（二）科学方法

（1）模型法。

（2）逆向思维法。

（3）综合归纳法。

（三）科学探究

（1）光线的描绘与处理，经历规律的得出过程。

（2）光的折射探究。

（3）动态光路分析。

（四）科学态度与责任

（1）培养严谨的科学态度。

（2）体验物理的妙趣。

（五）重点

探究光的折射规律。

（六）难点

折射的动态光路分析。

六、实验教学内容

（1）演示实验：光从空气→水→空气的折射光路。

（2）分组实验：光从空气→树脂→空气的折射光路。

（3）拓展实验：光在同种不均匀介质的光路，以及蜃景的观察分析。

七、实验教学过程

（一）魔术引入，认识折射

水下小车实验（见图7）。

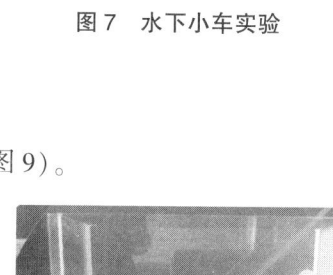

图7 水下小车实验

（二）实验感悟，定义折射

体验概念的提出过程，培养学生严谨的科学思维。

（1）观察光在空气和树脂间的折射光线（见图8）。

（2）观察空气和水之间的折射光线（见图9）。

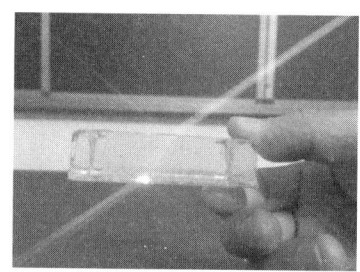

图8 光在空气和树脂间的折射光线

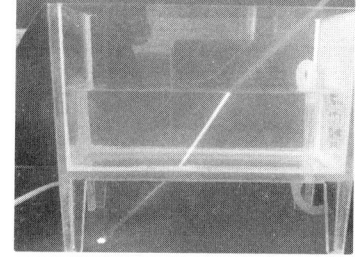

图9 空气和水之间的折射光线

学生定义：光从一种介质射入另一种介质中时，光线会发生偏折。

提问：继续观察，光从一种介质射入另一种介质中时，一定都会偏折吗？

完善定义：光从一种介质斜射入另一种介质中时，光线会发生偏折。

（三）探究分析，描述折射

体验科学的思维过程，训练知识迁移能力、强化模型法、对比分析法。

（1）演示实验：空气与水之间的折射规律（见图10）。拍摄若干组数据并投屏，结合白板绘图描绘折射光线模型（见图11）。

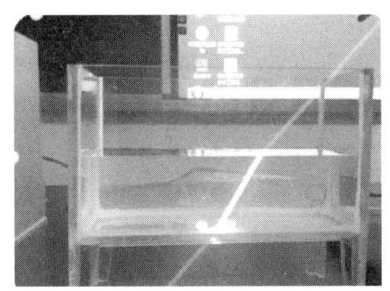
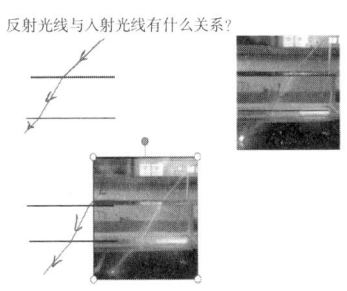

图10 拍摄空气与水之间的折射光线　　图11 白板绘图

（2）分组探究：空气与树脂间的折射规律（见图12），用玻璃纸描绘相应的光线（见图13）。

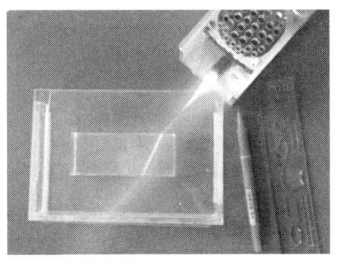
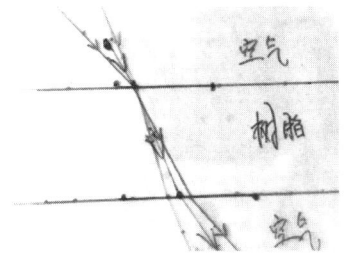

图12 空气与树脂间的折射　　图13 描绘的三组光线

（3）对描绘的光线进行处理，引入法线，定义折射角（见图14、图15），总结折射规律。

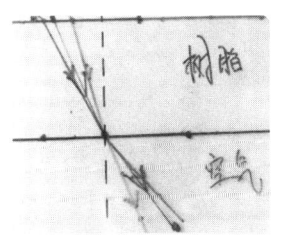
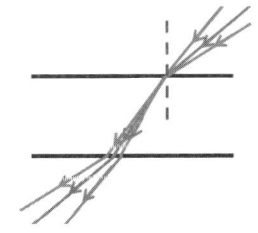

图14 分组实验引入法线　　图15 白板绘图引入法线

（四）蜃景奇观，另一种折射

展示胶体蜃景的光路及效果，体验物理的妙趣。

光在经过不同介质时会发生偏折，在同种不均匀介质中传播时也会发生偏折（见图16）。当上层密度小于下层密度时呈现的是海市蜃景（见图17），当上层密度大于下层密度时呈现的则是沙漠蜃景（见图18）。这是为什么呢？请同学们试着分析其光路原理吧！

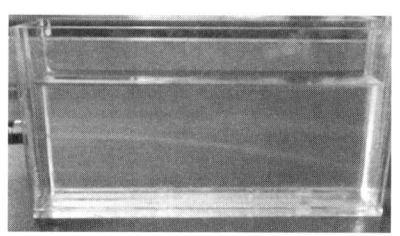

图 16　另一种折射光路

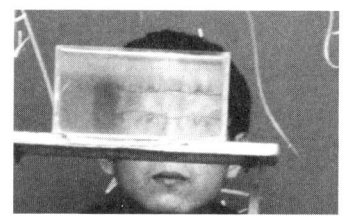

图 17　海市蜃景效果

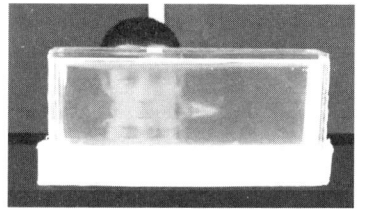

图 18　沙漠蜃景效果

（五）链接生活，应用折射

观察动态折射光路，分析生活的折射现象等，升华新知，训练发散性思维。

八、实验效果评价

（一）回归本质，小改进，深探究

高脚水槽、可控水位结合大喷雾，全方位观察折射光线，更具象更直观，让课堂的探究更有趣、更自由。

（二）探究生成，实验启智

自制树脂砖与手持喷雾使分组实验方便可行。水平描绘光线模型，进一步训练学生的数据分析能力。另外利用液体硅胶翻模、水晶胶与爽身粉注模，可复制改进任意形状的光学器件（见图 19）。该树脂的折射率，我粗略计算为 1.46 左右，还可呈现固体中的光路效果，不失为光学课堂的一种选择。不足的是：比之玻璃，其耐磨性会稍差些。

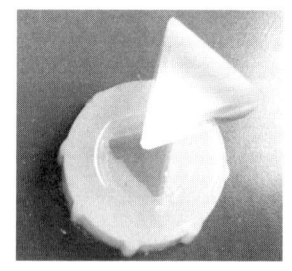

图 19　翻模的三棱镜效果

（三）一个装置两种蜃景，让自然奇观触手可及

制作原材料：吉利丁粉、白砂糖、水。

装置配比：$V_{淡果冻} : V_{糖果冻} = 1 : 3$。

材料配比：$m_{糖} : m_{果冻液体} = 2 : 3$；$V_{后} : V_{前} = 1 : 4$。

激光通信

贵州省六盘水盘州市第十中学（思源实验学校）　赵克峰　张桂欣

一、使用教材

本课内容选自人教版初中《物理》九年级第二十一章"信息的传递"第4节"越来越宽的信息之路"。

二、实验器材

（一）发射装置

（1）模拟信号发射部分：音频信号线、音频插座、电容、三极管、激光二极管、电源（实验装置见图1）。

（2）数字信号发射部分：串口数据线、STM32F103C8T6最小系统板、按键、激光二极管、电源、串口调试助手（软件）。

图1　发射部分实验装置图

（二）接收装置

（1）模拟信号接收装置：光敏二极管（普通）、电容、音频集成放大电路、扬声器、电源。

（2）数字信号接收装置：数字光敏二极管（IS0103）、STM32F103C8T6最小系统板、3.5寸TFT液晶屏、蜂鸣器、LED发光二极管、按键（实验装置见图2）。

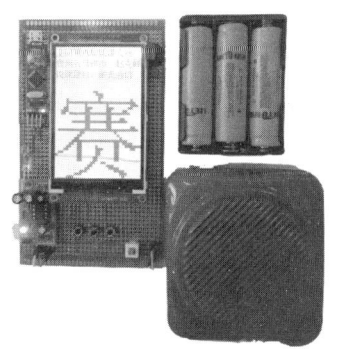

图2　接收部分实验装置图

三、实验创新要点

（1）教材只给了一张光导纤维的图片，实验室配发的器材中没有类似的器材，已有的实验器材（如光猫）价格昂贵，技术复杂，不适合学生学习。本实验装置的模拟通信部分就是用学生学习过的教材第二十一章第3节"广播、电视和移动通信"的无线电广播的发射和接收原理，教材第二十一章第4节明确指出"光是一种频率很高的电磁波"，用激光代替无线广播发射中的高频电磁波，完成模拟信号的发射，用光敏二极管代替无线广播接收中收音机的天线和高频调谐部分，用电容解调后输入音频集成放大电路，之后通过扬声器还原成声音，从而完成激光通信中模拟信号的发射和接收。

（2）教材第二十一章第1节"现代顺风耳——电话"中还说明了通信分为数字通信和模拟通信、基本的数字信号（有和无，0和1）、莫尔斯电码、文字信息等。本实验装置不但能演示用激光发射和接收模拟信号，还能用激光发射和接收数字信号。

四、实验原理

（一）模拟通信部分

（1）发射部分原理。教材第二十一章第3节"广播、电视和移动通信"关于无线电广播的发射和接收原理中说到，话筒把声音转化成强弱变化的音频电信号，通过调制器加载到高频电流上，使得高频电流随着音频电流（声音信号）的变化而变化，同时第2节"电磁波的海洋"和第4节"越来越宽的信息之路"中都提到光是一种频率很高的电磁波，实验的思路就是用激光代替无线电广播发射装置中的高频电磁波，音

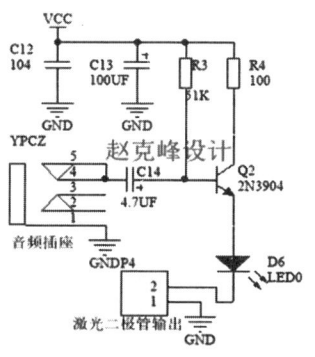

图3　模拟信号（音频信号）发射电路原理图

频电信号通过三极管放大后，产生随音频信号强弱变化的电流，把这个随音频信号变化的电流加到激光二极管上，于是就产生了亮度随音频信号强弱变化的激光信号，通过激光二极管发射出去，完成发射过程（实验原理图见图3）。

（2）接收部分原理。在接收端，用光敏二极管代替收音机的天线和高频调谐部分，把随音频信号强弱变化的激光信号转化随音频信号强弱变化的微弱电流，通过电容输入音频集成放大电路放大，之后输入扬声器还原成声音，就完成了激光通信中模拟信号的发射和接收过程（实验原理图见图4）。

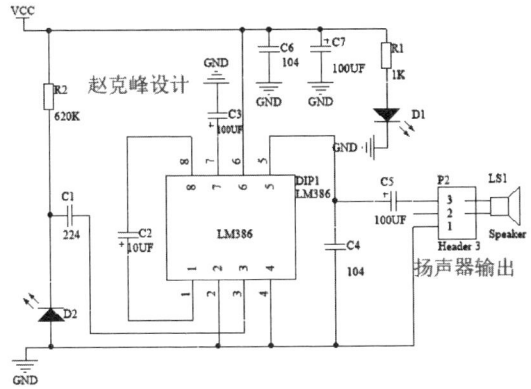

图 4　模拟信号（音频信号）接收电路原理图

（二）数字通信部分

（1）发射部分原理。数字信号就是有和无。STM32F103C8T6 最小系统板通过串口接收电脑输入的信号，通过 STM32F103C8T6 单片机内部转化成 1 和 0 组合的数字信号控制激光二极管按照一定的规律发光和熄灭，就把数字信号发射出去了，完成数字信号的激光通信发射过程（原理图见图 5）。

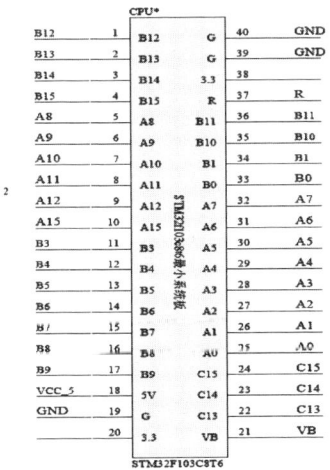

数字信号接收和发射电路

数字发射电路接口　　串口接收电路接口

图 5　数字电路发射原理图

（2）接收原理。当有激光照射到数字光敏二极管上时，数字光敏二极管的输出脚输出高电平，即表示数字信号 1。没有激光照射到数字光敏二极管上时，数字光敏二极管的输出脚输出低电平，即表示数字信号 0。这样光敏二极管就把接收到的激光信号转化成对应的数字信号，这些数字信号输入 STM32F103C8T6 单片机内部，根据按键的选择转化基本数字信号、莫尔斯电码、文字信号。如果选择的是基本数字信号 TFT 液晶屏上对应显示 0 或 1，蜂鸣器、LED 发光二极管也作出相应的反应。如果是莫尔斯电码，TFT 液晶屏显示接收到莫尔斯电码，LED 发光二极管和蜂鸣器按莫尔斯电码发光发声；如果是文字信息，则显示在 TFT 液晶屏上（原理图见图6）。

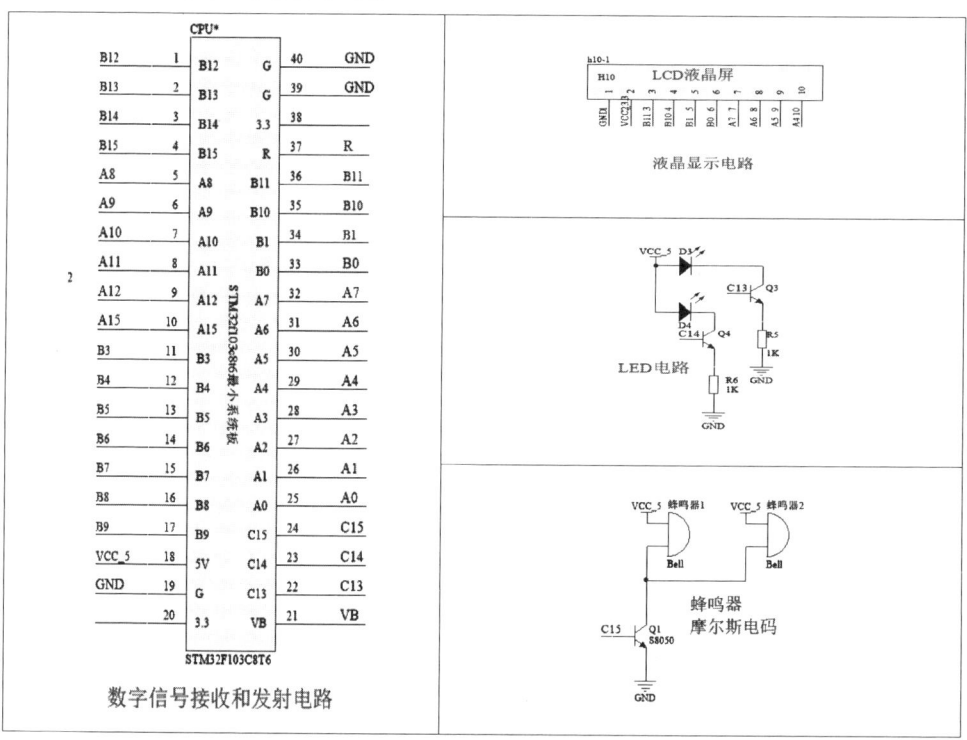

图 6　数字电路接收原理图

五、教学目标

（一）知识与技能

（1）了解信息理论。

（2）了解微波通信、光纤通信、网络通信。

（二）过程与方法

引导学生用已经学习过的知识，通过知识迁移，完成激光通信的模拟再现。

（三）情感态度和价值观

让学生了解我国通信技术的发展，渗透爱国主义情怀。

六、教学内容分析

（一）教材分析

本章以通信技术作为全章的线索，内容从有线通信到无线通信，从模拟通信到数字通信，从微波通信到光纤通信，重点讲述电磁波的产生和传播，无线电广播的发射和接收过程，以及电磁波在其他方面的应用。第4节以信息理论为基础，以频率为线索介绍了光纤通信。

（二）学情分析

物理学对多数学生来说是一门较难学习的学科，但手机、WiFi、通信网络现在已经成为学生生活乃至生命不可或缺的一部分了。来到第二十一章"信息的传递"一下子又燃起学生对学习物理的兴趣，他们渴望了解通信技术。

（三）教学重点和难点

教学重点：了解卫星通信、光纤通信、网络通信。
教学难点：引导学生用原有的知识重现光纤通信的过程。

（四）学法指导

在学生自学的基础上，引导学生通过学习过的无线电广播发射和接收原理，通过替代的方法，进行知识迁移，完成激光通信的模拟再现。

七、实验教学过程

（1）引导学生阅读并自学第4节"越来越宽的信息之路"。

（2）出示第3节幻灯片（见图7），引导学生分析无线电广播发射过程和光是一种频率很高的电磁波，结合第2节学习的内容，猜想能否用激光代替高频电流（高频电磁波）实现激光通信的发射过程。

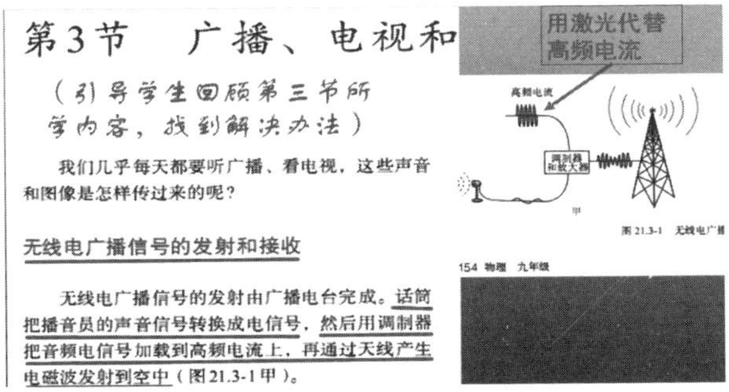

图7 第3节幻灯片

（3）出示幻灯片（见图8），引导学生猜想能否用光敏二极管代替收音机天线和高频部分，实现激光通信的接收。

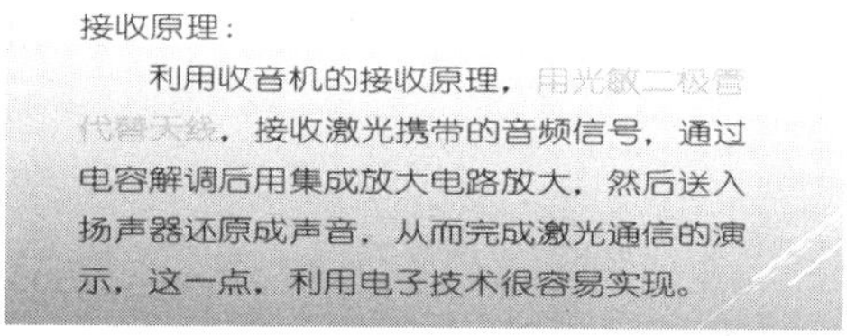

接收原理：
利用收音机的接收原理，用光敏二极管代替天线，接收激光携带的音频信号，通过电容解调后用集成放大电路放大，然后送入扬声器还原成声音，从而完成激光通信的演示，这一点，利用电子技术很容易实现。

图8　接收原理幻灯片

（4）在老师的指导下，在创客实验室利用电子模块设计实验验证猜想。

（5）实验过程。

1）把音频线的一端插入手机并播放音乐，音频线的另一端插入发射模块的音频输入接口，打开发射模块电源，把激光二极管发射的红色激光对准接收模块的光敏二极管，打开接收模块的电源，手机播放音乐，可以听到接收模块扬声器播放相同的音乐。

2）用一张不透明的硬纸片遮挡激光，接收模块扬声器不发声，证明音频信号确实是通过激光传递过来的。

3）引导学生分析光在同种均匀介质中是沿直线传播的，遇到障碍物怎么办。顺手拿出光导纤维，演示激光在光导纤维中多次反射，像水流一样在光导纤维中传播，完成光纤通信教学。

4）基本数字信号通信。按下接收模块基本数字通信按钮，当有激光照射在光敏二极管上是，屏幕显示1，蜂鸣器发出声音，LED二极管点亮；没有激光照射光敏二极管时，屏幕显示0，蜂鸣器不发出声音，LED二极管熄灭。完成基本数字信号教学演示。通过烽火台烟火的有无来表示敌情的有无，这是古老的数字信号，中国的八卦也是由两种符号的排列组合来表示不同的意义的。这些古老的数字信号体现了中华古老的文明和中国古代劳动人民的智慧（见图9）。

图9　基本数字信号演示幻灯片

5）莫尔斯电码通信：按下接收模块莫尔斯电码通信按钮，在发射模块的串口连接串口数据线，通过电脑给 STM32F103C8T6 单片机输入一个信息，通过激光发射出去，接收端接收到信号后，屏幕显示莫尔斯电码通信，同时 LED 发光二极管和蜂鸣器按照莫尔斯电码的规律发光发声，完成莫尔斯电码通信的演示（见图 10）。

6）文字通信：按下接收模块文字通信按钮，在发射模块的串口连接串口数据线，通过电脑给 STM32F103C8T6 单片机输入一个文字信息，通过激光发射出去，接收端接收到信号后，屏幕显示出发射的文字信息，完成文字通信的演示（见图 11）。

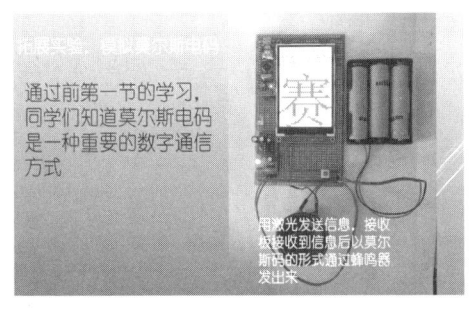 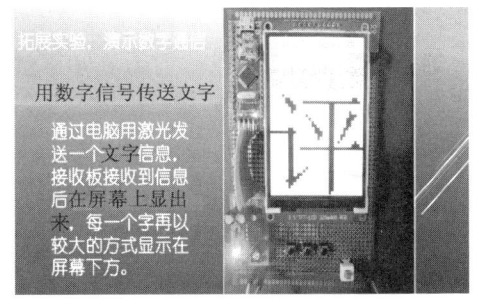

图 10　莫尔斯电码演示幻灯片　　　　图 11　用数字信号传输文字

7）介绍我国走在世界前列的可见光通信。

八、实验效果评价

（1）利用便宜的材料和学生已有的知识完成激光通信实验的再现，克服了没有实验器材、靠图片讲课的局限，极大地激发了学生学习物理的兴趣。

（2）通过本实验，以点带面，使学生完成了整章知识的归纳梳理，并推动学生利用已有知识，通过知识迁移解决新问题，对培养学生的核心素养起到了良好的促进作用。

（3）环境光的强度对实验有一定的影响，考虑增加遮光或滤光片，最大限度地减小环境光线对实验的影响。

（4）虽然激光二极管的功率很小，但激光对学生的眼睛有一定伤害，使用前要做好安全教育。

欧姆定律
——电阻

上海市第三女子初级中学　王捷

数字化时代，学习时空观发生了根本的变化，加拿大教育家迈克·富兰将其描述为"极富空间"——借喻面对数字化巨大、持续扩张的信息库，一种可以容纳多重学习方式可能性且重在知识创造的学习空间。构建以学习者为中心的课堂呼唤着数字化背景、素养化诉求的新学习模型。这样的学习模型下，教师正从"知识搬运工"转变为"学习的运营商"，学生则从"知识接受者"转变为参与知识生成的"知识创造者"，因而这种学习模型更强化学生参与、学生体验，强化新想法、新知识的生成与运用。

本节课，我尝试着进行了"极富空间"理念下的学习模型的初步建构。

一、使用教材

沪教版初中《物理》九年级第一学期（试用本）第七章"电路"第二节"欧姆定律　电阻（第一课时）"。

二、实验器材

（一）学生实验器材

干电池、电键、导线、不同规格的电炉丝（自选）、DIS 电流传感器、DIS 电压传感器、平板电脑等（见图1）。

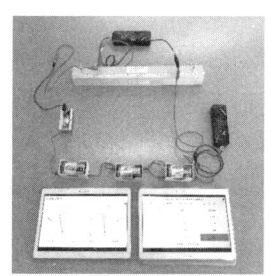

图1　学生实验器材

（二）演示实验器材

干电池、电键、导线、LED 灯、DIS 电流传感器、DIS 电压传感器、平板电脑等（见图2）。

（三）其他资源

无线网络服务器。

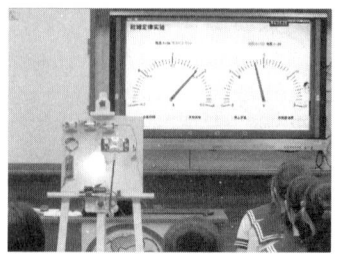

图2　演示实验器材

三、实验创新要点/改进要点

（一）原实验的不足

（1）演示实验不够合理。在引入新课环节，教师常常以简单电路中的小灯作为观察对象，创设当电源电压改变时小灯明暗变化的实验情景，让学生只通过观察小灯的明暗来判断通过小灯电流的大小，从而展开猜想。这样的演示实验设计，缺少学生猜想需要的电流、电压等事实依据，不能满足探究实验教学的要求，也缺乏单元教学设计的意识。

（2）实验器材不够优选。

1）传统的学生实验往往以定值电阻作为导体进行研究，这么做无法观察定值电阻的内部结构，缺乏对"导体"概念的直观认识，对后续学习"影响导体电阻大小的因素"铺垫得不够。

2）导体阻值理想化，使得实验数据"理想化"，学生往往仅分析实验数据，就能归纳出"同一导体，通过它的电流与它两端电压成正比"的定量结论，降低了运用图像法进一步处理数据、定量研究"导体中电流与电压关系"的必要性，不利于科学思维从定性到定量地逐渐形成。

（3）交流分析不够便捷。传统实验数据分析过程中，各小组为了进一步定量分析"导体中电流与电压的关系"，必须要经历描点绘图、拟合 $U-I$ 图线的过程。但《上海市初中物理学科教学基本要求》并没有学会绘制 $U-I$ 图像的具体要求，因此在课堂中花费大量时间绘图，加重了学生的学习负担，课堂时间紧张，也导致对 $U-I$ 图像的对比、分析和讨论过程不充分，不利于学生对欧姆定律和电阻概念的理解。同时，传统数据分析过程中，由于缺乏信息技术支持，各小组实验数据和图像对比分析的过程不够便捷，只有个别小组展示交流，在一定程度上造成了其他小组心理上的失落感，不利于学生学科情感的激发，也不利于学生从特殊到一般地认知物理规律。

（二）实验的创新点

（1）基于学生知识基础，优化教师演示实验。基于对原来演示实验不足的分析，本节课在设计时充分考虑学生已有的"电流、电压"的知识基础，在接入 LED 灯的简单电路中，接入 DIS 电流和电压传感器。本节课所用的 DIS 传感器比以往多了一个无线发射模块，利用平板电脑扫码配对以后，即可无线获得数据，从有线到无线，简洁了电路的连接。在数据的呈现方式上，传统的 DIS 数据采集界面是数字式的，本节课开发设计了指针式界面，更有利于强化学生的读数技能。

通过以上软硬件辅助，利用同屏技术，不仅让学生感知小灯的明暗变化，更形象直观地看到电流与电压的变化，从而感知两者之间可能存在着某种联系，为之后提出猜想假设提供了事实依据。

（2）聚焦学科核心素养，优化学生探究实验。本节课教师自制学具"电炉丝架"（见图3），通过自主选取一定长度的电炉丝作为导体进行实验，并记录所选导体的长度、材料和线径，学生在实验过程中，感知"同一导体"和"不同导体"，为之后学习"影响导体电阻大小的因素"作了铺垫。

利用自选电炉丝代替定值电阻进行实验，降低了实验数据的理想程度，增加了探究过程的真实性，进一步凸显了利用图像法分析问题的必要性。

在数据的呈现方式和处理过程上，本节课以平板电脑为载体，设计开发了学生端软件"欧姆定律"，实现了实验数据的数字化。

（3）开展信息技术整合，优化交流分析过程。本节课以平板电脑为载体，通过开发教师端数据汇总软件，搭建网络平台，让实验数据汇总从纸面搬入了互联网，各组实验数据的交流、图像的对比分析更加便捷，优化了数据汇总的时空。信息化学习环境的构建（见图4），有利于提高课堂效能，激发学生在信息化环境下自主学习的意识，为从定性到定量、从特殊到一般地认知电流与电压的关系，进而得出欧姆定律和建立电阻的概念提供了技术支撑。

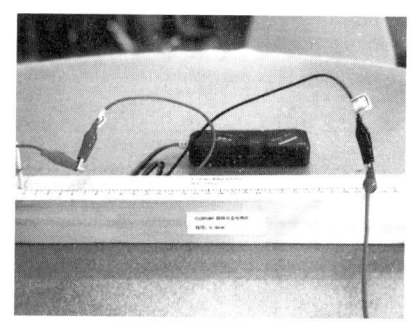

图3　自制学具电炉丝架

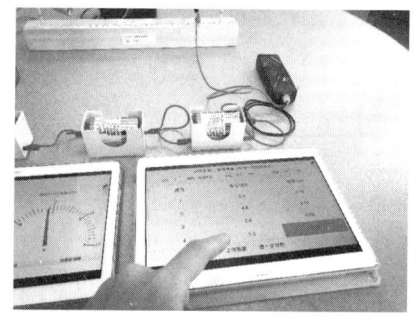

图4　基于平板电脑，开发教学软件

四、实验原理/实验设计思路

本节课是围绕"电流、电压和电阻"这三个物理量进行主题单元教学设计后其中一节的教学内容，是在学习了电流、电压两个物理量之后，进一步探究两者之间的关系。本节课的教学也是下一节课学习"影响电阻大小的因素"的知识基础，起着承上启下的重要作用。因此，本节课以电炉丝这一生活器材为载体，贯穿本节课的"情景—探究—共享"三个环节，以信息技术辅助教学，既解决了传统实验教学中的不足，也从单元教学设计的角度出发，使得教学安排更加合理，让学生更能感受知识发生、发展的内在联系。

本节课的学习内容主要包括欧姆定律和电阻的概念两部分。欧姆定律和电阻的概念是本设计要突出的重点，其中电阻的概念又是本节课的难点。

实验教学的设计思路如图 5 所示。

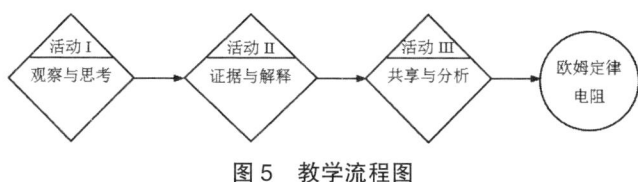

图 5　教学流程图

首先，以教师演示实验创设情景，通过观察 LED 灯的亮暗和通过它的电流随其两端电压变化而发生变化的实验现象引出问题，激发学习的热情，并展开关于"影响导体中电流大小的因素"的猜想假设。其次，在猜想的基础上，采用教师点拨、小组讨论和大组交流的方法，师生合作共同完成实验方案的设计。然后，以学生分组实验为基础，完成实验数据的采集和上传，各小组通过分析实验数据，归纳得出初步结论：同一导体，导体中的电流随导体两端电压增大而增大。各小组根据本小组的实验数据，利用教师设计的教学软件进行描点、绘制 U-I 图像，观察发现同一导体的 U-I 图像的特点是一条过原点的倾斜直线，并类比正比例函数的图像特征，归纳得出"导体中的电流与导体两端电压成正比"的结论，从而验证猜想假设。接着，利用教师构建的班级网络平台进行全班数据的共享与交流，归纳得出欧姆定律，体现了从定性到定量、从特殊到一般的科学探究过程。最后，通过对比分析不同导体的 U-I 图像的特点，讨论 U-I 图像倾斜角度所反映的物理意义，建立电阻的概念，认识到"电阻是导电物体本身的一种物理性质"。

五、实验教学目标

（1）通过实验"探究导体中电流与电压的关系"和初步分析 U-I 图像特点并交流的过程中，初步理解欧姆定律的内容及数学表达式，感受科学探究的过程，感受从定性到定量、从特殊到一般认知事物的科学思维方法，养成科学严谨、实事求是的学习态度。

（2）通过进一步分析比较不同导体 U-I 图像特点并交流的过程，初步理解导体电阻的概念，知道电阻是导电物体本身的一种物理性质，认识运用函数图像探究物理问题的科学思维方法，感悟团队合作学习的重要性。

六、实验教学内容

（一）电流与电压的定性关系

同一导体，导体两端电压越大，通过它的电流越大。

（二）欧姆定律

对于某导体来说，通过它的电流与它两端电压成正比，表达公式为 $I=U/R$。

七、实验教学过程

（一）引入

（1）活动Ⅰ：观察与思考。观察演示实验电路中同一盏 LED 灯的亮暗及两端电压和通过的电流大小，猜想通过同一导体电流大小的影响因素，并作出假设。

（2）演示实验操作注意事项。

1）课前完成电路连接，课上请同学协助完成 DIS 传感器与平板电脑的扫码配对，闭合开关前，检查学生是否将传感器调零。

2）演示时，注意实验过程操作正确，实验介绍清晰，实验过程呈现清晰，应将演示实验电路板和电表示数同时同屏显示在教室大屏幕上，增强实验的可视性。

（二）新课

（1）活动Ⅱ：证据与解释。

1）设计方案。在猜想假设的基础上，各小组讨论实验方案，画出实验电路图，明确所需测量的物理量和实验器材的使用方法；大组交流完善实验方案，教师介绍实验的注意事项。

2）学生实验。各大组分两小组，各小组自主选取不同规格的电炉丝作为实验测量的对象，然后利用 DIS 电流传感器、DIS 电压传感器和平板电脑等器材进行实验，记录实验数据，并将实验数据上传。

3）小组分析实验数据，初步归纳实验结论。

4）根据本小组的实验数据描点、绘制 U-I 图像，观察同一导体 U-I 的特点，进一步归纳结论。

（2）学生实验操作注意事项。

1）本实验提供自制学具"电炉丝架"，各组学生通过调节鳄鱼夹的位置，自主选取合适长度的电炉丝进行研究，并记录所选电炉丝的线径和长度。

2）学生实验电源为 1~4 节干电池，为了确保电路中的电流在 0.02~0.60A，结合本实验要求和电炉丝参数表（见图6），建议所选电炉丝的线径控制在 0.10~0.15mm，长度控制在 20~32cm。

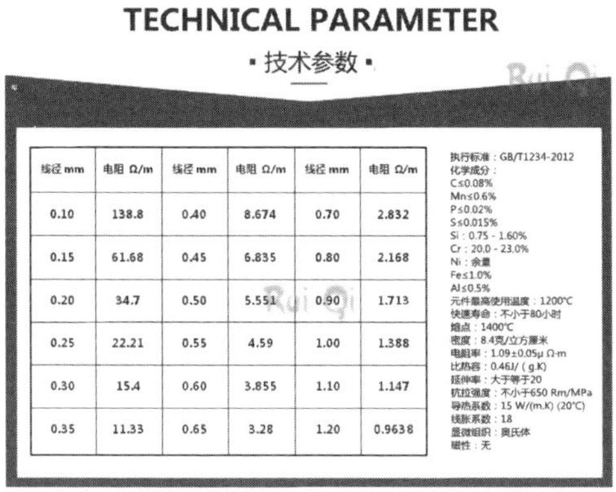

TECHNICAL PARAMETER

▪ 技术参数 ▪

线径 mm	电阻 Ω/m	线径 mm	电阻 Ω/m	线径 mm	电阻 Ω/m
0.10	138.8	0.40	8.674	0.70	2.832
0.15	61.68	0.45	6.835	0.80	2.168
0.20	34.7	0.50	5.551	0.90	1.713
0.25	22.21	0.55	4.59	1.00	1.388
0.30	15.4	0.60	3.855	1.10	1.147
0.35	11.33	0.65	3.28	1.20	0.9638

执行标准：GB/T1234-2012
化学成分：
C≤0.08%
Mn≤0.6%
P≤0.02%
S≤0.015%
Si：0.75 - 1.60%
Cr：20.0 - 23.0%
Ni：余量
Fe≤1.0%
Al≤0.5%
元件最高使用温度：1200℃
快速寿命：不小于80小时
熔点：1400℃
密度：8.4克/立方厘米
电阻率：1.09±0.05μ Ω·m
比热容：0.46J/（g.K）
延伸率：大于等于20
抗拉强度：不小于650 Rm/MPa
导热系数：15 W/(m.K) (20℃)
线胀系数：18
显微组织：奥氏体
磁性：无

图 6　电炉丝参数

3）连接电路时应先断开开关，将 DIS 电流传感器串联在电路中，DIS 电压传感器并联在所选电炉丝两端，并注意其正、负接线柱的连接正确。

4）完成电路连接后，先打开 DIS 电流传感器和 DIS 电压传感器，并完成平板电脑与传感器的扫码配对。点击“开始实验”，选择合适量程，并点击“传感器调零”，此时指针均指在 0 刻度处。开关试触，观察到指针有偏转，并且确保没有短路。

5）实验过程中要正确操作，尤其要注意所选电炉丝的长度固定，确保所研究的是同一导体。读数时应尊重实验事实，并在平板电脑上完成实验数据读取、记录和上传（见图 7、图 8）。

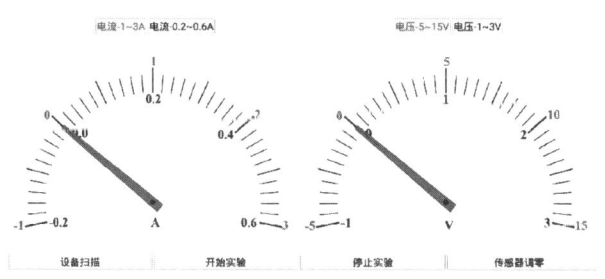

图 7　学生端数据读取界面

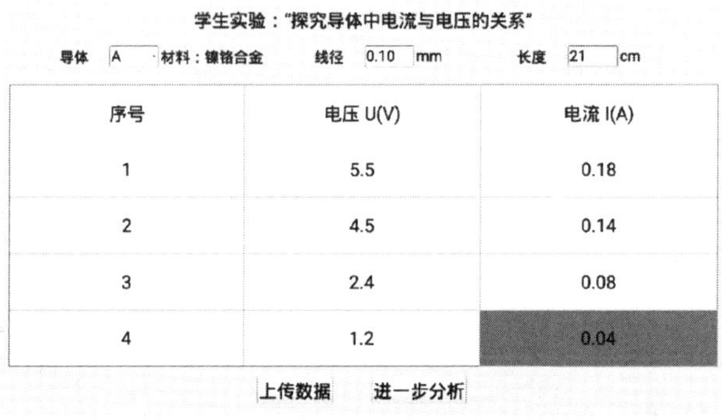

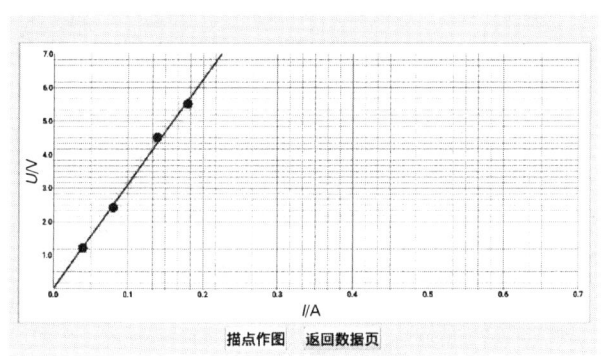

图8 学生端数据输入和上传界面

6）各小组分析了实验数据，并初步归纳实验结论后，点击"进一步分析"可以切换至 U-I 图像的绘制界面，学生观察所描数据点的排布规律，并点击"描点连线"在平板电脑上生成各小组的 U-I 图像（见图9），通过观察图像的特点，进一步归纳实验结论，如个别数据点与大部分数据点的排布规律偏离较多的，建议重做该次实验。

图9 学生端 U-I 图像绘制界面

(3) 活动Ⅲ：共享与分析。

1）教师端共享全班数据（见图10、图11），达成全班共识：同一导体，通过它的电流与它两端电压成正比。得出欧姆定律。

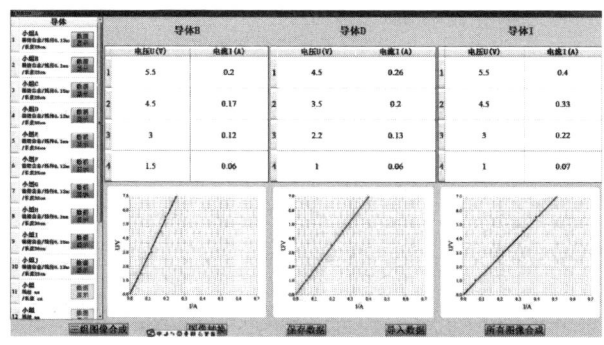

图 10　教师端数据汇总界面

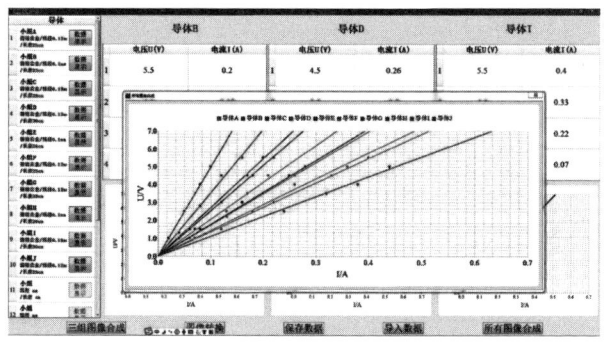

图 11　教师端图像拟合界面

2）对比各小组 U–I 图像倾斜程度不同（见图 11），思考 U–I 图像倾斜角度的物理意义，并类比正比例函数图像的斜率 $k=y/x$，写出 U–I 图像的斜率 $k=U/I$，进一步归纳得出结论：①同一导体，U/I 是定值；不同导体，U/I 不相同；②U/I 反映了导体对电流的阻碍作用，从而建立电阻的概念，得出电阻的定义式 $R=U/I$ 以及欧姆定律的表达式 $I=U/R$。

八．实验效果评价

（一）自制教具助力科学探究

本节课注重学生在科学探究过程中感受科学思维方法的运用，通过立足单元教学，优化了演示实验和学生实验的器材，让学生在更真实、直观的实验环境下进行科学探究。学生基于可靠的事实作出猜想假设，控制变量设计实验方案探究物理问题，经历从定性到定量、从特殊到一般的数据分析过程，逐步发现物理规律，建构物理概念，养成科学严谨、实事求是的科学态度，提升科学探究能力；通过类比数学知识最终归纳得出欧姆定律、形成电阻概念的过程，激发了知识迁移的意识，提高了创新能力。

（二）信息技术支撑课堂变革

整节课以网络为交流平台，软、硬件辅助，使得探究学习更便捷、数据应用更充分、课堂环节更简洁、课堂资源更丰富。科学探究时空的变化，使得本节课数据分析、解释问题的过程得以放大。学生感受了现代化技术手段为教学带来的便利，提高了有效获取、评估、鉴别和使用信息的能力。

（三）合作学习+探究学习转变教学方式

本节课以合作学习为组织方式，以探究学习为建构知识的途径，转变教学方式，激发了学生与人合作的意识，进一步提升了课堂效能。

今后，我将努力搭设实验平台，发展学生的学科核心素养，在信息化的时代背景下，运用极简的教学"运营"模式，让课堂成为知识创造的"极富空间"。

磁生电

郑州冠军中学　赵瑞

一、使用教材

人教版初中《物理》九年级第 20 章第 5 节 "磁生电"。

二、实验器材

透明塑料管、每隔一定距离开孔的铜管、小型圆柱磁铁、亚克力支架。

U 形磁铁、单根金属棒、高精度数显电流表、激光笔、导线若干。

自制磁体、单根金属棒、单匝铜线圈、多匝铜线圈、发光二极管、微电流传感器及配套装置、导线若干。

缠绕线圈的塑料管、学生自制发电机。

三、实验创新要求/改进要点

（1）设计激趣实验，引起学生认知冲突，顺利引入新课。

（2）学生实验中，单根导线切割磁感线产生的感应电流较小，灵敏电流计不能清楚显示感应电流。故用高精度数显电流表替代灵敏电流计，有利于观察感应电流。

（3）学生不容易理解切割磁感线时的情景。学生分组实验中安排一位学生用激光束模拟磁感线以显示磁场的分布，有效地辅助理解感应电流产生的条件。

（4）从电磁感应现象到发电机模型，思维跨度较大，容易造成思维障碍。从单根导线切割磁感线层层递进，创新器材，过渡到发电机的构造和工作过程。

（5）实验组织形式、作业形式、多媒体辅助教学等都有改进创新。

四、实验原理/实验设计思路

通过激趣实验引入新课，引起学生的认知冲突，激发学生的探究欲望。学生通过分组实验 "什么情况下磁可以生电" 初步得出实验结论。为了深入研究，老师设置演示实验，从电磁感应装置一步步改进，巧妙变形得出发电机的构造和工作过程。最后合作交流学以致用，学生制作小小发电机，巩固加深学生对电磁感应现象的理解，进一步了解电磁感应在生产生活中的应用。

五、实验教学目标

（1）通过学生分组实验，探究并归纳产生感应电流的条件。

（2）通过教师演示实验，了解发电机的构造和工作过程。

(3) 通过动手制作，进一步了解电磁感应在生产生活中的应用。

六、实验教学内容

（1）激趣实验，引入新课。

（2）合作探究、建构新知。

1）复习奥斯特实验，引出磁生电。奥斯特实验说明电能生磁。那么能否通过磁来获得电呢？

2）学生分组实验，合作探究新知。

教材实验：探究什么情况下磁可以生电。

通过实验，学生可以归纳得出结论：当闭合回路中的一部分导体在磁场中做切割磁感线运动时，导体中就产生了感应电流。轻松总结出磁生电的条件，第一个学习目标得以轻松突破。

（3）巧妙变形，突破难点。从单根铜棒直线切割磁感线产生感应电流，到单匝线圈，再到多匝线圈，最后演变成了较为实用的发电机，又到发电机能量转化问题，学生的思维跟着实验装置的改进一步步提升。

（4）合作交流，学以致用。学生以小组为单位学生制作发电机，巩固加深学生对电磁感应现象的理解，进一步了解电磁感应在生产生活中的应用。

七、实验教学过程

（一）激趣实验，引入新课

上课之前，先给学生做一个有趣的小实验。两根长度相同、内径相同的管子，一根是塑料管，另一根是铜管。我在铜管上切出了一些缝隙，这个创意是为了方便学生观察物体在管中的运动情况。为了方便操作，我还特意制作了一个支架（见图1）。

图1 引课实验

让同一个金属块从同一高度由静止下落。下落过程好像并没有什么大的区别。换另一个物体试试，在铜管中神奇的一幕发生了——物体下落缓慢。难道这个物体有什么特殊的魔力吗？靠近曲别针，曲别针被吸引，学生发现是一块普通的磁铁。为什么磁铁在铜管中下落缓慢？这个对比实验，会引起学生的认知冲突，相比较传统引课方式，更能激发他们的探究欲望。

（二）合作探究，建构新知

学生实验：探究什么情况下磁可以生电。

从学生熟悉的奥斯特实验入手，反过来问学生：磁能生电吗？要想探究这个问题，需要选择哪些实验器材？

引导学生从两方面加以思考：如何形成磁场？建议用 U 形磁体，因为 U 形磁体中部磁场分布较均匀。如何显示有无电流？磁场看不见、摸不着，学生难以归纳出导体是在切割磁感线的情况下产生了感应电流。因此，我作了实验器材上的创新，每组安排一位学生用激光束模拟磁感线以显示磁场的分布（见图2）。这样，学生就很容易发现切割磁感线运动这一条件了。

另外，因产生的感应电流太小，即使是灵敏电流计也不能清晰显示。为此我对实验器材进行创新改进，给每个小组配备一块高精度数显电流表，不仅可以清晰地显示微弱感应电流的大小，前面的符号还可显示感应电流的方向。

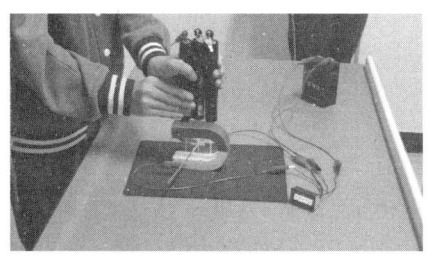

图2　学生分组实验

本实验充分发挥了学生的能动性，让他们成为实验的主人，自己选择实验器材，自己制定实验方案，根据实验结果改进实验方案，最终归纳、分析得出结论。有利于培养学生科学探究的能力。

（三）巧妙变形，突破难点

为了深入研究磁生电现象，我制作了这样一个实验装置。两块更大的磁体固定在底座上，一块磁体的 S 级和另一块磁体的 N 极相对（见图3）。利用学生实验用到的铜导线连接微电流传感器组成闭合电路。传感器把接收到的信号传送给电脑，软件以图像的形式更加直观地显示电流随时间变化的规律。图像横轴表示时间，纵轴表示感应电流的大

图3　变形磁体

小和方向，横轴以上和横轴以下电流方向不同（做演示实验）。学生从图像上可以清楚地看出：当导体在磁场中静止不动时，没有电流产生；当导体运动方向和磁感线平行时，也没有电流产生；当导体做切割磁感线运动时，导体中就会产生电流。增大切割磁感线的速度又会发现新的规律——导体运动方向不同，产生的感应电流方向也不同，切割磁感线速度越大，产生的感应电流就越大。

我从电磁感应现象入手，从刚才的实验结论延伸新的规律：要想产生更大的感应电流，就要增加导体运动的速度。可是在现有条件下，直线运动很难继续增加导体切割磁感线的速度，接下来该如何改进？

学生和很容易想到，可以让导体做圆周运动。于是我展示出提前用同样的导线做成的这样一个单匝铜线框（见图4）。并且我对线框进行了创新改进：为了方便线框的转动，我在线框上做了一个支架，并且增加了一个摇柄，这个支架我作了精心的设计，它刚好能放到底座的卡槽内。从图像上可以看到，当转动线框时，确实产生了较大较稳定且持续的感应电流。并且电流的方向随时间作周期性变化，我们把这样的电流叫作交变电流。交变电流的频率在数值上等于每秒内电流周期性变化的次数，单位是Hz。我国电网以交流供电，频率为50Hz，也就是说，电流在每秒内周期性变化的次数为50次。这样，就把学生不好理解的"交流电""频率"概念给轻松突破了。

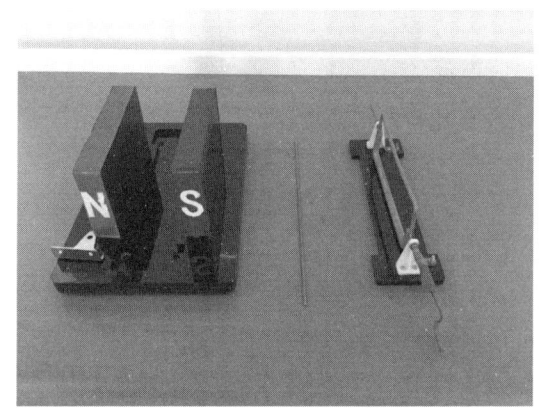

图4　单根导线变形单匝铜线框

从图像上看，产生的电流似乎很大了，但是到底有多大，我们以能否让发光二极管发光为参考标准，设计了一个实验装置。把两个二极管并联反接连入电路，因为二极管具有单向导电性，所以只要电流足够大，不管是哪个方向，总会有一个二极管发光。

我把这个装置连接到线框上，转动线框，两个灯泡都不亮，增加转动的速度，还是不亮。看来产生的电流还是不够大，怎么改进呢？

引导学生回顾上节电动机所学知识，通电的单匝线圈在磁场中收到的力是非常小的，我们是怎样增大线圈所受的力的呢？学生很容易回想起来——增加线圈的匝数。由此进行类比，今天这个实验，我们能否也通过增加线圈匝数的方法来增大产生的感应电流呢？学生思考的同时，我展示出提前改进的这样一个多匝的线框（见图5）。这个线圈

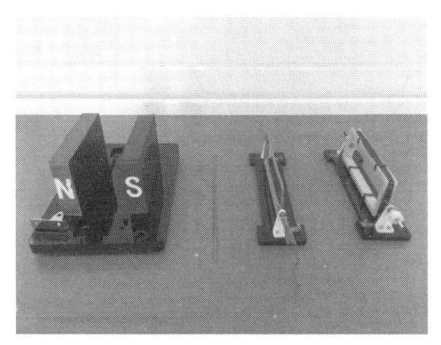

图5 单匝铜线框变形多匝线圈

也固定在支架上，这个支架也刚好能卡在底座的卡槽内。用手转动线圈，切割磁感线，可发现灯泡交替发光，说明产生了较大的交变电流。但是学生可以观察到，我用手拨动线圈，转速不是很快，并且也不够方便，怎样解决这个问题呢？

这个装置的巧妙之处在于，可以在上面加装别的装备。于是我有设计了这样一个实验装置。我用皮带把大轮和小轮连接起来，用大轮的转动来带动小轮。学生可以看到，线圈的转速增大了，二极管更亮了，说明产生的电流更大了，操作起来也更加稳定方便了。

在这个实验装置的基础上，我作进一步讲解，生活中的发电机都是利用这个原理来工作的。现在老师转动摇把，是把老师的化学能转化为电能，如果摇把改成汽轮、水轮、风叶等，就可以将其他形式的能转化为电能了。这样从实验装置出发进行改进，就把发电机能量转化的问题轻松解决了。

这节课，通过这套自制的实验装置（见图6），由研究单根导线切割磁感线产生感应电流，到单匝的线圈，再到多匝的线圈，最后演变成了这个较为实用的发电机，又借助于这套装置延伸了发电机的能量转化问题。学生的思维跟着实验装置的改进一步步提升。这对突破难点，对解决学生思维障碍问题上是最大的创新。

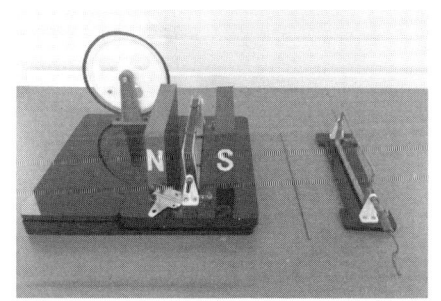

图6 大轮增大线圈转动速度

（四）合作交流，学以致用

揭秘课前小实验：为什么磁铁在铜管中下落缓慢？在解释这个问题之前，我先在塑料管子上作了小小的改进：在上面缠上一些铜线，连接微电流传感器。通过图像可以看到，当磁铁在铜管中下落时，因铜线切割磁感线，产生了感应电

流。学生迁移知识可得出，铜管相当于匝数更多的铜线圈，磁铁下落过程中，这些铜线相当于在切割磁感线，产生了感应电流。也就是说，磁铁的一部分机械能转化成了电能，机械能有所减少，故下落较慢。

这时，学生出示自制的发电机。一个简单的线圈，一个发光二极管，用导线将他们连接起来，这是刚才做实验用到的磁铁，就这样就可以轻松组装成一个发电机了。此时学生已经有了思路，跃跃欲试，所以这节课的作业是以小组为单位制作发电机。

第一个小组使用了废旧的变压器，用笔芯做转轴，制成了一个线圈不动而磁体旋转的发电机。第二个使用了散热风扇，制成了一个风力发电机。第三组同学从家里找到了废旧的手电钻转子，我们在创客工坊中把它加工成了一个直流发电机。

八、实验效果评价

（1）引课实验通过对铜管开缝，方便学生观察磁铁在两管中运动的巨大差异，能够引起学生的认知冲突。

（2）在学生探究什么情况下磁可以生电的实验中，通过磁感线的模拟让学生直观地理解了什么是切割磁感线运动，减小了思维难度。

（3）从产生感应电流条件为起点，通过一套创新的实验装置，让学生经历从物理概念到实际应用的全过程。完整直观地呈现了发电机的构造和工作过程，降低了思维台阶。

（4）借助微电流传感器图像，更加直观地显示感应电流产生及变化的规律，便于学生理解变电流和频率的概念。

可视化视角下的电功率

深圳市龙岗区实验学校　成慧珍

一、使用教材

人教版初中《物理》九年级全一册第十八章第二节"电功率"。

二、实验器材

自制可视化视角下的电功率实验探究仪（已申请专利）、照度计、电吹风、台灯、烧水壶、电风扇。

三、实验创新要点

（一）实验教具创新设计

借助一体化设计的探究仪——可视化视角下的电功率实验探究仪（以下简称探究仪），可以简单而高效地完成本节课所有的实验。它由六个部分组成，分别是：总开关、电位器（控制灯泡的亮暗）、插座、灯泡（亮度可以调节）、改装电能表（该模型可以把"电功率""实际电功率"抽象概念可视化）、电压电流电功率组合表（可以显示电压、电流和电功率的具体数值，能对实验进行量化设计，从数字的角度实现可视化），见图1所示。

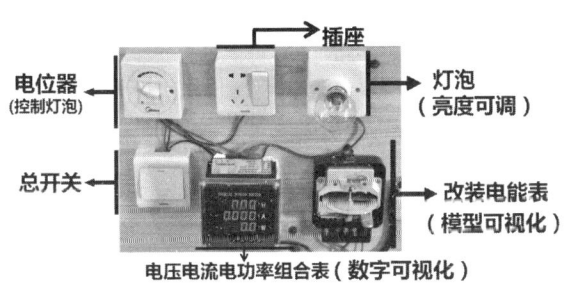

图1　可视化视角下的电功率实验探究仪

（二）实验内容创新设计

（1）电功率演示实验改进：可视化设计。教材上的演示实验需要观察铝盘的窄截面（见图2）的转动情况，实验现象不明显，学生难以观察。对该实验进行可视化设计（见图3）后，课堂现象明显，便于观察。

图 2　电能表　　　　　　　图 3　可视化设计

（2）实际电功率与实际电压的关系实验改进：量化设计。教材上把一个 36V、25W 的灯泡分别接入到 24V、36V、40V 的电路中，通过比较灯泡的发光情况来得出"用电器的实际电功率随着它两端的电压而改变"的结论。该实验存在四个问题：

1）灯泡的亮暗差别不大，人眼难以分辨。

2）用灯泡的发光情况来代表实际电功率的大小，导致实际电功率与实际电压的关系不够直观。

3）设定实验数据，束缚了学生的思维。

4）需要额外的设备提供不同的电压，导致实验复杂。

借助探究仪中的电压电流电功率组合仪表，可以对实验进行量化设计，能从数据中直观地发现规律（见图 4），具有以下优点：探究实验，操作简单；灯泡亮暗，现象明显；多组数据，严谨治学；分析数据，结果直观。

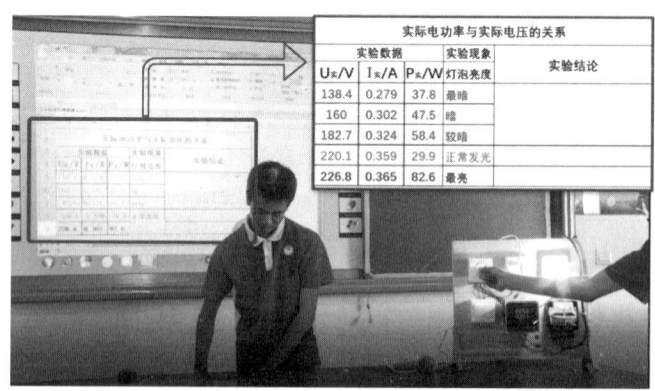

图 4　实验量化设计

四、实验原理

（1）铝盘转动的快慢表示电流做功的快慢，电功率是表示电流做功快慢的物理量,所以可以用铝盘转动速度来表示电功率的大小,将抽象的概念可视化。

(2) 实际电功率随着实际电压和实际电流的变化而变化。

(3) 灯泡的亮度由它的实际电功率决定。

五、实验教学目标

(一) 三维目标

(1) 知识与技能。

1) 知道用电器的额定功率和实际功率;

2) 通过实验探究理解实际电压对实际功率的影响。

(2) 过程与方法。通过观察实验现象和收集数据,尝试用物理语言归纳结论。

(3) 情感态度与价值观。树立学生严谨、缜密的治学态度。

(二) 教学重难点

(1) 教学重点:理解电功率的概念。

(2) 教学难点:区分额定功率和实际功率;理解实际电压对实际功率的影响。

六、实验教学内容

(1) 演示实验:引入电功率的概念。

(2) 创新实验:区分额定电功率与实际电功率。

(3) 探究实验:实际电功率与实际电压的关系。

(4) 拓展实验:白炽灯 VS 节能灯。

七、实验教学过程

实验教学过程如图5所示。

(一) 引入新课:电功率的概念

(1) 学生观察:灯泡、电吹风、电风扇、烧水壶等用电器上的铭牌(见图6)。

图5 实验教学过程

(2) 提出问题:铭牌上的"220V/80W""220V/1000W"代表什么含义呢?

(3) 演示实验:把80W的灯泡和1000W的电吹风分别接入到相同电路中(见图7),学生观察电能表铝盘转动的情况,并思考铝盘转动的快慢能表示什么。

(4) 学生总结:表示电流做功的快慢或消耗电能的快慢,从而引出电功率的概念。

图 6 学生观察铭牌

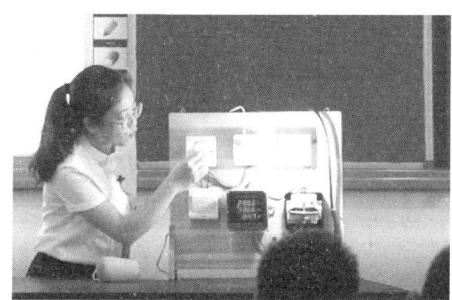

图 7 演示实验

（二）启发思考：区分实际电功率与额定电功率

（1）提出问题：调节台灯灯泡亮度的时候，灯泡的功率会改变吗？

（2）分组实验：设计实验方案，验证猜想。

（3）小组展示：把灯泡接入电路中，调节电位器改变灯泡亮度，观察铝盘转动情况（见图8）。灯泡较亮时，铝盘转动得快；灯泡较暗时，铝盘转动得慢。铝盘转动速度有变化，说明电功率也在变化。

图 8 小组展示

（4）教师总结：用电器在实际电压下工作时的功率叫作实际电功率。

（三）建立规律：探究实际电功率与实际电压的关系

（1）提出问题：实际电功率与实际电压有什么关系呢？

（2）探究实验：调节电位器，改变灯泡的亮度，记录组合仪表中电压、电流、电功率的数值和灯泡的发光情况（见表1）。

表1　探究实际电功率与实际电压的关系

实验数据			实验现象	实验结论
$U_实$/V	$I_实$/A	$P_实$/W	灯泡亮度	
138.4	0.279	37.8	最暗	$U_实<U_额$时，$P_实<P_额$，灯泡较暗
160	0.302	47.5	暗	
182.7	0.324	58.4	较暗	
220.1	0.359	79.9	正常发光	$U_实=U_额$时，$P_实=P_额$，灯泡正常发光
226.8	0.365	82.6	最亮	$U_实>U_额$时，$P_实>P_额$，灯泡发强光

（3）学生总结：

1）纵向分析发现：实际电功率和灯泡的亮度都随着实际电流和实际电压的改变而改变。

2）横向分析可以直观地得到实际电功率与实际电压的关系：$U_实<U_额$时，$P_实<P_额$，灯泡较暗；$U_实=U_额$时，$P_实=P_额$，灯泡正常发光；$U_实>U_额$时，$P_实>P_额$，灯泡发强光。

3）整体分析可得：对于同一个灯泡，亮度由实际电功率决定。

（四）学以致用：白炽灯 VS 节能灯

（1）提出问题：把A、B两个不同的灯泡都接到220V的电路中（见图9），谁更亮？

（2）分组实验：借助工具（照度计）设计实验，验证猜想（见图10）。

（3）学生分享：把A、B两个不同的灯泡分别接入到探究仪，调节电位器，使电压为220V，用照度计测量灯泡的亮度。

（4）学生总结：实验发现B灯更亮，说明节能灯具有体积小、节能环保、显色好等优点。

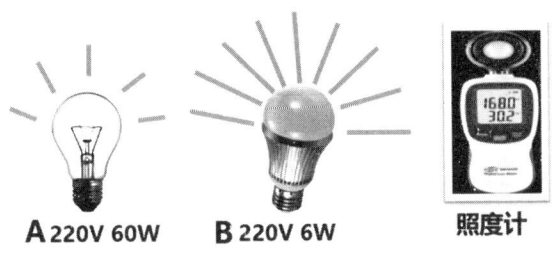

图9　把A、B灯泡接到220V的电路中

图 10　分组实验

八、实验效果评价

（一）课堂效果

（1）抽象概念可视化设计，突出教学重点。

（2）对实验进行量化设计，突破教学难点。

（3）探究仪一体化设计，能简单而高效地完成本节课所有的实验，体现高效课堂的理念。

（二）自我评价

本节课遵循新课程理念，以可视化为出发点，在教具设计、内容设计和实验设计上都有创新，通过演示实验、创新实验、探究实验、拓展实验，引导学生去观察、去思考、去探究、去讨论，探索物理实验反映的本质，突出了学科特色。

整个过程不仅让同学们理解了电功率的相关知识，还掌握了探索物理知识的方法，培养了学生的科学、严谨的实验精神。教学目标达成！

安全用电
——触电事故演示仪器

石家庄第十七中学　张童

一、使用教材

人教版初中《物理》九年级第十九章第三节"安全用电"。

二、实验器材

（1）改进后的"触电玩具"（见图1）。

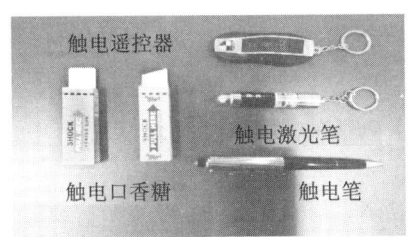

图1　触电玩具

（2）低压触电模型（含有漏电报警装置，见图2）：①自制漏电电动机模型；②外壳均透明的空气开关和漏电保护器。

（3）高压触电模型（见图3）：①电弧触电模拟装置；②跨步触电模拟装置。

图2　低压触电模型　　图3　高压触电模型（含电弧触电和高压触电）

（4）触电假人（见图4）：①单线触电演示假人；②双线（动态）触电演示假人；③电弧触电演示假人（含氖管）；④跨步触电演示假人（2个）；⑤雷电演示假人。

（5）产生雷电模型（见图5）：①马克思发生器（产生雷电）；②自制模拟建筑（实现二极管雷电电源双通路）；③白铜板（模拟大地）；④无极二极管（模拟用电器）。

图 4　触电假人　　　　　图 5　马克思发生器和自制建筑

三、实验创新要求/改进要点

该实验装置利用低压模块实现了模拟演示各种高低压触电事故，开创性地使用了马克思发生器模拟产生雷电。

四、实验原理/实验设计思路

（1）基于各种现实触电情景，通过选取合适的材料构建触电模型，模拟还原触电场景，能够实现在安全（低压）环境下演示低压、高压触电情景。

（2）在假人身上接上合适的灯珠或灯带，利用有电流流过时灯珠发光原理，实现了触电时流进人体电流可视化。

（3）利用多电容并联充电再串联放电的高压装置（马克思发生器）制成模拟雷电装置，实现了在课堂中直接拟出雷电的效果。

五、实验教学目标

（一）知识与技能

（1）知道电压越高越危险。

（2）了解触电原因和类型，知道安全用电的原则及触电后应采取的措施。

（3）了解雷电的危害及如何防雷。

（二）过程与方法

（1）通过实验教学了解触电事故的原因，养成学生的观察能力、动手能力、协作能力、初步的分析和概括能力。

（2）通过联系生活实际，养成学生利用物理知识解决简单问题的能力。

（三）情感态度与价值观

（1）通过本节课的学习，使学生进一步体验安全用电的重要性，增强学生安全用电的意识。

（2）通过实验参与情景演示，进一步激发学生对学习物理的兴趣、养成学生严谨的科学态度。

六、实验教学内容

（1）通过改进的触电玩具，初步让学生感受触电的感觉是怎样的。

（2）通过高低压触电模型，让学生了解常见的触电事故有哪些，并且在实际生活当中知晓常见的触电事故，学会合理的预防触电事故和正确处理触电事故。

（3）通过雷电发生装置演示，让学生感受到雷电的威力及危害，知道如何预防雷电对人对物的危害。

七、实验教学过程

（1）引入新课，利用触电口香糖让学生们初步感受到触电的感觉是怎样的（见图6）。

（2）以不断升高的电压环境作为授课主线（见图7），逐步进行介绍。

图6 感受触电

图7 授课主线

1）低压环境触电。

通过自制教具（低压触电模型）展示人站在地上一只手触摸火线的情况，引出低压触电的第一个类型——单线触电（见图8）。让学生们分析触电的路径是怎样的（即人体的哪部分和供电网络构成了闭合回路）。然后猜想一只手触摸火线一只手触摸零线会不会产生触电事故？如果会，分析触电的路径又是怎样的。

之后通过展示双线触电模型来印证学生们的猜想是否正确，引出另一种触电情况：双线触电（见图9）。

图8 单线触电

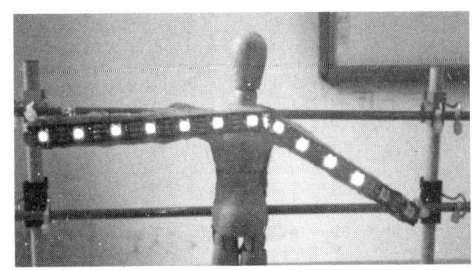
图9 双线触电

接着进行学生活动：我们在生活中该如何真正学会安全用电。

学生根据给定题目依托自制教具在安全电压环境下进行实验，自主探究在实际生活中学会判断各种情况是否会触电、如何预防触电、一旦发生了触电事故该如何处理等问题，以受损用电器为例进行展示。

①判断是否触电（见图10）。

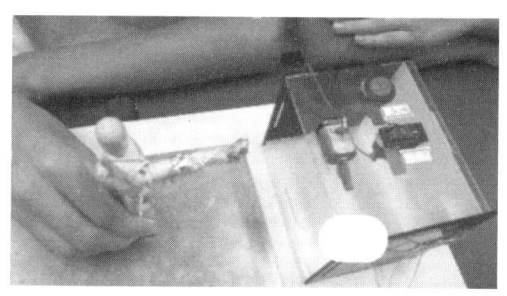

图10　判断是否触电

②预防触电（见图11、图12）。

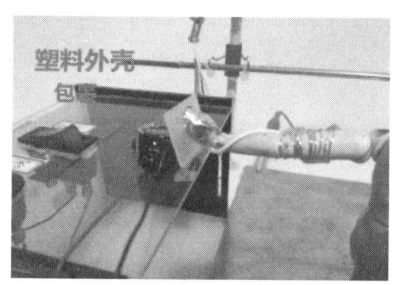 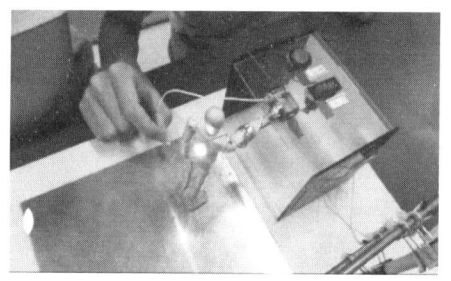

图11　预防触电1　　　　　　　　图12　预防触电2

③正确处理触电事故（见图13）。

图13　正确处理触电事故

让学生们通过了解触电事故、预防触电事故、正确处理触电事故这三个层次进行学习。

2) 高压环境触电。

①电弧触电（见图14）。

首先让学生们观看人爬到电线杆变压器造成的触电事故的视频，同时引出问题：接触高压电物体会造成触电，那么靠近而不接触高压带电体会不会造成触电事故呢？

让学生进行猜想。猜想之后，利用电弧触电模型进行演示，让触电假人靠近而不接触变压器，打开电源，让学生人们观察到假人和变压器之间产生了一道一道的电弧，同时氖管发出了黄光。实验证明了会造成触电，从而强调在生活中不仅不要接触低压带电体，更不能靠近高压带电体！

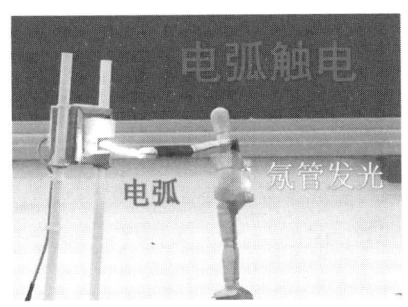

图14 电弧触电

②跨步触电（见图15）。

首先说明，人进入高压落地线的范围内会造成危险，然后用跨步触电模块进行展示，让假人进入危险区域。双脚并拢，跨步，让学生们观察假人身上的LED灯的亮暗，说明跨步会使两脚之间存在电压差造成跨步触电，然后保证电压不变，逐步增加跨步的幅度，观察LED灯的亮暗，判断造成伤害的大小。

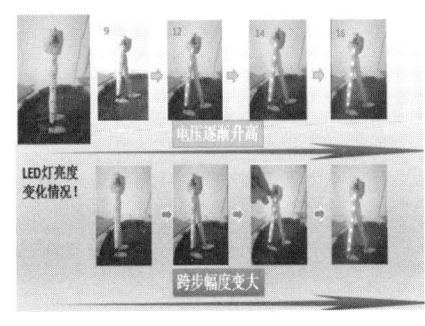 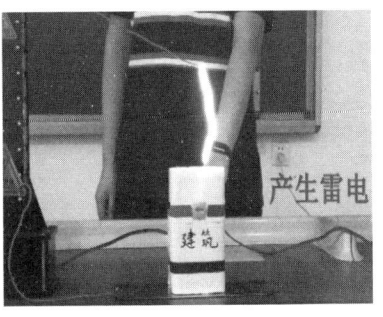

图15 跨步触电　　　　　　　　图16 产生雷电

3）雷电的威力和危害。

首先利用马克思器（雷电产生装置）在课堂当中产生雷电（见图 16），再现雷电现象，让学生们观察到它是一种剧烈的放电现象。接着用自制教具表示建筑，用二极管表示建筑中用电器，安装后了 LED 发光，再次让雷电下劈，把二极管劈坏，用以说明雷电的危害是非常大的。然后在建筑顶端安上尖状金属物（模拟避雷针），再次让雷电下劈，观察效果，二极管没有被劈坏，说明起到保护作用。最后把盒子打开，让学生们观察其内部构造，发现尖状金属物跟一个很粗的导线间接与大地连接在一起，用以说明避雷针的原理。

在人如何防雷阶段，让学生们制作对比模型，借助照相机中的流光快门技术（学生利用手机摄像，老师演示）将雷电定格，证明人在大树下打伞是比较危险的，而人在车里不接触车壁的话则相对安全。

八、实验效果评价

本节课通过大量的自制模拟实验教具将低压环境、高压环境等中的触电事故直观生动地呈现在学生面前。学生们能够在安全环境下进行操作，自主探究生活中常见的触电事故，学会了合理预防和学会正确的处理，一改以往物理教师仅能通过图片、动画的方法上这节课的局面，实现了安全用电这节实验课从 0 到 1 的突破。

而在注意防雷这一板块，开创性地使用了马克思发声器来模拟产生雷电，后续利用摄影技术等科技手段将雷电定格，让雷电现象能够在课堂中直观呈现，真正培养了学生敢于探索自然的精神，同时也落实了学生的物理学科素养。

▶ 高中物理

胡克定律

湖南师范大学附属中学　周曼

一、使用教材

人教版高中《物理必修1》第三章第2节"胡克定律"。

二、实验器材

（一）演示实验

创新自制教具"弹簧弹力与形变量关系探究仪"（见图1）、弹簧、DISlab软件、计算机。

（二）学生实验

创新自制教具"弹簧绕制装置"（见图2）、铁丝、木板、弹簧、钩码、刻度尺。

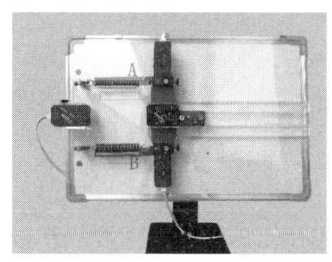

图1　弹簧弹力与形变量关系探究仪

图2　弹簧绕制装置

三、实验创新要点

（1）将弹簧水平安装，用传感器同时测出弹力和对应的形变量，该实验仪器实现了以下功能：

1）将传统实验中用钩码的重力来替代弹簧弹力大小的做法变为用力传感器直接测量，实验原理的解释上更简单直接，更提高了力的测量的精确度；用传感器测量弹簧的形变量，大大减小了刻度尺读数时造成的偶然误差。这都有利于顺利得出实验结论，引出胡克定律。

2）将弹簧由竖直悬挂变为水平放置，减小了弹簧自身重力对实验的影响，可以避免学生对这一问题产生的困惑。

3）可以同时测量两根弹簧的数据，通过图线的对比，可顺利引出劲度系数的概念。

4）该教具还可以实现对劲度系数的进一步探究。例如：探究劲度系数与材料粗细的关系时，可选取（或绕制）两个材料、弹簧圈大小、弹簧长度、匝数都相同，只有金属丝的粗细不同的弹簧，做对比实验，通过实验图线可得出劲度系数与弹簧丝的粗细的定性关系。逐一控制变量，可依次探究弹簧的劲度系数与弹簧圈的大小、单位长度的匝数、弹簧长度等因素的定性关系。

（2）让学生自己动手绕制弹簧，既增加了学生的学习兴趣，又使他们对影响弹簧劲度系数的因素有更深的认识。两个创新教具的配合使用，可激发学生进一步开展对劲度系数的影响因素的探究。

四、实验原理/实验设计思路

用力传感器测量弹簧的弹力，用位移传感器测量弹簧的伸长量，通过图像处理实验数据，得出弹簧弹力与伸长量的定量关系。

五、实验教学目标

（一）知识与技能

通过实验探究，使学生理解和掌握胡克定律，并能加以实际应用。

（二）过程与方法

使学生掌握实验探究物理量之间关系的方法，学会用图像处理实验数据得出结论。

（三）情感态度与价值观

让学生经历和体验探究过程，尊重事实和实验，学会用科学方法积极探究规律与学习新知识。

六、实验教学内容

（一）演示实验

探究弹簧弹力与形变量的关系。通过创新自制实验教具，利用传感器替代钩码和刻度尺，将弹簧的竖直悬挂变为水平放置，通过这些改进使我们能够得到比较精确的实验数据，有利于顺利地导出胡克定律。

（二）学生实验

（1）绕制弹簧。通过自己动手绕制一个弹簧，体验弹簧的软、硬，了解影响弹簧的劲度系数的因素有哪些，知道弹性限度。

（2）自制弹簧测力计。学生利用弹簧、钩码、刻度尺、木板等材料，自己动手制作一个简易弹簧测力计，加强对胡克定律的理解和应用。

七、实验教学过程

（一）新课引入

（1）提出问题：弹力的大小与什么因素有关？

弹力是由于物体发生了弹性形变而产生的，弹力的大小与形变的大小有关。生活经验告诉我们：弹性形变越大，弹力越大。

（2）学生活动：比比谁的力气大？

结论：大小相同的力，作用在不同的弹簧上，产生的形变量不同，从而引出弹力大小与形变量之间的定量关系的探究。

（二）实验：探究弹簧弹力与形变量的关系

（1）实验目的。探究弹簧弹力和形变量的关系；学会用图像法处理实验数据。

（2）实验原理。使弹簧发生形变，弹力 F 用力传感器测量，伸长量 x 用位移传感器测量。

（3）实验步骤。

1）将弹簧水平放置，一端固定，另一端用力传感器拉住，使弹簧处于原长。记录下位移传感器的读数 s_0 和弹力的大小。

2）用力使弹簧伸长，记录下位移传感器的读数 s 和力传感器的读数 F，弹簧的伸长量 $x=s-s_0$，重复多次实验，得到多组数据。

3）以弹力 F 为纵轴，伸长量 x 为横轴建立直角坐标系，根据所得数据描点，再按照各点的分布与走向，作出一条平滑的图线。

4）根据图线写出函数表达式，得出弹簧弹力与伸长量之间的定量关系。

（4）实验注意事项。

1）弹簧放置的水平台要尽可能光滑，减小摩擦带来的误差。

2）所用力不能太大，以免超出弹簧的弹性限度。

3）描点连线时，所描的点不一定都落在线上，但应注意一定要使各点均匀分布在图线的两侧。

（5）实验结论。弹力的大小 F 跟弹簧伸长（或缩短）的长度 x 成正比。

（三）胡克定律

（1）内容：弹簧发生弹性形变时，弹力的大小跟弹簧伸长（或缩短）的长度成正比。

（2）公式：$F = kx$。

其中：k—弹簧的劲度系数，单位为 N/m；x—弹簧伸长（或缩短）的长度，单位为 m。

（3）劲度系数。

1）提出问题：弹簧的劲度系数的大小与哪些因素有关？

2）学生绕制弹簧实验。

3）提出猜想：材料、弹簧丝的粗细、弹簧圈的直径、弹簧的原长、单位长度的匝数等。

4）思考：如何探究劲度系数与这些因素的关系？

（四）知识应用

学生分组实验：自制弹簧测力计。

八、实验效果评价

借助创新自制教具弹簧弹力与形变量关系探究仪和 DISlab 软件，很好地提高了传统实验手段中对弹力和弹簧伸长量测量的精确度，降低了传统实验数据处理的复杂度，为科学准确地引出胡克定律提供了真实可信的数据（见图3）。绕制弹簧活动使

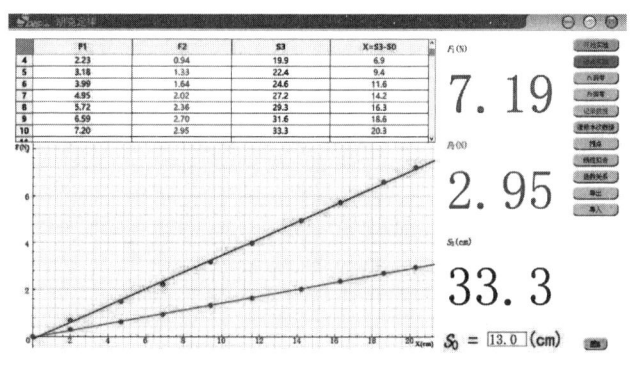

图3　实验数据及作图结果

学生加强了对弹簧的认识，亲身体会到影响弹簧劲度系数的因素可能有哪些，从而进一步激发对劲度系数探究的欲望，课后学生表现出对这一活动的极大兴趣。自制弹簧测力计实验每个小组都能顺利完成，说明学生对胡克定律的教学能够很好地掌握并加以实际应用。

九、实验误差分析

本实验采用的是传感器采集数据代替人工读数、计算机绘图代替手工绘图，大大减小了读数和作图时的偶然误差。将弹簧水平放置，可以避免弹簧自身重力对实验的影响。实验的误差主要来源于弹簧放置的水平台的摩擦、弹簧原长位置的不好确定。

探究静摩擦力大小的影响因素

宁夏六盘山高级中学　罗发海

一、使用教材

人教版高中《物理必修1》第三章第三节。

二、实验器材

自制教具：弹簧测力计、定滑轮2个、干电池、蜂鸣器、长木板、钩码、毛巾2条、水桶、细线、触发器、小木块。

三、实验创新要求/改进要点

（一）实验创新

（1）让学生在课堂上亲自体验摩擦力的产生过程。

（2）能够利用竖直悬挂的弹簧测力计让学生直观地读出摩擦力的大小，也能够直观地观察摩擦力大小的影响因素有哪些。

（3）在最大静摩擦力的观察上利用触发器让蜂鸣器发声，使学生感知恰好发生了相对滑动，同时利用弹簧测力计红色标签位置来读出最大值。

（二）改进要点

本实验在设计上采用水瓶作为配重，利用手拉长木板让小木块和长木板一起匀速运动，但是在操作过程中不易于操作，把用手拉换成可调节传送带效果会更好。

四、实验原理/实验设计思路

（一）实验原理

二力平衡。

（二）实验设计思路

本实验采用观察法、作图法和控制变量法来研究多个变量与某个物理量之间的关系，再利用数据绘制成图像，从图像得出静摩擦力大小与引起相对运动趋势的外力之间的定量关系。同时在处理静摩擦力最大值时采用触发器使蜂鸣器发声，让学生感知什么时候小木块和长木板间恰好发生相对滑动，从而在弹簧测力计上读出最大值。

五、实验教学目标

（一）知识与技能

（1）知道静摩擦力如何产生。

（2）知道静摩擦力的大小与最大静摩擦力的决定因素。

（3）培养迁移类推能力、逻辑思维能力及基本的科学素养。

（二）过程与方法

（1）通过实验探究环节，掌握控制变量法在多因素相关实验中的使用。

（2）通过数据处理的过程，掌握观察法和图像法在科学研究中的使用。

（三）情感、态度与价值观

（1）通过借助已有的知识与方法，类比迁移到解决不熟悉的问题，感受掌握科学研究方法的重要性。

（2）树立正确对待实验数据的科学态度，大胆假设，小心求证。

六、实验教学内容

本实验是对静摩擦力的产生与大小的影响因素定量探究，是对人教版高中《物理必修1》第三章第三节"摩擦力"中演示实验的延伸。"摩擦力"在相互作用这章，学生学习比较困难，其中静摩擦力的产生、大小、方向以及最大静摩擦力的学习是个难点，让学生能够将静摩擦力学习清楚的关键是实验。"探究静摩擦力的产生与大小的影响因素"是这节内容中一个重要的演示实验，而课本的演示实验过于简单也不易于观察。在课本演示实验的基础上进行改进的实验既能培养学生的科学素养，又能提高学生的实验探究能力，并且摩擦力在高考中是一个命题频率较高的知识点。

本实验的重点是掌握科学探究的方法，并知道静摩擦力的产生与大小的影响因素；难点是实验探究过程。为了突破重点，解决难点，我舍去课本上的演示实验，利用自制实验器材定量探究（见图1），用实验数据来说话，让学生对学习静摩擦力的知识更加容易。

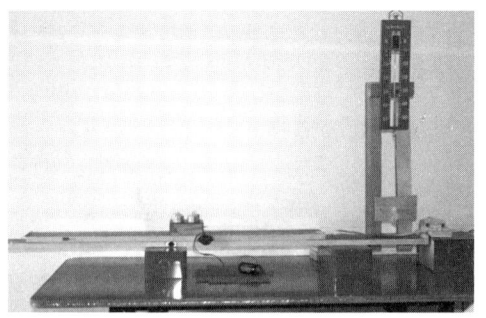

图1 自制实验器材

七、实验教学过程

新课标指出，教学过程是教师引导、师生互动的过程。为有序、有效地进行教学，本实验主要安排以下教学环节。

（一）提出问题

摩擦力如何产生？那么从静摩擦力入手，请同学们猜想静摩擦力的大小影响因素可能有哪些。

（二）猜想假设

请同学们打开课本看教材上的演示实验，让学生通过观察与讨论，引导学生猜测可能的影响因素，并归纳主要观点：可能与接触面的粗糙程度、引起相对运动趋势的外力、接触面的面积、正压力等因素有关。

（三）设计实验

（1）确定实验方法。通过设问："用什么方法来研究多个变量与静摩擦力之间的关系"，学生思考得出"控制变量法"。

（2）选择实验器材。通过设问："当我们改变以上变量时，如何知道大小"，进而给出教师提供的实验器材：弹簧测力计、长木板、定滑轮2个、细线、小滑块、毛巾1、毛巾2、蜂鸣器、钩码、水桶。

（3）确定实验步骤。

1）控制引起相对运动趋势的外力、接触面的粗糙程度、正压力不变，改变接触面的面积。

2）控制引起相对运动趋势的外力、接触面的面积、正压力不变，改变粗糙程度。

3）控制引起相对运动趋势的外力、粗糙程度、接触面的面积不变，改变正压力。

4）控制正压力、接触面的粗糙程度、接触面的面积不变，改变引起相对运动趋势的外力。

（4）实验验证。

介绍课前自制探究摩擦力大小影响因素的实验器材：在一端有定滑轮的长木板上放一块薄板，在薄板上放置四面粘贴不同材质的木块，将一个弹簧测力计固定在竖直放置的木板上。利用定滑轮和细线与木块连接，木块下面的薄木板与左侧的水桶连接。

找两个学生与教师合作，分别负责帮助教师改变接触面积、粗糙程度、正压力、引起相对运动趋势的外力大小，利用观察记录实验数据。其他学生观察如何进行实验操作，协助读数。

1）控制接触面的粗糙程度、正压力、引起相对运动趋势的外力大小一定，改变接触面的面积。通过观察和读取弹簧测力计的读数后（见图2），发现在接触面的面积发生变化时弹簧测力计的读数没有发生变化，根据二力平衡可知物体受到的静摩擦力不变，则静摩擦力的大小与接触面的面积大小无关。

图2　静摩擦力与接触面积的关系

2）控制引起相对运动趋势的外力、接触面的面积、正压力不变，改变接触面粗糙程度（换用不同材料的毛巾改变粗糙程度）。通过观察和读取弹簧测力计的读数后（见图3），发现在接触面的粗糙程度发生变化时弹簧测力计的读数没有发生变化，根据二力平衡可知静摩擦力不变，说明静摩擦力与接触面的粗糙程度无关。

图3　静摩擦力与接触面粗糙程度间关系

3）控制引起相对运动趋势的外力、接触面粗糙程度、接触面的面积不变，改变正压力。通过观察和读取弹簧测力计的读数后（见图4），发现弹簧测力计的读数没有发生变化，根据二力平衡可知静摩擦力的大小不发生变化，则静摩擦力与正压力的大小无关。

图4　静摩擦力与正压力间的关系

4）控制正压力、接触面的粗糙程度、接触面的面积不变，改变引起相对运动趋势的外力（到恰好运动前）。通过观察和读取弹簧测力计的读数后（见图5），观察静摩擦力的大小与引起相对运动趋势的外力间存在关系，猜测 $f_{静}$ 可能 $F_{外}$ 成正比。提问："如何证明正比关系？"引导得出采用"图像法"，如果 $f_{静}$ - $F_{外}$ 图是一条倾斜直线，则说明 $f_{静}$ 与 $F_{外}$ 成正比，并作图证明（让学生画图）。

图5　静摩擦力与引起相对运动趋势外力间的关系

（5）总结结论。通过上面的几组实验观察可以得到静摩擦力的大小与接触面的面积、接触面的粗糙程度、正压力的大小均无关，只随引起相对运动趋势的外力的变化而变化。二者在大小上始终相等、方向上始终相反，并且静摩擦力属于范围力，其大小在 $0<f\leqslant f_{max}$。

（6）提出问题：最大静摩擦力和哪些因素有关？猜想：正压力和粗糙程度。

1）保持接触面的粗糙程度一定，改变正压力大小让学生观察变化。这个过程中在小木块前方装上蜂鸣器，当小木块刚要滑动的时候就会触发开关蜂鸣器报警，此时学生观察弹簧测力计的变化情况，同时在弹簧测力计上安装卡槽来观察（观察弹簧测力计上的红色卡槽所处位置不同）。第一次在木块上放置4个钩码，第二次在木块上放置8个钩码，发现在接触面的粗糙程度一定的情况下，正压力越大物体越不容易被拉动（见图6），说明最大静摩擦力和正压力有关。

图6　最大静摩擦力与正压力间的关系

2）保持正压力一定，改变接触面的粗糙程度让学生观察弹簧测力计的变化情况。在正压力一定的情况下，当蜂鸣器发声时说明滑块恰好要滑动。观察弹簧测力计的变化（观察测力计上的红色卡槽的位置），发现接触面的粗糙程度不同，物体发生相对运动的趋势不同（见图7），说明最大静摩擦力的大小和接触面的粗糙程度有关。

图7　最大静摩擦力与接触面粗糙程度间的关系

（7）误差分析。

1）系统误差：仪器测量精度低。

2）偶然误差：在最大静摩擦力的测量中读数不精确。

八、实验效果评价

（1）舍去课本上的简单演示实验，变为自制实验器材，弹簧测力计上的示数易于观察，避免了直接拉动木块时弹簧测力计示数的不稳定性。

（2）从探究方案的设计、实验操作到结论的得出都由教师引导，师生共同完成。通过这次探究式的教学，学生不仅知道了静摩擦力大小的影响因素，还知道了实验探究的基本环节，并掌握了控制变量法、图像法的使用，基本完成了教学目标中的要求。

（3）通过定量的探究过程、循序渐进的引导、一步一步的操作、实验数据的分析处理，基本突破了本实验的重难点。

（4）在测量最大静摩擦力的时候利用蜂鸣器来体现恰好滑动效果明显。

同时，本节课也存在以下几点不足之处：

（1）由于器材限制，采用了演示实验。如果能够做到学生分组实验，更能锻炼并提升学生的实验操作能力、合作探究能力。

（2）在最大静摩擦力的测量中由于实验器材的精度不够，导致测量的数据误差较大。

（3）如果将水桶拉动木板改为可调转速的传送带，效果会更好。

向心力

南昌三中 支磊

一、使用教材
人教版高中《物理必修2》第五章第6节"向心力"。

二、实验器材
自制向心力演示仪、各种圆周运动实验模块，向心力大小体验教具。

三、实验创新要点
（1）利用电子测力计的数据锁定功能解决了测力计旋转时难于读数的问题。

（2）利用霍尔传感器与强磁铁组合实现对角速度的精确测量。

（3）测力计与小车在轨道上的位置可方便调整，从而可以任意改变物体做圆周运动的轨道半径。

（4）多种实验模块可选，既可实现对向心力大小的实验探究，又可提供多种物体做圆周运动的真实情境，帮助学生分析理解向心力的来源。

四、实验原理
电子测力计可以测量物体做圆周运动时向心力的大小，在数据稳定2s后锁定数据，停止转动就可读出向心力的大小；利用霍尔传感器和磁体组合可以测量物体做圆周运动的周期，计算出角速度，并直接在屏上显示出来。

利用控制变量法和图像法验证向心力（F）大小与物体质量（m）、转动半径（r）、角速度（ω）的关系。如：验证向心力大小与角速度的关系，可保持物体的质量和转动半径不变，改变物体做圆周运动的角速度并测出对应的向心力大小，测量多组数据，用Excel软件描绘出$F-\omega^2$图像，如果图像是一条过原点的直线就可以验证F与ω^2成正比。同理，若研究向心力与质量的关系，可以画$F-m$图像；若研究向心力与半径的关系，可以画$F-r$图像。

五、实验教学目标

（一）物理观念

理解向心力的概念，会分析向心力的来源。

（二）科学思维

控制变量法、图像法。

（三）科学探究

根据实验数据推导出向心力与质量、半径和角速度的关系。

（四）科学态度与责任

严谨认真、实事求是的科学态度。

六、实验教学内容

(1) 体验性实验。体验、观察向心力的大小与哪些因素有关。

(2) 探究性实验。探究向心力大小与物体质量、转动半径、角速度的关系。

(3) 拓展性实验。分析各种做圆周运动物体向心力的来源。

七、实验教学过程

（一）魔术引入，激发兴趣

甲、乙是两个双层杯子，内层杯子可以旋转。表演分两步：先用甲杯子盖住桌上的两个小球，让学生看见球被盖上的过程，此时乙杯中的小球附着在旋转的内层杯子上，学生看不到小球；然后让甲杯内层杯子开始旋转，小球随着杯子旋转被隐藏起来，与此同时让乙杯内层杯子停止旋转，乙杯里的小球掉落在桌上，学生看到的现象好像是甲杯中的小球转移到乙杯中（见图1）。

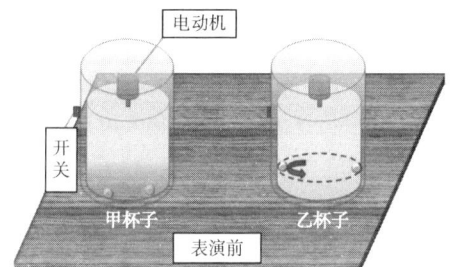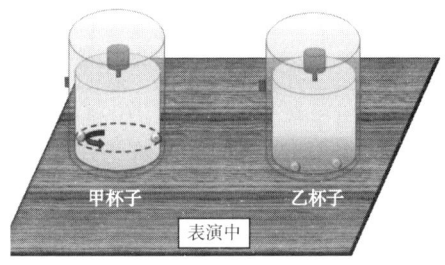

图1　"乾坤大挪移"魔术表演

（二）演示实验，引出概念

(1) 让学生用手拉着绳子带着小球在水平桌面上做匀速圆周运动（见图2），让手感受绳子的拉力，分析小球受到绳的拉力的方向。

(2) 老师演示物体做匀速圆周运动的实例（见图3、图4），分析这些物体受合力的共性，从而引入向心力的概念。

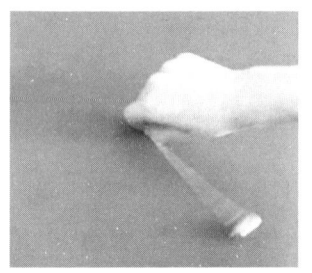

图2　用手体验向心力的方向

图3 物体在转盘上做匀速圆周运动

图4 物体在光滑漏斗里做匀速圆周运动

(三)深入研究,发现规律

在图2实验中,改变小球质量、转动半径、转动角速度,让学生感受到手受到的绳子拉力不同,从而猜想向心力大小与物体质量、转动半径、转动角速度有关。

(1)理论推导。由向心加速度的表达式和牛顿第二定律推导出向心力的表达式:$F=mr\omega^2$。

(2)实验验证。

1)实验装置。装置原理图如图5所示。装置实物图如图6所示。

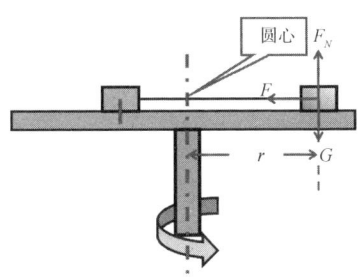
图5 装置原理图

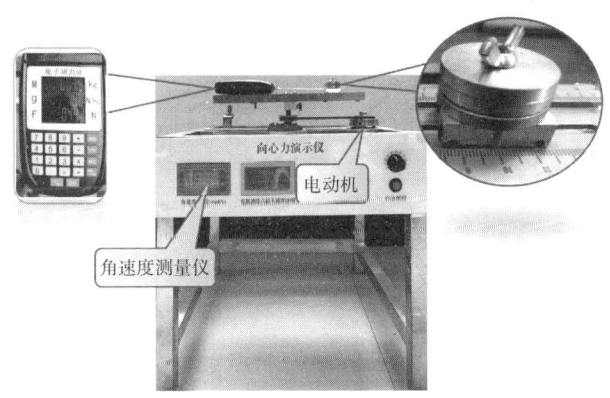
图6 装置实物图

2)实验过程。

①验证向心力大小与质量的关系。保持小车转动时角速度不变、半径不变,只改变小车的质量,记录数据(见表1),研究向心力与物体质量的关系(见图7)。

表1 记录数据一

m/kg	0	0.050	0.075	0.100
F/N	0	1.372	2.058	2.744

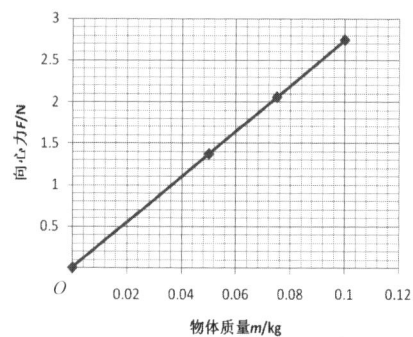

图7 向心力与质量的关系

实验结论：物体运动的角速度、半径一定时，$F\propto m$。

②验证向心力大小与半径的关系。保持小车转动时角速度不变、质量不变，只改变小车做圆周运动的半径，记录数据（见表2），研究向心力与半径的关系（见图8）。

表2 记录数据二

r/m	0	0.06	0.07	0.08	0.09	0.12
F/N	0	3.283	3.822	4.410	4.945	6.762

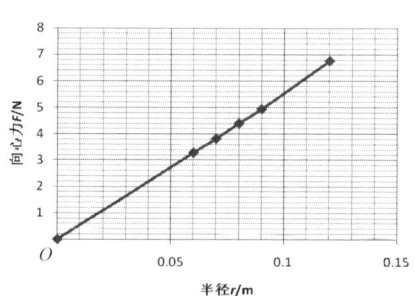

图8 向心力与半径的关系

实验结论：物体质量、运动的角速度一定时，$F\propto r$。

③验证向心力大小与角速度的关系。保持小车质量、做圆周运动的半径不

变，改变角速度大小，记录数据（见表3），研究向心力与角速度的关系（见图9、图10）。

表3 记录数据三

$\omega/$ (rad·s^{-1})	0	11.20	15.39	20.00	23.24
$\omega^2/$ (rad·s^{-1})^2	0	125.44	236.85	400.00	540.10
$F/$N	0	1.274	2.352	4.116	5.488

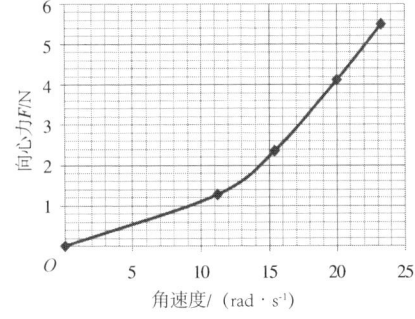 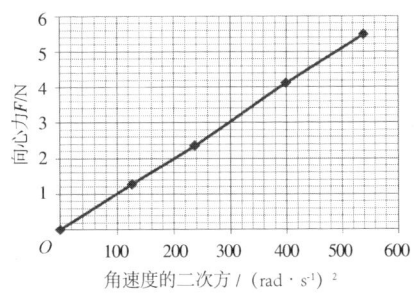

图9 向心力与角速度的关系　　图10 向心力与角速度二次方的关系

实验结论：当物体质量、运动半径一定时，$F \propto \omega^2$。

通过实验，验证了前面的理论推导（见图11），即 $F = mr\omega^2$。

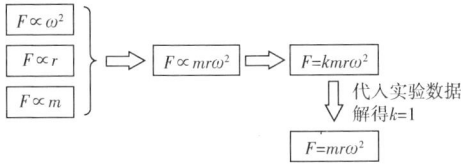

图11 综合推导过程

八、实验效果评价

利用自制的向心力实验仪定量研究了向心力大小与物体质量、转动半径、转动角速度的关系，可帮助学生深刻理解向心力的表达式，实验数据精确，学生参与度高，课堂教学效果好。整个研究过程有利于学生物理观念的形成及科学思维方式的养成，提高了学生的科学探究能力。

定量探究圆周运动向心力的大小

四川省南充高级中学　刘兴　谢泽坤

一、使用教材

本节课选自教科版高中《物理必修2》的第二章第二节"向心力和向心加速度"。

二、实验器材

朗威力传感器、朗威光电门、圆柱体、调平仪、半径调节装置、转换装置、扭动装置（见图1）。

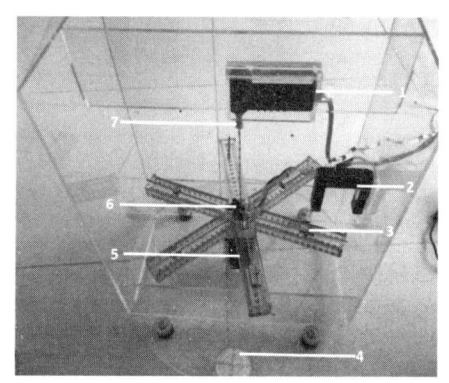

图1　实验主要装置

三、实验创新要点

（一）教材设计思路

首先用向心力感受实验引出向心力的定义，再利用分组探究实验来探究影响向心力大小的因素，最后利用传统向心力演示仪来定性地探究向心力大小。传统的向心力演示仪利用对比法，只能粗略探究向心力的表达式。虽然简单直观，但是误差太大，其利用有限的定性分析得到了定量的结果，实验结果缺乏科学性，不能充分地体现物理核心素养的要求。

（二）最新出现的改进实验

（1）朗威向心力实验装置（见图2）是全定量的实验设备，其精度高，效果明显。它的缺点是：第一，此实验装置角速度无法调控；第二，全依赖数学图像，没有充分向学生展示控制变量法的基本操作，而控制变量法是探究多变量影响因素的基本方法；第三，通过装置可以看出，其原理是在不计摩擦力的情况下水平的拉力等于向心力，但是缺少调平装置，缺乏科学性。其可取之处如下：第一，研究对象为调节方便，便于找质心的圆柱体；第二，图像法；第三，用轻杆固定圆柱体，防止圆柱体滑动。

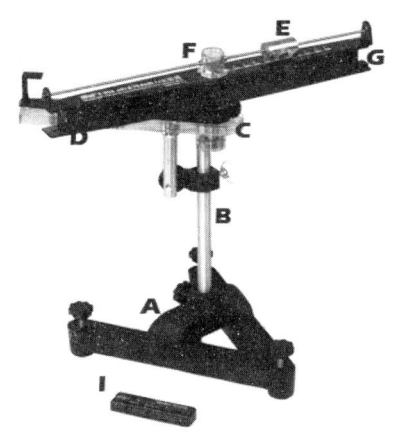

图2　朗威向心力实验装置

（2）2017年出现的较好实验设备都有如下共同特点：第一，传感器精度不高，虽然数据稳定，但是数据结果缺乏科学性；第二，用轻绳固定圆柱体会发生左右晃动，进而影响实验结果；第三，探究向心力与角速度的关系的时候，将直接将一条曲线视为抛物线，缺乏科学性。

（三）我们对实验装置的改进

（1）将水平仪固定在底盘，利用四个底座和气泡水平仪来调整实验主体装置，使其水平。

（2）利用变压器将生活高压交流电转变为低压直流电，利用驱动器驱动直流电动机转动，利用控制器控制电动机转动的转速，进而控制角速度。

（3）利用转换装置将水平方向的向心力转换为竖直方向的拉力。

（4）利用链条式扭动装置，解决竖直扭转和缠绕的问题。

（5）利用力传感器直接读出向心力的大小。

（6）利用光电门，直接读出挡光时间，间接计算线速度，进而间接扫描出瞬时角速度的大小。

（7）利用DISlab软件，直接读出向心力的大小，间接扫描角速度的大小，直接拟合向心力和角速度的图像。

（8）利用高清摄像头，将水平面内的装置投影在竖直面内，便于介绍实验的主要结构和放大实验现象。

（9）利用刻度转槽，便于读出小圆柱质心运动的轨道半径和防止加速离心。

（10）利用无线控制器来远程控制实验。

通过透明亚克力板，将水平仪、电机、刻度转槽、转换装置、扭动装置、力传感器、光电门组装起来，便于学生更加清楚知道实验原理和内部结构。通过电箱将变压器、控制器、驱动器、无线控制器组装好，便于调控电源电压、转速和控制电路。

四、实验原理

（一）实验研究对象

质量不同的圆柱体。

（二）实验原理

受轻杆拉动的圆柱体在水平桌面内做匀速圆周运动。

（三）实验装置

（1）调平装置。

（2）扭动装置：利用活动轴承链接，解决扭转缠绕的问题。

（3）半径调节装置：改变圆柱体质心的位置，改变其圆周运动轨道半径。

（4）质量调节装置：旋转转换装置，选择不同质量的圆柱体。

（5）角速度调节装置：调节转速、改变角速度。

（6）光电门：间接扫描角速度大小。

（7）力传感器：用于直接读出向心力大小的稳定值。

本实验通过半径调节装置、质量调节装置、角速度调节装置，来控制半径、质量、角速度，从而将本实验的基本方法——控制变量法发挥得淋漓尽致，其精度也能达0.01N。

五、实验教学目标的确立过程

（一）学情分析

通过学情试题调研，统计学生的问题，分析学生知识水平和能力水平，进而总结出学生的学情。以便于我们确立实验教学的目标和重难点。

（1）学情调查试题。

第一题：用动量表示牛顿第二定律，并说明物理意义。（10分）

第二题：说明匀速圆周运动的角速度、线速度、周期、转速、频率的定义和物理意义以及相互关系。（10分）

第三题：总结匀速圆周运动的规律。（10分）

第四题：怎么理解向心力和向心加速度？（10分）

第五题：联想已学过知识，指出哪两个物理量成一次函数关系，并说明常数和斜率的物理意义。（10 分）

第六题：指出已学过哪两个物理量成二次函数关系，说明二次系数和一次系数，以及常数项的物理意义。（10 分）

第七题：计算 F_1 和 F_2 夹角为 135°的合力。（10 分）

第八题：利用已给出 F 和 a 的数据，在 Excel 中作图。（10 分）

第九题：说明 DISlab 中如何查看力的稳定性。（10 分）

第十题：列出生活中 5 个圆周运动现象，说明向心力的方向。（10 分）

（2）学情总结。

1）物理知识方面：基于最近发展理论，学生最近掌握了描述匀速圆周运动快慢的物理量，部分学生能够利用数学向量知识从理论上推出向心加速度的表达式。但是很多学生对动量概念不了解。虽然学习速度时候介绍过动量，但是学生未引起足够的重视，对这个概念也没有深入了解。

2）数学知识方面：学生对数学的一次函数、二次函数关系以及数学向量已经熟练掌握。

3）技术手段方面：多数学生已经掌握用 Excel 软件处理数据、拟合图像的方法。从以上数据发现，学生利用信息技术处理数据能力比较欠缺，对 DISlab 软件的操作不够熟练。

（二）实验教学目标以及重难点

由教材分析、学情分析和实验操作的基本要求，确定教学目标及重难点如下：

（1）教学目标。

1）知识上让学生感受向心力、探究向心力的基本方法。

2）能力上，通过让学生实验操作、观察分析、数据处理，竭力培养学生物理学家的思维方式和思维品质。

（2）教学重点。

1）感受向心力与哪些因素有关。

2）定量探究向心力的表达。

（3）教学难点。定量探究向心力的表达。

（4）教学难点及其化解。将引导学生感受两个兴趣实验：第一，硬币为何在气球内做圆周运动；第二，质量较轻小球拉加重大球。操作两个分组探究实验来化解难点。

六、实验教学内容及过程

（一）引出基本概念

通过兴趣实验1（见图3），首先启发学生思考：硬币怎么能在气球内做圆周运动呢？进而引出向心力。通过兴趣实验2（见图4），较轻的小球又怎么能将较重的大球向上拉起来呢？引出向心力的大小。

图3　硬币在气球内做圆周运动

图4　小球拉大球

（二）向心力大小定性因素

环环相扣，层层递进，再次启发学生思考，向心力的大小与哪些因素有关呢？引出兴趣实验3（见图5）。引导学生感受向心力大小与各个物理量的定性关系。通过前面的学习从而找到向心力大小与角速度、半径、质量的定性关系。

（三）向心力大小定量表达式

（1）探究向心力与角速度的关系。控制质量和轨道半径一定，探究向心力与角速度的关系，此处引入高次正比分析法。

图5　水平桌面抡小球

1）首先打开DISlab软件，通过力传感器随机扫描向心力作为纵坐标、利用光电门计算出角速度作为横坐标，进而直接拟合图像（见图6）。

2）启发学生利用画曲为直的思想，像物理学家一样猜想、验证向心力与角速度的种种关系，进而找到向心力与角速度二次方的图像，从而得到在误差允许的范围内，向心力与角速度二次方成正比（见图7）。

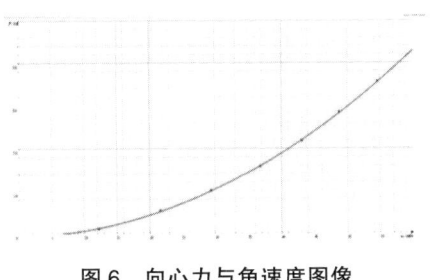

图6　向心力与角速度图像　　　　图7　向心力与角速度二次方图像

（2）探究向心力与半径的关系。探究向心力与半径的关系，控制质量和角速度一定（见图8）。

（3）探究向心力与质量的关系。探究向心力与质量的关系，控制半径和角速度一定（见图9）。

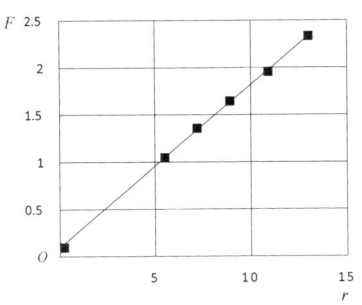
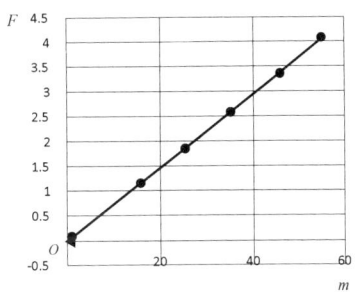

图8　向心力与半径的关系　　　　图9　向心力与质量的关系

利用这套演示仪，通过分组实验，很容易得到了向心力与角速度、向心力与角速度二次方、向心力与半径、向心力与质量的四幅图像，进而总结出向心力大小的正比表达式。启发学生思考 k 值等于多少。

（4）向心力大小理论与实验融合。引导学生通过大量的实验数据分析，得出在国际单位制下 k 值就等于 1，轻而易举地得到了向心力表达式 $F=m\omega^2 r$。最后结合向心力的理论推导验证实验结果，实现理论与实验的完美融合，就这样突破实验的难点，突出实验的重点。

七、实验效果评价

本实验运用了控制变量法、图像法、高次正比分析法等。这套新颖直观、操作简单、效果显著、精度极高的实验设备，能帮助学生在学习的乐趣中提高物理核心素养。

几种典型圆周运动模型的实验探究

宁夏吴忠市吴忠高级中学　马丽坤

一、使用教材

人教版高中《物理必修2》第五章"曲线运动"。

二、设计思想

圆周运动是人教版高中《物理必修2》"曲线运动"中主要的学习内容之一，也是生活和生产中常见的运动形式。这部分内容不仅要讨论圆周运动的规律，同时要用牛顿运动定律对圆周运动进行分析，是学生所学运动学和动力学知识在圆周运动中的具体应用和拓展延伸。

在《普通高中物理课程标准（实验）》中，对于这部分知识课标要求为：①会描述匀速圆周运动，知道向心加速度；②能用牛顿第二定律分析匀速圆周运动的向心力，分析生活和生产中的离心现象；③关注圆周运动规律与日常生活的联系。这就要求教师在实际教学中，不仅要重视对圆周运动及其规律认识过程的优化设计，更要重视学生对圆周运动现象的深入观察和对圆周运动规律的亲身体验。

但在具体的教学实践中，我们发现：第一，对于教材中列举的一些圆周运动，有不少学生缺乏体验和认识，如游乐场的旋转椅、离心机等；第二，新课程教材中虽然设计了一些探究性实验，但缺乏教学仪器，对高中学生进一步开展探究性学习和创新能力的培养作用发挥不够，如"用圆锥摆粗略验证向心力的表达式"等；第三，学生经常会面临一些在常见的圆周运动模型的基础上变化多端的物理问题，知识容量和难度陡然增加，抽象思维要求高，致使学生在解决圆周运动问题时出现诸多困难。

基于这样的现状和认识，我在教学中，设计了一套自制教具——"几种典型圆周运动模型探究演示仪"（见图1），用于教师和学生进一步定性观察和定量探究匀速圆周运动的特征及其规律。

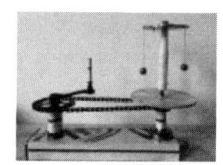

图1　几种典型圆周运动模型探究演示仪

三、实验教学目标

匀速圆周运动是生活和生产中常见的运动形式，也是学生所学运动学和动力学知识具体应用的常见问题模型。本节课试图通过自制的探究演示仪来模拟再现几种常见的匀速圆周运动现象，结合教具特点，设计相应的物理问题，组织学生通过实际操作、现象观察和理论分析相结合的探究方法，使学生进一步了解匀速圆周运动的特征，判断向心力的来源，学会应用牛顿运动定律和匀速圆周运动的特点来定量分析有关问题。

本节课的目标是：

（1）增强学生的感性认识，激发学生的学习兴趣和探究热情。

（2）更好地帮助学生理解和解答一些常见的匀速圆周运动的实际问题，并能构建相应的物理模型。

（3）让学生在获得知识的同时，体验科学探究过程，了解科学研究方法，培养实验探究、交流归纳、解决问题的能力。

四、实验内容设计

利用"几种典型圆周运动模型探究演示仪"，设计的实验内容如下：

（1）观察链条传动和同轴转动的特点，进一步理解线速度与角速度（转速）之间的关系，重点探究和验证链条传动中主动轮和从动轮之间的转速关系（见图2）。

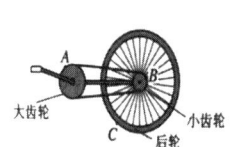

图2 链条传动和同轴转动

（2）观察不同的物块在水平转盘上做圆周运动以及侧滑的情况（见图3），探究物块做圆周运动所需向心力与哪些因素有关。重点观察、比较不同物块做离心运动的情况，理解控制变量的物理思想。

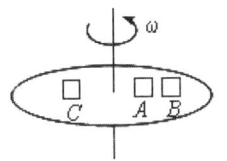
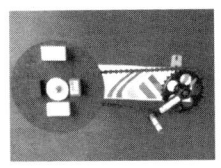

图3 水平转台

（3）观察两根细绳所系小球随转轴匀速转动的情况，探究细绳上的拉力随转速变化的情况和有关的临界问题（见图4）。

（4）观察小球在倒圆锥容器内的圆周运动，探究小球所需向心力的来源及特点（见图5）。

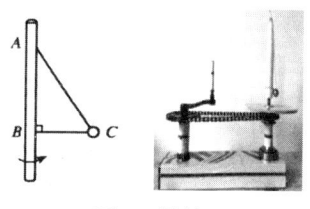
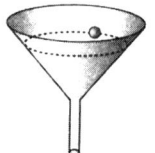

图4　转轴　　　　　　　　　　图5　倒圆锥转台

（5）观察小球在圆锥容器外的圆周运动，探究小球所需向心力的来源、特点，以及有关的临界问题（见图6）。

（6）观察和探究"旋转椅"现象，重点引导学生构建"圆锥摆"模型（见图7）。

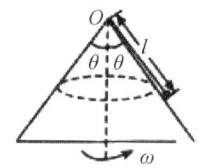
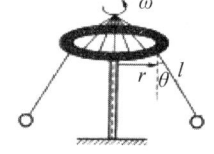

图6　圆锥转台　　　　　　　　图7　"旋转椅"模型

五、实验方法设计

（1）设计问题，猜想，理论分析（任务驱动法）。
（2）实验演示，对比观察，验证结论。
（3）设计实验，改变条件，探究分析，构建模型。

六、实验教学过程

此处以实验内容1、2为例说课并演示。

（一）实验教学1

观察链条传动和同轴转动的特点，进一步理解线速度与角速度（转速）之间的关系，重点探究和验证链条传动中主动轮和从动轮之间的转速关系。

（1）教师展示"自行车链条传动结构"教具。

（2）教师提出问题：为什么说与链条接触的轮缘上的质点线速度大小相等？（这是一条基本结论，但学生明白原因且有感知的不多。）

（3）教师组织学生进行理论探究。

（4）教师演示和讲解大小齿轮的特点，重点让学生看清大小轮上的齿形相同并与链条孔一一对应的特点。

（5）教师进一步提出问题：知道了大小齿轮的特点，能否根据它们的齿数得知它们之间的转数关系？

（6）教师组织学生猜想、理论探究、交流汇报。（结论应为 $\omega_1 : \omega_2 = n_2 : n_1$）

（7）教师组织学生通过教具数出实际齿数，以及大小轮在一定时间内的转数，验证学生理论探究的结果。（本套教具中大小轮的齿数为28、16，其转数比为4：7。）

（二）实验教学2

观察不同的物块在水平转盘上做圆周运动以及侧滑的情况，探究物块做圆周运动所需向心力与哪些因素有关。重点观察、比较不同物块做离心运动的情况，理解控制变量的物理思想。

（1）教师先出示一个考查题目，并组织学生解答和交流。

（2）教师介绍自制教具，创设题目所叙述的物理情景，并实际演示，让学生观察和比较，从而验证自己的判断结果。

（3）通过控制变量，改变条件，多次实验探究，师生共同归纳出此类问题的特点，构建"转盘—滑块"模型。

七、教学反思

这节课的实验设计，主要是通过自制教具帮助学生熟悉几种常见的匀速圆周运动，进一步掌握匀速圆周运动的特点和规律，并构建相应的物理模型。本套教具取材简单，操作方便，演示效果好，课下学生还可以自主体验和进一步开展探究活动，能激发学生的学习积极性和动手探究的热情。这组实验增强了学生的感性认识，对学生解答匀速圆周运动的理论问题有较大的帮助。但本实验定性演示多、定量研究不够，需在今后的教学中进一步改进。

单摆精准验证最低点向心力表达式

青海师范大学附属第二中学 李永兰

一、教材分析

本节课的授课内容是人教版高中《物理必修2》第五章第六节"向心力"。上一节课从运动和力的关系引入向心加速度,本节课首先根据牛顿第二定律和向心加速度表达式得到向心力的表达式,通过实验对向心力的表达式进行验证,所以本节实验课对学生了解向心力的概念、体验向心力的存在、分析向心力的来源、计算简单情景中的向心力有着非常关键的作用。

二、实验器材

我依据课本实验的设计意图进行改进,在原有实验器材的基础上,将圆锥摆改成竖直平面内摆动的小球,增加了传感器。所以我设计的实验需要的器材有:铁架台、带有细线的金属球、力传感器和光电门传感器、数据采集器和数据连接线(见图1、图2)。

图1 实验仪器安装

图2 小球球心与光电门小孔在同一直线

三、实验教学目标

高中物理学科的核心素养包括以下四个维度:物理概念和应用、科学探究和交流、科学思维和创新、科学态度和责任。本节课紧密围绕核心素养,制定了以下教学目标:

(1)让学生了解"用圆锥摆粗略验证向心力的表达式"的实验分析思路,学会对已有结论进行验证的实验方法。

(2)让学生充分体验实验过程,了解课本实验的不确定性,寻找解决办法,思考改进措施。

(3) 与小组成员协作完成实验的各个环节，重视学生实验技能的提高，让学生会分析实验数据，培养学生获取知识和分析实验误差的能力。

关键词：了解、学会、体验、寻找、协作、实验技能、分析数据、分析误差。

四、实验改进要点

课本的实验是"用圆锥摆粗略验证向心力的表达式"，这个实验的优点是尽量采用通用器材方便实验的开展，同时通用的实验器材可以拉近学生的距离，学生容易理解实验的分析方法。但是难点在于不易保持摆球的圆周运动，让小球转一两圈就停止了。所以课本实验实际操作困难，物理量难以测量，实验只能进行理论推断。

向心力演示仪和向心力演示器都是演示仪器，器材现成，数据过于直观明了，只能定性说明向心力的表达式。我认为这两个实验均不能使学生参与其中，学生无法体验到过程学习。

通过仔细阅读课程标准，我想课本实验设计的目的不仅仅是验证向心力表达式的正确性，还希望通过这个实验的设计让学生掌握牛顿第二定律在圆周运动中的应用。所以我希望能在课本实验的器材的基础上进行改进，增加传感器，让学生能寻找出一个向心力问题中的常用模型来验证向心力表达式，将不可测量变成可测量。这样实验改进的设计思路就出来了。

（一）实验的设计过程

(1) 将力传感器固定在铁架台上，挂钩系金属小球。

(2) 在小球摆下的最低点位置放置一个光电门，尽量让小球的球心与光电门的两个小孔在一条直线上。

(3) 拉起小球，让摆线摆开一点角度，注意摆线处于拉直状态，调整好位置，让小球从静止开始摆下，金属球在竖直面内摆动。

(4) 利用传感器我们可以获得小球摆到最低点时的拉力 F 数据，及金属球摆到最低点通过光电门的时间 t。

(5) 利用数字化实验软件进行设置，可以直接获取拉力 F 和速度 v^2 的相关数据。

(6) 利用不同的摆角，获得多组数据，最后通过图像验证结论。

（二）实验创新改进后的优点

(1) 贴近课本实验意图。

(2) 实验原理简单，便于理解。

（3）器材少，易安装，易操作，易获取数据，图像直观明了。

（4）将讲实验变成做实验，学生充分体验实验过程。

五、实验原理

通过对摆球运动到最低点进行受力分析，由 $F - mg = mv^2/R$ 得到表达式 $F = mv^2/R + mg$，只需利用图像验证 F 与 v^2 成一次函数的关系即可。

六、实验教学内容

（1）教师引导，寻找新的实验设计。

（2）学生进行实验活动，得出结论，分析误差。

（3）自主阅读、教师引导和以学生为主体的实验。

七、实验教学过程

本次实验课在物理数字化实验室进行，将学生三个人分成一个小组，通过小组合作进行验证性实验。在教学过程中共设置有四个环节。

（一）第一环节

以教师引导为主，创设问题情景，提出预设问题，由学生思考、分析、讨论、回答。

（1）利用牛顿第二定律推导向心力表达式。

（2）实例分析导出向心力概念和特点，分析来源。

（二）第二环节

选择两个贴近本节实验要求的模型，通过分析、自主阅读、体验活动，让学生思考实验的改进方案。

（1）本实验要求小球在水平面内做什么运动？

（2）实验是如何验证向心力关系式的？

（三）第三环节

在前两个环节的基础上，让学生设计实验进行实验操作。本环节以学生为主体，教师利用微课和巡视指导的方式协助学生完成实验。

（1）实验桌面上有一个铁架台，上端均放置一个单摆，请你们让小球做一个圆锥摆运动，尝试用书上介绍的方法进行实验。

（2）你认为本实验最大的困难是什么？

（3）如果让小球与竖直方向摆开一定的角度，由静止释放。有没有办法来验证向心力的表达式呢？

（四）第四环节

首先通过微课让学生学会数据图像的处理方法，并引导学生进行误差分析。

八、实验效果评价

（一）实验过程评价

在备课中，我预设本节课可能出现的问题，一共准备了四个微课：实验操作步骤、软件公式编辑、数据图像处理、实验误差分析。实际授课中发现部分学生操作不当，通过微课引导，让学生进行调整。

在学生实验操作过程中，我还观察到每个小组的同学参与度高、他们之间的合作性强。因此我认为通过本节实验课，激发了学生的创新意识，培养了学生的实验技能。

（二）实验数据评价

在现有的实验室器材中，传感器引起的误差相对比较小，而因学生操作不当引起的实验误差相对比较大。针对这一问题，我会通过微课进行引导，在学生操作练习后，要求他们重新进行实验，让他们完成三组实验，每组让摆角从大到小变化六个位置获取数据 F 和 v。从学生完成的数据图像（见图3）可以发现，学生操作越熟练，获得的数据就越接近实验结论。

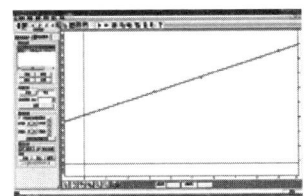 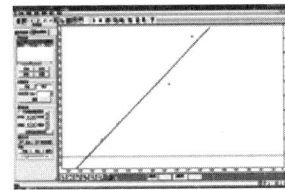 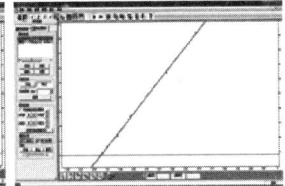

图3　学生实验数据图像

（三）本节课的成功之处

本节课合理地运用了多媒体课件，设置了由浅入深、前后连贯的几个问题，引导学生讨论、交流，最终确定了实验方案。当学生有困难的时候，我利用巡视指导学生实验的机会解答学生遇到的困难和问题，使学生增强了参与意识，展现了学习的积极性、主动性。

（四）本节课的不足之处

大班授课，学生人数多，时间紧，尤其是在最后的误差分析上匆匆结束，教师的总结没有完成。

外力作用下的振动

广西南宁沛鸿民族中学 李优

一、使用教材

"外力作用下的振动"选自人教版高中《物理选修3-4》第十一章第五节。

二、实验器材

（1）硬件：声波碎玻璃杯器、听话摆、智能手机、共振钵、软尺、共振演示摆球器。

（2）软件：歌唱音调仪 APP、音频发生软件、频率采集软件 Sonic Tools、希沃授课助手、手机录像慢放软件。

三、实验创新要点与改进要点

本系列实验分为硬件与软件两个方面的创新。

（一）硬件上的创新（见图1）

声波碎玻璃杯仪器原本体积大，需要示波器与精确的工业级采频器才能实现。课堂演示的声波碎玻璃杯器是现在全国唯一一套仅使用手机软件辅助就能全程实现碎玻璃的仪器。其他6个创意实验取材简单，效果明显，全部学生既可个体体验，又可集体参与。7个实验成为一个系列，层层推进，让学生充分体验到振动的神奇。

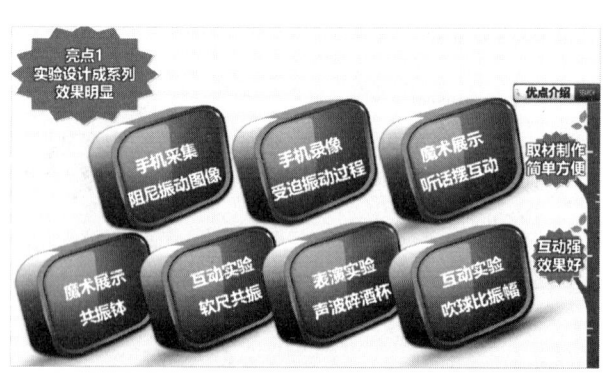

图1 7个成体系的创意实验

（二）软件上的创新（见图2）

使用手机强大平台功能，广泛采用市场上各类成熟的 APP。

（1）同屏投影软件把物理实验的细节过程放大投影出来，全班能直接观看投影效果，增加参与度。

（2）原本难以获得的阻尼振动图像可以使用音频采集 APP 采集，使得研究变得简单、真实。

（3）手机录像+慢放功能，使得受迫振动的情况更容易被研究，全班可以现场分组各测量一个受迫振动小球的周期。

（4）频率采集软件+声波发生软件能轻松把声波碎玻璃杯实验简化，使得整个仪器成本极低，为它进入课堂的铺垫了良好的前提条件。

图2　以手机为平台的各类软件

四、实验原理与实验设计思路

外力作用下的振动是生产生活中非常普遍的现象，但由于课本设计的实验较少，学生对于阻尼振动特征、受迫振动的规律、共振的条件与现象都难以深入了解。物理的趣味与美妙并不能铺展开来，故而从课本知识点出发，把每个知识点都用创意而又奇妙的实验展现出来，以期待学生能畅游在科学的国度里。

探讨阻尼振动特征、受迫振动的规律时，引入电子技术辅助使得学生更好地理解现象背后的本质，帮助学生更好地认识了客观规律。多重互动性的共振体验让学生真正掌握共振的条件与特征。课堂还引领了学生翻上了另一个知识的高峰，即认识到共振的本质是驱动力对物体做正功趋于最大。

五、实验教学目标

提升学生的核心素养，培养研究所必备的能力与技巧，主要做到以下三维目标（见图3）。

（1）掌握阻尼振动特征、受迫振动的规律、共振的条件与现象。

（2）学会寻找事物的相同特征，猜想研究方向，进而能够指明自己的研究方向。

（3）在寻找共振的条件过程中思索共振的能学观点，在共振现象的解释中做到知识与能力的迁移。

图 3　三维目标

六、实验教学内容

（1）阻尼振动的定义、特征。

（2）受迫振动的定义、特征。

（3）共振的条件、特征，尝试对生产生活中各类共振现象进行解释，提出应用与防止的思路。

（4）通过亲身体验，理解共振的真实原理为外力（驱动力）频率等于物体固有频率时外力（驱动力）对物理做正功趋于最大，使得物体机械能增大，振幅达到最大化。

七、实验教学过程

（一）教学目标1：阻尼振动的定义、特征

课本把阻尼振动的定义、振幅随时间变小的知识点解说得非常到位。但有两个小遗憾：没有对应实验，而是直接给出了阻尼振动图像；没有说明随着时间的推移，阻尼振动的振幅虽然减小但是频率不变的特征，即响度变小、音调不变。

为突破这个难点，我们现采用电子信息技术进行创新实验1：采用手机 APP 软件采集阻尼振动，装置如图4所示。

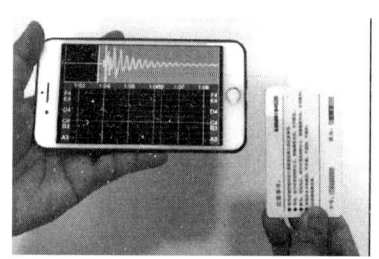

图 4　使用手机采集振动信息

（1）器材。

1）装好"歌唱音调仪" APP 的手机。

2）一张普通塑料卡片（卡片长度适中，防止频率过高，采集不准确）。

3）手机投影软件"希沃授课助手"。

（2）使用方法。

1）把手机屏幕投影到教室的大屏幕。

2）打开歌唱音调仪软件。

3）拨动卡片使之振动。

4）如图5所示，出现图像即可发现阻尼振动的振幅虽然减小，但是频率不变。即响度变小，音调不变。

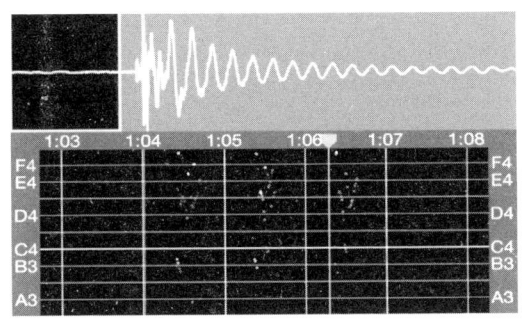

图5　手机采集的阻尼振动图像

图6为课堂现场演示图。此实验真实、直观、简单，展示现代电子技术的魅力，解决阻尼振动特征的采集与研究的问题。

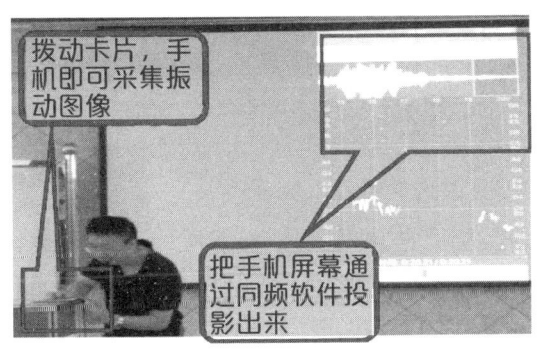

图6　现场使用手机采集阻尼振动并同屏投影到大屏幕

（二）教学目标2：受迫振动的定义、特征

课本使用的实验简易，能够完美地诠释了受迫振动的定义。但是对于受迫振动的频率与哪些因素有关，学生很难观察得到。因为在实际课堂中发现，由于振动过快，学生无法记录受迫振动的周期，更谈不上总结出受迫振动的特征。加之实验装置小，一个班级50人，后排同学无法观察清楚。

为突破观察受迫振动周期的难点，创新实验2采用手机现场录制受迫振动的录像，当场通过电脑进行慢放，并投影在大屏幕上，从而研究出受迫振动的规律。改进的实验起到了放大效果，方便观察，如图7所示。实验改进还起到了放慢的效果，方便测量摆动周期，如图8所示。

图7 通过录制视频放大实验过程

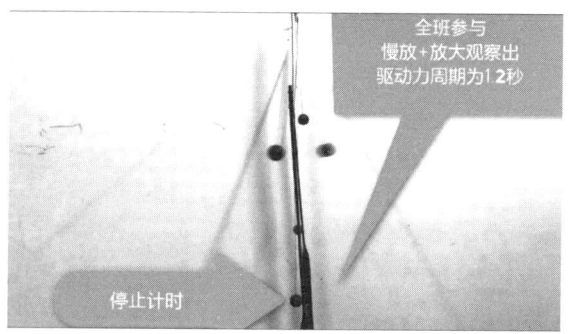

图8 通过录制视频放慢实验过程

（三）教学目标3：共振的条件、现象

课本研究共振的装置"共振摆"堪称经典，简单而效果明显，全国都在使用。有点小小遗憾就是该实验为演示装置，学生参与度与亲身感知度不够。

为能实现让学生参与体验、激发学生热情、提高课堂参与度，增设了3个学生体验实验和1个大型表演实验：听话摆、共振钵、共振软尺、声波碎玻璃。

（1）创新实验3：听话摆。如图9所示，用3根细线把3个重物分别采用V字形的结构挂在同一根棍子上。手摇动棍子，虽然三个重物都振动摆起来，但是摆动的幅度却不相同。老师按不同频率摇动棍子，能够控制任意一个重物摆动幅度达到最大，此为听话摆操作技巧。其原理实际上就是使手摇频率（驱动力频率）恰好等于某个摆的固有频率。

让学生也来体验一番，学生既可以掌握技巧又会明白摆幅最大的原理，非常受学生欢迎。科技节上，听话摆是最受学生欢喜的实验器材之一。

（2）创新实验 4：共振钵。如图 10 所示，用木棍在铜碗外周绕圈摩擦，速度为某特定速度时，听见铜碗嗡嗡大声共振作响，声音之嘹亮使全班惊讶。其原理是粗糙的木棍摩擦铜碗，使铜碗产生微小振动，当摩擦速度特定，使得微小振动的频率恰好等于铜碗本身的固有频率时，铜碗发生了共振现象。

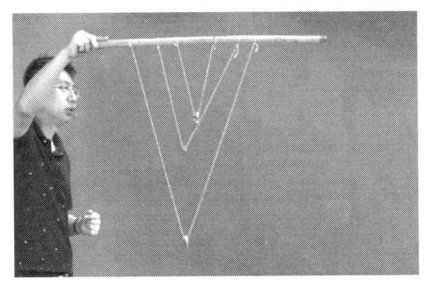
图 9　听话摆

图 10　共振钵

（3）创新实验 5：共振软尺。如图 11 所示，给学生每人一把软尺，让学生手握软尺，用尽可能快的振动频率左右摇摆振动软尺，发现软尺振幅并不大。当学生慢慢降低摇摆的频率时，在某一个特定摇摆频率下，软尺振幅居然变成了很大，甚至折断。老师亦可在总结时进行演示，如图 12 所示。

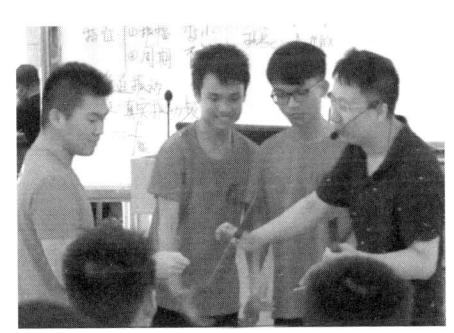
图 11　课堂学生实验：共振软尺

图 12　教师演示软尺的共振

（4）创新实验 6：声波碎玻璃杯。如图 13 所示，使用整套自制仪器。

1）仪器的组成：①200W 的声音放大线路，原理图如图 14 所示，实物图如图 15 所示；②普通手机，装载好音频发生软件与采集音频的软件，如图 16 所示；③喇叭；④玻璃杯。

图 13 声波碎玻璃杯仪器

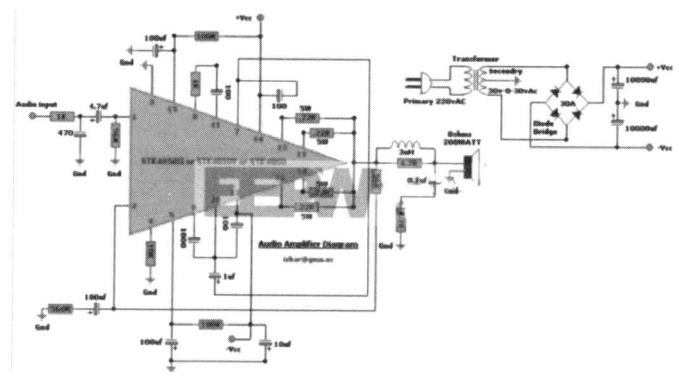

图 14 放大线路原理

图 15 200W 的功率放大器

图 16 音频发生软件

2）使用方法。

①使用手机软件测玻璃杯的固有频率，如图 17 所示。

②使用低于玻璃杯固有频率的声波去振动玻璃杯，把声音响度调到最大并不能把玻璃杯震碎。

③使用高于玻璃杯固有频率的声波去振动玻璃杯，把声音响度调到最大也不能把玻璃杯震碎。

④使用和玻璃杯固有频率相同的声波去振动玻璃杯，使玻璃杯产生共振现象，增大驱动力的响度（振幅），即通过放大线路提高喇叭输入与输出功率，玻璃杯即可被震碎，如图18所示。

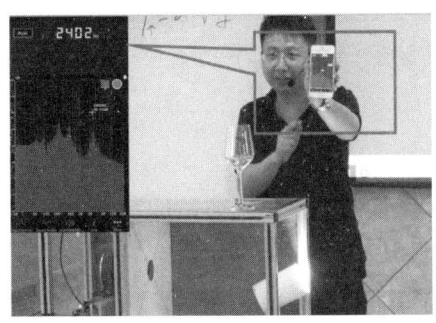
图17 手机测玻璃杯固有频率

图18 玻璃杯被震碎瞬间

（5）创新实验7：吹球比振幅，如图19所示。吹球比振幅使学生通过亲身实验感悟到共振的真实原理为，驱动力频率等于物体固有频率时，驱动力对物体做正功，使得物体机械能增大，产生振幅最大化现象。

实施过程：让学生用力吹共振摆中间的那个质量最大的小球，可以吹很多次，1min内试图把小球吹起来尽可能

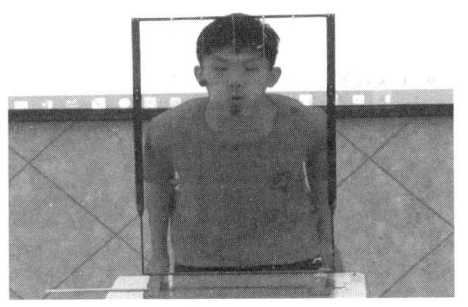
图19 学生参与吹球比振幅实验

大的摆幅。学生跃跃欲试，最后发现并不是吹的风速越大就能使小球摆幅越大，只有恰到好处地掌握吹的时机，也就是吹的频率，小球的摆幅才会越来越大。最后引导学生思考什么时机吹最好。

学生通过实践会发现并回答：小球往前摆的时候，向前吹！

教师深入提问：为什么？

学生则会总结出来：小球往前摆，吹风力向前，风力对小球做正功！小球机械能增加，摆幅变大。

教师深入反问：如果吹的时机不对，比如小球向嘴边运动过来的时候，我们吹小球呢？

学生回答：小球运动方向则会与风力方向相反！风力对小球做负功，小球机械能减小。

教师带领学生归纳：

1）如果驱动力（风力）频率与小球摆动的固有频率一致，则风力能每一次都对小球做正功，小球机械能就会增加，摆幅当然会最大化。当小球摆动过程中受到的阻尼损耗掉的能量等于外力（风力）对小球做正功的能量时，小球摆幅稳定在某个最大值。

2）如果驱动力（风力）频率与小球摆动的固有频率不一致，则风力有时对小球做正功，有时对小球做负功，无法达到振幅最大化。

八、实验效果评价

（1）教学效果层面：通过实验教学与现象总结，学生能全面掌握知识的重点、难点，而且做到学以致用。

（2）实验的设计上做到了层次分明、现象突出、设计精细。尤其是使用电子软件技术大大降低了实验的复杂程度，使得学生提炼振动规律变得更为清晰明了。

（3）在过程中培养了学生的科学素养，学生能够不断地从观察所得进行推理猜想，进而想办法去验证自己的猜想，知识与能力的迁移都为学生搭建好了舞台。

（4）这些实验不单单是在课堂上体验后就结束了。这些实验都源自生活，所以激发了学生更多地去关注生活中的振动情况，从而达到物理教学的实际应用。

（5）课后有两个学生自己购买了一些简易材料，成功复制了声波碎玻璃杯实验。可见本节课的创意实验在学生心目中留下了很深的趣味烙印。

探究功和速度变化的关系

云南省安宁市安宁中学　李永仕

一、使用教材

人教版高中《物理必修2》第七章第六节。

二、实验器材

倾斜气垫导轨、气泵、滑块、光电门、光电计时器、力传感器、数据采集器、电脑（见图1）。

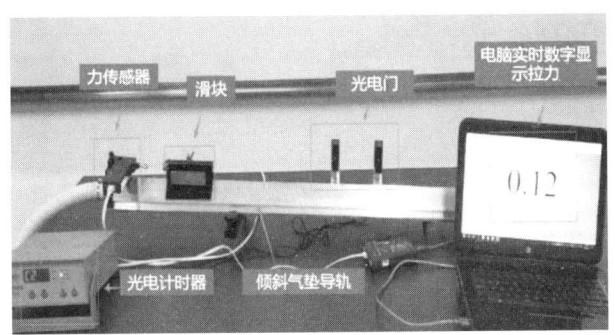

图1　实验装置图

三、实验创新要求/改进要点

（一）实验创新与改进

（1）平衡摩擦力的改进：本实验将木板和小车改为倾斜气垫导轨和滑块，摩擦阻力极小可忽略，无须平衡摩擦力，实验操作简单，易于操作。

（2）力的测量改进：采用倾斜气垫导轨装置，用滑块重力沿斜面向下的分力充当合外力，并用力传感器直接测出，避免了课本参考案例一中用悬挂物的重力近似等于拉力带来的近似误差。

（3）功的测量改进：直接准确测出力和距离，算出功的具体数值，克服了课本参考案例二中用倍增法表示合外力做功给学生带来的理解困难，更加直观、准确、可信。

（4）速度测量的改进：用先进的光电门传感器替换原来的打点计时器求速度，提高了速度测量的精度并简化计算。

（二）教学方式创新

传统的实验教学是学生根据课本提供的实验方案、实验步骤按部就班地进行实验操作，对学生的思维训练不到位。本节实验课的设计是在课本实验方案的基础上，通过教师引导、学生自主讨论、设计并进行实验操作，对学生综合能力的培养有很大帮助。

四、实验原理/实验设计思路

本节实验课的设计是在学生已经做了课本参考案例实验的基础上，通过抛出问题的方式引导启发学生对课本教材实验方案进行改进，讨论得出实验方案，并动手实践进行实验操作，既重视课本教材实验，又注重对学生思维的拓展、创新和提升，培养学生的物理观念、学科思维、科学探究、科学态度与责任的学科核心素养。

五、实验教学目标

（1）通过对课本提供实验方案的讨论分析，在学校可提供实验器材的基础上，引导学生设计改进实验方案，并动手实践操作，加深对实验的理解，达到训练学生逻辑思维和提高实践动手操作能力的目标。

（2）通过引导让学生自己处理实验数据，强化图像法处理数据的方法和思想。

六、实验教学内容

（1）分析回顾课本第70页参考案例一、参考案例二实验方案，启发引导讨论得出改进实验方案。

（2）根据讨论得到的实验方案，学生动手实验，得到实验数据。

（3）分析处理实验数据，得到实验结论，实验评价。

七、实验教学过程

分析回顾课本参考案例实验方案，通过抛出问题的方式引导学生设计改进实验方案，过程如下：

问题1：上节课的实验过程中，为什么要平衡摩擦力？如何平衡摩擦力？用什么器材和方案可以不平衡摩擦力？

通过提供的器材，学生很容易想到可用气垫导轨和滑块替换木板和小车。

问题2：纸带法测速度存在什么问题？可以用什么方法更加准确地测量速度？

学生结合已学知识和提供的器材很容易想到用光电门测量可以更加准确且计算方便。

问题3：上节课的实验过程中，方案一悬挂物的重力近似等于绳的拉力，造成功的计算误差；方案二用倍增法表示弹力做的功，不够直接具体。那么用什么方法可直接准确测量外力并计算外力做的功？

通过提供的器材，学生提出用力传感器直接测量合外力的大小。

问题4：如何提供可测量并可以计算功的外力？

此处对学生来说是一个难点，教师可作适当引导，提示学生：除了通过外物施加外力提供合外力，是否可借助物体本身提供外力。学生会想到物体本身受重力，且重力为物体的外力，从而想到自由落体方案。

问题5：若用自由落体方案，如何测量速度？存在什么操作困难和测量问题？

学生结合已有的实验器材，意识到用纸带法测速度存在阻力造成误差且计算复杂。若用光电门不便于安装、测量和操作。（注：教师展示滑块，并引导启发学生落体法测量和操作的不便性。）

问题6：自由落体运动方案中重力充当合外力，那么可不可以用重力的分力充当合外力？如何通过现有器材实现？

结合已有的知识，学生很容易想到光滑斜面模型，即可用倾斜的气垫导轨实现。

问题7：如何测量重力沿斜面向下的分力？

结合平时的做题经验，学生会先想到分力等于 $mg\sin\theta$，提出测量斜面的倾角和质量，紧接着提出问题8。

问题8：g 取多少？

学生就会意识到当地的重力加速度 g 未知，若 g 近似取 $9.8 m/s^2$，会造成误差，同时还要测量滑块质量。此时引导学生用力传感器直接测量，学生会询问怎么测量。进一步引导学生用力传感器测出重力的分力，即倾斜气垫导轨倾角一定，静止状态和运动状态滑块沿斜面向下的分力保持不变，在静止状态用力传感器测量物体重力的分力，并强调测量时保证细线与轨道平行。

通过上述8个问题的引导和分析过程，学生思维层层递进，得到了拓展和提升。教师和学生一起讨论分析得出了改进实验方案，最终总结实验操作步骤：

（1）搭建倾斜气垫导轨，连接气泵、光电门和力传感器。

（2）打开气泵，用力传感器在静止状态下测出重力分力 F。

（3）关闭力传感器，标记滑块的释放位置，保证滑块每次从同一位置由静止释放。

（4）释放滑块，记录挡光时间 t 和下滑距离 s（提示学生当滑块通过光电门后用手抓住滑块，避免滑块撞击轨道造成倾角改变或掉落）。

（5）改变光电门的位置，重复步骤（4），获得多组数据。

（6）关闭电源，整理仪器，处理数据。

学生开始实验，教师观察指导，得到数据，分析处理数据，得出结论。

八、实验效果评价

（一）实验评价

（1）本实验的教学设计体现了高中物理新课程标准的基本理念，教学过程贯穿引导、启发、思考、实验设计、实验操作、数据处理和分析。

（2）实验设计直观，操作简便，器材普通，便于普通学校借鉴展开实验教学。

（3）实验结果分析：通过改进实验方案得到的实验数据，功和速度变化量的二次方很好地符合线性关系，实验效果良好，结果准确。

（二）教学反思和自我评价

本实验采用改进实验方案进行探究，目的是在学校可提供实验器材的基础上，克服教材参考实验及其他实验方案中的缺点，并尽可能地减小实验误差，方便实验操作，同时训练和拓展学生思维，很好地培养了学生的物理学科核心素养。上完本节实验课后，取得了较好的教学效果。但本实验也存在未探究变力做功等缺点，还需进一步思考、探究、优化和改进。

动能和动能定理

浙江省舟山中学　徐忠岳

一、使用教材

人教版高中《物理必修2》第七章第7节。

二、实验教学内容

定量探究动能和动能定理。

三、实验教学目标

（一）物理观念

知道动能的定义式，知道动能是标量。知道动能定理的表达式，理解动能定理的意义。

（二）科学探究

培养发现问题、设计方案、验证猜想的探究能力。

（三）科学思维

运用演绎思维、类比和倍增思维，利用功和能的一般关系，参照重力做功和重力势能的变化，推导动能定理。掌握运用动能定理求解物理问题的思想方法。

（四）科学态度与责任

通过数学推导得出动能定理，体验逻辑思维之美，体验科学探究的严谨、曲折、艰辛和喜悦；培养学生科学探究的兴趣和勤于思考的良好品质，以及善于交流、乐于承担和分享的团队精神。

"理论推导动能定理的思维引导和动能定理的实验验证"是本节课的重点和难点。

四、实验器材

自制教具：动能定理演示仪（见图1）、游标卡尺、力传感器等。

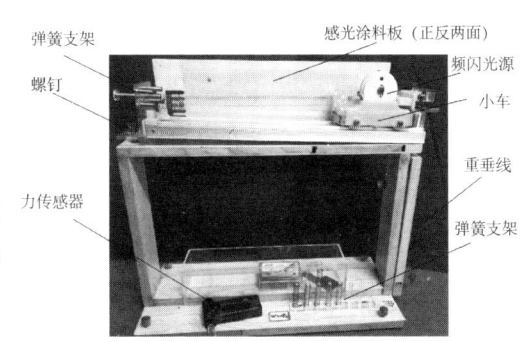

图1　动能定理演示仪

五、实验创新

用弹簧和自制的光影计时器改进传统实验。支架上可以安装 5 根弹簧,利用倍增法证明做功与速度变化的关系。弹簧的抗疲劳性和线性都要好于橡皮筋,操作也更加方便。

利用自制的光影平面计时器可以显示小车的运动轨迹,突破传统打点计时器和频闪摄影技术的纸带牵阻和操作麻烦等缺点。光影计时器有短时和长时留迹两种功能,分别用来辅助平衡摩擦和测量速度。只要量出两点的距离,除以相应的时间就可以得到小车的速度。速度的测量还可以采用平抛法,也可以利用光电门。

六、实验原理与应用

在不知道什么是动能的情况下,探究功与动能的变化关系是非常困难的。所以在验证动能定理之前,首先需要证明动能 $E_k = mv^2/2$,然后证明 $W_合 = \Delta E_k$。

(一)利用弹簧的推力对小车做功

如图 2 所示,支架上可以安装 5 根同规格弹簧,利用倍增法证明做功与速度变化的关系。

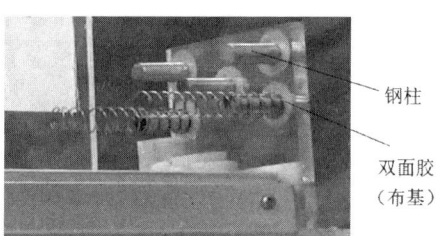

图 2 弹簧支架

(二)利用自制光影平面计时器辅助平衡摩擦和测量小车的速度

如图 3 所示,感光涂料板的正反两面涂有不同感光涂料,分别具有短时和长时留迹两种功能。短时留迹(在黑暗的环境中留迹 3min 左右,明亮环境中只能留迹几秒钟)适用于辅助平衡摩擦,长时留迹(能在明亮的环境中留迹 1min 左右)适用于测量小车的速度。

 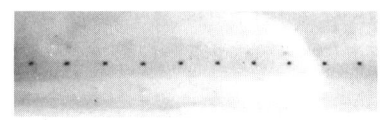

(a) 短时留迹(辅助平衡摩擦)　　(b) 长时留迹(测量小车速度)

图 3 短时和长时留迹

如图 4 和图 5 所示，自制频闪光源可以发出紫光，频率由单片机控制，可以充电、调焦和调频，当光源经过感光涂料时会留下一串反映物体运动规律的点迹。只要量出两点的距离，除以相应的时间就可以得到小车的速度。

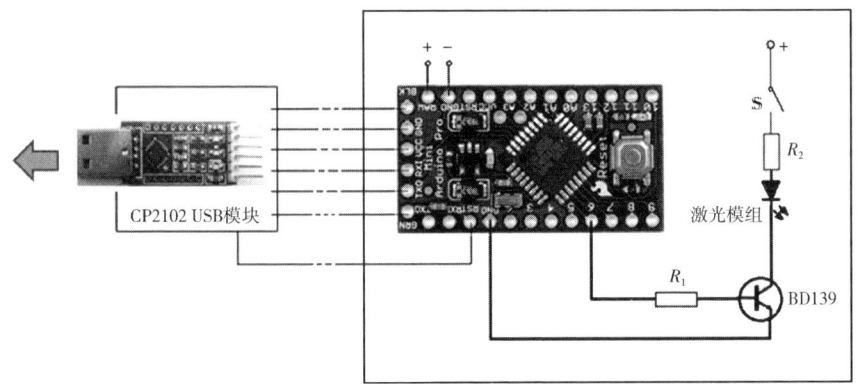

图 4　频闪光源电路图

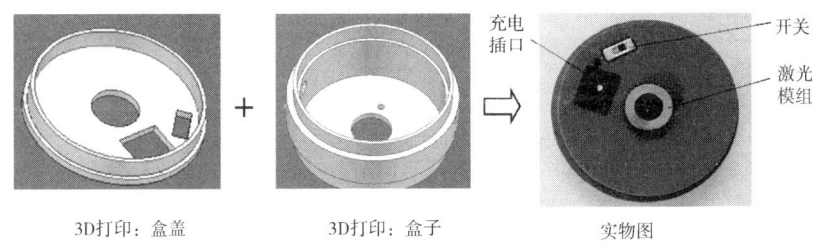

图 5　频闪光源实物图

（三）验证合外力（弹力）做功与动能的变化（初速度为零）

称出小车的质量。测量弹簧的压缩量 Δx，用力传感器测量出弹力的大小。将每次实验"弹力所做的功"（$W = F\Delta x/2$）和"小车的速度"的数据记录下来。功是能量转化的量度，本实验通过弹力做功把弹性势能转化为小车的动能，所以弹簧对小车所做功的大小就是小车的动能，只要证明 $W = mv^2/2$，就证明了 $E_k = mv^2/2$ 和 $W_合 = \Delta E_k$。绘制 W-v^2 图像，对图像进行线性拟合，证明图像的斜率（即功与速度二次方的比值）是否等于小车质量的一半。

（四）验证合外力（重力）做功与动能的变化（初速度不为零）

把感光板粘在黑板上，让频闪光源做自由落体运动。任意选择两个位置，求出 $mv_1^2/2$ 和 $mv_2^2/2$，证明这两个量是否代表物体的真实动能，在此基础上证明合外力（即重力）做功 $mg\Delta h = mv_2^2/2 - mv_1^2/2$。

七、实验教学过程

（一）发现问题：$W_? = \Delta E_k$

学生已经知道功是能量转化的量度，知道重力势能变化用重力做功来量度，弹性势能变化用弹力做功来量度。但不知道动能的变化能用什么力做功来量度。

（二）意义分析

帮助学生更全面地认知物理问题，找到功和动能的定量关系，能够从能量的角度分析力学问题。

（三）猜想和推理

首先引导学生猜想。动能可能与物体的质量和速度有关，可以设计一些定性的小实验和生活中的例子，这里就不展开了。如图6所示，动能的变化一定会引起速度大小的变化，会产生加速度，而合外力是产生加速度的原因，所以动能的

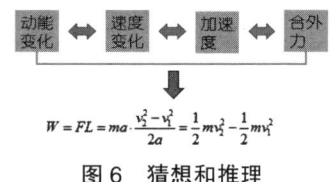

图6 猜想和推理

变化可能与合外力做功有关。通过推理得到 $W_合 = mv_2^2/2 - mv_1^2/2$，可以把定义重力势能的方法迁移到这里，把 $mv^2/2$ 这个状态量定义为动能，整个式子 $W_合 = \Delta E_k$ 称为动能定理。

（四）实验的可行性研究

W 与 v^2 的定性关系（初速度为零），上一节已经证明过。本节需要进一步证明动能 $E_k = mv^2/2$，或 W 与 v^2 的比值等于 $m/2$。用打点计时器和橡皮筋等材料做实验很不方便，而且误差大，所以我们自制动能定理演示仪。

（五）实验验证

（1）证明 $E_k = mv^2/2$，或初速度为零时 $W_合 = \Delta E_k$。这里要引导学生重点考虑两个问题：如何高效、精确地测量速度（合理选择 Δx 和 Δt），如何计算 W 和 v^2 的比值（拟合 $W-v^2$ 图像，求斜率）。最后通过实验数据分析得到结论。

（2）证明初速度不为零时 $W_合 = \Delta E_k$。把感光板粘在黑板上，让频闪光源做自由落体运动。任意选择两个位置，求出 $mv_1^2/2$ 和 $mv_2^2/2$。由于功是能量转化的量度，如果忽略空气阻力，本实验通过重力做功将物体的重力势能转化为动能，所以两个位置的动能大小分别等于 mgh_1 和 mgh_2；根据能量守恒两个位置的动能大小分别等于 mgh_1 和 mgh_2，进一步证明 $mv^2/2$ 是否代表动能。在此基础上证明合外力（即重力）做功 $mg\Delta h = mv_2^2/2 - mv_1^2/2$。

（六）课外拓展性实验研究

可以组织学生开展一些课外实验探究：组织学生制作频闪光源，开展自由落体、平抛运动、圆周运动、简谐运动、牛顿第二定律、弹性势能、机械能守恒和动量守恒等实验的研究。

八、教学反思与评价

本设计采用了先理论推导、后实验验证的教学思路，符合物理学的研究规律。考虑到在学习动能定理之前，学生并不知道动能的表达式，所以本设计把验证动能 $E_k = mv^2/2$ 放在重要的位置。$mv^2/2$ 是一个令学生惊讶的式子，各种版本的教材也试图用实验和理论来证明 $E_k = mv^2/2$，但理由都不充分。您也许会认为两个实验设计都利用了下一节的机械能守恒定律，但又刻意回避机械能守恒定律，而是用"由于功是能量转化的量度，……弹簧对小车所做功的大小就是小车的动能"这样的表述，这样做是不妥当的。我认为学生之前已经知道功是能量转化的量度，知道功与势能变化的定量关系，在初中时就已经学习过机械能守恒定律，所以教材中"动能和动能定理"和"机械能守恒定律"这两节紧邻的内容并不存在明显的难度上的梯度。学生很容易理解小车的动能来自弹性势能，做自由落体运动的物体其动能来自重力势能。所以这样处理并不会给学生带来理解上的困难，反而可以作为下一节教学的铺垫。教材是一个重要的教学资源，但我们没有必要完全按照教材的顺序来组织教学。自我评价如下：

（一）有利于培养学生的科学素养

做实验很重要，实验为什么要做、是不是可以做、为什么要这样做更重要。我们要引导学生积极主动地学习，而不是稀里糊涂地被动学习，所以我们用大量时间去发现问题、进行意义分析、进行可行性研究和设计实验方案。通过曲折的、一步步的深入探究，培养学生良好的思维品质和态度。本实验综合应用数理知识和"单片机、3D 打印和激光雕刻"等现代信息技术，充分体现了 STEM 和创新教育的理念。

（二）提高了实验效率

光影平面计时器经济实用，它结合了频闪摄影、DIS 和打点计时器的优点，大大提高了实验效率。相比频闪摄影，它更加方便，不需要黑暗的环境，不需要拍照就能直接看到运动轨迹；相比无线位移传感器，它显然更加形象直观；相比打点计时器，它没有纸带牵阻，而且是二维的，还能加深学生对传统打点计时器的理解，极具推广价值。利用光影平面打点计时器几乎可以完全代替传统打点计时器和频闪摄影技术，可广泛应用于平抛运动、单摆、弹簧振子、牛顿第二运动定律、机械能守恒定律等一维和二维运动的定量实验研究，极具推广价值。

验证机械能守恒定律

德清县高级中学　张岚

一、使用教材

人教版高中《物理必修2》第七章第9节"实验：验证机械能守恒定律"。

二、实验器材

重锤（带铁夹）、牛皮纸镂空纸带、铁架台、夹子、光电门传感器、数据采集器、连接线、计算机（安装DIS软件）、美工刀、刻度尺、笔。

三、实验创新要点

本文针对高中物理实验"验证机械能守恒定律"存在的误差问题，提出创新改进方案。用光电门代替打点计时器，减小了纸带下落过程与打点计时器间的摩擦阻力；用牛皮纸代替原有纸带，用美工刀和刻度尺在牛皮纸带上每隔等间距 L_0 留下宽度为 D 的挡光条（见图1），将其余部分镂空，类似胶片的齿轮口，而且镂空牛皮纸带硬度适中，下落过程中不会扭曲翻转，确保每个挡光条可以顺利通过光电门。这样利用一个光电门就能一次实验准确测出多点瞬时速度，从而大大降低本实验瞬时速度的测量误差。实验操作更加简便，准确性更高。制作不同的镂空纸带，还可以进行"自由落体运动的研究""测量重力加速度"等其他实验，同一方法，多种实验，拓展思维，知识整合。

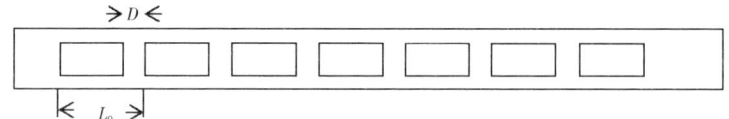

图1　牛皮纸带

四、实验原理

重锤带动镂空牛皮纸带自由下落（见图2），利用光电门记录挡光时间 t_1、t_2、t_3……，求出瞬时速度 v_1、v_2、v_3……，计算每个挡光位置对应的动能和势能，从而验证机械能守恒定律。

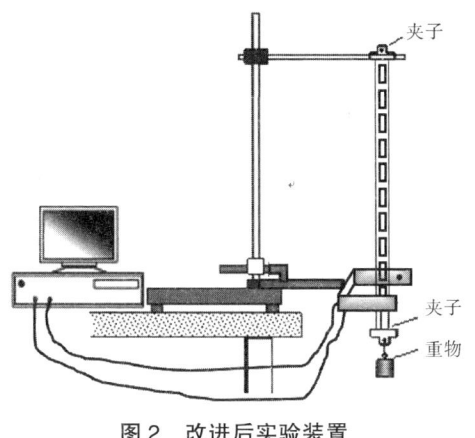

图2 改进后实验装置

五、实验教学目标

（一）物理观念

（1）掌握验证机械能守恒定律的实验原理。

（2）从能量角度理解机械能守恒定律及其条件，熟练运用动能和势能公式计算并验证定律。

（二）科学思维

（1）在实验方案的设计中不断改进创新，培养学生勇于创新的科学思维。

（2）运用转化思维，明确实验过程中能量转化关系。

（3）把握整体化思维方式，明确守恒的意义。

（三）实验探究

（1）通过实验分析误差来源，探究减小实验误差的方法。

（2）在利用纸带点迹分析处理数据的基础上，学习利用 DIS 软件采集处理数据。

（3）在探究过程中体验物理学的研究方法。

（四）科学态度与责任

通过小组合作完成探究验证，体验学习乐趣，培养实验兴趣，树立实事求是、严谨认真的科学态度，培养社会责任感。

六、实验教学内容

在高中物理实验中，"验证机械能守恒定律"非常重要。该实验方法多种多样，有斜轨法、摆球法、平抛法、落体法等，每种方法各具特色。作为重要的学生实验，我们要求学生一定要掌握最基础的"利用自由落体运动验证机械能守恒定律"实验的方法、原理、步骤、误差分析等。

本节课首先让同学们利用已有实验器材完成实验（参考实验手册），按照教材中的数据处理方法得出结果：重锤下落时重力势能的减少量比动能增加量还要大，不能直接证明机械能守恒定律。再请学生们分析误差是空气阻力以及纸带与打点计时器之间的摩擦造成的。提出问题：如何用简洁的方法进一步减小误差？请同学们大胆尝试，展示同学们的方案，不断开拓思路讨论实验可行性。教师给出新方案：改进纸带，并带领同学们共同完成实验。

七、实验教学过程

（1）复习原学生实验，提出问题：如何尽可能减小实验误差？

（2）鼓励学生大胆创新，设计实验方案，分组实验，分享讨论。

（3）教师给出创新改进方案，带领学生动手实验。

1) 按图3安装实验器材。

2) 连接光电门、数据采集器、计算机。

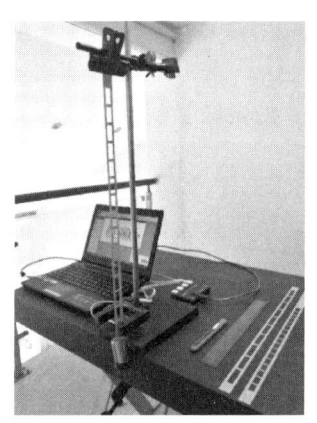

图3 实验装置图

3) 将长约0.5m的牛皮纸带每隔0.03m留下挡光条0.005m，其余部分用美工刀镂空，将与重锤最近的挡光条记为1，向上依次标为2、3、4……

4) 将加工好的纸带一端固定于重锤上，另一端用夹子固定，让重锤从靠近光电计时器处由静止释放。计算机自动记录下每个挡光时间 t_1、t_2、t_3……

5) 利用计算机DIS软件或Excel软件，计算各挡光条通过光电门时的瞬时速度 v_1、v_2、v_3……，以某一挡光条 n 所在位置为零势能面，计算出重锤在各挡光条经过光电门时的相应动能 E_k、重力势能 E_p 及机械能 E_k+E_p，验证机械能守恒。

6) 改变牛皮纸带的挡光条宽度和间距，重复实验多次。

（4）实验数据记录与分析。

1）实验数据记录见表1。

表 1　实验数据记录

计算表格	t_4/s	d/m	$v=d/t_4$	m/kg	$E_k=(m*V^2)/2$	h/m	$E_p=m*9.8*h$	$F_x=E_k+E_p$
1	0.010638	0.005	0.47	0.125	0.0138	0.33	0.4043	0.4181
2	0.005528	0.005	0.9045	0.125	0.0511	0.3	0.3675	0.4186
3	0.004054	0.005	1.2333	0.125	0.0951	0.27	0.3308	0.4259
4	0.00343	0.005	1.4577	0.125	0.1328	0.24	0.294	0.4268
5	0.00308	0.005	1.6234	0.125	0.1647	0.21	0.2573	0.422
6	0.002794	0.005	1.7895	0.125	0.2001	0.18	0.2205	0.4206
7	0.002512	0.005	1.9904	0.125	0.2476	0.15	0.1838	0.4314
8	0.002152	0.005	2.3234	0.125	0.3374	0.09	0.1103	0.4477
9	0.002114	0.005	2.3652	0.125	0.3496	0.06	0.0735	0.4231
10	0.001854	0.005	2.6969	0.125	0.4546	0.03	0.0368	0.4914

注：表 1 中 d 表示挡光条宽度，m 表示重锤质量，h 表示重锤相对零势能面的下落高度。

2）实验结论：在误差允许的范围内，重物在自由下落过程中机械能守恒。

3）误差分析：纸带不宜过长，在下落过程中容易弯曲，影响计时；由于纸带是人工加工的，等距间隔和遮光条宽度的控制误差较大。

八、实验效果评价

从表 1 可以看出，本实验一次采集多组数据并且数据精确度高，在误差允许的范围内重锤在自由下落过程中机械能守恒。与原实验对比，本实验避免了纸带和打点计时器之间的摩擦阻力，光电门计时更为精确，实验操作简便。本节课以验证定律为中心，从经典传统实验出发，在学生掌握基本实验方法与技能的基础上，提出"如何使实验结果更加准确"的问题，让学生自主探究，思考讨论，鼓励他们创新实验方案，大胆实践。在这一过程中一步步地解决问题，开拓思维，提升了学生的物理学科核心素养。

气体实验定律

晋江市陈埭民族中学　温博

一、使用教材

鲁科版高中《物理选修3-3》第四章第1节"气体实验定律"。

二、实验器材

（一）探究查理定律（一定质量的气体在体积一定时压强和温度的关系）

硬质试管、双孔塞、直通管、快速测温探头、温度传感器、压强传感器、数据采集器、计算机、DIS实验系统、铁架台、远红外加热器。

（二）探究盖·吕萨克定律（一定质量的气体在压强一定时体积和温度的关系）

自制盖·吕萨克探究仪、硬质试管、双孔塞、快速测温探头、玻璃管、橡皮管、刻度板。

铁架台、温度传感器、压强传感器、计算机、DIS实验系统、记号笔、针筒、量筒、游标卡尺。

（三）探究玻意耳定律（一定质量的气体在温度一定时压强和体积的关系）

针筒、压强传感器、数据采集器、计算机、DIS实验系统。

三、实验的创新及改进

（一）传统实验的不足

气体实验定律探究描述一定质量气体的状态参量压强、体积、温度之间的关系，采用控制变量法。课本设计了如图1所示的三套实验装置，利用气压计测量压强、温度计测量温度、体积标尺记录体积，主要存在以下几个问题。

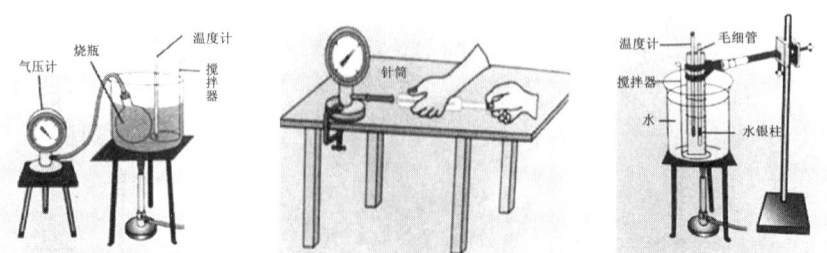

图1　三套探究气体实验定律的传统实验装置

（1）如若要测量两个状态参量，例如要记录温度和压强值，无论单人实验还是多人配合都无法记录同一时刻的状态参量，造成读数的延迟误差。

（2）为了探究状态参量之间的关系，不仅要记录数据还要描绘图像，让学生自己描点绘图比较浪费时间。

（3）用酒精喷灯对水加热，在课堂操作中加热速度还是较慢。

（4）通过水浴加热改变气体的温度，用温度计插入水中测量的温度是水的温度，并非气体的实际温度。教师用两个温度传感器同时测量发现二者存在约2℃的温差，实验结果必然存在较大误差。

（二）实验创新与改进

(1) 针对三个传统实验的共性问题所作的改进。

1）实验改用传感器和 DIS 实验系统，不仅可以记录同一时刻的状态参量，还可以利用计算机直接绘制出图像，大大节省了课堂时间。学生可以通过分析图像找出参量间的关系。

2）将酒精喷灯加热改为温控烧水壶加热，有条件时也可以用远红外器，提高了实验的效率和可控性，节省了时间。

3）为了避免测温误差，将快速测温探头直接插入气体中，用温度传感器与测温探头连接即可测出气体的实际温度。

(2) 自制装置探究查理定律。一定质量的气体，在体积一定时探究压强和温度的关系时，我设计了如图 2 所示的装置，将温度传感器的探头和连接压强传感器的直通管通过双孔塞插入试管中，用气体密封胶将接口处密封，温度传感器测出的温度更准确，即为气体的实际温度，避免了测温误差。预留的直通管连接压强传感器操作更加方便。

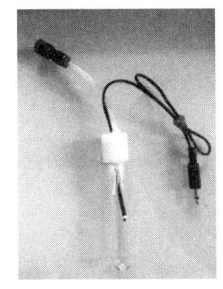

图 2　探究查理定律的自制装置

(3) 自制教具探究盖·吕萨克定律。

1）传统探究盖·吕萨克定律实验的不足。教材设计的实验装置，用水银将一定质量的气体封闭在上端开口的毛细管中，随着加热温度升高液柱上升，待温度计示数稳定后读出温度和气柱的高度。但是实际操作有困难，管过细会受毛细现象影响，管过粗会受液柱重力的影响，而且水银有毒，实验有污染。

2）创新实验，自制"盖·吕萨克定律探究仪"。

①将水银柱改为水柱（加颜色便于观察），竖直玻璃管变水平（见图 3），避免了水银污染和液柱重力的影响。

②将快速测温探头放入试管内（见图4），测量气体的实际温度，结果更准确。

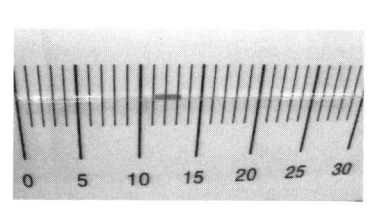

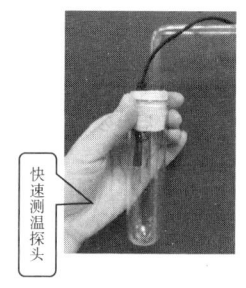

图3　水平玻璃管内的一段红色水柱　　　图4　放入快速测温探头的密封试管

③将直管改为U形管（见图5），不仅扩大了温度变化的范围而且节省空间，减少偶然误差，提高实验结果的准确性。

④自制刻度板可直接读出液柱的位置，测出水平玻璃管中气体的长度和玻璃管内径即可计算出气体变化的体积。

⑤U形管紧贴刻度板水平固定。为了方便将U形管与玻璃导管连接，将刻度板的左端设计了一个半圆形开口（见图6），方便操作。

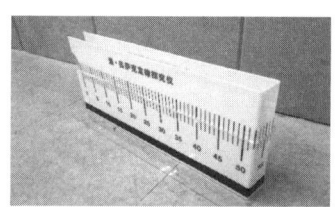

图5　U形玻璃管　　　　　　　图6　U形刻度板和半圆开口

四、实验原理

（一）实验1：探究气体压强和温度的关系（实验装置见图7）

采用控制变量法，封闭一定质量的气体在试管中，在保证一定质量的气体体积不变的情况下，将试管放入远红外加热器中加热来改变气体的温度，用温度传感器和压强传感器记录不同温度对应的压强值，得出一定质量的气体等容变化时压强和温度的关系。

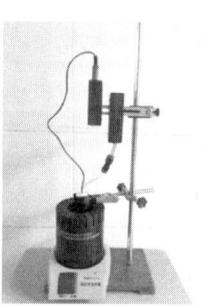

图7　探究查理定律的实验装置

（二）实验2：探究气体体积和温度的关系（实验装置见图8）

采用控制变量法，用水柱密封一定质量（已知体积）的气体在管中，对试管进行水浴加热，水柱水平缓慢移动时可看成平衡状态。当U形管的横截面积一定时，即保证了气体压强不变。记录不同温度时水柱左端所在的刻度，通过测量玻璃管的内径计算其横截面积，求出气体变化的体积，加上初始体积即可求出气体的体积，探究体积和温度的关系。

图8　探究盖·吕萨克定律的实验装置

（三）实验3：探究气体压强和体积的关系（实验装置见图9）

采用控制变量法，在针筒中封闭一定质量的气体，通过缓慢拉或者压活塞改变气体的体积，在这个过程中气体的温度保持不变。用压力传感器测出不同体积对应的压强值，就可以探究一定质量的气体在温度不变时压强和体积的关系。

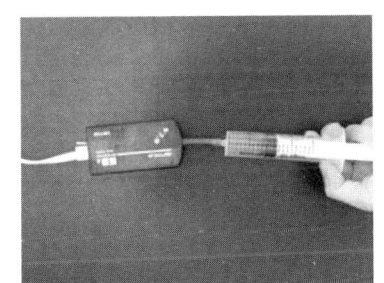

图9　探究玻意耳定律的实验装置

五、实验教学目标

（1）通过纷繁复杂的热现象，猜想归纳描述一定质量的理想气体的状态参量，培养学生分析归纳能力。

（2）通过渗透和运用控制变量法的实验思想，引导设计探究多个状态参量关系的实验方案，探究一定质量的气体等温变化、等容变化、等压变化的规律，得出气体实验定律的内容和适用条件，培养学生的综合运用能力。

（3）培养学生运用数学工具处理实验数据的方法，通过对不同的实验方案的误差来源分析及物理量测量方法的比较鉴别，培养学生发现问题、解决问题的能力，树立科学的世界观，养成严谨的科学态度。

六、实验教学内容

（1）学生通过实验感受气体状态的改变，归纳得出描述气体状态的参量：温度、体积、压强。

（2）采用控制变量法探究三者的关系，分别进行实验探究气体实验三大定律，让学生分析等温变化、等容变化、等压变化的图像，得出气体实验定律，分析数据和图像总结气体实验定律的适用条件。

实验1：一定质量的气体，在体积不变的情况下，探究压强和温度的关系（探究查理定律）。

引导学生自主设计实验方案，分析方案提出实验改进，介绍自制教具和装置，让学生分组进行实验探究，利用DIS通用软件探究压强和温度的关系，记录数据见表1，画出 p-t 图（见图10）后分析物理规律，计算得出 p-t 图与 t 轴的截距，得出绝对零度的概念，引入热力学温度。

表1　不同摄氏温度对应的压强值

次数	1	2	3	4	5	6	7	8	9
温度 $t/℃$	40.4	42.5	44.5	46.4	48.6	50.5	52.6	54.5	56.5
压强 p/kPa	103.5	104.2	104.9	105.4	105.9	106.5	107.1	107.7	108.3

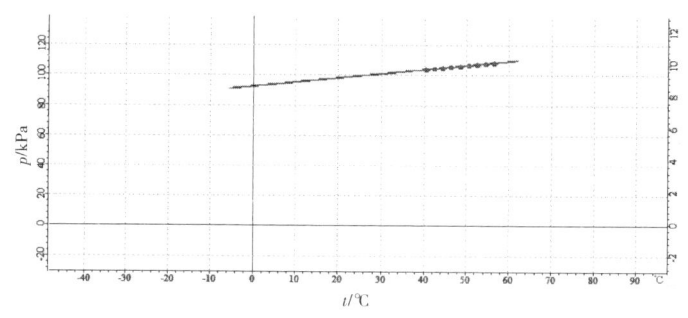

图10　p-t 图像

接着利用DIS专用软件探究压强和热力学温度的关系，记录数据（见表2），画出 p-T 图像（见图11）。

表2　不同热力学温度对应的压强值

次数	1	2	3	4	5	6	7	8	9
温度 T/K	310.0	312.1	314.8	316.8	318.8	320.8	322.8	324.8	326.8
压强 p/kPa	102.4	103.0	103.7	104.4	105.1	105.9	106.5	107.1	107.9

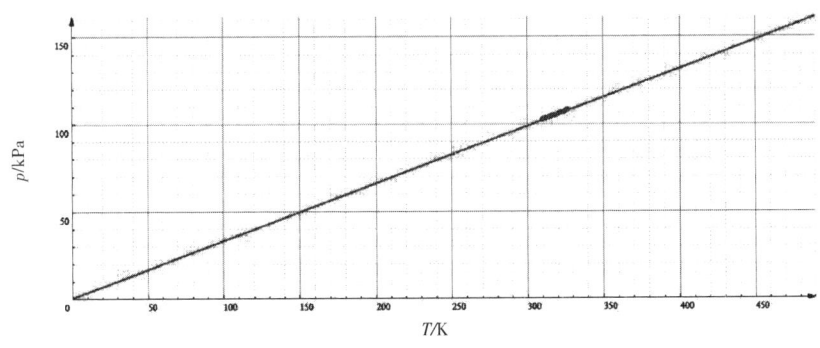

图 11　p-T 图像

分析数据和图像，得出结论：一定质量的气体，在体积保持不变的条件下，压强和热力学温度成正比，即 $p/T=C$，探究得到查理定律。

实验 2：一定质量的气体，在压强不变的情况下，探究体积和温度的关系（探究盖·吕萨克定律）。

思考：如何保持气体压强不变呢？

让学生观察水柱的移动情况，分析受力情况，得出压强不变的结论。介绍自制仪器的原理，进行实验并分析处理实验数据（见表 3）。

表 3　实验 2 数据记录表

次数	1	2	3	4	5	6	7	8	9	10
T/K	306.5	308.5	310.5	312.5	314.5	316.5	318.5	320.5	322.5	324.5
V/cm^3	55.21	55.45	55.68	55.91	56.13	56.34	56.58	56.81	57.02	57.25
V/T	0.180	0.180	0.179	0.179	0.178	0.178	0.178	0.177	0.177	0.176

分析数据得到：在误差允许的范围内，体积和热力学温度的比值保持不变。探究得到盖·吕萨克定律，即一定质量的气体，在压强保持不变的条件下，体积和热力学温度成正比，即 $V/T=C$。

实验 3：一定质量的气体，在温度不变的情况下，探究压强和体积的关系（探究玻意耳定律）。

学生分组实验，安装如图 12 所示的实验装置后，用 DIS 专用软件记录数据，得到不同体积时对应的压强值（见表 4）计算 pV 乘积，发现在误差允许的范围内，pV 乘积近似保持不变，描绘 $p-V$ 图像拟合得到双曲线的一部分（见图 13），为了得

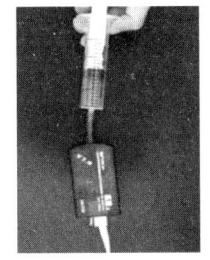

图 12　实验 3 装置图

到准确结论，描绘 p-$1/V$ 图，得到一条近似过原点的直线（见图14）。

表4　实验3数据记录表

次数	1	2	3	4	5	6	7
体积 V/mL	20	18	16	14	12	10	8
压强 p/kPa	101.6	112.0	124.7	140.8	163.0	191.8	233.8
$1/V$	0.050	0.056	0.063	0.071	0.083	0.100	0.125
pV	2032.0	2016.0	1995.2	1971.2	1956.0	1918.0	1870.4

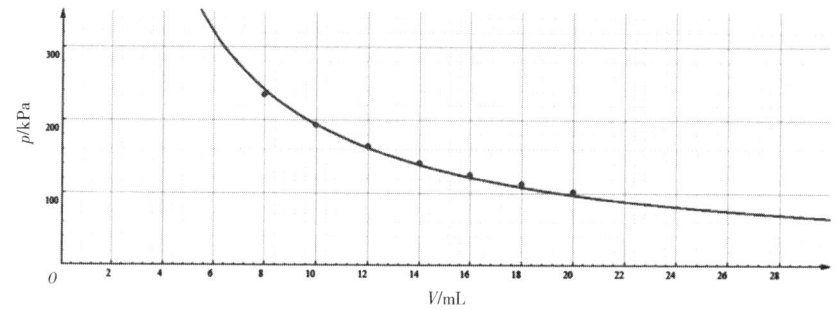

图13　p-V 图像

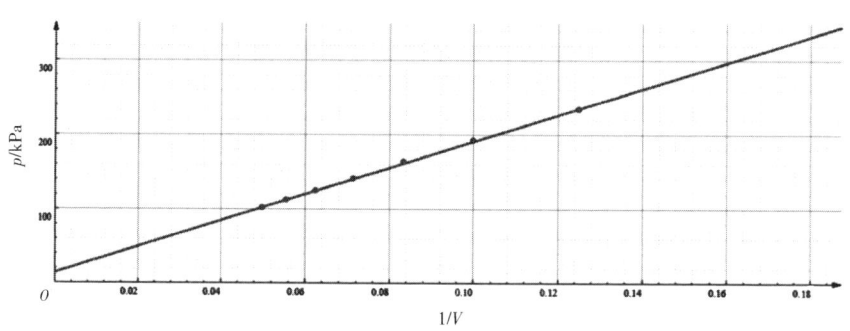

图14　p-$1/V$ 图像

引导学生分析实验误差，学生提出实验中的体积值存在误差，未将针筒与压强传感器连接处的体积计入。用游标卡尺分别测量压强传感器接口处的内径和深度，计算出体积误差约为1mL，将体积值修正后重新计算数据（见表5）并绘图，得到的 p-$1/V$ 图像过原点（见图15）。得出压强与体积的倒数成正比的结论，通过探究得到了玻意耳定律，即一定质量的气体，在温度保持不变的条件下，压强和体积成反比，即 $pV=C$。

表5 实验3修正体积误差后的数据

次数	1	2	3	4	5	6	7
体积 V/mL	21	19	17	15	13	11	9
压强 p/kPa	101.6	112.0	124.7	140.8	163.0	191.8	233.8
$1/V$	0.048	0.053	0.059	0.067	0.077	0.091	0.111
pV	2133.6	2128.0	2119.9	2112.0	2119.0	2109.8	2104.2

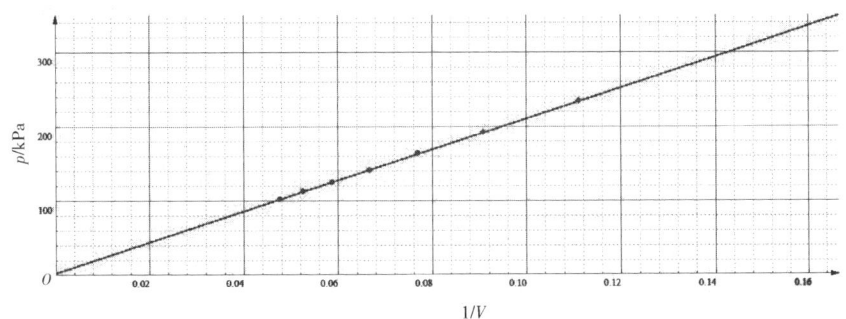

图15 体积修正后的 p-$1/V$ 图像

七、实验教学过程

基于实验创新和改进我将本节课的教学过程设计如下。

（1）利用实验导入新课，创设物理情景。利用"让凹陷的乒乓球复原"的学生活动（见图16），感受气体的温度对体积的影响；演示"模拟气压弹射炮"实验（见图17），学生体验气体的温度升高对压强的影响；观看"液氮箱装气球魔术"（见图18），学生观察气体的温度降低对体积的影响：以此引导学生归纳描述一定质量的理想气体的状态参量，引出本节课探究的问题。

图16 让凹陷的乒乓球复原　　图17 模拟气压弹射炮　　图18 液氮箱装气球魔术

（2）实验探究物理规律。利用控制变量法探究状态参量（压强、温度和体积）之间的关系，分析数据得出气体实验定律的内容和适用条件。

学生实验（探究玻意耳定律）：学生自主设计实验方案，根据可行性，分为以下两组方案进行实验。方案1用气压计或者压强传感器测量压强（见图19），方案2用活塞平衡条件计算气体压强（见图20），分别记录室温及0℃时的p-V关系，分析数据得出结论，思考温度的影响，引发认知冲突。

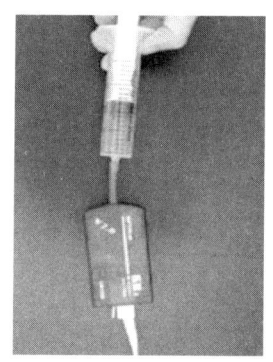
图19 学生实验方案1

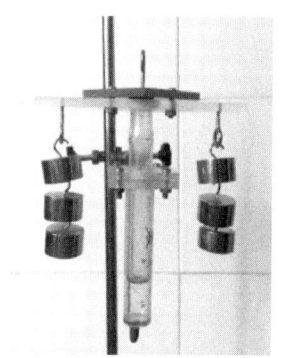
图20 学生实验方案2

演示实验（探究查理定律和盖·吕萨克定律）：师生共同探究p-T、p-V之间的关系，分析数据及实验误差并修正数据，归纳总结出气体实验定律的内容和适用条件。

（3）综合分析理想气体的状态方程。

八、实验效果评价

通过实验改进和创新，增强了实验的可操作性和可控性，实验结果更加精确，操作时间也大大减少，提高了课堂探究的效率。

利用DIS软件记录数据并绘图，有利于学生发现规律，利用图像法得出物理规律，也突破了实验教学的难点。

声波干涉实验

山东淄博实验中学　李坤

一、使用教材

人教版高中《物理选修 3-4》第十二章第 4 节"波的干涉和衍射"。

二、实验创新要点

（1）填补教材中纵波干涉实验的空白，使学生对波的干涉有更全面的了解。

（2）声波干涉实验的难点之一是相干声源不易找，实验一利用 PVC 管将一个声源一分为二，实验二、实验三利用信号发生器驱动两个相同的喇叭，突破了这一难点。

（3）利用拾音器和示波器不光让学生听到还"看到"了声波干涉现象，为实验二、实验三提供了可行性。

（4）通过实验装置实现声波波长的定量测量。

（5）实验画出了声波干涉加强点双曲线。

三、实验教学目标

（1）了解声波干涉现象。

（2）理解声波发生干涉加强和减弱的条件。

（3）了解声波干涉加强点的曲线图样。

四、实验设计及教学过程

（一）声波干涉现象的定性感知

（1）实验目的。让学生对声波干涉现象有定性认识。

（2）设计思路。想要观察到声波的干涉现象必须具备两个频率相同的声源，而且相位差必须保持不变。本实验从波的干涉的必要条件出发，首先思考如何找到两个相干声源。为了减小实验误差，经过思考与尝试，确定了将声源一分为二的思想，只有当两个相干声源是来自同一个信号源时，才能精确保证声波的干涉条件。让两列声波在各自的管道中传播，这样通过改变管道的长度就可以方便地改变两个声波的波程差，实现在汇集处的干涉加强和干涉减弱。

（3）实验装置。PVC 管、蜂鸣器、6V 直流电源（见图 1、图 2）。

图1 定性感知声波干涉实验实物图

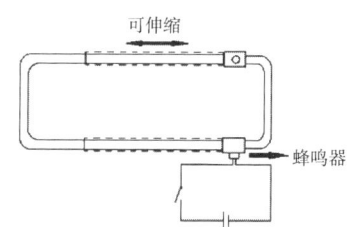

图2 定性感知声波干涉实验简化图

（4）实验过程。选择直径不同的两根PVC管道，将两个管道以U形管的方式对接连通，并使其对接后能实现连续伸缩。在直径较小的管道里安装一个蜂鸣器，外接6V直流电源，声音通过左右两个管道传播，达到将声源一分为二的效果。在出口处发生干涉，拉动U形管，改变波程差，从而听到声波干涉加强和干涉减弱的声响。

（5）实验效果评价。这一实验操作简单，实验现象非常明显，而且学生课下自己动手制作也很容易实现。在课堂上演示这样的小实验，占用时间少，使学生不用只靠想象，更不用跑去操场就能真切地从听觉上感知声波的干涉现象。这会激起学生对探究波的干涉的极大兴趣。

在这个实验中，通过引导学生确定实验中的声波加强点，可以反过来定量推算干涉声波的波长，从而进一步锻炼学生推理演算的能力，也为下一个实验作好铺垫。

（二）观察声波干涉现象及声波波长的定量测量

（1）实验目的。让学生观察到声波干涉现象并测量出声波的波长。

（2）设计思路。用信号发生器驱动两个参量相同的小喇叭，在一定距离处由拾音器收集干涉后的声音信号，采用转化法将其转化为电信号并由示波器直观地呈现出来，以便观察和测量。

（3）实验装置。滑轨、小喇叭、拾音器、函数信号发生器、示波器、6V电流电源、导线若干（见图3）。

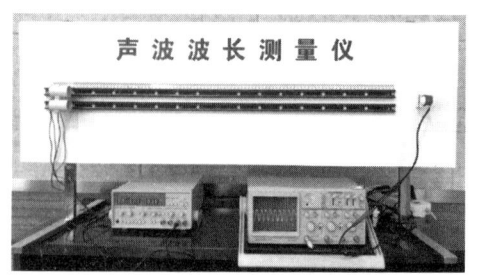

图3 声波波长定量测量的实验装置实物图

（4）实验过程。

1）功率输出信号源驱动两个可移动的喇叭装置。在本实验中采用的声波发生源为两个相同型号的喇叭，并且用同一功率输出信号来驱动它们，同样也保证了相干声源的条件。并且将其设计为可以在滑轨上移动的效果，以实现改变波程差的目的。

两个喇叭分别固定于两根短管道中，短管道一端留出喇叭外接线后密封，另一端保持畅通，使声音向前传播不受阻碍。实验时，通过对其中一个声源装置的移动，从而改变两个声源向前传播达到固定干涉点的波程差。

2）拾音器接收声音信号，转化为电信号输入示波器。拾音器是用来采集现场环境声音，并且可以将音频放大转化为电信号的一种电声学仪器。为了操作和演示的方便性，将实验的主要构成要素都固定在一块长度约为 1.2m 的长方形木板上。具体实验时，只需要将两个喇叭外接功率输出信号源，固定拾音器于两管道右侧的中央并外接电源和示波器。实验电路连通后，通过对其中一个声源的移动，在示波器上可明显观察到信号波峰的加强和减弱。

3）通过声波干涉加强点位置的确定，定量推算声波波长。将两个声源放置在最左端对齐，此时它们到拾音器的距离相等，所以在示波器上可以观察到干涉加强信号。将声源 S_1 沿滑轨向右滑动，观察示波器上的信号图像，当第一次出现幅值最小信号时，由干涉知识可知此时两个声源到拾音器的波程差为半个波长。当再次观察到加强信号时，波程差为一个波长。具体原理分析如图 4 所示。

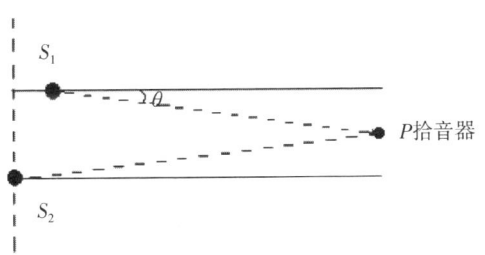

图 4 声波波长定量测量原理图

S_1、S_2 分别表示声源的位置，P 为拾音器所在位置。声音传播过程中，两声源干涉加强的波程差应满足：$S_1P - S_2P = k\lambda$（$k = 0, \pm 1, \pm 2 \cdots$）。

声源 S_1 移动的距离可由贴在滑轨上的刻度尺直接读出，并将其视为波程差，进而达到测量声波波长的目的。必须注意的是只有在小角度前提下，S_1 移动的距离才可近似视为波程差，否则误差较大。图 5 给出了其中一次实验时的波形图。

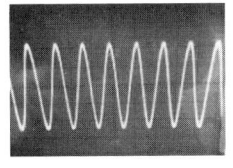 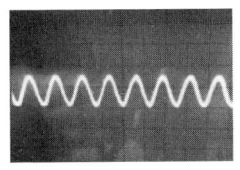 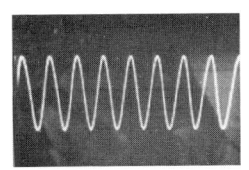

(a) 水平距离 0cm　　　　(b) 水平距离 5.52cm　　　　(c) 水平距离 11.10cm

图 5 实验过程中干涉减弱点和加强点对应的信号波形图

(5) 实验效果评价。本实验继续加深"一分为二"的物理思想方法，利用了声电转换的方法，同时还利用了数学的近似思想，为学生今后研究问题拓宽了思路。让学生不仅从听觉上感受到声波干涉，还能观察到声波干涉的具体现象，从感官上直接给学生传达信息，还原物理情境，帮助学生完成模型的构建。在提出问题—设计方案—解决问题的过程中加深了对波的干涉加强和减弱条件的理解。

（三）描绘声波干涉加强点曲线

（1）实验目的。描绘出声波干涉加强点曲线并通过图像验证干涉加强的条件。

（2）设计思路。用信号发生器驱动两个参数相同的喇叭，由微型拾音器收集周围的干涉信号，将其转化为电信号并由示波器显示，通过观察波形峰值的变化找到对应干涉加强点的位置。

（3）实验装置：两个相同的喇叭、微型拾音器、函数信号发生器、示波器、电源、白纸、导线若干（见图6）。

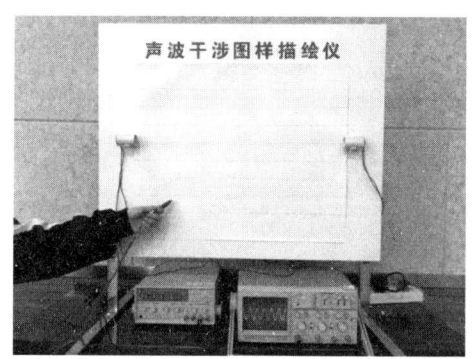

图6 描绘声波干涉加强点曲线实验装置实物图

（4）实验过程。

1）将两个喇叭相向固定，距离为波长的两倍。用信号发生器驱动喇叭，使声源信号一分为二。

2）拾音器接收声音信号传输到示波器上，找到干涉加强点，定量描绘双曲线。为了扫描的高效性和准确性，事先在白纸上画了平行且等间距的辅助线，操作时沿着辅助线逐条扫描。

3）用平滑的曲线连接干涉加强点，验证两侧的曲线为双曲线以及干涉加强条件，方法如图7所示。具体做法：计算同一条曲线上各点到声源所在位置的距离差即波程差，比较结果从而得到验证。实验使用信号源频率为1800Hz，波长约为 18.89cm。学生实验结果展示如图 8 和表 1、表 2 所示。

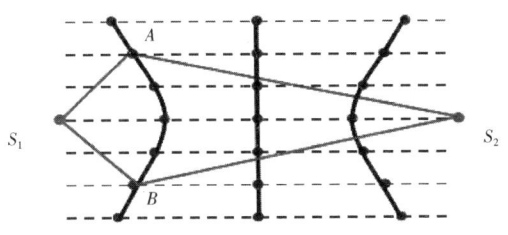

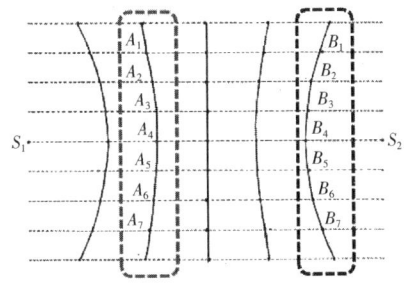

图 7　数据处理方法原理图　　　　图 8　学生实验得到的描点图

表 1　曲线 A 数据处理结果

序号	到 S_1 的距离/cm	到 S_2 的距离/cm	波程差 Δd/cm
A_1	48.10	29.22	18.88
A_2	45.70	26.80	18.90
A_3	43.88	25.30	18.58
A_4	43.15	24.85	18.30
A_5	43.95	25.90	18.05
A_6	45.88	26.95	18.93
A_7	48.15	29.25	18.90

表 2　曲线 B 数据处理结果

序号	到 S_1 的距离/cm	到 S_2 的距离/cm	波程差 Δd/cm
B_1	21.50	59.50	38.00
B_2	17.90	56.00	38.10
B_3	16.15	53.80	37.65
B_4	15.20	52.80	37.60
B_5	16.12	53.60	37.48
B_6	18.00	56.10	38.10
B_7	21.65	60.05	38.40

可以改变实验频率和声源间距，多次实验验证，得到如下结论：声波干涉加强点曲线（两侧的）是以 S_1 和 S_2 为焦点的双曲线；声波干涉加强的条件是 $\Delta d = k\lambda$（$k = 0、\pm 1、\pm 2\cdots\cdots$）。

（5）实验效果评价。本实验定量画出干涉双曲线，化无形为有形，并且跟数学知识紧密结合，整个实验用数形结合的方式来验证声波干涉现象，使学生对机械波干涉的条件和干涉加强点、减弱点的条件有了更准确深入的认识。

用双缝干涉测量光的波长

郑州市第十一中学　孙永跃

一、使用教材

人教版高中《物理选修3-4》第十三章第4节"实验：用双缝干涉测量光的波长"。

二、实验器材

激光笔（红色、绿色、紫色）、双缝片（可调节光具座）、光伏电池（配数字灵敏电压表）、数显螺旋测微器、毫米刻度尺、烟雾箱。

三、实验创新要点/改进要点

（1）光源：用激光代替普通灯泡，相干性好，操作简单，现象清晰，实验环境没有局限。

（2）条纹间距的测量。

1）用"光伏电池和电压表"组合，能够更准确地（电压表可显示小数点后4位）确定各级条纹的中间位置，避免人为确定中间位置的偶然性，减少条纹间距的测量误差。

2）用数显螺旋测微器，可视化程度高，避免了读数误差。

（3）干涉图样由平面变立体：学生观察光的双缝干涉的立体图样，使其意识到干涉不仅仅发生在光屏上，培养学生的立体思维。用烟雾呈现干涉的立体图样，现象明显，器材简单，充分展现了光学现象之美。

四、实验原理/实验设计思路

（1）干涉条纹间距的测量：本实验仪器的基本原理是，光照强度不同，光伏电池的电压不同。在光伏电池前覆盖带细缝的遮光板，使光的干涉图样呈现在遮光板上，移动光伏电池（遮光板）可使不同位置的光透过细缝，光伏电池产生不同电压。当电压表示数出现极大值时即可确定出条纹的中间位置。继续移动光伏电池，可以确定其他条纹的中间位置，从而求得条纹间距。

（2）光的双缝干涉立体图样：光线经过烟雾时发生一定的散射，即可观察到光的"径迹"（丁达尔效应），从而使学生观察到光的干涉立体图样。

五、实验教学目标

（1）让学生观察光的干涉现象，能够描述干涉图样的特征。

(2) 经历理论推导过程，增强建模能力，加深对光的波动性的认识。

(3) 亲历实验过程，培养物理兴趣，养成合作意识，会用双缝干涉测量光的波长。

六、实验教学内容

(1) 观察光的干涉图样，猜想干涉条纹间距与哪些因素有关，并通过实验定性探究。

(2) 在定性探究的基础上，根据波动理论推导干涉条纹间距的公式。

(3) 通过定量实验，验证干涉条纹间距公式，并测量光的波长。

(4) 观察立体的干涉图样，感受光学之美，并尝试从理论上解释。

七、实验教学过程

（一）环节一：体验生活，引发兴趣

让学生体验吹泡泡的游戏，观察气泡上的彩色条纹。通过学生最熟悉的生活实例（吹泡泡）激发学生学习热情；将抽象的物理现象和生活中见过的光现象建立联系，拉近物理与生活的距离，调动学生主动探究的热情，尽快进入新课教学。

（二）环节二：创设情景，类比猜想

老师视频演示水波干涉，请学生猜测光的干涉图样特征。利用视频演示水波干涉现象（见图1），帮助学生回忆相关的波动知识，为类比和猜想单色光的干涉图样（见图2）做铺垫。渗透类比的学习方法，培养学生观察分析能力、类比归纳能力和联系猜想能力。

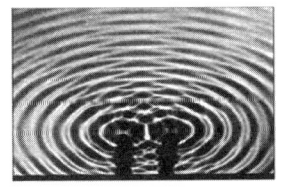
图1 水波干涉图样

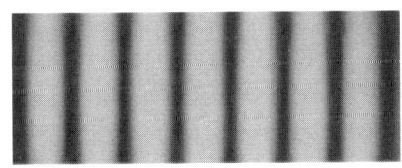
图2 红光的干涉图样

让学生相互讨论，大胆猜测：干涉条纹间距与哪些因素有关。用实验定性探究，验证猜想。

（三）环节三：建模简化，理论推导

在学生通过实验验证猜想之后，根据波动原理，简化几何关系，进行理论推导，将定性结论上升为定量关系。这样做理论与实验相结合，使结论更具有说服力，同时培养了学生的建模能力。

（四）环节四：定量研究，合作交流

首先教师介绍自制的创新实验仪器，包括结构、操作步骤。接着学生分组进行操作，计算不同光的波长，并与已知的数据进行对比，从而验证理论推导的公式。

（1）仪器结构包括：激光笔（红色、绿色、紫色）、双缝干涉片（可调节光具座）、光伏电池（配数字电压表）、数显螺旋测微器、毫米刻度尺、烟雾箱等。

（2）实验操作步骤。

1）安装仪器：将激光、双缝、光伏电池等依次安装到光具座上（见图3）。调整各部分高度，使激光能够通过双缝，干涉图样呈现在光伏电池上。

图3　自制激光双缝干涉演示仪

2）测量：记录双缝间距（已知），通过光具座上的毫米刻度尺测量双缝与光伏电池间距。用带有细缝的遮光板挡住光伏电池，使干涉图样呈现在遮光板上，移动卡尺，观察电压表示数变化。当电压表示数出现极大值时，即可确定该级条纹的中间位置。继续移动卡尺，即可获得其他条纹的中间位置，从而求得条纹间距。

3）计算光的波长：将得到的数据代入公式，求得光的波长，并与实际数据对比。

4）改变光源，重复实验过程，可求得不同光的波长。

（五）环节五：拓展理解，应用提升

教师提出问题：光的干涉是否只发生在光屏上？学生讨论，发表自己的想法，尝试用波动理论推理猜想。之后，老师引导学生移动光屏，观察不同位置的干涉图样。

为了让学生建立起全面的干涉图样概念，老师在双缝和光屏之间制造烟雾，学生直接观察到美丽的"立体"干涉图样，对此惊叹不已，进一步激发学生探索的兴趣。

引导学生，解释空间为什么会出现明暗相间的条纹。学生应该可以想到，空间的条纹其实也是干涉加强区。

八、实验效果评价

（1）操作更方便：用激光器代替普通灯泡，不需复杂调节就可呈现完美干涉图样，节省时间，实验成功率大大提高。

（2）现象更直观：传统实验只能一人通过目镜观测，本实验可以师生共同观看，方便交流。

（3）测量更精确：把定性判断亮条纹中间位置变为定量判断，条纹间距测量更精确。

（4）维度更拓展：传统实验只能观测平面的干涉图样，本实验利用烟雾，可观察到干涉条纹在三维空间的分布，现象明显，器材简单，充分展现了光学现象之美。

光的双缝干涉实验

上海市市南中学　陆洋

一、使用教材

华东师大版《高级中学课本物理拓展型课程》第九章 A 节"光的干涉和衍射"。

二、实验器材

自制玻璃缸、盘香、红色激光、绿色激光、半导体激光光源、双缝、铁架台、光屏等。

三、实验创新点/改进要点

（一）实验装置的创新

传统的双缝干涉实验装置由激光、双缝屏和光屏组成。本实验在双缝屏后放置了一个玻璃缸，在玻璃缸中放置盘香，经过一段时间后玻璃缸中充满稳定的烟雾，如图 1 所示。

（二）实验内容的创新

本实验创新的内容是：观察空间中的光的干涉现象。传统的实验是在光屏上观察明暗相间的条纹，只能展现垂直于光的传播方向上的一个截面的干涉图

图 1　玻璃缸中充满烟雾

样，不能呈现空间中的干涉现象。本装置利用烟雾的丁达尔效应，在烟雾中观察到相干光在空间叠加产生了多条发散的、稳定的、明暗相间的光路，使抽象的双缝干涉现象变得具体形象。

（三）实验功能的多样性

本实验装置在学生观察到空间干涉现象的基础上，可以进一步探究光屏上的干涉条纹间距与哪些因素有关。在探究光屏上的条纹间距与光屏到双缝的距离变化的关系时，因为学生已经观察到了空间中发散的光路，所以很容易推理出条纹间距随着距离的增大而增大。在探究光屏上的条纹间距与光的波长的关系时，本实验采用红色激光和绿色激光进行对比实验，可以明显地看到在其他条件不变的

情况下，红光亮光的间距比绿光大。

在探究光屏上的条纹间距与双缝间隙的关系时，本实验用两组不同间隙的双缝进行对比实验，可以明显地看到双缝间隙为 0.3mm 的亮光间距比 0.45mm 的大，所以在光屏上出现的条纹间距就更大。

四、实验原理/实验设计思路

（一）实验原理

当一束激光通过双缝时，被分成振动情况完全相同的两束光，照射到烟雾中，可以在烟雾中看到这两束光叠加形成的明暗相间的光路，即光的干涉现象。

说明：烟雾是胶体，具有丁达尔效应，当光通过烟雾中，可在烟雾中看到明显的光路。

（二）实验设计思路

根据物理课程标准和物理学科基本要求，学生在学习"光的干涉"这一课中要知道光的干涉现象、光的双缝干涉条纹特点、产生干涉现象的条件等。其中，光的双缝干涉实验是学生学习光的干涉现象和双缝干涉条纹特点的有效途径。传统的双缝干涉实验是在光屏上观察光的干涉现象，再用波的叠加原理解释干涉现象。根据波的叠加原理，相干光在空间中相遇后，空间中就会出现振动加强和减弱，但是我们肉眼并不能看到这样的现象。如果能看到空间中的干涉现象将会帮助学生更好地理解光的干涉现象的本质。胶体具有丁达尔效应，可以让光"现形"，在空间中放置胶体，就可以看到空间中的干涉现象。本次实验选用烟雾来观察空间中的干涉现象。

根据教学内容中的要求，学生要知道光屏上的干涉条纹与光的波长、双缝间隙和光屏到双缝的距离有关，及其定性的关系。因此设计实验时，就使用了红色激光和绿色激光、三组间隙不同的双缝、光屏等来完成探究。学生通过观察空间中的多条亮光之间的距离的变化，更加容易习得条纹间距变化的关系。

五、实验教学目标

（一）知识技能

（1）知道光的干涉现象。

（2）知道光的干涉条纹的特点。

（二）过程与方法

在探究双缝干涉条纹间距与什么因素有关及其定性关系的过程中，体验观察、猜想、实验、归纳的科学研究方法。

（三）情感态度与价值观

在用创新装置探究干涉条纹的特点过程中，体会实验在物理学习中的作用，感悟创新的价值。

六、实验教学内容

（1）光的干涉现象。

（2）双缝干涉条纹间距与什么因素有关及其定性关系。

1）当光源、双缝的间隙不变时，光屏到双缝的距离越大，光屏上的条纹间距越大。

2）当光源、光屏到双缝的距离不变时，双缝的间隙越大，光屏上的条纹间距越小。

3）当光屏到双缝的距离、双缝的间隙不变时，光的波长越大，光屏上的条纹间距越大。

七、实验教学过程

（一）实验引入

教师：我们知道机械波是可以发生干涉现象的，之前也曾研究过两列相干波源在水面上形成的稳定的干涉图样，如图2所示。如果光是一种波，那么它应该也能发生干涉现象。今天我们就利用这样一套装置，来观察光是否能发生干涉现象。实验使用激光作为光源，一束激光可以看作一束单色光。为了呈现空中的光路，我们在光源和光屏中间放置了一个玻璃缸，玻璃缸中有一个点燃的盘香，经过一段时间之后在玻璃缸中会形成稳定的烟雾，当光通过烟雾时，可以看到光的传播路线。

提问：打开绿色激光光源，在烟雾中观察到了什么呢？

回答：在烟雾中有一束绿色的光路。

提问：将光屏放置在烟雾中，光屏上出现了什么现象呢？

回答：光屏上有一个绿色的光斑。

教师：将一个刻有双缝的屏放置在光源前，这两个缝的距离非常小，只有0.1mm，一束光同时通过这两个缝，被分成了两束完全相同的光。这样两束光在空中相遇，是否会发生干涉现象呢？

提问：如图3所示，请描述你看到的现象。

回答：在烟雾中看到产生了多条发散的、稳定的、明暗相间的光路，在光屏上看到了多个明暗相间的光斑。

提问：这个现象说明了什么？

回答：光可以发生干涉现象，光具有波动性。

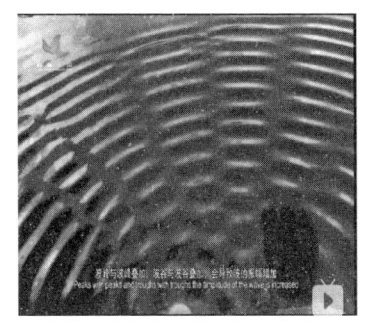

图 2　水波干涉现象

图 3　激光空间干涉现象

（二）历史回眸

18 世纪，英国物理学家托马斯·杨设计了著名的杨氏双缝实验来探究光的本质。在当时，托马斯·杨的困难在于很难找到完全相同的两个光源。他巧妙地将一束光分成两束光，这分出来的两列光就完全相同，满足干涉条件，并让它们在空中相遇看是否会发生干涉现象。他用蜡烛的火光作为光源，由于蜡烛的光是射向四面八方的，所以他先在蜡烛后面放了一个单孔屏，从单孔屏出来是一束光，后面再放置一个双孔屏，两个小孔的距离非常近，只有 0.1mm，这两个小孔到单孔的距离也是相等的，这一束光同时通过这两个小孔，被分成了两束一样的光。为了观察现象，托马斯·杨在后面放置了一个光屏，他在光屏上观察到了明暗相间的光斑，就如我们前面的实验中所见。为了让实验现象更加明显，他把小孔变成了缝，缝就可以看成很多个点组成，他在光屏上看到了这样的明暗相间条纹。他用波的叠加原理解释了这个现象，假设光是一种波，实线表示波峰，虚线表示波谷，那么从任何时刻单缝 S 发出的光波都会同时传到前方的两个缝 S_1 和 S_2，这两个缝就形成了振动情况总是相同的波源，它们发出的光波在空中叠加，在波峰和波峰叠加、波谷和波谷叠加的地方，振动加强，我们就看到光的亮度变亮了，把这些点连起来就形成了亮条纹。在波峰与波谷相遇的地方，光就振动减弱，光的亮度就变暗了，把减弱点连起来就形成了暗条纹。这也就解释了我们在烟雾中看到的多条明暗相间的光路。托马斯·杨不仅很好地解释了这个现象，他还进一步研究了光屏上的条纹间距存在的规律。

（三）寻找光的干涉图样的规律

下面利用实验装置，请同学们也来研究光的干涉现象有哪些规律。

提问：首先，同学们来观察光屏的条纹有什么明显的特点，如图 4 所示。

回答：明暗相间的条纹似乎是等间距的。

教师：取两条亮条纹最中间最亮的地方的间距为条纹间距。同样的，相邻暗条纹中间最暗的地方的距离也是条纹的间距。经过测量，我们发现，干涉条纹之间的距离总是相等的。

图 4 激光在光屏上的干涉条纹

提问：进一步，我们来看看，这个条纹间距的大小可能跟哪些因素有关？大家可以根据产生干涉现象的这个实验的装置，有光源、双缝、光屏，猜猜看，动哪些装置，有可能会改变条纹的间距大小，这样我们就可以找到与条纹间距有关的因素了。

回答：双缝之间的距离，光屏到双缝的距离，光源……

我们先保持实验中其他物理量不变，减小光屏到双缝的距离。

提问：同学们观察到条纹间距发生了什么变化了？

回答：减小光屏到双缝的距离，条纹间距减小。这是因为空间中的光路是发散的，所以当把光屏移近，条纹间距就变小了。

提问：这个实验采用绿色光源，那如果使用其他颜色光源呢？条纹间距是否会发生变化呢？

教师提示：本实验还提供了一组红色激光光源和双缝，同学们可以进行类比。

通过师生互动，一起完成实验。

提问：如图 5 所示，在烟雾中观察到什么现象呢？在如图 6 所示的光屏中观察到什么现象呢？

图 5 红光和绿光的空间干涉现象

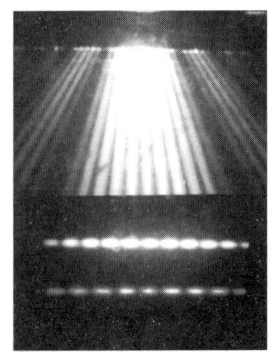

图 6 红光和绿光在光屏上的干涉条纹

回答：在其他条件不变的情况下，红光亮光的间距比绿光大，在光屏上出现的条纹间距就更大。

教师总结：条纹间距与光的颜色有关，光的颜色不同是因为光的频率或波长不同，所以条纹间距与光的波长有关。

提问：还可能与什么有关呢？

回答：与双缝的间隙有关。

提问：现在我们有三组不同间隙的双缝，请同学们设计实验来进行研究。

学生：在保持其他条件不变的情况下，改变双缝的间隙进行实验探究。

提问：观察到了什么现象呢？如图7和图8所示。

回答：在其他条件不变的情况下，双缝的间隙越小，烟雾中的光路的间隙越大，条纹间距越大。

 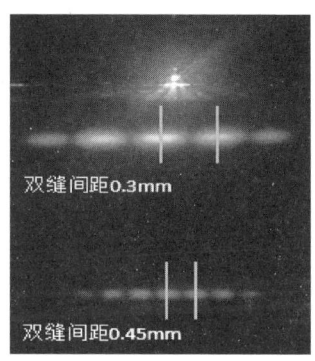

图7　红光入射不同间隙双缝的空间干涉现象　图8　红光入射不同间隙双缝的光屏干涉条纹

教师进行总结：条纹间距与双缝到光屏的距离、光的波长、双缝的间隙有关。条纹间距随着光屏到双缝的距离增大而增大，随着波长的增大而增大，随着双缝间隙的增大而减小。

（四）总结

托马斯·杨通过他的实验，不仅为光的波动说提供了有力的证据，他还研究出与条纹间距有关因素间的定量关系。利用这个公式，托马斯·杨成功地测量了光的波长，这个实验被称为物理学最美实验之一。我们今天用激光、烟雾，再现了这个最美的实验。

八、实验教学评价

（一）让学生深刻地认识光的干涉现象

通过观察空间中的干涉现象，让学生深刻认识到光的干涉现象的本质，两列相干光在空间中发生了叠加，产生了稳定的振动加强和减弱，相互间隔稳定，所以我们会在空间中看到发散的、明暗相间的、稳定的光路。以往仅在光屏上观察现象，会使部分学生产生误解，认为只有在光屏上才会发生干涉现象。

（二）提高学生科学思维的品质

在观察到空间中的干涉现象的基础上，引导学生思考判断，如果改变光屏到双缝的距离，条纹间距会发生如何的变化。通过思维判断的过程提升学生的思维品质。

（三）培养学生科学探究的能力

在探究双缝干涉条纹间距与什么因素有关及其定性关系的过程中，体验观察、猜想、实验、归纳的科学研究方法，培养学生科学探究的能力。

光的偏振

东北师大附中净月实验学校 曲胜艳

一、使用教材

人教版高中《物理选修3-4》第13章第6节"光的偏振"。

二、实验器材

魔术器材、绳、弹簧、带有狭缝的木板、自制光的偏振演示仪、自制偏光小车、液晶显示屏、塑料刻度尺。

三、实验创新要点

(1) 使用魔术器材引入课题，激发学生学习物理的兴趣。

(2) 自制光的偏振演示仪，不仅对学校的教具起到了补充的作用，而且它有很强的通用性。利用它不仅可以演示光的偏振现象，还可以研究自然光特点，判断其他光是不是偏振光并演示色偏振现象。

(3) 师生共同制作偏光小车，使学生对光的偏振现象进一步理解，也培养了学生的科学素养。

四、学生情况分析

（一）知识层面

本节课是建立在学生对光的反射、折射、干涉、色散以及衍射原理了解的基础上对光的性质的进一步探索。

（二）学生层面

对于学生来说，他们对光的波动性及物理基本思想和科学探究过程有一定的认识，但通过实验现象寻找规律的能力还比较薄弱，也难以从旧知识中抽象出光的偏振概念。

五、实验教学目标

（一）物理观念

知道光波是横波，掌握自然光、偏振光的概念，并了解光的偏振现象在生活和科学技术中的重要作用。

（二）科学思维

通过科学的推理，经历光波是横波的概念建构过程，并能利用光的偏振原理解决实际问题。

（三）实验探究

通过对问题的猜想，设计实验，观察现象，进而得出结论。

（四）科学态度与责任

通过"光的偏振现象"的实验探究，使学生懂得科学探究需要实事求是的科学态度。

六、实验教学重难点

（一）重点

通过实验探究得出光波是横波，并掌握自然光、偏振光的概念。

（二）难点

运用光的偏振现象分析解决实际问题。

七、实验教学过程

首先以魔术引入课题（见图1、图2）：我们观察瓶中有堵墙，而球却能穿墙而过，奥秘在哪里？让学生沿着瓶口看过去墙消失了。利用自动消失的"墙"使学生产生视觉冲突，激发学生的兴趣，从而引入新课。

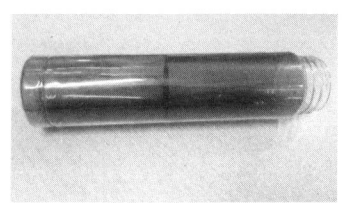
图1 魔术器材侧面

图2 魔术器材正面

接下来提出问题：光的干涉、衍射现象已经证明光是一种波，那么光是横波还是纵波呢？由于难以直接观察光的振动方向，我借助机械波通过狭缝的实验给学生搭设概念基础。首先演示绳波通过与其振动方向垂直或平行的狭缝的实验（见图3、图4），再演示弹簧波通过狭缝的情况（见图5），发现绳波不能通过与其振动方向垂直的狭缝，而绳波是横波，由此推测出这是横波固有的现象。所以如果我们想判断光波是横波还是纵波，应致力寻找一种类似狭缝的装置，此时教师给学生介绍介绍偏振片恰到好处，且每个偏振片有其特定的透振方向，偏振片对光波的作用就像"狭缝"对机械波的作用一样。

 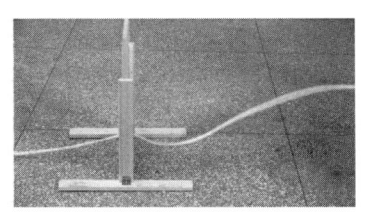 

图3　绳通过与其振动方向平行的狭缝　　图4　绳通过与其振动方向垂直的狭缝　　图5　弹簧通过与振动方向垂直及平行的狭缝

接下来先演示光通过一个偏振片的现象，再演示光通过两块偏振片的现象。经过几次的教学实践发现学生通过第一个实验就草率得出光是纵波的错误结论，并且对第二个实验现象无法解释。所以我在这部分教学时把顺序作了调换。我制作了一个由两个偏振片组成的演示仪，为了使器材适应不同的环境，我在演示仪周围安装了一圈灯带；为了使学生更容易观察实验现象，我在演示仪背面安装了金属网，并标出偏振片的透振方向。演示时打开电源开关，旋转偏振片P，当偏振片P和偏振片Q的透振方向平行时，透射光强度最大（见图6），当偏振片P和偏振片Q的透振方向垂直时，透射光强度最小（见图7）。学生根据机械波实验很容易推理出光波是横波。但是会产生疑问：为什么要用两块偏振片才能证明光波是横波呢？一块偏振片对准太阳光或者灯光，现象又是怎样的呢？于是，我将演示仪中的偏振片拆卸下来，对准太阳光或者灯光进行旋转，观察到的现象是透射光强度不变，这个现象会激发学生讨论的热情，最后学生会根据偏振片的特性猜想太阳光或灯光的振动特点，教师此时给出自然光、偏振光的概念，并解释光的偏振演示仪中偏振片P的作用就是获得偏振光，进而才产生偏振现象。

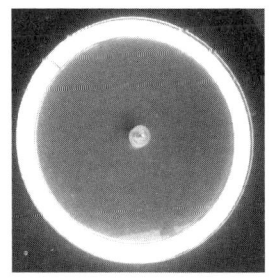 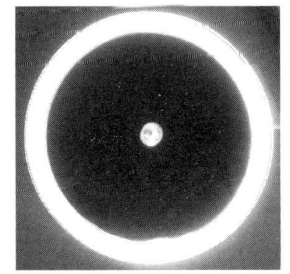

图6　两偏振片透振方向平行时的现象　　图7　两偏振片透振方向垂直时的现象

本设计通过具体形象的机械波再到抽象的光波，让学生认识到新的知识规律往往是建立在以往的知识经验上的，这样的设计符合中学生由具体到抽象、由表及里的思维特点。通过演示机械波通过狭缝的实验为学生搭建思维平台，有利于学生理解光波是横波的本质，同时培养学生知识迁移能力、科学推理能力等学科素养。

物理教学的目的不是对知识的记忆和再现，而是利用所学知识解决实际问题。而这也恰恰是本节教学的难点。为了突破这一教学难点，我设计了这样的几个教学活动：让学生直接观察反光的地面，再透过偏振片观察地面，发现反光消失，从而得到反射光是偏振光，这也提供了一种判断偏振光的方法。这是什么原因呢？受此观察的影响，也能解决摄影时反射光干扰的问题。这个问题的设置让学生初步体会光的偏振在生活中的应用。

学生活动：让学生戴上3D眼镜，同桌之间玩对视游戏，就是每个人闭上一只眼镜，会发现只能看见同桌的一只眼睛。启发学生思考这种现象的原因是什么。这和课前魔术原理相同，也就是3D眼镜的两偏振片的偏振面是垂直的，借此机会不仅可以解释立体电影的原理，还为下一步的创新设计提供思路。

提出问题：夜晚驾驶汽车时，迎面汽车前灯发出的远光灯光将严重影响行车安全，请根据所学的知识，对汽车进行设计。学生很容易想到要在汽车挡风玻璃和灯罩加偏振片，使挡风玻璃与灯罩上的偏振面相同，并且使迎面两车偏振面垂直，但是挡风玻璃和灯罩的角度问题学生久久不能达成共识。有的学生想设计成挡风玻璃和灯罩都与地面垂直的这种角度，首先肯定学生的设计价值，但是从现实中批量生产的角度启发学生思考这种方案是否可行。答案是否定的！这是利用我和学生达成共识的方案设计的偏光小车（见图8、图9、图10），方法是把偏振片加在汽车头灯上，同时亦加在汽车挡风玻璃上。使两偏振片的偏振方向都和地面成45°角，如果有同样装置车迎面过来，那么两车的偏振面恰好垂直，这样就大大减弱了迎面来车的灯光对司机驾驶的影响。这里围绕抽象知识创造具体情境，提高学生在复杂环境下解决问题的能力。这样设计的目的是从培养学生科学素养的角度出发，使学生体验物理学对于人类社会、科学、文化等方面的推动作用。

图8　偏光小车正面　　图9　两辆相对的偏光小车　　图10　透过一偏光小车的挡风玻璃观察另一辆偏光小车的车灯

可持续发展的课堂是能够让学生"带着问题走进课堂，又能带着问题走出课堂"。最后我演示将偏振片在液晶显示屏前转动，透过偏振片发现显示屏的亮暗发生变化（见图11），课堂上不作解释，请学生课后思考并查阅资料来解释此现象及原理在科技中的应用。

图11　偏振片在液晶显示屏前转动到某一位置时的现象

八、实验效果评价

本节课所用的光的偏振演示仪，取材方便，制作简单，操作方法便捷，现象形象直观，经过数次实际教学发现对学生理解光的偏振、培养空间思维能力、发展形象思维都有很好的效果。并且，通过教学也发现光的偏振演示仪有很强的通用性，利用它还可以研究自然光的特点，判断其他光是不是偏振光，及演示色偏振现象。

除偏振演示仪之外，本节课我还通过魔术实验和师生共同制作偏光小车，激发学生学习物理的兴趣和积极性，培养学生的创新精神和实践能力，为学生搭建取之不尽用之不竭的开放性学习平台。

光电效应的探究与创新

阜阳市第三中学　周连鹏

一、教材与学生

（一）教材分析

本课题为人教版高中《物理选修3-5》第十七章"波粒二相性"第二节"光的粒子性"的第一块内容。在人教版高中《物理选修3-4》中学生先学习光的波动性，而在该节中学生将学习光的粒子性的证据：光电效应现象及其解释理论——光电效应方程。光电效应实验是本节课课堂教学的点睛之笔。

然而，若按照教材提供的图17.2-2进行实验，探究产生光电效应的现象规律，由于受到实验器材的部分配套缺失和实验器材精度的影响，造成该实验能够完全得出光电效应四大规律的成功率很低。

（二）学情分析

学生虽然已经学习过普朗克关于黑体辐射的能量子假说，然而由于学校教育在这一节往往重视结论型陈述、轻视实验探究过程，导致学生对这一部分知识一知半解，很快遗忘；让学生通过实验认识光电效应现象是最直接和有效的教学方式，但是在普通高中的实验条件下，实验不容易演示成功。基于此，在教材实验的基础上，对实验器材进行改进、优化和创新，使之更方便于光电效应现象及其规律的实验探究，进而培养学生科学探究的核心素养。

二、教学目标

（一）物理观念

了解并识别光电效应现象；能通过实验探究光电效应的规律。

（二）科学探究

经历"探究光电效应的规律"过程，体验实验探究的方法，启发学生的创新意识，提高学生的创新能力。

（三）科学态度与责任

经历一系列实验创新过程，培养学生严谨认真、实事求是和持之以恒的科学态度。

三、教学重难点

（一）教学重点

在光电效应实验探究的过程中，培养学生不断发现问题和解决问题的能力，强化学生问题意识，提升实验创新能力。

（二）教学难点

在实验仪器研发过程中，培养学生对传统实验改进的能力和发现问题、解决问题的能力，通过对实验的不断创新和改进，培养学生的创新思维。

四、教法与学法

（一）教法

基于以上教材的知识规律和逻辑规律的教材分析，以及学生认知规律的学情分析，结合我们设定的教学目标和重难点，我们选择的教学方法是：以实验为基础，以问题为导向，以创新为驱动，以思维为中心。

（二）学法

经历实验的逐步探究过程，依据光电效应现象以及其规律特点，引导学生观察、思考、讨论、实验验证的探究式学习方法。

五、说教学过程

依据认知理论由抽象到形象的探究，通过探究实验不断发现问题，按解决问题的思路改进创新实验。实验过程设计如下。

（一）教材实验，观察现象

根据教材实验中的光电效应图示（见图1），将一块擦得很亮的锌板与验电器相连，用紫外灯照射锌板，若验电器的指针张开，说明有电子从锌板飞离，发生了光电效应。

图1 教材中的光电效应图示

（二）实验感知，发现问题

按照人教版物理教材的实验装置来演示实验并没有获得成功。

引导学生进行分析：

（1）在普通高中的实验条件下，由于空气湿度、验电器漏电、验电器指针重力偏大及其他各种情况的影响，验电器根本没有张角，实验一般无法成功演示。

（2）由于紫外光对空气电离产生的负离子和从锌板上逸出的光电子在锌板（带正电）电场的束缚下回到锌板，使得正电荷发生中和而电势无法升高。

（三）创新实验，提高成功率

采用附加电场的方法进行实验。在紫外线光源与锌板之间设置一带正电的金属网（网下装上指针验电器，用于观察金属网所带正电荷的情况），可以减弱锌板电场对光电子的束缚作用。当紫外光照射锌板时，逸出的光电子就可以在附加电场的作用下挣脱束缚，同时，由于紫外光对空气电离产生的负离子也可以被清扫，锌板的电势就能够上升到使验电器指针张开的程度（见图2）。

图2　改进后的光电效应现象实验装置

创新点：①设置附加电场，提高演示成功率；②两个验电器作为对比，提升实验效果。

（四）探究光电效应规律，发现问题

目前课堂教学应用较多的是如图3所示的传统仪器，其存在的问题是不方便提供反向电压，且电压表只能单向偏转，因而不方便测定反向遏制电压，研究光电子的最大初动能。

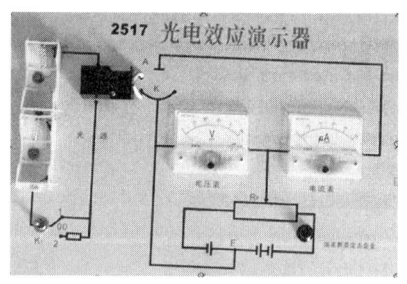

图3　成品化的传统仪器

（五）改进装置，再探光电效应规律

针对上述问题进行了相关改进，其改进特点如下：

（1）如图4所示，主体电路采用可调的惠斯通桥式电路，学生可以自由方便地操作，提供反向电压。

（2）如图5所示（其背面图见图6），电流表、电压表均采用指针零刻度在刻度盘中央的表头，根据电压表指向不仅得出

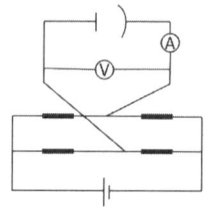

图4　改进后的研究光电效应的电路图

电压大小而且得出电势的高低，可实现正反向电压的连续变化，便于探究光电流与电压的关系。

（3）使用手机手电筒作为光源，操作简单方便。

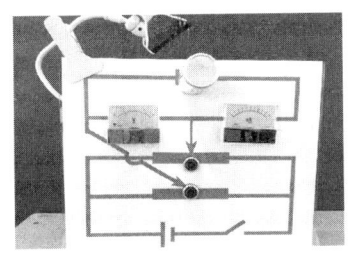

图5　改进后的研究光电效应规律的实物正面图

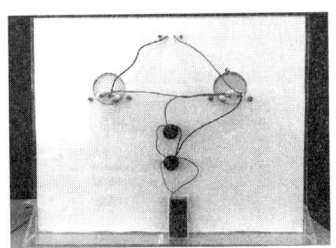

图6　改进后的研究光电效应规律的实物背面图

（六）实验操作，感受成果

探究光电效应的几个规律：

（1）探究发生光电效应的"瞬时性"。打开光源，发现电流表指针明显偏转，用挡光片挡住光源，发现电流表不再偏转。

（2）探究发生光电效应存在"截止频率"。分别用蓝色滤光片、黄色滤光片、红色滤光片遮挡手机手电筒，发现蓝色滤光片、黄色滤光片遮挡后光电效应正常发生，而用红色滤光片遮挡后电流表指针为零，光电效应不再发生。

（3）探究发生光电效应存在"饱和光电流"。当用蓝色滤光片遮挡手机手电筒后，调节滑动变阻器阻值使电压表上正向电压逐渐增大，发现电流大小随之增大，但是很快无论电压多大，电路电流不再增大达到饱和值。增加照射光强度，光电流继续增加，说明光电流与光强有关。

（4）探究发生光电效应存在"反向遏止电压"。用蓝色滤光片遮挡小孔后，调节滑动变阻器阻值使电压表上正向电压逐渐减小并变为反向电压，发现电流大小随之减小，当反向电压达到某值时，光电流恰好为零，此刻电压值即为蓝光的反向遏止电压。

采用改进后的装置可以使电压从正向到反向连续变化，比较准确地得出光电效应实验中所有的实验结论。而且操作简单、方便、直观、可视性强。

六、教学反思

本节内容采用"探究研讨式"教学，即"教材实验→发现问题→实验创新→优化改进→享受成果"。

通过让学生动手操作、动眼观察、动脑质疑，引导学生发现问题、解决问题，培养学生勇于探索，不断创新的科学态度，同时发展了学生的思维能力和创造能力。

七、教学评价

（1）通过一系列实验活动，让学生经历情感体验和知识探究的过程。

（2）通过有效改进实验，使学生获得理性认识。

（3）培养学生创新的科学思维，提高学生的实验探究能力和创新意识。

（4）实验中光电效应的改进仍有一些缺陷，需进一步优化改进。

库仑定律

北京市大兴区第一中学　鞠晨晨

一、使用教材

教科版高中《物理选修3-1》第一章第二节。

二、实验器材

（一）引入实验

易拉罐、较光滑的木板、毛皮、橡胶棒、丝绸、玻璃棒。

（二）定量探究实验

精确到千分位的电子秤、自制支架、三个大小相同的金属球（一个用支架固定的金属球、两个带绝缘杆的金属球）、导电小球、手摇式发电机、小太阳取暖器。

三、实验创新要求/改进要点

（一）引入实验

实验器材来源于生活，有神秘感。相对于单纯复习电荷间相互作用力的关系而言，更加能够吸引学生注意力。

（二）定量探究实验

通过自制实验仪器，学生们体验探究电荷间相互作用力与电荷量和距离的定量关系的科学探究过程。通过受力分析可知电子秤示数的变化就是两带电金属球间力的大小，通过自制实验器材可改变两金属球间的距离，记录几组数据，通过 Excel 软件作出图像和公式，从而得出电荷间相互作用力与距离的定量关系。利用均分思想，用相同的不带电金属球接触支架上金属球两次，通过观察电子秤示数变化可知带电体之间相互作用力与此金属球的定量关系，同理，再做两次金属球与电子秤上金属球平分电荷量的实验，可得出电荷间相互作用力与电子秤上金属球电荷量的关系，综合两个实验可得出力与两带电体电荷量的定量关系。

四、实验设计思路

通常本节课的引入都是直接复习"同种电荷相互排斥，异种电荷相互吸引"的知识，有些枯燥无味。并且在书中这一节中，提供了定性研究库仑力 F 与电荷量 Q 及库仑力 F 与电荷间距离 r 关系的演示实验。如图1所示，将 A、B 球带电后，通过移动 B 球的位置，观察不同位置 B 球与铅垂线的偏角大小，比较受力情况，然后在保证距离一定的同时，通过增加或减小 A 球的电荷量，观察 B 球偏角的变化。该实验虽原理清晰，但仍存在一定缺陷。实验器材如图 2 所示，多次接触带电使实验用时较长，空气中正、负离子的中和使电荷减少较快，因此小泡沫球的偏转不是固定一个偏角，会往侧面摆动、转圈，经常出现被大金属球吸附、弹开、再吸附、弹开这样的情况。为此我对实验作了如下改进与创新。

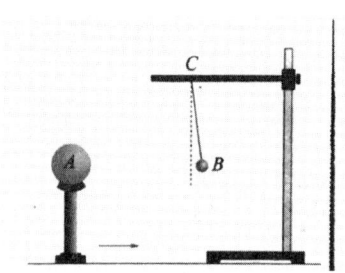

图 1 两个带正电小球的相互作用

图 2 电荷间相互作用力演示器

通过一个小魔术引入新课。用橡胶棒在不接触易拉罐的前提下使易拉罐滚动，使学生回忆起之前学习的"同种电荷相互排斥、异种电荷相互吸引"的知识，教师继续追问电荷间这种相互作用与哪些因素有关，从而引入本节新课，如图 3 所示。同学们猜想电荷间相互作用力与哪些因素有关后，引入点电荷的

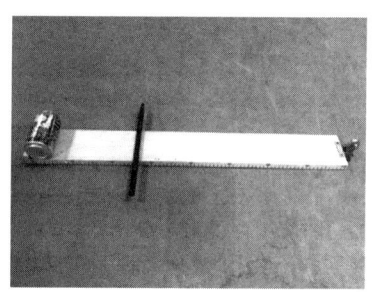

图 3 引入实验器材

概念，并通过自制实验仪器（见图 4）来探究电荷间相互作用力与电荷量和距离的定量关系，用手摇式发电机使电子秤上的金属球和用支架固定的金属球带同种电荷，通过自制支架逐渐改变两金属球间的距离，通过受力分析可知电子秤示数的变化量就是两金属球间的力的大小。开始时将电子秤示数调零，那么此时电子秤的示数反映的就是两带电体之间力的大小，记录距离与相应的力并绘制成图像（见表 1 和图 5），由此可以得出力与距离的定量关系。用相同的金属球均分用支架固定的金属球的电荷量，实验并记录数据，再用相同的金属球均分电子秤上的金属球的电荷量，实验并记录数据（见表 2 和图 6），从而得出电荷间相互作用力与两带电体电荷量的关系。

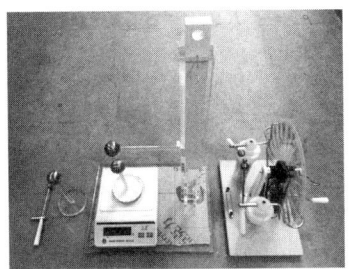

图4 探究定量关系的自制实验器材

表1 电荷间相互作用力与带电体间距离关系

r/m	0.12	0.14	0.16	0.18	0.20	0.22
F/0.00001N	81	56	38	35	28	22

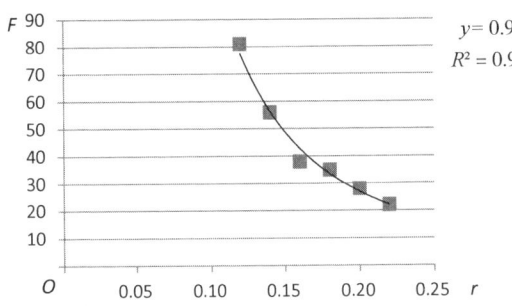

图5 电荷间相互作用力与带电体间距离关系的图像与公式

表2 电荷间相互作用力与带电体电荷量关系

小球电荷量	$0.125Q$	$0.25Q$	$0.5Q$	Q
F/N	0.00011	0.00024	0.00049	0.00098

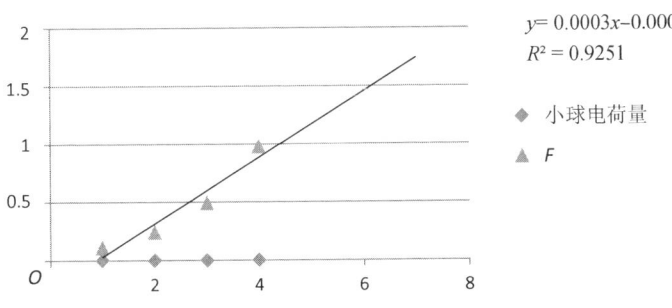

图6 电荷间相互作用力与带电体电荷量关系的图像和公式

五、实验原理及突破方法

将带有大量电荷的金属球置于电子秤上，再将带有大量电荷的金属球竖直固定于电子秤上金属球的正上方，改变两金属球间的竖直距离（球心距）并记录，通过观察和记录电子秤的示数，分析两带电球之间的受力情况，可知两带电金属球与距离的定量关系。保持两金属球间的竖直距离不变，将不带电相同的金属球接触支架上的金属球，均分金属球一半的电荷量后，观察电子秤示数的变化，同理，将不带电金属球接触电子秤上金属球，通过这两个实验得出电荷间相互作用力与两带电体电荷量的定量关系。想要做成这个定量实验需要突破三大难点：微小力不易测量、距离不便测量、电荷量无法测量。突破方法如图7所示。

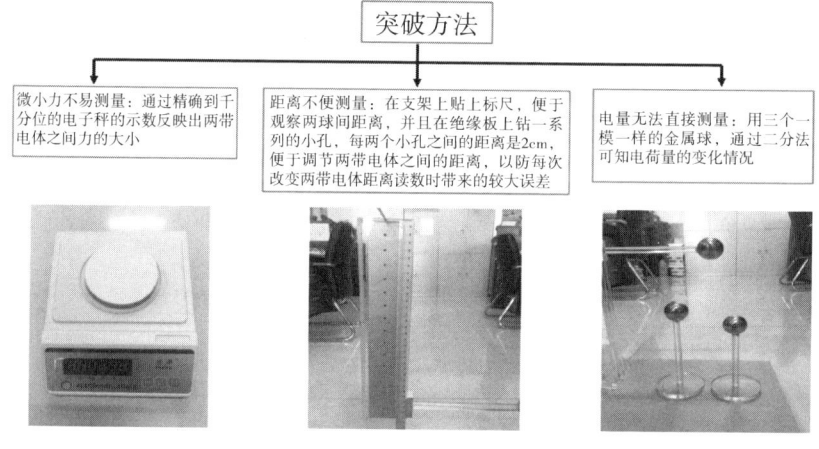

图7 突破方法

六、实验教学目标

（一）引入实验

通过小魔术使学生回忆起初中学习的知识，电荷间相互作用力遵循"同种电荷相互排斥、异种电荷相互吸引"的规律，继续追问学生，电荷间的这种相互作用力与哪些因素有关，从而引入本节新课。

（二）定量探究实验

通过自制实验仪器，学生得出电荷间相互作用力与电荷量和距离的定量关系。通过实验培养学生的观察、操作、分析和总结能力，通过探究定量关系的过程，使学生体验从猜想到验证的科学探究过程，并在探究过程中了解研究物理问题的一些常用方法，如控制变量法。通过对库仑定律建立的回顾，以及相关物理史实的介绍，培养学生的科学素养，培养学生科学探究的态度。

七、实验教学内容

（一）引入实验

用一个与电荷间相互作用力有关的小魔术来引入本节新课。

（二）定量探究实验

通过自制的实验器材来得出电荷间相互作用力与电荷量和距离的定量关系。

八、实验教学过程

（一）情境导入

（1）教师活动。在上课前为同学们表演一个小魔术。将一个易拉罐放在较光滑的木板的一端，用丝绸摩擦过的玻璃板接触易拉罐，使易拉罐带正电，用毛皮摩擦过的橡胶棒放在易拉罐的附近，易拉罐会随着橡胶棒位置的移动而滚动。

问题1：易拉罐为什么会滚动呢？

学生回答：同种电荷相互排斥，异种电荷相互吸引。

问题2：既然电荷间存在相互作用力，那么电荷间的相互作用力与哪些因素有关呢？又与这些因素有哪些定量关系呢？以此引入今天的主题"库仑定律"。

（2）学生活动。认真观察实验现象，思考为什么易拉罐会滚动，积极回答老师问题。

（3）设计意图。通过小魔术使学生回忆起初中学习的知识，电荷间相互作用力遵循"同种电荷相互排斥，异种电荷相互吸引"的规律，抓住学生的眼球，激发学生的探究欲望。

（二）定量探究实验

（1）教师活动。针对学生的猜想进行讲解并引入点电荷概念，教师演示定量探究实验的操作过程。

用小太阳取暖器一直照射金属小球，保持金属小球周围空气的相对干燥，校准电子秤后将金属小球放于其托盘之上，将支架上的金属球固定在某一位置，并利用支架上的刻度和直尺来测量出此时两金属球的距离并记录在表格里，点击"去皮自校"按钮，使得此时电子秤的示数为零。利用手摇式发电机靠近并接触金属小球，使其充分带电，采用相同的带电方式使支架上的金属球带同种电荷，观察和记录此时电子秤的示数。继续改变两带电金属球间的距离并记录几组数据，通过Excel软件作出图像和公式，从而得出电荷间相互作用力与电荷间距离的定量关系。

将两带电金属球的电荷量用金属棒导走，重新校准电子秤后将金属小球放于其托盘之上，将支架上的金属球固定在距离电子秤上金属球12cm处（此时实验效果最好），点击"去皮自校"按钮，使得此时电子秤的示数为零。利用手摇式发电机靠近并接触金属小球，使其充分带电，采用相同的带电方式使支架上的金属球带同种电荷，观察和记录此时电子秤的示数。用另一个与这两个金属球一样的金属球均分电荷量，用不带电的金属球接触支架上的金属球，记录此时电子秤示数大小。导走电荷后再次接触，记录数据，以此得出电荷间相互作用力与其中一个带电体电荷量的定量关系。同理，可得出力与另一个带电体电荷量的定量关系，由此可得出电荷间相互作用力与两带电体电荷量的定量关系。

（2）学生活动。学生讨论电荷间相互作用力与哪些因素有关，各抒己见。学生认真观察并学习教师如何探究电荷间相互作用力与电荷量和距离的定量关系。

（3）设计意图。通过自制实验仪器，学生得出电荷间相互作用力与电荷量和距离的定量关系。通过实验培养学生的观察、操作、分析和总结能力。通过探究定量关系的过程，使学生体验从猜想到验证的科学探究过程，了解研究物理问题的一些常用方法，如控制变量法。通过对库仑定律建立的回顾，以及相关物理史实的介绍，培养学生的科学素养，培养学生科学探究的态度。

九、实验效果评价

在本节课的引入部分，我没有采用传统的知识复习引入，而是想了一个小魔术来引入，以此来吸引学生的注意力，并引入之前学习的知识点"同种电荷相互排斥，异种电荷相互吸引"，让学生在欢乐与惊奇之中开始本节课，牢牢抓住了学生的目光。自制定量实验巧妙地利用了电子秤实现了库仑定律的定量研究，突破了传统教材的定性演示的局限，避免了定性实验稳定性不好、实验效果不显著等诸多问题。采用定量数据收集和分析处理的方法，使得实验结果更客观真实，充分调动起学生的探究欲望，让学生经历严密的科学探究过程，培养其严谨的实验探究态度。在演示定量探究实验之后，分组实验让学生自己动手做定量探究实验，不仅锻炼了学生的动手操作能力，也可以培养学生分析问题、解决问题的能力，同时培养学生的思维能力。

十、未来改进的方向

静电实验受空气影响较大。当空气潮湿时小球放电较快，实验现象不明显。因为空气具有流动性，所以即使在旁边放置小太阳取暖器，当空气湿度很大时实验也无法成功。当空气湿度很大时要使实验成功，需要在实验器材外面加上一个带有小灯泡的玻璃罩，这样就能保证无论空气湿度多大，实验效果都会良好。

磁场对通电导线的作用
——安培力

四川省简阳中学 刘丽

一、使用教材

教科版高中《物理选修3-1》第三章第二节"磁场对通电导线的作用——安培力"。

二、实验器材

学生电源、滑动变阻器、电流表、U形磁铁、自制带线圈的支架、电子台秤、导线若干。

三、实验创新要求/改进要点

（一）传统实验的不足

教材上该实验（见图1）采用的是直接用弹簧测力计悬挂通电线圈于U形磁铁之上的测量方案，虽然也是运用控制变量法，但设计本身存在诸多问题。

（1）用弹簧测力计直接测量，精度低，数据误差大。

（2）线圈被悬挂，会出现因通电而受力旋转的问题，基本上无法正常测出实验数据。

（3）试图通过并排相同磁铁来改变导线在磁场中的有效长度，但同名磁极相互排斥，很难实现。

（4）无法探究安培力大小随电流和磁场间夹角的变化关系。

（二）对实验的改进

基于以上问题，我们对本实验进行了创新设计（见图2）。

（1）用精度较高的电子台秤取代弹簧测力计。

（2）将线圈固定于自制支架上，从而解决线圈通电受力旋转的问题，且可调节至任意角度时固定，从而定性探究安培力大小随夹角的变化关系。

（3）自制三抽头可变匝数线圈，通过改变线圈接入匝数可改变线圈在磁场中的有效长度。

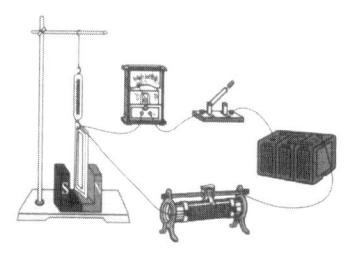

图 1　原教材实验方案

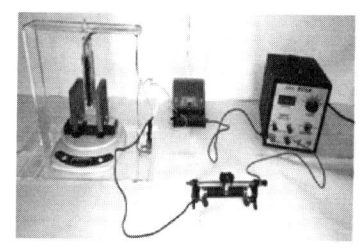

图 2　创新实验方案

四、实验原理/实验设计思路

本实验充分借助电子台秤的去皮功能。打开台秤电源，将磁铁轻放其上，整体位于线圈正下方，且磁场方向与线圈平面垂直。此时，台秤有示数显示，再按一下电源键，台秤示数归零。若磁铁再受力的作用，台秤又有示数，通过单位换算可得力的大小。若受力向下，则示数显示为正，反之则示数显示为负，故去皮后台秤示数可以反映磁铁所受作用力的大小和方向。一旦通电，磁铁与线圈电流会发生相互作用。去皮后的台秤示数可反映磁铁所受电流的作用力，再根据牛顿第三定律，可得出线圈所受安培力的大小和方向。由于磁铁外部区域磁场很弱，故除线圈最下边导线以外其余所有部分所受安培力可忽略，所以本实验可测出线圈最下边导线电流所受安培力的大小与方向。

五、实验教学目标

（一）知识与技能

（1）定量探究出安培力与电流及导线长度的正比关系。
（2）定性探究出安培力、电流、磁场三者方向的空间三垂直关系。
（3）定性探究出安培力大小随电流和磁场间夹角的变化关系。

（二）过程与方法

（1）借助分组实验，培养学生团队协作精神。
（2）过程中体会控制变量法。

（三）情感、态度、价值观

培养学生核心素养下的创新精神和严谨认真的科学态度。

六、实验教学内容

借助学生分组实验，让学生充分参与、讨论、探究，并在老师的引导下既定量测出安培力，又拓展探究了安培力、电流和磁场三者方向的空间三垂直关系以及安培力的大小随电流和磁场间夹角的变化关系。

七、实验教学过程

（一）进行学生分组实验

去皮后，按照实验电路图将各元件串联。一旦通电，磁铁与线圈电流会发生相互作用，去皮后的台秤示数可反映磁铁所受电流的作用力，再根据牛顿第三定律，可得线圈最下边导线电流所受安培力的大小和方向。通过调节电源电压，或调节滑动变阻器，可改变线圈中电流大小，从而测出同一线圈在不同预设电流（如0.5A、1A、1.5A）时的安培力（见表1）；换接不同的红色接线柱，可改变线圈接入匝数，从而改变导线在磁场中的有效长度，再重复前面步骤。改变电流方向或交换磁极，示数正负显示相反，而在学生实际分组实验时，电流方向和磁极摆放均随机，故台秤示数正负也随机产生。

表1 预设电流下的安培力

电流强度	0.5A	1.0A	1.5A
L（2L或3L）			
方向			

（二）数据处理

（1）引导学生收集整理各小组实验数据，并对数据进行横向纵向分析。纵向分析可知，当导线长度一定时，安培力的大小与电流成近似正比；横向分析可知，当电流一定时，安培力的大小与导线长度成近似正比。综上所述，在误差允许的范围内，安培力的大小与电流和导线长度均有关系，且是正比关系。

（2）打开电源，将线圈或磁铁缓慢旋转90°，可观察到台秤示数逐渐变小直至为0的过程，可定性探究出安培力的大小随电流与磁场间夹角的变化关系。

（3）通过实验，分析出安培力、电流、磁场三者的方向，借助彩色吸管分别代表各量，插入同一橡皮泥中，可直观反映三者方向的空间关系，为后续学习左手定则作铺垫。

八、实验效果评价

（一）分析能力的提升

使用该创新实验设备很好地解决了教材实验方案的诸多不足，借助学生分组实验，让学生充分参与、讨论、探究，并在老师的引导下既定量测出了安培力，又拓展探究了安培力、电流和磁场三者方向的空间关系以及安培力的大小随电流和磁场间夹角的变化关系，过程中让学生充分感悟控制变量法和转换研究对象的物理思想。

（二）操作能力的提升

随着实验内容的深入，需要学生具备实验探究能力越来越高，需要考虑的问题越来越复杂，创新空间也更大。

（三）思维方式的提升

学生进一步发现该创新实验设备也可作为第三节学习磁感应强度的演示实验，可操作性强，准确度高，效果好，明显优于现有同类设备，如电流天平等。后续如果能够将支架设计成可旋转的圆形台面，并赋予相应角度，则可精确测量电流与磁场成任意夹角时的安培力。培养了学生不断探索进取的科学精神。

磁感应强度

河北省石家庄市第十八中学　齐红棉

一、使用教材

人教版高中《物理选修 3-1》第三章第二节"磁感应强度"。

二、实验器材

电磁炮、螺线管、干电池、小磁针、导线、铁架台、线圈、蹄形磁铁、圆形磁铁、铜板、轮子、学生电源、滑动变阻器、开关、一对强磁铁、电子秤、数字电流表、音频信号放大器、纸杯、金属杆、环形线圈等。

三、实验创新要点/改进要点

教材试图根据通电导线在磁场中受力会发生偏转定性分析，从偏转角度大小判断通电导线在磁场中所受磁场力的大小。而通电导线在磁场中所受的磁场力很小，通电瞬间导线会立即摆动，但却很难稳定下来，因此不易观察出摆动角度的大小。为此，我首先进行创新实验，定性探究磁场力与电流的关系；再次进行创新实验，定量探究通电导线所受磁场力与电流、导线长度和导线放置方向与磁场之间夹角的关系，从而得到磁感应强度的表达式。

四、实验原理/实验设计思路

在电子秤上放一块磁铁，装置静止时电子秤的示数等于磁铁的重力。开关闭合前电子秤先清零。开关闭合后，观察电子秤的示数。电子秤示数显示的是磁铁受到竖直方向的作用力。根据牛顿第三定律，导线对磁铁的作用力与磁铁对通电导线的作用力大小相等，方向相反。

五、实验教学目标

（一）基本知识

通过类比得到磁感应强度的定义，知道其大小和方向。

（二）基本方法

通过实验探究的过程，掌握实验观察法、控制变量法、类比迁移法。

（三）科学精神

通过创新实验的设计，既培养了学生勇于质疑的意识和严谨的科学态度，又培养了学生团结协作的精神。

六、实验教学内容

（1）通过学生分组实验，让学生观察小磁针处于通电螺线管不同位置时 N 极所指的方向，说明磁场具有方向性。

（2）通过实验创新，先定性探究磁场力与电流的关系，再定量探究磁场力与电流、导线长度的关系，从而用比值法定义磁感应强度。

（3）安排学生设计拓展实验环节，将物理知识用于实践，有利于激发学生的学习热情。

七、实验教学过程

（一）创设情境，引入新课

让学生体验"电磁炮"的发射过程。有趣的物理现象会让学生产生好奇，从而激发学生的学习兴趣（见图1）。

（二）类比迁移，引出概念

在课程的引入阶段，复习学过的电场知识，电场对电荷有电场力的作用，规定正电荷所受电场力的方向为场强方向，比值 F/q 表示电场的强弱；类比出磁场对小磁针和通电导线有磁场力的作用，帮助学生类比迁移找到描述磁场强弱和方向的物理量——磁感应强度（见图2）。

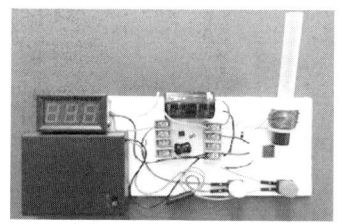

图1　课堂引入

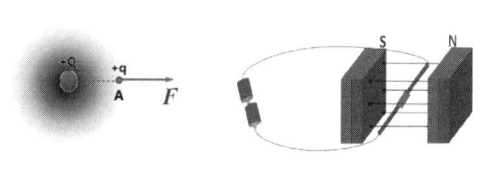

图2　电、磁场类比

（三）辨析研讨，定性分析

（1）磁感应强度的方向。通过实验学生观察到：小磁针处于通电螺线管不同位置时 N 极所指的方向不同；改变电流方向，小磁针 N 极所指的方向发生改变，说明磁场具有方向性。同时规定出磁感应强度的方向（见图3）。

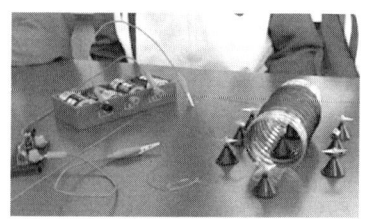

图3　创新实验1

（2）磁感应强度的大小。

1）明确方法。磁场对小磁针和通电导线都有力的作用，为了寻找到用来检验磁场强弱的研究方法，教师设置了以下几个问题，引领学生辨析研讨，从小磁针→电流元→匀强磁场中较长的一段通电导线，最终寻找到检验方法。

问题1：能否通过小磁针N极的受力情况来研究磁场的强弱呢？

问题2：磁场对通电导线有力的作用，对导线有什么要求吗？

问题3：孤立的电流元是不存在的，那么如何制定实验方案呢？

2）实验探究。探究影响通电导线在匀强磁场中受力大小的因素。引导学生大胆猜想并集中讨论，然后教师进行教材上的演示实验（见图4）。进行创新实验，定性探究磁场力与电流的关系（见图5）。

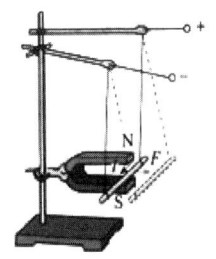 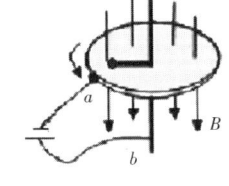 

图4　教材演示实验　　　　　图5　创新实验2

通过实验得到，电流越大，轮子转动越快，表明通电导线所受的磁场力越大。

（四）改进实验，定量研究

（1）实验改进（见图6）。

1）将磁场由竖直方向改为水平方向。

2）用电子秤测量出磁场力的大小。

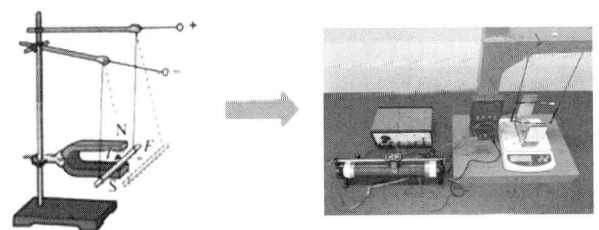

图6　创新实验3

实验改进后的方案，从设计上看，简化了磁场力大小的测量，提高了磁场力大小的测量精度；从器材的处理上看，取材方便，实验器材的操作简单。

（2）实验方案。按照提前划分好的学习小组进行分组实验，学生在实验探究过程中发现：

1) 当用一根导体棒、蹄形磁铁做实验时,发现电子秤示数几乎为零。

2) 当用多匝线圈、蹄形磁铁做实验时,发现电子秤示数较大。

在实验过程中我们还观察到蹄形磁铁不易放平稳、蹄形磁铁之间不易得到匀强磁场;同时还考虑到线圈上边的导线受到的磁场力作用不能忽略,因此对实验器材进行了改进。

(3) 器材改进。采用多匝线圈、一对强磁铁做实验。

(4) 进行实验。当通电导线与磁场垂直放置时,采用控制变量法。

1) 只改变电流 I 的大小,定量探究磁场力 F 与电流 I 的关系。实验测得的数据见表1。

表1 实验数据(每匝线圈 $L_0=48mm$,线圈匝数 $N=80$)

I/A	0.06	0.10	0.12	0.16	0.20	0.30	0.40
m/g	0.6	0.9	1.1	1.5	1.8	2.5	3.5
$F/\times10^{-2}N$	0.59	0.88	1.08	1.47	1.76	2.45	3.43

利用 Excel 作图,并进行拟合作出 F-I 图像(见图7)。

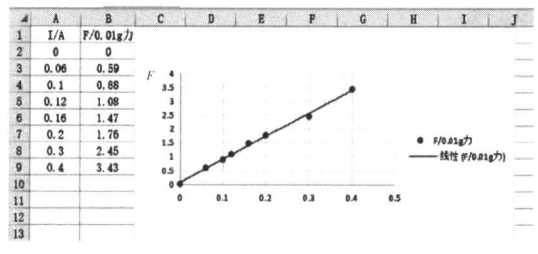

图7 F-I 图像

得出结论:$F \propto I$。

2) 通过改变线圈的匝数,只改变导线长度 L,定量探究磁场力 F 与导线长度 L 的关系。实验测得的数据见表2。

表2 实验数据($I=0.3A$,每匝线圈 $L_0=48mm$)

线圈匝数 N	80	120	160	240
m/g	2.5	3.6	5.0	7.8
$F/\times10^{-2}N$	2.45	3.53	4.90	7.64

利用 Excel 作图,并进行拟合作出 F-N 图像(见图8)。

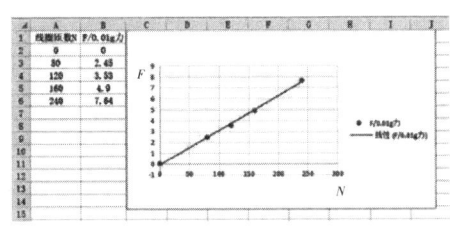

图 8　F-N 图像

得出结论：$F \propto L$。

3）只改变导线放置方向与磁场之间的夹角 θ，定量探究磁场力 F 与夹角 θ 的关系（见图 9）。教师分发给学生宽度不同的线圈进行实验，学生实验记录的数据见表 3、表 4。

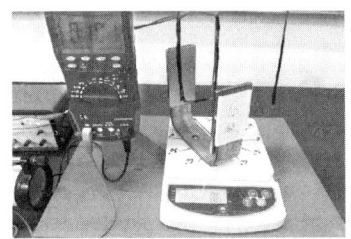

图 9　探究磁场力 F 与夹角 θ 的关系

表 3　一组记录的数据（I=0.1A，N=80 匝）

θ	90°	75°	60°
m/g	0.9	0.9	0.9
F/×10⁻³N	8.82	8.82	8.82

由一组同学记录的数据可看出：当导线与磁场间的夹角 θ 变化时，电子秤示数不变。学生得出结论：通电导线所受磁场力的大小与夹角 θ 没有关系。

表 4　二组记录的数据（I=0.2A，N=80 匝）

θ	90°	60°	45°	30°	0°
m/g	0.9	0.8	0.7	0.5	0
F/×10⁻³N	8.82	7.84	6.86	4.90	0

由二组同学记录的数据可看出：当导线与磁场间的夹角 θ 变化时，电子秤示数发生了变化。学生得出结论：通电导线所受磁场力的大小与夹角 θ 有一定的

关系。

学生实验得出不同的结论，产生了疑问。带着这一疑问学生经过仔细观察，发现一组同学在实验过程中，当导线与磁场间的夹角 θ 变化时，导线在匀强磁场中的长度同时也发生了变化。

教师给学生不同宽度的线圈，目的是让学生认识到磁场力的大小不仅与夹角 θ 有关，还与导线在磁场中的有效长度有关。

4）改进措施。为了达到用控制变量法进行实验探究的目的，学生使用了宽度比磁铁宽度窄的线圈进行实验，以保证导线在匀强磁场中的长度不变。因此，学生选用了线圈宽度 $L=40$mm、磁铁宽度 $d=48$mm 的器材进行实验。实验记录的数据见表5。

表5 实验数据（$I=0.2$A，$N=80$ 匝）

θ	0°	30°	45°	60°	90°	-30°	-45°	-60°	-90°
$\sin\theta$	0	0.5	0.71	0.87	1	-0.5	-0.71	-0.87	-1
m/g	0	0.5	0.7	0.8	0.9	-0.5	-0.7	-0.8	-1.0
F/×10^{-3}N	0	4.90	6.86	7.84	8.82	-4.90	-6.86	-7.84	-9.80

利用 Excel 作图，并进行拟合作出 F-$\sin\theta$ 图像（见图10）。

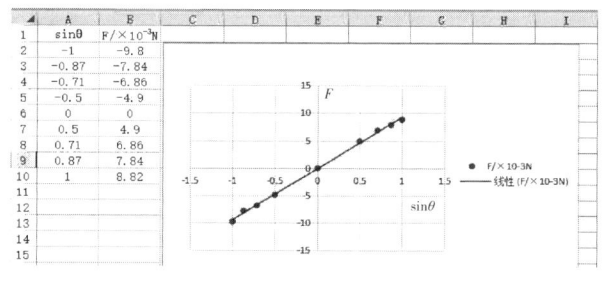

图10 F-$\sin\theta$ 图像

得出结论：$F \propto \sin\theta$。

由以上实验得出结论：$F \propto IL\sin\theta$。当通电导线与磁场垂直放置时，$\sin\theta=1$，通电导线所受的磁场力是最大的，此时 $F \propto IL$。

为了验证以上结论的普遍性，换用不同的磁铁重新做实验1。实验测得的数据见表6。利用 Excel 作图，并进行拟合作出 F-I 图像（见图11）。

比较不同磁场中图像的区别，得出结论：在同一磁场中，比值 F/IL 为恒量；在不同磁场中，比值 F/IL 不同。

表6　实验数据（每匝线圈 L_0=48mm，线圈匝数 N=80）

I/A	0.06	0.10	0.12	0.16	0.20	0.30	0.40
m/g	0.4	0.6	0.7	0.9	1.1	1.5	2.2
F/×10^{-2}N	0.39	0.59	0.68	0.88	1.08	1.47	2.16

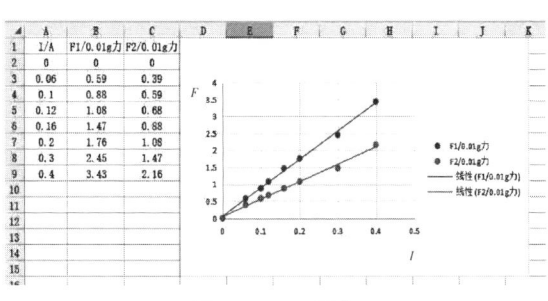

图11　F-I图像

师生分析得出，比值 F/IL 越大，说明在 I、L 相同时，通电导线所受磁场力越大，表明磁场越强，因此比值 F/IL 反映了磁场本身的属性。

（5）建立概念。用比值定义法建立了磁感应强度的概念，即 $B = F/IL$，这一过程是学生经过自己的实验探究、测量数据自主建构物理概念，从而完成了本节课教学重点的突破。

（五）拓展实验，学以致用

磁场力的应用：自制用纸喇叭播放音乐（见图12）。

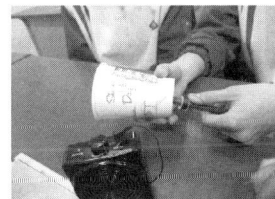

图12　创新实验4

（1）实验原理。由 $B = F/IL$ 知，磁场力 F 与 B、I、L 有关。通电线圈受到磁场力的作用，从而引起纸杯底部振动而发出声音。当 B、I、L 越大时，磁场力越大，纸喇叭的发出的声音越大。

（2）实验方案。

1）改变磁铁离线圈的远近（改变 B）。

2）改变信号的大小（改变 I）。

3）改变线圈的匝数（改变 L）。

（3）实验现象。纸喇叭的声音大小也随之改变。

八、教学反思

（1）为了解决教材实验的不足，进行了实验创新，使用了数字化的实验仪器，从定性到定量，实现思维的提升。

（2）提高了实验探究的深度，体现了"以学生为主体，以实验为载体"的教学理念，培养了学生的科学素养。

（3）开展创新活动的设计，培养了学生的实验动手能力。

涡流、电磁阻尼和电磁驱动

绥化市第一中学　赵旭

一、使用教材

出自人教版高中《物理选修3-2》第4章"电磁感应"第7节。

二、实验器材

（1）演示实验：电磁炉、保鲜盒、铁片。

（2）高频加热演示：高频加热器、电源、刀片、钳子、玻璃杯。

（3）"时空隧道的秘密"演示：铝管、塑料管、钕铁硼磁铁（圆柱形）。

（4）"隔空控物"：易拉罐及其支架、钕铁硼磁铁（长条形）。

（5）气垫导轨演示实验：气垫导轨、滑块、铝片、栅型铝片、小型气源、钕铁硼磁铁组。

三、实验创新要点

（1）能够把生产中的大型设备（高频金属冶炼）缩小搬至课堂，使学生通过真实的体验培养学生的核心素养。

（2）利用手机同屏显示使不易学生观察的实验现象变得易于观察。

（3）从生活中随处可见的物品出发探究物理规律，体现了物理学科源于生活的学科本质。

（4）一器多用。本实验的器材既可以用于探究电磁阻尼又可以探究电磁驱动，使学生从实验中更好地理解二者的关系。

四、实验设计思路

本节课知识抽象，旨在通过各实验的现象使学生真切具体地感受到涡流，感受到电磁阻尼、电磁驱动。

五、实验教学目标

（一）物理观念

（1）通过对涡流产生的机理的学习，培养相互作用的观念。

（2）通过对涡流现象中能量转化的分析，培养能量的观念。

（二）科学思维

通过对生活中的现象、实验现象的观察和分析，建构物理模型，领悟电磁驱动和电磁阻尼是涡流的两个机械效应。

（三）科学探究

通过对电磁阻尼、电磁驱动现象的分析，培养科学探究的能力。

（四）科学态度与责任

通过对涡流实例的分析，了解涡流在生产、生活中的应用，使学生体会科学、技术、社会、环境的关系。

六、实验教学内容

本节课由探究高频电磁炉工作原理的实验导入新课，在此实验中先在保鲜盒中加入适量的水直接在电磁炉上加热，发现电磁炉不工作，水中加入铁片后电磁炉开始工作。以设疑的方法激发学生的学习兴趣。

接着用高频加热器演示高频冶炼（见图1），在这个实验中通过观察刀片的加热情况来进行实验探究。为了增强实验现象，加热变红的刀片浸入玻璃杯的水中能明显地看到有水汽形成，并伴随着"呲呲"的声音，整个过程就是工业中的淬火。

用"时空隧道的秘密"（见图2）和"隔空控物"（见图3）以及滑块在导轨上的运动（见图4）探究电磁阻尼。这三个实验中都是用与学生思维发生强烈碰撞的实验现象来激发学生的兴趣，进而对实验现象进行分析。"时空隧道的秘密"中使钕铁硼磁铁分别从铝管和塑料管中下落，引导学生观察现象。"隔空控物"中用钕铁硼磁铁在离易拉罐一定的距离处沿一个方向驱动易拉罐，可以清晰看到易拉罐快速转动。气垫导轨实验中将自制的铝片和栅型铝片分别固定在两个滑块上，在气垫导轨的一侧固定两组钕铁硼磁铁组，使滑块经过时铝片可通过磁铁组的中间区域，通过观察两个滑块经过磁铁组时的运动情况来进行实验探究。

在电磁驱动的实验中，引导学生用磁铁驱动铝管、易拉罐、气垫导轨上的滑块进行实验探究。

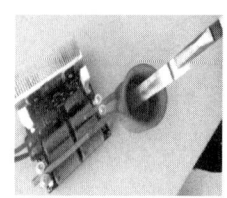 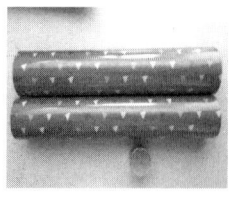  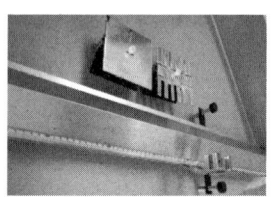

图1 高频加热演示器　　图2 时空隧道的秘密　　图3 隔空控物　　图4 电磁阻尼与电磁驱动演示器

七、实验教学过程

由一块神奇的铁板为开端引入新课，用高频加热器演示高频冶炼，用"时空隧道的秘密"和"隔空控物"以及滑块在导轨上的运动探究电磁阻尼，用磁铁驱动铝管、易拉罐、滑块演示实验探究电磁驱动。实验教学过程展开的流程如图5所示。

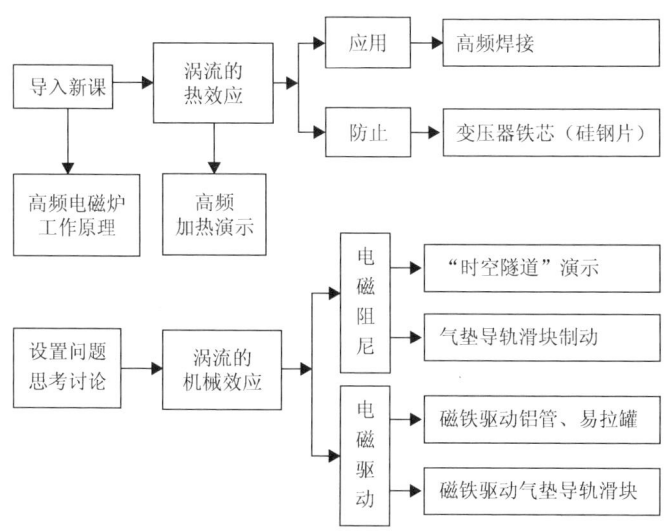

图5 实验教学过程的展开流程

八、实验效果评价

本节课的实验设计都是教材上没有的。除了利用气垫导轨以外，其他实验仪器全都是自制的，创新意识贯穿整节课。像高频加热装置，通过查找资料到购买材料制作，经历了较长的过程，但制作出来后加热效果令人欣喜，加热1~2s刀片就会变色并产生烟气，5~6s就会发热变红。还有演示气垫导轨上电磁驱动的铝片及对比实验中的栅行铝片，实验效果非常好。原来设计用位移传感器DIS画出两种情况的$v-t$图像来作对比，由于实验现象明显，可以肉眼明显观察出来，就去掉了应用传感器部分。另外本节课中几乎都是一种器材可以用于演示多种现象。在丰富多彩的实验及各种神奇的实验现象的吸引下，学生们学习热情高，课上学习气氛浓，探究未知的热情高，教学效果好。

交变电流

沈阳市第120中学　左欣

一、使用教材

人教版高中《物理选修3-2》第五章第1节。

二、实验器材

手摇发电机、微电流传感器、演示电表、单匝线圈模型、二极管。

三、实验教学目标

（一）物理观念

知道交变电流、中性面等概念，能用函数表达式和图像描述交变电流。

（二）科学思维

建构模型，并理论推导正弦式交变电流的变化规律。

（三）科学探究

通过单匝线圈模型探究交变电流的产生过程。

（四）科学态度与责任

学生了解发电厂的发电过程，提升学习兴趣，体现"生活—物理—生活"的理念。

四、教法学法

讲授法、实验演示法、分组探究法、讨论法。以学生的独立思考、自主探究为主，以教师的启发、引导为辅。

五、教学内容

(1) 借助演示，引入新课。

(2) 利用二极管探究电流方向。

(3) 利用传感器探究电流大小。

(4) 利用单匝线圈模型分组探究交变电流的产生过程。

(5) 利用传感器观察线圈经过中性面时电流方向发生变化。

(6) 理论推导正弦式交变电流的变化规律。

(7) 科学漫步了解发电。

六、实验创新要点

（一）对教材中的实验进行改进

首先，教材中用二极管探究电流方向的实验如图1所示。教材直接给出实验方案，让两个二极管并联连接。这样做学生属于被动接受，缺少思考过程。我用问题链的形式将其改进成探究性实验：先连入一个二极管观察现象，思考通过现象能否说明电流方向发生变化；再引入两个二极管，讨论两个二极管该如何连接。学生通过对实验目的的分析，最终得出两个二极管应该并联且正负极方向相反连入，这样一步步引导学生设计实验，学生从被动接受变为主动探究，学生的学习兴趣得到提高。

图1 二极管实验

其次，将教材中探究交变电流产生过程的实验进行改进。教材中是利用图片的形式来展示线圈的位置，如图2所示。它的不足是只能展示线圈的四个特殊位置，学生在判断电流方向时，往往由于空间想象力不足而出现判断错误。我的做法是将抽象的图片分析变成具体的实际操作，如图3所示。学生在真实的情景中进行探究，通过实际的操作及电磁感应的知识判断线圈中电流的方向，最终总结出交变电流的产生过程及电流方向的变化规律。线圈每转过中性面电流方向就会发生变化，这是我们通过模型在理论上分析得出的。能不能让学生亲眼看到呢？下面是本节课的第二点创新，利用传感器观察线圈经过中性面时电流方向发生变化。

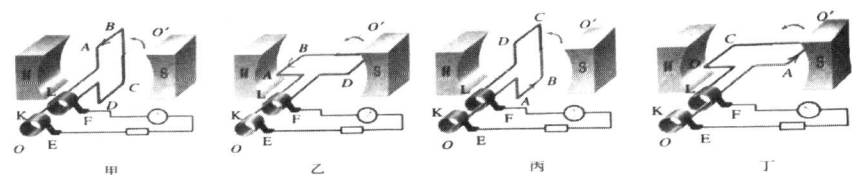

图2 交变电流产生过程示意

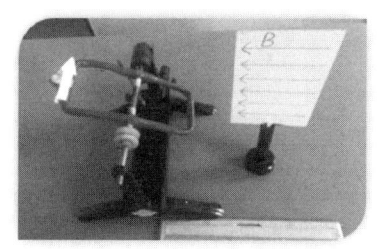

图3 单匝线圈模型

（二）利用传感器观察线圈经过中性面时电流方向发生变化

传感器的特点是对数据进行实时采集，并通过图像的形式直观展示，而且可以采集微小量，提高实验精度。为了便于观察线圈经过中性面的情况，线圈转动要非常慢，那么产生的电流就非常微弱，用普通的灵敏电流表很难检测到，本实验用的是微电流传感器。

将手摇发电机与微电流传感器相连，如图4所示。线圈处于中性面，先转前半周再转后半周，得到的图像如图5所示。从图像可以看到前半周和后半周线圈中电流方向是不同的，由于是从中性面处开始旋转的，所以可以说明线圈经过中性面时电流方向发生了变化。

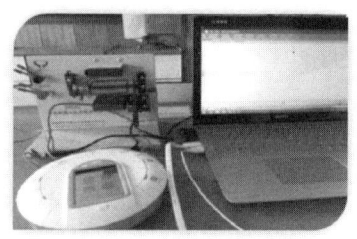

图4 实验过程展示

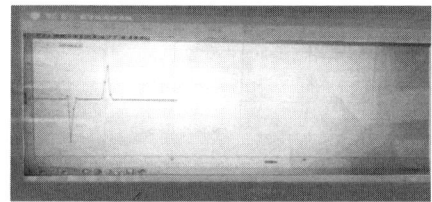

图5 实验图像

传感器实现了传统仪器无法做到的实验，弥补了传统实验的不足，让学生感受到了不一样的物理。

七、教学过程

（一）借助演示，引入新课

教师用手摇发电机来模拟发电厂产生的电，并与演示电表相连，学生通过观察指针，知道此电流与之前学过的恒定电流是不同的，从而引入新课，具体研究这种电流。

（二）利用二极管研究电流方向

将教材中的实验进行改进，利用问题链的形式引导学生探究电流方向，问题链如下：
(1) 连入一个二极管观察现象。
(2) 思考此现象能否说明电流方向发生改变。
(3) 引入两个二极管。
(4) 为了达到实验目的思考如何连接两个二极管。
(5) 根据设计好的方案进行演示实验。

通过演示实验学生得出电流方向发生变化的结论。

（三）利用传感器研究电流大小

将手摇发电机与传感器相连，利用传感器得到电流随时间变化的图像，学生从图像上可以直观地看到电流大小发生了变化。在此基础上给出交变电流的概念，即大小和方向都随时间发生变化的电流叫交变电流。

手摇发电机为什么会产生交变电流？下面利用单匝线圈模型来探究交变电流的产生过程。

（四）利用单匝线圈模型探究交变电流的产生过程

将学生分成小组，利用单匝线圈模型，在真实的情景中探究交变电流的产生过程。用问题链的形式对学生进行引导，问题如下：
(1) 线圈转动时哪两条边切割磁感线？
(2) 线圈从竖直位置开始转动，每1/4周期内穿过线圈的磁通量如何变？
(3) 根据楞次定律及右手定则，判断每1/4周期内电流方向，并用白色箭头标记。
(4) 线圈转动一周后试着总结出电流方向的变化规律。
(5) 线圈转动到哪个位置时电流方向发生变化，这个位置有何特点？

（五）利用传感器观察线圈经过中性面时电流方向发生变化

学生经过自主探究已经知道线圈经过中性面时电流方向会发生变化。能不能让学生亲眼看到？利用微电流传感器可以实现这一设想。

手摇发电机与微电流传感器相连，线圈处于中性面处，让线圈先转前半周再转后半周，从图像上可以直观地看到电流方向发生了变化。由于是从中性面处开始旋转，所以可以说明线圈经过中性面时电流方向发生了变化。

（六）理论推导正弦式交变电流的变化规律

在实验中若是接近匀速地摇动发电机手柄，可以看到电流变化很有规律，这种规律的背后说明电流具有某些特点。我们能不能定量地表示出电流的大小？为了解决这一问题，将真实的情景转变为物理情景，进行模型建构，经过理论推导便得到了电动势、电流、电压的变化规律：

$$瞬时电动势\ e = E_m \sin\omega t$$
$$瞬时电压\ u = U_m \sin\omega t$$
$$瞬时电流\ i = I_m \sin\omega t$$

由此定义出正弦式交变电流。

（七）阅读科学漫步了解发电

引导学生阅读教材中的科学漫步，了解生活中的发电过程，将所学应用到实际。学生通过这一过程对物理的学习更感兴趣，也提升了服务社会的意识。

八、教学反思

（一）基于教材，高于教材

教材是基础，要尊重教材的设计，但也要善于挖掘教材，从不同的角度诠释教材，勇于改进实验以达到更好的教学效果，提高学生的核心素养。

（二）应用传感，服务教学

传感器是科技进步的体现，对教学有很好的辅助作用，工作中要勤于研究、善于创新，多开发有价值的演示实验，弥补传统实验的不足。

第六届全国中小学实验教学

说课活动优秀作品集

（下册）

中国教育装备行业协会　编

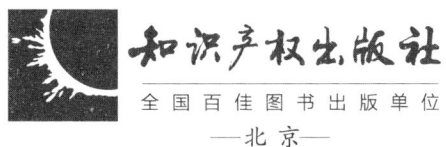

—北京—

图书在版编目（CIP）数据

第六届全国中小学实验教学说课活动优秀作品集/中国教育装备行业协会编. —北京：知识产权出版社，2019.11
ISBN 978-7-5130-6614-3

Ⅰ.①第… Ⅱ.①中… Ⅲ.①说课—课堂教学—教学研究—中小学 Ⅳ.①G632.421

中国版本图书馆CIP数据核字（2019）第247392号

责任编辑：石陇辉　　　　　　　　　责任校对：谷　洋
封面设计：智兴设计室·索晓青　　　责任印制：刘译文

第六届全国中小学实验教学说课活动优秀作品集（下册）
中国教育装备行业协会　编

出版发行：知识产权出版社有限责任公司	网　　址：http://www.ipph.cn
社　　址：北京市海淀区气象路50号院	邮　　编：100081
责编电话：010-82000860 转 8175	责编邮箱：shilonghui@cnipr.com
发行电话：010-82000860 转 8101/8102	发行传真：010-82000893/82005070/82000270
印　　刷：北京嘉恒彩色印刷有限责任公司	经　　销：各大网上书店、新华书店及相关专业书店
开　　本：720mm×1000mm　1/16	印　　张：60
版　　次：2019年11月第1版	印　　次：2019年11月第1次印刷
字　　数：1040千字	定　　价：199.00元（上、下册）

ISBN 978-7-5130-6614-3

出版权专有　侵权必究
如有印装质量问题，本社负责调换。

《第六届全国中小学实验教学说课活动优秀作品集》
编委会

主　编：夏国明

副主编：朱俊英　景维华

编　委：王　瀛　李梦莹　鲍亚培
　　　　王东亮　崔　峣

前　言

《国家中长期教育改革和发展规划纲要（2010—2020年）》中提出："着力提高学生的学习能力、实践能力、创新能力，教育学生学会知识技能，学会动手动脑""开发实践课程和活动课程，增强学生科学实验、生产实习和技能实训的成效"。《国家教育事业发展"十三五"规划》提出："强化学生实践动手能力""推进优质教育资源共建共享"。《教育部关于全面深化课程改革　落实立德树人根本任务的意见》要求："强化教学的实践育人功能""整合和利用优质教育教学资源"。全国中小学实验教学说课活动很好地践行了上述文件精神。

2013年至今，全国中小学实验教学说课活动已成功举办六届，累计吸引了全国各地四万多名中小学教师参与。该活动以实验教学说课为载体，推进育人模式的转变；教师通过基于核心素养的教学，培养学生的必备品格和关键能力。该活动搭建了一个东中西部教师的交流学习平台，有力地促进了全国实验教学的均衡发展，取得了良好的社会效益，获得了广泛的关注和好评，现已发展成为全国中小学实验教学领域的品牌活动。

依据教育部基础教育司《关于举办第六届全国中小学实验教学说课活动的通知》（教基司函〔2018〕14号），第六届全国中小学实验教学说课活动由教育部基础教育司主办，教育部教育装备研究与发展中心、中国教育装备行业协会提供专业支持。活动于2018年4~11月在全国范围内举行。本届说课活动基本延续了第五届说课活动的活动方式，设立了综合、小学科学、中学物理、中学化学、中学生物五个组，其中综合组涵盖了地理、音乐、体育、通用技术、信息技术、综合实践活动等学科和课程，综合类课程的占比较往年有小幅上升。这说明，实验教学的理念已逐渐冲破传统学科界定，延伸到了很多其他学科。

本届说课活动依然包括两个环节，一是各地遴选推荐实验教学说课案例，二是现场说课展示。在第一个环节中，各省、自治区、直辖市教育部门举办活动遴选本地区的实验教学说课案例，共推荐457个案例，经过综合评议、集中公示等环节，产生了170个案例进入现场说课展示环节。现场说课展示环节于2018年11月在南昌举行,为期两天,本环节进行了网络直播。进行现场展示的教师们展现出了较高的实验设计和教学说课水平:完整、精致的教具,精美、直观的演示文稿,大方潇洒的教态,流畅准确的语言……现场评审专家在进行综合点评时给出了很高的评价,称本届活动的现场说课展示是"视觉的盛宴,思维的大餐"。

连续六届说课活动,已形成一批可共享的优质中小学实验教学资源,涵盖小学、初中、高中三个学段众多学科的实验课程,受到广大中小学师生的热忱欢迎。截至2018年11月28日,"全国中小学实验在线平台"(网址:http://www.ceeia.cn/"实验在线"栏目)注册人数已达24万人,积累实验教学课程视频资源3154节,课程点击总量达140万次。由中国教育装备行业协会组织编撰的《第二届全国中小学实验教学说课活动获奖作品集》《第三届全国中小学实验教学说课活动优秀作品集》《第四届全国中小学实验教学说课活动优秀作品集》《第五届全国中小学实验教学说课活动优秀作品集》的相继出版,也对促进这些优质教学资源的推广应用发挥了重要作用。此外,部分省区市在历年说课活动积累资源的基础上,开发了本地区的实验教学培训教材,以培养本地区的实验教学专家,指导本地区的实验教学培训规范发展。

《第六届全国中小学实验教学说课活动优秀作品集》内容充实,分为上下两册,收录了本届说课活动进入现场说课展示环节的优秀作品169个,其中综合15个、小学科学28个、中学物理43个、中学化学46个、中学生物37个,较为全面地反映了国内中小学各个学科实验教学的新理念和新成果,可为广大中小学教师提供借鉴和指导。

实验教学说课活动盘活了教育装备,完善了课程内容,调动了任课教师,是推动教学改革、促进学生核心素养养成、推动教育资源均衡的良好抓手。在此,向本届说课活动的主办方教育部基础教育司,向给予活动热情支持的各地基教、教研、教育装备等部门,向本届活动评审委员会的各位专家,向参与和协助组织活动的广大教师和工作人员表示衷心的感谢!希望全国中小学实验教学说课活动获得全社会更多的关注,为促进我国中小学实验教学工作水平的提升作出更大的贡献。

中国教育装备行业协会会长

2019年7月

第一部分 综合

季节的形成	李淑丹 /	3
地震	方莹 /	8
植物"心情"检测仪	裴炯涛 /	13
为班级绿植设计浇水工具	庄重 /	19
一场百草园的邂逅	王淑君 /	23
像工程师一样建造塔		
——亲近正定古塔	郄红 /	28
做框架	樊乃铭 /	36
系列乒乓教具,化解学球之难	季光辉 /	39
不同水质对种子萌发影响的研究	徐莹莹 /	44
生命之杯	张立超 /	51
LED 创意灯牌		
——串并联电路的设计与制作	迟蕊 /	55
探究影响结构强度的可能因素	朱丽珺 /	62
结构与强度	张涛 /	68
鸡蛋承受压力试验的改进	张荟萃 /	72
鱼浮灵主要成分的实验探究	万海涛 /	76

第二部分　小学科学

篇目	作者 / 页码
下沉的物体会受到水的浮力吗	郭洪美 / 85
玩转小水轮	何雪薇 / 92
定滑轮和动滑轮	赖洪兆 / 97
我的滑轮	李丹 / 103
比较韧性	颜涵瑜　张美华 / 109
注重观察分析，研究物体反光	陆新丽 / 112
巧用自制教具，探究影子的变化特点	杜明康　侯微微 / 119
光沿直线传播实验说课	孙宏 / 123
怎样得到更多的光和热	蔡旭聪 / 132
怎样得到更多的光和热	郝婷婷 / 135
怎样得到更多的光和热	李盼盼 / 140
光与热	张坤鹏　李晓娜　潘海滨 / 144
光与热	杨喆 / 149
冰融化了	韩玉 / 158
颜色对热的吸收	魏敏菲 / 163
金属的热胀冷缩	宋小南 / 169
金属热胀冷缩吗	郑建华　吴妍 / 174
谁的本领大	孟庆福 / 178
导体和绝缘体	李红 / 183
比较白炽灯与荧光灯哪个效率高	侯俊秀 / 187
设计与制作——简单智能电路	曹麟光 / 190
神奇的小电动机	张金雪 / 193
能量大小与物体运动的关系	冯鹏 / 198
能量转换科学研究	邓新阳 / 204
能量的控制	李立 / 209
为什么一年有四季	吴莉萍 / 216

日食和月食 ·· 王丽萍 / 218

月相变化 ·· 王婷婷 / 223

第三部分　中学物理

▶ 初中物理

大气压强

　　——马德堡半球实验 ·································· 魏渊峰 / 231

自制气压计，探究大气压的变化 ························ 张皓辉 / 235

气体压强与流速的关系 ··································· 徐茜茜 / 246

流体压强与流速的关系 ··································· 赵子莹 / 249

流体压强与流速的关系 ····································· 李超 / 253

探究液体压强与深度、密度的定量关系 ·········· 姚洋　王超　郭长春 / 258

认识浮力 ·· 王晴晴 / 262

探究影响滑动摩擦力大小的因素 ························· 张静 / 266

探究杠杆的平衡条件 ····································· 李明盈 / 273

探究杠杆的平衡条件 ······································· 周新 / 278

机械效率 ··· 徐文治　丰七星 / 285

探究声音产生与传播的条件 ····························· 薛治国 / 290

做功改变内能 ·· 刘鹤 / 294

探究熔化和凝固的特点 ··································· 李建明 / 300

看得见的眼睛 ······································· 李伟　熊炯　宋士哲 / 307

探究光的反射定律 ·· 郭浩佳 / 311

光的折射 ·· 刘蕊清 / 315

激光通信 ··· 赵克峰　张桂欣 / 321

欧姆定律

　　——电阻 ··· 王捷 / 328

磁生电 ··· 赵瑞 / 337

可视化视角下的电功率 ··································· 成慧珍 / 343

安全用电
　　——触电事故演示仪器 ………………………………………………… 张童 / 349

▶ 高中物理

胡克定律 …………………………………………………………………… 周曼 / 355
探究静摩擦力大小的影响因素 …………………………………………… 罗发海 / 359
向心力 ……………………………………………………………………… 支磊 / 365
定量探究圆周运动向心力的大小 ………………………………… 刘兴 谢泽坤 / 370
几种典型圆周运动模型的实验探究 …………………………………… 马丽坤 / 376
单摆精准验证最低点向心力表达式 …………………………………… 李永兰 / 380
外力作用下的振动 ………………………………………………………… 李优 / 384
探究功和速度变化的关系 ……………………………………………… 李永仕 / 393
动能和动能定理 ………………………………………………………… 徐忠岳 / 397
验证机械能守恒定律 ……………………………………………………… 张岚 / 402
气体实验定律 ……………………………………………………………… 温博 / 406
声波干涉实验 ……………………………………………………………… 李坤 / 415
用双缝干涉测量光的波长 ……………………………………………… 孙永跃 / 420
光的双缝干涉实验 ………………………………………………………… 陆洋 / 424
光的偏振 ………………………………………………………………… 曲胜艳 / 431
光电效应的探究与创新 ………………………………………………… 周连鹏 / 436
库仑定律 ………………………………………………………………… 鞠晨晨 / 441
磁场对通电导线的作用
　　——安培力 …………………………………………………………… 刘丽 / 447
磁感应强度 ……………………………………………………………… 齐红棉 / 451
涡流、电磁阻尼和电磁驱动 ……………………………………………… 赵旭 / 459
交变电流 …………………………………………………………………… 左欣 / 462

第四部分 中学化学

▶ 初中化学

微观之旅
　　——分子和原子 ················· 康宏 / 469
分子和原子 ················· 李秀梅 / 475
创设打火机实验，开展分子教学 ················· 沈郁娟 / 479
测定空气中氧气含量的实验教学 ················· 李卓莉 / 485
再探究空气中氧气的体积含量 ················· 杨敏 / 489
二氧化碳性质探究 ················· 王静 / 495
采用串联实验装置构建立体化思维导图
　　——以 CO_2 的制取、除杂、性质拓展及喷泉实验为例 ················· 樊爱玲 / 500
二氧化碳与氢氧化钠的反应 ················· 任竞昕 / 505
探究二氧化碳和氢氧化钠的反应 ················· 刘文英 / 512
二氧化碳与氢氧化钠反应的可视化研究 ················· 杨永俊 / 520
常用碱溶液与 CO_2 反应的再探究 ················· 王旭 / 527
实验探究三重境界
　　——碱的化学性质 ················· 秦婕 / 534
探究酸和碱的中和反应 ················· 慈洁琳 / 539
金属的化学性质
　　——金属活动性顺序 ················· 王振 / 545
金属与酸的反应 ················· 蒋娟　郭慧　龚竞超 / 555
物质的溶解度 ················· 马力 / 561
溶解与乳化 ················· 伏珍珍 / 567
水的电解实验改进 ················· 白云文 / 573
对蜡烛及其燃烧的探究 ················· 邝建新 / 578
对蜡烛及其燃烧的探究实验改进 ················· 杜月 / 583
对蜡烛燃烧的再探究 ················· 叶红艳 / 589

氢气爆炸实验 ………………………………………………………… 刘洪宝 / 593
探究粉尘爆炸实验的影响因素 ………………………………………… 陈美威 / 596

▶ 高中化学

气体摩尔体积 …………………………………………………………… 马雄雄 / 602
探究氯气性质之氧化性实验改进 ……………………………………… 刘璐 / 606
氯气与水的反应的数字化实验，研究化学平衡状态 ………………… 殷奇 / 611
色彩缤纷的氨气黑枸杞喷泉实验 ……………………………………… 徐文娟 / 615
氨气、氯化氢双喷泉实验的组合设计 ………………………………… 杨青山 / 619
氮的氧化物性质实验改进 ……………………………………………… 唐光明 / 623
实验室模拟空气吹脱装置 ……………………………………………… 李雪军 / 627
浓硫酸的三大特性 ……………………………………………………… 靳艳艳 / 631
铜与浓硫酸反应实验装置的改进及现象的探究 ……………………… 陈碌涛 / 635
验证硝酸根离子在酸性条件下的氧化性
　　——采用带有制备保护气的一体化气体发生器 ………………… 江秀清 / 639
铝单质的化学性质 ……………………………………………………… 闻昊 / 643
铝热反应实验创新设计 ………………………………………………… 段云博 / 649
镁燃烧实验的拓展与创新 ……………………………………………… 肖燕莉 / 652
铁的重要化合物 ………………………………………………………… 王静 / 659
数字技术对钢铁吸氧腐蚀的实验探究 ………………………………… 李鑫 / 662
探究氢氧化亚铁的制备 ………………………………………………… 刘宇莹 / 665
碳酸钠与盐酸分步反应的创新实验 …………………………………… 金程程 / 671
手持技术在高三元素化合物复习课中的应用
　　——以碳酸钠、碳酸氢钠为例 …………………………………… 冯雯 / 675
盐类的水解 ……………………………………………………………… 拉姆次仁 / 681
乙炔的化学性质 ………………………………………………………… 王涛 / 687
乙醇燃料电池原理的实验探究 ………………………………………… 陈荣静 / 693
制备乙酸乙酯的实验创新 ……………………………………………… 耿琼 / 697
多角度探究石蜡油的催化裂化 ………………………………………… 方敏 / 702

第五部分　中学生物

▶初中生物

校园中的野生植物	张南南	709
绿色植物与生物圈的水循环	朱文广	714
测定花生种子中的能量	都娟	718
初中生探究影响光合作用的因素	周琳娜	723
探究二氧化碳是光合作用的必需原料	吴芳丹	732
光合作用原理在农业生产上的应用	薛海芬	740
观察植物叶气孔的结构与分布	刘海霞	748
绿色植物的呼吸作用	甘静莎	753
探究呼吸作用实验	孙健耕	760
创设实验环境探究家鸽的双重呼吸	王盈盈	767
动物的运动	王明华	774
模拟保护色的形成过程	蔡乃杰	779
光照条件对黄粉虫幼虫分布的影响	顾凯利	782
眼球成像的演示实验	肖林军	789
人体对信息的感知 ——眼球成像、近视远视成因及矫正	万小荣	793
血液循环过程中血液的变化	黄树荣	799
呼吸运动模型试验	涂敏	803

▶高中生物

叶绿体中色素的提取、分离和比较	赵玥	807
自制分光光度计检测光合色素吸收光谱	吴宁	812
探究影响光合作用的因素	刘芳敏	821
探究环境因素对光合作用的影响	陶洁敏	826
观察根尖分生组织细胞的有丝分裂	单柳旭	832
减数分裂的观察与比较	王培　王丽娴　王金贝	836

基于大数据下"性状分离比模拟"实验装置的改进与创新 ……………… 陆兴亮 / 843
胚胎工程 ………………………………………………………………………… 吴谦 / 848
探究影响酶活性的条件——pH 值 …………………………………… 刘爱萍 / 854
探究温度对果胶酶活性的影响 ………………………………………… 王俊明 / 858
α-淀粉酶的固定化及淀粉水解作用的检测 …………………………… 张伟健 / 863
探究酵母菌细胞呼吸的方式 …………………………………………… 叶克姣 / 868
探究酵母菌细胞呼吸的"3+X" ……………………………………… 高聪 / 874
探究酵母菌细胞呼吸的方式实验改进与探究 ………………………… 高悦龙 / 882
一次性筷子与可循环餐筷表面微生物的分离与计数 ………………… 侯文慧 / 885
土壤中小动物类群丰富度的研究 ……………………………………… 张月 / 893
土壤中小动物类群丰富度的研究 ……………………………………… 陈玉梅 / 901
四种植物对不同水体中氮去除效果的探究 …………………… 江晶　杨梅 / 908
不同环境污染条件下水生生物多样性的调查研究 …………………… 张勇 / 913
探究生态系统的稳定性 ………………………………………………… 薛姣 / 918

附录　第六届全国中小学实验教学说课活动优秀作品名单 ……………… 926

第四部分

中 学 化 学

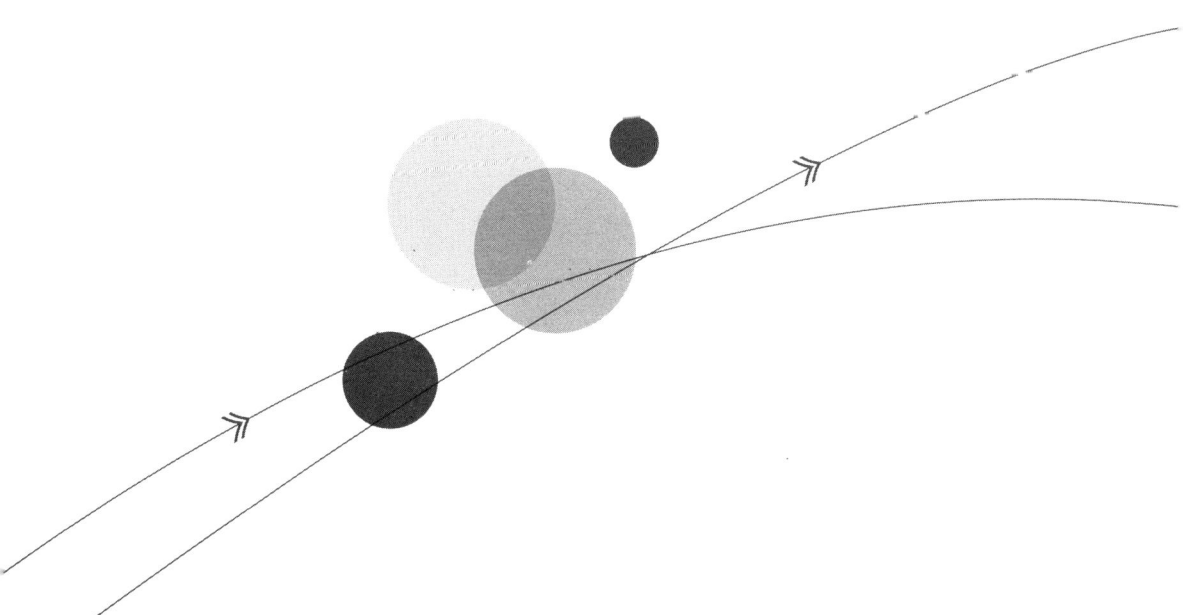

▶ 初中化学

微观之旅
——分子和原子

河北省石家庄市第二十八中学　康宏

一、使用教材

人教版初中《化学》九年级上册第三单元课题1"分子和原子"。

二、实验器材

（一）借助数码显微镜构建微粒观

数码显微镜、载玻片、硫酸铜晶体、研钵。

（二）分子运动

改进装置、集气瓶、塑料片、烧杯、药匙、滤纸、棉花、铁丝、氨水（1∶4）、酚酞溶液、蒸馏水、品红。

（三）分子间隔

烧杯、锥形瓶、单孔塞、玻璃管、气球、注射器、开水。

三、实验改进、创新要点

（一）改进

(1) 将浓氨水挥发使酚酞变红的演示实验改为分组实验。

(2) 品红扩散实验的目的改为分组观察固体分子的运动。

（二）新增

(1) 用数码显微镜放大观察肉眼看不到的微粒，帮助学生构建微粒观。

(2) 探究影响分子运动因素（温度、密度）的分组实验。

(3) 表现分子间隔的实验，以及温度、状态与分子间隔关系的分组实验。

四、实验设计思路

(1) 借助数码显微镜帮助学生构建微粒观。

(2) 个人设计的实验装置（见图1），用于探究分子运动、影响分子运动的因素。

容器上有盖，侧壁有开口，开口处可插入塑料挡板或滤纸。

1）在盖上固定缠有棉花的铁丝，棉花上滴加蒸馏水、酚酞溶液，容器底部滴加氨水，证明气体分子的无规则运动。

2）将塑料挡板换成滤纸，两个装置并列组装，探究温度对分子运动的影响。

图 1　探究气体分子运动的装置

3）换个盖子，将两个装置上下组装，探究气体密度对分子运动的影响。

4）该装置还可用于浓盐酸与浓氨水、二氧化碳与水等物质的反应。

（3）增加液体、固体分子运动实验，可以加深学生对分子运动的理解。

（4）利用鼓起的气球探究分子间隔及温度对分子间隔的影响。

（5）学生利用无水乙醇在注射器中汽化，体会物质状态与分子间隔的关系。

五、实验教学目标

（1）通过观察身边物质、解读课本中的数据、图片、举例，运用想象、分析的方法，初步了解分子、原子等微粒能构成物质。

（2）通过实验、观察、分析、交流等活动，得出"分子不断运动、分子间有间隔"的结论，并能运用其解释生活中的现象。

（3）体验从观察现象、提出观点、寻找证据、得出结论到实际应用的研究过程。

六、实验教学内容

（1）帮助学生构建微粒观。

（2）认识分子的三个基本性质：质量小、体积小；分子在永不停息地无规则运动；分子之间有间隔。

（3）探究温度、气体密度对分子运动的影响，及温度、物质状态与分子间隔的关系。

七、实验教学过程

（一）环节1：观察想象，初步入微

（1）教师活动。利用分割的思想帮助学生构建微粒观，认识分子、原子的"小"。

1）对硫酸铜晶体进行研磨，将研好的粉末放到载玻片上，不断"取其半"，直到肉眼已经看不到粉末时，将载玻片放到数码显微镜上逐渐放大。

2）生活中糖溶于水会消失不见，但整杯水会变甜。

3）借助数据"一滴水中约有$1.67×10^{21}$个水分子、一个水分子的质量约为$3×10^{-26}kg$"、图片，让学生在惊叹的同时，进一步认识到分子的质量、体积都很小。

（2）学生活动。倾听、观察、思考、想象、体会。

（3）设计意图。借助分割思想，帮助学生初步构建微粒观，并意识到分子、原子太小，肉眼观察不到。

（二）环节二：实验探究，加深理解

（1）分子运动1。

1）教师活动。指导学生完成以下分组实验，并组织学生交流讨论达成共识。

2）学生活动。

①分组实验：气体分子无规则运动。

先在盖上固定缠有棉花的铁丝，棉花上依次滴加蒸馏水、酚酞溶液，证明蒸馏水不能使酚酞变红，其中一支不加酚酞，进行对比。在容器中加入一滴1∶4的稀氨水，插上塑料板，盖好（见图2）。

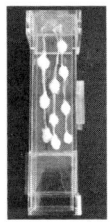

图2 稀氨水挥发使酚酞变红实验

分析现象可知，蒸馏水、酚酞溶液、氨水三种物质中，能变色的是酚酞溶液；透过现象看本质，这是肉眼看不到的氨分子无规则运动，使酚酞变红。

②分组实验：探究温度对分子运动的影响。

将装置上的塑料板换成滤纸，两个装置并列组装（见图3）。

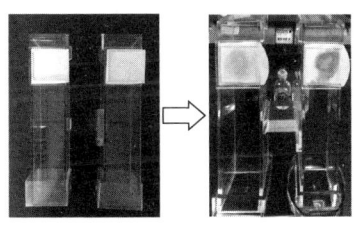

图3 探究温度对分子运动的影响

在滤纸上依次滴加相同滴数的蒸馏水、酚酞溶液，在盖中各加一滴1∶4的稀氨水，同时盖好，其中一个放入热水中。

热水中装置上的酚酞先变红，该实验证明了温度越高分子运动越快。

③分组实验：探究气体密度对分子运动的影响。

换个盖子，将两个装置上下组装（见图4）。

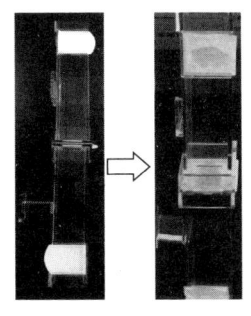

图4 探究气体密度对分子运动的影响

在滤纸上依次滴加相同滴数的蒸馏水、酚酞溶液，在盖中的滤纸上加一滴

1∶4的稀氨水。上方的滤纸先变红，下方的滤纸后变红。

该实验不仅探究了密度的影响，还进一步证明了分子的无规则运动。

④交流讨论、设计方案：滤纸上的红色消失的原因。

学生的猜想：氨分子运动到空气中；酚酞分子运动到空气中；两种分子都运动到空气中。

经讨论，同学们提出了两种方案：在滤纸上滴加氨水；在滤纸上滴加酚酞溶液。

在实验、思考后大家认为：滴加氨水的方案更严谨，证明是氨分子运动到空气中使红色消失。

3）设计意图。通过实验认识到：蒸馏水不能使酚酞变红；氨水能使酚酞变红；分子永不停息地无规则运动；温度对分子运动的影响；气体密度对分子运动的影响。培养学生发现问题、合作交流、科学推理、动手实践的能力。

（2）分子运动2。

1）教师活动：演示实验液体分子运动。

上面集气瓶中的液体是1∶25的稀氨水，下面集气瓶中的液体是滴有酚酞溶液的蒸馏水，中间有一层塑料隔板（见图5）。

去掉中间的隔板，可以利用宏观上液体的扩散，让学生体会微观上分子的无规则运动。

2）学生活动：分组实验品红在冷、热水中的扩散。

图5 液体中分子运动实验

对比观察固体分子的运动，再一次认识分子的无规则运动以及温度对分子运动的影响。

3）设计意图。不同状态物质的扩散，帮助学生认识到各种状态的物质分子都在不断运动。

（3）分子间隔。

1）教师活动：指导学生完成分组实验，并总结提升。

2）学生活动。

①分组实验：鼓起的气球。如图6所示连接仪器。向烧杯中倒入开水，感受分子间隔，并探究温度对分子间隔的影响。

②分组实验：无水乙醇汽化。如图7所示，用一次性注射器吸取5mL无水乙醇（可加入少量品红等色素增强可视性），用胶塞密封注射器口，放入烧杯内。向烧杯内注入开水（90℃以上）。约90s后，观察到注射器中的乙醇沸腾、汽化，

推动活塞向上移动。拿出注射器，活塞逐渐向下移动。

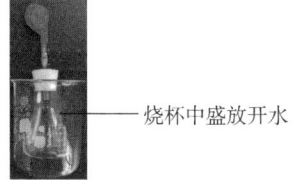
烧杯中盛放开水

图6 分子间隔实验

无水乙醇（可溶解品红等色素）
90℃以上的热水

图7 无水乙醇在注射器中汽化

（三）环节三：总结归纳，应用入微

（1）教师活动。

1）引导学生在生活中寻找分子运动、分子间隔的事例、应用（见图8）。

2）启发学生利用身边的物质设计实验，证明分子运动、分子间隔（见图9）。

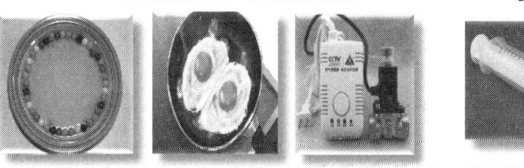

图8 分子运动、分子间隔的事例及应用

图9 证明分子运动、分子间隔的实验方案

（2）学生活动。

1）思考、讨论、交流。

2）设计实验。

（3）设计意图。这个活动从课上延伸到课下，从课堂延伸到生活，让学生充分体会知识的应用价值及化学与生活的联系。

八、实验效果评价

（1）在数码显微镜的帮助下，学生更容易认识到物质是由肉眼看不到的微小粒子构成的。

（2）装置的改进、药品浓度和用量的降低，让实验更环保，为学生自己动手体验创造了条件。

（3）增加了气体、液体、固体的分子运动实验，便于学生多角度理解，让学生将抽象的知识形象化、抽象的思维可视化。漂亮的实验现象让学生体验化学之美。延续第一单元的实验，温故知新，寻求新的知识增长点。

（4）演示实验改为分组实验，激发了学生的学习热情和兴趣，增强了学生学习的积极性、主动性，诱发学生自主学习意识的形成，有利于培养学生的探究、独立思考、动手实践能力。

分子和原子

黑龙江省讷河市拉哈镇中心学校　李秀梅

一、使用教材

人教版初中《化学》九年级上册第三单元课题一"分子和原子"的第一课时。

二、实验器材

（1）分子运动实验器材：20mL注射器、表面皿、橡皮、纸条、小烧杯、药匙；药品：浓氨水、酚酞试液、品红、冷水和热水。

（2）分子间隔实验器材：20mL注射器、玻璃管、小烧杯；药品：95%酒精、品红、水、石子和细沙。

三、实验创新与改进要点

（1）在探究分子运动的实验时，改进后在密闭的注射器中进行：用密闭的注射器代替了原实验中盛有浓氨水的小烧杯，用滴有酚酞试液的试纸代替了原实验中盛有酚酞溶液的小烧杯（见图1）。用注射器吸入极少量的氨水便可以得到明显的实验现象。这种改进不但大大减少了药品的用量，而且简单省时，经济环保，效果也十分明显。

图1　分子运动改进后创新实验

（2）在探究分子间有间隔的实验时，改进后用一个废弃的注射器和一根玻璃管的组合代替了量筒（见图2），不但操作简单，节约药品，实验误差小，而且混合后缩小的体积在玻璃管中得到明显放大，可见度高。

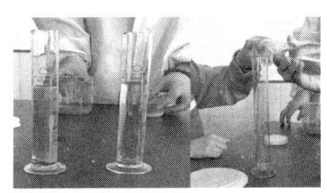 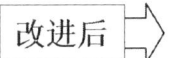 

图 2 分子间隔改进后创新实验

（3）为了更好地帮助学生理解分子之间有间隔，还用到了石子和细沙的混合实验（见图3），借助宏观现象来帮助学生理解微观现象，使抽象的问题更加具体化，复杂的知识变得浅显而易懂。

四、实验设计思路

教材探究分子运动实验教学中，存在药品用量较大、实验时间较长、效果不太明显、敞口的烧杯易造成空气污染等弊端。而探究分子之间有

图 3 分子间隔实验

间隔的实验在量筒中进行时也存在以下不足：①实验操作中需要两次取液、三次读数，实验误差较大；②所需药品用量较多，需要水和酒精各约 50mL；③混合后缩水的体积不明显，不便于学生观察。

针对以上问题，先让学生通过观察对比实验找出不足，然后讨论如何选取生活中最常见的材料、用最简单的方法将实验进行改进才能解决这些弊端。最后师生达成一致：将多个实验均用注射器等器材进行了改进，解决了上述不足，达到了操作简单、经济环保、效果明显的目的，而且学生可以自制教具并全员参与。

五、实验教学目标

（1）认识分子是构成物质的微粒，了解其性质，并能运用分子的性质解释一些简单的日常现象。

（2）通过对物质宏观现象与微观本质之间相互联系的实验探究，让学生学会在观察中获取信息，培养学生的想象能力和抽象思维能力。

（3）让学生在体验改进实验带来便利的同时，培养学生的创新意识和探究精神。

六、实验教学内容

本节课主要利用注射器等器材自制实验教具探究：

(1) 分子在不断地运动。
(2) 分子间有间隔。

七、实验教学过程

(一) 情境引入

用宋代诗人王安石的一首诗《梅花》来引出课题。

(二) 分析推理 (性质一：分子的体积和质量都很小)

播放《水分子的自述》，让学生通过具体数据体会分子的体积和质量都很小。

(三) 实验探究 (性质二：分子处在不断的运动中)

教师先为学生演示教材中的实验，让学生通过观察实验现象，讨论该实验存在哪些弊端。学生小组讨论后一致认为：该实验存在药品用量较大、实验时间较长、现象也不太明显、敞口的烧杯易造成空气污染等弊端。接下来引导各小组学生分别利用锥形瓶、试管、注射器等器材对实验进行改进，最终同学们一致选出最佳的改进方案，即让此实验在密闭的注射器中进行。用密闭的注射器代替了原实验中盛有浓氨水的小烧杯，用滴有酚酞溶液的试纸代替了原实验中盛有酚酞溶液的小烧杯，用注射器吸入极少量的氨水便可以得到明显的实验现象。实验中氨水并没有直接接触到酚酞溶液，试纸却很快变红了，这足以说明氨分子处在不断的运动中。由此得出结论：构成物质的分子都处在不断的运动中。

当学生明确物质的分子都在不断运动后，继续提出问题：既然物质的分子都处在不断的运动中，那么分子运动的快慢与哪些因素有关呢？继续引导学生实验探究：分别向盛有冷水和热水的烧杯中小心地投入少量的品红（见图4）。观察品红的扩散过程。发现热水中品红的扩散速度很快，这就说明温度升高，分子能量增加，分子无规则运动速度加快。由此得出结论：同种物质的分子运动的快慢与温度有关。

图4 分子运动与温度有关实验

(四) 实验推理 (性质三：分子之间有间隔)

问题思考：50mL水与50mL酒精混合后的液体是100mL吗？

引导学生进行实验探究，此实验教材一般在量筒中进行。小组讨论该实验存在以下不足：①操作中需要两次取液、三次读数，实验误差较大；②实验中药品用量较多，需要水和酒精各约50mL；③混合后缩小的体积不明显，不便于学生观察。那么如何改进实验才能解决这些弊端呢？课堂上同学们集思广益，我也参与其中，最后，我们共同自制了一个非常简易又十分可行的实验装置，即用一个废弃的注射器和一根玻璃管即可完成。

实验过程如下：将酒精染成红色（其目的是与水的颜色进行区分，使现象更明显），向注射器中先后注入约等体积的水和酒精，再向下慢推活塞，使酒精充分进入到玻璃管中。此时酒精和水并没有混合，而是由于密度不同出现了美丽的分层现象。接下来将两种液体充分振荡摇匀，仔细观察玻璃管中液面的变化情况，可以看到玻璃管中的液面明显下降了。也就是说水和酒精混合后总体积变小了。

这种改进有以下优点：①操作简单，节约药品，实验误差小；②废物利用，经济环保；③混合后缩小的体积在玻璃管中得到明显放大，可见度高。

在此基础上继续创设新的问题情景：构成物质的分子的间隔是否可以改变呢？引导学生进入实验探究（见图5）：将两支注射器分别吸入等体积的液体和空气，将注射孔堵住，慢推活塞。可以发现：液态物质，较难压缩，分子间的间隔比较小；气态物质，比较容易被压缩，分子间的间隔比较大。

图5 比较分子间隔大小实验

（五）学以致用

运用所学分子的性质解释一些简单的日常现象。在这一环节中，设计巩固、提高两个层次的练习题，使不同层次的学生都体会到成功的喜悦。

八、实验效果评价

（一）实验改进

本节实验所需主要仪器均由注射器改进而成。所选材料生活化、大众化、安全环保、经济实用，学生可以自制并全员参与。实验所需药品量大大减少。实验过程便于学生操作，并能在较短时间内使学生观察到明显的实验现象。

（二）教学过程

注重了两个体现、两个突出。体现了新课程理念，体现了学生自主互助的学习方式，突出了教学过程与学生生活实际的紧密联系，突出了实验教学的直观效果，很好地落实了教学目标。

创设打火机实验,开展分子教学

苏州学府中学校 沈郁娟

一、使用教材

选自沪教版初中《化学》第三章。本章内容旨在引导学生用微粒的观点来学习化学,主要运用观察、想象、类比等方法帮助学生从微观角度认识物质的组成和结构。"分子"是其中第一节第二课时的内容,是在了解微粒一般性质的基础上,着重认识物理变化、化学变化中分子的不同变化。

二、实验器材

实验药品:澄清石灰水、干冰、打火机专用气。

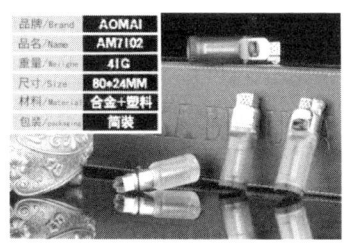

图1 火石打火机

仪器及用品:集气瓶(150mL)、玻璃片、水槽、电子天平(0.01g)、1.0mL注射器、打火机、自制液体体积对比展台、自封袋。

打火机的选择:实验准备阶段尝试过多款打火机,最后选择如图1所示的火石打火机,原因为:可充气,能反复使用;下方旋钮可调节气流大小;贮气箱形状规则,结构简单,便于体积测定;耗尽燃料的打火机拆卸方便。

三、实验创新点

本课时的教材中未安排实验,是通过联想"电解水可以得到氧气和氢气,氧气能助燃,氢气自身能燃烧,水能灭火"启发学生思考。考虑到学生的认知特点及学科特质,以生活中物品打火机为载体,创设实验为主的科学探究活动,激发学生对科学的兴趣,建构宏观现象到微观实质的桥梁,引导学生在观察、实验和交流讨论中学习相对抽象的概念理论,提高科学探究能力,发展学生核心素养。

四、实验原理

(1)打火机原理:将燃料气加压后以液态形式充入贮气箱,一旦释放到空气中便吸热汽化。

(2)打火机燃料:主要成分是丁烷,丁烷由大量丁烷分子聚集而成。丁烷通常情况下是无色气体,有刺激性气味;沸点-0.5℃;液体密度0.5788g/mL;气体密度2.45g/L(标况);不溶于水;可燃。

五、实验教学目标

（1）通过对实验现象及数据的分析推理，认识分子很小、分子间空隙变化引起物质体积和状态变化的性质，初步学习寻找形成科学结论所需证据的途径。

（2）认识分子在物理变化与化学变化中的不同，学会透过宏观现象（打火机燃料的汽化、液化、燃烧）探查微观本质（物理变化中分子本身不变，空隙改变，化学变化中分子改变），并用化学符号（图示、化学反应表达式）进行表征的科学方法。

（3）体验科学探究的一般过程，尝试从化学视角看待生活中的物质和现象，并用化学知识解释并解决生活中的问题。

六、实验内容

（一）实验步骤及现象

（1）取与打火机 A 相同的空打火机 B，加入与燃料等量的红墨水（见图2）。

（2）称量打火机的质量，记录数据。

（3）将打火机放在水下，用排水法收集一瓶燃料气（见图3），集满盖上玻璃片，取出正放。

（4）擦干打火机表面的水，称量，记录数据。

（5）用注射器测定减少液体体积。

（6）向集气瓶中倒入澄清石灰水，振荡，未见浑浊。

（7）点燃集气瓶中的气体，产生黄色火焰（见图4）。

（8）待火焰减小，盖上玻璃片，火焰熄灭，倒入澄清石灰水，振荡，澄清石灰水变混浊。

（9）将预先收集好的一袋气体放入干冰中冷却，观察气体液化。

图2　向空打火机中加入与燃料等量的红墨水

图3　用排水法收集燃料气

图4　点燃集气瓶中的气体

（二）数据记录与处理

打火机质量/g	收集前	收集后	汽化的燃料液体	收集的燃料气体
			$m=$ ____	$m=$ ____
体积/mL			$V=$ ____	$V=$ 150

经计算，常温常压下，150mL 气体中分子个数的数量级约为 10^{21}，请估算每个气体分子的质量是多少？

（三）数据记录与处理的相关问题

（1）质量测定。

1）由于采用排水集气法收集气体，水的渗入会影响质量测定（见表1），但测定后发现轻甩几次擦干即可。

表1　打火机浸入水中前后质量　　　　　　　　　　　　　　　　单位：g

	放入前	放入后（仅擦干）	放入后（甩3次擦干）	放入后（甩6次擦干）
火石打火机1	40.57	40.85	40.58	40.56
火石打火机2	35.42	35.71	35.47	35.42
火石打火机3	38.65	38.98	38.66	38.64

2）采用火石打火机收集一瓶 150mL 气体，进行多次实验，测得的质量与体积数据如表2所示（室温 20℃）。

表2　发生汽化的燃料质量测定　　　　　　　　　　　　　　　　单位：g

	实验1			实验2			实验3		
收集前质量	40.57	40.57	40.57	40.29	40.30	40.29	39.99	39.98	39.99
平均值	40.57			40.29			38.99		
收集后质量	40.30	40.29	40.29	39.95	39.99	39.99	38.67	38.66	38.67
平均值	40.29			39.98			38.67		
燃料质量	0.28			0.31			0.32		

（2）体积测定。

1）汽化的液体体积测定：采用的火石打火机可充气，拆除排尽燃料后，通过打火机底部充气装置可向其中加入液体。观察打火机中液面变化，以注射器吸取等量红墨水测定汽化的液体体积，如图5所示（自制展台，双向刻度以尽可能准确测定）。

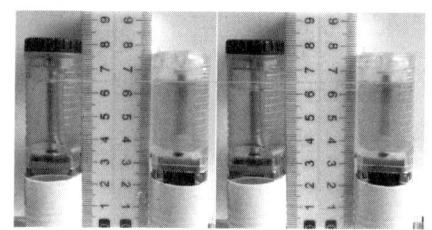

图 5 液体体积测定

多次实验测得的液体数据如表 3 所示。

表 3 发生汽化的燃料体积测定　　　　　　　　　　单位：mL

	实验 1	实验 2	实验 3
体积	0.56	0.60	0.62
平均值	0.59		

说明：注射器需预先排出空气；5mL 注射器误差大，可选择 1mL 注射器。随着打火机中燃料的减少，体积变化会有少许差别。

2）气体体积测定：将集气瓶装满水，用量筒测出水的体积，即为集气瓶的容积，亦即一瓶打火机燃料气的体积。本实验选择的集气瓶容积为 150mL。

（3）分子个数计算。

理想气体状态方程 $pV=nRT$，描述理想气体状态变化规律。理想气体从微观角度来看，它是分子本身体积与分子间作用力都可以忽略不计的气体。在常温常压下，实际气体分子的体积和分子间的相互作用也可忽略不计，状态参数基本能够满足理想气体状态方程。

20℃，水的饱和蒸汽压 $p(H_2O) = 2337.8Pa = 0.02atm$

$R = 0.0821 atm \cdot dm^3 \cdot mol^{-1} \cdot K^{-1}$

所以常温常压下集气瓶中燃料气体分子个数近似计算如下：

$(1-0.02) atm \times 0.15 dm^3 = N \times 0.0821 atm \cdot dm^3 \cdot mol^{-1} \cdot K^{-1} \times 293K$

$N = 0.0061 mol \times 6.02 \times 10^{23} mol^{-1} = 3.7 \times 10^{21}$

实际气体都不同程度地偏离理想气体定律。偏离大小取决于压力、温度与气体的性质，特别是取决于气体液化的难易程度。对于处在室温及 1atm 左右的气体，这种偏离是很小的，最多不超过百分之几。如氧气和氢气是沸点很低的气体（-183℃和-253℃），在 25℃和 1atm 时，摩尔体积与理想值的偏差在 0.1% 以内。而沸点较高的二氧化硫和氯气（-10℃与-35℃），在 25℃与 1atm 下就不很理想。它们的摩尔体积比按理想气体定律预计的数值分别低了 24% 与 16%。

按偏低 20% 计算：

$N（实）= N（理）/ 0.8 = 4.6 \times 10^{21}$

七、教学过程设计

教学过程设计见图 6。

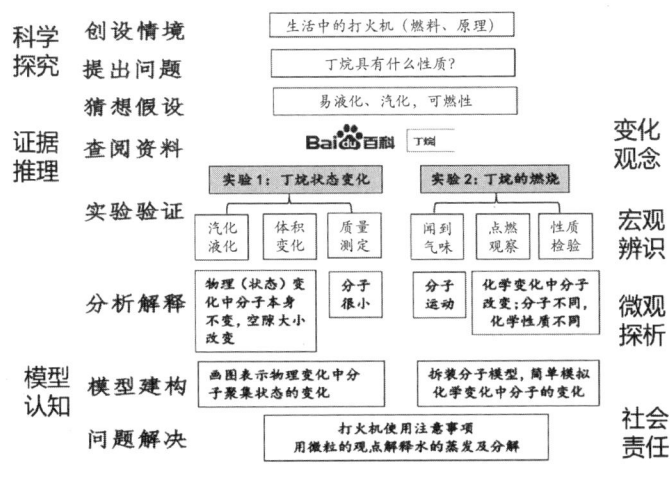

图 6　教学过程设计

八、实验效果评价

本节课基于立德树人的育人目标，旨在发展学生化学核心素养，从生活中的丁烷着手，从丁烷的汽化、燃烧复习物质的两种变化、二氧化碳的检验，从丁烷的获得复习气体的收集方法，慢慢过渡到分子的学习，自然地将微观与宏观相联系，更符合学生的认知特点。

（1）从无到有，培养创新意识。

化学实验是化学教学中概念、规律教学必不可少的基础，本节课的设计融入新颖的实验，以一种物质为载体，同时呈现物理变化、化学变化，全面涵盖了分子的性质。通过实验对比、测量计算，学生体验真实，印象深刻，既增强了学生的学习兴趣，又可以较好地突破难点。

教学过程中，教师只是提供了概念建构的载体物质，实验方案的设计都是在教师引导、课堂互动中由学生自己完成的，有效培养了学生的创新意识，加强了科学探究的能力。

（2）由浅入深，形成化学思维。

实验设计承接第一章"物质的变化与性质"、第二章"气体的收集、氧气、二氧化碳性质"等相关内容，又为第三章"从定性到定量"的学习略作了铺垫。

整节课从猜想假设到亲自验证，从物理变化到化学变化，从宏观辨识到微观探析，从定性实验到定量测算，赋予学生更丰富的认识角度和认识方式，环环相扣，层层递进，在一个个问题的解决中进行了深度的学习与思考，在不断的求证中体会化学的思维方式。

为了能演示一个物理变化，不得不选择常温下为气态又容易被加压液化的丁烷这种物质，对于学生而言，它的分子结构略显复杂，在分析其燃烧的微观过程时稍显繁杂。

测定空气中氧气含量的实验教学

山东省济南实验初级中学　李卓莉

一、使用教材

鲁教版初中《化学》九年级第四单元。

二、使用器材

白磷、硫酸铜溶液、具支试管、激光笔、注射器、气球、橡皮塞、止水夹、暖贴、手持测氧仪、氧气数据采集器。

三、实验改进要点

（1）原装置中铜粉需要真空包装或氮气保护，实验室久置的铜粉通常为深红褐色，与氧气反应的时间较长，现象不明显。将药品改为白磷，着火点低，反应迅速且充分，时间短、误差小。

（2）原装置有四处连接点：两个橡皮塞与试管口，注射器、气球与橡皮塞，较为烦琐，对气密性的要求很高；实验过程中还需要不断推拉注射器，很容易漏气造成误差。改进后装置简单（见图1），便于操作，支管端采用一粗一细两个橡皮管，里外相套双重密封。

（3）采用激光笔点燃白磷，方式新奇，提升学生兴趣。

（4）硫酸铜溶液提高实验的可见度，还能减少残留白磷的污染。

（5）小气球增强趣味性，有利于气密性的检查，还可通过气球的大小改变使学生充分感受气压的变化。

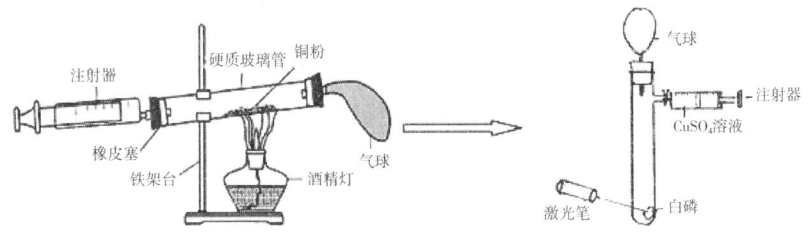

图1　改进前与改进后装置

四、实验原理

利用白磷燃烧，迅速且充分地消耗密闭装置中的氧气，再利用气压差，根据进入具支试管中液体的体积，可间接测算出空气中氧气的体积分数。

五、实验教学目标

（1）结合 STEAM 理念，多学科融合，基于真实情境提出解决方案。

（2）查阅资料、自主分析、自主探究，设计实验并准确测定空气中氧气的含量。

（3）在实验过程中体会从混合物中除去某种气体进而测定其含量的方法，培养学生进行定量研究的误差分析意识。

六、实验教学内容

（1）认识空气的组成。

（2）针对教材实验进行分析和改进，更精确地测定空气中氧气的含量。

（3）学生在 STEAM 教学中学会自主分析和探究。

七、实验教学过程

（一）理念支撑

STEAM 教学理念是科学（Science）、技术（Technology）、工程（Engineering）、艺术（Arts）、数学（Mathematics）教育的统称，是一种以项目学习、问题解决为导向的课程方式，将五种学科有机融为一体，相互支撑补充、共同发展。以解决实际问题为基础，在实验探究的相互碰撞中构建学生的知识、技能和多学科融合及支撑，培养其内在综合能力。它代表着一种现代的教育哲学，更注重学习的过程，而不是结果。

（二）背景解读

本节课是鲁教版初中《化学》九年级第四单元的内容，首次运用定量的方法去研究一种气体混合物是本节课的核心任务，它为学习将混合物中的某一组分分离或除去的化学原理打开突破口。

学生对有关空气的知识已经有了一些了解，但对于本节课的要求而言还是有缺陷的。教学利用学生的已知和疑惑，制造认知冲突，调动学生的求知欲。

通过本节课的实验教学，培养学生进行定量研究时的误差分析意识。

基于探究空气成分这样一个真实的问题情境，组织学生开展原创性研究，从定性到定量去处理实验信息和资料，大胆探索，积极参与体验，从而正确地认识物质世界，了解化学科学的价值，形成学习化学的核心观念和价值观。

（三）设计流程

本节课我和同学们一起查阅资料、分析探讨，注重在真实情境中学习，推行小组任务、讨论、对话、辩论等形式，激发学生主动探索实践。对各种实验药品进行分析尝试，总结其优缺点后自主设计更为简洁高效的实验装置，并在手持测氧仪的比正下分析误差，进一步优化实验。

（四）具体教学过程

（1）小实验"瓶吞鸡蛋"拉开序幕。

从定性的角度体会：燃烧消耗氧气，瓶内气体体积减小。课堂上进行分组小实验，抽取10mL空气就会吸入等体积的水，从定量的角度让学生精准体会间接测量气体体积的方法。通过以上两组小实验，帮助学生从"为什么鸡蛋被吸入瓶中"这一自然现象跨越到"如何测定空气中氧气含量"这一技术难题。两个貌似不相同的问题，其本质都是密闭体系中的气压问题。从这一相同的本质出发，引导学生分析其内在的科学原理，这样设计出来的活动更容易实现科学、工程与技术的共同发展。

（2）以小组为单位建构模型。

1）药品的选择方面。

燃烧生成气体行吗？与空气中其他气体反应行吗？

通过查找对比分析，最终确定用白磷进行实验。

2）装置的改进方面。

如何测量装置中空气的体积？如何确保装置的气密性？如何测得消耗掉氧气的体积？如何提高实验的效率及可见度？

同学们在纸上写写、画画再改改，像极了一个个小设计师，笔尖中流淌的都是智慧和希望！

3）同学们的设计思路。

第一组：用激光笔点燃白磷，始终保持装置密闭，方式新颖。

第二组：用气球起到缓冲作用，防止白磷燃烧时把塞子顶开，用量筒读数更准确。

第三组：用试管可以节约药品，用硫酸铜溶液可以消除反应后剩余白磷的污染。

最终融合各组的优点，建构出一套实验模型，如图2所示。

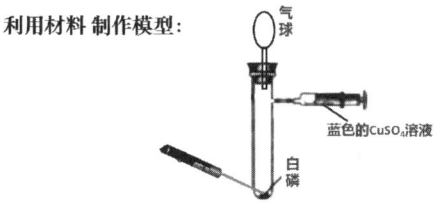

图2 融合各组优点建构的实验模型

（3）制作装置，进行实验。

第一步，检查装置的气密性。将20mL空气推入试管中，气球膨胀，再将气球中的气体挤出，注射器恢复到20mL刻度，利用气球和注射器检查气密性，更加严谨。

第二步，利用硫酸铜溶液，测量装置中空气的体积，为47.5mL。

第三步，用激光笔点燃试管中的白磷，等装置冷却后，观测注射器的读数。

（4）实验数据处理。

实验前，具支试管内密闭47.5mL空气，注射器内封存20mL硫酸铜溶液。

实验后，三组实验的注射器读数分别为：11.1mL、11.0mL、10.8mL，可计算出消耗掉氧气的体积分别为：8.9mL、9.0mL、9.2mL。再根据比例计算出氧气的体积分数分别为：18.7%、18.9%、19.4%。

同学们发现实验结果有差异，到底哪一组更准确呢？我们让测氧仪来说话。测氧仪的数据显示，室内空气中氧气含量为20.7%。同学们实验测得的数值普遍偏小，存在误差。小组内进行误差分析：①没有冷却到室温；②放入的白磷少了；③注射器活塞太紧阻力较大……但是反复改进实验后仍然没有突破。

通过再次查阅资料，同学们发现，白磷燃烧无法完全消耗试管中的氧气，于是提出一种新的药品——还原性铁粉。用数字测氧仪重新进行实验，测量的平均结果为20.0%，更加接近空气中氧气含量的数据。这一点小小的进步，让同学们体验到成功的喜悦，师生共同成长，感觉妙不可言！

八、实验效果评价

本节课在STEAM理念的基础上进行跨学科融合学习，打破了学科之间的壁垒，将化学、物理、数学、美术充分融入原理透析、数据整理、图解装置等各个教学环节中，促进了学生在多个领域中学习提升。

本节课基于真实的问题情境开展科学探究，不拘泥于书本，不墨守成规，从瓶吞鸡蛋的家庭实验、课前的等量吸水小组实验到课堂的自主设计原创实验，延伸到更加精准的铁粉实验，同学们大胆探究、标新立异，积极提出自己的新观点、新思路和新方法，让化学实验教学充分发挥了培育学生学科素养的功能与价值，立足于让学生适应现代生活和未来发展的需要，培养学生探索科学的勇气。

九、实验反思

学生对于实验探究的理解和应用不是一朝一夕就能实现的。在实验教学中，我们努力给学生们提供一个又一个走进科学、亲近科学的机会，让他们有目标、有意识地去实践和应用。当然，也希望他们能体会到，科学研究不是一片坦途，可能会经历很多的挫折。

再探究空气中氧气的体积含量

武汉市卓刀泉中学　杨敏

一、使用教材

人教版初中《化学》九年级上册第二单元第一课题"空气"。

二、实验教学目标

（一）知识与技能

掌握测定空气中氧气含量的方法。

（二）过程与方法

体验信息化技术在实验教学中的优势，培养学生创新探究的能力。

（三）情感态度与价值观

感受直观的实验现象呈现出来的魅力，提高学生参与实验的意识和改进实验的热情，将化学知识转化为核心素养。

（四）教学重点

测定空气中氧气的体积含量，并掌握实验的原理。

（五）教学难点

探究实验现象、实验数据与实验原理之间的关联。

三、实验教学内容

（一）改进实验一

探究空气中氧气的体积含量。

（二）改进实验二

以木炭和硫的燃烧来探究氧气的体积含量。

四、实验设计思路

将经典的传统形式开展的化学实验以现代的信息化、数字化方式进行创造性改进。

五、实验教学过程

（一）改进实验一：探究空气中氧气的体积含量

（1）器材及药品：朗威数字传感仪（温度传感器、压强传感器、氧气浓度传感器)、强光手电筒、250mL 集气瓶、150mL 烧杯、燃烧匙、橡皮塞、导管、止水夹、红磷等（见图1）。

(2) 连接仪器（见图2）。

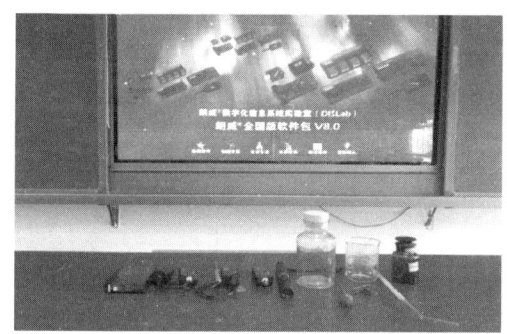

图1 探究空气中氧气的体积含量实验器材及药品

图2 探究空气中氧气的体积含量实验仪器连接

(3) 实验部分。

本次实验探究的过程采用多组平行实验，现随机抽取三组实验后的数据如图3所示。

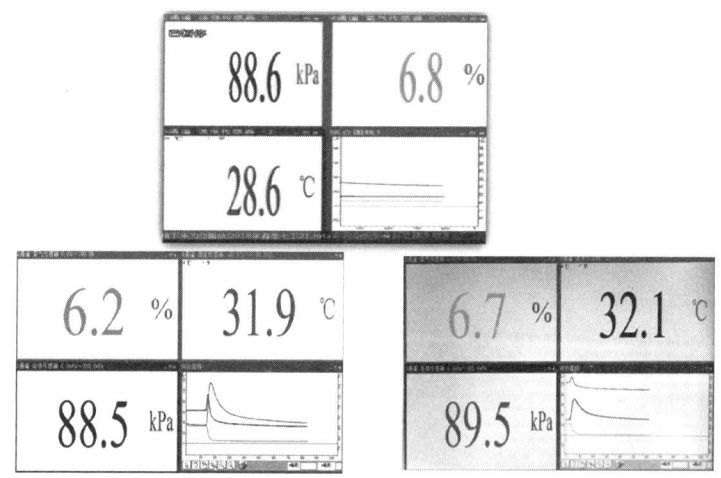

图3 探究空气中氧气的体积含量实验数据

现就其中一组数据及其具体实验过程进行展开。选取第一组数据，其实验过程如下：连接好仪器后，用强光手电筒从集气瓶的外部对准瓶内的红磷，发现红磷一会儿后迅速剧烈燃烧，并且产生大量白烟，且实验参数也发生相应改变，氧气的含量持续下降，压强先增大后减小，温度先升高后下降。一段时间后氧气的浓度趋于稳定，维持在6.8%，压强也稳定，温度恢复到室温。此时打开弹簧夹，观察到烧杯中的水倒流进入集气瓶，上升约为集气瓶内标准空气体积的1/5。实验操作过程图和数据如图4所示。

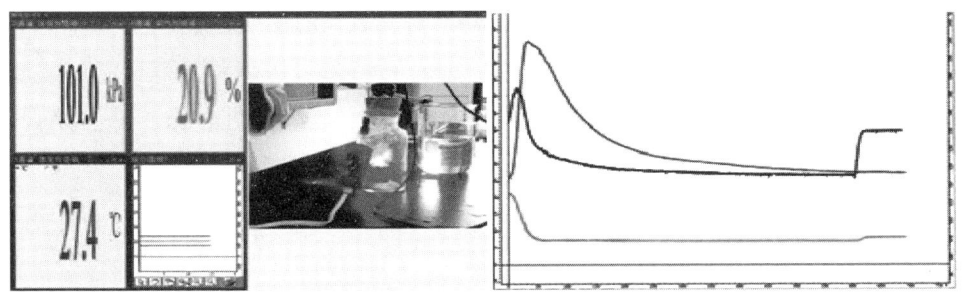

图4 探究空气中氧气的体积含量实验操作过程

（4）结果分析。

根据参数的变化情况总结出实验过程中氧气被消耗。氧气的含量持续下降，最后氧气的体积维持在6.8%。换了多套装置进行实验，发现最后的水面无论上升超过1/5、小于1/5或是等于1/5，氧气最终的含量都维持在6%~7%，说明氧气没有耗尽，从而辩证地认识化学实验数据，为后续学习"燃烧与灭火"埋下伏笔。

同时，为了帮助学生更好地理解燃烧反应以及水倒吸的现象，实验中监测了压强和温度的变化。通过分析整个过程压强和温度的变化原因，可以得出结论：压强随着燃烧放热先增大，随后随着氧气被消耗逐渐减小，最后恢复到大气压；同时温度随着燃烧的进行先增大最后恢复到室温。这一步让学生在解释水倒吸的实验现象时理论更充分。

此改进实验与传统实验装置相似度较高，但克服了诸多因素的影响，又避免了传统实验的不足，探究意味更浓，通过改进实验，发现数字化信息实验将课堂升华到一个更高的层次。

另外，为了说明实验中为什么选择红磷而不用木炭、硫、蜡烛等可燃物，老师和同学们合作进行了木炭和硫替代红磷作为反应物的实验。

（5）实验改进要点。

1）传统实验不足。

①用酒精灯引燃红磷再放入集气瓶存在实验误差。

②实验过程中无法体现氧气含量变化的集体情况。

③氧气真耗尽了吗？无从知晓。

2）改进实验的优点。

①用手持技术改变了点火方式，从外部引燃，减少实验误差。

②实验进程中氧气的含量，装置内的温度和压强可以数字化。

③数字化先进的测定，将课堂朝着纵、横向延伸。

（二）改进实验二：以木炭和硫的燃烧来探究氧气的体积含量

（1）器材及药品：朗威数字传感仪（温度传感器、压强传感器、氧气浓度传感器）、强光手电筒、250mL 集气瓶、150mL 烧杯、燃烧匙、橡皮塞、导管、止水夹、木炭、硫等（见图 5）。

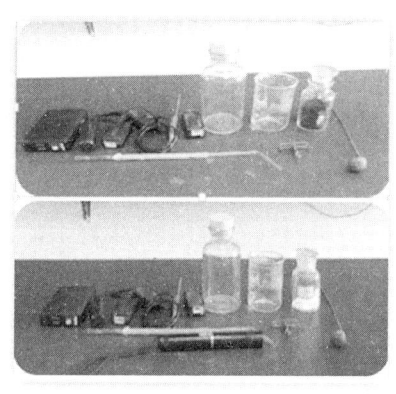

图 5　以木炭和硫的燃烧来探究氧气的体积含量实验器材及药品

（2）实验过程（见图 6、图 7）。

图 6　以木炭和硫的燃烧来探究氧气的
体积含量实验现场

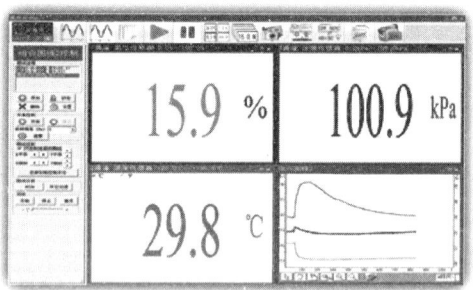

图 7　以木炭和硫的燃烧来探究氧气的
体积含量实验数据

（3）实验数据。在分组实验的过程中发现，红磷的替代物木炭随着燃烧匙深入的高度以及木炭的形状不同，最终氧气的含量也会不一样。这个有趣的现象我们在后续学习中会进一步探讨。为了与红磷的实验形成对比，我们选择了最适合的实验数据如下。图 8、图 9 分别为木炭和硫粉进行实验时，装置内部氧气的浓度、温度和压强的变化图像。

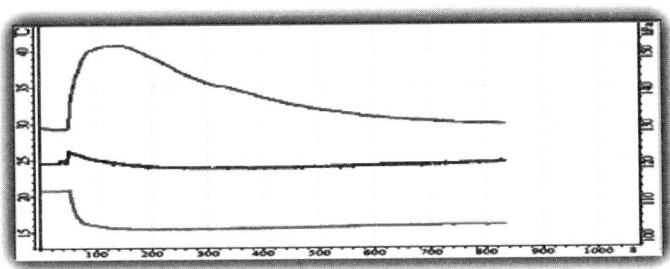

图8 木炭燃烧时氧气浓度与温度及压强变化曲线

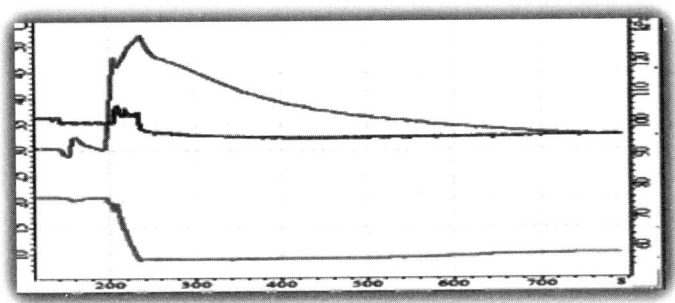

图9 硫燃烧时氧气浓度与温度及压强变化曲线

（4）结果分析。经过再次讨论，学生总结出木炭燃烧的过程中氧气的最终含量为16%左右，且最后压强与开始的压强几乎一致。硫的燃烧过程中氧气的最终含量为10%左右，压强略微减小，但硫燃烧产物有毒。

最终实验现象均不明显。因此，木炭和硫在相同的实验环境下均不适合替换红磷来探究空气中氧气的体积含量。有了这一步的探究，学生对其他的可燃物比如蜡烛等也展开了讨论，并且对寻找合适的替代品有了一定的认知方向。整个过程，探究情绪高涨。

（5）实验改进要点。

1）传统实验的不足：①传统的实验中，红磷的替代物不能用木炭和硫，需要通过对比实验现象来间接体现；②实验现象不明显，原因不好分析，存在一些困惑。

2）改进实验的优点：①可以很直观地观察实验现象；②消耗氧气的量可以数字化；③数字化的结果更好解释现象；④实验操作简单、安全可行，避免了常规教学讲解产生的困惑。

六、实验效果评价

本次实验改变了传统的点火方式，并运用信息化技术处理实验现象和实验本质间的关联。改进后实验效果用四句话来体现：操作简便易行，实验方法新颖，实验数据清晰，创新思维显著。

七、实验教学反思

实验教学是化学教学中的重要内容和手段，新课程标准强调实验探究的重要性和有效性。本节课的教学体现如下。

（一）化学核心素养

建立宏观辨识和微观探析的关联，用数字化搭建桥梁。

（二）化学思维素养

从木炭和硫的燃烧来探究氧气的体积含量，让学生辩证地认识到反应物是红磷而不是硫或木炭一类物质，从而学会举一反三。

（三）综合创新素养

实验中通过改变红磷点火的方式减少实验误差，并帮助学生学会用信息化技术服务化学实验。

（四）合作交流能力

课外化学兴趣小组的同学相互合作，顺利、安全且兴致高涨地完成了实验。

二氧化碳性质探究

河北保定第一中学分校　王静

一、使用教材

"二氧化碳的性质"是沪教版初中《化学》九年级上册第二章第二节的内容。第二章是九年级《化学》中完整地学习化合物知识体系的一个单元，而第二节是本章的重点内容。这节课实验较多，而且在中考中出现比例很大，学生会感兴趣，所以要充分激发学生的探究欲，让实验变得更加有趣并且便于操作，利用学生身边的物质，让化学来源于生活的观念深入学生心中。

二、实验器材

(一) 三叶变色风车实验

滤纸、石蕊试液、集气瓶、滴瓶、烧杯、稀盐酸、蒸馏水（见图1）。

(二) 三口烧瓶二氧化碳性质实验

三口烧瓶、注射器、气球、单孔塞、铁架台（见图2）。

图1　验证二氧化碳与水反应装置

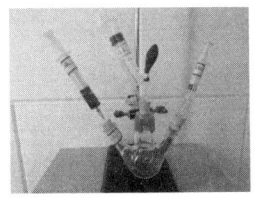

图2　二氧化碳综合性质实验装置

(三) 肥皂泡密度实验

水槽、泡泡机（见图3）。

(四) 二氧化碳溶解性实验

气球、注射器、导管（见图4）。

图3　肥皂泡密度实验

图4　二氧化碳溶解性实验

三、实验创新要点

（一）改进

二氧化碳与水反应实验。

（二）新增

（1）三口烧瓶验证二氧化碳性质实验。

（2）干冰灭火实验。

（3）肥皂泡密度实验。

（4）溶解性验证实验。

四、实验设计思路

本节课中实验改进主要有三方面的特点：趣味性，实验中引入风车、泡泡液等学生熟悉又喜爱的游戏元素，使学生学习热情高涨；实现实验装置一体化，培养学生综合创新能力；操作简单化，减少了教师工作量，也降低了学生实验的难度，成功率有所提高。

本节课教学设计主要是把游戏引入课堂，激发了学生的学习热情，开启了学习动力密码；实验操作的简单化，增强了学生操作实验的信心，也实现了高效课堂；小组合作的形式培养了学生的团队合作意识。

五、教学实验目标

（一）知识与技能

初步形成验证二氧化碳性质实验技能，并初步学会设计实验方案。

（二）过程与方法

学习实验室制备二氧化碳的方法，学习基本实验技能。

（三）情感、态度、价值观

通过在实验过程中控制药品用量进行微型实验，从而培养学生环保意识；通过对传统实验的改进初步养成勤于思考、敢于质疑、勇于创新等科学品质。

六、实验教学内容

（一）三叶风车实验

验证水和二氧化碳反应生成碳酸。

（二）三口烧瓶二氧化碳性质验证实验

通过三口烧瓶以及配套的注射器验证水和二氧化碳反应以及澄清石灰水与二氧化碳的反应；二氧化碳能溶于水的性质通过装置中气球形变有所体现。

(三) 肥皂泡密度实验

通过肥皂泡在二氧化碳气体中和空气中的不同状态，验证二氧化碳密度大于空气。

(四) 溶解性实验

利用充满二氧化碳气体的气球，在注水前后半径发生变化，验证二氧化碳能溶于水。

七、实验教学过程

(一) 环节1

(1) 三叶变色风车引入。

教师活动：首先向同学们展示紫色石蕊试液染色的三叶风车，分别在两个扇叶上滴加盐酸、水，把风车放到集气瓶中，在教师引导下学生注意到滴水和滴酸扇叶的不同变化，并进行了对比。吹风机的使用使碳酸迅速分解，再次观察到颜色变化。

学生活动：观察，分析现象，体会（引发学生兴趣的同时，由于教师在实验时强调为变色风车，学生对颜色变化非常关注，激发兴趣的同时更引发了深层次思考）。

(2) 猜想假设，实验验证。学生作出猜想后，分组实验进行验证。

1) 教师引导学生对风车实验提出的问题进行分类。学生总结问题：为什么加水后风车放在集气瓶中会变红？为什么被吹风机吹过的风车会变回紫色？

2) 给出石蕊试液信息。学生结合石蕊试液信息以及反应现象作出假设：水和二氧化碳生成酸性物质使石蕊变红。

3) 教师引导学生按步骤进行验证实验，同时引导学生不用吹风机，用旋转风车完成分组实验，记录现象并分析。学生观察到风车变回紫色。学生体会到碳酸易分解。

(二) 环节2

观察干冰和灭火实验，推出二氧化碳不能燃烧、不支持燃烧、密度比空气大的性质。

(1) 教师演示干冰灭火实验。教师将干冰放在水槽中，点燃水槽中从高到低排列的三支蜡烛，在干冰上倒水。学生观察到大量白雾产生，蜡烛从低到高依次熄灭。

(2) 小组讨论。有小组给出答案：白雾是二氧化碳，它不能燃烧，不支持燃烧，且密度比空气大，因此蜡烛从高到低依次熄灭。

有小组质疑：最高的蜡烛没有被白雾包围也熄灭了，且二氧化碳无色。

学生恍然大悟，认识到白雾应是干冰升华，吸热水蒸气凝结成小水滴。学生认识到因为有小水滴的干扰，不能证明是二氧化碳使蜡烛熄灭（让学生认识到白雾的产生原因，并分析蜡烛熄灭原因）。

（3）设计验证方案。

1）验证二氧化碳不能燃烧、不支持燃烧。学生设计了用燃着的木条验证的方法，并进行验证，木条熄灭。得到二氧化碳不能燃烧、不支持燃烧的性质。（学生根据氧气的验证方法，利用知识迁移，设计出验证二氧化碳的方法。）

2）验证二氧化碳密度比空气大。如何验证二氧化碳密度比空气大呢？大家一起讨论一种最优方案。教师向充满二氧化碳的水槽中吹入肥皂泡。通过讨论使学生认识实验方案的合理性以及操作是否简单。

（三）环节3

归纳总结，引入三口烧瓶二氧化碳性质综合验证装置。

了解二氧化碳的性质后，给大家展示一个趣味实验，看看此实验验证了二氧化碳哪些性质。把装有石蕊试液的注射器向外拉，把装有澄清石灰水的注射器向外拉，把中间注射器中的水压入三口烧瓶中。学生观察到石蕊试液变红，澄清石灰水变混浊，气球在压入水后慢慢变大。

学生总结验证了水和二氧化碳的性质，以及二氧化碳和澄清石灰水的反应。

学生分小组实验（通过综合验证装置让学生体会到创新装置的优越性）。学生在实验中发现气球的形变后产生疑问：二氧化碳能溶于水吗？

教师给出实验器材注射器和气球、蒸馏水、二氧化碳气体。引导学生设计实验。学生设计了向充满二氧化碳的气球中用注射器注入蒸馏水，比较注水前和注水后气球大小的实验。

教师活动：教师继续引导，是不是可以用空气做同样的实验来进行对比。教师引导学生通过对比现象得出结论。

学生活动：学生在充有空气的气球中注入等量水，观察并比较气球大小。

得到结论：二氧化碳能溶于水。

（四）环节4：总结二氧化碳性质

教师引导：到此我们研究了二氧化碳哪些性质呢？

学生总结：

（1）无色无味，常温常压下为气体。

（2）密度比空气大，能溶于水。

（3）不能燃烧，不支持燃烧。

（4）和水反应生成碳酸，碳酸易分解。

（5）和澄清石灰水反应生成沉淀物。

（五）环节5：学生分享二氧化碳在日常生活中的用途

学生分享二氧化碳在生活中的应用：保鲜食品、制碳酸饮料、人工降雨、气体肥料、灭火。

教师小结：让学生充分体会化学来源于生活，生活中处处有化学的理念。

八、实验效果评价

（1）三叶变色风车实验，制作简单，现象明显，趣味性强。

（2）三口烧瓶性质综合实验，操作简单，节约药品，现象明显，综合性强。

（3）肥皂泡密度实验现象明显，趣味性强，对比明显。

（4）演示实验改为分组实验，可以激发学生的学习热情和兴趣，增强学生学习的积极性、主动性，诱发学生自主学习意识的形成，有利于培养学生的探究、独立思考、动手实践能力。

（5）让学生将抽象的知识形象化、抽象的思维可视化。漂亮的实验现象让学生体验化学之美。

采用串联实验装置构建立体化思维导图
——以 CO_2 的制取、除杂、性质拓展及喷泉实验为例

云南省昆明市第十中学　樊爱玲

一、使用教材

人教版初中《化学》九年级上册第六单元"二氧化碳的实验室制取与性质"实验拓展复习课。

二、实验器材

自制上下封口的四通试管（带球体）1套、三颈瓶（250mL）1个、注射器（10mL）2支、铁架台（带铁夹）、分液漏斗、锥形瓶、烧杯、导管、橡皮管、弹簧夹、双孔塞若干、气球、石灰石（或大理石）、稀盐酸、饱和碳酸氢钠溶液、浓硫酸溶液、澄清石灰水、6mol/L 的 NaOH 溶液、6mol/L 的稀硫酸溶液、紫色石蕊染成的干燥纸花。

三、实验改进要点

（一）改进性质检验装置

实现既节约药品，又可以反复使用，绿色环保。

（二）改进实验装置形式

将与 CO_2 有关的每一个看似独立的实验装置，如除杂、干燥、性质检验，巧妙地串联在一体化装置中进行，化散为整，提升课堂实验探究的高效性。

（三）改进实验教学内容

跟教材比，增加了 CO_2 的喷泉实验，大大提高了课堂的趣味性，既拓展了学生的实验探究能力，又进行了初高中知识的衔接。

四、实验设计思路

在实践中我们发现，教材设计的实验方案在综合性学习的阶段往往存在一定的局限性：①学生在对新课的实验学习后确实已经具备了一定的实验探究能力，但对于综合实验的分析和把控还是比较单薄，往往只是停留在题海战术的层面上，缺乏对综合性实验的立体化呈现。因此，作为一门以实验为基础的学科，将每一个看似独立的化学实验整合在一个一体化的串联实验装置中，让学生形成一

个完整而又立体化的知识体系，不仅可以填补现行教材的空白，还可以拓展学生实验探究的逻辑思维，提升学生科学实验的探究能力，全面培养学生的科学素养。②平心而论，二氧化碳的相关实验的确较多，需要的仪器比较繁杂，老师们要进行多个班级的教学，气体的制备量较大，且课前准备的演示器材较多，工作量较大。③CO_2与$NaOH$溶液反应产生负压，引起喷泉实验，反应的整个过程中不光实验拓展性广、趣味性强，且知识点又与高中衔接，这样不仅可以提高学生实验探究的热情，又让学生通过串联实验充分整合CO_2的知识，拓展思维，提升能力。

因此，本堂课从以上立意出发，以CO_2的制取、除杂、性质拓展及喷泉实验为例，采用串联实验装置，构建立体化"思维导图"，通过拓展实验目标、整合实验方案、重组实验装置、提升实验趣味的方法来进行创新和探索。

五、实验教学目标

（一）知识与技能

通过串联实验整合二氧化碳的除杂、检验及一系列性质探究，并通过反复喷泉实验进行初中重难点知识的拓展以及初高中知识的衔接。

（二）过程与方法

让学生从已有的CO_2平面知识体系出发，以现有的基础实验为支点，通过对实验的改进和创新，进行提出问题、分析问题和解决问题的思维模式，构建立体"思维导图"，最终达到启发学生探究思维、提升学生探究能力、培养学生科学素养的目的。

（三）情感态度与价值观

让学生在综合性创新实验的探究中不断感受化学学科的魅力，提升学生的科学素养。

六、实验教学内容

（1）探究二氧化碳的除杂、干燥及一系列性质检验（二氧化碳使紫色石蕊试纸变红，二氧化碳使澄清石灰水变混浊等）。

（2）探究二氧化碳产生的反复喷泉实验（二氧化碳与氢氧化钠溶液反应及其产物的检验等）。

七、实验教学过程

先让学生在上课前一天根据脑海中已有的知识画出CO_2的知识网络结构图（见图1），再对CO_2所有的实验装置进行回顾和总结，找出仍然存在的实验探究重难点问题，设计整合出一套 CO_2 综合性实验装置。学生仍存在的实验装置重难点问题有：①当 CO_2 中含有 HCl 气体时，该怎样除杂？②当用浓硫酸干燥时，气体要怎样通入？③如何通过实验验证 CO_2 与 NaOH 溶液发生了反应，且检验过程中药品的用量、气球的形变以及气体的图像变化等一系列重难点问题。

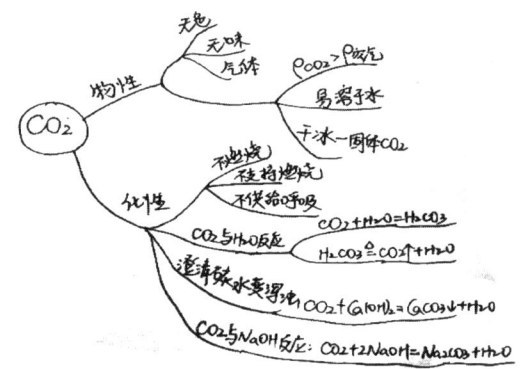

图 1　CO_2 的知识网络结构

针对以上问题，我们最终设计了一套集 CO_2 的制取、除杂、性质拓展及喷泉实验于一体的串联实验装置（见图 2），这套装置既可以简化实验步骤，节省 CO_2 制取时间，提高课堂的演示效率，填补教材实验的空白，又在学生现有的基础知识之上进行了针对性的实验探究和拓展提升。

图 2　CO_2 串联实验装置

装置的亮点有：

（1）一个小改进：四通管（带球体）（见图 3）。在性质检验装置中设计了一个上下封口的四通管（经多次实验，上下总长最低为 20cm 时，显示上下方湿润的紫色石蕊试纸变红的时间差最为明显），一是便于组装实验的串联装置，二是紧凑了气体性质的检验，通过这样一个小小的四通管，不仅解决了实验多仪器杂、气体制备量大等实际操作问题，还可以检验 CO_2 密度比空气大及 CO_2 与水发生化学反应。更为关键的是：装有石蕊试纸的四通管可以反复使用，适合多个班级进行实验探究，更加低碳环保。我又巧妙地在四通管后面连接了一个球体，便于检验 CO_2 使澄清石灰水变混浊。

（2）一个小增补：倒置的三颈瓶进行喷泉实验（见图4）。

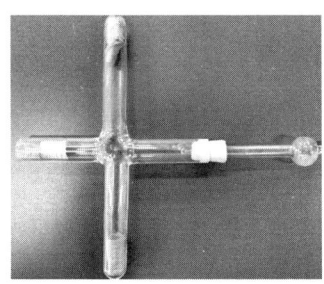
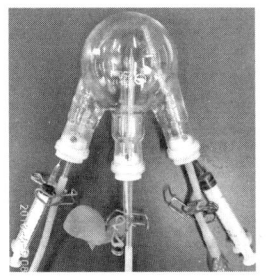

图3　四通管（带球体）　　　　　　图4　倒置的三颈瓶

1）通过此装置，利用 CO_2 与 NaOH 溶液反应产生负压进行喷泉实验（根据多次实验，要想充分吸收 250mL 三颈瓶中充满的 CO_2 气体，NaOH 溶液的量为 10mL、6mol/L 时喷泉效果最为明显；且向反应产物中加入硫酸检验生成的碳酸钠时，加入硫酸的量为 6mL、6mol/L 时气球膨胀效果为最佳）。

2）由于是向倒置的三颈瓶中充满 CO_2，让学生对常规的向上排空气法收集气体的思维方式有了新的启发和拓展。

3）通过 CO_2 与 NaOH 的探究实验，拓展了学生的思维，提升了学生的实验能力，又进行了初高中知识的衔接。

学生在反复的喷泉实验中，会提出一个拓展问题：在硫酸加入含有 NaOH 和碳酸钠的混合溶液中，为什么一开始没有气泡呢？通过实验现象我们可以由此得出结论：是因为硫酸先和多余的 NaOH 发生了反应。这就解决了中考中此类问题的气体图像问题，即"空一段再扬起"（见图5）。

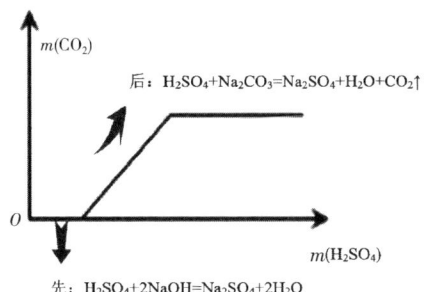

图5　气体图像问题

八、实验效果评价

在此实验的探究过程中，我们有这样一个感受：实验器材的准备没有多大困难，实验操作本身也很简单，最难的地方在于教学方式的转变和探究思维的整合。在平时的教学过程中，我们要勇于打破惯性思维，以实验为支点，通过对化学实验的再设计、再优化和再创新，启迪学生思考，拓展学生思维，提升学生的探究意识、实践能力和创新精神。

串联实验装置在九年级化学中无所不在。通过这种串联实验模式可以让学生将所学知识点由点及线、由线到面，构建更加全面、更加立体化的思维导图，从而让课堂效率达到质的飞跃。比如，在学习酸碱盐的化学反应时，我们可以将酸碱盐的反应设计成一连串的连锁反应，能够极大地提升学生的科学素养。

在化学教学的道路上，我们深刻地发现：化学不仅是一门科学，更是一门艺术。如何挖掘这一用实验串联起来的艺术瑰宝，让它更好地服务课堂、服务学生，才是它真正的魅力所在！

二氧化碳与氢氧化钠的反应

西安市长安区第一民办中学　任竞昕

一、使用教材

科粤版初中《化学》九年级第八章第二节。

二、实验仪器

集气瓶及胶塞、玻璃棒、乳胶管、止水夹、医用注射器、气球、试管、烧杯、CO_2气体、NaOH浓溶液、10%稀盐酸、石灰水、酚酞、CO_2传感器、数据采集器等。

三、实验准备

先在胶塞上打四个孔，将两个气球分别系在玻璃管上，一个伸入瓶内，另一个放瓶外连在三通管的一端（另一端用止水夹夹紧），再收集满一瓶CO_2，用两支注射器分别抽取20mL NaOH溶液和6mL稀盐酸，插入胶塞里。

四、实验改进创新点

本实验所用的器材简单（见图1）。选用了废弃的一次性注射器，既方便又变废为宝；实验操作简单易行，现象明显，实用性强，便于推广应用。

实验的原理是通过锥形瓶内一系列化学反应（以CO_2与NaOH溶液反应为依托，将盐酸与碳酸钠溶液的反应、碳酸钠与钙离子和钡离子、酚酞与碱性溶液的反应巧妙地融入其中），使得瓶内二氧化碳含量发生改变，导致瓶内压强的改变，从而引起气球的胀大或缩小。实验中伴有气泡与沉淀的产生、酚酞的变色等现象，这不仅吸引了学生眼球，而且寓教于乐，融知识性、趣味性、综合性、时效性于一体，不仅培养了学生的科学素养，也体现了新课程标准的教育教学理念。

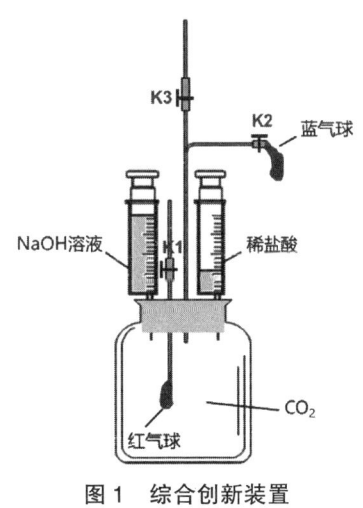

图1　综合创新装置

五、实验教学价值

初中化学新课程标准提出"新的化学课程倡导从学生和社会发展的需要出发，发挥学科自身的优势，将科学探究作为课程改革的突破口"。化学实验是科学探究的主要方式，它的功能是其他教学手段无法代替的。在碱的化学性质的教学中，教材安排的是学生探究活动，先通过回忆检验二氧化碳的反应，推出氢氧化钠在空气中能与二氧化碳发生反应，最后通过讨论两个反应的共同点，得出碱溶液能和某些非金属氧化物反应生成盐和水这条性质。针对二氧化碳与氢氧化钠溶液的反应，教材中没有安排实验，但在探究过程中，由于二氧化碳与氢氧化钠溶液的反应没有明显现象，学生理解起来并不会很容易，再加上在复习阶段，学生对氢氧化钠暴露在空气中是否变质和变质程度的探究不好掌握，所以我设计了这个改进实验。

基于该反应比较抽象又是考试的重点，为了帮助学生更加形象直观地体会反应原理，通过查阅资料，结合自己的实践经验，在前人研究的基础上进行了实验改进，这样不仅激发了学生的学习兴趣，而且帮助学生更好地认识反应的原理，真正体会到实验的魅力和价值。

六、学情分析

（一）知识储备

学生已经学习了常见的酸、碱、盐，掌握了酸、碱、盐的化学性质。

（二）能力储备

能利用酸、碱、盐的化学性质设计简单的试管实验，检验某些特征性离子是否存在。

（三）心理特点

求知欲强，渴望自主探究、展现自我，但多以经验型的思维能力为主。

七、实验教学目标及重难点

（一）知识与技能目标

通过设计实验，证明氢氧化钠与二氧化碳发生了化学反应。

（二）过程与方法目标

通过设计实验，学习科学的探究方法，初步形成学科综合思想，培养创新能力。

（三）情感态度与价值观目标

通过学生亲身参与探究活动，激发学习化学的兴趣以及尊重事实的科学态度。

（四）重点

设计实验，用实验现象证明二氧化碳与氢氧化钠发生了化学反应。

（五）难点

科学探究思想与方法的初步形成。

八、实验教学设计思路

因为二氧化碳与氢氧化钠的反应没有明显现象，学生在学习这个性质时认识模糊，很容易出错，并且这个性质往往是中考试题中的热点，设计一个现象明显让人印象深刻的实验是很有必要的。将没有明显实验现象的实验想办法让它"显象"，是本节课最终的能力提升点，为此我设计了一系列的学生实验活动。

学生活动一：设计实验方案，利用气压的变化来验证 CO_2 与 NaOH 溶液发生了反应。

学生活动二：试管实验——检验反应产物 Na_2CO_3 的存在。

学生活动三：趣味创新实验的开发尝试。

九、实验教学过程

（一）导入新课

首先利用课前小实验导入新课，分别将 CO_2 通入澄清石灰水和 NaOH 溶液中。很快会看到石灰水变混浊，而 NaOH 溶液没有明显变化。从而提出问题 1：如何验证 NaOH 溶液和 CO_2 发生了反应？提出问题，引发学生思考，要求小组讨论设计实验方案，验证反应的发生。

（二）实验设计

学生根据提供的仪器，设计相应装置来验证 NaOH 溶液和 CO_2 反应的事实。学生很容易想到 NaOH 溶液可以用来吸收 CO_2，从而会导致压强的改变。利用在密闭容器中反应前后的气体压强的变化来验证 NaOH 溶液和 CO_2 发生了反应。此环节通过学生讨论画图、利用实物展台展示、学生互评，训练学生的合作意识、表达能力和思维能力。此环节教师需强调学生注意补做 CO_2 溶于等体积水的对比实验。通过实验让隐性实验显形化，增强学生的感官认识，激发学生的兴趣，加深记忆和理解，同时调节班级的课堂气氛。

于是很自然地过渡到问题 2：除了利用气压的变化，还可以用什么方法来证明反应确实发生了呢？提示学生关注反应的生成物。化学反应的本质是由新物质碳酸钠生成，从而明确还可以通过检验溶液中是否存在 Na_2CO_3 来证明反应事实。

基于对盐的化学性质的学习，检验碳酸钠的关键在于检验溶液中是否存在碳酸根离子。学生列举出可以检验碳酸钠的试剂，展开实验验证。再次通过分组实验调动学生学习的热情，通过实践证明理论，进行小组合作展示，将表现的机会留给学生，丰富了学生的活动体验，增强了复习的有效性。且将知识从宏观过渡到微观，让学生掌握反应的实质，从而提高学生的分析和思维能力。

（三）趣味创新实验

在探究过程中，由于 CO_2 与 NaOH 溶液的反应没有明显现象，学生理解起来并不会很容易，再加上对 NaOH 暴露在空气中是否变质和变质程度的探究，学生不好掌握，所以我意图从趣味性出发，把气压的变化和产物的检验两个实验结合起来，综合创新，力求在一套装置中可以完成以上学生分组进行的两项实验。于是我设计了如图 1 所示的实验装置。

需要用到集气瓶和大号的双孔胶塞。将两个气球分别系在玻璃管上，一个伸入瓶内，另一个放瓶外连在三通管的一端（另一端用止水夹夹紧）。再收集满一瓶 CO_2，用两支注射器分别抽取 20mL NaOH 溶液和 6mL 稀盐酸，插入胶塞内。

整个实验可以分为三步（见图 2）。

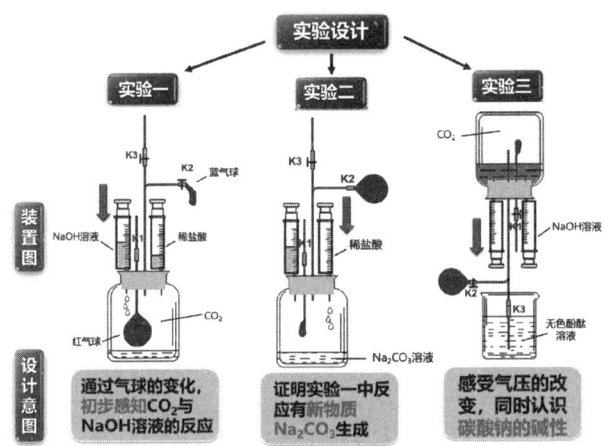

图 2　创新装置实验具体内容展示

（1）挤压适量的 NaOH 溶液（约 8mL），轻轻振荡集气瓶。瓶内 CO_2 被 NaOH 溶液吸收，使得瓶内压强变小，空气通过玻璃管进入气球内，瓶内气球会逐渐膨胀。若用纯水作为对比实验，则可证明 NaOH 溶液和 CO_2 反应的事实。

（2）挤压稀盐酸（6mL）。稀盐酸与第（1）步实验后的生成物 Na_2CO_3 反应生成了 CO_2，使瓶内气压增大，红气球里的空气被挤出后变瘪，生成的 CO_2 进入蓝气球使之胀大。证明了产物 Na_2CO_3 的存在。

（3）将止水夹 K1、K2 夹紧，另一端伸入滴有酚酞的蒸馏水中，再次挤压约 12mL 的 NaOH 溶液，轻轻振荡集气瓶，然后倒立起来。NaOH 溶液又与第（2）步中生成的 CO_2 反应，使瓶内压强变小，无色液体喷进集气瓶内且立即变红，形成美丽的喷泉，瓶内物质显碱性。此环节，还可以将无色酚酞换成氯化钙溶液或者氯化钡溶液，会看到喷入集气瓶内的液体变混浊。

本实验所用的器材简单，选用了废弃的一次性注射器，既方便易得又变废为宝；实验操作简单易行，现象明显，实用性强，便于推广应用。实验的原理是通过集气瓶内一系列化学反应（以 CO_2 与 NaOH 溶液反应为依托，将盐酸与碳酸钠溶液的反应、二氧化碳与澄清石灰水的反应、酚酞与碱性溶液的反应巧妙地融入其中），使得瓶内二氧化碳含量发生改变，导致瓶内压强的改变，从而引起气球的胀大或缩小，实验中伴有气泡与沉淀的产生、酚酞的变色等现象，这不仅吸引了学生眼球，而且寓教于乐，融知识性、趣味性、综合性、时效性于一体，不仅培养了学生的科学素养，也体现了新课程标准的教育教学理念。

（四）趣味创新实验拓展：利用 CO_2 传感器设计手持技术实验

在上述趣味实验的基础上借助三口烧瓶，保留原有的实验设计，增加 CO_2 传感器，借助传感器进行数据采集（见图3）。收集整个实验过程中瓶内 CO_2 含量变化的曲线图。从定性实验现象分析过渡到数据定量分析，使实验结论更加有说服力。

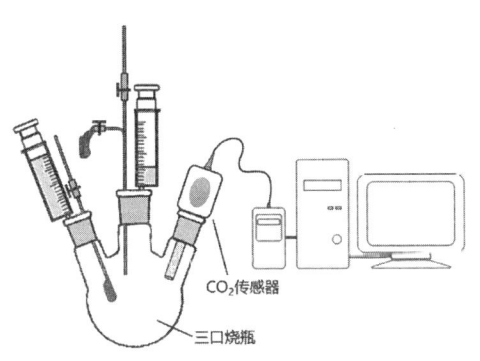

图3　手持技术结合改进实验

通过曲线（见图4）分析，我们可以看到，当 NaOH 溶液与瓶内 CO_2 接触时，CO_2 含量明显减少，说明 NaOH 溶液与 CO_2 确实发生了化学反应。而稀盐酸溶液加入瓶内时，瞬间产生了大量的 CO_2 气体，证明产物 Na_2CO_3 的存在。利用手持技术改进后的实验操作简单，由电脑软件可以直接得到从反应开始到反应结束过程中任意时刻的 CO_2 含量值，并且智能生成整个反应过程中 CO_2 含量对时间的反应曲线，能够帮助学生直观地从定量的角度分析实验数据，解释实验原理。

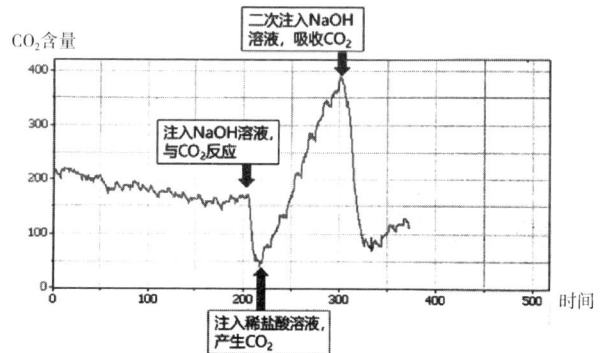

图 4　通过数据采集器得到二氧化碳变化的曲线

教师指导学生学会将曲线图进行分段处理（见图 5）。将每一段曲线的变化和宏观实验现象以及各反应的化学方程式进行一一对应，实验结果的三重表征分析（曲线—宏观现象—符号）见表 1。

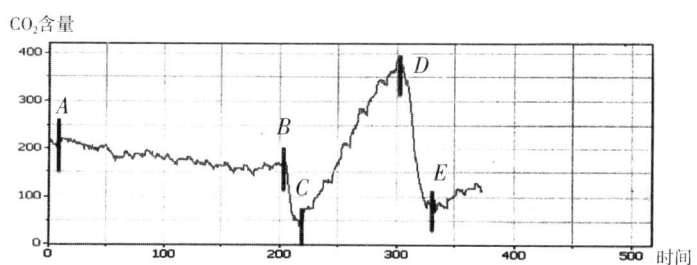

图 5　将曲线进行分段处理

表 1　实验结果的三重表征分析

曲线	曲线变化	宏观（现象）	符号（化学方程式）
AB	较平缓	反应未开始，无现象	
BC	迅速下降	加入 NaOH 溶液，红色气球膨胀	$2NaOH+CO_2=\!=\!Na_2CO_3+H_2O$
CD	迅速上升	红色气球变小，瓶外蓝色气球膨胀	$2HCl+Na_2CO_3=\!=\!2NaCl+CO_2\uparrow+H_2O$
DE	迅速下降	打开止水夹看到红色喷泉	$2NaOH+CO_2=\!=\!Na_2CO_3+H_2O$

（五）方法总结提升

在探究过程中，教师作为引导者，基本任务是启发诱导；学生作为探究者，主要任务是通过自己的探究，去总结归纳让无明显现象的化学反应显形的方法。

在探究的过程中教师把科学思维的方法交给学生，提高了学生应用化学知识解决实际问题的能力与技巧，为学生的可持续性发展奠定了必要的基础。

十、实验教学亮点

（一）重实验：创设课堂情境

本节课围绕核心知识点精心选择有关实验内容，尽可能让学生动手实验，学生在实践中亲身体验，充分调动学习的主动性，有效地转换教和学的方式，彰显学生的主体性地位。

（二）重探究：培育学科素养

本节课以实验为载体，创设认知冲突，使学生产生疑惑，引爆思维火花，诱发探究欲望。在探究过程中，教师作为引导者，基本任务是启发诱导，学生作为探究者，主要任务是通过自己的探究去总结归纳让无明显现象的化学反应显形的方法。在探究的过程中，教师把科学思维的方法教给学生，提高了学生应用化学知识解决实际问题的能力与技巧，为学生的可持续性发展奠定了必要的基础。

（三）重合作：提高协作能力

本节课是一节复习课，在学生掌握了一定的基础知识和基本技能之后，设计了两次分组活动，多次分组讨论，小组合作学习的开展，让每一个学生都真正参与到合作学习活动中来，体验合作学习的快乐，提高了合作学习的效果。

复习课中通过精心设计实验，创设适合学生探究的情境，搭建小组合作展示的平台，引导学生在轻松愉快的环境中合作学习，彰显学生的主体性地位，活跃了课堂氛围，提高了课堂的有效性。

探究二氧化碳和氢氧化钠的反应

山东大学附属中学 刘文英

一、使用教材

鲁教版初中《化学》九年级下册第九单元，课程名称是"探究二氧化碳和氢氧化钠的反应"。

二、实验器材

（一）方法一：检测反应物减少

（1）输液袋对比实验：医用输液袋、针筒、输液导管等。

（2）U形管对比实验：U形管、胶头滴管、直角导管等。

（3）无水参与实验：锥形瓶、分液漏斗、洗气瓶（3个）、小烧杯、尖嘴玻璃管、胶皮导管（若干）等。

（二）方法二：检测新物质生成

试管若干。

（三）方法三：测pH变化

pH计、烧杯等。

（四）方法四：X射线粉末衍射仪的使用

X射线粉末衍射仪等。

三、实验改进要点

（一）方法一：检测反应物减少

根据反应物减少、反应前后压强的减小，粗略推断出有新物质生成。

（1）举例1：输液袋对比实验。实验创新点：①增加了CO_2和水的对比实验，现象明显；②与矿泉水瓶相比，气密性好；③质软，形变更明显；④收集CO_2时，不需要验满步骤，节约药品，减少CO_2在大气中的排放；⑤装置简单，操作简便；⑥废弃物再利用，不会增加成本；⑦输液袋可以用来储存少量气体，用于课堂实验，方便携带。

（2）举例2：U形管对比实验。实验创新点：①增加了CO_2和水的对比实验，红色液珠的移动效果明显；②与矿泉水瓶相比，加液体时不需要打开瓶盖，气密性较好；③红色液珠移动，具有视觉冲击力和趣味性。

(3) 举例3：无水参与实验。实验创新点：①探究了无水条件下 CO_2 与 NaOH 固体的反应；②运用了气体压强的原理；③将学过的知识和技能恰当地运用，在实验中不断摸索、完善，培养了综合实验设计的能力。

(二) 方法二：检测新物质生成

实验创新点：把已学的碳酸钠和氢氧化钠性质的异同点、复分解反应发生的条件进行梳理、整合，并用这些知识解决实际问题。

(三) 方法三：测 pH 变化

实验创新点：形成从定性到定量的化学研究思路。让学生感受到数字化设备的魅力，更直观，更准确。

(四) 方法四：X 射线粉末衍射仪的使用

实验创新点：依托大学附中的办学优势，利用大学的教育资源，让学生进入山大科研所，感悟先进技术对生活生产带来的变化，拓展视野，体会科学的奇妙。

四、实验设计思路

科学探究和创新意识是化学学科核心素养的一个重要方面。实验创新有助于培养学生这一核心素养。初中生只有一年的化学学习经历，课外实验创新对知识储备有较高的要求，因此，在教学中根据学生的质疑点，重视发掘教材实验资源，引导学生对教材实验进行改进创新，使学生逐渐形成创新意识，促进核心素养的落实。实现以学生为本、以素养为本。

五、实验教学目标

(一) 知识与技能

初步学习无现象反应证明反应发生的方法，初步利用控制变量法、对比实验法设计改进实验装置，深化对实验探究各环节的认识，初步形成综合实验的设计能力。

(二) 过程与方法

锻炼科学分析、统筹规划、细致安排、科学调控的思维范式，增强精诚合作、积极分享、有效表达的科学研究习惯。

(三) 情感态度价值观

增进对化学学习的兴趣。初步形成富于思考、勇于探索、敢于质疑的科学精神。

六、实验教学内容

(1) CO_2 和 NaOH 的反应，是学习碱的化学性质的重要实验之一。

（2）通过解决实际问题，复习了 Na_2CO_3 和 NaOH 的化学性质的异同点、复分解反应发生的条件等。

（3）认识到物理方法在化学实验中的作用，利用融合的理科思维去解决实际问题。

（4）气体的制取、净化、性质实验等综合实验的设计。

（5）利用 pH 计、X 射线粉末衍射仪等数字化设备解决实际问题。

七、实验教学过程

本次研究性学习设计了两课时，时间安排在学完酸碱盐的化学性质之后。

（一）第一课时

（1）提出问题、猜想假设。教师将 CO_2 通入 NaOH 溶液后没有明显的现象。学生质疑：没有现象怎么能知道发生了反应？于是教师做鲁教版《化学》九年级下册第九页实验探究 7-2 中矿泉水瓶变瘪的演示实验。学生又质疑，这个实验中矿泉水瓶变瘪，不足以证明 CO_2 和 NaOH 溶液发生了化学反应，因为 CO_2 能溶于水且与水反应，也会产生类似的现象。进一步引发学生思考：有更好的方案来改进这个实验吗？

（2）设计实验方案。针对怎样改进实验，学生们组内讨论，制定探究方案，有疑问可以将方案用智慧教室的 pad 拍照上传，与同学和老师更充分地交流（见图1）。

（3）进行实验。小组合作进行实验。有的小组在实验中出现争议，课后还可以利用开放实验室的时间，反复摸索、不断完善和提升（见图2）。

图1 设计实验方案的过程

图2 进行实验的过程

设计意图：利用开放实验室的时间，学生在做中学，得到充分的实践动手机会，体会到科学探究的艰辛与喜悦，培养学生不断探索的科学精神，学生的个性得到更充分的展示。

(4) 获得结论、反思评价。学生对实验数据进行加工整理,得出实验结论。反思实验成败的原因,评价实验设计的优缺点等。

(二) 第二课时

(1) 表达与交流。利用一节课的时间进行小组成果的答辩展示,组间交流提问。学生可以使用智慧教室的实物展示等功能(见图3)。

图3 小组成果答辩展示

(2) 方法一:检测反应物减少。

1) 举例1:输液袋对比实验(见图4)。

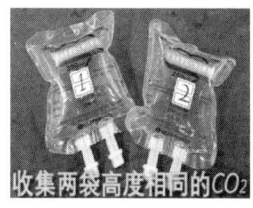
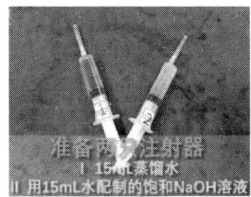

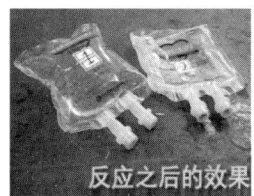

图4 输液袋对比实验的装置和实验现象

实验方法设计:在两个相同的输液袋中装入等量的 CO_2 气体,用针筒分别推入15mL水和15mL水配制的NaOH溶液,根据输液袋变瘪的程度不同,证明了 CO_2 和NaOH溶液发生了化学反应。

实验创新点:①增加了 CO_2 和水的对比实验,现象明显;②与矿泉水瓶相比,气密性好;③质软,形变更明显;④收集 CO_2 时,不需要验满步骤,节约药品,减少 CO_2 在大气中的排放;⑤装置简单,操作简便;⑥废弃物再利用,不会增加成本;⑦输液袋还可以用来储存少量气体(见图5),用于课堂实验,方便携带。

图5 输液袋可储存少量气体

2）举例2：U形管对比实验（见图6）。

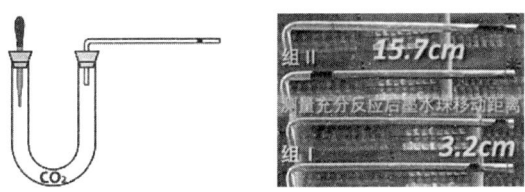

图6　U形管对比实验的装置和实验现象

实验方法设计：在U形管中装满CO_2，用胶头滴管滴加等量的水或NaOH溶液，观察右侧红色液珠的移动情况。通过红色液珠移动的距离不同，证明CO_2和NaOH溶液发生了化学反应。

实验创新点：①增加了CO_2和水的对比实验，红色液珠的移动效果明显；②与矿泉水瓶相比，加液体时不需要打开瓶盖，气密性较好；③红色液珠移动，具有视觉冲击力和趣味性。

3）举例3：无水参与实验。

还有小组大胆猜想，没有水的参与，CO_2和NaOH会不会发生反应呢？

实验方法设计：该小组设计了用干燥后的CO_2在NaOH固体中反应的实验装置（见图7）。装置从前到后分别是CO_2制取装置，装有饱和碳酸钠溶液的洗气瓶除氯化氢气体，浓硫酸洗气瓶除水蒸气，刚开封高纯度的NaOH固体，放花生油的小烧杯。

图7　无水参与实验装置

首先进行气密性检查，然后装入药品，制取CO_2。当有连续均匀气泡冒出时，将最末端导管放入澄清石灰水中，石灰水变浑浊，说明盛放NaOH固体的试剂瓶中已经充满CO_2。将末端导管放入花生油中，关闭此处弹簧夹。为了使反应继续生成的CO_2跑出，打开分液漏斗活塞。

30分钟后，末端玻璃管内花生油液面上升一点儿，证明干燥的CO_2与NaOH固体发生了反应，但是反应速度非常慢。

实验创新点：①探究了无水条件下 CO_2 与 NaOH 的反应；②运用了气体压强的原理；③将学过的知识和技能恰当地运用，在实验中不断摸索、完善，培养了学生综合设计实验的能力。

实验不足：以初中实验室的条件，完全的无水环境很难得到。

实验反思：为什么有水的参与，能加快反应进行呢？引导学生可以从微观角度进行分析，如 NaOH 固体只有表面接触 CO_2，NaOH 固体中离子不易自由移动，CO_2 不能与水反应产生离子等。

设计意图：根据学生的认知范围，培养学生从宏观辨识和微观探析相结合的视角认识物质世界。

实验改进：引导学生对该实验进一步改进，比如这个反应中会产生过量的 CO_2，学生提出将发生装置改为可以控制开始和结束的装置。如何设计这种装置，是学生发现的新问题，也是下一步研究的方向。

设计意图：在问题解决活动中，不断增强学生的问题意识和创新意识，同时培养学生节约资源、保护环境的可持续发展意识。

点拨提升：引导学生分析这三个方案的共同点，即都与气体压强变化有关，让学生认识到物理方法在化学实验中的作用。让学生体会到利用融合的理科思维去解决实际问题的奇妙。

（3）方法二：检测新物质生成。

学生再质疑：根据气体压强变小的原理，似乎也不足以证明 CO_2 和 NaOH 发生了反应。因为也可能是 CO_2 在 NaOH 溶液中溶解度更大等原因导致的。学生经过讨论，发现可以根据化学变化的本质特征——有新物质生成，来判断是否发生了反应。

实验方法设计：不同的小组选择滴加酸溶液、碱溶液或盐溶液进行验证。

实验创新点：把已学的 Na_2CO_3 和 NaOH 的性质的异同点、复分解反应发生的条件等进行梳理、整合，并用这些知识解决实际问题。

点拨提升：根据学生或成功或失败的经历，教师引导学生总结验证产物时选择药品的要求。

（4）方法三：测 pH 变化。还有小组选择了酚酞试液，发现都变红，该方法失败。又查阅资料，根据原物质和产物的碱性强弱不同，想到用 pH 计。先测原 NaOH 溶液的 pH，示数为 10.06；通入 CO_2 后，再测溶液 pH，示数为 9.85。通过反应前后 pH 的变化，证明 CO_2 和 NaOH 发生了反应。

设计意图：形成从定性到定量的化学研究思路。让学生感受到数字化设备的魅力，更直观、更准确。

（5）方法四：X射线粉末衍射仪。

第三小组学生提出疑问：他们的固体样品，发生反应的量很少，如何检测效果好？依托大学资源，将课堂延伸到大学，由山东大学晶体所教授给同学们介绍X射线粉末衍射分析仪（见图8）。测试第三小组反应后的固体样品，出现了蓝色线所显示的峰，从图库中找到绿色 $NaCO_3$ 的标准峰进行对比，能得知该样品中含有 $NaCO_3$ 这种物质。而测试的原 NaOH 固体与 $NaCO_3$ 标准峰对比，能得知原 NaOH 样品中不含有 $NaCO_3$，可以获得结论，反应有新物质 $NaCO_3$ 生成。

设计意图：依托大学附中的办学优势，利用大学的教育资源，让学生进入山大科研所，感悟先进技术给生活和生产带来的变化，拓展视野，体会科学的奇妙。

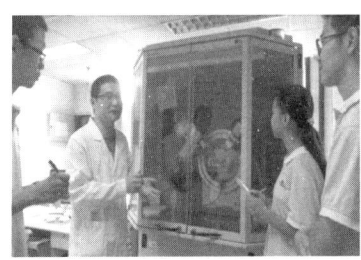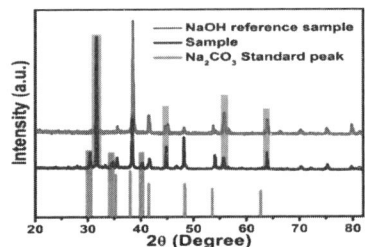

图8　X射线粉末衍射仪和样品测试图

（6）课堂小结。

本次研究性学习探究了二氧化碳和氢氧化钠这个没有现象的反应是否发生。学生不但学会了知识，而且还掌握了很多研究化学反应的方法（见图9）。

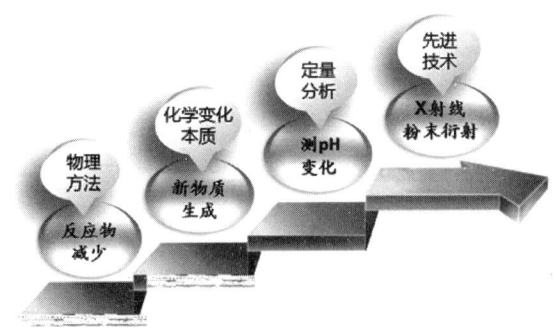

图9　课堂小结

探究过程中，学生先想到根据反应物气体体积的减少，反应前后气体压强的变化来粗略地证明反应的发生。随后，学生又进行了深入的思考，提出了新的质疑，联想到化学反应的本质，设计出证明有新物质生成的实验方案，从而使探究由表象到本质，更严谨、更深入。还有学生使用数字化设备pH计，测定反应前后 pH 的变化，来进一步证明反应的发生，使探究活动从定性角度转向定量角度。最后还采用先进设备 X 射线粉末衍射仪，开阔了视野，由学生已知已会的方法，进而延伸到大学才能接触到的全新的探究方法。这就是科学探究之路的缩影。

八、实验效果评价

（1）以问题为中心，系列实验探究。整节课从如何证明没有现象反应的发生入手，学生通过不断发现问题，激活思维。教学环节的设置围绕学生的最近发展区，激发学生主动学习的兴趣，使学生在轻松、愉快的实验探究活动中完成知识的主动建构，达到训练学生探究技能的目标。

（2）合作解决问题，实验创新设计。在解决问题的过程中，倡导多向的交流，给学生足够的思考空间，鼓励学生大胆创新实验，自制实验仪器。引导学生注意减少 CO_2 的排放，培养环保意识。使用数字化测量仪器 pH 计和 X 射线粉末衍射仪，帮助学生形成从定性到定量的化学研究思路。

（3）学习控制变量法的应用，改变学习方式。有意识地渗透、显化科学思维方式，促成科学思维的培养。学生亲身经历自主探究活动，才会逐步将科学思维方式内化为自身的素养，在以后的学习中实现正迁移，进而运用到实际问题的解决当中。

（4）智慧教室的使用，使数据收集更快、师生交流更便捷、展示方式更直观。

总之，本次基于课本实验改进的研究性学习，为学生构建了科学探究的一般过程。鼓励学生敢于质疑和批判，从多角度对问题进行思考，并进行探究实践，培养了学生勇于开拓的创新精神、团结互助的合作精神，为学生的终身发展奠定基础。努力实现立德树人的根本任务，将化学学科核心素养落到实处。

二氧化碳与氢氧化钠反应的可视化研究

成都石室中学初中学校　杨永俊

一、使用教材

人教版初中《化学》九年级第十单元、第十一单元"酸碱盐"小专题复习。

二、实验器材

数字化实验室（压强传感器）、螺口注射器（20mL 6 支、50mL 1 支、100mL 2 支）、三通阀、双通、烧瓶（平底 250mL 4 只、圆底 250mL 4 只）、硬质真空乳胶管、导气管、橡胶塞（单孔 4 号 6 个、5 号 6 个，无孔 4 号 6 个、5 号 6 个）、长颈漏斗（配套双孔橡皮塞）、止水夹、5%碳酸钠溶液、5%稀硫酸、碳酸钙、稀盐酸、雪碧。

三、实验创新要点

（一）实验创新之可视化

（1）实验名称：吞蛋实验（见图1）。

创新点：化学之生活化。

不足与改进：二氧化碳用量大。鸡蛋必须完整，与吸滤瓶口必须贴实，不漏气。

（2）实验名称：喷泉实验（见图2）。

创新点：化学之美。

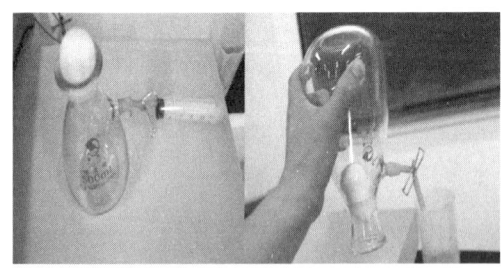 

图1　吞蛋实验　　　　　　　图2　喷泉实验

不足与改进：二氧化碳用量大。用注射器代替原来设计的胶头滴管完美解决了氢氧化钠具有滑腻感而使胶头滴管脱落的问题。

(3) 实验名称：沸腾实验（见图3）。

创新点：化学之生活化。整合学科内知识。

不足与改进：雪碧的量要达到烧瓶容积的 2/3 左右，效果最佳，沸腾更持久。

(二) 实验创新之一体化、微型化

实验名称：注射器一体化微型定量实验（见图4）。

图3　沸腾的雪碧实验

创新点：装置一体化，着实解决二氧化碳的用量问题、实验的可视化问题。

不足与改进：建议盛硫酸和氢氧化钠的注射器的量程用 20mL，碳酸钠溶液的量程用 50mL，碳酸钠溶液与稀硫酸的浓度控制在 5%、用量控制在 2mL即可。

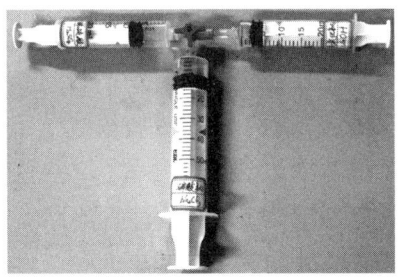

图4　注射器一体化微型定量实验

(三) 实验创新之数字化（见图5）

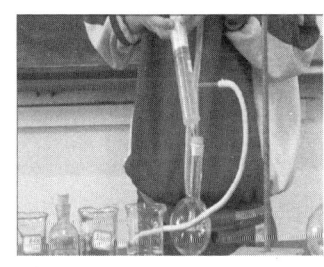
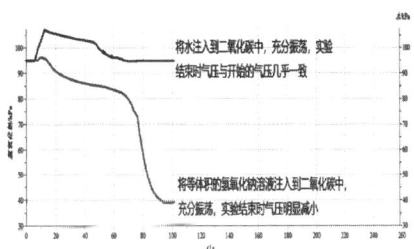

图5　数字化实验

创新点：借助压强传感器，对比分析二氧化碳分别在水中和氢氧化钠溶液中形成的压强差，实现了化学实验的数字化。

不足与改进：在烧瓶中实验会消耗大量的二氧化碳，而且二氧化碳越纯，效果越好。能否借助试管等容积更小的容器来代替烧瓶，同样可见明显现象？有待下一届学生进一步去实验、去改进。

（四）实验创新之绿色化（见图6）

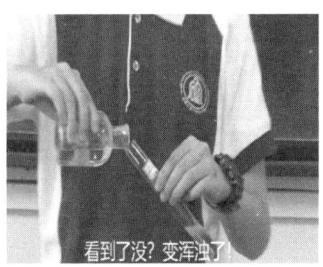

图6　绿色化实验

创新点：借助吹气，完美解决了二氧化碳的来源（制备）问题。借用碳酸钠在水中和乙醇中的溶解性不同，实现了方法上的创新。

不足与改进：通过空白实验发现，在浓氢氧化钠溶液中滴加无水乙醇无沉淀产生，但是有分层现象。这一发现有待进一步学习，解开心中之惑。

四、实验原理/实验设计思路

（一）吞蛋实验

利用氢氧化钠与二氧化碳反应，使吸滤瓶内气压迅速变小，形成负压，蛋被吞入瓶中，实验结果相当震撼！

注意：用40%的氢氧化钠溶液约为烧瓶容积1/3效果最好，二氧化碳要纯净。

（二）喷泉实验

利用氢氧化钠与二氧化碳反应，使烧瓶内气压迅速变小，形成负压，烧杯中红墨水迅速被吸入烧瓶中，形成喷泉。

注意：用40%的氢氧化钠溶液20mL以上效果更佳，二氧化碳要纯净。

（三）沸腾实验

雪碧中含有大量二氧化碳，而气体的溶解度随着气压的减小而减小。当氢氧化钠溶液与另一烧瓶中的二氧化碳反应时，装置内气压迅速减小，而使雪碧中二氧化碳迅速逸出，像沸腾一样，学生称为沸腾雪碧实验。

另外，学生设计将盛有雪碧的烧瓶换成95℃的水，利用气压减小、沸点降低的原理，也可实现沸腾实验。

（四）注射器一体化微型定量实验

利用2mL约10%的碳酸钠溶液与5%～10%的2mL稀硫酸产生二氧化碳，再利用2mL浓氢氧化钠溶液吸收二氧化碳，可明显观察到10～20mL的二氧化碳能被氢氧化钠溶液吸收（吸收的量与氢氧化钠溶液浓度有关，但吸收的量一定会远远大于氢氧化钠的体积数 2mL）。

注意：盛碳酸钠溶液的注射器量程宜大些，建议 50mL，或者三支注射器都用 50mL 量程的，以免产生的二氧化碳的体积超过注射器量程。

（五）数字化实验

利用通常条件下 1 体积的二氧化碳能溶解于 1 体积水中的原理，通过数字传感仪测量：向烧瓶中加水起初与最终的压强不变；加入等体积的氢氧化钠后，发现瓶内气压骤降。从而得出氢氧化钠能与二氧化碳反应的结论。该实验从数据的角度来解释，更具有说服力。

（六）绿色化实验

向氢氧化钠的乙醇溶液吹入呼出气体，溶液立即变浑浊。

说明：原学生实验是先向氢氧化钠溶液吹气，再加入无水乙醇，尽管也变浑浊了，但该实验在项目推广时才发现问题。有学生提出变浑浊的原因也可能是氢氧化钠溶液不溶于乙醇所致，后来学生通过查阅资料和走进实验室补做氢氧化钠与乙醇的溶解性实验发现，氢氧化钠易溶于乙醇，这才解答了同学的质疑。因此，直接向氢氧化钠的乙醇溶液中吹气才更有说服力。

由于该实验不需要单独制取二氧化碳，只需另加 1mL 左右乙醇，被学生惊喜地称为绿色化实验。

五、实验教学目标

（一）知识与技能

（1）通过复习进一步巩固证明氢氧化钠与二氧化碳反应的途径。

（2）通过探究过程的体验，了解科学探究的一般过程，了解化学实验是科学探究过程中的一种重要方法。

（二）过程与方法

通过学生进行项目式可视化设计、"我是大咖"活动，让学生充分展示自己的才能。

通过体验二氧化碳与水和氢氧化钠溶液反应的探究过程，学习把握探究过程的脉络，通过实验设计和动手实验，体验科学探究的一般过程与方法，提高逻辑思维和反思评价能力，加强知识和方法的内化。

（三）情感态度与价值观

（1）通过对实验方案的讨论，增强小组合作交流意识，激发学生学习化学的持续兴趣。

（2）通过对实验方案设计的学习，培养学生具有科学的学习方法、科学态度和价值观。

（3）通过项目设计、论证、实施、展示、推广，融入 STEAM、化学核心素养、学科融合及关注 STES 理念，更有利于促进学生综合素质的培养和提高。

六、实验教学内容

通过项目驱动，设计实验、论证实验，展示成果，成果推广、成果反思，进一步明晰了无明显现象反应的实证方法，内化证明二氧化碳与氢氧化钠反应的一般方法：控制变量法和转化法。在对比法中主要利用压强差原理及"溶解性"差原理；在转化法中，通常采用碳酸根离子的检验方法，学生已经在上册学习到碳酸钠与盐酸能发生化学反应，轻松解决这一问题，但没有想到，学生利用产物碳酸钠易溶于水、微溶于酒精这一物理性质完美完成实验的验证，实验现象特别明显，老师被学生大胆思考、勇于创新的精神所折服。

七、实验教学过程

第一步：周五，通过项目驱动，先给学生布置任务，要求学生利用周末时间对氢氧化钠与二氧化碳反应进行可视化设计，并将设计绘制在纸上。具体设计要求：自主设计，无思路者可以利用网络等资源搜索已有设计，大胆改进创新，绘图，并写出简要实验步骤及预期实验现象和结论。

第二步：周一，上交作品，小组讨论，重新制定并优化方案。之后，由科代表收集汇总，上交给老师。

第三步：周二，方案开始实施。老师从理论角度提出改进意见和优化方案，并由实验室老师准备相关实验仪器药品。

第四步：周三至周五，师生走进实验室，一起验证实验方案的合理性。

第五步：周一至周二，项目成果展示。

第六步：周三，反思总结，全体同学评议，指出方案的优缺点，小组进一步优化改进项目。

第七步：项目的推广。学生带着项目推介产品并畅谈收获，得到其他同学和化学老师的指正，并进一步实验和优化方案。

第八步：项目的体验。通过分组实验，让同学们互相体验同学设计的产品的创意点，是否具有可操作性，是否安全、环保，实验现象是否明显，可视化强。

教学流程"五线谱"如表 1 所示。

表1 教学流程"五线谱"

项目线	情境线	知识线	活动线	素养线
项目确立	对于无明显现象的反应如何证明化学反应的发生?请举例说明	(1) 物理变化与化学变化的区别; (2) 根据反应物、生成物的性质,借助有无沉淀、气体产生、颜色变化、气压变化等明显现象以及数字化实验来设计实验方案	回顾旧知,理清思路;确定方向,建立模型	模型认知 科学研究
项目规划	如何证明二氧化碳与氢氧化钠能发生化学反应? 用哪些装置或实验可以实现反应的可视化	(1) 二氧化碳的性质; (2) 氢氧化钠的性质; (3) 碳酸的性质; (4) 碳酸钠的性质; (5) 碳酸氢钠的性质(提供资料)	收集资料,拟定方案;团队商讨,优化方案	宏微辨识 证据推理
项目执行	哪些作品需要改进?如何发挥团队智慧,优化设计,并顺利完成作品	二氧化碳与氢氧化钠反应的可视化设计	诊断设计,积极评价;作品分类,分组预做	证据推理 实验探究
项目成果	设计的作品如何在项目产品中完美实施		改进优化,尽善尽美;展示成果,品鉴作品	实验创新 科学精神
项目推广	项目产品的创新点是什么? 是否具有推广价值		解决问题,应用前景;推广成果,展示创意	科学精神 社会责任
项目体验	哪些项目适宜分组实验?存在哪些实验风险?绿色化了吗? 哪些实验可以再拓展		评估风险,体验成功;开拓创新,着眼未来	科学精神 社会责任

八、实验效果评价

反思整个项目教学过程,我们惊叹于学生的创新能力和探究精神。当学生对同伴完成的证明二氧化碳与氢氧化钠反应提出质疑,需要借助对比方法来证实时,我们认为他想到的仅仅是大家熟知的方法而已。但学生提出在三通阀一体化实验中,可以先加2mL水,观察到二氧化碳气体减少约2mL,再继续吸入2mL

氢氧化钠溶液，二氧化碳气体被全部吸收，完全可以证实二氧化碳与氢氧化钠发生了化学反应。还有学生提出，连接一个串联装置，先用注射器将 10mL 二氧化碳注入 2mL 浓氢氧化钠溶液中，再连接一个澄清石灰水的装置，若澄清石灰水不变浑浊，说明二氧化碳确实与氢氧化钠溶液反应。瞧，学生的思维在不断交锋、碰撞中激活、升华。

通过项目驱动，让学生自己发现问题，主动去寻找答案，而不是被动地接受知识。学生从机械的"学答"向"学问"转变，从"学会"向"会学"转变，成为学习真正的主人。本节课实现了实验的可视化、微型化、一体化、数字化和绿色化，教学效果好，达到并超过了预期目的。让师生深切感受到：创新无极限，智慧可通天。

通过项目驱动，激发了学生主动参与、调查研究、批判质疑、分工协作、有效沟通、共建共享、融合创新的潜能。

常用碱溶液与 CO_2 反应的再探究

河南省郑州龙门实验学校　王旭

一、使用教材

人教版初中《化学》九年级下册第十单元课题 1 "常见的酸和碱"第 5 课时。

二、创新背景

初中阶段的化学实验多为定性实验，缺乏定量的研究，造成的后果是学生在学过碱的性质后只形成了模糊的概念，并记住这样常规的结论："通常吸收二氧化碳都是用氢氧化钠溶液，检验二氧化碳用氢氧化钙溶液"。对知识的本质并没有理解，不能够恰当地运用和处理实际中的复杂情况。

而化学学科核心素养"科学探究与创新意识"中提出要让学生能发现和提出有探究价值的问题；面对"异常"现象敢于提出自己的见解。

基于此，本节课就是对学生通过实验发现并提出的问题作探究，希望学生能对常规结论有更全面的认知，会解释生活中一些与此相关的现象。

三、实验器材

仪器：集气瓶、带有孔塑料板的气体发生装置、三孔多功能瓶、量筒、注射器、压强传感器、电导率传感器、天平、药匙、玻璃棒、烧杯等。

药品：大理石、稀盐酸、饱和 $NaHCO_3$ 溶液、饱和澄清石灰水、饱和 $NaOH$ 溶液、2000mL 含 3g $NaOH$ 的溶液。

四、实验创新要点

（1）排饱和 $NaHCO_3$ 溶液收集较纯净的 CO_2，并用量筒测量排出溶液的体积进而得到 CO_2 气体的体积（见图1）。

（2）分别将 20mL 饱和 $NaHCO_3$ 溶液、饱和 $Ca(OH)_2$ 溶液、饱和 $NaOH$ 溶液注入盛有 CO_2 的集气瓶中，利用压强传感器测量瓶内压强变化（见图2），对比常用碱的饱和溶液吸收效果。

（3）将等质量的 $Ca(OH)_2$ 和 $NaOH$ 配制成等体积溶液，注入盛有 CO_2 的集气瓶中，利用压强传感器测量瓶内压强变化，对比等溶质质量、等体积常用碱的溶液吸收效果。

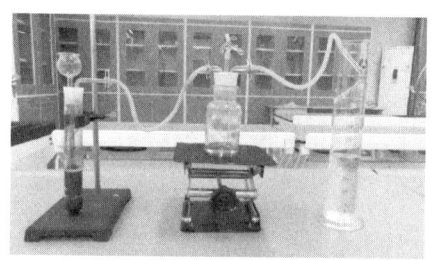
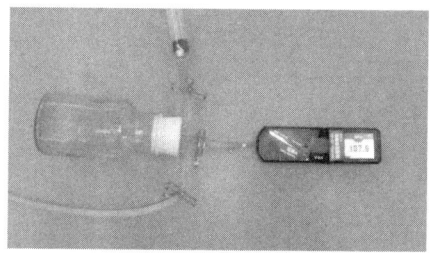

图1　CO_2制取装置　　　　图2　测定注入溶液后压强的装置

（4）由饱和$Ca(OH)_2$溶液、饱和NaOH溶液与CO_2气体的反应现象，生成新的问题。继续探究，寻找$CaCO_3$与CO_2进一步反应的证据（见图3），并和自然界中现象相结合而加深理解该原理。

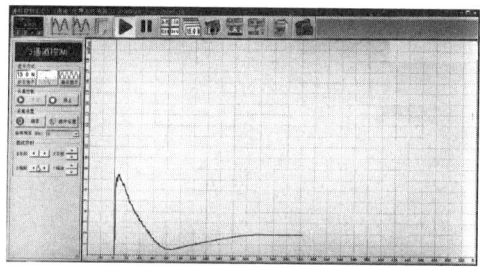

图3　澄清石灰水中不断通入过量的CO_2电导率的变化曲线

五、实验设计思路

（一）总体思路

（1）提出问题：NaOH溶液和$Ca(OH)_2$溶液吸收CO_2效果有何差异？

（2）对比两种碱的饱和溶液吸收效果。

（3）对比等体积、含等溶质质量的两种碱溶液吸收效果。

（4）探究解决生成的新问题。

（二）具体思路

（1）做碱的性质实验时学生提出问题：NaOH溶液和$Ca(OH)_2$溶液吸收CO_2效果有何差异？

（2）探究实验1：对比NaOH和$Ca(OH)_2$的饱和溶液吸收效果。先将20mL饱和$NaHCO_3$溶液注入盛有CO_2的集气瓶中，测定瓶内压强作为对照组数据。再分别将20mL饱和$Ca(OH)_2$溶液、饱和NaOH溶液注入盛有CO_2的集气瓶中，测定反应后瓶内压强，并与对照组数据对比分析。

(3) 探究实验2：对比等体积、含等溶质质量的两种碱溶液的吸收效果。先计算出 20mL 饱和澄清石灰水中溶质的质量，配制相应的 NaOH 溶液，注入盛有 CO_2 的集气瓶中，测定反应后瓶内压强，并与对照组数据进行对比分析。

为了排除干扰，加入等量的饱和 $NaHCO_3$ 溶液作对照。

(4) 生成的新问题一：饱和 NaOH 溶液与 CO_2 气体反应后为何变浑浊？

活动：查阅固体溶解度。

新问题二：澄清石灰水遇到过量 CO_2 气体为何又会变澄清？

探究实验3：寻找 $CaCO_3$ 与 CO_2 能发生反应的证据。实验探究，测量澄清石灰水中不断通入过量 CO_2 时电导率的变化。

六、实验教学目标

(1) 应用压强传感器等数字化实验器材，进行定量实验，对比探究常用碱溶液与二氧化碳的反应，充分理解"$Ca(OH)_2$ 溶液也是可以用来吸收 CO_2 的"。

(2) 通过实验探究加深对常用碱溶液性质和用途的认识，能解释自然界中相关的现象。

七、实验教学内容

分别将饱和 $NaHCO_3$ 溶液、饱和 $Ca(OH)_2$ 溶液、饱和 NaOH 溶液、与饱和 $Ca(OH)_2$ 溶液体积相同且溶质质量相等的 NaOH 溶液四种溶液注入盛有 CO_2 的集气瓶中，测量并对比压强。得出结论：常用碱溶液吸收 CO_2 效果取决于溶液的浓度；少量的 CO_2 也可以用 $Ca(OH)_2$ 溶液吸收。

测量澄清石灰水中不断通入过量 CO_2 时电导率的变化，找到能证明 $CaCO_3$ 与 CO_2 反应的证据。

八、实验教学过程

在学过常见的碱之后，学生已经知道最常用的碱是 NaOH 和 $Ca(OH)_2$，并对它们的性质和用途已经有了一定的认识。在做碱的性质实验时，分别把 NaOH 和 $Ca(OH)_2$ 溶液注入盛有 CO_2 的集气瓶中，振荡、倒置，发现玻璃片都未落下。于是提出了这样的问题：为什么说"通常情况，吸收 CO_2 用 NaOH 溶液，检验 CO_2 用 $Ca(OH)_2$ 溶液"呢？NaOH 溶液与 $Ca(OH)_2$ 溶液吸收 CO_2 有何差异呢？本节课我们就对常用碱溶液与 CO_2 的反应进行再探究。

实验准备：选用一套气密性良好的 CO_2 制取装置（见图4）。为了科学严谨，我们排饱和 $NaHCO_3$ 溶液收集几瓶较纯净的 CO_2 气体，并用量筒准确测量气体体积为 0.270L。

探究实验1：对比 $Ca(OH)_2$ 和 NaOH 的饱和溶液的吸收效果。

(1) 将 20mL 饱和 $NaHCO_3$ 溶液注入盛有 CO_2 气体的集气瓶中，利用压强传感器记录瓶内压强为107.9kPa，作为基础数据（见图5）。

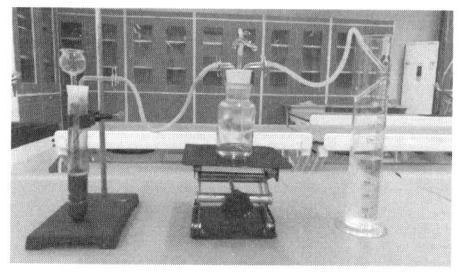
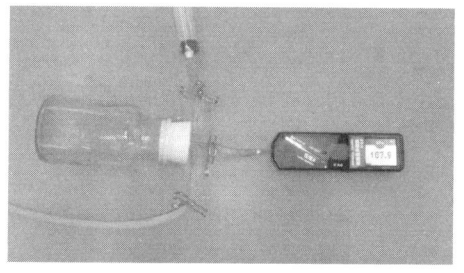

图4　CO_2制取装置　　　　　图5　测定注入溶液后压强的装置

（2）将20mL饱和$Ca(OH)_2$溶液注入盛有CO_2气体的集气瓶中，观察现象，记录反应后瓶内压强数据（见图6）。现象：溶液先变浑浊再变澄清，瓶内压强变为103.8kPa。

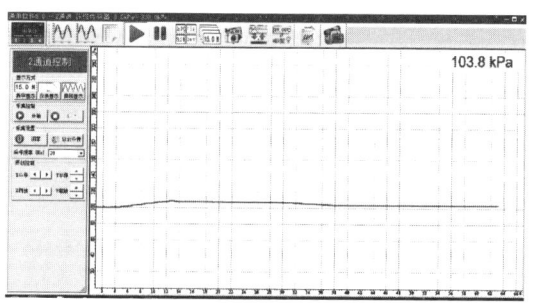

图6　饱和$Ca(OH)_2$溶液注入盛有CO_2气体的集气瓶中，瓶内压强的变化

（3）将20mL饱和NaOH溶液注入盛有CO_2气体的集气瓶中，观察现象，记录反应后瓶内压强数据（见图7）。现象：溶液变浑浊，压强变为6.2kPa。

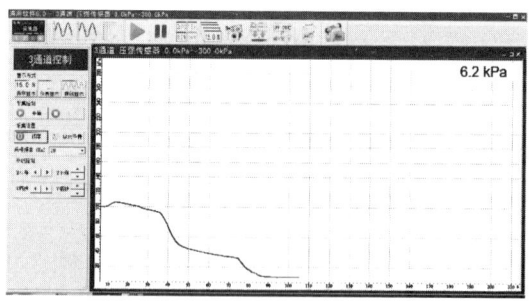

图7　饱和NaOH溶液注入盛有CO_2气体的集气瓶中，瓶内压强的变化

统计数据见表1。

表1 饱和溶液注入盛有 CO_2 气体的集气瓶中，瓶内的压强变化

加入的溶液	瓶内最终压强
饱和 $NaHCO_3$ 溶液	107.9kPa
饱和 $Ca(OH)_2$ 溶液	103.8kPa
饱和 NaOH 溶液	6.2kPa

瓶内的压强越小、气体越少，说明被吸收的 CO_2 越多。与加入饱和 $NaHCO_3$ 溶液后瓶内的压强数据对比可知，饱和的 NaOH 溶液要比饱和的 $Ca(OH)_2$ 溶液吸收 CO_2 效果更好。为什么呢？查阅固体溶解度（见表2、表3）。

表2 NaOH 的溶解度

温度/℃	0	10	20	30	40	50
溶解度/g	42	51	109	119	129	145

表3 $Ca(OH)_2$ 的溶解度

温度/℃	0	10	20	30	40	50
溶解度/g	0.185	0.176	0.165	0.153	0.141	0.138

相同温度下 NaOH 要比 $Ca(OH)_2$ 的溶解度大很多，即20mL溶液中溶解的 NaOH 更多。是不是这个原因呢？我们继续探究。

探究实验2：溶质质量相同的 $Ca(OH)_2$ 和 NaOH 溶液的吸收效果。

通过计算，该实验条件下，20mL 饱和 $Ca(OH)_2$ 溶液中溶质质量为 0.03g。于是，称量 3g NaOH 配成 2000mL 溶液，取其中 20mL，注入盛有 CO_2 气体的集气瓶中。观察现象，记录反应后瓶内压强数据（见图8）。现象：溶液无明显现象，瓶内压强变为 103.2kPa。

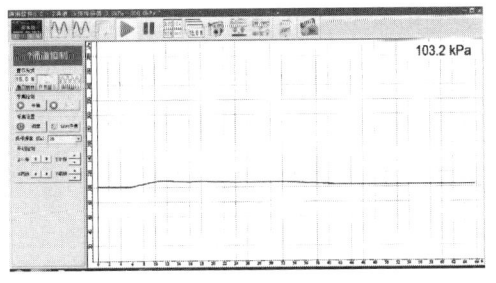

图8 20mL 溶质质量为 0.03g 的 NaOH 溶液注入盛有 CO_2 气体的集气瓶中，瓶内压强的变化

与加入饱和 $NaHCO_3$ 溶液后瓶内的压强数据对比可知（见表4），溶质质量相同的 $Ca(OH)_2$ 和 NaOH 溶液的吸收效果相差不大。

表4 20mL含0.03g溶质的碱溶液注入盛有CO_2气体的集气瓶中，瓶内的压强变化

加入的溶液	瓶内最终压强
饱和$NaHCO_3$溶液	107.9kPa
$Ca(OH)_2$溶液	103.8kPa
NaOH溶液	103.2kPa

于是我们可以得到结论：碱溶液浓度大小是影响吸收效果的决定因素。根据表5的数据进行计算。

表5 分别向盛有CO_2的集气瓶中加入饱和$NaHCO_3$溶液和饱和$Ca(OH)_2$溶液后的各项数据

	压强	体积	温度
向CO_2中加入饱和$NaHCO_3$溶液后	107.9kPa	0.250L	297.6K
向CO_2中加入饱和$Ca(OH)_2$溶液反应后	103.8kPa	0.250L	297.6K

加入20mL饱和$Ca(OH)_2$溶液反应后，CO_2减少的质量为0.018g。所以说，少量CO_2也可以用$Ca(OH)_2$溶液来吸收。

实际上，实验室通常用20%NaOH溶液来吸收杂质气体中的CO_2。在生产实际中，$Ca(OH)_2$与NaOH相比更易得、成本低。又因其溶解度较低，通常用石灰浆或石灰乳吸收CO_2或SO_2等气体。

细心的同学发现，在我们刚才的探究实验中，出现了"意外"的情况：饱和NaOH溶液与CO_2反应后变浑浊了；饱和$Ca(OH)_2$与CO_2反应，先变浑浊再变澄清。为什么会出现这样的现象？

查阅固体溶解度（见表2、表6）可知，相同温度下，NaOH的溶解度要比Na_2CO_3的大。饱和NaOH溶液与CO_2反应后生成了Na_2CO_3，故溶液变浑浊。

表6 $NaCO_3$的溶解度

温度/℃	0	10	20	30	40	50
溶解度/g	7	12.2	21.8	39.7	48.8	47.3

探究实验3：浑浊的石灰水为何又变澄清？

同学们作出了两个猜想：①溶液中释放出了CO_2；②溶液吸收了更多的CO_2。在刚才的实验中，我们观察到反应过程中瓶内压强是持续变小的。这说明并没有CO_2从溶液中被释放出来，猜想①是错误的。已经变浑浊的石灰水还能再

吸收更多的 CO_2 吗？

在等量的溶液中，酸、碱、盐溶解的越多，电导率越大。我们可以通过测定溶液电导率的方法来验证：过量的 CO_2 能继续与 $CaCO_3$ 发生反应。

实验结果：电导率先减小、后增大（见图9）。这是因为过量的 CO_2 在有水的环境中能继续与 $CaCO_3$ 发生反应生成可溶的 $Ca(HCO_3)_2$。

因此，我们在检验 CO_2 时加入的澄清石灰水不宜过少。

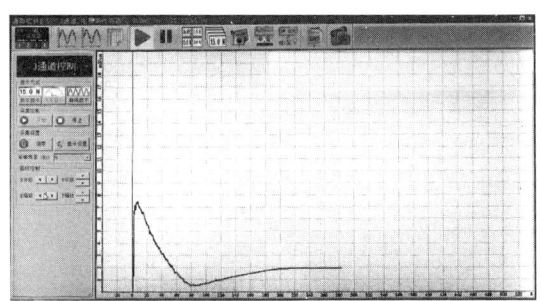

图9　澄清石灰水中不断通入过量的 CO_2 电导率的变化曲线

大自然是一个高明的魔术师，我们学习的化学反应大自然本就熟稔于心。下面我们来看几幅大自然的作品。这是美如仙境的溶洞景象，不要说全国，就是江西的神农宫、洪岩仙境，河南的鸡冠洞、雪花洞等，都如鬼斧神工一样奇幻神秘。我们今天学习的内容就能揭开溶洞的神秘面纱。

这些溶洞中的石灰岩的主要成分是 $CaCO_3$，遇到溶有 CO_2 的水时，会反应生成溶解度较大的 $Ca(HCO_3)_2$；当外部条件改变时，$Ca(HCO_3)_2$ 就会分解，重新生成 $CaCO_3$ 沉积下来，形成钟乳石和石笋。这才有了"嶙峋险峭天然成，似云似雾似仙境"的奇观。同样的道理，Na_2CO_3 与 CO_2 也能进一步发生反应，相关知识我们到高中再学。

以上就是本节探究课的全部内容，相信通过今天的学习，同学们对常用碱溶液和 CO_2 的反应有了更深入的认识。

九、实验效果评价

该创新实验装置及探究，从定量的角度解释了常用碱溶液吸收二氧化碳效果的差异，使学生对化学定量研究的意义有了进一步认识。初步形成证据意识，通过分析与推理加以证实，培养了学生大胆质疑、探究释疑的意识和能力，也培养了学生严谨求实的科学态度和探索未知的科学精神。

改进后的装置还可以应用于空气中氧气含量的测定、二氧化碳溶于水等实验探究中，也可以应用于高中的反应速率、反应平衡等实验中。

实验探究三重境界
——碱的化学性质

深圳市龙岗区六约学校　秦婕

一、使用教材
人教版初中《化学》九年级下册第十单元课题一第三课时。

二、实验器材
（1）药品：片状氢氧化钠、氢氧化钠溶液、干冰、紫甘蓝、石灰石、稀盐酸、小苏打、碳酸钠。

（2）仪器：烧杯、锥形瓶、导管、废旧软塑料瓶、燃烧匙、pH 传感器、温度传感器。

三、实验创新改进要点
（1）趣味的干冰实验激起学生探究热情。当干冰遇上滴有酚酞的氢氧化钠和滴有紫甘蓝的氢氧化钠溶液，体现了化学之美，为学有余力的孩子打开了一扇门。

（2）塑料瓶的改进实验，排除了水对氢氧化钠溶液与二氧化碳反应的干扰，操作简单，对比明显，现象直观。用废旧塑料瓶进行实验，符合绿色化学的要求，且材料易得，便于推广。

（3）利用各种传感器，采用数字化实验，让初中化学实验从传统走向现代、从定性走向定量，捕捉反应现象背后的微观本质。

四、实验设计思路
新课标给我们构建了学科核心素养体系，发展学生的化学学科核心素养是化学教学的重要追求。本节课是以实验探究作为主要学习方法，通过趣味的干冰实验、学生的自主探究实验、教师简单的改进实验，以及数字化探究实验和课后探究，让学生经历了实验探究的三重境界。他们分析反应的宏观现象和微观实质，在研究探讨中寻找证据进行推理，培养创新意识和严谨求是的科学精神。

五、实验教学目标
（一）知识技能目标
了解碱的化学性质，会书写相关的化学方程式。

（二）过程与方法目标

通过碱性质的探究，培养学生的观察、思考、归纳、推理等能力。

（三）情感态度价值观目标

通过碱性质的探究，培养学生的创新精神，激发对科学探究的欲望。

六、实验教学内容

（一）趣味实验：当干冰遇上氢氧化钠溶液（滴加酚酞）

在滴有几滴酚酞溶液水中加入几小块干冰，再倒入氢氧化钠溶液，观察现象。溶液由无色变为红色，接着颜色又逐渐消失，变回无色。

（二）创新实验：验证氢氧化钠与二氧化碳反应

在燃烧匙中加氢氧化钠固体（实验装置见图1），在充满二氧化碳的塑料瓶中加入水，振荡瓶子，软塑料瓶变瘪的并不明显，然后将瓶子倾倒，让燃烧匙中的氢氧化钠溶解在水中，发现软塑料瓶迅速变瘪。

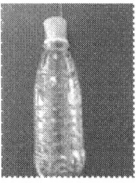

图1　简易创新装置

（三）数字化实验：验证氢氧化钠与二氧化碳反应

将pH传感器与电脑及实验仪器连接（见图2），将烧杯中加入氢氧化钠溶液，向氢氧化钠溶液中通入二氧化碳（或加干冰）。打开软件，点击开始，记录数据。将温度传感器分别加入氢氧化钠溶液和水中，同时向其中通入二氧化碳气体，打开软件，点击开始，记录数据。

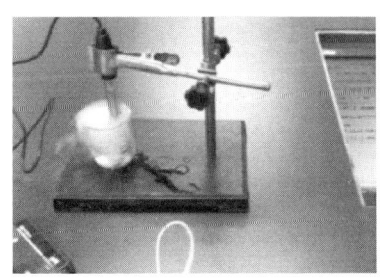

图2　数字化实验研究氢氧化钠与二氧化碳的反应

七、实验教学过程

（一）第一环节：趣味实验，激昂课堂

在滴有酚酞的水中加入干冰，再加氢氧化钠溶液，溶液由无色变红再变无

色。在一个云雾缭绕的实验中本节课开始了。

（二）第二环节：重视实验，体验探究

首先，分析实验先变红的原因。孩子们分析现象，得出了结论：碱能与指示剂反应。

接着，回忆二氧化碳使石灰水变浑浊的反应，演示将二氧化碳通入氢氧化钠溶液的实验，提出问题：没有明显的现象，有发生化学反应吗？如果有，怎么证明？

学生们通过预习和趣味干冰实验，初识碱的性质。进入实验探究第一重境界："看山是山，看水是水"。

通过 PPT 上的提示，提供参考资料和一些可能用到的实验仪器和药品。各组同学进行讨论和分析，然后在纸上画出了实验简图（见图3），教师在学生之间指导。

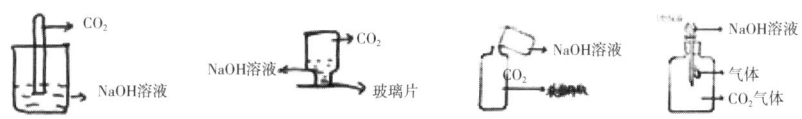

图 3　学生设计方案

学生根据设计，进行实验（见图4）。

图 4　学生实验过程

提出问题：这类实验没有排除水的干扰，应设置对照组。

同学们经过自主探究，发现问题，并运用已有知识解决问题，认识到的不仅仅是碱的学科知识，更是探索学科问题的方法。进入第二重境界："看山不是山，看水不是水"。

（三）第三环节：创新实验，数字实验

肯定了同学们的想法，提供创新实验装置，并演示实验过程（见图5）。

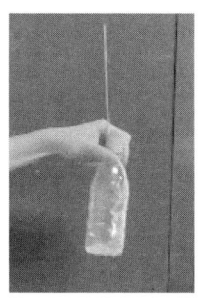  

图5　塑料瓶创新实验

此时孩子们的情绪高涨，接着简单介绍了传感器。

将二氧化碳分别与水和氢氧化钠溶液反应，用两支传感器同时记录温度变化，结果如图6所示，再次证明二者的反应。且有很多同学分析出此反应为放热反应。

接着让同学们利用数字化的设备——pH传感器，进一步揭开氢氧化钠与二氧化碳反应的神秘面纱，结果如图7所示。

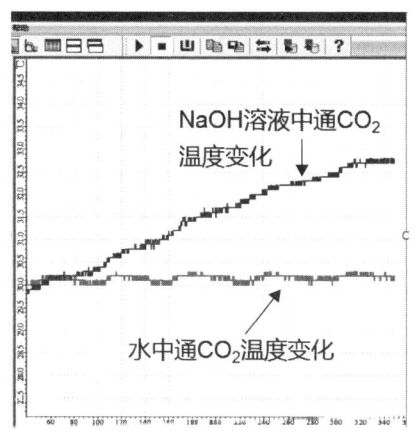 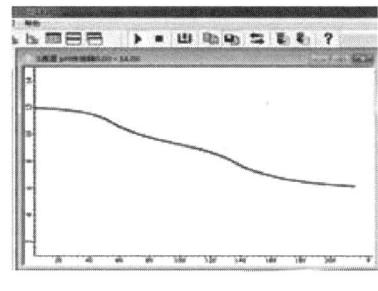

图6　反应过程中时间-温度变化　　　　图7　反应过程中时间-pH变化

通过数字化实验，学生们从中发展了新认知，思维的深刻性，灵活性和创造性也得到发展。经过修炼，提升到了第三重境界："看山还是山，看水还是水"。有茅塞顿开、回归自然、回归化学本质之感。

(四) 第四环节：总结归纳，拓展延伸

请同学们归纳建构碱的性质的知识体系，同时完成板书。回到最初的实验，溶液最后红色为什么又变回无色了呢？

猜想：酚酞又变回无色，是由于变色范围。于是改用变色范围强的自制紫甘蓝试剂，经过查阅资料和实验探究，将紫甘蓝指示剂分别加入稀盐酸、水、小苏打溶液、碳酸钠溶液和氢氧化钠溶液中，会呈现红色、粉色、淡蓝色、绿色、黄色。接着向滴有紫甘蓝的氢氧化钠溶液中加入干冰，颜色逐渐向黄色变为绿色再变为浅蓝色，结果如图8所示。同学们得出结论：氢氧化钠与二氧化碳反应后又生成碳酸钠，又继续与二氧化碳反应生成碳酸氢钠，碱性较弱，酚酞无法显色。

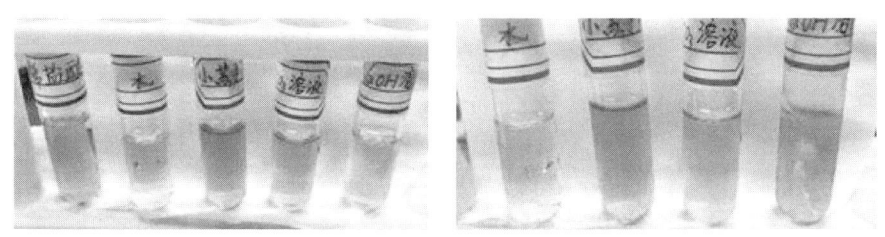

图8　当干冰遇上加紫甘蓝试剂的氢氧化钠溶液（前后）

八、实验教学评价

教学是一门遗憾的艺术，本节课让我深感遗憾的地方是塑料瓶的实验没有让每个孩子都体验到。

当干冰遇上氢氧化钠溶液、当环境遇上色彩，开启了化学之门，展现了化学之美。

数字化的实验，让化学从静态走向动态，从定性走向定量，让宏观现象微观化。

自主协作、多元互动的实验探究，架构了整个课堂，学生们经历了实验探究的三重境界，在研究探讨中培养了创新意识，真正做到了让化学核心素养落地，为学生的终身发展奠基。

探究酸和碱的中和反应

芜湖市第二十九中学　慈洁琳

一、使用教材

人教版初中《化学》九年级下册第十单元课题2"酸和碱的中和反应"。

二、实验器材

（一）教师实验

Vernier 数据采集器、Vernier pH 传感器、温度传感器、滴液管、磁力搅拌器、0.1mol/L 氢氧化钠溶液、0.2mol/L 稀盐酸、新制氢氧化铜、氢氧化钡溶液、稀盐酸、稀硫酸、试管、烧杯、蒸馏水。

（二）学生实验

稀盐酸、氢氧化钠溶液、酚酞溶液、石蕊溶液、pH 试纸、氢氧化钠固体、温度计、玻璃片、试管、小烧杯、胶头滴管、镊子、废液缸。

三、实验改进要点

（1）设计有明显现象的酸碱反应，进而学生总结酸碱能够发生反应。再通过动手实验发现氢氧化钠溶液和稀盐酸反应无明显现象，思考设计实验方案，验证无明显现象的酸碱也能发生反应，从而完成酸碱中和反应概念的建构。

（2）在学生验证实验过程中不断引导学生完善实验方案、发现问题，引导学生积极解决问题。针对难以解决的问题引入数字化实验仪器，通过 pH、温度变化数据和曲线的展示，更好地体现酸碱反应的特征及微观本质，即酸解离出氢离子和碱解离出氢氧根离子结合生成水使溶液 pH 不断变化的过程。

四、实验设计思路

本课题的实验部分设计为教师实验与学生实验相结合的方式，教师实验分为教师传统演示实验和数字化演示实验，学生实验设计为学生尝试实验、验证实验、改进实验和拓展实验。

（1）针对酸和碱能否发生反应的问题，教师选择了有明显现象的氢氧化铜、稀盐酸和氢氧化钡、稀硫酸两组实验，进而学生总结出酸和碱能发生反应。而氢氧化钠溶液和稀盐酸实验发现无明显现象，形成认知冲突。再引导学生思考无明显现象的氢氧化钠溶液和稀盐酸该怎样验证发生反应。启发学生利用酸碱指示剂和 pH 试纸设计实验方案，并通过观察实验现象和实验的操作步骤评价实验方案，不断改进实验方案，发现实验中的问题。

（2）针对学生实验过程中出现到困惑和遗憾，引入创新的数字化实验（装置见图1）。利用pH和温度传感器测量氢氧化钠溶液和稀盐酸反应及其他酸碱反应后溶液pH和温度变化，体现出酸碱反应的特点，揭开反应的微观本质，并启发学生于课后进行其pH测定相关实验的拓展实验。

图1　数字化实验仪器装置

五、实验教学目标

为了在实验教学过程中渗透化学学科的核心素养，确定了如下的实验教学目标。

（一）宏观辨识与微观探析

通过观察到明显实验现象判断酸和碱发生反应，从微观角度探寻酸碱反应的本质。

（二）证据推理与模型认知

通过曲线图像分析推测酸碱反应的特点，建立酸碱中和反应的曲线变化与反应现象、反应本质的关系，建构曲线模型。

（三）科学探究与创新意识

能根据已有知识设计验证方案，并根据实验现象和操作评价总结方案，并从实验中发现问题，提出改进方案。

六、实验教学内容

学生尝试实验：氢氧化钠溶液和稀盐酸反应。

学生验证实验：利用酸碱指示剂和pH试纸验证氢氧化钠溶液和稀盐酸发生反应。

学生改进实验：针对实验中出现的问题提出改进方案，进而改进实验。

学生拓展实验：利用 pH 传感器测几种酸和碱稀释后溶液 pH 变化（课后）。

教师演示实验 1：氢氧化铜和稀盐酸反应，氢氧化钡和稀硫酸反应。

教师演示实验 2：利用 pH 和温度传感器测量氢氧化钠溶液中随着盐酸的滴入，溶液的温度和 pH 变化。

教师演示实验 3：利用 pH 传感器测量其他酸碱反应 pH 变化。

七、实验教学过程

（一）演示实验、概括总结

首先提出问题：酸和碱发生反应吗？教师进行演示实验，向新制氢氧化铜中加入稀盐酸，观察到蓝色沉淀消失；再向氢氧化钡溶液中加入稀硫酸，观察到有白色沉淀生成。这两组实验都具有明显实验现象，学生能够总结得出酸和碱发生反应。

（二）学生实验、引发冲突

学生选择氢氧化钠溶液和稀盐酸进行尝试实验，向氢氧化钠溶液中加入稀盐酸，观察不到明显的实验现象，形成认知冲突，不能判断氢氧化钠溶液与稀盐酸是否发生反应。

（三）实验探究、引导发现

学生进行验证实验，验证氢氧化钠溶液和稀盐酸发生反应，教师提供给学生如下的药品和仪器，主要为酸碱指示剂（紫色石蕊溶液、无色酚酞溶液）、pH 试纸，引导学生通过小组讨论、思考设计实验方案，总结汇报实验方案。学生总共总结出五种实验方案（见图 2），教师提醒学生根据每组实验篮中所提供的药品和仪器，选择一组他们总结出来的实验方案进行验证。

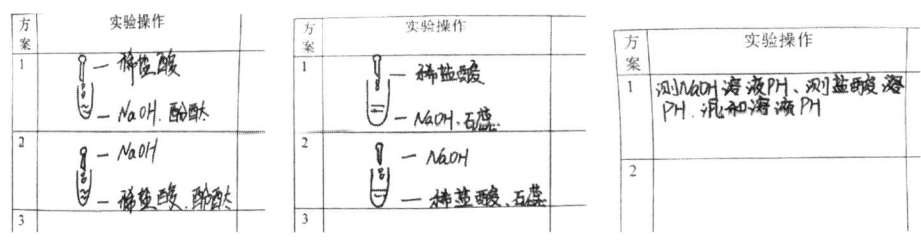

图 2　学生设计实验方案

（1）分组实验，初步得出结论：通过实验现象——酸碱指示剂变色和溶液 pH 变化，得出氢氧化钠溶液和稀盐酸发生化学反应的结论。

（2）观察思考，评价总结方案：紫色石蕊溶液恰好完全反应的紫色难以观察到，且蓝色、紫色变色不明显；无色酚酞溶液变化明显，且能看到恰好完全反应点；测 pH 过程较为烦琐。

（3）汇报交流，选择最佳方案：若要观察到恰好完全反应，选用无色酚酞溶液最佳。

（4）针对学生的验证实验，教师提出质疑，学生不断思考、改进，并发现问题，具体过程如图3所示。

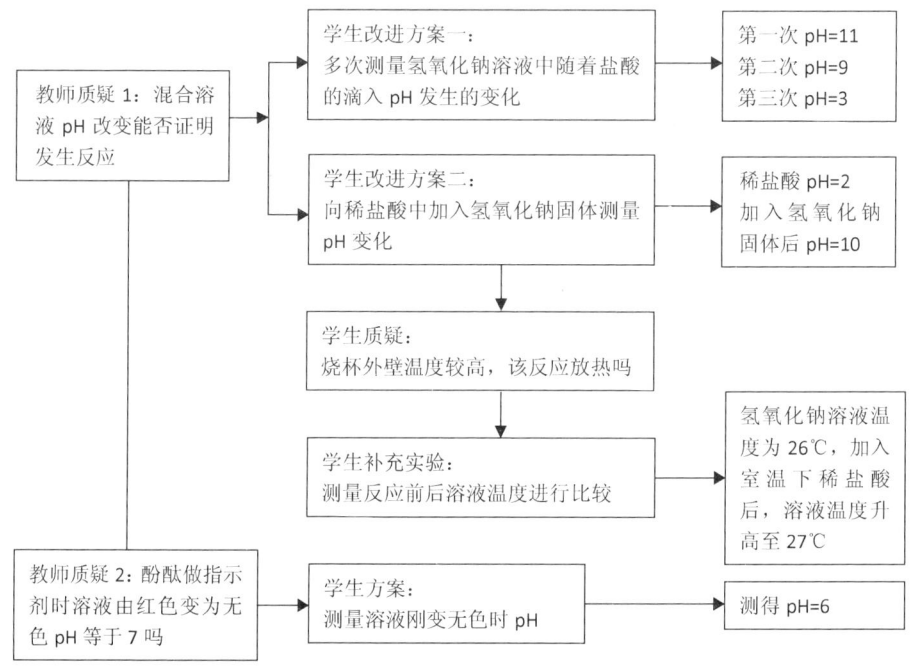

图3　教师质疑、学生改进方案过程

（5）数字实验，微观探析。为了解决学生分组实验中出现的疑惑和问题，教师引入了威尼尔数字化实验仪器，利用温度和pH传感器，测量氢氧化钠溶液中随着盐酸的滴入温度和pH变化，同时在溶液中滴加酚酞溶液作为指示剂指示溶液的颜色变化，曲线如图4所示。学生观察到温度曲线在升高，证明反应放热，但放热不明显。提醒学生观察溶液由红色变为无色时pH大小，学生发现pH为9点多，这对学生的认知形成冲突，结合酚酞的变色范围加以解释，深化了酸碱反应颜色变化的认识。而整个实验过程中溶液pH呈现下降趋势，中间出现突跃，并且pH变化最快的点与温度升高到最高点是一致的，即此时盐酸和氢氧化钠溶液恰好完全反应，生成了氯化钠和水。教师在课后利用pH传感器做了其他酸碱的反应实验（见图5~图7），发现呈现出同样趋势的曲线，继而证明酸和碱反应的特征及本质，即中和反应就是酸解离出的氢离子和碱解离出的氢氧根离子结合生成水的过程。

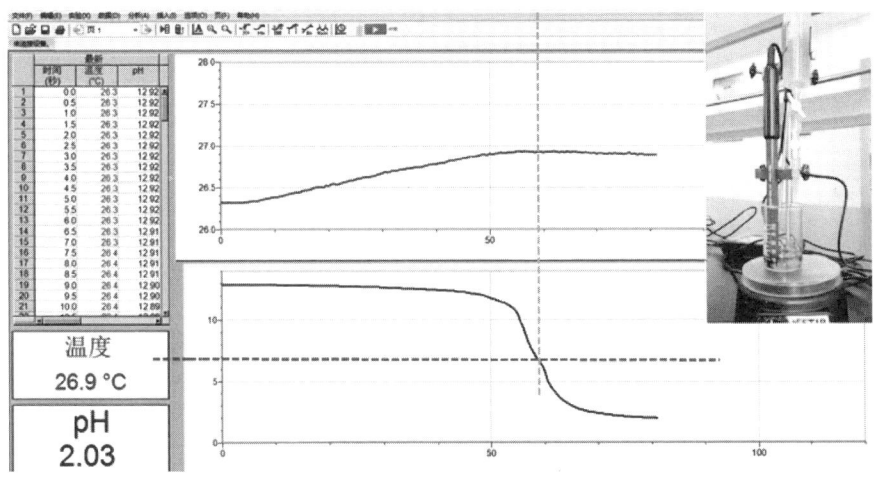

图 4　氢氧化钠溶液和稀盐酸反应 pH、温度变化曲线

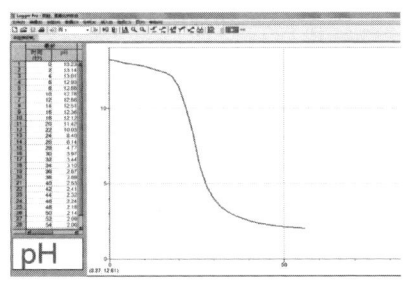 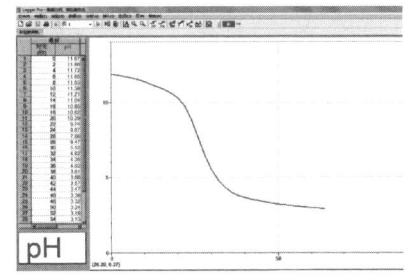

图 5　氢氧化钠与稀硫酸反应 pH 曲线图　　图 6　氢氧化钙与稀盐酸反应 pH 曲线图

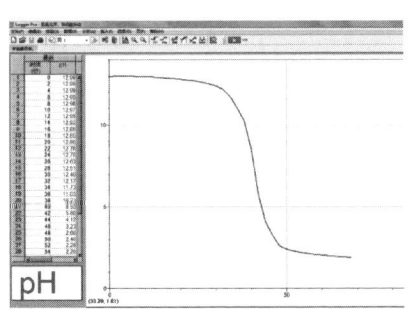

图 7　氢氧化钾与稀盐酸反应 pH 曲线图

（6）拓展实验，课后延伸。通过教师的数字化实验展示，让学生感受到难以感知的微观世界，充分提高了化学学习兴趣，学生跃跃欲试，因此部分学生在课后进行了拓展实验（见图 8~图 11），测量酸和碱的稀释会对溶液 pH 产生什么样的改变，教师辅助指导。同时也在实验中产生了问题，留给学生课后查阅相关

资料，以后进一步探究。

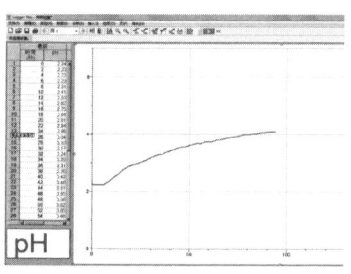

图 8　稀释稀盐酸 pH 曲线图

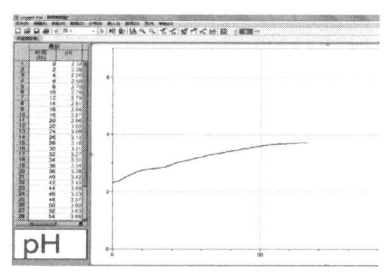

图 9　稀释稀硫酸 pH 曲线图

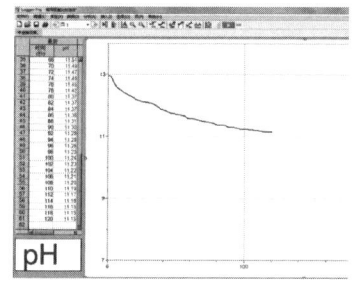

图 10　稀释氢氧化钠溶液 pH 曲线图

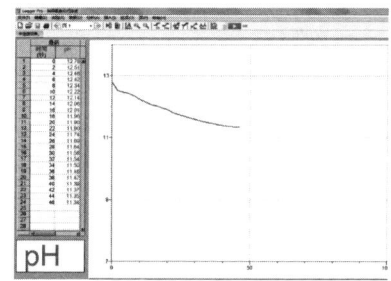

图 11　稀释氢氧化钙溶液 pH 曲线图

八、实验效果评价

（一）主体地位的提升

在实验教学中充分体现学生的主体性，使学生真正成为课堂的主人，鼓励学生大胆设计实验方案，改进实验方案，通过思维碰撞，师生、生生的共同讨论及生生评价的方式，相互启迪，相互交流，使学生的创新思维能力得到培养和提升。

（二）实验技能的提升

学生通过设计实验方案，动手实验，以及在实验中发现问题，改进方案，再进行实验的一系列过程，锻炼了实验设计、评价能力，实验操作技能，提高了分析问题和解决问题的能力。

（三）科学素养的提升

通过演示数字化实验，学生充分体会到了科学技术应用到化学课堂的魅力，提高了化学学习的兴趣，开辟了学习化学的新视角，从"宏观-微观-符号-表征"四重表征方式更深入更全面地认识化学反应，开拓了视野，升华了认识。

金属的化学性质
——金属活动性顺序

厦门大学附属实验中学　王振

一、使用教材

人教版初中《化学》九年级下册。以制作最美"金属树"为问题驱动，整合教材知识，把教材章节原有课时内容作以下调整。课时1：探究制作最美"铜树"的最佳浓度，替代教材内容——实验活动5"一定溶质质量分数的氯化钠溶液的配制"；课时2：用"铜树"制作教学提升学生三重表征能力，替代教材内容——第八单元课题2"金属的化学性质"。

二、实验器材

（一）课时1使用的器材和药品

器材：培养皿、胶头滴管、宣纸（白色生宣或黑宣）、剪刀、托盘天平（带砝码）、钥匙、玻璃棒、烧杯、细口瓶、标签纸等。

药品：氯化铜固体、锌粒等。

（二）课时2使用的器材和药品

器材：培养皿、胶头滴管、宣纸（白色生宣或黑宣）、老虎钳、剪刀等。

药品：金属（锌粒、铁丝、钠块等）、金属化合物溶液（1mol/L 硫酸铜溶液、1mol/L 二氯化锡溶液、1mol/L 硝酸银溶液、1mol/L 氯化铜溶液）等。

三、实验创新要求/改进要点

传统的置换反应实验都是在试管进行，如铝和硫酸铜溶液、铜和硝酸银溶液的置换反应。试管中药品不仅用量多，不美观，而且生成的金属树附着在金属丝上不牢固，稍微振动就会脱落，不利于多个班级的教学演示（见图1）。

 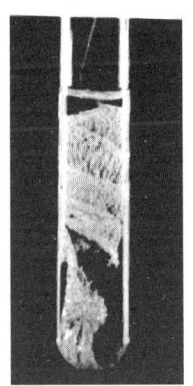

铝与硫酸铜溶液的反应　　铜与硝酸银溶液的反应

图1　教材中试管里的置换反应图片

把试管中的置换反应实验改成在宣纸上实验，不仅药品用量少，而且置换出的金属漂亮美观（见图2）。用五彩缤纷的化学变化，让学生不仅体验化学美，创造美，并欣赏美，且能激发学习欲望，调动学生探究热情，发挥学生的想象力和创造欲望。

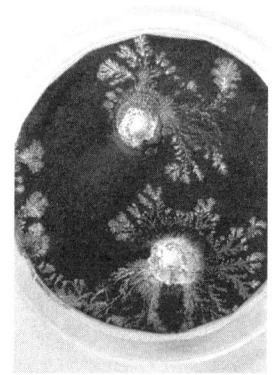

图2　教材中的实验改在宣纸上完成

在金属活动顺序表里，位于前面的金属能把位于后面的金属从他们的化合物溶液中置换出来。在此基础上设计制作最美"金属树"的实验，如制"锡树"：锌粒与二氯化锡溶液（$Zn+SnCl_2=ZnCl_2+Sn$）反应。图3分别是黑色背景和白色背景下的银白色的"锡树"。

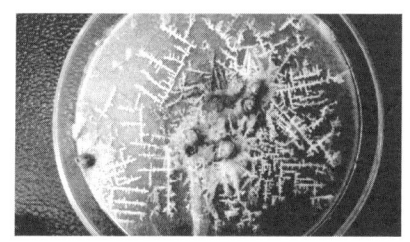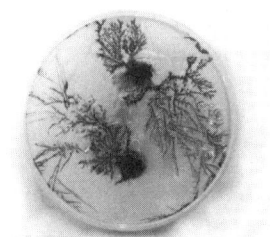

图3　锌粒和二氯化锡溶液制得的"锡树"

铁丝是一种常见的金属，因铁丝可以折成不同形状，置换出来的"铜树"具有不同的美感（见图4）。

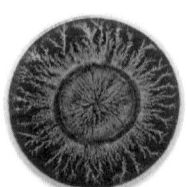

图4　四个不同形状铁丝和氯化铜溶液置换出的"铜树"

学生是独立的个体，每个人都有自己的想法，可以大胆鼓励他们去尝试，也许会得到意外的惊喜。如剪切成三角形的铜片放置成正方形，放置在浸有硝酸银的宣纸上制出的"银树"图案正反面（见图5）。再如用四个锌粒放置在浸有氯化铜的宣纸上，制出的铜片有个明显的十字分界线，像花一样漂亮美观（见图6）。不按规则的随意摆放，有时也会有意外的惊喜，如铜丝放置在浸有硝酸银的宣纸上，长出的"银树"像冬天树枝上的凝结的雪花（见图7）。

图5 四个铜片和硝酸银溶液置换出的"银树"

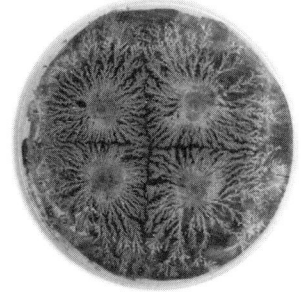 

图6 四个锌粒和氯化铜溶液置换出的"铜树"　　图7 不规则铜丝和硝酸银溶液置换出的"银树"

四、实验原理/实验设计思路

把相对沽泼金属放到浸有不活泼金属化合物溶液的纸上，置换出来的金属沿着纸张就像树枝一样逐渐生长，即可观察到多姿多彩的"金属树"。以学生化学学科核心素养的发展为目标，把"金属树"趣味实验设计成两个具有化学特色的主题课程（见表1），以置换反应、金属活动性顺序表等化学知识为核心，让学生在"玩"的过程中突破难点，为学科核心素养的落实寻找落脚点。

表 1 "金属树"趣味实验课程内容情况

活动课题	实验教学内容	科学探究能力
探究制作"铜树"的最佳浓度（1学时）	（1）制作"铜树"； （2）配制一定质量分数的氯化铜溶液； （3）探究不同浓度氯化铜溶液对"铜树"生长因素	（1）培养学生动手制作科技作品的能力； （2）培养学生观察实验、记录实验现象及分析解释的能力； （3）培养根据资料进行简单实验的设计能力； （4）培养学生的审美情趣，体验化学美、创造美、并欣赏美
制作最美的"金属树"（1学时）	（1）用宏观金属树、微观动画和符号化学方程式培养学生的三重表征能力； （2）设计项目比赛：制作最美的"金属树"	

五、实验教学目标

通过项目式教学"制作最美'金属树'"，激发学生学习兴趣，培养学生的合作探究能力，提高学生审美情趣，渗透化学学科核心素养的培养，提升初中生三重表征能力。

（一）知识与技能

掌握基本的实验操作技能，准确配置一定质量分数的溶液。了解置换反应的特点，理解金属活动顺序表的价值和意义，并能用金属活动顺序表解决问题。

（二）过程与方法

通过小组合作，综合运用金属活动顺序表等已学化学知识、实验技能和方法，研究常见的置换反应，培养学生的合作意识、探究能力和实践能力。

（三）情感、态度、价值观

体验探究带来的乐趣，提升审美情趣，感受化学在生活中的应用。

六、实验教学内容

基于项目式学习"制作最美的'金属树'"，打破原有教材教学内容排布，把"金属树"趣味实验作为一个教学突破口，渗透学生核心素质培养。在学生认知的基础上，基于义务教育化学课程标准，设计成两个课时的课上教学。鉴于初三学生面临中考课时紧张的压力，可以课下小组合作探究，课上解决课下的知识困惑并归纳完善知识的理解。如制作"铜树"，采用文字和视频呈现制作步骤，小组合作课下尝试制作简单易成功的"铜树"，教师辅导。针对学生用同样的试剂和药品制作的"铜树"图像具有很大的差异，在课上探究盐溶液浓度对"铜树"生长的影响。在学习了金属活动顺序表之后，进而让学生设计制作其他

金属的化学性质——金属活动性顺序

"金属树",并课下实践。课上在对本单元的重点——金属活动顺序表进行知识梳理,并结合多媒体培养学生的三重表征能力。

(一) 探究制作最美"铜树"的最佳浓度

人教版《化学》九年级下册第九单元实验活动5"一定溶质质量分数的氯化钠溶液的配制"。

实验目的:①练习配制一定溶质质量分数的溶液;②加深对溶质的质量分数概念的理解。

本节课的不足之处:①学生配制的溶液没有用处;②配制的氯化钠溶液是无色透明的,不便于从颜色比较配制溶液的误差;③单纯的练习操作能力,趣味性不够,学生兴趣不大。

因而,笔者尝试把本节课"一定溶质质量分数的氯化钠溶液的配制"改成"最美'铜树'浓度的探究"(见表2)。

表2 配制12%的氯化铜溶液的教学内容

教学环节	实验步骤	设计意图
配制质量分数为12%的氯化铜溶液	(1) 计算:配制50g质量分数为12%的氯化铜溶液,所需氯化铜6.0g,水44.0g。 (2) 称量:用托盘天平称量所需的氯化铜,放入烧杯中。 (3) 量取:用量筒量取所需的水(水的密度可近似看作1g/cm³),倒入盛有氯化铜的烧杯中。 (4) 溶解:用玻璃棒搅拌,使氯化钠溶解。 (5) 装瓶:把配置好的溶液装入3个试剂瓶,盖好瓶塞贴上标签,其中两瓶与其他组交换,备用	(1) 练习用固体配制一定质量分数的溶液; (2) 加深对溶质的质量分数概念的理解; (3) 合作探究学习,不仅提高了课堂时间利用效率,而且强化了班集体的团体观念,培养学生合作学习的意识
探究锌和氯化铜溶液制"铜树"的最佳浓度	用6%、12%和42%的氯化铜溶液,进行实验探究: (1) 把三片相同大小的宣纸分别放入三个洁净的培养皿(直径5.0cm的培养皿)内; (2) 用胶头滴管分别往宣纸的中央各滴10滴不同浓度的溶液,让溶液由中心扩散直至宣纸呈润湿状态; (3) 把三粒大小相当的锌粒分别放到三个培养皿中的浸有金属化合物溶液的宣纸上,盖好培养皿盖,观察现象	(1) 培养学生科学探究能力和实验操作能力,理解科学研究的严谨,端正学习化学的态度; (2) 加深对溶质的质量分数概念的理解和应用。知道在社会生产和科学研究中,一定质量分数溶液的重要作用

（二）用"铜树"制作教学提升学生三重表征能力

从宏观、微观和符号三种水平上认识和理解化学知识，并建立三者的内在联系，已成为国际上公认的化学科学不同于其他科学最具特征的思维方式，即化学的三重表征思维方式。有研究发现，任何一种表征的薄弱都会引起不同表征间转换的困难，并会进一步影响学生进行三重表征的水平和能力。作为一名中学化学的教师，在教学实践中发现，学生三重表征发展不均衡或结合意识淡薄，宏观化学反应与化学方程式结合困难，微观表征更是薄弱，无法抓住物质转化的本质，造成学习脱节。黄华玲认为，"物质构成的奥秘"是初中生形成三重表征思维的铺垫时期，"水的组成"是初中生形成三重表征思维的入门时期，"化学方程式"是初中生形成三重表征思维的突破时期，"复分解反应"是初中生形成三重表征思维的深化时期。而复分解反应是初中一线教师公认的教学难点和分水岭，涉及转化规律以及化学反应的本质理解。笔者认为从"化学方程式"到"复分解反应"的跨度太大，造成学生三重表征和认知上的困难，这两者中间忽视了一个重要的台阶——置换反应。笔者尝试借助"铜树"的制作，巩固和加深学生对金属活动顺序表的理解和应用，提升学生三重表征能力，详见教学过程。

七、实验教学过程

本节是按照义务教育课程标准和学生认识发展规律，利用置换反应产生美丽"金属树"，引起学生用所学知识拓展探究的兴趣，设计成一系列的课程。并采用课下分组合作探究，课上教师教授的教学模式。课上设计成两节成熟的课程——课程1（探究制作最美"铜树"的最佳浓度）和课程2（用"铜树"制作提升学生三重表征能力），并通过教学提升学生三重表征能力，完善对金属活动顺序表的理解。

（一）探究制作最美"铜树"的最佳浓度

为了顺利高效地完成课堂教学目标，笔者采用分组合作探究教学模式，即把全班分成不同的组，同时配制不同浓度的氯化铜溶液（6%、12%、42%），最后配制的溶液不同组之间共享，再进行探究实验（见图8）。

不同浓度的氯化铜溶液（6%、12%、42%）制的"铜树"如图9所示。12%的$CuCl_2$溶液（即1.0mol/L的$CuCl_2$溶液）所形成的"铜树"最快，枝条清晰、颜色亮丽。这和许燕红等所得的铜树的最佳生长条件（用30℃，1.0mol/L的$CuCl_2$溶液与锌片反应）结论相同。

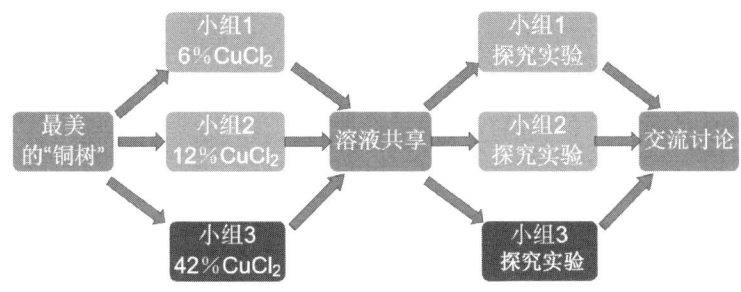

图 8　分组合作探究教学过程

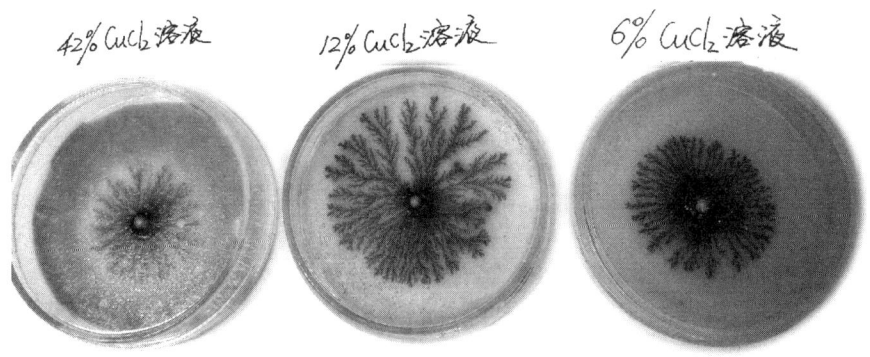

图 9　不同浓度制的"铜树"

（二）用"铜树"制作提升学生三重表征能力

经过学生制作"金属树"，学生对金属活动顺序表和置换反应有了更深层次的理解，但仍然支离破碎，不够系统完整。笔者尝试借助"铜树"的制作，提升学生三重表征能力，归纳置换反应的规律，完善学生对金属活动顺序表的理解和应用。教学设计如表 3 所示。

表 3　"铜树"三重表征的教学设计

教师活动	学生活动	设计意图
视频：播放"美丽化学"视频中的置换反应，记录描述实验现象	描述实验现象：以锌粒或铁钉为中心，慢慢生长出红色的物质	宏观表征：以能被学生感知的宏观化学之美，吸引学生的注意，增进对化学的感情和欣赏，加深对宏观化学变化的印象
教师引导：锌粒或铁钉周围生成的红色物质是什么物质？播放反应的 Flash 微观动画视频	描述实验现象，结合 Flash 微观动画和质量守恒定律推导反应产物	微观探析：结合 Flash 微观动画和质量守恒定律探析化学转化的本质。加深对质量守恒定律和物质的微观组成和结构等微观属性的理解

续表

教师活动	学生活动	设计意图
教师引导：尝试用化学的语言，即化学方程式来表示"铜树"的形成	学生合作尝试写出化学方程式。$Zn + CuCl_2 = ZnCl_2 + Cu$；$Fe + CuCl_2 = FeCl_2 + Cu$	符号表征：化学符号是宏观和微观的纽带，集宏观、微观和化学计算与一身，是用精炼的化学方程式或图形符号表达物质转化，是化学入门的标志
总结：三重表征是化学学科的一种重要方式。三重表征间切换越顺畅，对化学的理解越深刻，学习效果越好	识记"微观-宏观-符号"三重表征是化学独特的表示物质及其变化的方法	三重表征不能完全依靠学生自己形成，需要教师的引导和培养。有意识地对三重表征之间的互相切换和理解。提高学生三重表征的意识

八、实验效果评价

改变传统的单纯课上教学模式，课上和课下相结合，对教师的要求较高：一是要求教师投入额外的时间和精力课下辅导学生制作各种"金属树"，二是要求按课程标准创造性地使用教材、改编作业形式和评价方法。

新课程标准明确提出要更新教学内容：进一步精选学科内容，重视以学科大概念为核心，使课程内容结构化，以主题为引领，使课程内容情景化，促进学科核心素养的落实。借助于项目式的学习制作最美的"金属树"，采用课下学生分组实验探究、课上教师把学生掌握的零碎知识系统化的教学（见图10），学生玩得愉快、学得开心，教师的课堂教学效率高，对学生能力提升和学科核心素养的落实都很有借鉴和启发意义。

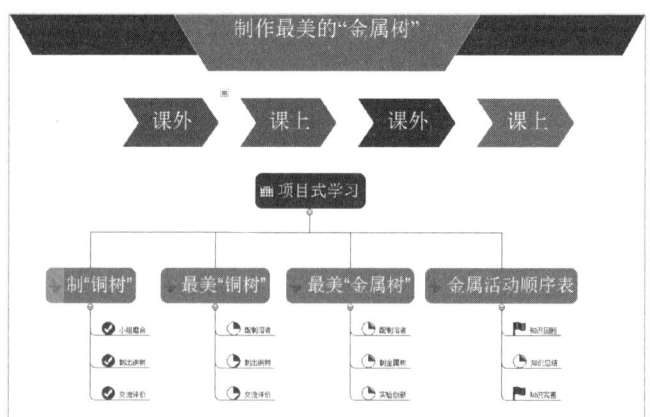

图10　项目式教学实施过程模型

（一）学生能力提升方面

（1）分析能力的提升：通过指导学生阅读实验操作步骤和视频，培养学生提炼信息和对信息进行分析、整合的能力；通过项目式学习，制作最美的"金属树"，整合跨学科知识去制作不同形态的"金属树"，发现新的问题并作出假设，设计实验方案，最终分析本质解决问题。

（2）操作能力的提升：从最初尝试制作"铜树"到最后有目的地制作不同的"金属树"，需要学生具备简单实验操作技能。随着学习的深入探究能力越来越高，需要考虑的问题越来越复杂，创新空间也更大。通过对"铜树"最佳浓度的探究，不仅练习了配制一定溶质质量分数的溶液，而且强化班集体的团体观念，提高了课堂时间利用效率。

（3）审美情趣的提升：从置换反应产生铜，现象金属表面有一层红色物质析出，到形如苍松的"铜树"，再到各种各样的"金属树"，凸显了化学美。义务教育课程标准在"身边的化学物质"章节明确提出：用五彩缤纷的化学物质和丰富多彩的化学变化，让学生体验化学美。如梁琰等人组成的"美丽化学"团队，给化学美找到了一种新的打开方式，陶冶学生的审美情操。

（二）借助"金属树"的制作培养学科核心素养

化学知识的意义蕴含于宏观与微观的联系中，对化学知识意义的建构是通过符号、宏观、微观的三重表征形成的。如果以符号、宏观、微观三重表征来代表学生对化学知识的理解，那么水平面的面积越大代表学生获得的知识量越多；学生获得化学知识的过程体验越丰富，那么对化学学科本质和研究特征理解越深刻；学生把化学知识应用于生活情境中解释和解决问题的意向和能力越大，那么对化学的态度和情感越积极。化学学科核心素养结构模型如图11所示。

最美"金属树"的教学，以美丽的宏观现象、微观Flash动画、化学方程式的不同转换建构了对化学基本知识的理解。同时，借助项目式的学习和课堂教学强化了对知识内在逻辑的思维过程的理解，并通过知识应用于制作其他"金属树"完善了对金属活动顺序和置换反应本质的理解，渗透了化学学科核心素养的培养（见表4）。

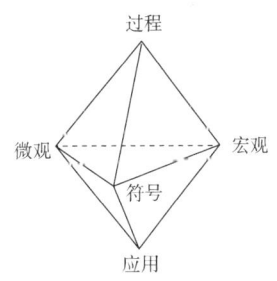

图11 化学学科核心素养结构模型

表4 "金属树"落实化学学科核心素养

化学学科核心素养	知识呈现
宏观辨识与微观探析	宏观（美丽的"金属树"、"美丽化学"视频）、微观（Flash动画）、符号（化学方程式）三重表征

续表

化学学科核心素养	知识呈现
变化观念与平衡思想	借助"美丽化学"视频、"金属树"加深对变化观念、平衡观念的形成。平衡思想，则通过有趣的最美"金属树"制作实现（在一个培养皿中，放两粒锌，就会以锌粒为中心生长成两棵"金属树"，待"金属树"完全成型，"树枝"彼此之间形成一个明显的分界线，形成彼此相望，却不交织在一起的有趣画面）
证据推理与模型认知	通过学生课外分组项目式的学习探究，以及课上教师的知识梳理，强化三重表征，不断建构置换反应的认知模型，逐步加深对金属活动顺序表的理解和应用，并基于证据模型推理未知反应，强化证据意识和逻辑思维
科学探究与创新意识	"铜树"生长主要受溶液浓度、温度、pH因素的影响，还受锌粒形状规则、锌粒与滤纸的接触面、溶液的量等次要因素的影响。要制出最美的"金属树"就必须要找到最佳的反应条件，克服一系列不相关因素的干扰，如用黑色宣纸衬托白色的金属等，这驱动着学生不断创新，强化创新的观念
科学态度与社会责任	通过分组合作教学模式，学生不仅增强了集体观念，而且端正科学研究的态度，明确一定质量分数的溶液在工农业和科学研究中的重要作用。传统教材中实验，置换出的金属丝附着不牢固，稍微震动就会脱落，而且药品用量多，产物回收价值小，造成资源浪费。改进的"金属树"实验，不仅药品用量少（直径5.0cm的培养皿中，金属化合物溶液10滴即可），而且制作的"金属树"可以用标本膜塑封保存纪念

金属与酸的反应

四川省邻水金鼎实验学校　蒋娟　郭慧　龚竞超

一、使用教材

人教版初中《化学》九年级第八单元第二课题"金属的化学性质"。

二、实验器材

学生改进方案一：塑料小方格、镁片、锌片、铁片、铜片、稀盐酸、5mL注射器。

学生改进方案二：100mL玻璃针筒、稀硫酸、镁片、废液缸、火柴、镊子、酒精灯。

教师改进实验：主体实验装置［铜头注射器（10mL、100mL）各4个、注射器三通4个、输液针4个、50mL烧杯4个、自制塑钢支架］、塑料平板、分析天平、秒表。

实验一：0.1000g 分析纯 Mg 片、Zn 片、Fe 片与 10mL 2mol/L 硫酸。

实验二：等表面积 Mg 片、Zn 片、Fe 片与 10mL 0.1mol/L 硫酸。

三、实验创新要点

"探究金属与盐酸、稀硫酸的反应"是一个多变量的综合性探究课题，虽然教材实验仅要求学生在探究中比较反应的剧烈程度，粗略判断反应的气体产物，但仍然要求学生学习科学探究的方法，体会结论的可靠性。因此控制实验条件，以及对实验现象的正确对比和分析，才是本实验的突出意义。

基于课标要求，我设计了一套新的实验装置：金属与酸反应套装。它能解决如下问题：①能依据收集气体的体积-时间变化数据，对比分析金属与酸反应的定量关系；②能准确快速添加酸，导出废液；③能形成密封体系，不漏气、不漏液；④能让金属与酸同时反应，观察反应的剧烈程度；⑤能测量气体产物体积；⑥能实现固液分离而达到控制反应的发生与停止；⑦能方便安装、依据实验用量不同更换不同大小的仪器；⑧能检验气体产物。

主体实验装置如图1（正面）、图2（反面）所示。

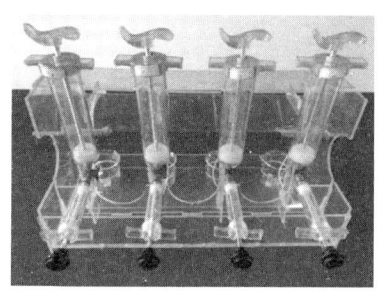
图1 装置正面

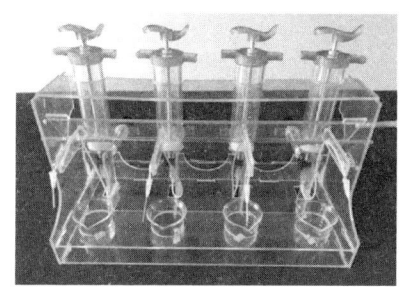
图2 装置反面

主体装置采用的铜头注射器（见图3，100mL为主体注射器，10mL为附属注射器），注射器刻度可调，上端带密封盖，下端为螺旋口，能与注射器三通（见图4）连接，不脱落，不漏液。装置还采用了输液针（因配套输液针针头偏小，因此更换为内径1.8mm长13mm的针头，见图5），几种仪器变为图6的组合。四套这样的组合就是本实验主体装置。

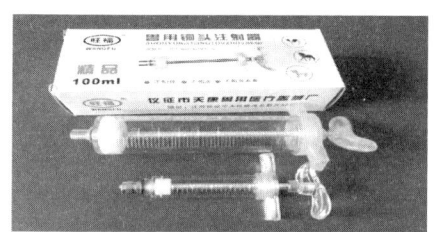
图3 铜头注射器

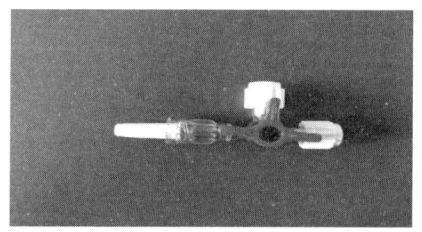
图4 注射器三通

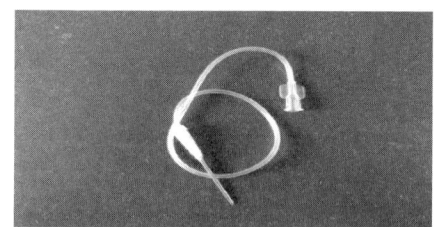
图5 输液针

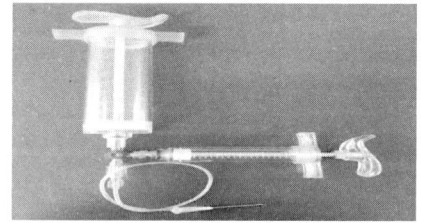
图6 仪器组合

上述实验套装，操作简便，演示内容丰富，适合在金属与酸反应实验教学中推广使用。

四、实验改进设计出发点

本实验是初中化学的重点内容，教学中对培养学生多方面的能力具有非常重要的作用和意义，也能体现化学学科的特点。教材实验（见图7）设计为向4支试管中分别放入镁、锌、铁、铜4种金属，再分别加入5mL盐酸或稀硫酸。学生通过反应产生气泡的快慢比较反应的剧烈程度，再通过点燃气体判断反应的气体产物。

图7　镁片、锌粒、铁钉、铜片与盐酸反应

按照教材方法来开展实验，实验现象直观，但还存在以下不足：①四种金属与酸反应不同步，观察不准确；②实验用的锌粒、铁钉与酸的接触面积不同；③直接倾倒5mL酸造成酸的体积不准确，准确量取耗时较长；④镁条反应太快，锌和铁的反应太慢，难以检验气体产物。

为了更科学直观地反映金属与酸反应的剧烈程度，验证气体产物，简化实验步骤，优化实验效果，尤其是引导学生进行初步定量实验探究，笔者设计了一体化装置。课堂教学用于比较Mg、Zn、Fe与盐酸或稀硫酸反应的剧烈程度，验证反应的气体产物；课后用于探究金属（Mg、Zn、Fe）与盐酸、稀硫酸反应产生氢气-时间的定量关系。

金属（Mg、Zn、Fe）与盐酸、稀硫酸反应产生氢气-时间的定量关系（见图8、图9）一直是初中学生的难点。虽然学生可以通过金属活动性强弱判断反应的剧烈程度，并通过化学方程式计算产生氢气的质量，但化学实验室缺少一种既能简单分析反应剧烈程度，又能将反应剧烈程度数字化表征的实验仪器。

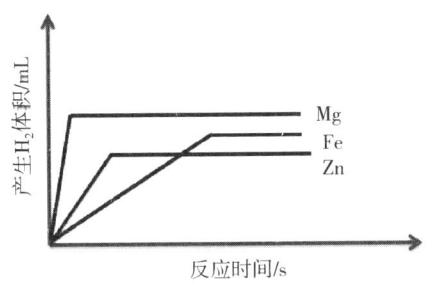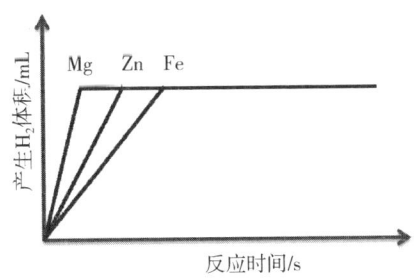

图8　等质量镁锌铁与足量盐酸反应　　图9　足量镁锌铁与等质量硫酸反应

五、实验教学目标

初步认识常见金属与盐酸、稀硫酸的反应。认识科学探究的基本过程，能进行初步的探究活动。初步学会运用实验、观察等方法获取信息，并通过比较和分析尝试设计简单实验的改进方案。通过对实验教学情境的感知，让学生体会发现问题、解决问题的快乐，并培养学生发散思维及创新精神。使学生在小组讨论中学会倾听，学会交流合作，并在学习中乐于质疑。

六、实验教学内容

金属与酸的反应（改进）。

七、实验教学过程

（一）活动一：学生进行教材实验

学生分组实验：在4支试管中分别放入镁片、锌粒、铁钉、铜片，再倾倒约5mL盐酸，将燃着的小木条放在试管口，观察现象。

（二）活动二：分析实验局限性，讨论实验优化方案

提出问题：本实验有什么不足？

实验是科学的前沿，控制单一变量思想是化学学科的本质之一，也是探究实验不可或缺的认知成分。因此教师重点引导学生分析本实验：单一变量是否合理，对比是否清晰，现象是否明显。学生经过激烈讨论，认为本实验存在以下不足：①四种金属与酸反应不同步，观察不准确；②实验用的锌粒、铁钉与酸的接触面积不同；③直接倾倒5mL酸造成酸的体积不准确，准确量取耗时较长；④镁条反应太快，锌和铁的反应太慢，难以检验气体产物。

（1）学生改进方案一。

1）设计方案：根据实验不足，学生提出改进方案，选取其中现象最明显方案实施。采用5mL注射器能准确吸取酸，简化实验步骤，采用塑料小方格能让金属和酸同时反应，使反应对比明显。

2）学生进行实验。

3）实验结果如图10所示，从左向右依次为：铜片表面没有气泡产生，不发生反应；铁片表面仅有少量气泡产生，反应较慢；锌片表面有较多气泡产生，反应较快；镁片剧烈反应。此方法现象明显，操作简单，且材料易得，非常适合在课堂教学中推广。

（2）学生改进方案二。

1）设计方案：王思瑶和甘佳铭仅对反应剧烈程度进行了改进，钱博和曾帅等人设计实验对气体产物进行验证。采用实验室中100mL玻璃针筒，将玻璃针筒作为反应的发生装置和收集装置。

2）学生动手实验：在装置中加入足量金属，再吸取100mL酸，随着反应进行，产生大量气泡，液体被挤压，最终能收集到100mL气体。将玻璃针筒移近

火源，缓缓推动注射器活塞。气体被点燃，干而冷的烧杯上有水雾。根据质量守恒定律，学生可以分析出此气体产物是氢气。

3）实验结果如图 11 所示。本方法操作简单，气体纯度高，现象明显，且不受反应快慢影响，因此对于镁锌铁与酸反应的气体产物都可以采用此方法检验。但此方法采用的是玻璃针筒，且氢气没有验纯，存在安全隐患，不便于在学生实验中推广。

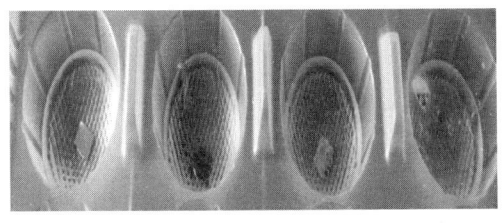

图 10　金属与酸同时反应

图 11　检验气体产物

（三）教师演示创新实验

（1）设计方案。"金属与酸的反应"是初中化学中少有的综合实验，是学生建立定性研究向定量研究的基础实验。因此课堂上我又补充了以下两个实验：①等质量金属与过量稀硫酸反应；②过量金属与等量稀硫酸反应。这两个反应都是初中阶段的难点。在课后学生采用主体实验装置，结合塑料平板、秒表、分析天平依要求完成实验。

（2）学生动手实验。室温 15℃，学生利用金属与酸反应主体装置，尽可能控制单一变量完成实验。

1）0.1000g 镁片、锌片、铁片与过量稀硫酸（2mol/L，10mL）反应结果如表 1 所示。

表 1　等质量金属与过量稀硫酸反应

金属	金属纯度	规格	反应停止时间	氢气体积
Mg	≥98.5%	长：42.4mm；宽：7mm；厚：0.19mm	01：03.42	86mL
Zn	99.999%	长：46.7mm；宽：10mm；厚：0.03mm	49：21.33	42mL
Fe	99.999%	长：42.6mm；宽：10mm；厚：0.03mm	1：39：28.18	46mL

2）过量 Mg、Zn、Fe 与等量稀硫酸（0.1mol/L，10mL）反应结果如表 2 所示。

表2 过量金属与等量稀硫酸反应

金属	金属纯度	规格	反应停止时间	氢气体积
Mg	99.95%	长：50.0mm；宽：10mm；厚：0.5mm	1：29：25.83	29mL
Zn	99.999%	长：50.0mm；宽：10mm；厚：0.03mm	5：16：14.65	29mL
Fe	99.999%	长：50.0mm；宽：10mm；厚：0.03mm	7：19：56.07	29mL

3）验证气体产物：打开三通阀门，排尽废液，推动主注射器活塞，将输液针针头移近火源，气体能被点燃，干而冷的烧杯上有水雾。

（3）本实验能让学生直观感受金属与酸反应的剧烈程度定量关系，因此可以作为学生课后探究实验。实验过程中，有以下几个主要注意点：①金属片需打磨光亮；②装置连接处会残留部分酸，造成结果不准确；③由于金属片表面会附着大量气泡，导致对于反应停止时间的判定不准确；④实验过程中，锌片易漂浮在液面上，影响实验结果，因此，实验过程中需不断推动主副注射器使锌片浸没在液体中；⑤基于镁片密度为 $1.74g/cm^3$、锌片密度为 $7.14g/cm^3$、铁片密度为 $7.86g/cm^3$，为了尽可能减小金属质量、表面积对实验结果的影响，如锌片和铁片的厚度为 0.03mm，镁片的厚度为 0.19mm；⑥实验数据处理：金属质量最初采用电子天平精确到小数点后两位，误差巨大，后来改用分析天平精确到小数点后4位，误差减小；镁片与硫酸反应放热较多，温度升高明显，对气体体积测定有影响，因此金属镁产生氢气体积应在完全冷却后读取。

八、实验教学反思

在初中阶段引入定量实验，与高中课程衔接，贯通学生的知识。

实验探究贯穿课堂。层层探究既训练学生的发散思维，又锻炼了学生的合作探究能力，定量实验让学生认识到科学探究的严谨性，能让学生在今后的学习生活中严格要求自己。

方法简单，材料易得，现象直观。但本装置还有许多需要改进的地方，如添加固体药品、仪器清洗烦琐，装置会受酸腐蚀而漏气；装置中残留的酸、金属的表面积、金属表面的气泡都对实验结果有影响。

物质的溶解度

上海市西郊学校　马力

一、使用教材

上海教育版初中《化学》九年级上册第3.2节"溶液"的第2课时"物质的溶解度"。

二、实验器材

（一）实验一

实验盘、糯米纸、水溶性色素、脂溶性色素、高温水溶性色素、水、酒精。

（二）实验二

（1）探针式温度计、锥形瓶、胶塞、水浴锅、量筒、烧杯、硝酸钾固体。
（2）磁力搅拌器、搅拌子、烧杯、滴定管、水浴锅、氯化钠固体、蒸馏水。

（三）实验三

干冰喷雾、电吹风机、注射器、注射器胶帽、橡皮塞、烧杯、浓氨水。

三、实验创新点

（一）实验模块一

通过小魔术"消失的文字"导入课题，激发学习兴趣，引发思考：为什么完全相同的糯米纸上的三个字，有时消失，有时又不消失？学生在之前已学的影响物质溶解性因素的知识基础上，亲身参与溶解度概念的构建，在清晰认识到溶解度概念内涵的同时，也避免了传统溶解度课堂中一味灌输概念的枯燥与呆板，并且还能够切身体会到控制变量法在科学探究中的应用。

（二）实验模块二

教材中给出了硝酸钾固体在不同温度下溶解度的表格，以及部分固体的溶解度曲线，但学生却往往只能根据老师口头描述去理解。由学生自己动手测量固体硝酸钾、氯化钠的溶解度，绘制溶解度曲线，不仅提供了更为丰富的体验与探究机会，将书本上静止的溶解度曲线的形成过程用浅显易懂的动态实验演绎，加深对溶解度曲线含义的理解，增强了对溶解度概念外延的认识，包括溶解度的简单计算、利用溶解度对物质进行提纯与分离等。此外，本实验操作简单，避免了传统方法需蒸发、过滤、烘干、称量等烦琐的步骤，节约课堂时间。

（三）实验模块三

让学生通过亲身实验去感受气体的溶解度随温度、压强变化的规律，实验操作简单，在实验中采用干冰喷雾、电吹风机、注射器等实验设备，不仅节约了课堂时间，实验现象也更加清晰。

四、实验设计思路

溶液是九年级化学教学的重要内容之一，大量的化学反应都是在溶液中进行的，因此溶液的相关知识与后续课程的学习和化学学科素养的形成有直接的关系。而溶解度是继物质的溶解性后精确衡量不同物质溶解能力的一把"尺子"，也是九年级化学课程中溶液部分的主要内容之一。它是在学习了影响物质溶解性的因素之后，来探讨物质在一定量溶剂里溶解性的大小，这是一个从定性的角度研究溶液，转化到定量的角度来研究物质在一定量的水中溶解的限度问题。然而学生在学习过程中，往往出现难以很好地理解并掌握该部分知识的情况。个人认为，其根本原因还是在于教师在溶解度的教学过程中通常只是单方面地向学生灌输知识概念要点，而这显然是与学生的认知规律背道而驰的。

本节课则试图避免传统溶解度课堂中一味灌输概念的枯燥与呆板，通过小魔术实验引入，以"探究、发现"的教学方法为主线，以问题链为主轴，以探究活动为载体贯穿课堂始终，将溶解度的教学内容设计为3大模块、7个实验和13个具体问题，以问题链的形式引导学生思考，由学生自主分析、合作探究、解决问题、完成学习。让学生并不是单单从字面角度理解溶解度的概念，而是参与溶解度概念的构建，使学生在积极主动地尝试、探索、交流、感悟中体验科学探究的过程，感受控制变量法，对实验产生兴趣和热爱，培养批判性思维和创新意识，形成初步的学科思维和科学素养。具体实验设计如下。

（一）实验模块一

通过小魔术"消失的文字"导入课题。让学生通过探究三种字迹在不同溶剂、不同温度下溶解能力的大小，得出影响溶解度的因素，建构溶解度的概念。

（二）实验模块二

通过设置情境，让学生根据溶解度概念自己设计实验探究硝酸钾、氯化钠溶解度随温度的变化规律，并动手实验去测量硝酸钾、氯化钠的溶解度。

由于硝酸钾溶解度受温度影响较大，测量硝酸钾的溶解度时采用结晶析出法。为了有效利用课堂时间，提高实验准确度，本设计采用如图1所示装置，固定溶质和溶剂的质量，待水浴加热至完全溶解后，在冷水浴中冷却，观察并测定溶液析出结晶时的温度（即处于饱和状态），从而计算出所测温度下的硝酸钾的溶解度，并绘制溶解度曲线。

由于氯化钠溶解度受温度影响较小，故测量氯化钠的溶解度则采用加水溶解法。为了提高课堂实效，降低实验误差，本设计采用如图2所示装置，固定溶质的质量后，用滴定管注入水溶解，并利用磁力搅拌器不断搅拌，待恰好将所有溶质完全溶解时，则根据滴定管的读数，计算出该温度下氯化钠的溶解度。

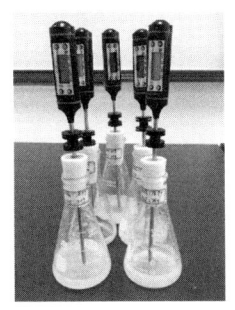 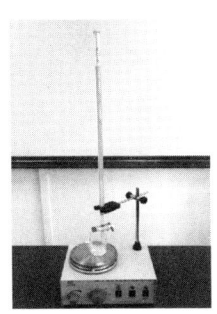

图1　测硝酸钾溶解度装置　　　　图2　测氯化钠溶解度装置

通过实验，学生更好地体会了溶解度的内涵，掌握了硝酸钾、氯化钠溶解度随温度的变化规律，在潜移默化中加深对溶解度的简单计算、溶解度曲线的绘制、利用溶解度对固体物质进行提纯与分离等方面的认识。

（三）实验模块三

利用氨气在水中溶解度较大，且溶解度受温度影响变化较明显，用电吹风机对装有氨水的密封注射器（见图3）加热，观察到有气泡产生、活塞移动，证明氨气溶解度随温度升高而降低；将该注射器再用干冰喷雾冷却（见图4），则观察到气体重新溶解，活塞恢复原位，证明氨气溶解度随温度降低而升高。此外，通过抽拉注射器（见图5），使注射器内部压强变低，注射器内的氨水中产生气泡，证明氨气溶解度随压强减小而减小。

通过实验，加深学生对气体溶解度变化规律的认识，并深刻体验到科学方法在实验中的应用。

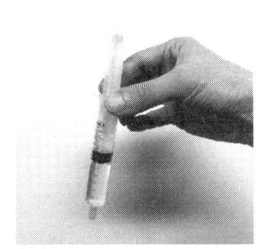 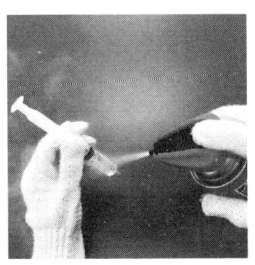 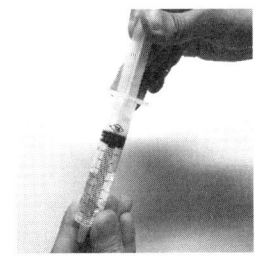

图3　密封注射器　　图4　利用干冰喷雾迅速降温　图5　抽拉注射器活塞改变压强

五、实验教学目标

（一）知识与技能

（1）理解溶解度的含义；

（2）知道溶解度曲线的绘制方法，了解溶解度曲线的意义；

（3）掌握固体、气体的溶解度变化规律。

（二）过程与方法

通过溶解度相关实验的探究，进一步体会控制变量法在科学探索中的应用，并初步具备概念构建以及设计实验的能力。

（三）情感态度与价值观

通过探究学习，形成善于合作、敢于质疑、勇于探索的科学态度。

六、实验教学内容

（一）实验模块一

小魔术"消失的文字"，探究三种字迹在不同溶剂、不同温度下溶解能力的大小，得出影响溶解度因素，构建溶解度的概念。

（二）实验模块二

通过设置情境，让学生根据溶解度概念设计实验探究硝酸钾、氯化钠溶解度随温度的变化规律，并分别运用结晶析出法、加水溶解法测定硝酸钾、氯化钠的溶解度。

（三）实验模块三

观察氨气溶解度随温度、压强的变化。

七、实验教学过程

（一）流程图（见图6）

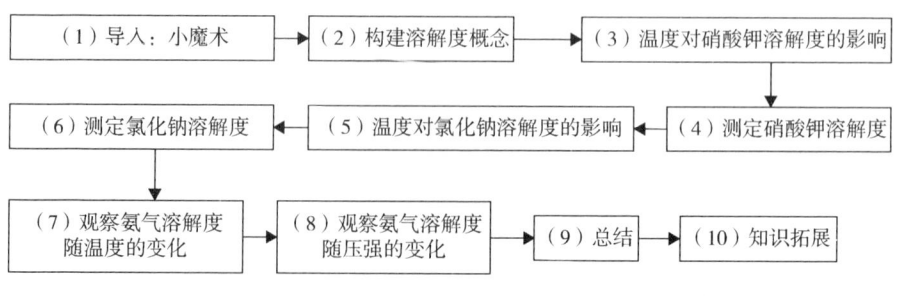

图6　流程图

（二）流程说明

（1）以小魔术"消失的文字"引出影响溶解能力的因素：溶质种类、溶剂种类和温度。

（2）通过比较溶解能力的相应条件，师生共同构建溶解度的概念。

（3）设置情境，由学生根据溶解度概念设计实验并探究硝酸钾溶解度随温度变化规律。

（4）通过结晶析出法测定硝酸钾在水中的溶解度，绘制硝酸钾溶解度曲线。

（5）设置情境，让学生探究氯化钠溶解度随温度的变化规律。

（6）通过加水溶解法测定氯化钠在水中的溶解度。

（7）探究氨气溶解度随温度的升高、降低的变化规律。

（8）探究氨气溶解度随压强的增大、减小的变化规律。

（9）总结溶解度的概念、固体物质溶解度与温度的关系、气体物质溶解度与温度、压强的关系。

（10）知识拓展：微信公众号相关课外知识延伸拓展。

（三）问题链教学

（1）实验模块一。

1）为什么文字会消失？

2）哪一种笔迹的溶解能力强？

3）笔迹在相同温度、相同溶剂中溶解是否证明二者溶解能力完全相同，为什么？

4）溶解度是代表物质溶解能力的物理量，请试着归纳出溶解度的定义。

（2）实验模块二。

1）硝酸钾饱和溶液瓶底尚有少量硝酸钾未溶解，请根据所学溶解度的定义，思考方法使之完全溶解。

2）加热后的硝酸钾溶液是否饱和，你能否测得恰好饱和时的温度？

3）已知该溶液为此温度下的饱和溶液，能否计算其溶解度，并绘制溶解度曲线？

4）能否用升温的方法使尚有氯化钠未溶解的溶液完全溶解？

5）还能采用什么方法可使氯化钠完全溶解？

6）根据加水的质量，是否可以计算出当前温度下氯化钠的溶解度呢？

思考：硝酸钾中混有少量氯化钠，可以采用什么提纯方法？

（3）实验模块三。

1）氨水中溶有大量氨气，请探究其溶解度随温度的变化规律？
2）改变气压会对气体的溶解度产生影响吗？
3）能举出生活中其他现象也能说明气体溶解度的变化规律的吗？

八、实验效果评价

在整体的教学过程设计中，主要采用的是"问题链"导向教学。根据3大模块，7个实验，总共设计了13个问题，问题与问题之间相互关联，环环相扣。问题贯穿实验始终，用问题引发思考，用实验解决问题。通过以上设计的实验，学生在溶解度概念学习中遇到的问题都得到了圆满的解决，直观的实验现象也成功地帮助学生将形象思维过渡到了抽象思维。

整体而言，本节课试图避免传统溶解度课堂中一味灌输概念的枯燥与呆板，通过小魔术引入，让学生并不是单单从字面角度理解溶解度的概念，而是参与溶解度概念的构建，亲自动手去探究固体、气体溶解度的变化规律，使学生能够更加清晰地认识到溶解度概念的内涵，并激发学习动机，让学生真正成为课堂的主人、学习的主人。

当然，由于整体设计的实验较多，在一定程度上也造成课堂中信息量较大，若想细致地开展实验可能存在时间比较紧张等问题，所以在设计实验中也考虑了干冰喷雾、磁力搅拌器等设备，使用这些设备能节省一些时间，让学生们有更多时间去思考去探究，有效提高课堂效率。

溶解与乳化

甘肃省张掖市肃南裕固族自治县第一中学　伏珍珍

一、使用教材

科粤版初中《化学》九年级下册第七章第一节"溶解与乳化"共两课时内容。

二、教材与学情

学情是教师组织教学的根本依据。

（1）化学思维：学生已经初步具备了简单的化学思维，实验探究意识和能力。

（2）生活实际：本节内容与学生生活实际联系紧密，且学生在前几章已经接触到一些溶液。

（3）实验操作：探究实验相对安全简单，学生也已具备了一定的基本实验操作能力。

（4）判断总结：学生对实验的观察和现象描述、归纳总结和应用还存在一定的问题。

三、实验设计背景

本节课教材中设计了认识溶解现象、比较等量硫酸铜在水中溶解的快慢、乳化现象、溶解过程中的吸放热现象，共四个探究实验，由此可见，如果整合为一课时，不仅存在实验多、操作耗时、课堂效率低下等问题，而且每个实验所用药品种类各异，容易给学生的认知增加混乱度，对知识的理解造成困惑。更加突出的问题是教材将"乳化"安排在认识溶解、物质在水中溶解速率的影响因素与溶解时的热效应之间，割裂了对"溶解"体系认知的完整性，也增加了"溶解"与"乳化"认知的曲折性好复杂性。鉴于此，本人经过反复分析教材，结合学情，对本节课的教学内容进行了重构，实验进行了创新。

四、创新要点

对学生实验创新和探究能力培养的价值远大于实验结论本身。

（1）重构教材内容，将原来的"溶解→乳化→溶解时的吸放热现象"三部分内容整合为溶解和乳化两大部分，将两课时教学内容整合为一课时。

（2）创新实验探究，将四个零散的探究实验创造性地整合为一个综合性的探究实验,以辅助学生更深刻清晰地理解学习主题(见图1)。

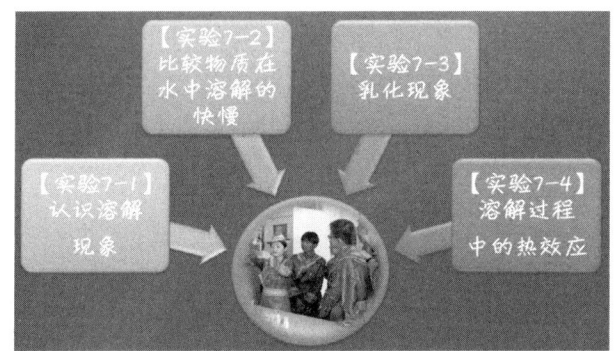

图1 实验综合创新

(3)融合现代化教育技术:采用数字化实验技术,采集不同溶质溶解时溶液温度变化的曲线,增强实验结果的直观性和实证效果(见图2)。

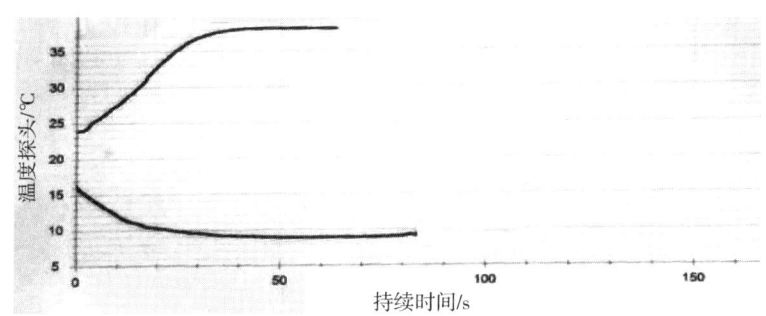

图2 数字化实验

五、实验器材

(一)实验仪器

试管、锥形瓶、量筒、表面皿、温度计、玻璃棒、药匙、小木块、酒精灯、50mL烧杯、磁力搅拌器、温度传感器、数据采集器。

(二)实验试剂

粉末状、块状硫酸铜、酒精、泥沙、食用油、洗涤剂、氯化钠固体、硝酸铵固体、氢氧化钠固体、蜡烛。

六、实验内容和设计意图

(一)步骤一

感受食盐、氢氧化钠、硝酸铵、硫酸铜晶体、泥沙、酒精、植物油加入水中的溶解与乳化现象。

设计意图：作为溶解与乳化的主题探究情景，借助实验实证的客观事实直观引入课题，建立贴近生活的、有意义的学习情境，激发学习兴趣，对溶解和乳化形成直观认知，由此能够建立溶液的概念，学会辨识溶质和溶剂。

（二）步骤二

探究食盐、氢氧化钠、硝酸铵溶于水时放热或吸热。

设计意图：①将溶解热效应调整到乳化前认识，以保证对溶解认知的完整性；②感悟实验实证的化学思维方法，学会设计实验的一般方法，进一步体验实验设计的一般思路，体会创新性综合实验对化学学科核心素养的提升。

（三）步骤三

利用数字化设备测定绘制食盐、氢氧化钠、硝酸铵溶于水时溶液温度的变化关系图像。

设计意图：感受现代科学技术应用对学科所起的作用。引导学生从精密数据与图像上再认识食盐、氢氧化钠、硝酸铵等物质溶于水时溶液温度发生的变化的事实，由此引发溶解热效应的理论探讨。

七、实验教学目标

目标，是教学的出发点，也是教学的归宿。根据本教材的结构和内容分析，对照课程标准和基于培养化学学科核心素养的要求，结合学生的认知结构及心理特征，我从三个方面拟定了以下教学目标。

（一）宏观辨识与微观探析

对不同物质在溶剂中扩散溶解的过程和现象进行宏观认识，从微观的角度解释溶质溶解的过程。

（二）实验探究与创新意识

通过对溶质溶解热效应的探究方案的设计，尝试自主探究的实验方法，进一步体验多视角自主探究过程中的思考、分析、讨论、探究、验证、归纳，从而培养学生的分析能力、动手能力等综合能力。

（三）科学精神与社会责任

通过数字化实验感受科学技术的进步对学科发展的作用，进一步培养严谨求实、尊重事实的科学态度，培养终身探讨化学的兴趣。

八、教学过程

实验教学过程，共分为三个环节（见图3）。

图 3　实验教学环节

（一）环节一：创设情境，引入课题（见图 4）

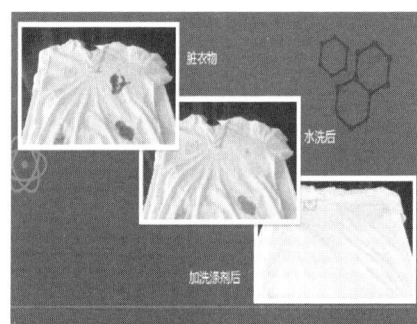

图 4　创设情境

用多媒体展示孩子弄脏衣服的过程，怎样将脏衣服变干净呢？这些污渍都能用水洗吗？哪些可以，哪些不行呢？利用真实的生活问题情景诱发学生的好奇心，激发学生的学习热情和兴趣。带着疑问。共同进入教学环节二。

（二）环节二：创新实验，能力进阶

（1）步骤一：实验探究，体会成功。

教师为学生提供以下药品和仪器（见图 5）。

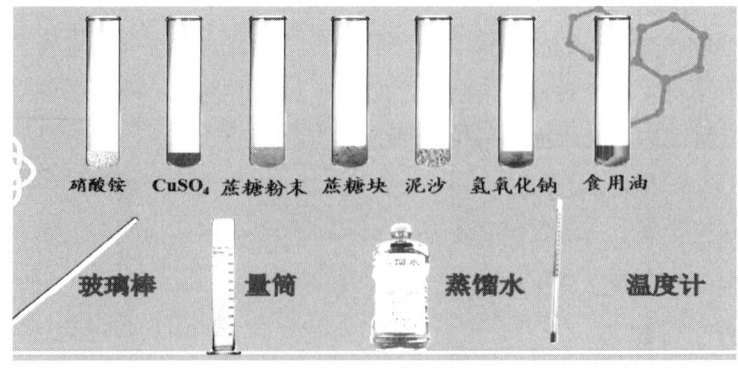

图 5　仪器药品选择

要求同学们利用以上药品和仪器探究物质在水中的溶解情况，每个试管需加等量的水，同时思考以下三个问题：①所有物质都能溶于水吗？②不同物质溶解的速率一样吗？③溶解前后有温度的变化吗？

通过探究活动，学生知道了物质有可溶与不可溶之分，体验了溶解的过程，了解溶液的基本特征，拓展延伸，从微观探析换个视角深刻认识溶解过程，掌握溶液中溶质、溶剂的识别方法；知道影响物质溶解速率的因素；体验了科学问题的逻辑思维，培养了学生进行证据推理和问题归纳的能力。

（2）步骤二：自主探究，获取新知。

探究，是科学的精灵，可以尽情体验化学之美。对于物质溶解前后的温度变化这个问题，同学们提出了不同的方案，集中为以下两种：方案一，用温度计测量物质溶解在水中前后温度的变化；方案二，用手触摸试管上端、下端外壁，感知温度的变化。也有同学提出，方案一虽能直观地通过数值比较物质溶解前后的热效应，但操作耗时；方案二虽简便易操作，但不够直观，可视性不好。更好的方案是什么呢？带着更深层次的思考，同学们又踏上了他们的探索之旅，进入步骤三。

（3）步骤三：合作探究，认知升华。

同学们用手触摸试管上端、下端外壁，已预测出氢氧化钠溶解在水中可能会放热，硝酸铵溶解在水中时会吸热，氯化钠则基本不放热也不吸热，在这样的前提下，通过生生合作、师生合作，得到了创新性的方案：用融化的蜡烛将1号小烧杯和1号小木块粘在一起，向烧杯中加入氢氧化钠固体，再加适量水，用玻璃棒搅拌，使其溶解，观察现象。与此同时，在2号小木块上滴水若干滴，在2号烧杯中加入硝酸铵固体及适量水，将2号烧杯放置在2号木块上，用玻璃棒搅拌，使其溶解，观察现象。

（4）结论。

1）随着溶解的进行，原本粘在一起的1号烧杯与1号小木块脱离，其间的蜡烛熔化变软。此方案直观有趣地揭示了氢氧化钠溶解在水中会放热的事实。

2）随着溶解的进行，原本分离的2号木块与2号小烧杯粘在了一起，用力拧下2号小木块后，发现原滴在2号小木块上的水出现结冰现象。大家惊呼，水变成了冰，原来是硝酸铵溶解在水中吸收热量所致。

此创新方案简单可视，用相似的装置、相似的情境，展示了截然相反的结果，形成了鲜明的对比，在认知上形成强烈冲突，很好地激发了学生学习化学的兴趣，提高了学生的分析能力和动手能力，培养了学生进行实验探究与创新的意识。

在同学们体验这种"魔术"式认知冲突和成功喜悦的同时，我演示了数字化实验过程，利用温度传感器、数据采集器，采集不同溶质溶解时溶液温度变化的曲线，增强实验结果的直观性和实证效果，使同学们的认知得到了升华。

（5）课后再探。老师提议同学们课后尝试趣味实验：神奇的空瓶（一只既能吞蛋也能吐蛋的瓶子）。

药品：硝酸铵、蒸馏水、氢氧化钠、熟鸡蛋。

仪器：广口瓶。

（三）环节三：盘点收获，归纳总结

同学们通过对"溶解与乳化"的学习，知道可溶于水的物质形成的污渍可以水洗，不溶于水的污渍利用乳化作用去除。以洗衣为例贯穿整堂课，一案到底。联系实际，体验化学与生产生活的密切关系，体验从生活走向化学、从化学走向生活的理念，体验化学指导生活的成就感。

九、实验效果评价

本节课通过教材重构，围绕溶解与乳化，聚焦学科核心素养，进行实验创新，并将传统实验与现代数字化实验深度融合，让学生体验探究过程，寻找科学方法，改变学习方式，构建知识体系。不仅是实验的创新，更是教材的二次开发。学生主要有以下几方面收获。

（一）分析能力的提升

通过分析传统分组实验不足，重构教材，创新实验，实验创新方案聚焦培养学科核心素养，最终收获合理的实验方案。

（二）操作能力的提升

实验综合性强，探究过程提高了学生的操作能力，并拓展了思维创新空间，体现了学用合一，从生活走向化学、从化学走向生活的理念。

（三）思维方式的提升

恰当的化学实验创新改进不仅能创设问题情境，更是发现问题、探究问题、解决问题的核心线索。经我和同学们改进后的学生实验方案不仅让实验恰如其分地融入教学之中，更让学生分组探究实验成为教学的点睛之笔，有利于培养敢于质疑、勇于探究的科学精神，完全吻合化学学科核心素养的根本要求。

十、作业

回家帮爸爸妈妈洗一次衣服，用化学指导生活，提高生活质量。

水的电解实验改进

山西大学附属中学校　白云文

一、使用教材

人教版初中《化学》九年级上册第四单元课题3"水的组成"。

二、实验仪器

生物球、大头针、12V干电池、电池盒、紫甘蓝；亚克力板、耐腐蚀合金、12V变压器。

三、实验改进要点

针对水电解实验开展的情况，通过网络和电话等方式调查了7个省市的20多位化学老师，包含重点中学和普通中学的老师。所有老师在水电解教学时均没有开展学生实验，部分老师开展演示实验，还有一部分老师因为电极损坏、漏液、电解时间久、气体体积比差距较大等原因无法进行演示。

下面对老师在演示实验时的不便作出总结。人教版初中课本中的水电解装置如图1所示，这是以"霍夫曼水电解器"为代表的传统水电解器，老师在实验演示过程的不便如下：①实验装置又高又瘦，重心不稳；②使用的漏斗敞口，重心过高；③玻璃材质易碎，内部装有的酸碱性溶液洒出更不安全；④验证气体生成物时，气体流速过快；⑤配套使用的电源体积大、质量重；⑥不利于开展学生实验。

人教版高中《化学必修1》中的装置如图2所示，导线浸没于电解液，放入和取出试管时手都要接触到电解液，检验气体的操作也不方便。

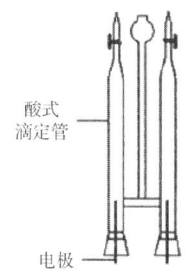

图1　初中教材水电解装置

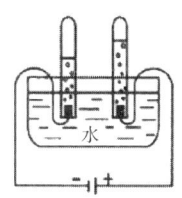

图2　高中教材水电解装置

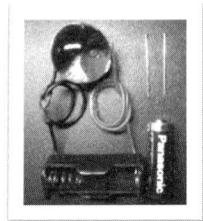 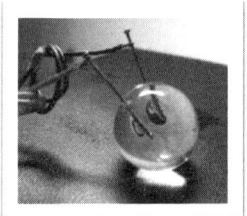

图 3 生物球水电解器及实验现象

为了能更好地开展学生实验，我利用大号的生物球、大头针、12V 干电池设计了廉价易得的水电解装置（见图 3）。制作生物球的凝胶是一种固—液分散系统，分散相粒子通过微粒间作用力形成连续的三维网，网中充满了大量液体，类似于海绵，使其既不像液体那样完全具有流动性，也不像固体具有明显的刚性。生物球有凸透镜的作用，对实验现象有放大功能，有少量气泡便可观察到明显的实验现象。当学生亲自动手实验、近距离观察到实验现象后，那种喜悦和满足的神情非常具有感染力。

电解是高中化学一个非常重要的知识板块，供学有余力的学生进一步探究。为他们提供经紫甘蓝汁浸泡过的生物球进行课外实验，电解过程中还可以在电极周围看到明显的颜色变化（见图 4），有利于学生理解发生在不同电极上的反应，极大地调动了学生的好奇心和求知欲。

 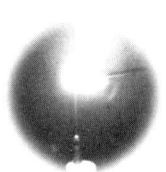 

图 4 紫甘蓝汁浸泡后生物球电解现象　　图 5 一分钟水电解器及氧气的检验

按照"溯因—控制"的思维方法，针对传统水电解器进行改进：①让装置矮矮的胖胖的，降低装置重心；②气流产生的原因是水压，水压不受人意志的控制，人为制造压力让气体按照教师预期的速度流出来；③采用变压器或较高电压干电池提供直流电；④为了增加知识的应用性和衔接性，利用小风车和电解装置设计了氢氧燃料电池功能。

我有幸加入北师大魏锐老师的团队，设计并不断优化"一分钟水电解器"（见图 5）。该水电解器制作简单，利用亚克力塑料板粘合成小型方盒，共分为三个小室，小室底部相通，最左侧的小室相当于漏斗，右侧两个小室相当于两个电极管，使用镀有贵金属的钛合金棒为电极。利用小巧、轻便的 12V 变压器为装置供电，1分钟内就能产生20mL氢气和10mL氧气用于气体检验。用注射器抽取电极室内气体，根据需要调节气体流速验证气体成分，在火焰上方罩干冷烧杯验证有水生成，时间充裕。装置还可以初步实现氢氧燃料电池功能，电解一段时间后，将小风车与两个电极相连便能在短时间内转动。可以和学生共同完成演示实验，甚至可以在教师指导下让学生独立完成演示实验，老师在实验过程中不断提问、引导、启发学生思考即可。

装置还可以用于高中化学电解食盐水的实验，1分钟内完成实验，气体检验方便快捷，氯气密封在装置内，避免泄露污染空气，实验完成后，摇匀装置内液体即可处理氯气和氢氧化钠废液。装置同样可以实现氯气和氢气的燃料电池功能，推动小风车转动。

四、实验原理

（1）水在直流电的作用下分解 $2H_2O \xrightarrow{\text{通电}} 2H_2\uparrow + O_2\uparrow$。

（2）氢气在空气中燃烧 $2H_2 + O_2 \xrightarrow{\text{点燃}} 2H_2O$。

五、实验教学目标

（1）通过化学史的再现，根据氢气燃烧实验了解氢气的性质、认识水的组成，理解"化学反应前后元素种类不变"的元素观。

（2）通过探究小组完成微型装置水电解实验、了解课本水电解装置、师生共同完成改进装置的水电解实验，初步学习电解水实验以及解释水组成的探究方法，提高观察和记录实验现象的能力、对实验现象加工和处理的能力，提高由实验现象进行证据推理的学科能力。通过练习、总结等方式树立"化学反应前后元素种类不变"的元素观，建立元素角度研究物质的思维模型。

六、实验教学内容和过程

（1）导入：宇宙中是否还存在适合人类生存的星球呢？水是生命之源，科学家常常通过寻找水来寻找答案，当太空探测仪发回某个星球上有氢气、含氧物质的信息后，科学家便能作出星球可能有水的猜想。水由什么组成呢？科学家又是如何得出这个猜想的呢？一起学习"水的组成"。

生：聆听，好奇，渴望了解。水由氢、氧元素组成。

（2）化学史：读史可以使人明智。阅读化学史，了解科学家借助什么实验研究水的组成的？我们能借鉴科学家的哪些思路呢？

生：尼克尔森通过电解水，得到了水组成的结论。可以通过水的分解探究水的组成。

（3）微型水电解实验：给水通电真地能分解产生气体吗？阅读学案第二部

分实验"1. 微型水电解实验"的内容。清点实验用品，了解实验步骤。

生：①向准备好的生物球里插入两根大头针做电极；②将 12V 电池放入电池盒内，为装置接通直流电，立即观察电极周围产生气泡的速率和气体体积。观察、记录实验现象，完成学案。

（4）改进水电解实验：这是课本水电解装置，这套装置反应速率比较慢，让它也变个形，看这套改进装置。

完成改进装置水电解实验，正极端产生的气体是哪种呢？氧气如何检验？氢气呢？为了便于区分，用燃着的小木条来试一下，请一位小助手来帮我，如果气体被点燃了，将小烧杯罩在火焰上方，为大家描述一下实验现象，完成气体区分实验。

生：两电极上的现象是有气泡产生，一段时间后，负极端与正极端产生气体的体积比约为 2 : 1。

切断电源，用注射器分别抽取电极室内的气体，将燃着的小木条分别放在针头处，正极端小木条燃烧更剧烈；负极端气体燃烧，干冷烧杯罩在火焰上方，有水雾产生。

（5）任务：请大家完成学案实验 2 部分。完成后互相检查，没问题的同学思考，如何由水电解实验推断水的组成呢？请小组代表分享。

生：生成物中有氢元素和氧元素，依据化学反应前后元素种类不变，反应类型为分解反应，唯一反应物水由氢、氧元素组成。

（6）总结：刚才大家通过氢气燃烧，水电解的实验现象获取证据，根据元素不变推断水的组成。让我们按照这种思路继续分析，一起来回顾拉瓦锡研究空气成分的经典实验，通过汞和氧气反应生成氧化汞，以及氧化汞分解产生汞和氧气，两个实验进行研究。从元素角度分析，你能有什么新的发现吗？

生：氧化汞由汞元素和氧元素组成。根据刚才的经验，需要借助一个反应来解释。选择汞和氧气在加热的条件下生成氧化汞的化合反应进行分析。反应物中含有汞元素和氧元素，依据化学反应前后元素种类不变，以及化合反应。唯一生成物氧化汞由汞元素和氧元素组成。

评价：大家从一个全新的角度认识了这个经典实验，非常难能可贵！从不同的角度看待事物，就会有不同的收获。

（7）拓展实验氢能风车：氢气被誉为最理想的清洁能源，为什么？水被认为是氢气的巨大来源，原因是什么？

生：根据化学反应前后元素种类不变，氢气燃烧只生成水，没有空气污染物生成，因此氢气被誉为最理想的清洁能源；水分解能生成氢气，水的储量丰富，价格低廉，因此水被认为是氢气的巨大来源。

（8）思考：星球探测器发回发现了氢气和含氧物质的信息后，科学家为什么就可以作出了可能有水的猜想。

生：化学反应前后元素种类不变，氢气和含氧物质分别含有氢元素和氧元素，可能是水作为反应物生成的物质。

（9）评价：分析得非常精彩，大家现在分析问题的水平，已经达到了科学家的水平啦！

（10）总结：本节课在分析物质元素组成时使用了哪些方法？当然还可以用先进仪器进行分析，不仅可以分析水的组成，还能分析水分子的构成，以及水分子的结构。水电解的微观实质，我们在下节课学习。

七、实验效果评价

（1）对课本实验的继承和发扬。依据课本实验，在充分调研一线教师实际使用中的不便后，按照"溯因—控制"的思路，逐一进行分析和改进。一分钟水电解器制作简单、操作方便、便于携带，1分钟内就可以产生20mL氢气和10mL氧气，验证氢气生成时，气流可控，燃烧时间持久，烧杯罩在火焰上放产生明显的水雾。

（2）紧扣生产技术和社会生活。巧妙地将氢氧燃料电池加入实验，让学生感受氢能在绿色发展中的巨大潜力，既可以作为课堂检测考查学生从元素角度解释氢气是清洁能源的原因，也可作为线索供学有余力的学生初步了解原电池的知识，注重优生的初、高中知识衔接。该装置还可用于高中电解饱和氯化钠溶液等实验。

（3）充分体现了学生的主体地位。利用生物球等廉价易得的材料，为学生设计了分组实验，让高高在上的水电解实验真正走到学生身边。通过亲自动手、近距离观察实验现象，学生的好奇心和求知欲高涨，通过师生演示实验，对水电解实验进行了更深入的探究。再结合问题和任务驱动、教师引导和追问，学生进行自我建构，通过讨论交流，掌握了如何通过实验进行证据推理，建立了从元素角度研究物质组成的思维模型。

为了增加实验的趣味性和拓展性，为学有余力的同学提供了紫甘蓝浸泡过的生物球完成课外实验，电解后电极周围会明显地变红、变绿，有利于学生理解发生在不同电极上的化学反应。

对蜡烛及其燃烧的探究

湖南省临武县第三中学　邝建新

一、使用教材

本课题位于人教版初中《化学》九年级上册第一单元课题 2 的第一课时。

二、实验器材

普通蜡烛、自制蜡烛、U 形管、电子打火机、烧杯、澄清石灰水、漏斗、小木条、集气瓶、试管、具支试管。

三、实验创新点或实验不足与改进

（1）探究蜡烛燃烧产物现象不明显。主要原因是：①燃烧时气体温度高，密度小，运动快；②烧杯是敞口容器，导致气体迅速逸散；③上课的时间是在 9 月初，气温高，烧杯不够冷；④检验二氧化碳时，因为内壁沾的澄清石灰水有限，变浑浊的现象不明；⑤有时虽然出现白色固体，但有可能是水分蒸发析出的固体解释非常勉强。

基于以上原因，用 U 形管代替烧杯取得较好的实验效果。本实验的创新点在于充分利用了 U 形管的结构特点，将生成物中的水蒸气冷凝，并形成密闭体系检验二氧化碳气体。

（2）探究点燃蜡烛熄灭后产生的白烟时不容易。主要有以下原因：①吹灭时白烟易分散、白烟不能持续供给，导致白烟不易点燃；②白烟没有脱离灯芯；③点燃的不知道是白烟还是灯芯。

四、实验原理或实验设计思路

(1) 利用 U 形管的结构特点，收集蜡烛产生的气体。

(2) 利用粉笔作烛芯。改吹灭为盖灭，增大了白烟的浓度，同时也排除了点燃灯芯的疑惑。

五、实验教学目标

（一）知识与技能

通过对蜡烛及其燃烧的探究，初步培养学生观察实验、描述实验现象的能力。

（二）过程与方法

通过教师提出问题，而后进行师生讨论、确定方案，学生分组实验探究，最后总结交流，填写实验报告，得出结论，掌握科学探究的一般过程。

（三）情感、态度与价值观

通过探究，使学生体会发现的乐趣和成功的喜悦。通过学生分组实验使学生认识到实验是学习化学的重要途径，并培养同学之间的合作能力。

六、实验教学内容

教材对蜡烛点燃前、燃着时、熄灭后三个阶段进行了系统的观察、描述、记录和分析。同时对以下三个实验（火焰哪层温度高、蜡烛燃烧产物、探究熄灭后产生的白烟）进行了由表及里的探究。根据以上内容确定本节课的重点（学习如何有序全面地观察物质，描述现象）和难点（通过实验探究，培养学生的质疑、创新和分析解决问题的能力）。在教学过程中发现，原实验存在着一些不足，通过师生讨论，优化实验方案，改进实验，取得很好的教学效果。

七、实验教学过程

（1）首先，通过猜谜语"头上大火烧，身上泪水流，越烧个越小，最后全没了"导入新课，提出问题，确定今天这节课的教学任务。

（2）引导学生掌握观察的方法，设计实验。

（3）学生按照步骤完成实验，并很快得出结论：石蜡难溶于水，密度比水小，具有可燃性；火焰分三层，外焰温度最高。但在探究过程中，也遇到一些问题：在蜡烛燃烧产物的探究中，烧杯内壁水雾以及澄清石灰水变浑浊不明显，而且不好操作；在点燃蜡烛刚熄灭后的白烟时，白烟不易点燃。针对以上问题我与同学们一起进行了实验改进，深入探究。

（4）接下来引导学生进行深入探究。

1）深入探究一蜡烛燃烧产物的探究。经过讨论，发现原实验存在的不足，基于这些原因，学生提出改进方案。各小组根据改进的方案结合现有器材进行实验（见图1）。有的小组用湿毛巾裹住烧杯。有的小组用集气瓶代替烧杯。也有些小组用试管或具支试管来收集气体。

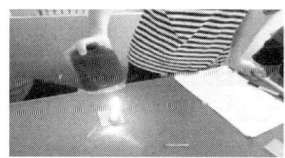

图1 学生改进实验

学生的改进给我们带来一些惊喜，同时学生也收获了成功和喜悦。这时教师也展示了自己的创新实验（见图2）。用U形管来代替烧杯，利用U形管的结构特点，取得了很好的效果。将点燃的蜡烛靠近 U 形管的一段，在 U 形管的另一端出现的水雾越来越多。确定产物中有水生成。用橡皮塞将一端堵住，再将另一端也堵住。由于气体已经密封不会逸出，可以进行更细致的观察。对着火焰观察。受热端清晰而另一端受水雾影响变得模糊。接下来检验二氧化碳，从一端注入少量澄清石灰水，轻轻震荡，澄清石灰水变浑浊。得出产物中有二氧化碳。

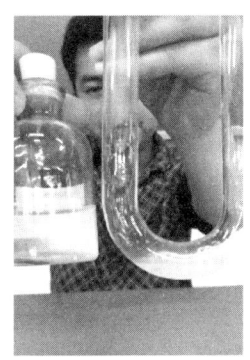

图 2　教师利用 U 形管改进实验

2) 深入探究二对点燃蜡烛熄灭后产生的白烟的探究。同学们讨论发现：吹灭白烟易分散，白烟量少不能持续供给，导致白烟浓度低，不易点燃。即使偶尔点燃，由于白烟没有脱离灯芯，点燃的不知道是白烟还是灯芯。针对吹灭白烟易分散。同学们提出改吹灭为罩灭（见图 3）。针对白烟量少不能持续供给同学们又提出罩灭多支蜡烛产生更多的白烟（见图 4）。

图 3　改吹灭为罩灭　　　　　图 4　罩灭多支蜡烛产生更多白烟

但对于白烟没有脱离灯芯、点燃的不知道是白烟还是灯芯没有给出更好的改进方法（见图 5）。于是我用不能燃烧的粉笔做灯芯，将石蜡在烧杯中熔化，做成了粉笔灯芯的蜡烛。

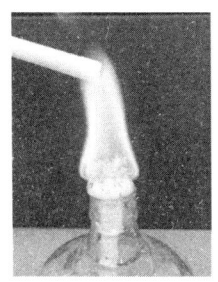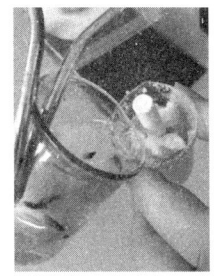

图5 粉笔灯芯的蜡烛制作过程

用不能燃烧粉笔作灯芯，排除点燃灯芯的疑惑。粉笔温度高，灯芯大，可以较长时间提供大量白烟、解决白烟不能持续供给密度小的问题。改吹灭为罩灭，解决了白烟易分散的问题。而且制作简单，可重复使用。为了更直观地让学生认识到白烟的成分，我将焰心的石蜡蒸汽引出形成白烟，导入盛有水的烧杯中（见图6），白烟浮在水面形成白膜（见图7）。

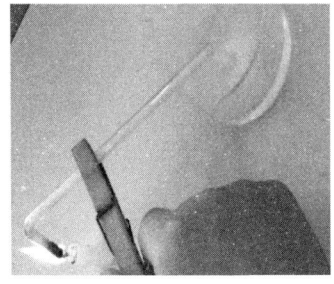 

图6 焰心石蜡蒸汽导出形成白烟　　　图7 白烟浮在水面形成白膜

通过以上实验，学生不难得出白烟具有了石蜡的三条性质：可燃、密度比水小、难溶于水。白烟就是燃烧的石蜡蒸汽突然遇冷形成的固体小颗粒。对白烟有了清晰的认识后，有的小组又发现了新的点燃白烟的方法（见图8），将带火星的小木条插入蜡烛中，火星让石蜡受热产生白烟后，又将木条重新引燃。

图8 学生点燃白烟创新实验

整堂课学生体验科学探究过程中的失败和成功，分享交流收获和体会。同时教师作出多元评价。

（5）最后，学生小结并提出新的问题。蜡烛燃烧为什么产生黑烟？为什么有时候看得到有时候看不到？黑烟的成分是什么？烛芯起什么作用？这些问题留到课后让学生查阅资料，继续探究。

八、实验教学效果与评价

（一）以生为本，以学定教

陶行知先生说："教师之责任不在教，而在教学生学。"所以，我始终以"以生为本，以学定教"贯穿课堂。

（二）改进装置，科学简单

在必要之处对实验进行改进与创新，改进的实验科学简单，现象明显，成功率高，让学生在第一次探究中获得成功，给学生以强烈的震撼和自信。

（三）多元评价，呵护成长

时刻关注学生的学习状态：手动起来没有，耳朵竖起来没有，眼神活起来没有，感受说出来没有，情感激起来没有。让学生真正成为一个发现者、探究者、研究者。

对蜡烛及其燃烧的探究实验改进

天津市滨海新区汉沽第三中学 杜月

一、使用教材

人教版初中《化学》九年级上册第一单元课题2"化学是一门以实验为基础的科学"第一课时"对蜡烛及其燃烧的探究"。

二、实验器材

蜡烛、试管架、破损的试管或玻璃管（带缺口）、小烧杯、黑色背景纸、玻璃片、小木条、火柴、澄清石灰水。

三、实验改进要点

(一) 验证蜡烛燃烧的产物

(1) 验证产物中有水。

1) 教材的设计：将一个干冷的烧杯直接罩在火焰上方（见图1）。

2) 笔者的改进：把蜡烛固定在试管架上，外面罩一支由破损的试管（一端带缺口）制成的玻璃管，实验时把干冷烧杯放在玻璃管上方（见图2）。

图1 干冷烧杯罩在火焰上方

图2 改进装置

(2) 验证产物中有二氧化碳。

1) 教材的设计：将一个内壁涂有澄清石灰水的烧杯直接罩在火焰上方（见图3）。

2) 笔者的改进：将本实验分成三个步骤进行。

①在玻璃管上方收集产物（见图4）。

图3　内壁涂有石灰水的烧杯罩在火焰上方　　图4　收集产物

②向小烧杯中倾倒澄清石灰水（见图5）。

③振荡小烧杯，并观察混浊的情况（见图6）。

图5　倾倒石灰水　　图6　石灰水变浑浊

（二）探究蜡烛熄灭后产生的白烟

（1）教材的设计：熄灭蜡烛后，用火柴去点燃白烟，让白烟重新引燃蜡烛（见图7）。

（2）笔者的改进。

1）在蜡烛后放一黑色背景纸，吹灭玻璃管保护下的蜡烛，观察白烟（见图8）。

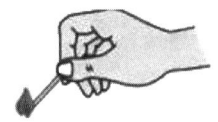

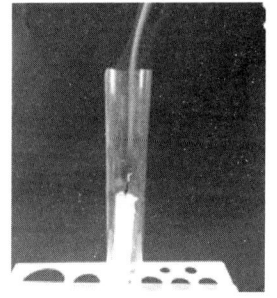

图7　点燃白烟　　图8　蜡烛熄灭产生的白烟

2）点燃玻璃管上方蜡烛熄灭后产生的白烟（见图9）。

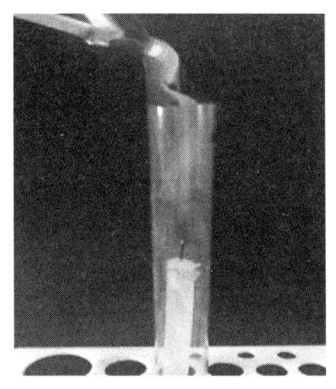

图9 点燃白烟

四、实验设计思路

本实验按照三个步骤进行：点燃前、点燃蜡烛、熄灭蜡烛。

（一）点燃前

通过观察外观、闻气味、切蜡烛、观察密度和溶解性的方式总结蜡烛的几点物理性质。

（二）点燃蜡烛

观察蜡烛燃烧时的现象以及发生的变化，通过以下实验验证蜡烛燃烧的产物。

（1）验证燃烧产物中有水时笔者的设计思路。由于手不能一直拿着烧杯，所以我利用了一根破损的旧试管经过处理后做成的玻璃管，一面的管口留一点缺口。实验时把它罩在蜡烛外面，然后再把烧杯罩在玻璃管上方。改进之后，不仅固定了装置，解放了双手，而且由于玻璃管管口较窄且长，产物更容易在上方聚集。同时为了给蜡烛燃烧提供充足的氧气，我选用了一个试管架，实验时把蜡烛固定在试管架的底部，玻璃管放在试管架上方。那么，在蜡烛燃烧时，热的气体从上方玻璃管的缺口逸出，空气从下面进入，形成气体的对流，为蜡烛的燃烧提供了充足的氧气。在实验时，上面的干冷烧杯与火焰有一段距离，热的水蒸气更容易在冷的烧杯内壁冷凝成水雾，现象更明显。

（2）验证产物中有二氧化碳时笔者的设计思路。利用图2所示装置，聚集更多产物，同时把内壁涂石灰水的方式变为向烧杯中倒石灰水的方式，这样让现象更明显，具体做法如下：①在玻璃管上方收集产物；②向小烧杯中倾倒澄清石灰水；③振荡小烧杯，并观察混浊的情况。

（三）探究蜡烛熄灭后产生的白烟时笔者的设计思路

在蜡烛后放一黑色背景纸，吹灭玻璃管保护下的蜡烛，观察白烟，这样白烟很容易被观察到。之后再去点燃熄灭蜡烛产生的白烟，在玻璃管的保护作用下，白烟不容易被吹散，实验的成功率更高。同时，燃着的木头与石蜡有一段的距离，现象更加明显，让白烟的可燃和石蜡的复燃更有说服力。

五、实验教学目标

（一）知识与技能

（1）认识实验是学习化学的一种重要途径，初步学会观察和描述实验现象的方法。

（2）能根据实验方案进行实验，并通过实验现象的观察和分析，初步得出有价值的结论。

（二）过程与方法

（1）通过探究蜡烛各层火焰温度的不同，初步建立对比实验中控制变量的思维。

（2）通过蜡烛燃烧产物的探究实验，了解科学探究的一般过程，初步学会书写探究活动报告。

（三）情感态度与价值观

（1）通过探究蜡烛物理性质以及燃烧中所涉及的问题，体会化学实验注重实证的特点，初步形成尊重事实、科学求证的意识。

（2）通过对实验的参与激发学生们对化学知识的求知欲。

六、实验教学内容

（1）点燃前：通过观察和简单实验总结蜡烛的物理性质（颜色、气味、状态、硬度、密度、溶解性）。

（2）点燃蜡烛：观察蜡烛燃烧的现象，实验探究蜡烛燃烧的产物。

（3）熄灭蜡烛：观察蜡烛熄灭后的现象，实验探究产生的白烟的成分。

七、实验教学过程

（一）点燃前

（1）教师展示石蜡，提出任务：同学们只通过观察，能总结出蜡烛有何物理性质（见图10）。

（2）学生代表通过闻石蜡气味、切石蜡、观察石蜡在水中的情况，总结石蜡的气味、硬度、密度和溶解性（见图11、图12）。

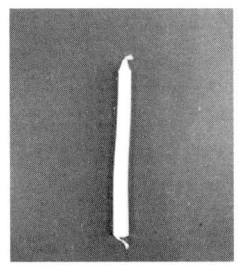 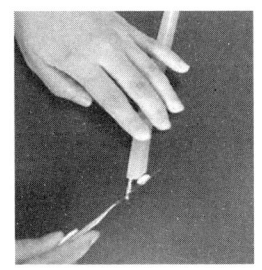 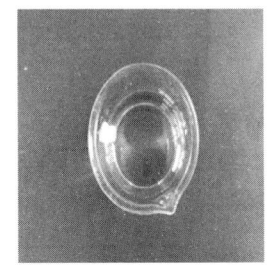

图 10　蜡烛　　　　　图 11　切蜡烛　　　　图 12　蜡烛在水中的现象

（二）点燃蜡烛

（1）观察蜡烛燃烧的现象并总结变化（见图 13）。

（2）讲解蜡烛燃烧时的三层火焰，通过实验比较出蜡烛的三层火焰的温度（见图 14）。

（3）探究蜡烛燃烧的产物：先由学生们设计出能探究产物的实验，教师分析缺点后，进行改进后的实验。

1）验证产物中有水：利用图 15 中的装置验证产物中有水。学生们通过观察到水雾的现象，总结出产物中有水，师生分析改进装置的优点。

  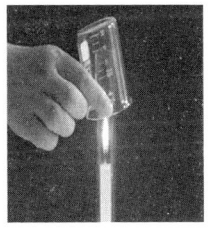

图 13　燃烧的蜡烛　　图 14　比较三层火焰的温度　　图 15　验证产物中有水

2）验证产物中有二氧化碳（见图 16～图 18）。学生通过观察到石灰水变混浊的现象，总结出产物中有二氧化碳，师生分析改进实验的优点。

图 16　收集产物　　　图 17　倾倒石灰水　　　图 18　石灰水变浑浊

3）总结蜡烛燃烧的产物是水和二氧化碳。

（三）熄灭蜡烛

（1）观察蜡烛熄灭后的现象（见图19）。

（2）学生们对白烟提出猜想，通过点燃白烟的实验，验证白烟的成分（见图20、图21）。

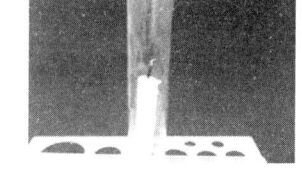

图19 蜡烛熄灭后产生的白烟　　图20 点燃白烟　　图21 蜡烛被重新引燃

（3）通过观察现象，得出白烟的成分是石蜡的固体小颗粒。

（4）比较改进前后实验的不同之处，分析改进后实验的优点。

（四）作业布置

完成实验报告。

八、实验效果评价

对比教材上的实验，改进后实验的使用器材简单易得，并且普及了破损仪器循环使用的环保意识。实验改进设计合理，可操作性强，简单实用，不管是实验用的对比效果更强烈的背景黑纸，还是实验步骤的改进，抑或是实验器材的巧妙运用，都使实验现象比改进前更加明显。只有观察到明显的实验现象，才能让学生们从现象中分析出蕴藏的化学知识，体会实事求是的科学思想。美中不足的是，由于本班学生人数较多，后排学生观察不太清楚蜡烛燃烧时的现象，若使用即时的投屏软件，学生对本实验的掌握情况会更加理想。

对蜡烛燃烧的再探究

重庆复旦中学　叶红艳

一、使用教材

人教版初中《化学》九年级上册第一单元课题2"对蜡烛及其燃烧的探究"。

二、实验器材

蜡烛、小塑料盒、液封集气瓶、小木条、酒精灯、火柴、漏斗、铁丝、澄清石灰水、酸性高锰酸钾溶液。

三、实验创新要求/改进要点

针对蜡烛燃烧实验进行了改进。将蜡烛放置在液封集气瓶中燃烧，可以简单方便地同时验证多种燃烧产物，白烟复燃的成功率大大提高。此外，还验证了在加热条件下，碳可使酸性高锰酸钾溶液褪色。

四、实验原理/实验设计思路

"对蜡烛及其燃烧的探究"是人教版九年级化学教材第一单元课题2的重要部分。笔者通过实践，发现按照课本实验效果并不理想：①将干燥的烧杯罩在火焰上方，水雾量较少，学生误以为是空气中的水蒸气凝结而成，并且烧杯很快变黑，进一步减弱实验现象；②将一个内壁用澄清石灰水润湿的烧杯罩在火焰上方，以检验二氧化碳，该实验现象不明显；③熄灭蜡烛后，用火柴去点燃产生的白烟，实验成功率较低。

已有化学工作者对此实验进行了思考和改进，尤其是如何让白烟复燃。但绝大多数方法都是从燃着的火焰中抽取白烟点燃。如何轻易地点燃熄火后的白烟呢？经反复探究，笔者发现熄灭后的白烟要重新点燃，需要三个关键的因素：一是白烟的温度要高，二是与氧气的接触面积要大，三是白烟的量不能太少。此外，火焰燃烧的黑烟是学生特别容易注意的，但针对黑烟性质的探究实验基本没有。

通过探索，笔者将蜡烛放置在液封集气瓶中燃烧，可以简单方便地同时验证多种燃烧产物，且现象十分明显。

五、实验教学目标

综合利用初三所学知识来解决上述问题，并最好能够链接高中相关知识，对学生思维进行拓展。

六、实验教学内容

首先，通过质量守恒定律引入让学生推测蜡烛燃烧可能产物，除了水和二氧化碳以外，还有没有其他可能产物，学生会猜想到有碳，那么碳有没有表现出来？在什么地方体现？接下来，思考分析，根据燃烧条件如何轻易点燃熄灭后的白烟？既然之前有些实验现象不明显，如何来改进？通过这样一节课，让学生综合运用初中所学知识，思考实验改进方法，并链接高中有机化学酸性高锰酸钾的应用。

七、实验教学过程

（1）情境引入：让学生通过质量守恒定律推测蜡烛燃烧产物。首先，给出部分化学式，让学生推测蜡烛燃烧产物，学生会猜想可能有碳、一氧化碳、甲烷等熟悉的物质，这里给学生留下思考的空间，到了高中后可能还有烯烃炔烃等其他碳氢化合物。本节课重点强调碳在何处？观察黑烟，学生根据第六单元知识，猜想黑烟就是碳单质。

（2）层层设问：如何改进实验装置？如何用一个装置来完成所有实验？接下来引导学生思考，之前的检验产物方法现象不够明显，那么我们如何来改进实验方案？例如水的检验，为了避免黑烟，学生想到用漏斗来代替，而检验二氧化碳，为了避免温度的影响，学生想到如下装置：锥形瓶底部加石灰水，燃烧匙中放入蜡烛，悬空燃烧。关于白烟，为了验证白烟是石蜡蒸汽冷凝而成，我们可以从燃着的火焰中抽取白烟点燃。但是如何点燃熄灭后的白烟呢？经过反复实验，引导学生根据燃烧条件总结需要三个关键的因素，一是白烟的温度要高，二是白烟与空气的接触面积要大，三是白烟的量不能太少。最后是碳单质的检验，我们可以利用碳的还原性。这里给同学们介绍一种新的物质，酸性高锰酸钾溶液，因为它在高中有机化学中应用非常广泛。那么接下来一个问题：如何用一个装置来完成所有实验？

（3）学以致用：进行实验，观察现象，得出结论。我想到了用液封集气瓶。首先，我会给一个空的液封集气瓶，让学生观察分析它的可行性，然后再进行实验。在液封集气瓶底部加入适量澄清石灰水，再向集气瓶上端凹槽加入少量酸性高锰酸钾溶液。将一支蜡烛放入小塑料盒，再将其置于液封集气瓶中。蜡烛不能短于集气瓶颈部，否则会因为氧气不足而熄灭；也不要高于集气瓶口，尤其要让蜡烛烛心与瓶口留一段距离，以方便观察白烟引燃蜡烛，效果更明显。瓶口可放置一圈缠绕的铁丝（铜丝亦可），以提高白烟温度（见图1）。

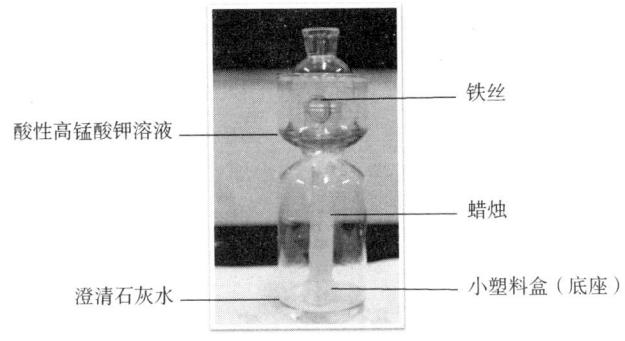

图 1　实验装置

在实验过程中，点燃蜡烛，如果用传统的烧杯罩在火焰上方，烧杯底部有黑烟，而如果用我们的装置，只需要将与液封集气瓶配套的玻璃瓶罩扣在凹槽内，即可看到瓶罩内部有大量水雾（见图 2）。而且火焰上方黑烟刚好从瓶罩口部逸出，不会影响观察。

蜡烛燃烧约一分钟，即可看到石灰水表面出现白膜。时间越长，白色浑浊越明显。可以清楚观察到白色沉淀由表层到底层逐渐增多的过程（见图 3）。

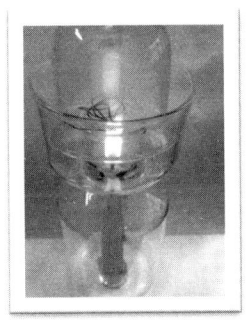　　　　　　　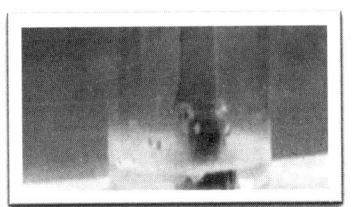

图 2　玻璃瓶罩内部出现大量水雾　　　图 3　石灰水表面出现白色沉淀

取下玻璃瓶罩，将一只玻璃漏斗倒扣在集气瓶凹槽内以罩住火焰，火焰即刻熄灭，且可看到漏斗内集聚了大量白烟，漏斗颈部也有白烟逸出。此时，用燃着的小木条伸到漏斗颈部白烟处，并不能点燃白烟，反而木条也会熄灭（我想，这可能是由于浓厚的白烟阻挡了木条与空气的接触）。但是，如果揭开漏斗，将燃着的木条伸到集气瓶口，却可以轻易地点燃白烟，蜡烛也被重新点燃。经过反复实验发现，如果蜡烛烛心离瓶口距离较远，散开的白烟温度较低，也不能被点燃。如何能远距离引燃蜡烛以增强实验效果呢？显然需要在白烟散开的地方提高温度。于是，笔者在集气瓶口放置了一圈缠绕的铁丝。当蜡烛熄灭后，揭开漏斗，只需将火焰移近集气瓶口，蜡烛即可被重新点燃（见图4）。实验成功率几乎可以达到百分之百。

白烟实验结束后，紫红色酸性高锰酸钾溶液也褪色。到底是什么物质使其褪色的呢？有没有可能是火焰上方大量的碳颗粒黑烟？碳具有还原性，高锰酸钾具有氧化性，且蜡烛燃烧过程中产生高温，在此情况下二者是否可以发生反应？于是，我在集气瓶凹槽内重新添加酸性高锰酸钾溶液，将一小木条放在蜡烛火焰处加热（木条顺着火焰黑烟方向），木条表面即可吸附收集到热的碳颗粒。随后将木条伸入酸性高锰酸钾溶液中搅拌，果然，酸性高锰酸钾溶液很快褪色。这个实验可以清楚地观察到在加热条件下，碳颗粒可与酸性高锰酸钾溶液反应（见图5）。

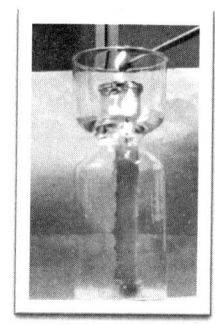　　

图4　火焰轻触瓶口蜡烛即被引燃　　图5　碳使酸性高锰酸钾溶液褪色

但是，又有学生提出质疑。第一，会不会是木炭的吸附性使溶液褪色的呢？第二，能否将小木条换成其他不含碳的物质呢？因此，我们又做了一些课后探究实验，我们发现，冷的木炭不能使酸性高锰酸钾溶液褪色，从而排除吸附性的影响；我们还发现，用玻璃棒代替小木条实验，同样可以使酸性高锰酸钾溶液褪色，只是所需要的时间较长。

八、实验效果评价

明代学者陈献章曾说：学源于思，思源于疑。此刻我在这里介绍蜡烛燃烧的改进实验，正是源于学生对实验现象的质疑，激发了我的思考，从而设计了这套装置。通过这套改进装置，以及层层设问，学生的思维得到了锻炼，增加了对实验的理解，学习能力有了一定的提高。通过这一堂课的改变，让我明白了学习过程中质疑的重要性。正可谓"小疑则小进，大疑则大进"，在以后的教学中，我会更多地关注学生的疑问，让质疑精神贯穿整个初三的化学教学，真正做到用问题驱动教学。

氢气爆炸实验

辽宁省大连市经济技术开发区红星海学校　刘洪宝

一、使用教材

人教版初中《化学》九年级上册第七单元"燃料及其利用"课题"燃烧与灭火"。内容节选：氢气爆炸实验。

二、实验器材

自制教具：改进型氢气爆炸实验装置。

非自制装置：遥控点火装置、学生电源、导线若干。

试剂：氢氧化钠溶液。

三、实验创新要求/改进要点

（1）创新点1：用电解水实验代替实验室制取氢气的过程。电解水实验产生的氢气和氧气直接混合，体积比2∶1的爆炸效果较好，点火即爆，大大缩短从点火到爆炸的时间，减轻演示实验时教师的心理负担，增加爆炸实验成功率。

（2）创新点2：用遥控点火装置代替燃着小木条点燃。教师远离爆炸实验装置，增加了安全性。

（3）创新点3：自主设计实验装置，采用电极矩阵的方式增加电解速率。保证课堂演示实验的流畅性和可行性。

（4）创新点4：自主设计并利用3D打印技术制作实验装置。实验装置采用聚乳酸材料制作，环保绿色可降解，相对于玻璃、金属等仪器或替代仪器，安全性进一步提高。

（5）创新点5：可重复稳定操作，便于携带和展示。

四、实验原理/实验设计思路

知识来源于生活，燃烧和爆炸在生活中的应用非常广泛。同时，燃烧和爆炸由于释放的能量巨大因此危险性也比较高。

氢气爆炸实验的课堂效果非常好，能够让学生感受化学反应的能量变化，能够让学生感受爆炸的能量和威力。正因为如此，教师在演示氢气爆炸实验时存在较大难度，部分教师因为心中恐惧以播放视频的方式代替课堂演示，实验效果大打折扣；由于危险系数高，更不可能让学生参与到实验中来。

而氢气爆炸实验之所以让人恐惧，是因为爆炸的时间不确定，点火的人员就站在爆炸装置旁边，点火时也不清楚究竟何时会爆炸。因此，改进装置的设计，让实验人员远离爆炸体，另外氢气和氧气直接混合达到爆炸极限，当按下引爆开关时即会发生爆炸，如果未发生，则不会发生，寻找原因即可，不用担心可能由于氢气太纯，需要燃烧一会儿再爆炸的情况发生。

五、实验教学目标

（一）知识与技能

知道氢气是一种可燃性气体，当氢气与氧气混合达到爆炸极限时，点火即会发生爆炸。

（二）过程与方法

综合运用已学化学知识、实验技能和方法，结合现代新兴科学技术手段，使我们的实验更加安全可靠，培养学生发现问题的能力，培养学生通过科学知识和技术解决问题的意识。

（三）情感、态度、价值观

体会化学实验带来的乐趣，感受化学在生活中的重要应用，进一步理解万事万物都是具有两面性的，只要利用得当，就能够在积极的方面发挥重要作用，如果利用不当，则有可能造成损失或者伤害。

六、实验教学内容

本节课是学习燃烧与灭火之后学习爆炸相关知识内容时所需要讲解的内容，了解易燃物和易爆物，通过新闻感知燃烧爆炸的能量巨大并且是把双刃剑，进而通过对爆炸的研究明确爆炸所需要的条件，最后通过氢气爆炸实验的演示，感受真实爆炸过程，进一步强化在使用可燃性气体时需要注意的安全事项，提高安全意识。

七、实验教学过程

（一）情境引入

一则关于爆炸引发的火灾事故新闻。

（二）科学猜想

什么样的环境条件容易发生爆炸？

（三）学以致用

通过氢气爆炸的过程感知，进一步确认爆炸所需要的条件，感受爆炸的能量变化，加深对于化学变化伴随能量变化的认识。

八、实验效果评价

（一）安全性的提升

通过电解水实验提供恰好比例的氢气和氧气，避免了氢气较纯时会燃烧一段时间，致使爆炸时间不确定的问题。

通过远程遥控点火，避免了实验人员出现不必要的伤害和产生恐惧情绪。

（二）操作难易度的降低

通过远程遥控点火，大大降低了引爆的难度，增加了实验操作的可接受程度，使得更多的教师愿意并且敢于演示氢气爆炸实验。

（三）思维方式的改变

改变"退而求其次"的想法，不再因为客观或主观因素将学生实验变为演示实验，将演示实验改为播放视频，而是通过主动对实验装置进行改进或利用新技术自主设计制作合适的实验装置，可重复稳定地进行操作，便于携带和展示，演示时可以保证成功率，保证实验的进行，保证课堂的效果，保证学生完整的感知过程和恰当合适的课堂学习体验。

探究粉尘爆炸实验的影响因素

广州市中山大学附属中学　陈美威

一、使用教材

人教版初中《化学》九年级上册第七单元课题一"燃烧与灭火"的第二课时"粉尘爆炸及易燃易爆物的安全知识"。

二、实验器材

自制粉尘爆炸装置（见图1、图2）：奶粉罐（铁制自带塑料盖，密封性好）、铝箔、胶塞（型号8#）、漏斗（6cm）、导管、软管（1m）、棉花、电热丝（可从电热炉截取）、接线柱2根、导线2条（双头带夹）、学生电源（0~24V）、淀粉（干燥：60℃恒温1小时）。

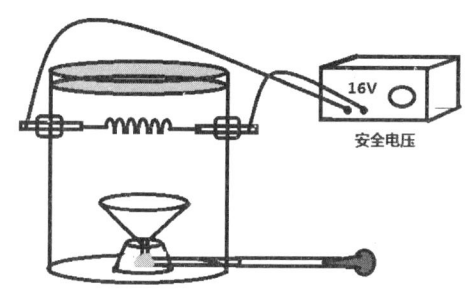

图1　装置结构图　　　　　　　　　　图2　粉尘爆炸装置

三、实验改进与创新

（一）实验原理及仪器制作

首先，是对火源的改进。由于明火在实验中容易被吹灭，每次实验都需要重新点燃。本方法选择在安全电压下能正常工作的电热丝作为火源。在16V内调节电压，电热丝通电放出高温（约1000℃），安全可连续加热。

为了提高使用的威力和可操作性，本方法作了些小设计：①选用带塑料盖的铁制奶粉罐，给塑料盖加多一层铝箔，可以防止塑料盖在高温下损坏，还可以提高密闭性和爆炸声效；②扬尘器选用胶塞作基座，方便连接漏斗和导管，并且在连接处加棉花，可防止罐内气压大时将淀粉大量的倒压回导管，影响再次实验；③使用吸耳球吹气，鼓气量少而急促，能使粉尘迅速扬起而不使罐内气压过大；

④选用淀粉作为粉尘。干燥后的淀粉颗粒细小，轻质，吹气时扬起快，粉尘分散度好。

（二）实验创新和特色（见图3）

（1）爆炸效果好。爆炸时声音响亮，火光猛烈，带有物体抛飞效果，声光影效俱佳。

（2）成功率高。选用干燥面粉，稳定的火源，鼓气操作简单，实验成功率可达90%以上。

（3）安全性高。铁罐结实，软质的塑料盖抛飞时不会造成伤害，电源选用安全电压。

（4）操作方便。药品消耗少，通电后盖上盖即可重复实验多次。

（5）趣味性强。设计学生参与环节，提高实验趣味性，调动学生的积极性。

（6）环保清洁。粉尘扬出少，多次使用后桌面仍保持干净，适合在教室中操作。

图3　实验效果

四、实验教学目标

（一）知识与技能

（1）了解爆炸发生的条件和防范爆炸的措施。

（2）学会解释日常生活中的爆炸现象。

（二）过程与方法

（1）观察生活中的爆炸现象，认识可燃物爆炸的危害。

（2）学习对获得的事实进行分析归纳的科学方法。

（三）情感态度与价值观

（1）增强学生的消防安全意识。

(2) 激发学生热爱生活，关注社会的责任感。

(3) 培养学生正确的科学态度、探究精神、实践能力和创新意识。

五、实验教学内容

运用多媒体视频，关注时事热点，与生活和生产实际密切联系，学生获取知识积极主动，培养学生从化学的视角关注生活、生产中的安全问题，增强学生的消防安全意识。

为提高教学效果，采用学生分组探究实验，让学生亲自动手实验、主动探究、自足学习、互相合作交流得出"粉尘爆炸的条件"。根据化学课程标准的实验要求，结合本课的实际情况，改变过分强调知识背记，让学生经历科学探究过程，培养学生正确的科学态度、探究精神、实践能力和创新意识。

六、实验教学过程

（一）第一环节：情境导入，理解概念

（1）观看一组视频：气球爆炸、车胎爆炸、燃放烟花爆竹和煤气罐爆炸。提问：以上这些爆炸有什么区别吗？

学生很快注意到，后面两种爆炸有燃烧现象，而前面两种没有。前两种是由于气体物质在有限的密闭空间内，因体积急剧膨胀而引发的爆炸，是物理变化；后两种是可燃物在有限的空间内急剧燃烧，聚集大量的热，使气体的体积急剧膨胀而引起爆炸，这是化学变化引起的爆炸。从而纠正误区，爆炸不一定都是发生了化学变化。确立本节课探讨的是可燃物引起的爆炸。

（2）演示实验"氢气爆炸实验"。

提问："为什么盒子里的氢气要燃烧一段时间才会爆炸呢？"

结合资料阅读（见表1），请学生分析原因。

表1 部分可燃气体的爆炸极限

可燃气体	爆炸极限（体积分数）
氢气	4.0%～74.2%
一氧化碳	12.5%～74.2%
甲烷	5%～15%
氨气	15.5%～27%

从而引出"爆炸极限"这一概念：当可燃性气体或可燃性粉尘与空气混合并达到一定浓度时，遇到火源就会爆炸。这种能发生爆炸的浓度范围，叫作爆炸极限。

（二）第二环节：探究实验，科学认知

提问："可燃性气体会引起爆炸，那可燃性粉尘会引发爆炸吗？"接下来进行一组探究实验——探究粉尘爆炸产生的因素有哪些？

4人为1小组，进行分组探究实验，完成实验报告。

探究实验：粉尘爆炸。

实验目的：探究粉尘爆炸的影响因素。

实验器材：电源、自制粉尘爆炸装置、淀粉、酒精灯、燃烧匙、带网孔的玻璃瓶等。

实验操作如下。

实验1：淀粉能否燃烧？

取少量干燥的淀粉到燃烧匙中，将燃烧匙放在点燃的酒精灯上引烧。观察到燃烧匙中的淀粉表面燃烧变黑。从而得知淀粉是种可燃物，但成团的淀粉燃烧不剧烈（见图4）。

实验2：淀粉能否剧烈燃烧？

取非常少量的淀粉在点燃的酒精灯（干净的水槽中）上方撒下，观察到撒下的淀粉遇到明火迅速燃烧，产生大量的火焰。说明增大可燃物与氧气接触面积，燃烧越剧烈（见图5）。

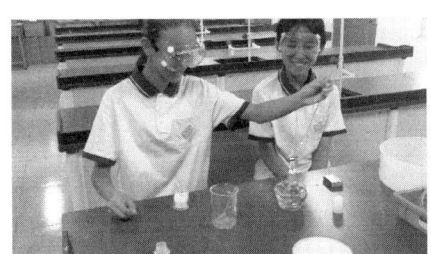
图4　粉尘燃烧①

图5　粉尘燃烧②

结合之前学过的铁丝在空气中和在氧气中的燃烧情况，学生可以总结出影响燃烧剧烈程度的因素有：氧气的浓度和可燃物与氧气的接触面积，从而解决本课题的第一个重点。

实验3：是否只有明火才会引起燃烧？

阅读表格（见表2），对比酒精灯火焰和电热丝发热的温度。

表2　酒精灯火焰和电热丝发热的温度对比

酒精灯的温度	焰心	内焰	外焰
	300~400℃	600℃左右	700~800℃
电热丝的温度	红色	黄红色	黄白色
	约1100℃	约1300℃	约1500℃

学生进行实验测试，发现通电电压越高，电热丝越亮。在14V左右电热丝变红黄色。

继续进行实验，组装粉尘爆炸装置，取2勺干燥后的淀粉装到漏斗中，用双头夹导线连接电源和铁罐接线柱，调节电压，观察到电压越高，电热丝的亮度增强。调至14V，电热丝快速发热变红后，挤压吸耳球鼓气，观察到扬起的淀粉粉尘遇到高温的电热丝迅速燃烧，产生大量的火焰（见图6）。

图6　粉尘遇到高温电热丝燃烧

学生感知到高温的电热丝也会是起火的源头。那电火花呢？实验中运用物理电学知识，让学生重视不同学科间的联系。

实验4：粉尘爆炸如何产生？

在实验3的基础上，电热丝快速发热变红后，盖上软塑料盖，迅速挤压吸耳球鼓气。听到"嘭"的一声，软塑料盖瞬间被掀飞，一大簇火光猛窜而出，并带有少量烟尘。

（三）第三环节：分析归纳，深度思考

通过以上实验，学生分析出粉尘爆炸条件：粉尘具有可燃性；有氧气参与；有火源，温度达到着火点；粉尘要分散，与氧气接触面积要大；相对密闭的空间。

进而引导学生归纳出可燃性物质爆炸的条件，在符合燃烧的三个条件下，可燃物急剧燃烧和有限的空间，是产生爆炸的主要因素。

接着提出思考1："有些小组实验4失败了，找到原因了吗？"引导实验失败的小组分析原因，鼓励对装置的再次改进。

思考2："可燃性气体有爆炸极限，那可燃性粉尘是否有爆炸极限呢？"从而引发新课题探究，激发学生继续实验探究的热情。

（四）第四环节：联系生活，拓展运用

（1）播放新闻视频"8·2昆山工厂爆炸事件"和"台湾彩色面粉"爆炸视频，以及深圳"4·29爆炸事故"。

可燃物在具备燃烧条件下剧烈的燃烧，如果在有限的空间内就会给生命和财产造成重大的损害。大家结合我们之前的实验探究，探讨下事件的起因，我们又该如何防范这种悲剧的发生呢？

（2）认识易燃易爆物相关的消防安全图标。

提问："我们家庭中有哪些易燃易爆品物呢？"

结合地铁违禁携带物和邀请学生现场对某些日用品进行燃烧实验，让学生认识生活中的易燃易爆物。提高安全防范意识。

（3）布置开放性作业，任选以下一项。

1）改进并制作粉尘爆炸装置。

2）进行一项有关易燃易爆品的探究实验，提交探究报告。

3）搜索有关可燃物爆炸的新闻报道，提交分析报告并提出预防措施。

4）调查身边有关易燃易爆品的安全隐患，提交调查报告。

七、实验教学效果与评价

（1）本课创设情境，与生活和生产实际联系密切，学生能够主动获取知识，培养学生从化学的视角关注生活生产中的安全问题，增强学生的消防安全意识。

（2）实施实验探究设计和实验创新，注重学生在课堂中的主体地位，关注学生对实验方法的理解，注重培养学生的科学探究精神、严谨的科学态度和创新意识。

（3）在该实验实施过程中强调安全意识，以4人为1小组，实验空间较大，大家互相督促。操作时每人佩戴护目镜，淀粉取量较少，电源电压选用14V（在安全电压36V内）。

从以前的教学实施过程看，学生对该实验非常感兴趣，能够较为完整地归纳爆炸影响因素。当然在课堂实施中需要依据不同的学生情况作一定的调整，进一步提升课堂教学的有效性。

▶高中化学

气体摩尔体积

上海市西南位育中学　马雄雄

一、使用教材

上海科技版高中《化学》一年级第一学期（试用本）第二章第二节。

二、实验器材

实验装置：自制数字化自动测定气体体积装置，含 ARDUINO 控制模块、压强传感器、排水电机、自制含铁丝的塑料容器、钐磁铁、锥形瓶、储液瓶、烧杯、导管等，如图 1 所示。

实验试剂：1mol/L 稀硫酸、镁条、浓硫酸、碳酸钠固体。

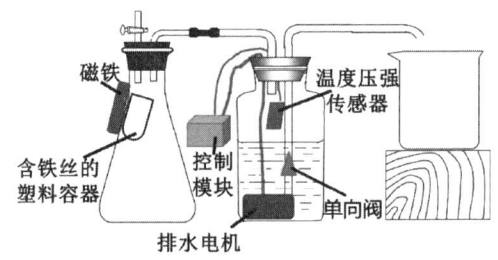

图 1　数字化气体体积测定装置

三、实验创新要求/改进要点

(一) 加样改进

把固体反应物装入含有铁丝的塑料容器中，用钐磁铁吸住容器；移开磁铁即完成试剂加入，避免加入反应物引起容器内的体积变化。

(二) 排水改进

由压强传感器测定容器内压强变化。当压强增大时，ARDUINO 控制模块驱动排水电机往外抽水，直到内外压强相等。

(1) 压强控制。

1) 标准压强选择：利用传感器获取与大气连通时的压强作为基础压强，开机后自动完成。

2）排水压强设定：由于容器内存在气体循环，密闭时压强仍然会有 2~20Pa 的浮动，因此，当压强测定值大于基准值 50Pa 时，排水电机开始排水，使容器内压强降低。最大会产生约 0.05% 的相对误差，误差较小可以忽略。

（2）排水控制。通过设定排水电机的输入电压与排水电机的供电时间，控制排水电机每次排水的总量约为 1mL，此排水量的设定值与称量固体反应物产生的系统误差相近。即电子天平称取固体反应物（例如，Mg 称取质量为 0.120g）可能产生的系统误差与排水体积产生的系统误差一致（例如，上述镁条可排出的水约 125mL）。

（三）稳定压强

在排水电机的上方引入零压力单向阀，使水只能从容器内向容器外流动，从而避免排水时因水柱产生压力差而造成容器内外压强的不同。

（四）操作简单

（1）软件操作：利用本实验的软件，可以直接查看即时的实验数据。

（2）实验操作：实验准备时，将液体反应物加入锥形瓶中，并将固体反应物加入内含铁丝的塑料容器。通过关闭活塞，使得容器密闭，移开磁铁，反应即开始。待实验结束后读取实验的最终温度与初始压强（数据窗口同时显示），并且通过称量排出水的质量转换得到产生气体的体积。实验操作简单，数据直接，且完成整个实验所需时间较短。

（五）推广性

本实验选择的数字化气体体积测定装置基于 ARDUINO 平台开发，具有非常优秀的推广性。该系统为开源平台，在开放协议内可以任意修改原始设计和相应代码；编程语言简单清晰，容易学习与快速开发；装置中的各类硬件获取容易，各类网购平台及实体店中都能购买，且可以选择套件或单个零件；拓展模块种类丰富，各类传感器元器件等都为标准化接口，方便组装，且不同品牌型号的传感器兼容性强。最后，而对于本实验所采用的传感器装置及控制系统，其最低总价格可以低于 50 元，成本相对较低。

四、实验原理/实验设计思路

排水法测定气体体积的实验中，最复杂的部分在于判断压强保持不变。改进后的实验装置利用控制模块判断压强大小并控制排水电机是否排水，使得实验时无须判断压强大小。

实验时只需完成试剂加入，待实验结束后，直接读取测定数据即可，有效减少实验操作步骤，使得实验测定的数据更加直观。

五、实验教学目标

（一）知识与技能

说出阿伏伽德罗常数的含义；描述气体摩尔体积的定义；解释同温同压下 1mol 气体体积几乎相同的原因。

（二）过程与方法

通过实验测定，探究气体体积规律；分析实验数据，推导影响气体体积大小的因素。

（三）情感态度价值观

感受定量分析在化学概念学习中的重要作用。

六、实验教学内容

本节课的学习内容是探究气体体积规律。在学习氯气性质之后，从研究气体转化过程中定量关系引入，利用数字化气体体积测定装置测定同温同压下等物质的量气体的体积，归纳得出阿伏伽德罗定律，并讨论分析影响物质体积大小的因素，建立气体摩尔体积的概念。

七、实验教学过程

（一）环节1：提出问题

由学生回忆刚刚学过的氯气的用途，指出气体是常用的反应物。化学反应一般按照一定物质的量之比进行，而气体通常测量体积，提出"气体物质的量与体积之间存在什么关系"这一问题。

（二）环节2：实验探究

学生利用数字化气体体积测定装置，分组测定等物质的量的不同气体的体积。

学生测量 0.005mol 的碳酸钠与浓硫酸或者 0.005mol 的金属镁与稀硫酸反应产生气体的体积，及时记录实验中温度与压强，最终通过称量排出水的质量换算得到产生气体的体积。

（三）环节3：形成概念

利用测得的实验数据，归纳得出阿伏伽德罗定律；对比反应物与生成物体积大小，引导学生得出影响物质体积大小的规律；通过计算当前实验温度与压强下 1mol 气体的体积，最终建立气体摩尔体积的概念。

八、实验教学评价

（一）对教学的影响

数字化气体体积测定装置操作简单，测定精确，实验数据直观，耗时短。在"探究气体体积规律"一课中引入该实验，突破"利用模型分析气体体积规律"的教学模式，使教学内容更加直观，把感性的认知转化为理性的基于实验结论的推断。

（二）对学生的影响

（1）宏观辨识：学生根据各组测定的实验数据，能从宏观角度归纳气体体积规律，得到阿伏伽德罗定律，培养学生从实验中收集证据，得出合理的结论，提升学习兴趣。

（2）证据推理：学生从反应物到生成物的体积变化，利用物质体积的定量数据对比，进行合理推测，认识从原子、分子水平分析影响物质体积大小的因素，建立起透过现象看本质的思想。

（3）问题解决：运用实验中所测定的数据，类比摩尔质量概念，建立气体体积与气体物质的量的关系，用所学的化学知识和方法解决生产生活中简单的定量问题。

探究氯气性质之氧化性实验改进

西安市临潼中学　刘璐

一、教材分析

内容选自人教版高中《化学必修1》第四章第二节"富集在海水中的元素——氯"。

教材在内容安排上充分体现了新课标的课程设置思想：注重实验教学。只是课本在编排此处实验时并未对氯气氧化性实验作过多涉及，而氯气的氧化性应该属于氯气最典型的性质，教材只是建议以探究性的实验展开教学。

二、学情分析

（一）学生知识基础

学生已学习了氯气的相关性质，知道氧化性是氯气的重要性质之一，有一定知识基础。

（二）学生能力基础

学生通过对《化学必修1》前面三章的学习，已经具备一定的实验素养，但实验探究以及实验的优化创新能力还有待加强。

三、实验器材及试剂

（一）实验仪器

带铁夹的铁架台、具支试管、滤纸、双面胶、淀粉-KI试纸、气球、单孔橡胶塞、长胶头滴管、针筒、小烧杯。

（二）实验试剂

高锰酸钾固体、浓盐酸、$FeSO_4$ 溶液（新配制）、NaBr 溶液、蒸馏水。

四、实验原理

（1）制备：$MnO_2+4HCl(浓) \stackrel{\Delta}{=\!=\!=} mnCl_2+2H_2O+Cl_2\uparrow$

或 $2KMnO_4+16HCl(浓)=2KCl+2MnCl_2+8H_2O+5Cl_2\uparrow$。

（2）除杂：选用饱和食盐水除挥发出的 HCl 气体（洗气时长进短出）。

（3）性质验证：可验证对比 Cl_2 和 Br_2、Cl_2 和 I_2、Cl_2 和 Fe^{3+} 氧化性的相对大小，从而说明 Cl_2 具有较强的氧化性。

原理：$Cl_2+2Br^-=Br_2+2Cl^-$

$Cl_2+2I^-=I_2+2Cl^-$

$2Fe^{2+}+Cl_2=2Fe^{3+}+2Cl^-$

（4）尾气处理：NaOH 溶液。

由于基本的实验装置较为复杂，所需试剂也多，不符合绿色化学的要求，所以要引导学生探究更为优化的装置。

五、实验教学目标

（一）知识与技能

能自主设计实验验证氯气的氧化性，并在设计过程中尽可能简化和优化实验装置。

（二）过程与方法

（1）学生分组讨论，初步设计出验证氯气氧化性的实验装置。

（2）通过分析发现问题，并通过改进和优化实验装置逐步解决问题。

（三）情感态度与价值观

（1）激发学习兴趣，培养学生发现问题、解决问题和努力探索的优良品质。

（2）学生通过优化实验装置的探究活动，培养创新精神和严谨求实的科学态度。

六、实验过程设计

（一）初步设计

PPT 展示氯原子结构，启发学生通过原子结构特点推导氯气应具有较强的氧化性，培养学生知识应用的能力。根据所验证内容设计装置并填充药品，引导学生设计实验装置。学生通常能设计出类似如下装置（见图1）。

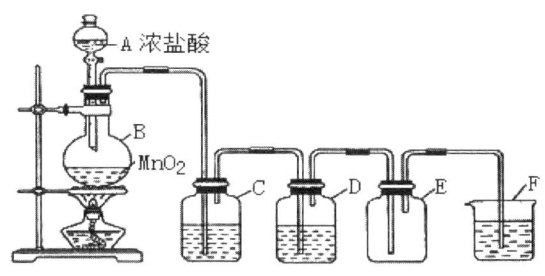

图 1　学生首次设计的实验装置

C 盛饱和食盐水，连续两个 D 装置分别盛 NaBr 溶液和 $FeSO_4$ 溶液，E 可放置湿润的淀粉-KI 试纸同时做安全瓶，F 作尾气处理装置，盛 NaOH 溶液。

实验现象：NaBr 无色溶液变棕黄，$FeSO_4$ 浅绿色溶液变黄，湿润的淀粉-KI 试纸变蓝。

解释和结论：Cl_2 具有强的氧化性。

这样的装置比较复杂，且所需试剂过多，教师启发和引导学生能否简化装置，把此实验设计成微型实验装置。

（二）首次改进

教师引导：要进行实验装置创新，就要分别从装置的四个部分入手。

学生讨论结果：①制备环节创新：制备氯气改用不需要加热的 $KMnO_4$ 和浓盐酸进行反应。选择合适的胶头滴管提前插入橡胶塞，调整好位置；②除杂环节创新：因分析挥发出的 HCl 气体对本实验的性质验证不产生干扰，所以省去；③性质验证环节创新：联想淀粉-KI 试纸，找一个类似的媒介承载试剂从而简化实验装置并节省试剂。

第一次改进方案如图 2 所示。

图 2　学生第一次改进后的实验装置

经实际操作后学生发现这套方案实验现象虽然很明显，但依然存在问题：装置还不够简化，且装置内部剩余氯气的处理存在缺陷。针对这两点问题，学生再次进行讨论并进一步优化方案。

（三）再次改进

教师引导学生创新：既然已经省略掉了除杂环节，那就想办法能不能把性质验证环节和尾气处理环节直接引入到制备装置中去。如果能引进的话不仅装置会得到极大的简化，尾气处理也不会存在问题。

学生讨论：反应装置改为具支试管，在具支试管支管口固定一只气球用于收集 Cl_2。通过双孔橡胶塞引入两个胶头滴管，在长胶头滴管深入试管的部分选择三个互相间隔的位置，上面两个位置用少量双面胶固定已裁剪好并在滴管上缠绕了几圈的滤纸，最下层同样的方法固定淀粉-KI试纸；用滴管取提前配好的 $FeSO_4$ 溶液润湿最上层滤纸，同样方法用 NaBr 溶液润湿第二层滤纸，之后用蒸馏水润湿最下层的淀粉-KI试纸，这样反应环境就设置好了。另一只胶头滴管吸 NaOH 溶液，用于尾气处理。处理好后用长胶头滴管吸取适量浓 HCl 并固定到具支试管上（见图3）。

但学生实际操作后再次发现了问题：吸氢氧化钠的滴管如果过长，就会对反应位置产生干扰；如果过短，吸收氢氧化钠的量又不够，不足以处理完剩余的氯气。

（四）最终优化

经过讨论，学生想到了一个既不会对反应位置产生干扰又能保证氢氧化钠足量的仪器——针筒。在单孔橡胶塞上现场固定针管的针头，若针头堵塞用铜丝疏通即可，以防

图3 学生第二次改进后的实验装置

针头来回使用和橡胶塞缝隙过大造成 Cl_2 泄漏。固定好针头后用针管吸取适量 NaOH 溶液，用于反应完后的尾气处理。最终优化结果如图4所示。

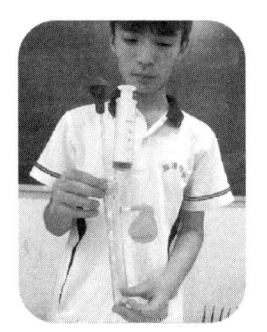
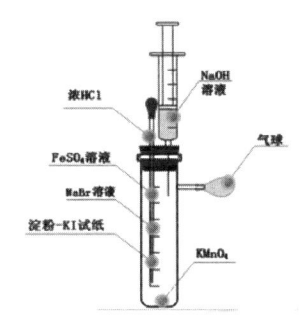

图4 最终设计方案

这样的话只需提前准备好仪器和药品，课堂上就能很快进行演示实验。并且改进后的装置是和学生共同讨论出的，实验过程完全可以由学生来演示。若需再次实验只需更换滤纸，非常适合连续班级的教学活动。

七、实验改进要点

（一）一体化、微型化

组装简单，反应迅速，实验现象明显，适合学生动手操作。

（二）绿色化

节约试剂，减少有毒气体残留符合"绿色化学"的要求。

（三）实用化

学生参与度高，且适合连续多个班级的教学。

八、教学反思和评价

探究型实验课有一定优势，课堂上学生思维活跃，讨论热烈。比如针管的引入，学生一开始会设计双孔橡胶塞，但问题是用短的胶头滴管担心 NaOH 溶液不够，不足以处理剩余的 Cl_2，用长的又会影响验证性质，最终设计了容量大且不会影响实验的针管。我感到，实施这种教学模式，确实对培养学生的创新思维能力和分析问题、探讨问题、解决问题的严谨求实的科学态度起了很大作用，提升了学生的综合实验素养。更为重要的是，学生在探究过程中获得了成就感，更加激发了学生学习化学的热情。

作为一节学生参与度高的探究型实验课，本节课还存在一定问题：学生有些创新的想法比较合理，但因为仪器不充分，不能所有方案都进行实践操作；在设计过程中基础较好的同学反应比较快，想法也比较多，基础稍弱的同学参与度不是很高。这些问题需要在今后的教学过程中逐步改进和克服。

氯气与水的反应的数字化实验，研究化学平衡状态

湖北省武汉市黄陂一中盘龙校区　殷奇

一、教材与学情分析

"化学平衡状态"是人教版高中《化学选修四》第二章第三节的内容，是对"可逆反应"的进一步学习，是高中阶段平衡理论体系的核心，对深入理解其他平衡具有重要的理论指导意义。因此本节内容在教材中起到了承上启下的作用。

学生在学习该内容之前，已经知道氯气与水的反应是可逆反应，知道影响化学反应速率的因素并且具备自主设计实验方案、处理数据和分析数据的能力。教材中直接给出了"化学平衡状态"的定义。实际教学中很难找到合适的方法使学生直观地感受"化学平衡状态"的建立过程，多数教师仅限于宏观性质的讲解，学生没有进行太多思维活动，很难理解并掌握这一概念。因此，该内容一直是高中化学教学的重点和难点。

二、实验教学目标和重难点

（一）教学目标

（1）知识与技能。能描述化学平衡建立的过程，知道化学平衡状态的特征。

（2）过程与方法。学会利用相关的传感器测定实验数据，并分析图像得出结论。

（3）情感态度与价值观。通过化学实验探究，体验科学探究的过程，感受科学探究的乐趣。

（二）教学重难点

教学重点：化学平衡状态的建立过程和平衡状态的特征。

教学难点：通过实验现象和实验数据建立的图像模型分析化学平衡状态的特征。

三、实验仪器和药品

计算机、数据采集器及配套软件、H^+传感器、压强传感器、氯气2管（已装入50mL医用注射器中密封备用）、蒸馏水、冰块、1mol/L氢氧化钠溶液、铁架台、500mL三颈烧瓶、水槽、橡胶塞、50mL医用注射器若干、气球、黏土、温度计。

四、实验教学方法

讲授法、实验探究法、小组合作法、分组讨论法。

五、实验教学过程

（一）环节1：教师引入，创设环境

教师：提出问题——如何判断一个可逆反应到达了它的限度。

学生：在一定条件下，当正、逆两个方向的反应速率相等时，反应体系中所有参加反应的物质的质量或浓度可以保持恒定。

设计意图：激疑导学，引导学生自主学习，调动学生的积极性和主动性。

（二）环节2：分组讨论，确定方案

学生提出疑问：①如何从宏观可视的角度来判断正逆反应速率相等，如何知道参加反应的物质的质量或浓度保持恒定？②能否通过直观的实验现象判断反应已经到达平衡状态？③到达平衡状态的反应又有何特征？

学生分组讨论，提出合理的实验方案，力求通过自己设计的实验方案解决这些问题。通过讨论，筛选和甄别，同学们就氯气与水的反应提出了两种较优方案，如图1所示。

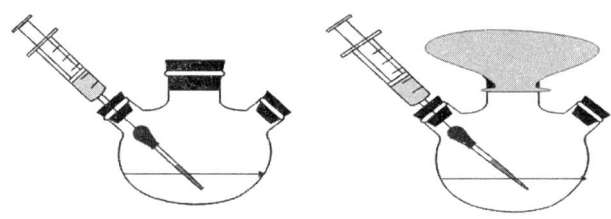

图1　学生设计方案

设计意图：通过讨论，确定方案，培养学生提出问题、分析问题、解决问题的能力。通过小组讨论，确定可操作性方案，并消除环境污染，发展实验探究与创新意识，科学精神与社会责任化学核心素养。

（三）环节3：分组实验，进行探究

教师：让学生设计实验方案，选择一种传感器。组织学生进行分组实验，每四人一组，每组一个组长，以确保实验能够有条不紊地进行。

学生：进行第一组实验（实验开始前，要检验装置的气密性）——在密闭环境下测定氯气与水反应体系中压强的变化。实验装置如图2所示，根据实验该实验数据建立的坐标图像模型如图3所示。

图 2 第一组实验的实验装置

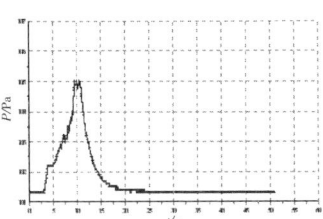

图 3 第一组实验的实验数据

然后开始进行第二组实验（实验开始前，检验装置的气密性）：在恒温恒压下测定氯气与水反应过程中体系内 pH 的变化。第一部分：在室温 26℃、水温 20℃ 的情况下测定，实验装置如图 4、图 5 所示。第二部分：在室温 26℃、水温 0℃ 的情况下测定（待第一部分结束后，直接将体系放入冰水中），实验装置如图 6 所示。根据第二组实验数据建立的坐标图像模型如图 7 所示。

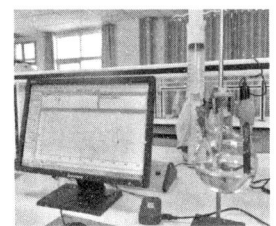

图 4 第二组实验的实验装置　　　　　图 5 检验装置气密性

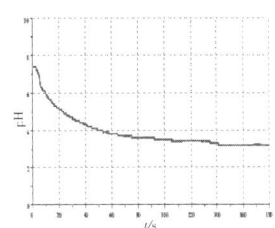

图 6 放入冰水　　　　　图 7 第二组实验的实验数据

设计意图：通过分组实验，合作探究，采集数据，建立坐标图像模型发展了学生宏观素养与微观探析，变化观念与平衡思想的化学学科核心素养。

（四）环节4：分析数据，提炼总结

学生：根据实验现象和图像得出结论，分析可逆反应到达化学平衡状态的过程，寻求可逆反应到达化学平衡状态的四个特征。通过氯气与水的反应，推广到其他可逆反应，由个例推及一般，总结提炼，领悟化学平衡状态的本质。

教师：让学生在课后查阅相关资料，并且让学生谈一谈对平衡的理解，评价学生核心素养是否达成。

设计意图：让学生知道化学反应是有历程的。学生通过观察，收集证据，通过证据建立的坐标图像模型来分析这一历程，在完成知识目标的同时也发展了证据推理与模型认知这一化学学科核心素养。学生在课后通过查阅资料，能够认识到任何可逆反应都有一定限度，化学平衡状态也是客观存在的。正是因为有了这种平衡，才造就了丰富多彩的物质世界。这一过程中正逆反应看似矛盾对立，却通过平衡的建立让矛盾双方走向统一。同时也让学生知道不仅化学中有平衡，人与自然也在追求一种生态平衡，加深学生的环保意识。

六、实验反思与评价

回顾本节课，在横向上利用四条线索层层递进（激疑导学→确定方案→探究释疑→提炼总结），通过实验设计和探究，逐步深入，知识体系层进式教学使学生通过宏观的实验现象解释微观的反应历程，进而领悟化学平衡状态的本质，最终形成学科素养（宏观→微观→本质→学科素养）。

当然，实验改进也是关键。有色气体氯气与水的反应，装置简单，操作方便。所用氯气是事先密闭保存在注射器中的，整个过程不会造成氯气泄漏，绿色安全。实验现象非常明显，每个实验只需两三分钟就能完成。而数字化实验，利用现代化技术，让学生"看"到了微观粒子的变化，从而揭开了"化学平衡状态"的神秘面纱。

学生观察、收集证据，基于证据建立的坐标图像模型分析可逆反应到达化学平衡状态的历程和特征，参与寻求特征与概念的形成，在完成知识目标的同时，也促进了自身化学学科核心素养的发展。

色彩缤纷的氨气黑枸杞喷泉实验

宁夏六盘山高级中学　徐文娟

一、使用教材

鲁教版高中《化学必修1》"物质结构与性质"。

二、实验器材

仪器：5mL塑料针筒三个、10mL塑料针筒一个、圆底烧瓶三个、锥形瓶一个、三孔塞三个、三叉管两个、铁架台一个、洗耳球一个、烧杯一个、橡皮导管和玻璃导管若干。

药品：氢氧化钠固体、浓氨水、浓盐酸、浓硝酸、硫酸铜溶液、酚酞试液、石蕊试纸、黑枸杞数颗。

三、实验创新要求/改进要点

传统氨气制备实验存在以下问题：装置复杂，药量大，实验时间长，影响课堂教学进度。改进后的氨气喷泉一体化装置有以下特点：

（1）反应快速，实验药品用量少，安全环保。

（2）利用医用针管和三通管巧妙地将氨气的快速制备、喷泉、喷烟、倒吸融为一体。

（3）采用黑枸杞浸出液代替酚酞溶液进行实验，先后产生了红色、绿色喷泉及白色喷烟和黄色倒吸实验。

（4）色彩绚丽，激发学生兴趣，引发学生深入思考。

四、实验原理/实验设计思路

（一）氨气的快速制备

根据平衡移动原理，浓氨水遇NaOH固体迅速逸出氨气。

$$NH_3+H_2O \rightleftharpoons NH_3 \cdot H_2O \rightleftharpoons NH_4^+ + OH^-$$

（二）引发氨气的喷泉

物理负压法：氨气极易溶于水。

化学负压法：氨气与HCl蒸汽、HNO_3反应（先喷烟，后喷泉）。

（三）彩色喷泉原理

氨气为碱性气体，遇酚酞变红；遇 HCl 蒸汽、HNO_3 反应生成白色固体颗粒，喷白烟；遇 $CuSO_4$ 溶液生成深蓝色的 $[Cu(NH_3)_4]SO_4$ 溶液；遇蓝色黑枸杞浸出液，随酸碱性不同而呈现多种颜色。在已知自然界植物中，黑枸杞中花青素含量最高，号称"花青素之王"。花青素是一种水溶性色素，可以随着细胞液的酸碱改变颜色。细胞液呈酸性则偏红，细胞液呈碱性则偏蓝。

五、实验教学目标

根据高中化学必修及选修内容和高二学生已有认知及其心理特征，结合新课标对学生科学素养、知识形成和能力培养的要求，我通过化学实验校本课程带领高二化学兴趣小组同学，分阶段、逐步完成了系列氨气喷泉实验装置的改进。对于此次带领学生完成系列氨气喷泉实验的探讨和改进活动，制定了如下校本课程实验教学目标。

（一）知识与技能

了解氨的物理性质，掌握氨的化学性质，提高实验探究能力。

（二）方法与技能

通过对氨气制备和喷泉实验的探究和改进，培养学生实验观察、分析、操作的能力，激发学生科学探究的意识和实验创新能力。

（三）情感态度与价值观

引导学生发挥主观能动性，培养学生的环保意识和创新精神。

六、实验教学内容

喷泉实验是中学化学教材中既有趣又值得回味的实验，在高中化学教学中具有重要地位。本系列校本课程以探究氨气的制备和喷泉实验为目的，启发学生不断探究实验的最优方案和最佳装置，学会根据氨气的性质形成色彩缤纷的喷泉。

七、实验教学过程

（一）阶段一：明确实验目的

我带领高二化学实验校本课程班的同学，利用校本课程时间展开了一系列关于氨气喷泉实验的探究，旨在不断改进实验装置，形成一套集氨气的快速制备和喷泉于一体的实验装置。

（二）阶段二：对比氨气的三种制法（见表1）

表1 氨气的三种制法

氨气的制备	耗 时	效 果
经典实验室固固加热制气法	4分钟左右	装置复杂，耗时长，气量少，气体不纯，大试管容易被腐蚀而破损
浓氨水受热分解制气法	1分钟左右	装置简单，耗时短，可多次制气，但生成气体不够干燥，影响氨气喷泉的效果
浓氨水与碱性固体制气法	非常快速	装置更简单，固液接触立即产生大量气体，气体干燥，喷泉效果好

（三）阶段三：探讨引发氨气喷泉的方式

物理负压法：利用氨气极易溶于水的特点，向氨气集气瓶中注水而形成负压。

化学负压法：利用氨气能与HCl或HNO_3生成固体铵盐的特点，向氨气中注入浓盐酸或浓硝酸而形成负压。

（四）阶段四：探讨氨气彩色喷泉的形成（见表2）

表2 实验现象

氨气所遇溶液	酚酞溶液	硫酸铜溶液	三氯化铁溶液	浓盐酸浓硝酸	黑枸杞浸出液
显色	红色	深蓝色	黄色沉淀	白烟	多种颜色

（五）阶段五：改进氨气喷泉装置的初步尝试

单喷实验（见图1）。

（六）阶段六：改进氨气彩色喷泉的继续尝试

双喷实验（见图1）。

双喷实验操作步骤：

第一步，利用洗耳球和两个倒置烧饼下端瓶塞预留针头上事先涂抹的泡泡液进行装置气密性检验。

图1 单喷装置和双喷装置

第二步，利用注射器将10mL浓氨水注入盛有少量固体氢氧化钠的烧瓶中快速制备收集氨气。

第三步，利用Y形三通管，将氨气通过尖嘴玻璃管同时收集到两个倒置的圆底烧瓶中。

第四步，利用倒置烧瓶下端瓶塞处的预留医用针头的小孔进行排空气，一段时间后在利用湿润的酚酞试纸进行氨气的验满。

第五步，同时用医用针管向两个倒置的烧杯中分别注入少量蒸馏水（产生物理负压）和浓盐酸（产生化学负压，并喷烟），打开止水夹，使得下方大烧杯中的黑枸杞浸泡液同时喷入两个倒置的圆底烧瓶中，同时产生红色和绿色喷泉。

第六步，利用氨气发生装置中存留的氨气，向其中注入浓硝酸（产生化学负压，并喷烟），打开止水夹，大烧杯中的黑枸杞浸泡液被倒吸到氨气的发生装置中，先产生绿色液体，随后很快变黄色。

八、实验效果评价

第一，节约时间。改进后的喷泉实验，操作便利，用时不到 2 分钟，极大地节约了实验时间。

第二，内容新颖。本实验实现了氨气的制备、收集、物理性质、化学性质检验一体化操作。不断对氨气喷泉实验的原理进行拓展迁移，加深学生对喷泉实验原理的认识，进一步开阔视野。

第三，现象明显。本实验现象非常明显，颜色变化多样，生动有趣，渗透化学和物理知识，便于教师课堂演示，也便于学生进行探究性学习。

第四，绿色环保。本实验尽可能避免氨气排放到空气中，符合绿色化学的理念。

第五，空间广阔。本实验可进行多组喷泉实验，为学生后续探究 HCl 和 SO_2 等气体的喷泉实验提供广阔的空间。

氨气、氯化氢双喷泉实验的组合设计

贵州省贵阳乐湾国际实验学校　杨青山

一、使用教材

人教版高一《化学必修1》第四章第四节"氨　硝酸　硫酸"。

二、实验器材

（一）实验仪器

铁架台2个（带铁圈、铁夹）、三脚架、石棉网、250mL圆底烧瓶若干、400mL烧杯3个、玻璃导管若干、橡胶管、酒精灯1个、止水夹3个、三通管、胶头滴管若干、橡胶塞若干、小刀、打孔器。

（二）实验试剂

浓盐酸、浓氨水、酚酞试剂、石蕊试剂。

三、实验创新要点/改进要点

（1）通过连通器原理形成先后、连续的双喷泉实验。

（2）实验现象多变。滴加酚酞试剂：无色—红色—无色（烟雾），滴加石蕊试剂：紫色—蓝色—红色（烟雾）。通过颜色多变、烟雾喷泉渗透实验达到育人功能。

四、实验原理/实验设计思路

（1）一水合氨易分解，氨气密度小于空气，易溶于水。

（2）浓盐酸易分解，氯化氢密度大于空气，易溶于碱性溶液。

（3）课堂教学中，在利用教材呈现的方式进行实验，发现氨的喷泉实验演示时间短、单一、缺少知识的迁移，同时课堂上学生总是感觉意犹未尽。为解决这个问题，特设计了连通器原理下的氨气、氯化氢双喷泉实验，实验效果明显，颜色多变，涉及装置的演变、知识的迁移，能够激发学生的探究欲望，培养了学生的创新意识。

五、实验教学目标

（一）知识与技能

（1）喷泉原理的迁移。

（2）学会将物质的不同性质的若干实验进行整合设计。

（3）能对实验进行合理的设计与评价，准确完整的描述实验现象。

（二）过程与方法

（1）经历对双喷泉实验的探究过程，能依据探究目的设计并优化实验方案，能对观察记录的实验信息进行加工并获得结论；能和同学交流实验探究的成果，提出进一步探究或改进实验的设想。

（2）通过观察实验，能够用化学用语准确地描述实验现象，提高问题分析的逻辑思维能力和语言表达能力。

（3）通过双喷泉实验的组合设计，激发学生学习兴趣，培养学生的整合思维。

（三）情感态度与价值观

在实验中创造美的氛围，培养学生的审美情绪，让学生在心里产生美的感受，在情感上产生美的共鸣，在实验中受到美的陶冶，最终达到提高化学教学质量的目的。

六、实验教学内容

氨的喷泉实验—相互独立双喷泉—氨气与氨气连续双喷泉—自制连通器—氨气、氯化氢连续双喷泉。设计实验运用于氨的喷泉实验扩展研究的教学，引导学生对单一喷泉实验的装置进行扩展研究，使学生体会科学研究过程，掌握基本研究方法，促进核心素养的形成。

七、实验教学过程

（一）发现问题

提问：教材中的氨溶于水的喷泉实验有哪些需要改进之处？学生通过思考原型实验交流实验感受。氨的喷泉实验演示时间短，总是感觉意犹未尽，通过提出问题的来培养学生发现问题的能力，并为后续教学作铺垫。

（二）提出问题

提问：怎样延长喷泉实验的演示时间？并与学生共同讨论、适时引导。

学生思考：分组讨论，得出设计方案：增加喷泉实验装置！发挥学生的主观能动性，培养学生交流、学习的能力。

（三）分析、解决问题

（1）改进实验（见图1）。

引导：用该装置进行分组实验，发现问题：并没有延长喷泉时间。提示学生，能否像多米勒骨牌那样（先后、连续产生喷泉）？

（2）优化实验。

改进方案：将同时进行的、独立的双喷泉实验改为连通器原理下的、连续进行的双喷泉实验（见图2）。

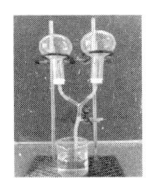

图1　改进实验

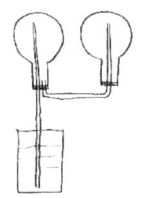

图2　优化方案

引导：实验室没有相关实验装置，怎么办？

教具制作（见图3）。

请同学们演示该实验并描述实验现象。

组装仪器（见图4）。

分组实验（见图5）。

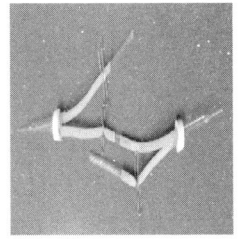

图3　教具制作

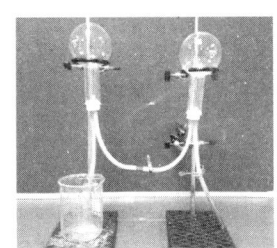

图4　组装仪器

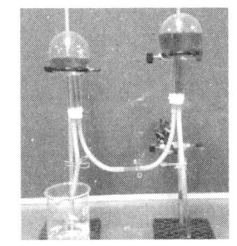

图5　分组实验

实验现象：两个烧瓶出现喷泉，喷泉时间延长，烧瓶内溶液颜色均为红色，形成了连通器原理下一体化的双喷泉实验。提问：①喷泉实验的原理是什么？②怎样使该实验颜色多变？

提示：①HCl易溶于水（1∶500），更易溶于碱性溶液。②$NH_3+HCl=NH_4Cl$　$NH_3 \cdot H_2O+HCl=NH_4Cl+H_2O$。

（四）迁移应用

升华实验：氨气、氯化氢双喷泉实验的组合设计（见图6）。

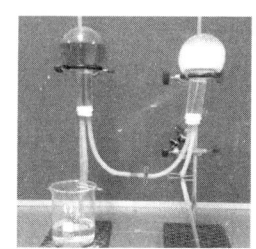

图6 氨气、氯化氢双喷泉实验的组合设计

（五）自制连通器的扩展应用

提示：①浓氨水受热易分解、浓盐酸受热易挥发。②排空气法收集气体注意事项：氨气密度比空气小、氯化氢密度比空气大。

用自制连通器一长一短的导管快速制取氨气和氯化氢气体。引导学生更好地运用自制连通器。

（六）反馈教材

（1）喷泉实验的原理迁移。

（2）氨与氯化氢的反应、相互检验。

（3）氨气的制备扩展探究、验满方法。

（4）渗透实验教学的美育。

八、实验效果评价

（1）通过探究性实验课的实践，学生学会了分析问题、设计实验和简单教具的制作。

（2）本装置涉及知识整合和仪器整合，充分体现了实验制备与性质研究的一体化设计思想，有利于学生整合思维的发展，对课本涉及的实验进行优化、整合和改进是落实核心素养的有效方式。

（3）培养学生的迁移能力：喷泉原理的迁移，整合实验能力的迁移。

（4）自制实验装置的对称、和谐、稳定，如一件科学的艺术品；"双喷泉""烟雾"中的喷泉美感，达到了"以美引真、引趣"的教学效果。这样的审美注意，使学生获得了知识，享受了美的熏陶，更激发了他们认识美、感受美、创造美的愿望。

氮的氧化物性质实验改进

四川省南充高级中学　唐光明

一、使用教材

人教版高中《化学必修1》第四章第三节"硫和氮的氧化物"第二课时。

二、实验改进背景

传统实验方法存在以下不足：

（1）NO与O_2反应的实验中有毒气体进入空气中造成环境污染（见图1）。

（2）NO_2与水反应后的生成物难以得到妥善处理（见图2）。

（3）NO_2与O_2通入水中的实验操作复杂，不便于学生动手实验（见图3）。

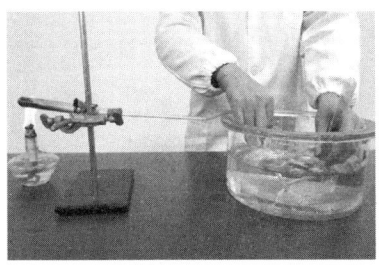

图1　NO与O_2反应　　图2　NO_2与H_2O反应　　图3　NO_2与O_2通入水中反应

三、实验教学目标

（一）教材分析

本节内容是非金属元素化合物性质的重要组成部分，既有对新知识的认知，又有对已有知识和方法的模仿、迁移与应用。教学中的科学探究是学习氮的氧化物性质的重要途径。

（二）学情分析

学生通过前面的学习虽然掌握了一些基本的实验操作方法，但科学探究能力和实验创新意识有待提高。

（三）基于化学学科核心素养的实验教学目标

（1）宏观辨识与微观探析：通过观察氮的氧化物性质实验现象，从微观分析物质反应的过程和原理，了解NO及NO_2的化学性质。

（2）科学探究与创新意识：通过探究NO的性质、NO_2的性质、如何使NO_2

尽可能多地被水吸收，来培养学生的科学探究能力。通过实验改进来培养学生实验创新意识。

（3）科学态度与社会责任：通过实验结果与理论值相比较不一致，再分析可能的原因来培养学生严谨求实、实事求是的科学态度。通过实验设计让学生树立环保意识。

（四）教学重难点

重点：NO、NO_2的物理及化学性质。

难点：培养学生的科学探究能力和实验创新意识。

四、实验内容

（1）探究NO的性质。

（2）探究NO_2的性质。

（3）探究如何使NO_2尽可能多地被水吸收。

五、实验教学设计

（一）课前准备

制取并收集NO气体和O_2各一袋、NO_2气体两袋（制取和收集装置见图4）。

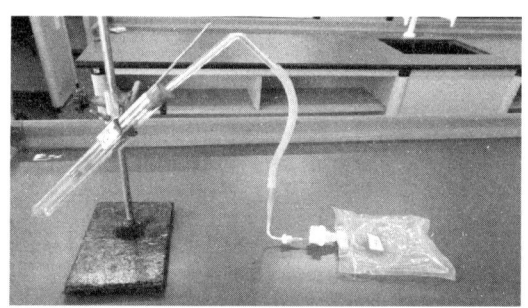

图4　制取和收集NO及NO_2装置

说明：①先用注射器将输液袋中少量液体和空气吸出；②收集NO气体时先在输液袋中注入少量水，收集满后再用注射器将水吸出，主要是防止NO气体中混有NO_2气体。

（二）实验药品和仪器（见图5）

药品：NO、NO_2、O_2、H_2O、紫色石蕊试液。

仪器和用品：烧杯、注射器三支（60mL、30mL和10mL）、输液袋两种（100mL、250mL）。

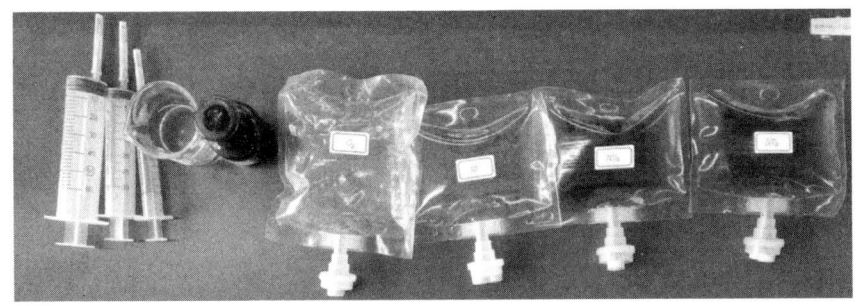

图 5 实验药品和用品

(三) 实验教学环节

(1) 探究 NO 的性质。

活动一：观察 NO 气体的颜色和状态，然后向 NO 气体中注入少量水，观察溶解情况。

实验现象：输液袋体积没有明显变化。

实验结论：NO 是无色、难溶于水的气体。

活动二：向 NO 气体中注入 O_2 并观察实验现象。

实验现象：无色气体变为红棕色，可以摸到输液袋温度升高（见图6）。

实验结论：$2NO+O_2=2NO_2$。该反应放热。

(2) 探究 NO_2 的性质。

活动三：观察 NO_2 气体的颜色和状态，并总结 NO_2 部分物理性质。

实验结论：NO_2 是红棕色的有毒气体。

活动四：①向装有 NO_2 气体（体积为100mL）的输液袋中注入少量水，观察现象；②用 60mL 注射器测量无色气体的体积，测量后并将无色气体注入袋内；③向生成的无色气体中注入 O_2，观察现象；④用 10mL 注射器取少量紫色石蕊试液注入输液袋中，观察现象。

实验现象：①红棕色气体变为无色，气体体积减小，所得溶液无色（见图7）；②无色气体的体积约为 NO_2 体积的 1/3；③无色气体变为红棕色（见图8）；④无色溶液变为红色（见图9）。

实验结论：NO_2 与水的反应：$3NO_2+H_2O=2HNO_3+NO$。

(3) 探究如何使 NO_2 尽可能多地被水吸收。

活动五：设计实验要求使输液袋中的 NO_2（体积为100mL）尽可能多地被水吸收。

实验操作步骤：

步骤一：向装有 NO_2 的输液袋中注入少量水，并振荡输液袋。

步骤二：取一定体积的 O_2 注入输液袋中，边注入 O_2 边振荡输液袋。

步骤三：当气体颜色没有变化时，停止注入氧气。

实验现象：步骤一中注入水后红棕色气体变为无色，气体体积减小；步骤二中注入 O_2 后无色气体又变为红棕色，振荡输液袋后气体体积进一步减小；步骤三中当注入 O_2 至气体颜色不再改变时为 NO_2 气体最大限度地被水吸收。

实验结论：注入适量的 O_2 可以使 NO_2 气体尽可能多地被水吸收，理论上消耗 O_2 的体积为 NO_2 体积的四分之一。

注：①实验中没有特殊说明注射器规格时均选用 30mL；②在实验三中，可以用注射器读取消耗 O_2 的体积，由于受到温度和纯度的影响，实验测量值与理论值有差距，可以根据学生实际情况选择性完成实验教学。

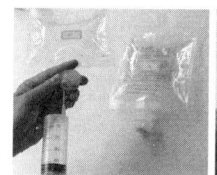 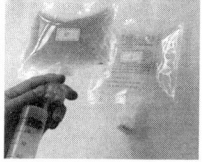 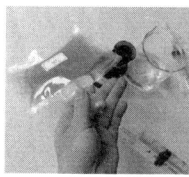 

注入氧气前　　注入氧气后　　　　　注入水之前　　注入水之后

图6　NO 与 O_2 反应实验现象　　图7　NO_2 与水反应实验现象

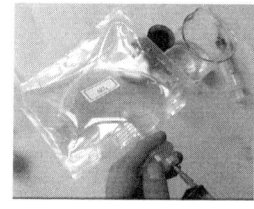 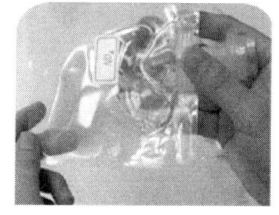

图8　向 NO_2 与水反应后的气体中注入 O_2 实验现象　　图9　向 NO_2 与水反应后的溶液中注入少量紫色石蕊试液实验现象

六、实验效果评价

（1）实验操作简单、现象明显，学生可操作性强。学生动手实验并近距离观察实验现象，感受化学之美。

（2）输液袋密封性好，无污染物逸出，学生的环保意识得到提高。

（3）实验结束后剩余的有害物质在输液袋中，便于统一回收集中处理，不易造成环境污染。

实验室模拟空气吹脱装置

北京汇文中学　李雪军

一、使用教材

人教版高中《化学必修2》第四章第一节。

二、实验器材

仪器：鼓气双连球、具支试管、塑料瓶、海绵吸收块。

药品：溴水、淀粉碘化钾试纸、NaOH 溶液、蒸馏水。

三、实验原理和创新装置

（一）实验原理

"吹脱法"依据亨利定律来脱除水中溶解气体和某些挥发性物质。即将气体（载气）通入水中，使之相互充分接触，使水中溶解气体和挥发性物质穿过气液界面向气相转移，从而达到脱除污染物的目的。常用空气作载气，称为空气吹脱。该方法广泛应用于废水处理、海水提溴等。

黄色的溴水经过空气吹脱后，水中的溴被转移到空气中，溶液因此褪成无色；同时吹入空气中的溴使湿润的淀粉碘化钾试纸变蓝。溴可以与氢氧化钠发生氧化还原反应，利用这一特性将溴全部吸收，既避免排入大气中污染环境，又可以借此介绍溴的吸收工艺，让学生初步认识化工生产实际。依据上述原理，本节课设计了一个创新实验装置来实现这一过程。

（二）创新装置介绍

（1）整个装置共分为三个单元：送气单元（见图1的A）、吹脱单元（见图1的B）和吸收单元（见图1的C）。

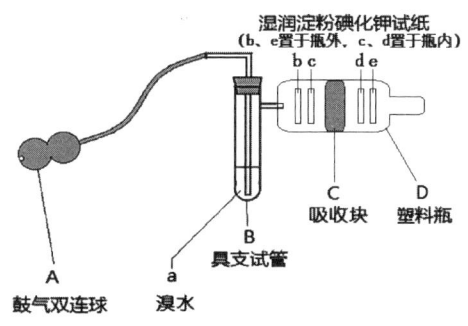

图1　模拟空气吹脱装置图

（2）操作前要求学生观察试管中溶液的颜色和吸收单元中四张湿润的淀粉碘化钾试纸的颜色（见图2）。

（3）开始操作时，反复按压鼓气双连球，送入空气。

（4）随着空气不断吹入，引导学生观察试管中溶液颜色的变化情况。同时，引导学生观察位于吸收块前后、瓶壁内外试纸的颜色变化情况（见图3）。

（5）记录并分析上述实验现象，得出实验结论。

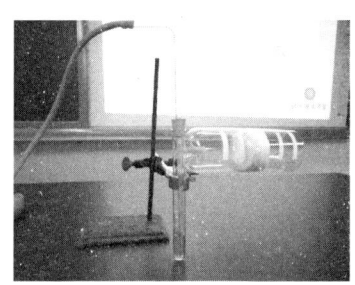
图2　实验前

图3　实验后

四、实验设计思路

"海水提溴"是新课标必修课程主题5"化学与社会发展"下二级主题"化学在自然资源和能源综合利用方面的重要价值"中的相关内容。"海水提溴"是学生了解工业流程特别是物质富集过程的经典素材，也是将物质性质与应用紧密结合的良好范例。通过"海水提溴"这样的真实问题，模拟化工生产的实际装置和真实情境，丰富学生的核心素养。

在"海水提溴"的工业流程中，富集过程是一个技术要点。由于缺乏相关经验，学生对"吹脱法"容易产生疑惑，不能理解空气怎么能吹出溴。通过设计这个简洁直观的实验装置，为学生演示溴单质的"吹出"和"吸收"过程，有效地帮助学生认识和理解"吹脱"是提取低浓度溴的一种重要手段，是富集溴的重要环节。

五、实验教学目标

（1）通过"吹脱法"演示实验，理解海水提溴过程中溴的收集方法，初步了解物质分离提纯以及收集方法选择的原则。

（2）通过"吹脱法"创新装置分析，巩固控制变量和对比实验的探究思想。

（3）通过海水提溴工业流程的设计，认识书本上化学原理的应用与工业生产过程的区别和联系。

六、实验教学内容

"空气吹出法"用于工业海水提溴,而学生不能理解空气怎么能吹出含溴海水中的溴。针对学生的问题自行设计实验装置演示空气吹脱过程,帮助学生了解工业生产中的富集过程。

七、实验教学过程

(1) 学生课前分组调研溴的三个内容(溴的发现史、溴的用途及其在自然界中的分布、溴的性质),准备PPT小组汇报。本环节为设计工业提溴流程作好知识储备。

(2) 课上学生首先分享自己的调研成果。本环节使学生明确提溴的意义。提溴原料来自海水,且溴离子浓度很低,为溴的富集作铺垫。

(3) 设计海水提溴的工艺。本环节是这节课的重点。从化学原理上需要将海水中的溴离子转化为溴单质,由于海水中溴元素的含量低,需要将溴进行富集。"空气吹出法"是富集溴的重要方法。为突破这一难点,用自行设计的创新装置,形象直观地演示溴的吹脱过程。实验结束,请学生结合实验现象讨论:①溴是否被吹出了?你是如何看出的?②瓶外的试纸有什么用?③吹出的溴去哪儿了?④选择吹出法的优点是什么?⑤吹出的溴怎么收集?

通过对实验现象的讨论与分析,培养了学生注重实证、严谨求实的精神,提升了学生的学科素养。

(4) 继续完善海水提溴的工艺流程,引导学生画出海水提溴的流程图(见图4)。

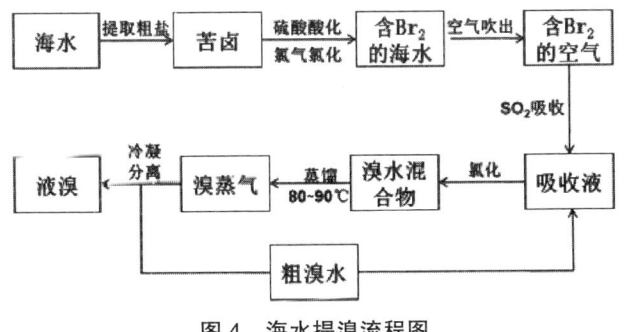

图 4 海水提溴流程图

八、实验效果评价

本节课以"海水提溴"这一真实的化工生产过程为研究对象,借助自制实验装置,对化工生产的原理流程进行复原和模拟,在解决"真问题"的过程中,培养学生科学探究与创新意识,发展化学学科核心素养。

本创新装置自 2016 年以来在我校高一年级第二学期化学课上得到了实际使用。经过 2016~2018 年三个高一年级的多位化学教师在 26 个教学班的演示使用，发现此装置具有如下特点：

（1）现象直观：模拟空气吹脱过程，现象明显，可视性好，便于学生理解将含溴的海水中的溴用"空气吹出"。

（2）环保：实验过程中吹出的溴被碱液吸收，不污染环境。

（3）便于推广：本装置操作简单、携带方便，材料易得、成本低廉，不仅可以由教师操作展示，也可以由学生自己动手，体验实验过程。同时本装置还可以帮助学生更好地理解其他反应原理，如铜与浓硝酸反应后所得溶液是绿色而不是蓝色的原因等。

通过创新装置的演示实验，不但可以让学生直观地观察到吹脱的现象，更为重要的是，学生能够在现象与变化过程之间建立起正确的逻辑联系，从而达到实验教学的效果。

浓硫酸的三大特性

河北省邯郸市教育科学研究所　靳艳艳

一、使用教材

选自苏教版《化学必修1》专题四第一单元"含硫化合物的性质及应用"。

二、实验器材

（一）实验仪器

特制大试管一支、100mL注射器一个、大小单孔胶塞各一个、中号双孔塞一个、三通玻璃活塞一个、100mL塑料瓶一个、25mL塑料瓶一个（底部开槽）、笔芯改造U形管一支（底部作多孔处理）、尖嘴塑料管一节（尖嘴部分）。

（二）实验药品

蔗糖约20mL、蒸馏水少许、浓硫酸10mL、酸性高锰酸钾溶液、2mol/L NaOH溶液、75℃示温贴纸。

三、设计灵感

黑面包实验在教材的"元素及其化合物"部分是一个非常重要的实验，师生对这个实验是又爱又恨："爱"现象明显，操作简单，浓硫酸的三大性质（吸水性、脱水性、强氧化性）完美体现；"恨"实验产生大量的刺激性气味的有毒气体，对教室空气造成了严重污染，仅靠闻气味的方法证明产生的气体有二氧化硫科学上不严谨。所以我设计了这款环保型黑面包实验仪（见图1）。现象更加明显，全程无味；操作更加简捷，便于演示；性质完美展现，科学严谨。

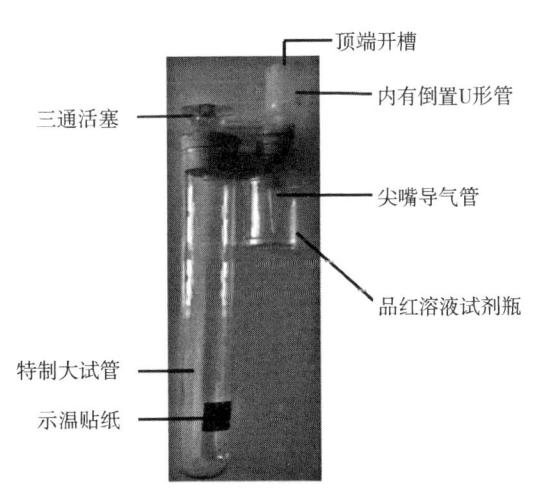

图1　环保型黑面包实验仪

四、实验过程简述

黑面包实验反应非常剧烈，气体产生急促，调节三通活塞使产生的气体直接进入酸性高锰酸钾溶液，随后进入氢氧化钠溶液进行尾气处理，至气体不再产生。反应过程中放出了大量的热，示温贴纸迅速由黑变红，说明温度已经超过75℃，让学生直观地感受反应过程中强放热。高锰酸钾溶液紫红色褪去，证明产生的气体中有二氧化硫。待示温贴纸由红变黑后，大试管基本冷却，调节三通活塞，使大试管处于关闭状态，注射器与右侧试剂瓶相通，向上拉注射器，氢氧化钠溶液经U形管倒吸进入下面塑料瓶随后进入注射器，再调节三通活塞，关闭右侧，而使大试管与注射器相通，将注射器中的氢氧化钠溶液打入大试管中，处理全套装置中所有残余的有毒气体。

五、实验优点

（1）操作简洁。整个实验过程只需要控制三通活塞和注射器即可完成。

（2）现象明显。示温贴纸的使用，使热量可视化。

（3）环保。整个过程中没有闻到刺激性气味的气体，便于课堂展示。

六、实验教学过程

（一）环节一：趣味实验，引入新课

首先，我以浓硫酸点燃湿火柴实验导入新课。这个实验趣味性强，课上不急于给出答案，学生会随着本节课内容的学习，逐渐明白其中的道理，达到造趣生疑的效果。

（二）环节二：感触新知（学生分组实验）

带着对浓硫酸的好奇，进入感触新知环节，本环节中利用浓硫酸吸收烧杯中的水雾代替了传统的胆矾失水实验，不但缩短了反应时间，节约了药品，还使化学更加生活化。自己动手让学生更加直观地明白浓硫酸是很好的干燥剂，能吸收现有的水分。然后引导学生：浓硫酸遇到干燥的纸张、棉花、秸秆等是不是就束手无策了呢？此时将浓硫酸的脱水性实验和吸水性实验安排在一起作为学生分组实验，更能帮助学生对浓硫酸吸水性和脱水性这对易混概念的辨识。

（三）环节三：展示环保一体型黑面包实验仪

进入本节课高潮阶段：浓硫酸和蔗糖的脱水实验，也就是"黑面包"实验，因效果震撼、操作简单令我们喜爱有加，但该实验中刺鼻的气体污染环境和仅靠闻气味方法判断二氧化硫的生成，也让我们心存遗憾。经过探索，我们对该实验进行了宏观改进，制作了环保性黑面包仪并进行实验：将提前准备好的浓硫酸倒入大试管中，振荡，迅速盖上连有三通活塞的胶塞，此时可以看到蔗糖已经变黑,产生了气体,黑色物质迅速膨大,变色示温贴的颜色随着反应的放热也发生了颜色的变化,将上部关住,产生的气体进入右侧的塑料瓶中,气体经过酸性高锰酸钾溶液后被上部的氢氧化钠溶液吸收。此时,可清楚地看到酸性高锰酸钾溶液褪色了,试温贴纸显示温度已达到了75℃以上,反应放热直观显示。科学性很强!

待气体不再产生后,我们可以抽动针管,将氢氧化钠溶液倒抽入大针筒中,待反应装置冷却到室温,可以推动活塞,将氢氧化钠溶液注入大试管中,将整套装置中残留的二氧化硫气体吸收完毕。

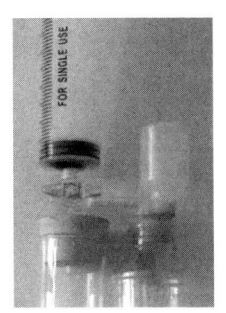

图2 三通装置

这套装置的亮点是:科学验证了产生的二氧化硫,且这套装置巧妙利用玻璃三通和针筒(见图2),利用氢氧化钠溶液的倒吸,对整套装置中的二氧化硫进行了吸收,实现污染气体的零排放。

(四)环节四:应用提升

趁热打铁引入浓硫酸与金属铜反应的环节。为了使所学知识得到更好的应用与拓展,我启发学生:浓硫酸和铜的反应,你对课本上所给的实验装置图是否满意呢?有什么好的改进意见呢?以实现对所学知识的应用提升。由于有了前面实验探究的经验,学生通过设计展示、合作交流,很顺利地给出了比较理想的答案(见图3)。对比教材上给出的设计图利用左侧空气的通入使二氧化硫得到更充分的吸收,抽拉铜丝便于控制反应进行的速率。在此充分肯定学生!

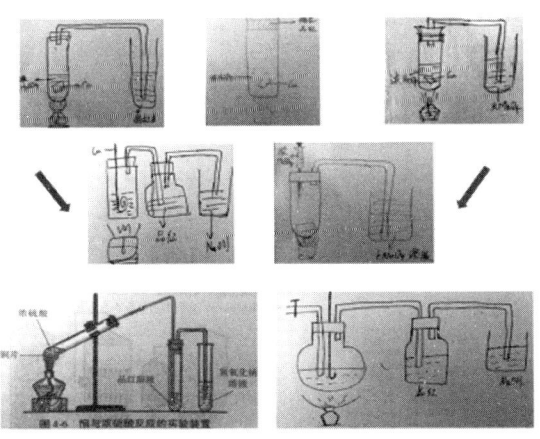

图3 学生设计装置

（五）环节五：回归本节课开头提出的问题

很多学生兴奋至极，恍然大悟：刚上课时趣味实验留下的疑惑，正是浓硫酸的三大特性吸水放热、脱水性、强氧化性的综合体现！

（六）环节六：学以致用

学生利用所学知识，代表这节课的"主角"浓硫酸深情地写了一封给水的情书，抒发了浓硫酸对水的执着：有水吸水，没有水创造水去脱水。同学们在开心的气氛中加深了对本节课所学浓硫酸三大特性的巩固。

（七）环节七：结束语

这样，本节课以提升学生理性思维和探究能力为起跳点，以提高学生的知识应用能力为着力点，以培养学生的社会责任感为落脚点，将化学知识和生活实际紧密连在一起。

七、实验效果评价

（1）学生对新装置的构造感到新奇，很有兴趣进行实验观察研究。

（2）SO_2使酸性高锰酸钾溶液褪色现象明显，使学生很好地掌握了它的还原性。

（3）黑面包实验现象震撼，引发了学生的探究欲望，加深了他们对浓硫酸三大特性的理解。

（4）本节课引导学生掌握科学探究的一般方法，这是培养学生自主学习的直接手段，是培养、锻炼学生创新的好途径。

铜与浓硫酸反应实验装置的改进及现象的探究

湖北省襄阳五中　陈碌涛

一、使用教材

人教版普通高中课程标准实验教科书《化学必修1》第四章"非金属及其化合物"第四节"氨　硝酸　硫酸"。

二、实验器材

（一）仪器

Y形管、双球漏斗、铁架台（带铁架）、酒精灯、胶头滴管、量筒。

（二）试剂及用品

铜片、浓硫酸、氢氧化钠溶液、酚酞溶液、品红溶液、蓝色石蕊试纸、脱脂棉、稀硫酸、浓硝酸、盐酸酸化的氯化钡溶液、浓氨水、硫化亚铜。

三、实验创新要点/改进要点

（一）实验内容上的创新

增加铜与浓硫酸反应的"异常"现象的探究。

（二）实验方法上的创新

Y形管中放置铜片和浓硫酸，双球漏斗中加入品红溶液，漏斗上方用蘸有酚酞和氢氧化钠溶液的脱脂棉塞紧。

四、实验原理/实验设计思路

铜与浓硫酸反应得到硫酸铜、二氧化硫和水。实验过程中铜片表面变黑这种"异常"现象可能是氧化铜或是铜、硫化合物，试管底部灰白色固体可能是硫酸铜，分别用相应试剂验证。

五、实验教学目标

（一）科学态度与社会责任

（1）树立严谨求实的科学态度，培养探索求知、崇尚真理的意识。

（2）培养节约资源、保护环境的可持续发展意识，形成绿色低碳生活方式。

（二）证据推理与模型认知

（1）基于证据对物质组成、结构提出假设，分析推理加以证实。

（2）建立认知模型，运用模型解释化学现象，解释现象的本质和规律。

（三）科学探究与创新意识

（1）提出有探究价值问题，设计方案，实施实验进行探究。

（2）培养勤于实践，善于合作，敢于质疑，勇于创新的核心素养。

六、实验教学内容

学生自主探究铜与浓硫酸反应中的"异常"现象，最后通过网络和大学教材查阅资料继续深入探究。

七、实验教学过程

（一）创设情境，引入实验

通过展示硫酸铵、硫酸氨基葡萄糖胶囊、食用石膏粉这些与生活、生产密切相关的化学图片充分激发学生的探究欲望，同时引导学生回顾浓硫酸的四个重要性质。

（二）改进装置，探究现象

首先教师基于教材装置问题进行合理改进，图1是教材装置，图2是改进装置。

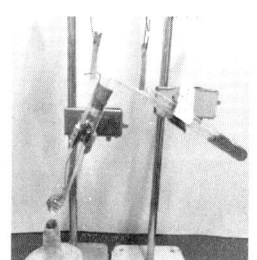
图1 教材装置

图2 改进装置

随后学生按照预先设计好的实验步骤进行实验，实验过程中学生发现反应过程中铜片表面变黑（见图3），试管底部得到灰白色固体（见图4），这与预测现象完全不同。

图3 铜片表面变黑

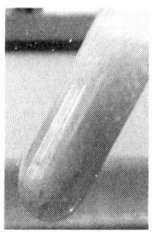
图4 反应得到灰白色固体

（三）分组探究异常现象

学生分组讨论。根据反应前后元素种类不变的观点，提出铜片变黑的两种假设：①铜被氧化成氧化铜；②铜被氧化成铜、硫化合物。

试管底部的灰白色固体的假设：无水硫酸铜粉末。

验证假设设计的方案：①向黑色固体中滴加稀硫酸并加热（见图5）；②向黑色固体中滴加浓硝酸并加热，之后滴加盐酸酸化的氯化钡（见图6）；③向灰白色的固体中加水观察固体是否溶解，溶液是否变蓝（见图7）。

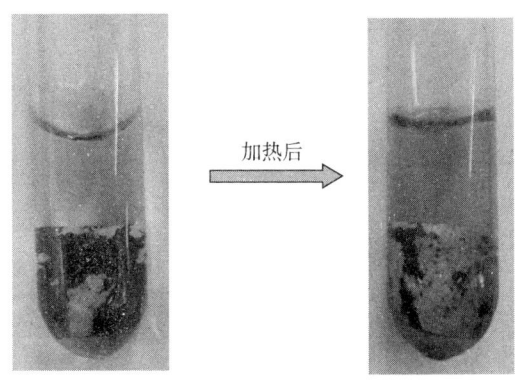

图5　黑色铜片中滴加稀硫酸并加热

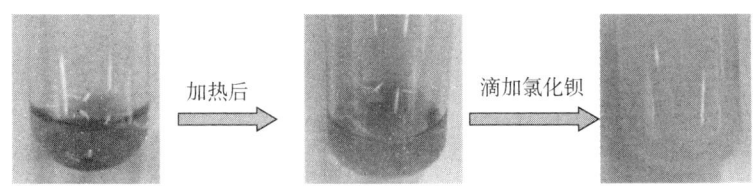

图6　黑色固体中先滴加浓硝酸，之后加盐酸酸化的氯化钡

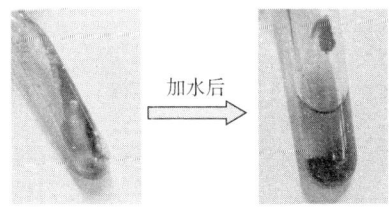

图7　灰白色固体中加水

（四）探究结果再质疑

学生针对黑色固体成分提出质疑：铜的两种硫化物都为黑色，到底是硫化铜、硫化亚铜还是混合物了？

（五）改进方案，深入探究

学生通过网络和大学教材查阅硫化铜与硫化亚铜的理化性质，最后确定向黑色固体中滴加浓氨水，观察固体是否溶解，溶液是否变蓝。同时与硫化亚铜对比，结果见图8。

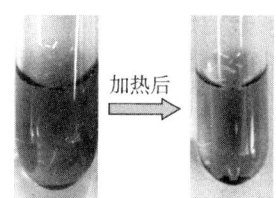

图8 左图为实验组（黑色固体中加浓氨水），右图为对照组（Cu_2S样品中加浓氨水）

通过连续的实验探究，得出结论：反应得到的黑色固体不含氧化铜，含有硫化亚铜，可能含有硫化铜。灰白色固体的成分是硫酸铜粉末。

八、实验效果评价

本次针对教材实验装置的合理改进确保装置的绿色环保，不会造成尾气泄漏，同时操作起来更为简单方便。该装置还可以推广到铜与浓硝酸的反应及其他实验。学生通过实验发现了该反应中的"异常"，发现问题，提出假设，设计方案，最后实施实验得出合理结论，培养了学生积极实践、勇于创新的科学品质，有助于学生核心素养的发展。

验证硝酸根离子在酸性条件下的氧化性
——采用带有制备保护气的一体化气体发生器

福建省厦门第一中学　江秀清

一、使用教材

本实验为理论创新基础上的创新实验，并非来自教材。

二、实验教学对象

高三竞赛班学生。

三、实验教学目标

（一）知识与技能

通过创设情境，引导学生不断拓宽自己的思路，在重视化学实验的基础上，培养学生的创造性思维。改变学生原有既定的看法：硝酸只要有 H^+ 就具有强氧化性。

（二）过程与方法

通过分组讨论、合作探究等方式，培养学生的动手能力和分析解决问题的能力。

（三）情感态度与价值观

学生体验科学探究的艰辛和严谨、享受化学实验的乐趣，促进化学学科素养。

四、装置设计思路

人类的认知水平是处于螺旋上升过程的，中学阶段大多数同学的认识处于一个既定的模式。比如初中讲的铁丝在纯氧中才能燃烧，在空气中不能燃烧，这是一个定性的结论。但是随着我们认知水平的不断上升，人们用实验定量地证明，空气中氧气浓度达到某个值也可以使铁丝燃烧。基于此，我们在平时的教学研究中发现硝酸根离子在酸性环境下并不是一定能氧化 SO_2 的。我们要设计实验验证这一点，而目前实验室的已有装置都无法满足我们的需求。我们经过不断的思考、对比及改进，设计出了一套气体发生装置，如图1所示。

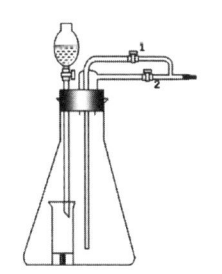

图1　一体化气体发生器

五、实验器材

带有制备保护气的一体化气体发生器 1 套、集气瓶（附双孔橡皮塞及橡皮管）4 套、双连球 1 套。

六、实验创新要点

（一）实验理论的创新

打破了学生传统的看法，认为硝酸在只要有 H^+ 存在就具有强氧化性，我们用实验数据说明稀硝酸（浓度 $< 2.1 mol·L^{-1}$）氧化性不强，不足以氧化 SO_2。

（二）实验装置的创新

采用带有制备保护气的气体发生装置，巧妙地解决了装置中除氧的问题，不仅在验证硝酸氧化性的问题上使得实验结果更加真实可靠，并得出一系列数据，而且该气体发生器还可以应用于实验室制备 NO 气体、$Fe(OH)_2$ 等，适合在中学实验室推广使用。

七、实验教学内容

本节课主要是设计实验验证硝酸根离子在酸性条件下能否氧化 SO_2，复习了常见除氧气的方法，学生动手画出实验发生装置并相互发现问题，最后展示我们设计的气体发生装置并用于实验，得出结论以及该装置的其他应用。

八、实验教学过程

（一）提出问题

探究稀的硝酸根离子能否氧化 SO_2，在此实验中必须要排除装置中氧气的干扰，并由此提出问题。该实验成功的关键是除氧的方法。回顾除氧的一般方法，并提出哪一种适合该实验。

（二）设计实验

学生设计出合适的实验装置，重点设计气体发生装置，经过学生讨论和老师的指点，层层改进，并将我们设计出的新型装置展示出，介绍它的优点并应用该实验，如图 2 所示。

其中，集气瓶 1 中盛装 $BaCl_2$ 溶液，防止发生装置中活塞控制不当，装置内的空气未完全排干净就产生 SO_2，SO_2 与 O_2、$BaCl_2$ 溶液可发生反应生成沉淀；集气瓶 2 为 $Ba(NO_3)_2$ 溶液，集气瓶 3 为加少许 H_2O_2 溶液的 $Ba(NO_3)_2$ 溶液，用于对比，最后 1 个集气瓶为 SO_2 尾气处理装置。

验证硝酸根离子在酸性条件下的氧化性——采用带有制备保护气的一体化气体发生器

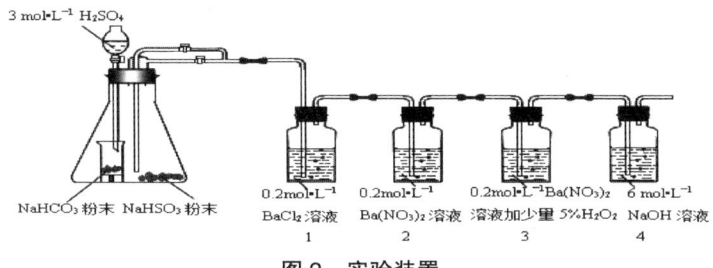

图 2 实验装置

（三） 实验过程

（1） 学生动手按图 2 连接装置，并检查装置的气密性。

（2） 开始实验控制活塞，先让小烧杯中定量的 $NaHCO_3$ 粉末与 H_2SO_4 溶液反应生成 CO_2，将发生装置中的空气排出。

（3） 待 $NaHCO_3$ 粉末全部反应完后，继续加稀 H_2SO_4 直到溢出小烧杯到达锥形瓶，与 $NaHSO_3$ 粉末反应生成 SO_2，SO_2 依次通过四个集气瓶。

（4） 一段时间，观察到集气瓶 1 中有少量白色浑浊，集气瓶 3 中有大量浑浊，集气瓶 2 $Ba(NO_3)_2$ 无明显变化。

（5） 得出结论，SO_2 水溶液（酸性）不能与硝酸根离子发生反应，学生打破既定想法。

那么，究竟多大浓度的硝酸可以氧化 SO_2？对于如何寻找该数值，学生提出各自的想法，老师介绍一种数学上常用的方法——中值法。通过控制变量，保持 $BaCl_2$ 溶液和 HNO_3 溶液体积比为 1∶1，Ba^{2+} 始终约为 0.1mol/L，通过改变 HNO_3 的浓度，测得数据结果如表 1 所示。

表 1 不同浓度硝酸氧化性测试结果

硝酸的浓度/mol·L^{-1}	现象
14.2（浓硝酸中加几滴 $BaCl_2$ 溶液）	浑浊，瓶上方产生棕红色气体
7.1	浑浊，瓶上方产生棕红色气体
3.6	浑浊，瓶上方略显浅棕红色
1.8	无浑浊
2.7	浑浊，瓶上方无色
2.2	浑浊，瓶上方无色
2.0	无浑浊
2.1	无浑浊

最后得出结论，HNO_3 浓度 $>2.1mol/L$ 时氧化性较强，可以氧化 SO_2（其中，浓度 $>3.6mol/L$ 时还原产物是 NO_2），浓度 $\leq 2.1mol/L$ 时无法氧化 SO_2。

（四）课后思考

该气体发生器还可以应用于哪些实验？学生提出设想，并布置作业在课后进行实验验证。

（1）实验室制备 NO。

1）用 CO_2 作保护气将装置中空气赶出后，铜丝继续与硝酸反应产生无色的 NO 气体，如图 3 所示。

2）在双连球鼓入空气之前，溶液呈蓝色，上方为无色气体 NO，如图 4 所示。

3）鼓入空气，可以明显地观察到红棕色的 NO_2 气体，继续鼓入空气，红棕色气体被右侧 NaOH 溶液吸收，可防止污染空气，如图 5 所示。

图 3　实验室制备 NO 步骤 1　　图 4　实验室制备 NO 步骤 2　　图 5　实验室制备 NO 步骤 3

（2）实验室制备 $Fe(OH)_2$。

将铁粉与稀硫酸反应生成的 $FeSO_4$ 溶液倒吸入右侧的 NaOH 溶液中，生成白色沉淀 $Fe(OH)_2$，不易被氧化，可以长久地放置。如图 6 所示。

图 6　实验室制备 $Fe(OH)_2$ 过程

九、实验教学反思

（1）通过实验，改变了学生既定的看法。学生通过设计、动手实验，并观察实验现象，验证了硝酸在浓度 $\leq 2.1mol/L$ 时无法氧化 SO_2，培养了学生的自主探究能力。

（2）利用创新性的一体化气体发生装置，巧妙地解决了装置除氧的问题，并成功地应用于其他物质制备的实验。

（3）通过模型认知层层递进，寻求最佳的实验装置，体验科学探究的艰辛和严谨，享受化学实验的乐趣，体现化学学科素养。

铝单质的化学性质

上海市格致中学　闻昊

一、使用教材

"铝单质的性质"选自上海科学技术出版社的高中课本《化学（试用本）》高中二年级第一学期第 8 章"走进精彩纷呈的金属世界"8.2 节"铝和铝合金的崛起"（第一课时）。

二、实验器材

器材：Kase 手机镜头、手机、Vernier 氧气传感器、手持设备 LABQUEST2、橡皮塞、尖嘴玻璃管、小试管、火柴、烧杯、砂纸、滤纸。

药品：铝片、盐酸、$Hg(NO_3)_2$ 饱和溶液、蒸馏水。

三、实验改进要点

（一）铝的毛刷实验

（1）课本上的课堂实验——铝的氧化，即铝的"毛刷"实验，通过文字进行介绍实验的过程（见图1），给学生观察和探究的空间。在实际教学中，发现学生较难观察到"毛刷"的生长过程。我通过手机微距镜头（见图2）和 iMotion 软件近距离放大拍摄，使学生能亲眼看到"毛刷"的生长过程，在视觉上对学生产生极大的刺激，激发学生学习的兴趣和探究欲望。

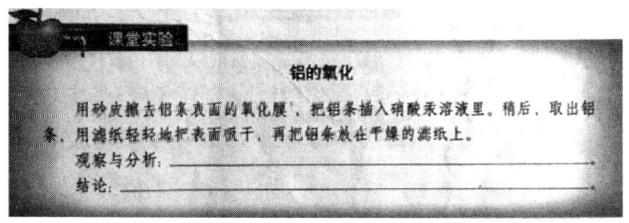

图1　高中课本上的演示实验：铝的氧化

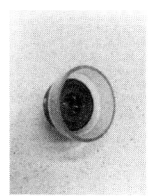  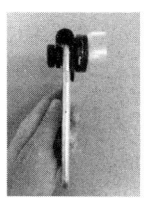

图2　手机微距镜头及组装图

(2) 使用氧气传感器（见图3），将"毛刷"的生长和氧气含量逐渐减小的过程以图像的形式呈现，凸显"毛刷"生长的本质是 Al 与 O_2 的反应。

(3) 用于制备铝汞齐的铝条，事先用浓盐酸除去氧化膜（见图4），其表面残留的 Cl^- 加快实验中"毛刷"的生长速率。

图3　氧气传感器

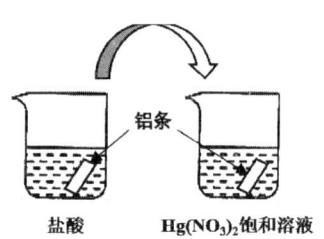

图4　铝的汞齐化过程

(4) 在封闭容器内进行毛刷实验，避免了汞蒸汽和氧化铝粉尘的污染问题，提高了实验的安全性。

（二）铝单质与水的反应

向毛刷实验后的容器中直接加入蒸馏水，既能观察到铝条表面产生大量密集的气泡，又能可以收集气体，经爆鸣实验证明 H_2 的存在（见图5）。

图5　铝（汞齐化）与水的反应

四、实验设计思路

铝和铝合金是继铁和铁合金之后，在生活中又一广泛使用的重要金属材料。探究铝及其合金的性质，能培养学生的化学意识，即逐步学会运用化学知识和原理，改善生产、生活环境，从而培育"化学使生活更美好"的情怀。

为了帮助学生深刻认识铝单质的性质，本设计以毛刷实验和铝热反应两个实验为载体，借助信息技术将"毛刷"的生长过程直观再现于学生面前。在此基础上引导学生主动检索已有的化学原理寻找并收集实验的证据，体会铝单质的活动性及铝热反应的热效应。同时，在探究铝与水反应的条件的过程中，感悟表面致密氧化膜的存在对铝制材料广泛使用的重要性。

（一）铝（汞齐化）的毛刷实验

学生知道铝单质的活动性较强，但常温下很难直接观察到铝单质与氧气反应的现象，学生对铝单质与氧气反应的认识仅停留在理论层面。

本设计通过手机微距技术，回放一段铝单质（汞齐化）暴露于空气中，表面逐渐生长出"毛刷"的过程（见图6），并通过 iMotion 软件加速呈现"毛刷"的生长。手机微距技术和 iMotion 软件的使用使原本不易观察的"毛刷"生长过程显性化，强烈地激发了学生探究的欲望，推断"毛刷"的成分。

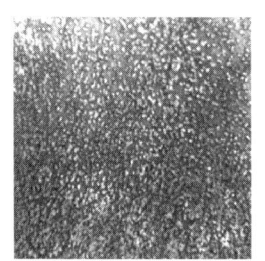 

图6 利用手机微距技术拍摄铝片表面的"毛刷"生长过程

学生可能会将"毛刷"的成分聚焦在氧化铝或氧化汞等几种可能上。通过提供的信息（如氧化汞呈红色等），可以基本排除汞参加反应的可能性。但为了进一步证明"毛刷"确实是铝片与氧气作用的结果，本实验改进了传统的毛刷实验：在封闭容器中，将"毛刷"生长与容器内"氧气含量减少"的紧密联系通过氧气传感器，用数

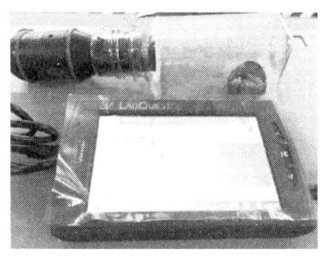

图7 铝的毛刷实验装置

据、图像直观呈现，亲眼"看到"铝单质与氧气反应的过程（见图7）。

在高中阶段，为了证明"毛刷"的成分是氧化铝，可以直接将白色固体取出，分别与盐酸和氢氧化钠溶液反应进行证明，同时引出氧化铝的两性。

毛刷实验过程复杂，蕴含了多种化学原理，如铝单质与汞单质间的置换反应、铝汞齐的形成加速铝与氧气反应的原电池模型等。本节课充分利用毛刷实验这一载体，营造科学探究的氛围，也给了学生课后进一步探究和思考的空间，有培养学生积极寻找问题，在问题的解决过程中学会科学研究的方法，探究有价值问题的意识。

（二）铝（汞齐化）与水的反应

由于多种原因，常温下铝单质与水的反应现象非常不明显，即使在受热情况下也很难观察到明显的现象，教材中也仅仅介绍了铝与水在受热时反应的化学方程式。

为了使学生直接感受到铝单质置换出水中的氢气，本设计引导学生设计实

验，并证明有氢气生成。利用完成毛刷实验后汞齐化的铝，向容器中直接加一定量的蒸馏水，在常温下看到大量密集气泡产生的现象。通过装在单孔橡皮塞上的尖嘴玻璃管收集一试管气体进行爆鸣实验，能听到清脆的响声，说明铝和水反应的产物是 H_2。

五、实验教学目标

（1）通过铝的毛刷实验、与水的反应，收集证据，并基于现象、数据及图像，建构铝被氧化的认知模型。

（2）从化学的视角感受铝在生产、生活中重要作用，体会化学对美好生活的推动作用。

教学重点：铝被氧化的认知模型。

教学难点：毛刷实验的改进设计。

六、实验教学内容

演示实验1：铝箔与氧气的反应。

学生实验1：铝（汞齐化）的毛刷实验。

小视频：利用手机微距技术拍摄的"毛刷"生长过程。

演示实验2：氧气传感器测定随毛刷生长时密闭容器中氧气含量的变化。

学生实验2：铝箔与水反应的现象。

演示实验3：铝（汞齐化）与水的反应。

七、实验教学过程

本节课是元素化学中铝单质的新授课。由于部分实验存在一定的危险性，本节课的实验环节主要采取教师演示和学生观察感受的教学策略。教学流程如下。

（一）情境引入

教师：这是生活中常见的饮料包装材料（见图8），其中用到了铝单质，但在铝单质的外层和内层分别贴合了聚乙烯塑料薄膜。大家觉得这样贴和塑料薄膜的目的是什么？

学生：外层塑料薄膜是为了防止铝箔与氧气的反应，内层的塑料薄膜是为了防止与饮料的反应。

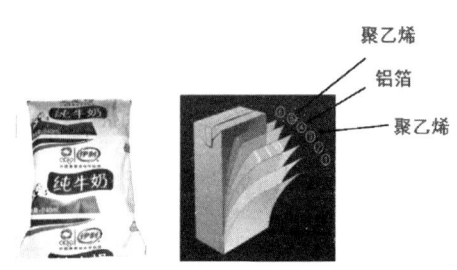

图8 饮料包装复合材料

设计意图：从生活中引出课题，感受亲切。

（二）任务1：探究铝与氧气的反应

演示实验1：铝片在空气中加热

学生：没有明显变化。

资料库：见图9。

> 常温下，Hg能溶解Al形成"铝汞齐"（一种合金），从而使Al更容易跟其他物质发生化学反应。

图9 关于"铝汞齐"的小资料

学生实验1：铝（汞齐化）的毛刷实验。

学生：加入硝酸汞后观察到黑色物质的生成，可能是形成了"铝汞齐"，清洗后暴露在空气其中一段时间，铝片表面产生大量白色毛刷状固体，可能是Al与O_2作用的结果。

教师：老师利用手机微距镜头拍摄了一组毛刷生长的视频，带大家近距离地感受一下毛刷生长的疯狂。

小视频：利用手机微距技术拍摄的"毛刷"生长过程。

教师：如何证明毛刷的生长确实是Al与O_2作用的结果呢？我们借助现代信息技术，利用氧气传感器监测随毛刷生长，密闭容器中氧气含量的变化。

演示实验2：氧气传感器测定随毛刷生长时密闭容器中氧气含量的变化（见图10）。

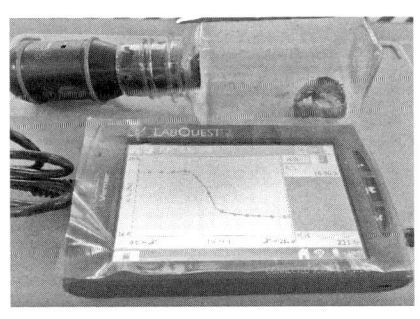

图10 氧气传感器测定随毛刷生长时密闭容器中氧气含量的变化

设计意图：从实验现象到仪器表征，从定性到定量，多角度的体验Al与O_2的反应。激发学生学习的兴趣和探究欲望。氧气传感器的使用，凸显"毛刷"生长的本质是氧气参与反应，培养学生的证据意识。

（三）任务2：探究铝与水的反应

教师：那铝单质是否能与水反应？

学生实验2：铝与水的反应。

学生：产生了气泡，但无法说明一定是铝与水反应的结果。

教师：铝片表面可能存的保护层阻碍了铝与水的反应，我们可以借助之前资料中的"铝汞齐"，破坏氧化层，加速铝和水的反应。

演示实验3：铝（汞齐化）与水的反应

教师：产生的气体可能是什么？怎么证明？

学生：H_2，通过爆鸣实验证明。

设计意图：感悟致密氧化膜的存在对铝材起到了一定的保护作用，证明反应的发生与产物。

八、实验效果评价

（1）技术助力实验表征：手机微距镜头的使用为化学实验的观察提供了新的视角，同时极大地激发了学生的探究欲。

（2）经典实验焕发生机：借助氧气传感器，为铝和氧气的反应提供了更加确凿的证据，并将定量化的理念引入化学实验的分析表征。

（3）化学实验重视安全：实验应关注人身安全，全程配备护目镜、乳胶手套、白大褂等。

说明：基于学科基本要求，铝汞齐与 Cl^- 参与相关反应原理不作介绍。

铝热反应实验创新设计

山西省太原市五育中学　段云博

一、使用教材

人教版普通高中课程标准实验教科书《化学必修2》第四章第一节。

二、实验试剂及仪器

（一）演示实验

氧化铁粉末、铝粉、镁带、氯酸钾、水、沙子、蒸发皿（大号）、胶头滴管、小烧杯、药匙、铁架台、镊子、磁铁、铁盘、砂纸、石棉网、火柴、滤纸、剪刀。

（二）学生分组实验

氧化铁粉末、铝粉、氯酸钾、镁粉、无水乙醇、沙子、铁盘、石棉网、火柴、镊子、药匙、粉笔头（有凹槽）、小烧杯、滤纸、磁铁、易拉罐。

三、实验创新要点/改进要点

（一）引燃方式：安全、环保、成功率100%

文献中常见的引燃方式有：①镁带；②蔗糖、氯酸钾、浓硫酸；③高锰酸钾、甘油；④金属钠；⑤鞭炮；⑥点火喷枪等。其中有的存在安全隐患，有的污染环境，有的成功率不高，有的取材不便。本实验用无水乙醇浸湿铝热剂后，加入粉笔头的凹槽中，然后加入镁粉和氯酸钾的混合物，并且与表层铝热剂略微混合，这样的引燃方式不仅环保而且成功率100%。

（二）实验装置：微型化、安全化

（1）微型化。利用粉笔头（约2cm）中的凹槽作为反应装置，实际用量不到教材实验的1/5，而且粉笔头至少可以使用3~4次。

（2）安全化。将铁质易拉罐横向放置，利用易拉罐的外壁和底部不仅可以防止火星飞溅，还可以减少反应过程中产生浓烟污染空气；利用少量镁粉代替镁带，防止镁带燃烧时产生刺眼的白光。

四、实验装置及原理

（一）教师演示实验

镁带燃烧放热，促进氯酸钾分解生成氧气，进而促进镁带进一步燃烧，最终

为铝热反应提供能量。该反应为置换反应，方程式如下：

$$2Al+Fe_2O_3 \xrightarrow{\text{高温}} Fe+Al_2O_3$$

（二）学生分组实验

乙醇燃烧放热，引燃镁粉；氯酸钾分解释放氧气，从而促进镁粉的继续燃烧，最终为铝热反应提供能量。

五、实验教学目标

（一）宏观辨识与微观探析

通过观察铝热反应现象，认识铝热反应的微观实质，进一步体会金属冶炼的一般原理。

（二）实验探究与创新意识

通过分析教材演示实验的装置和操作，认识教材实验的优缺点，并进一步提出改进的设想；通过学生分组实验，进一步认识铝热反应发生的条件，深刻感受到铝热反应发生的条件。

（三）科学精神和社会责任

在实验方案的评价和设计过程中养成严谨求实的科学态度，树立环保意识，了解铝热反应在生产、生活等的方面的重要应用。

六、教学过程

教学过程见表1。

表1 教学过程

	教师活动线	学生活动线
引入	创设情景：铁道工人焊接铁轨	交流讨论：哪些反应能得到单质铁
活动一	演示教材实验	观察现象，分析实验装置的设计意图，发现该方案的缺点
活动二	指导分组、适当引导	根据所给实验用品，设计分组实验方案，并完成实验
活动三	适当引导、点评	通过对比，认识分组实验装置的优点
课后拓展	组织、配合	以小组为单位应用创新实验装置对教材中的某些实验进行改进

七、实验效果评价

（一）实验过程更加安全

教材实验太过剧烈，存在安全隐患。改进后的实验由于减少了药品的用量，同时有铁质易拉罐作防护，非常安全，适合进行学生分组实验。

（二）实验过程更加环保

教材实验引燃时需要较长镁带，然而镁带及实验过程中纸漏斗的燃烧产生大量烟，造成空气污染；镁带燃烧发出耀眼白光，刺激学生的眼睛，引起光污染；纸漏斗燃烧导致反应物大量残留，造成化学试剂的浪费。改进实验中用粉笔做反应容器，避免了纸漏斗燃烧产生的烟尘；用镁粉代替镁带，极大程度地减少了镁的用量，避免了光污染；改进后的微型化实验装置，节约药品的用量。

（三）实验现象更加明显

教材实验开始时仅看到镁条剧烈燃烧，产生耀眼的白光刺激学生眼睛，干扰了后续铝热反应现象的观察。改进实验中镁粉燃烧不会干扰后续现象的观察，且铝热反应实验现象也能持续较长时间。

（四）以学生为主体

改进后的学生实验让学生亲身经历实验方案的设计和实验实施过程，清晰整地观察实验现象，发展了学生化学学科的核心素养，同时也激发了学生的学习热情，体现了学生的主体地位。

镁燃烧实验的拓展与创新

福建省泉州第五中学　肖燕莉

一、使用教材

苏教版高中《化学必修1》专题2第二单元"镁的提取及应用"。

二、实验器材

仪器：酒精灯、三脚架、石棉网、烧杯（250mL）、胶头滴管、试管、试管夹、药匙、镊子。

药品：镁条、镁粉、蒸馏水。

其他：砂纸、火柴、红色石蕊试纸。

三、实验创新要点/改进要点

（一）实验学习方式的创新

改变中学化学实验主要用于验证物质性质、巩固课堂知识的传统实验教学方式，把实验学习作为学生获取化学知识、掌握化学研究方法的主动学习方式，引导学生围绕探究目标自主学习物质性质，自主设计、评价、改进实验方案，独立完成实验探究学习过程。

（二）实验内容的创新与改进

（1）通常条件下镁与冷水的反应缓慢，现象微弱；改进后的实验利用镁条、镁粉燃烧时产生的热量，使镁与水接触时得到加热，促进镁与水的反应，现象明显，且操作简便。

（2）在空气中氧气充足的条件下镁与氮气很难反应，产物极少且不易检验；实验室条件下氮气不易制取，用 $NaNO_2$ 与 NH_4Cl 反应所得氮气中通常混有 $NaNO_2$ 分解产生的 O_2；改进后的实验利用倒扣的烧杯形成相对封闭的空间，引燃过量的镁粉后，待烧杯中的 O_2 消耗殆尽，高温的镁会与烧杯中的 N_2 继续反应生成 Mg_3N_2，现象也相当明显，产物 Mg_3N_2 的产量较高，易于检验。

四、实验原理/实验设计思路

（一）实验教学设计思路

传统实验教学主要是学生根据现成的实验方案按部就班进行实验操作，实验主要目的为验证物质性质、巩固课堂知识，学生只是实验操作者，培养的仅是实验操作能力，创新能力的培养严重不足。改进后的实验学习方式为学生自制实验，学生以小组为单位开展自主实验探究，根据实验目标主动学习相关理论知识（通过课本、网络等工具），然后根据物质性质设计初步实验方案，通过小组讨论、小组间交流、教师指导等形式修改并完善实验方案，并自主完成实验探究过程。学生可以在实验学习中充分体会化学研究的一般过程与方法，主动构建化学理论知识并逐渐提高实践能力与创新能力，从而全面提高学生的科学素养。

（二）实验原理及设计思路

（1）镁与冷水的反应缓慢，有可见现象但不是非常明显，产物氢气的检验存在困难；改进后的实验，利用镁燃烧时放出的大量热促进镁与水发生反应，生成的氢气同时被引燃，因而实验中可见镁条或镁粉燃烧更加剧烈，现象非常明显，产物一目了然。

（2）由于氮气相当稳定，并且镁与氧气反应迅速、剧烈，镁在充足空气中燃烧的产物几乎都是白色固体，Mg_3N_2产量极少难以检验；改进后的实验将烧杯盖在石棉网上形成一个相对封闭的空间，引燃石棉网上过量的镁粉后，烧杯中的氧气迅速被消耗，之后利用镁与氧气反应产生的高温使镁与N_2反应，冷却后可在固体中明显观察到黄绿色的Mg_3N_2固体，将适量固体加到少量水中并加热，有能使湿润的红色石蕊试纸变蓝的气体产生。该实验操作简单，现象明显，成功率非常高。

五、实验教学目标

（一）知识与技能

掌握镁与水、氧气、氮气等的反应，及反应产物的检验方法。能综合运用有关的知识、技能与方法，分析和解决一些化学问题，能在镁燃烧实验的改进探索中，培养创新精神和实践能力。

（二）过程与方法

通过对镁燃烧实验的拓展与创新，能发现并提出有探究价值的化学问题，逐步形成独立思考能力，具有团队合作精神；同时，在实验学习中，学会运用观察、实验、查阅资料等多种手段获取信息，能对自己的化学学习过程进行计划、反思、评价和调控，提高自主学习化学的能力。

（三）情感态度与价值观

通过对创新实验的探索，发展学习化学的兴趣，乐于探究物质变化的奥秘，体验科学探究的艰辛和喜悦，感受化学世界的奇妙与和谐。

（四）实验探究与创新意识

能依据探究目的设计并优化实验方案，完成实验操作，能对观察记录的实验信息进行加工并获得结论；能和同学交流实验探究的成果，提出进一步探究或改进实验的设想；能尊重事实和证据，不迷信权威，具有独立思考、敢于质疑和批判的创新精神。

六、实验教学内容

（一）实验探究镁和水的反应，并检验其产物

Mg 是第二周期 IIA 族元素，比同周期 IA 族 Na 元素的金属活泼性弱。金属 Na 可以与水发生剧烈的反应，可以让学生们探究金属 Mg 与水在不同条件下发生的反应。通过各种实验方案的尝试，寻找操作上更简便、效果更好的创新实验方法。

（二）实验探究镁在空气中的燃烧，并检验其燃烧产物

高中《化学必修 1》在"镁的提取及应用"这一章节，介绍了镁在空气中燃烧的相关反应，即镁分别与氧气、氮气、二氧化碳的反应。学生们对氧化镁的生成反应比较熟悉，但对氮化镁的生成却很陌生。在空气中点燃一根镁条，往往只能观察到白色的氧化镁固体生成。因此，在化学实验课上探究镁在空气中的燃烧产物是特别有价值的。学生们根据实验原理设计了各种实验方案，探讨了设计实验的可行性和有效性，并针对实验效果进行了改进和创新。

七、实验教学过程

本节课采用学生自主探究与教师引导相结合的方式展开教学，围绕实验目标自主进行理论学习→常规实验方法实践→创新方案设计→学生自主实验探究→实验效果评价→反思与总结。

（一）提出探究 1

Mg 是第二周期 IIA 族元素，比同周期 IA 族 Na 元素的金属活泼性弱，金属 Na 可以与水发生剧烈的反应生成氢气，那么金属 Mg 与水是否可以发生类似的反应？

板书：探究镁与水的反应，并检验其产物。

实验原理：$Mg+2H_2O = Mg(OH)_2+H_2\uparrow$

常规实验探究：如图 1 所示，将镁条用砂纸打磨除去表面的氧化膜后，加入盛有 2mL 水的试管中。振荡后，滴加 2 滴酚酞试液。加

图 1　镁与水反应常规装置

热试管至水沸腾,观察现象。

学生描述:Mg 与冷水反应缓慢,表面有少量气泡,镁条表面溶液颜色显浅红色。加热后,反应迅速发生,镁条表面产生较多气泡,溶液变成红色。

教师提问:镁条与水反应生成的气体,如果需要证明是氢气,还需要收集气体并点燃。该操作比较烦琐,并且可能因为生成氢气的量太少而现象不明显,或者还有胆小的学生不敢尝试点燃气体。同学们能否对该实验进行简化和改进?

实验改进 1 要点如下。

实验用品:酒精灯 1 盏、火柴 1 盒、镁条、砂纸、镊子、烧杯(250mL)1个、蒸馏水、酚酞试液。

实验装置如图 2 所示。

实验步骤:①取一个 250mL 烧杯,装适量的蒸馏水,并滴加几滴酚酞;②将镁条用砂纸打磨除去表面的氧化膜,用镊子夹取镁条在酒精灯上点燃;③将点燃的镁条尽可能靠近烧杯中的液面,观察燃烧的镁条与水反应的现象。

实验改进 1 效果评价:可以观察到镁条不但没有熄灭,反而更剧烈地燃烧。因为燃烧的镁条放出热量,使镁条与水面接触时受到加热作用,促进镁与水的反应。反应迅速在液体表面生成大量的气体,发出嘶嘶的响声,镁条燃烧更加剧烈。说明生成了具有可燃性的 H_2,烧杯中的液体变成红色,溶液中生成了 $Mg(OH)_2$。

实验改进 2 要点如下。

实验用品:三脚架 1 个、石棉网 1 张、酒精灯 1 盏、火柴 1 盒、镁粉、镁条、药匙、砂纸、镊子、胶头滴管、蒸馏水。

实验装置如图 3 所示。

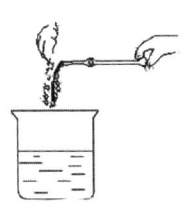

图 2　镁与水反应改进装置一　　　　图 3　镁与水反应改进装置二

实验步骤:①在一个三脚架上放上石棉网,取少量镁粉平铺在石棉网上;②将镁条用砂纸打磨除去表面的氧化膜,用镊子夹取点燃的镁条引燃镁粉;③用胶头滴管吸取蒸馏水滴在燃烧的镁粉上,观察燃烧的镁粉与水反应的现象。

实验改进 2 效果评价：燃烧的镁粉遇水滴以后，不但没有熄灭，反而更加剧烈地燃烧，发出耀眼的光，有效地证明反应生成了具有可燃性的氢气。实验过程中火焰虽然蹿得很高，因为使用的镁粉量较少，产生的温度不高，实验安全性可以得到保证。

（二）提出探究 2

镁在水面的燃烧比在空气中的燃烧更加剧烈并有响声，说明镁的性质较活泼，可与水反应产生氢气。那么镁在空气中的燃烧呢？它能与空气中的哪些成分反应呢？

板书：设计实验探究镁在空气中的燃烧，并检验其燃烧产物。

实验原理：

$2Mg+O_2 \xrightarrow{\text{点燃}} 2MgO$ ① $3Mg+N_2 \xrightarrow{\text{点燃}} Mg_3N_2$ ②

$2Mg+CO_2 \xrightarrow{\text{点燃}} 2MgO+C$ ③ $Mg_3N_2+6H_2O = 3Mg(OH)_2+2NH_3\uparrow$ ④

镁在充足空气中的燃烧常规实验探究：如图 4 所示，将镁条用砂纸打磨除去表面的氧化膜后，用镊子夹取镁条在酒精灯上点燃，观察现象。

学生描述：镁条在空气中剧烈燃烧，发出耀眼的白光，生成白色粉末状固体。

主要反应：$2Mg+O_2 \xrightarrow{\text{点燃}} 2MgO$。

教师提问：由于空气中 O_2 的氧化性远大于 N_2 和 CO_2，在 O_2 充足的情况

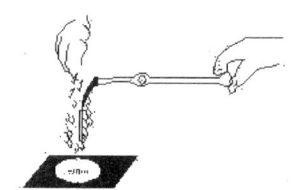

图 4 镁在空气中燃烧常规装置

下，Mg 优先与 O_2 反应，主要产物是 MgO。所以，同学们只能观察到白色粉末状固体 MgO 生成，无法证明 Mg 可以与空气中的 N_2 发生反应生成黄色的固体 Mg_3N_2。同学们是否能探究新的方案证明镁可以和空气中的氮气发生燃烧反应？

学生实验方案设计：化学兴趣小组可以利用下列原理自制氮气与镁反应制备氮化镁，实验装置如图 5 所示。

$NaNO_2+NH_4Cl = N_2\uparrow+NaCl+2H_2O$

已知：①氮化镁常温下为黄色粉末，极易与水反应；②亚硝酸钠和氯化铵制取氮气的反应剧烈放热，产生氮气的速度较快；③温度较高时，亚硝酸钠会分解产生 O_2 等。

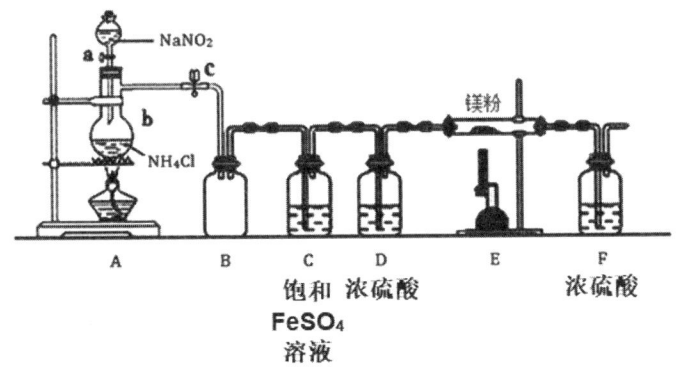

图5 镁与氮气反应改进装置

教师评价：该实验方案设计是按照 N_2 的制取→N_2 的净化处理→Mg_3N_2 的制备的常规路线设计。虽然可以顺利制备 Mg_3N_2，但该流程过于烦琐，所需时间较长，不适宜在课堂展示。

学生提出设想：从空气中气体的体积分数分析，氮气的体积分数接近氧气的4倍，同样是镁条的燃烧，如果取过量的镁在有限的空气中燃烧，是否生成物中就可以获得氧化镁和氮化镁？如果只截取图5实验装置的一小部分如图6所示，两端封闭起来形成有限的空气条件，再点燃镁粉是否可行？

教师评价：此设想非常有创新意识，且原理上具有可行性。但是，图6的装置存在两个问题：一方面，镁粉在完全封闭空间中燃烧，体系中易产生高温高压而造成爆炸的危险；另一方面，玻璃直管所能承受的温度范围有限，不适合盛放燃烧的

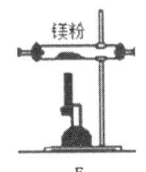

图6 镁在有限空气中燃烧改进装置一

镁粉。同学们是否可以开拓思维，为这个创新设想设计出更合适的实验装置？

实验改进3要点如下。

镁在有限空气中的燃烧：

主要反应：$2Mg+O_2 \xrightarrow{\text{点燃}} 2MgO$ $\quad 3Mg+N_2 \xrightarrow{\text{点燃}} Mg_3N_2$

实验用品：三脚架1个、石棉网1张、烧杯（250mL）1个、酒精灯1盏、火柴1盒、镁粉、镁条、砂纸、药匙、镊子、试管1支、试管夹、蒸馏水、红色石蕊试纸。

实验装置如图7所示。

实验步骤：①在一个三脚架上放上石棉网，取适量镁粉平铺在石棉网上，厚约5mm。②将镁条用砂纸打磨除去表面的氧化膜，用镊子夹取点燃的镁条引燃

镁粉。③待镁粉引燃后,立即用烧杯盖住镁粉,使镁粉在有限的空气里燃烧。④待燃烧反应结束并冷却后,观察生成物的颜色;取适量燃烧生成物于试管中,加入适量水(可以适当加热),将湿润的红色石蕊试纸置于试管口,观察试纸的变色情况。

教师分析:可观察到镁粉表层燃烧,有火星,生成白色粉末状固体(MgO);燃烧面逐渐蔓延扩大,最后所有镁粉呈红热状,反应放出大量的热;烧杯中有大量的白烟生成,烧杯内壁上有白色固体附着;反应结束冷却后,产物呈块状,表层呈白色(MgO),白色

图7 镁在有限空气中燃烧改进装置二

固体表层下有大量黄色固体生成,还有少量黑色粉末(与空气中CO_2反应生成的少量碳以及未反应完全的镁粉);取适量生成物于试管中,加入水后(可以适当加热),有气泡生成,并有刺激性气味,气体能使试管口处湿润的红色石蕊试纸变蓝。

实验改进3效果评价:由于空气中O_2的氧化性远大于N_2,反应开始时,镁粉优先与烧杯中的氧气反应,生成白色的氧化镁。在有限的空气里,当烧杯中的氧气反应完之后,由于反应放出大量的热,过量的镁粉能继续和氮气反应,使反应物呈红热状。该反应迅速发生,烧杯可以起到一定的阻隔空气交换的作用,间接提高了烧杯中氮气的浓度,使尽可能多的镁粉与氮气反应,确保反应的主要产物是Mg_3N_2,因此反应结束后有较多的黄色固体生成。

八、实验效果评价

本节课采用学生自主探究与教师引导相结合的方式展开教学,通过对各种实验方案的尝试,寻找操作上更简便、效果更好的创新实验方法。创新实验方案的设计,使操作简便,实验条件要求不高,实验现象令人印象深刻,有利于激发学生的实验探究兴趣;实验的安全性易于保证,课堂演示和学生分组实验都适用;可重复性强,实验几乎都可以成功,并且产物量大,原料利用率较高。让学生在自主探究实验中体验科学探究的艰辛和喜悦,感悟化学的学科魅力,取得了良好的课堂效果。

铁的重要化合物

石家庄市第一中学　王静

一、使用教材
人教版高中《化学必修1》第三章第二节。

二、实验器材
器材：酒精灯、防风罩、试管、球形干燥管、磁铁、小水槽、小烧杯、研钵、铁架台、铁夹、滤纸、胶塞、橡胶管、药匙、木条、火柴、硅胶、粉笔等。

药品：五水合硫酸铜晶体、铁粉、发泡剂、铁氰化钾溶液、硫氰化铵溶液、稀盐酸、氢氧化钙粉末等。

三、实验改进要点

（一）反应物改进

通过学生分组实验，对水蒸气的来源湿棉花进行改进。对浸泡过水的硅胶、氢氧化钙粉末、五水合硫酸铜晶体、浸湿的粉笔进行加热产生水蒸气的实验，综合考虑安全性、水蒸气产生的持续性、反应速率，选定五水合硫酸铜晶体作为水蒸气来源，既可以让学生直观地感受到水蒸气的产生，又可合理评估试剂的用量。

（二）实验装置改进

（1）将平铺铁粉改为磁化分散。用磁铁对反应物铁粉进磁化分散，增大铁粉与水蒸气接触面积，使铁粉与水蒸气充分反应。改进前只有表面部分铁粉发生反应颜色变黑，磁化后铁粉变黑现象非常明显。

（2）将普通酒精灯加装防风罩。使酒精灯外焰温度由 520℃ 提升至 790℃，加快了反应速率，检出气体产物所需时间由 7min 缩短至 2min。

（3）将检验气体的导体玻璃管改为球形干燥管，增大导气管的口径，蘸取肥皂液，产生较大的气体气泡，在进行气泡点燃过程中，现象非常明显，实验成功率高。

改进后的装置如图 1 所示。

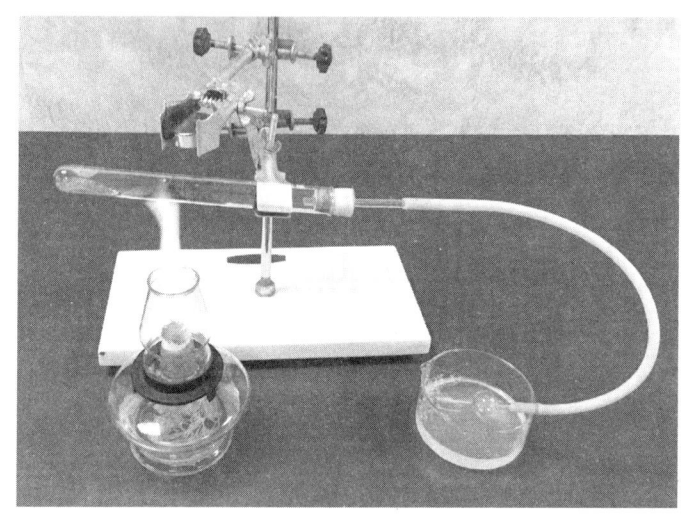

图1 改进后的装置

（三）实验课型改进

铁与水蒸气的反应通常是以教师演示实验的形式呈现，将其改进为实验探究课，使学生自主地设计并优化实验方案，并通过对推送资料的分析，对固体产物的组成进行探究，使同学们充分参与到实验探究的过程中来，提升化学学科核心素养。

四、实验设计思路

以问题引入，以小组合作的方式设计铁粉与水蒸气反应的实验装置并优化实验方案。完成实验，检验气体产物，对固体产物的组成进行合理猜想。通过实验现象及推送资料优化猜想，设计实验方案验证猜想，得出实验结论。讨论交流解释实验中遇到的新问题，归纳整理实验探究课的收获，落实教学目标，突破教学重难点。

五、实验教学目标

（一）知识与技能

了解铁与水蒸气反应的实验原理，学会铁离子与亚铁离子的检验方法，设计可行的实验方案验证实验产物。

（二）过程与方法

通过铁与水蒸气反应的实验，体验"猜想—分析—验证"的探究过程。通过设计实验，初步感受设计实验方案的思路和方法。

（三）情感态度与价值观

能从问题和假设出发，依据探究目的，设计探究方案，运用化学实验、调查等方法进行实验探究，体验探索与发现的乐趣。

六、实验教学内容

以铁粉与水蒸气的反应为载体，通过小组合作设计并优化实验方案，完成实验，以信息分析的形式，了解并掌握铁与水蒸气反应的原理，铁的氧化物、氢氧化物的物理化学性质，铁离子的检验方法等知识。通过实验小结的形式对实验探究中所获得的知识进行归纳梳理。

七、实验教学过程

（一）提出问题，作出假设

以"铁粉与水蒸气能否发生反应"作为引子，请同学们作出假设。

（二）设计装置，改进完善

通过小组合作的形式设计铁粉与水蒸气反应的实验装置，并对装置进行改进优化。

（三）信息分析，优化假设

通过优化后的装置完成实验，检验气体产物，并对固体产物进行合理的猜想。结合实验现象及推送资料，对猜想假设进行优化。

（四）设计方案，实验探究

通过资料信息，设计实验方案，探究反应后的固体物质组成。

（五）研讨交流，得出结论

通过小组间研讨交流，结合实验现象，得出结论并总结归纳。

八、实验效果评价

（一）装置改进

改进后的实验装置简洁易操作，实验现象更为明显，实验过程安全快捷。

（二）课型改进

将分散的多节讲授课融合为实验探究课，使学生充分参与实验过程，在互动探究的过程中充分培养和提升学生的化学学科核心素养。

（三）知识整合

通过对教材知识的整合，使原有分散的知识点有机结合起来，学生在自主学习的过程中，通过积极的探索落实实验教学目标。

数字技术对钢铁吸氧腐蚀的实验探究

哈尔滨市第九中学校　李鑫

一、使用教材

人教版高中《化学选修 4》第四章第四节。

二、实验器材、试剂

仪器：数字化氧气传感器、pH 传感器、铁架台、U 形管、灵敏电流表、导线、铁片、石墨、锥形瓶、胶头滴管、激光笔。

药品：铁粉、碳粉、氯化钠溶液。

三、实验亮点

（1）从定性、定量角度分析，负极的反应过程中有 $Fe(OH)_3$ 胶体生成。

定性分析一：负极是否有铁离子生成。

定性分析二：负极是否有 $Fe(OH)_2$ 的转化。

定量分析：测定负极区 pH 的变化。

（2）利用氧气传感器确定氧气是正极反应物。借助氧气传感器测定广口瓶内反应前后氧气含量。

（3）通过多组实验，探究发生吸氧腐蚀的条件。

四、实验原理/实验设计思路

从课堂教学中学生的问题引入，利用多组探究性实验，引导学生共同分析负极、正极的电极反应式、总反应方程式，吸氧腐蚀所处的环境角度进行讲解，帮助学生解决疑问，解决教师的疑惑。

五、实验教学目标

（一）知识与技能

（1）掌握吸氧腐蚀发生的条件及原理。

（2）掌握吸氧腐蚀的电极反应和总反应方程式。

（二）过程与方法

（1）通过对钢铁吸氧腐蚀实验的探究，明确负极、正极的电极反应，学会设计控制单一变量进行对比实验以及对实验设计进行评价。

（2）通过实验探究的过程，进一步提高对实验现象的观察能力和分析能力。

（三）情感态度与价值观

通过参与科学探究，学会与人合作、交流，共同研究，探讨科学问题。

六、学情调研

讲解吸氧腐蚀相关知识点时，学生的学习都是被动式的，在课堂教学中学生也是有很多疑问的：①负极产物是什么？②负极区溶液为什么变黄？③正极为什么不是水中 H^+ 参与反应剩余 OH^- 呢？④弱酸性环境发生吸氧腐蚀的条件是什么呢？

本节课就通过"问题提出→解决方案→学生活动→设计意图"这个脉络解决学生的疑问。

七、问题解决

（一）疑问一

（1）疑问：负极产物是什么？

（2）解决方法：使用试剂 $K_3[Fe(CN)_6]$、KSCN，学生分组实验探究。

（3）结论：负极区滴加 $K_3[Fe(CN)_6]$ 溶液，产生明显的特征蓝色沉淀，说明存在 Fe^{2+}；滴加 KSCN 溶液，则无现象，说明不含 Fe^{3+}。

（4）设计意图：两套装置构成原电池一小时之后，负极区溶液均变黄了，引导学生依据提供试剂探究负极发生了什么反应，黄色溶液中的成分又是什么。

（二）疑问二

（1）疑问：负极区溶液为什么变黄？

（2）解决方法：引导学生建立元素守恒观念，猜想产物并用丁达尔效应验证。

（3）结论：成分中存在 $Fe(OH)_3$ 胶体。

（4）思维拓展：引导学生讨论胶体产生原因：① $Fe^{2+} \rightarrow Fe^{3+} \rightarrow Fe(OH)_3$？② $Fe^{2+} \rightarrow Fe(OH)_2 \rightarrow Fe(OH)_3$？

（5）设计意图：通过对微观变化进行探析，将宏微结合，引导学生思维建模，将微观世界通过实验变为可观。

（6）实验探究。

正极产物：OH^-；试剂：酚酞溶液。

现象：滴加酚酞溶液后，溶液变红。

（三）疑问三

（1）疑问：正极反应物是什么？是氧气还是水中 H^+ 参与反应？

（2）解决方法：借助氧气传感器测定反应前后装置内的 O_2 含量。

（3）设计意图：以数理分析方式，帮助学生建构知识体系，体现符号表征在化学学习中的重要价值。

八、实验创新

探究铁碳质量比为 8∶1 在课堂教学中的可行性。

（1）疑问：弱酸性环境里发生吸氧腐蚀的条件是什么呢？

（2）解决方法：利用控制变量的思想：铁碳质量比不变，改变盐酸浓度。

相同铁炭质量比、酸性溶液不同浓度对吸氧腐蚀的影响结果数据分别如图 1、图 2、表 1 所示。（左低右高记为"+"，右低左高记为"-"）。

表 1 验证吸氧腐蚀

m（Fe）∶m（C）	NaCl 浓度	H-H₀
8∶1	饱和	65-71 = -6

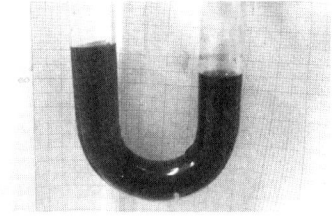 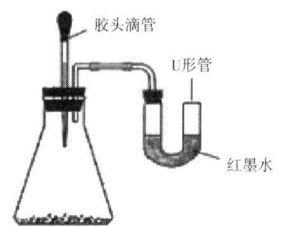

图 1 液柱呈现左高右低　　　　图 2 实验装置图

1）第一组。

设计意图：验证该套装置实验的可操作性。

2）第二组。

铁炭质量比保持不变，仅改变盐酸浓度，探究发生吸氧腐蚀的条件。

设计意图：建立了吸氧腐蚀与析氢腐蚀的转化平衡系统，利用可视化的宏观现象帮助学生判定微观世界发生的情况。

九、反思评价

通过一系列的科学探究，结合宏观微观、数理建模、变化平衡探究，提升学生的科学探究能力。使原来通过氧化还原反应和原电池进行同化的吸氧腐蚀反应原理，通过实验探究，转化成为一系列过程性的分析行为，并上升为意识层的认知方式，从而实现了知识的深度学习。

探究氢氧化亚铁的制备

内蒙古阿拉善左旗高级中学 刘宇莹

一、使用教材

新课标人教版高中《化学必修1》高三年级第三章"金属及其化合物"第2节"几种重要的金属化合物"实验3-9。

二、实验器材

（一）实验仪器

试管、胶头滴管、胶头滴管（长）、两支30mL针筒注射器、长15cm的白色橡胶软管（透明奶茶吸管）、铁架台、圆底烧瓶、分液漏斗、玻璃导管、学生电源、电解槽、150mL烧杯、酒精灯。

（二）实验试剂

0.5mol/L $FeSO_4$ 溶液、7mol/L NaOH 溶液、饱和 $NaHCO_3$ 溶液、1.5mol/L $FeSO_4$ 溶液、稀硫酸、铁片、铁片电极、煤油。

三、实验创新要求

（一）实验内容整合

四个改进实验将知识迁移应用，多种创新方法整合归纳，改进之后实验更精彩、趣味更浓厚、主题更集中。

（二）创新实验提升思维空间

利用双水解的原理，将反应维持在动态平衡中，延长了白色沉淀的稳定时间，克服了这个实验最大难点。

（三）实验能力进阶

通过问题引发探究、学习探究方法、实验探究总结，学生探究能力得到逐步提升。

四、实验原理

（一）学生分组实验，验证所设计的制备氢氧化亚铁的实验方案

(1) 改进实验一：直接滴加法 $Fe^{2+}+2OH^-=Fe(OH)_2\downarrow$。

(2) 改进实验二：微型混合法 $Fe^{2+}+2OH^-=Fe(OH)_2\downarrow$。

(3) 改进实验三：集气排液法 $Fe+2H^+=Fe^{2+}+H_2\uparrow$ $Fe^{2+}+2OH^-=Fe(OH)_2\downarrow$。

(4) 改进实验四：电解法。

阴极：$2H_2O+2e^-=H_2\uparrow+2OH^-$

阳极：$Fe-2e^-=Fe^{2+}$

总反应：$Fe^{2+}+2OH^-=Fe(OH)_2\downarrow$

（二）教师演示创新实验：双水解原理

$2NaHCO_3+H_2SO_4=Na_2SO_4+2H_2O+2CO_2\uparrow$

$2NaHCO_3+FeSO_4=Na_2SO_4+Fe(OH)_2\downarrow+2CO_2\uparrow$

五、实验教学目标

（1）通过对氢氧化亚铁制备方法的探究，理解氢氧化亚铁的还原性，能总结归纳制备氢氧化亚铁的关键，掌握氢氧化亚铁的制法。

（2）通过独立设计和小组实施实验，能在教师引导下按照实验步骤制备氢氧化亚铁，并表述实验方案的优缺点。

（3）通过问题情景、实验探究，初步掌握设计实验的基本步骤和实验探究的基本方法，初步养成发现问题、分析问题、解决问题的思维方式，能与他人合作交流。

六、实验教学内容

实验探究氢氧化亚铁制备的多种改进方法。

七、实验教学过程

（一）提出问题，激发思维

（1）学生活动：问题探究："在一支试管中加入少量硫酸亚铁溶液，然后滴入氢氧化钠溶液，能否制得氢氧化亚铁？"学生通过实验体会氢氧化亚铁的还原性，思考并总结氢氧化亚铁制备的关键。

（2）评价任务：书写氢氧化亚铁被氧化的方程式，得出观察不到白色沉淀的原因（内因和外因），归纳总结制备的关键。

（二）拓展思路，设计方案

（1）学生活动：问题探究："如何才能制得 $Fe(OH)_2$ 白色絮状沉淀，并稳定存在一定时间？"学生结合实验室常见仪器、药品，查阅文献资料，深入阅读和分析，并在此基础上设计和优化实验方案。

（2）评价任务：学生能在教师指导下，总结制备氢氧化亚铁的方案需要创造的条件和可以采取的措施，并能小组合作设计实验方案2~3种。

（三）实验探究，推理论证

学生分组操作进行实验验证。

（1）直接滴加法。

1）实验原理：$Fe^{2+}+2OH^-=Fe(OH)_2\downarrow$。

2）实验装置及药品如图 1 所示。

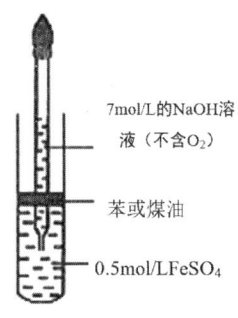

图 1　直接滴加法

3）改进点。①改变溶液浓度，通过查阅文献资料，选择 7mol/L 的 NaOH 溶液和 0.5mol/L 的 $FeSO_4$ 溶液。②改变试剂滴加顺序，先加煤油、再加硫酸亚铁溶液，最后加入氢氧化钠溶液，防止滴加过程中吸氧。③胶头滴管异位，将胶头滴管插入硫酸亚铁溶液中滴加 NaOH 溶液，可看到白色沉淀生成。

本实验方法装置简单，但白色氢氧化亚铁保存时间很短。

（2）微型混合法。

1）实验原理：$Fe^{2+}+2OH^-=Fe(OH)_2\downarrow$。

2）实验装置及药品如图 2 所示。

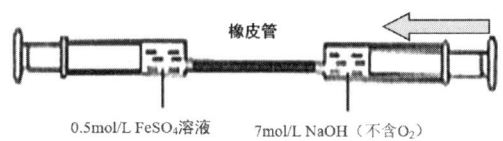

图 2　微型混合法

3）实验步骤及实验现象。①将右边注射器中的 NaOH 溶液推入左边注射器，可观察到的现象是有白色絮状沉淀生成。②若拔去连接管，将有白色沉淀的注射器抽入空气，振荡，则可观察到的现象是白色沉淀迅速转变为灰绿色，最后变为红褐色。

4）改进点：使用针筒注射器吸收反应液，避免滴管操作接触氧气，不用煤油液封，方便快捷。

（3）集气排液法。

1）实验原理：$Fe+2H^+=Fe^{2+}+H_2\uparrow$　$Fe^{2+}+2OH^-=Fe(OH)_2\downarrow$

2）实验装置及药品如图 3 所示。

3）实验步骤及实验现象。①按如图所示连接装置并固定在铁架台上，将活塞（或止水夹）打开。②在试管Ⅰ中加入适量的铁片和稀硫酸，在Ⅱ试管中先加入约2mL的氢氧化钠溶液，再加入约1mL的石蜡油。可以观察到Ⅰ、Ⅱ两试管中均有气泡产生，Ⅰ中溶液呈现浅绿色。③反应一段时间后，关闭活塞（或止水夹），可以观察到Ⅰ中液体沿导管慢慢进入到试管Ⅱ中，Ⅱ中不断产生白色的氢氧化亚铁沉淀。此沉淀可保持很长时间不变色。

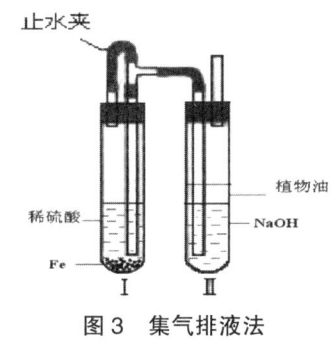

图3　集气排液法

4）方案点评：实验结合利用2003年全国高考理综第33题氢氧化亚铁制备装置图变形，在集气排液法的优点是利用H_2排除空气，创造了无O_2的氛围，避免了溶液中溶解氧对实验的干扰，现象明显，能比较长时间地观察到白色沉淀，但是实验装置比较复杂，对装置的气密性要求较高，不利于操作。

(4) 电解法。

1）实验原理。

用铁作电极，硫酸钠溶液作电解液，电极反应式为：

阴极：$2H_2O+2e^-=H_2\uparrow+2OH^-$

阳极：$Fe-2e^-=Fe^{2+}$

$Fe^{2+}+2OH^-=Fe(OH)_2\downarrow$

2）实验装置如图4所示。

3）实验步骤。①取硫酸钠溶液30mL，加热煮沸除去溶液中溶解的氧气。②将两铁电极浸入稀盐酸中，除去电极表面的氧化层，然后用蒸馏水冲洗干净。③按如图所示装置接通直流电源，将电压调至4~6V。

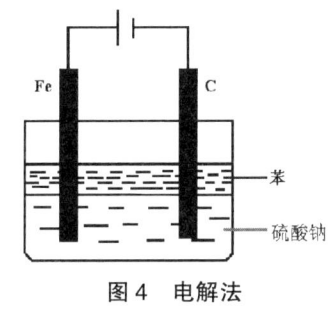

图4　电解法

4）实验现象：通电后即看到阴极有大量气体产生，同时溶液中出现大量白色沉淀。

5）方案点评：由于阴极产生的氢气是还原性气体并且阻止了空气中的氧气进入溶液，所以，可以较长时间地保留氢氧化亚铁白色沉淀。

(5) 评价任务。

学生根据实验原理能书写相关反应方程式，动手操作组装实验仪器，合理选择实验试剂，准确表述实验现象，能从试剂、装置、操作、现象等角度分析各个实验方案的优缺点。

（四）创新思维，不断优化

（1）实验原理。

把过量的 $NaHCO_3$ 溶液与稀硫酸得到除去氧气的 $NaHCO_3$ 溶液，再利用 $NaHCO_3$ 溶液与 $FeSO_4$ 发生双水解反应制备 $Fe(OH)_2$。反应的方程式为：

$$2NaHCO_3+H_2SO_4=Na_2SO_4+2H_2O+2CO_2\uparrow$$

$$2NaHCO_3+FeSO_4=Na_2SO_4+Fe(OH)_2\downarrow+2CO_2\uparrow$$

（2）实验仪器和试剂。

1）实验仪器：长15cm 白色透明橡胶管、2 支 30mL 针管注射器、酒精灯、150mL 烧杯、三脚架、石棉网、火柴。

2）实验试剂：饱和 $NaHCO_3$ 溶液、1.5mol/L $FeSO_4$ 溶液（含还原铁）、0.5mol/L 稀硫酸。

（3）实验装置见图5。

（4）实验步骤。

1）准备装置：将长 15cm 的白色透明橡胶管一端密封。两只注射器分别吸取 1mL 稀硫酸溶液和 5mL 新制硫酸亚铁溶液。

2）加料：将 5mL 1.5mol/L 热 $NaHCO_3$ 溶液从管口注入橡胶管中，再向胶管中注入 1mL 0.05mol/L 稀硫酸溶液，试管中产生大量气泡，待试管中气泡较少后，用另一支注

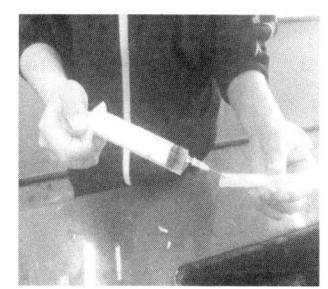

图5 双水解原理

射器向胶管中部刺入，将 5mL 新制硫酸亚铁溶液注入，使其发生反应。

3）观察实验现象：从中部开始逐渐产生白色沉淀，且维持时间较长，2min 左右，气泡基本消失，橡胶管两端的沉淀开始转变为灰绿色。

（5）实验创新点。

1）碳酸氢钠与稀硫酸产生的二氧化碳不仅能除去溶液中的氧气，还能利用二氧化碳密度比空气大的性质排出试管中的空气，在试管中形成无氧环境，减少并延缓产物 $Fe(OH)_2$ 被氧化。

2）利用双水解的原理，将反应维持在动态平衡中，延长了白色沉淀的稳定时间，克服了这个实验最大难点。

3）直接将 $FeSO_4$ 溶液注入 $NaHCO_3$ 溶液中部，省去了液封这一步骤，简化了实验。

4）设计成微型化实验，既增强了趣味性，又减少实验试剂的用量，使实验更加环保。

（6）评价任务。

学生根据教师提示能准确书写双水解反应原理的化学反应方程式，并根据原理选择合适的试剂，改进实验装置，体验微型实验乐趣。

八、实验效果评价

（1）将实验探究活动紧密结合具体的化学知识进行教学。例如通过探索氢氧化亚铁的制备四种装置，使学生深入理解掌握氢氧化亚铁制备的特殊性和多样性，从而加深对氢氧化亚铁的不稳定性、强还原性的认识、记忆，熟悉多种实验装置的原理和特点，突破教学难点。

（2）充分挖掘化学实验的教学功能，发展化学学科素养。在教学中充分调动学生主动参与探究学习的积极性，学生自主设计实验，讨论分析，体验物质制备实验探究的过程，激发学生科学探究的兴趣，增进了对科学探究的理解，促进学习方式的转变，培养学生的科学探究与创新意识。

（3）多种创新方法使实验更精彩、趣味更浓厚、主题更集中。设计的创新实验实验用品简单，操作方便安全，反应速度快，现象明显。设计成微型化学实验，既增强了趣味性，又减少实验试剂的用量，使实验更加环保，可用于教师演示实验和学生兴趣实验。

（4）根据学校实际情况合理选择实验教学形式，大胆进行探究式实验教学的尝试，通过实验与探究，将化学核心素养与学科知识有机结合与渗透，实现化学学科素养在高中化学教学中落地生根。

碳酸钠与盐酸分步反应的创新实验

浙江省温州市第八高级中学　金程程

一、使用教材

苏教版《化学必修1》专题2第二单元"钠、镁及其化合物"中碳酸钠的性质与应用的内容,适用于高中一年级学生的学习。

二、实验器材

(一) 实验装置创新

两支带有刻度的20mL针筒(见图1),其中一个针头需要细微处理。

处理方法:将一个针头的长度剪为一半,用工具压扁针头前端。这样处理的目的是使挤压针筒过程中出来的液体具有较大的压强,起到一个天然的搅拌效果。且瞬间挤压出来的液体量不会过多,解决了局部过量问题。

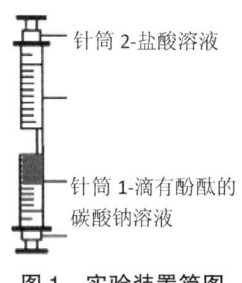

图1　实验装置简图

(二) 实验药品

浓度均为1.0mol/L的碳酸钠溶液和盐酸溶液、酚酞溶液。

三、实验创新要点

在课本的实验中,通过比较等量的碳酸钠与碳酸氢钠和盐酸反应放出二氧化碳的快慢来说明碳酸根要分两步结合氢离子,而碳酸氢根离子进一步结合氢离子的过程。这样的实验和结论是不够科学的。为探究碳酸钠溶液与稀盐酸分步反应的机理,设计了针筒式密闭装置,装置简单,现象明显,原理清晰。用该实验装置探究碳酸钠与稀盐酸分步反应的过程,既解析了向碳酸钠溶液中滴加HCl至过量时发生分步反应实验的教学难点,又解决了实验装置复杂及药品用量较大的缺陷。甚至可以应用于学生动手的微型实验上,有助于在教学中使学生能更好地领悟相关的化学反应原理,培养学生实验探究和创新意识的化学核心素。

四、实验原理

在教学中,为了更充分说明 $CO_3^{2-}+H^+$(少量) $= HCO_3^-$、$CO_3^{2-}+2H^+$(过量) $=$

H_2O+CO_2 且不被局部过量问题干扰的有效实验，要求教师设计出更完善的实验实施在教学中来。在以往的实验中，教师往往采用互滴法演示实验，存在以下问题：①实验现象不明显不直观，也常由于局部过量产生气泡较难解释分步反应的实验原理。②不知反应过程中碳酸钠是否反应生成了碳酸氢钠，也不知道是否完全生成碳酸氢钠前无气泡产生。③曾有教师设计的装置为解决搅拌问题，对设备要求众多，不够简化，较难用于课堂上的实施。④在实验过程中，常常存在空气干扰，气泡究竟是挤压空气所得还是真正的二氧化碳。为此，笔者经过不断尝试和总结，设计了针筒式密闭装置，用该装置探究碳酸钠和盐酸分步反应实验。

向碳酸钠溶液中滴加盐酸，由于局部 HCl 浓度过大，会使未完全生成碳酸氢钠时，就有局部反应生成的气泡 CO_2，这对分步反应原理的解释存在干扰。也由于滴入时，常选择胶头滴管、漏斗等装置，装置并不密封，引入空气也会产生对气泡的干扰。因此引入两个装满溶液的针筒对接，使得后期产生的气泡在无空气干扰的情况下，推动针筒得以验证反应是分步进行的，在后续反应中生成的气体也的确是 CO_2，这样的装置是经过多次的失败实验之后总结得出的较完美的装置。此处，笔者在对针筒的针头作了更细致的处理，用小刀切短针头使其使用时更加安全，压扁针头，控制压缩时针筒时针头的"出液口"体积，解决了局部过量的问题，处理过的针头用在装盐酸的针筒前。针筒挤压精细而长远又使得压入液体具有较大压强而起到自动搅拌的效果，使得省略了其他复杂冗长的搅拌装置和仪器。

五、实验教学目标

能通过实验演示、实验研究，验证碳酸钠与盐酸反应的分步特征，能通过实验区别碳酸钠和碳酸氢钠。提高学生由宏观的现象出发辨识物质性质到微观探析其本质的能力，培养其从证据推理到模型认识的过程。

六、实验教学内容及过程

根据本实验的教学目标和该实验的特点，制定以下教学流程：性质分析→提出合理的假设→进行实验探究→性质归纳。用实验中的现象作为证据推理建立一个学习无机物质性质的认知模型，建立一个由宏观辨识到微观探析的过程，帮助学生形成一个更加具体更具有操作性的学习无机化学物质性质的认知模型。

性质分析提出假设：学生知道碳酸钠能与盐酸反应，碳酸氢钠也能与盐酸反应，最终产物完全一致，但两者在反应速度、反应用量上有较大区别。是不是因为碳酸钠在反应的过程中先生成了碳酸氢钠，再继续盐酸反应才能放出二氧化碳呢？为了解决这个问题设计了实验探究，该实验既可以由老师来演示，也可以设计成微型实验让学生动手操作，在实验探究的过程中可以得出碳酸钠与盐酸分步反应的结论，也可以理解碳酸钠在转化为碳酸氢钠的过程中没有气泡产生，后续才有气体，进行性质归纳。这样就建立一个由宏观辨识到微观探析的过程，也能由实验中的现象作为证据推理建立一个学习无机物质离子反应的模型。

实验探究操作：用针筒对接，向碳酸钠溶液中慢慢加入盐酸溶液至大量气泡产生。

操作步骤1：针筒1中取5mL滴有酚酞的碳酸钠溶液，排出针筒1内气泡，保持针筒内无空气等其他气体的干扰。针筒2中取10mL 1mol/L盐酸溶液，排出针筒2气泡（排气泡方式：同医生打针前，会快速挤压针筒，排出液体少量的同时使针筒处于一种真空状态）。

操作步骤2：准备完毕后，将两针筒上下相对，碳酸钠在下，盐酸在上，通过处理后的针筒对接。用力压住两针筒的对接处，以防止反应过程中空气进入干扰实验。开始挤压针筒2，缓慢压入约5mL盐酸时，会发现溶液由红色变为粉红色，且过程中无气泡产生。再次推动针筒2，缓慢压入5mL盐酸溶液，溶液由粉红色变为无色，且过程中产生大量气泡（开始时慢，后来快）。气泡被集中收集在针筒1的上方，并推动针筒1到一定位置。

性质归纳：碳酸钠溶液中加入盐酸少量时没有气泡产生，但溶液颜色变浅说明：$CO_3^{2-}+H^+$（少量）$=HCO_3^-$，再继续加入盐酸的过程中，溶液颜色褪去，并产生气泡说明：$HCO_3^-+H^+=H_2O+CO_2\uparrow$ 整个实验过程充分说明碳酸钠与盐酸反应是分步进行的，总反应为：$CO_3^{2-}+2H^+$（过量）$=H_2O+CO_2\uparrow$。

这样就通过明显且直观的现象（见图2）很好地说明了碳酸钠溶液与盐酸溶液分步反应的过程和机理。

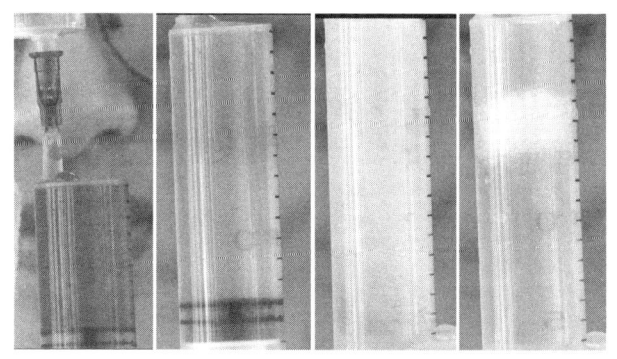

图2 实验现象

七、实验效果评价

用针筒封闭式装置探究碳酸钠与稀盐酸的分步反应，装置简单，实验现象明显、直观，解决了向碳酸钠溶液中滴加盐酸至过量过程中发生分步反应的实验教学难点问题，也改进了以往装置中会引起的局部过量、装置复杂、空气气泡干扰等现象。本实验也可再通过微型改进，设计成能供学生动手操作的微型实验。通过本实验探究，学生一目了然地领悟了碳酸钠与盐酸反应的分步机理，领会化学反应的本质，提升学生学习化学的兴趣，提高学生的化学核心素养（宏观辨识与微观探析、证据推理与模型认知、科学探究与创新精神）。

当然，在这个实验中有一点遗憾，如果在配制溶液时可以配出浓度更精确的盐酸和碳酸钠溶液，那实验效果会更好。

手持技术在高三元素化合物复习课中的应用
——以碳酸钠、碳酸氢钠为例

天津市第二中学　冯雯

一、教材分析

碳酸钠和碳酸氢钠是高中无机化学两种重要的化合物，在人教版《化学必修1》《化学选修4》教材中多次提及。两者部分性质实验在常规手段下无法实现，传统的处理方法是借助语言进行定性描述，造成学生未能从根本上理解其原理。因此，在高三元素化合物复习课的教学中，教师的重点工作是将教材进行整合、重组，应用手持技术，宏微结合，探析其变化与平衡特点，掌握证据推理方法，进而建立模型认知，突破难点。

二、学情分析

从知识结构上看，高三学生已系统学习了电解质在水溶的离子行为、平衡移动以及酸碱中和滴定等原理，但对于知识的综合应用能力有待提高。

从实验技能上看，学生已经具备了一定的实验分析比较能力和创新能力，渴望自己独立完成实验，有较强的求知欲。

三、实验创新

手持技术作为一种深入、直观、定量的数字化实验技术手段进入化学课堂，将不易观察的实验现象以图像和数字等形式显示出来，能够清晰地观察到微观的"量"的变化带来的宏观实验现象的变化，对培养学生形成自主探究、合作的学习方式具有重要意义，有利于学生的认知发展以及化学学科核心素养的培养。

此实验利用手持技术深度挖掘，改进教材实验，并将不可能的实验变为可能，力求用数据和图像说话。

四、教学设计思想

实验促学、探究教学、构建导学、迁移博学。

五、实验器材

电脑、数据采集器、pH传感器、温度传感器、滴数传感器、磁力搅拌器、烧杯、酸式（碱式）滴定管（见图1）。

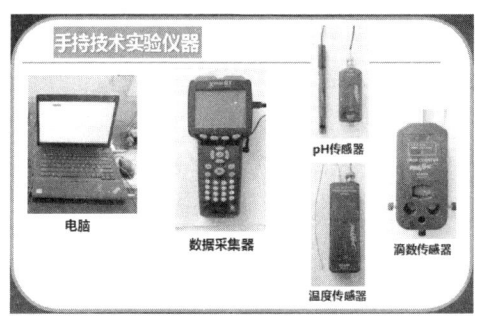

图1 实验器材

六、实验教学内容

此研究包含三个碳酸钠、碳酸氢钠的相关实验，分别为：碳酸钠、碳酸氢钠固体溶于水的热效应和形成溶液的 pH；验证碳酸钠与稀盐酸互滴反应机理；混合溶液中 CO_3^{2-}、HCO_3^- 与 H^+ 反应先后顺序的测定。

（一）实验一：Na_2CO_3、$NaHCO_3$ 固体溶于水的热效应和形成溶液的 pH

（1）问题的提出。教材中此实验（见图2）科学探究中温度变化手感知明显吗？溶液 pH 究竟差距有多大？

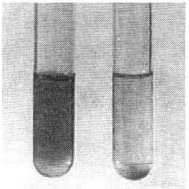

图2 教材实验

教材实验的局限：①固体量仅1g，且形成溶液浓度不同，不便比较。②凭借触感判断溶于水的过程为吸热还是放热具有一定的局限性。在教学实践中，学生通常得出"$NaHCO_3$ 固体溶于水为温度变化不大"的结论。③比较都基于定性的观察，缺乏定量观察对比探析。

（2）实验改进。分别将 0.004mol 的两种固体（Na_2CO_3 为 0.424g，$NaHCO_3$ 为 0.336g）加入 40mL 水中，应用 pH 传感器和温度传感器进行测定。

（3）实验数据与结果。

1）从温度时间图（见图3）中可以看出：Na_2CO_3 固体溶于水是放热过程，

而 $NaHCO_3$ 固体溶于水是吸热过程。

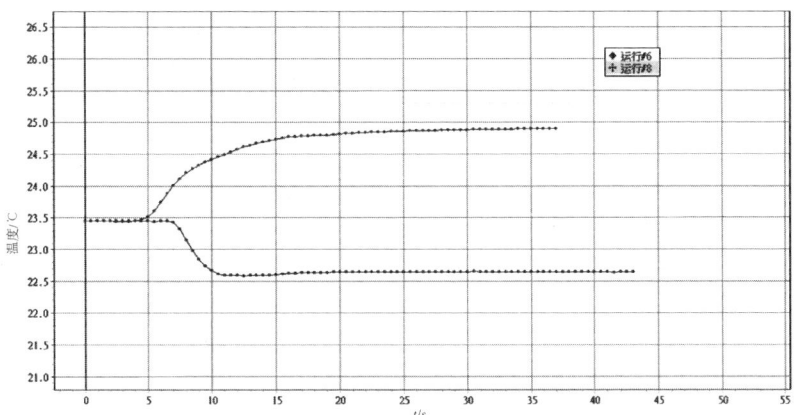

图 3　Na_2CO_3、$NaHCO_3$ 固体溶于水的温度时间图

2）从 pH 时间图（见图 4）中可以看出两种溶液均显碱性，并比较出等浓度的 Na_2CO_3 溶液碱性大于 $NaHCO_3$ 这一科学结论。

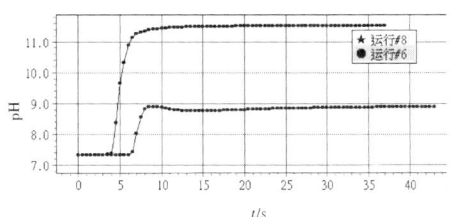

图 4　Na_2CO_3、$NaHCO_3$ 固体溶于水的 pH 时间图

运用水解机理分析，同浓度的碳酸根离子与碳酸氢根离子共存时，以碳酸根离子水解为主；碳酸氢根离子的水解能力强于其电离能力。

（4）实验效果评价。

1）溶质从开始溶解到完全溶解的动态全过程可视：溶液浓度逐渐增大，溶液温度随之升高或降低。

2）相较只加酚酞溶液观察现象获得的证据推理优势的地方，如从开始溶解到完全溶解过程中。①随溶质溶解，溶液浓度的增大，溶液 pH 随之增大的动态过程，从而得知浓度对水解平衡影响趋势。②当趋于稳定的线段可直观读取 0.1mol/L 的溶液对应各自的 pH，且能直观观察到到达平衡状态。

（二）实验二：验证碳酸钠与稀盐酸互滴反应机理

（1）问题的提出。碳酸钠与盐酸的反应机理高中化学的教学难点也是高考热点，对于学生理解高中化学中的多步反应以及多元弱酸的电离和多元弱酸根离子的水解等问题具有重要的借鉴作用。然而传统的实验验证碳酸钠与盐酸反应的机理，实验效果往往不尽如人意。教师在教学中一般采用向碳酸钠溶液中逐滴滴加稀盐酸进行实验，理论上是先无气泡后产生气泡。通过实验发现，由于局部盐酸的浓度过大，向碳酸钠溶液中滴加稀盐酸一开始就会产生气泡，用肉眼很难得出结论。

（2）实验改进。基于酸碱中和滴定，配合 pH 传感器和滴数传感器，运用 pH 传感器对它们与盐酸的反应过程中溶液 pH 的变化、所消耗盐酸的体积进行分析比较，验证反应机理。

（3）实验数据与结果。

1）首先来看将稀盐酸滴入等浓度 Na_2CO_3 溶液的数据（见图5）。

从 pH-滴数图中可以看出，随着盐酸滴入量增多，pH 逐渐降低，并出现两次突变。在第一次突变之前主要发生 H^+ 与 CO_3^{2-} 的生成 HCO_3^- 的反应；随即反应便以 HCO_3^- 与 H^+ 生成 CO_2 和水的反应，随着 HCO_3^- 的消耗殆尽，出现第二次突变，即证明反应分两步进行。

$Na_2CO_3 + HCl = NaHCO_3 + NaCl$ (1)

$NaHCO_3 + HCl = NaCl + CO_2\uparrow + H_2O$ (2)

横坐标上两次突变前消耗盐酸的体积比约为 1∶1，也证明了两步反应的计量数关系。

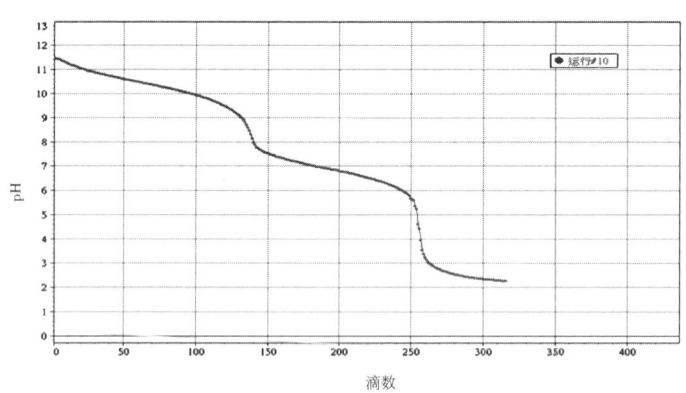

图5 将稀盐酸滴入等浓度 Na_2CO_3 溶液的 pH 滴数图

2）若将 0.05mol/L 的 Na_2CO_3 溶液滴入等浓度盐酸中，得到的 pH 滴数图（见图6）中仅出现一次突变。这主要是由于当 Na_2CO_3 溶液滴入盐酸这一大环境，CO_3^{2-} 遇到局部浓度过高的 H^+，就会在短时间内捕获两个 H^+，迅速生成 H_2

CO_3，因此 pH 曲线只出现一次突变，从而证明发生反应：$Na_2CO_3+2HCl=2NaCl+H_2O+CO_2\uparrow$。

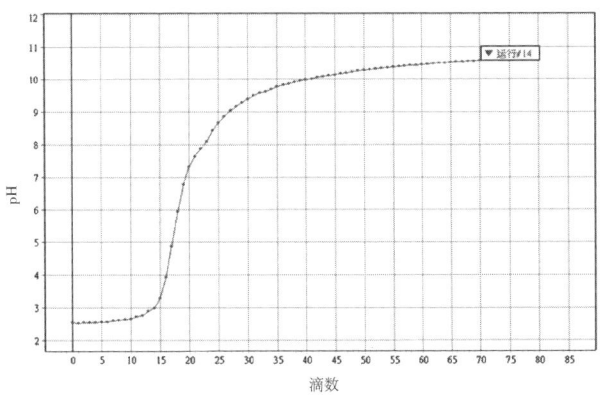

图 6　将 Na_2CO_3 溶液滴入等浓度盐酸的 pH 滴数图

（4）实验效果评价。

1）pH 传感器和滴数传感器结合使用，将传统的定性实验定量化，不仅展示静态的实验结果，同时展示了动态的滴定过程，提高了理论的可信度和科学性。

2）使学生对是由量决定的离子反应形成科学的认识，降低学习难度。

3）pH 的突跃出现，给学生造成了强烈的视觉冲击，大大激发了学生的求知欲，将手持技术的曲线之美和化学学科的魅力展现得淋漓尽致。

（三）实验三：CO_3^{2-}、HCO_3^- 与 H^+ 反应先后顺序的测定

（1）问题的提出。

学生由实验三生成新的问题：在 CO_3^{2-}、HCO_3^- 共存的条件下，H^+ 依旧与 CO_3^{2-} 先反应从而生成 HCO_3^-，是由于 HCO_3^- 浓度较小造成的吗？由此设计实验四，向等浓度的 Na_2CO_3、$NaHCO_3$ 混合溶液中加入盐酸，来证明 CO_3^{2-}、HCO_3^- 与 H^+ 反应先后顺序。

（2）实验步骤。

与实验二步骤相似，只是将烧杯中溶液换为加入等浓度等体积的 Na_2CO_3、$NaHCO_3$ 混合溶液。

（3）实验数据及结论。

图 7 显示，出现的两次突变与仅在 Na_2CO_3 溶液中滴入盐酸的图像相似，从横坐标上两次突变前消耗盐酸体积比约为 1∶2，说明在 CO_3^{2-}、HCO_3^- 同时存在的溶液中，H^+ 优先于与 CO_3^{2-} 反应，再与 HCO_3^- 反应，从而排除了因浓度小的原因，得出 CO_3^{2-} 结合 H^+ 的能力比 HCO_3^- 强的结论。

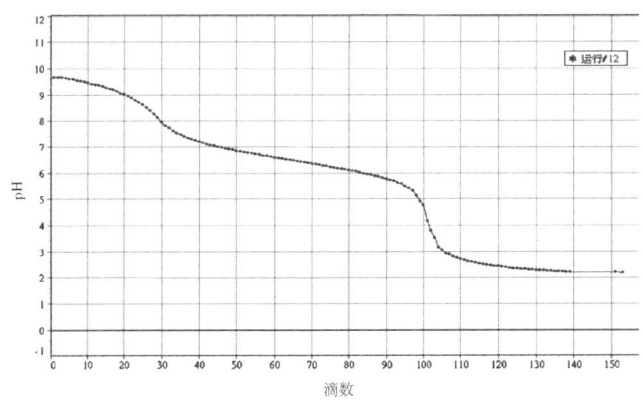

图 7　将盐酸滴入等浓度等体积的 Na_2CO_3、$NaHCO_3$ 混合溶液的 pH 滴数图

七、总结

（1）教师可以使教学从感性走向理性，借助数据、图形，改变对化学现象和原理本质的教学方式。该实验的探究正好体现了数字化实验技术应用在这些方面的优越性。

（2）使学生真正成为课堂的主人，在学习过程中领悟传感器的神奇，体验证据推理过程，自主建构模型认知自觉探寻新问题，拓宽认知视角，提升认知结构化水平，从而培养学生科学严谨的治学态度。

盐类的水解

拉萨那曲高级中学　拉姆次仁

一、使用教材

"盐类的水解"是人教版高中《化学选修4——化学反应原理》第三章第三节内容，本节课适用于高二年级下半学期教学内容。在编排顺序上本节知识处在弱电解质的电离、水的电离和溶液的酸碱性和难溶电解质的溶解平衡之间。教材设计上先是通过活动与探究实验让学生感受到盐溶液的酸碱性，并获知有些盐溶液呈碱性、有些呈酸性、还有的呈中性，使学生从感性认知上升到理论层面，并概括出盐的组成与其溶液酸碱性之间的关系。在学生完成宏观感性认知后，教材指导学生从微观角度去探究盐溶液呈酸碱性的本质。

二、实验器材

（一）仪器

试管、导管、烧杯、玻璃棒、pH 计、表面皿、洗气瓶、滤纸。

（二）试剂

肥皂水、镁条、氯化铵溶液、pH 试纸。

（三）学生试剂

氯化铝溶液、氯化钠溶液、次氯酸钠溶液、硫酸铜溶液、氯化钾溶液、醋酸钠溶液。

三、实验创新要求

本节是概念性教学，理论性较强，学生不易理解。我在设计这节课时，有这样的思考：如何将抽象的概念形象化、直观化。

以氯化铵溶液和镁反应实验为引课，通过情境学生需要解决下几个问题：①如何证明有氢气产生；②氯化铵溶液显什么性；③如何检验氯化铵溶液的酸碱性；④如何分析氯化铵溶液有酸性？

这样处理的意图，想通过实验为载体，发挥教师的主导，为学生提供一个思维的问题平台，能激发学生的求知欲。再通过学生分组讨论，小组汇报结论。从宏观现象到微观变化，得出氯化铵水溶液显酸性的原因，学生初步感悟盐不一定都显中性。

四、实验原理及设计思路

从宏观实验引入，微观粒子分析，初步形成概念，学生探究，总结归纳，问题解决。经过这一系列的环节探究完成了盐类水解这个比较抽象的概念教学，并上升为理论形成概念。同时学生的三维目标也能得到了很好的实现。

五、实验教学目标

（一）知识与技能

了解盐类水解的定义、知道哪些盐能水解、掌握盐类水解的本质。通过小组合作，培养了学生实验操作能力，通过对实验现象的解析，培养了学生分析、归纳推理能力、自主学习能力。

（二）过程和方法

通过实验探究及问题讨论，指导学生通过宏观现象来探析微观变化的本质。

（三）情感态度和价值观

通过对盐类水解实验的探究，培养了学生团队协作精神，在对实验现象的解析过程中，培养了学生透过现象看本质，以及学习化学在生活中的重要意义等。

六、教学重难点

掌握盐类水解的本质以及应用。

七、实验教学内容

本节课内容理论性强，因此通过实验探究从宏观角度去掌握微观的本质，以氯化铵溶液与镁条的反应来引入课题，分析问题，解决问题，总结规律。以教法（创设情境、演示实验、质疑讨论）引导学生（自主学习、探究学习、合作学习），从而使学生感受到从中的乐趣。

八、实验教学过程

（一）引导聚焦

展示：我手上有一瓶 NH_4Cl 盐溶液。

师：将镁条投入 NH_4Cl 溶液中，能反应吗？（问题的引入激发学生对本节课学习的兴趣，图1是实验装置图。学生在不清楚它的现象以及产物的同时，学生可以通过阅读课本获得相关知识，在阅读课本过程中培养学生自主学习能力，以及学生对信息的整合能力。）

生：不知道。

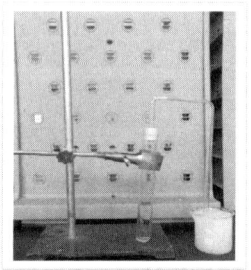

图1 镁条投入 NH_4Cl 溶液

师：请阅读课本第 55 页。你获得哪些信息？

生：说出 6 种微粒。

师：分析 NH_4Cl 水解过程（书写化学和离子方程式）。板书如图 2 所示。

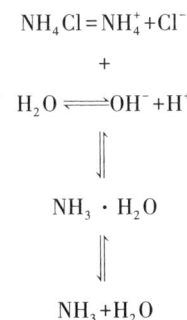

图 2　NH_4Cl 水解过程化学和离子方程式

师：NH_4^+ 结合了水电离出的 OH^- 使溶液中 $c(H^+)>c(OH^-)$。

师：可以用方程式来表示：$NH_4^+ + H_2O \rightleftharpoons NH_3 \cdot H_2O + H^+$。

（二）自主生成

动手：写出 NH_4NO_3 溶液显酸性的化学方程式。

师：镁条和 NH_4Cl 溶液会生成什么气体呢？

生：氢气（氨气）。

师：如何检验氢气？

生：爆鸣实验。

师：请一位同学帮忙拿麦克风。

实验 1：用火柴点燃，听到爆鸣声。

师：真的有氢气（我们又通过实验来验证氢气真的存在，这个实验更进一步的提高学生对本节课学习的兴趣）。

师：镁会与什么溶液反应生成氢气？

生：酸。

师：NH_4Cl 溶液显酸性？如何检验溶液的酸碱性呢？问题的提出激发了学生回顾已学的知识，使学生能够将已学的知识和新知识进行充分的融合。

生：用 pH 试纸或者 pH 计（见图 3）。

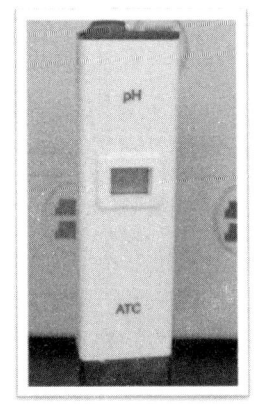

图 3　pH 计

实验2：用 pH 计测得 pH=5.0。

师：说明 NH_4Cl 溶液确实显酸性（通过这个实验能够让学生更能体会到氯化铵溶液使显酸性的这个事实）。

质疑：盐溶液都有酸碱性吗？

师：下面我们分组实验来测下常见物质溶液的 pH。

学生实验：分组实验，2人1组。实验内容：用 pH 试纸分别测定 0.1mol/L 下列各溶液的 pH。注意事项：操作步骤。

投影实验：如表1所示。

表1 测定常见物质溶液的 pH

盐的类型	第一组	酸碱性	第二组	酸碱性
强酸弱碱盐	$CuSO_4$	酸性	$AlCl_3$	酸性
强酸强碱盐	NaCl	中性	KCl	中性
强碱弱酸盐	NaClO	碱性	CH_3COONa	碱性

教师走下去指导，观察，找出做的现象明显的组，一会儿让他们来汇报，大概2分钟。

师：请第1组汇报实验结果，请第2组汇报实验结果，并让第2组1个同学分析 CH_3COONa 溶液显酸性。在这个过程中能够培养学生的协作探究精神，能够提高学生的实验操作能力，从而使学生在实验过程中体会到化学实验的乐趣，再通过学生到黑板上板书及分析溶液显酸碱性，从而突破了盐类水解的重难点。

生：前面分析 CH_3COONa 溶液显碱性的过程。

板书：以上几个实验事实得出，水溶液中盐电离产生的离子与水电离产生的氢离子或氢氧根离子结合生成弱电解质的反应，盐类的水解。

师：这个过程就是盐类的水解反应（水被盐解），阅读课本第55~56页。

举例：你知道哪些盐溶液显酸性？哪些显碱性？

师：依据上述实验，请大胆猜想盐的类型和盐溶液之间的酸碱性之间的关系？

生：强酸弱碱盐显酸性，强碱弱酸盐显碱性，强酸强碱盐显中性（通过学生的表述培养了学生语言组织和表达能力，充分培养了学生逻辑思维能力）。

板书：可以概括为：有弱才水解，谁弱谁水解，谁强显谁性。

师：这是我刚才做过的实验，除了氢气，还有什么气体？

生：氨气。

师：如何检验？

生：用湿润的红色石蕊试纸。

实验3：湿润的红色石蕊试纸变成蓝色（见图4）。通过前面氯化铵水解原理的分析，学生不难得出气体中还有氨气存在，我们可以通过实验来检测氨气的存在。对学生的猜测进行验证，将盐类水解知识升华到了最高境界。

师：氨气是怎么产生的呢？

生：镁消耗了铵根离子水解出的氢离子，使得$NH_3 \cdot H_2O$浓度增大，部分发生分解。

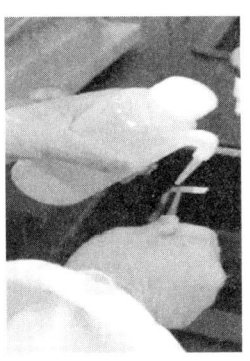

图4　湿润石蕊试纸

案例1：NH_4Cl在焊接钢铁是用于除去表面的铁锈，利用了什么原理？

案例2：在厨房中Na_2CO_3除油污，利用了什么原理？（通过盐类水解的学习，可以将课本的知识与生活上的知识相联系，进一步体现出化学在生活中的重要地位。）

生：显酸性。

师：NH_4Cl也是一种氮肥，农民知道不能将NH_4Cl与草木灰（主要成分K_2CO_3）混搭施肥，你知道原因吗？我们下节课再分析。

小结：促进水的电离。

（三）梳理提升

盐类的水解：促进水的电离

$$盐 + 水 \rightleftharpoons 酸 + 碱$$

$$NH_4Cl = NH_4^+ + Cl^-$$

$$+$$

$$H_2O \rightleftharpoons OH^- + H^+$$

$$\Updownarrow$$

$$NH_3 \cdot H_2O$$

$$\Updownarrow$$

$$NH_3 + H_2O$$

有弱才水解，谁弱谁水解，谁强显谁性，无弱显中性。

（四）训练反馈

（1）下列关于盐类水解的叙述错误的是（　　）。

A. 盐类水解是中和反应的逆反应

B. 盐类水解过程是吸热过程

C. 含有弱酸根盐的水溶液一定显碱性

D. 盐溶液的酸碱性主要决定于形成盐的酸和碱的相对强弱

（2）下列水解离子方程式表达正确的是（　　）。

A. CH_3COOK 的溶液：$CH_3COO^- + H_2O \rightleftharpoons CH_3COOH + OH^-$

B. $FeCl_3$ 的溶液：$Fe^{3+} + 3H_2O \rightleftharpoons Fe(OH)_3 \downarrow + 3H^+$

C. Na_2CO_3 的溶液：$CO_3^{2-} + H_2O \rightleftharpoons H_2CO_3 + 2OH^-$

D. NH_4Br 的溶液：$NH_4^+ + H_2O \rightleftharpoons NH_3 \cdot H_2O + H^+$

（3）下列盐溶液中能发生水解的用水解方程式和离子方程式表示：

A. $(NH_4)_2SO_4$　　　　　B. Na_2SO_3

C. $BaCl_2$　　　　　　　D. $FeCl_2$

九、实验效果评价

（一）分析能力的提升

学生通过阅读书本知识，培养对信息的提炼能力，并结合实验分析产物，思考产物判断的方法，从而初步掌握盐不只是显中性的知识。

（二）操作能力的提升

分组实验提高了学生的动手能力及相互之间的合作能力。

（三）思维方式的提升

通过创新实验，提高学生对实验产物的分析能力。

乙炔的化学性质

河南大学附属中学　王涛

一、使用教材

人教版高中《化学选修5——有机化学基础》第二章第一节第2课时。

二、实验器材

电石颗粒、$NaCl-CuSO_4$溶液、镊子、滤纸、酸性$KMnO_4$溶液、酸性$K_2Cr_2O_7$溶液、溴水、肥皂液、10mL滴瓶、100mL输液瓶（抽真空、10mL $NaCl-CuSO_4$溶液）、10mL注射器、5mL注射器、有机玻璃架、10mL进样瓶（硅胶垫、滤纸条）、6孔井穴板、井穴板双孔塞、微型点火装置、软管；湿抹布、废液杯、打火机、护目镜。

三、实验创新要求/改进要点

（1）由于乙烯与乙炔的相似性，学生对实验现象的预测非常准确，学生觉得没有什么挑战性，课堂上该如何激发学生的探究热情？

（2）在实际教学中，教师常出现以偏概全的经验主义，例如酸性重铬酸钾溶液和酸性高锰酸钾溶液性质相似，遇到乙炔应该会褪色？其实不仅教师会这样认为，学生也会出现类似的"想当然"。如何培养学生基于现象的科学创新思维呢？

（3）课本装置适用于演示实验，可面对60个学生，如何确保每个孩子对实验倾身投入的参与度和沉浸感？

（4）学生在进行随堂分组活动时，容易遗漏重要实验现象，或者存在描述现象词不达意的情况。如何避免这种弊端？

四、实验原理/实验设计思路

（一）实验多样化（见图1、图2）

首先，利用6孔井穴板、真空输液瓶等设计了两种不同于课本的反应装置。

其次，尝试提供更多的试剂选择，在氧化反应试剂中增加了酸性$K_2Cr_2O_7$溶液（对照酸性$KMnO_4$溶液），在教师演示实验中使用了Cl_2

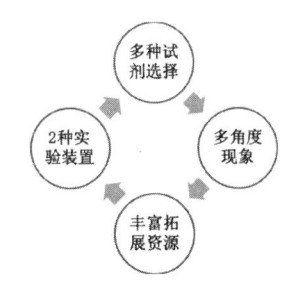

图1　"实验多样化"思路简图

（对照溴水），这两种增补的试剂，都展现了"异常现象"，一个不褪色，一个不仅发生加成还能发生取代。

最后增加现象呈现方式，以及丰富的拓展性资源。

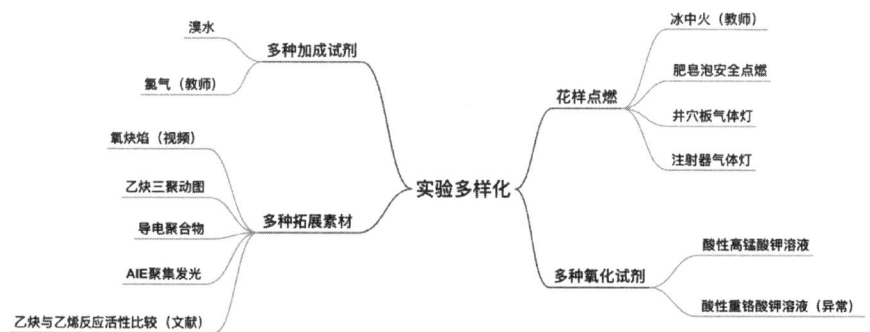

图2　本节课实验多样化内容简图

整个设计的目的都是增加实验的新鲜度，激发学生的探究热情。

（二）实验随堂化（见图3）

装置微型化、试剂微量化、反应绿色化，实验随堂化的设计，让每个学生都能亲身接触实验，缩短了学生与化学的距离。

（三）实验可视化（见图4）

针对学生观察实验的局限性，结合微距、延时摄影等多种拍摄方式，利用iPad记录实验过程和现象，再通过同屏传送（见图5），呈现实验细节，解决遗漏重点现象和表达时言不达意的问题，使效果更加震撼。

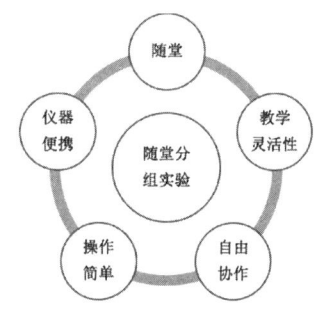

图3　"实验随堂化"思路简图

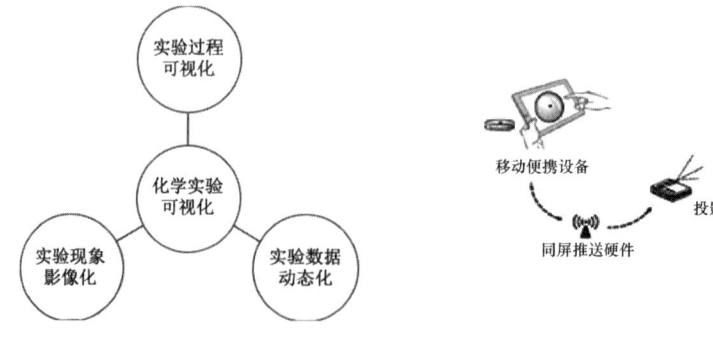

图4　"实验可视化"思路简图　　图5　"同屏传送"示意图

五、实验教学目标

（1）通过实验探究乙炔的主要化学性质，初步形成基于官能团对有机化合物的性质进行预测、检验的认识模型。

（2）通过对乙炔化学性质的认识过程，建立物质性质与物质用途的关联，感受化学物质及其变化的价值，进一步增强合理使用化学品的意识。

（3）通过实验探究的设计过程，发展物质性质的实验探究设计的水平，感悟科学方法在化学研究中的重要作用。

六、实验教学内容

（一）学生随堂分组实验

基于两种反应装置，带有双孔塞的6孔井穴板（课本装置的微型化）以及真空输液瓶和注射器（密闭化绿色化装置），完成乙炔制备、性质检验，其中包括可燃性、氧化反应和加成反应。

（二）教师演示实验

（1）冰中火：电石与冰块反应，点燃观察到冰块中的火焰。

（2）水火交融：乙炔与Cl_2的反应，将乙炔注入盛有Cl_2、饱和食盐水的输液瓶中，观察到剧烈反应，有火花、黑色颗粒物、塑料瓶膨胀收缩等现象。

（3）AIE聚集发光材料展示：2017年度国家自然科学奖一等奖（华南理工大学发光材料国家级重点实验室提供）。

七、实验教学过程

（一）课前

"乙炔的结构、实验室制法"相关内容（微课、讨论文本等）发布在iTunes U课程平台（见图6），学生通过观看视频、发帖讨论、教师在线个性化指导，自主预习。学生完成随堂分组实验部分药品的分装、仪器的组装，熟悉实验用品。

图6 iTunes U课程平台

（二）课中

（1）导入：趣味实验"冰中火"（见图7），从电石与冰块的反应产生乙炔，检验学生对乙炔实验室制法的掌握情况。

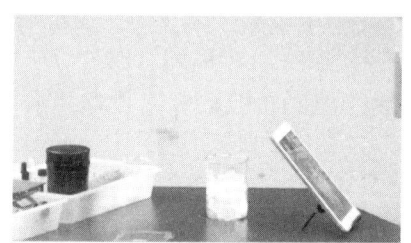

图7 "冰中火"趣味实验图片

（2）从实验感受性质：随堂分组实验，丰富感性认知（见图8～图10）。

1）小组间交流讨论课前设计的实验方案，完善其中细节。

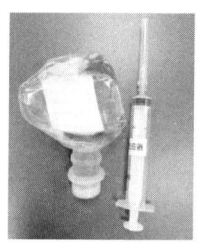

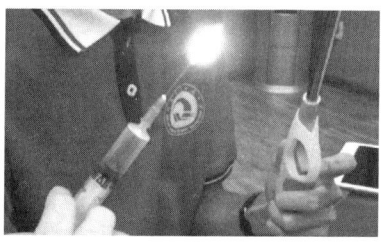

图8 真空输液瓶、注射器、微量进样瓶、注射器点火燃烧反应装置

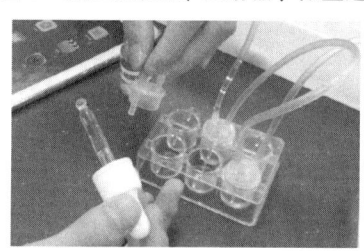

图9 6孔井穴板反应及微型气体灯装置

2）小组内协作完成制备乙炔和乙烯化学性质的检验实验，使用iPad记录实验现象。

3）小组间交流分享实验成果，加深乙炔制备原理的认识，巩固乙炔的化学性质。

图 10　学生分组活动照片

（3）从结构理解性质：结构探讨，提升理解建构。

1）尝试分析"酸性 $K_2Cr_2O_7$ 溶液没有褪色"：结合碳碳键键能数据（见图 11），从键能角度发现乙炔与乙烯的性质差异。

2）比较分析与 Br_2 加成比例不同：从定量角度认识乙炔加成特点和官能团碳碳三键的关系。

3）尝试描述乙炔合成苯环的化学键变化（见图 12）：从微观结构角度理解碳碳三键的结构特点。

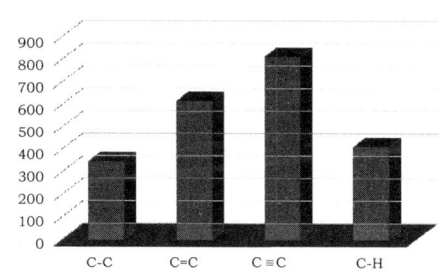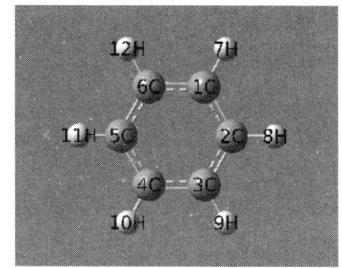

图 11　碳碳键键能数据　　　　图 12　乙炔合成苯微观动态图
（Multiwfn3.2.1 版计算）

4）尝试分析聚乙炔、聚乙烯、苯的结构特点，引导学生主动从"官能团与性质"关系的认识模型入手解释较复杂的试剂问题，2000 年诺贝尔化学奖"导电高分子"的结构特点。

5）AIE 聚集发光材料样品：样品展示、观赏视频（原理简介、成果第一持有人唐本忠院士的采访片段）。

（4）巩固练习：趣味实验"水火交融"，将乙炔注入装有 Cl_2、饱和食盐水的输液瓶中，剧烈反应，火花、黑色颗粒物、体系温度明显变化（塑料瓶膨胀收缩）等现象。

（三）课后

完成作业，及利用 SimpleMind+ 制作烷烃、烯烃、炔烃内容的思维导图。

八、实验效果评价

（一）实验探究、交流协作能力的提升

由于两套实验装置不同于课本装置，打破了学生已有的经验，需要学生之间进行必要的交流和讨论，思考装置的使用方法。

（二）基于现象分析的科学探究和创新意识的提升

实验设计中的两个"异常"，一是酸性 $K_2Cr_2O_7$ 溶液的不褪色，二是乙炔与 Cl_2 反应竟还有黑烟产生。学生在尝试解决相关问题的同时，自然就在体验基于现象分析的科学创新过程。

（三）宏微结合、自主应用有机化合物认识模型能力的提升

在"从结构理解性质"环节，从键能、定量、微观等多个角度，引导学生逐步形成"官能团与性质"关系的认识模型，并尝试应用这一模型去分析聚乙炔"导电高分子"的微观结构与宏观性质间的关系。

（四）感受实验之美，欣赏化学的价值

多种实验现象的呈现，花式燃烧，热成像，微型气体灯，AIE 聚集发光材料，唐本忠院士的采访片段"科学，就要天马行空"，一系列的设计，让学生感受实验、化学之美，感悟科学研究的乐趣，体会化学科学在人类文明和社会进步中的作用。

乙醇燃料电池原理的实验探究

江苏省金陵中学　　陈荣静

一、使用教材

人教版高中化学选修教材《化学反应原理》第四章第2节"化学电源"最后一部分内容：燃料电池。

二、实验器材

（一）原理教学实验

2mol/L NaOH 溶液、乙醇、U形管、导线、两根铂电极、灵敏电流计。

（二）实践探索实验

2mol/L NaOH 溶液、乙醇、U形管、导线、质子交换膜溶液和铂碳粉喷涂过的导电碳布、小风扇。

三、实验创新要点

（一）新燃料

以往在中学演示的燃料电池主要以 H_2 为燃料，而本实验选择乙醇作燃料。

（二）新容器

以往的氢氧燃料电池都是定制密封仪器，而本实验采用 U 形管为反应容器，简单有效。

（三）新电极

以往的氢氧燃料电池采用的是金属或石墨单 电极，而本实验使用复合材料——碳纤维织成的导电碳布，喷涂质子交换膜溶液和铂碳粉，增大接触面积，增强导电性。

四、实验设计思路

（一）确定燃料

教材中提出，除了 H_2，还有烃、肼、甲醇、氨、煤气等燃料都可以制作燃料电池，而 H_2、甲烷等部分烃常态下为气体，运输存储困难，肼、甲醇、氨、煤气毒性较大。乙醇则可再生，毒性低，易获得。因此，从实际应用角度，乙醇是环保、节能、安全的燃料。

而从元素角度，乙醇将 H_2、甲烷、甲醇的元素特点汇集，它能制作燃料电池代表着一系列含 C、H、O 元素的燃料制成燃料电池的可行性。

因此我选择乙醇燃料电池作为研究对象。

（二）对比电极

实验探索中，我尝试了石墨电极和铂电极，发现使用铂电极效果明显且稳定。进一步用铂粉喷涂过的导电碳布代替铂丝，既减小铂的用量，又增大接触面积。

（三）设计装置

实际的燃料电池通过使用隔膜将反应物隔离，但隔膜的维护在中学比较困难，因此我选择 U 形管作为反应容器，减缓乙醇向正极的扩散。

（四）选择溶液

教材中介绍的氢氧燃料电池采用酸性电解质溶液，但该乙醇燃料电池装置，在碱性环境下产生的电流比酸性环境下明显得多。而 NaOH 溶液的浓度我尝试了很多，发现 2mol/L 的液果最好。

五、实验教学目标

（1）通过燃料电池原理的实验探究，学习根据观察的现象分析推理形成结论的方法。

（2）通过交流讨论，能用"宏-微-符"相结合的方法表示燃料电池的反应。

（3）通过燃料的选择和利用方式的比较分析，增强创新意识，提高社会责任感。

六、实验教学内容

分别介绍燃料不同的几种燃料电池的原理。通过模型，讨论，对比几种燃料（见表1）。最后，对优势明显的乙醇燃料电池进行具体演示和分析。

表 1　几种燃料的对比

燃料	分子模型	制备和优势
氢气（H_2）	两个氢原子	绿色环保；可由水煤气分离得到
甲烷（CH_4）	将氢气分子中一个氢原子换成甲基	天然气、沼气的主要成分，来源广泛
甲醇（CH_3OH）	将甲烷分子中的一个氢原子换成羟基	可由水煤气合成，甲醇燃料电池是最早商品化的液体燃料电池之一

续表

燃料	分子模型	制备和优势
乙醇（C_2H_5OH）	将甲醇分子中碳原子上的一个氢原子换成甲基	可由植物发酵得到，可再生；液体，比气体方便存储运输；毒性远低于甲醇

七、实验教学过程

乙醇燃料电池的实验教学过程具体呈现如下。

（一）演示乙醇燃料电池的制作

优势明显的燃料乙醇，能否用来制作燃料电池？通过问题引入乙醇燃料电池的制作。

实验操作：向 U 形管中倒入 2mol/L NaOH 溶液，两根与灵敏电流计相连的铂丝分别由 U 形管两侧伸入溶液中。向一根铂丝附近滴加乙醇，观察灵敏电流计指针偏转。

实验现象：向一根铂丝附近滴加乙醇后，灵敏电流计指针偏转。

（二）分析乙醇燃料电池的原理

问题1：电流计指针为何偏转？

学生回答：有电流产生，说明有电子转移。

问题2：原电池的正负极分别是什么？

师生讨论：虽然我们不断地变化燃料，但不变的是 O_2 在正极得电子。变化的是失去电子的物质，本电池中，在负极失去电子的是乙醇。而其实电流计指针偏转的方向也证实了电子转移的方向。

问题3：正极和负极的产物分别是什么？

首先提问：在正极 O_2 得到电子，化合价降低，是不是与氢离子生成水呢？学生能回答出：在碱性条件下生成 OH^-。

进一步提问：在负极乙醇失去电子，化合价升高，最终升高为+4价，生成的是 CO_2 吗？学生思考后发现，在碱性条件下生成 CO_3^{2-}。

任务：写出电极反应方程式。小组讨论，代表展示，学生互评。

教师总结：燃料电池的正极反应方程式均类似，因此先写出总反应方程式，减去正极的电极反应方程式，得到负极的电极反应方程式。分析负极的电极反应方程式。

（三）探索乙醇燃料电池的实际应用

理解了乙醇燃料电池的原理后，能否提高乙醇燃料电池的电流，提高其实意义呢？

实验操作：选取新材料——铂碳粉喷涂过的导电碳布，将其卷成卷状作为电极，以增大反应物接触面积，进一步通过将电池并联增强电流，也通过串联多个电池增强电压。将改进得到的电池组与小风扇相连。

实验现象：风扇持续转动。

八、实验效果评价

（1）器材简单，现象明显，帮助理解原理。

（2）从铂丝到复合材料，实验效果更丰富。

从课堂到实际应用，还有很多需要改进的地方。路漫漫其修远兮，吾将上下而求索！

制备乙酸乙酯的实验创新

新疆伊宁市第三中学 耿琼

一、教材及实验背景分析

实验选自人教版《化学必修2》第75页实验3-4"乙酸乙酯的制备"（见图1）。根据新课标教学理念，我对本节课的实验教学背景作了如下分析：酯化反应是学生认识有机合成原理的典型代表，是从化学学科特征出发，运用实验方法研究有机物质合成的开始；酯化反应使学生对实验原理和现象的了解更加深入、系统、全面，是培养学生实验探究思路的最佳素材。

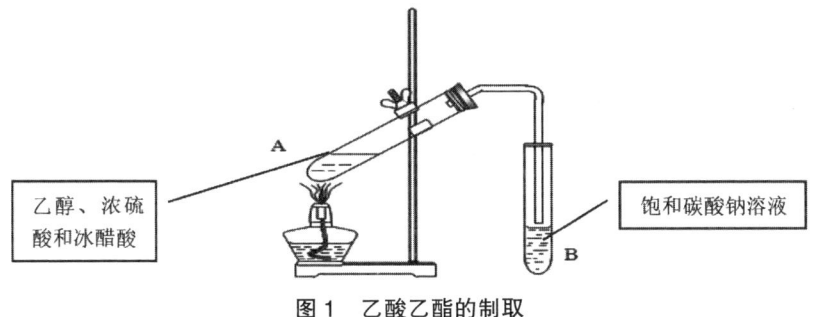

图1 乙酸乙酯的制取

反应原理：

$$CH_3\overset{O}{\overset{\|}{C}}-OH+H-OCH_2CH_3 \underset{\triangle}{\overset{浓 H_2SO_4}{\rightleftharpoons}} CH_3\overset{O}{\overset{\|}{C}}-OCH_2CH_3+H_2P$$

二、实践中发现的问题

（1）用浓硫酸作为催化剂存在安全性较差、副反应多、废弃物有污染等问题。

（2）实验过程温度难以控制，产品不纯。

（3）长导管冷凝效果不佳。

（4）实验现象不明显，难以观察。

三、实验改进

(一) 改进原则

（1）"绿"：探究并筛选安全、高效的催化剂代替浓硫酸。

（2）"少"：催化剂用量少。

(3)"简":实现装置简单化,操作简便化,实验材料易获取。

(4)"显":实验现象明显。

(二)对催化剂的探究

(1)对催化剂种类的探究(见表1)。

对催化剂的探究起源于铁锅鱼的故事。故事告诉我们,鱼之所以这么香,是因为料酒和陈醋生成了酯,但我们做鱼时并未加入浓硫酸,催化剂又是谁呢?

师生共同查阅资料发现,路易斯酸是酯化反应的一种催化剂,氯化铁是其中一种,取3mL乙醇2mL乙酸,相同质量的催化剂,反复实验比对。

表1 对催化剂种类的探究

催化剂种类	催化剂数量/g	出酯体积/mL
$FeCl_3$	2	1.2
浓硫酸	2	0.7

结论:与浓硫酸相比,氯化铁的出酯体积更多(见图2)。

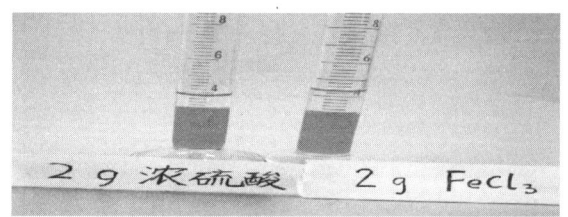

图2 相同质量$FeCl_3$与浓硫酸的出酯体积比较

继续探究:有同学说,做鱼时的Fe^{3+}从哪来呢?分组讨论后,有小组猜想:"既然$FeCl_3$可做此反应的催化剂,为何不直接加铁粉呢?合成酯时加入铁粉,铁粉与乙酸反应生成Fe^{2+}可继续被氧化为Fe^{3+},在实验中起催化作用的不正是Fe^{3+}。"猜想是否成立,用实验进行验证,取上层清液分装在两支试管中,分别滴加铁氰化钾和硫氰化钾,出现明显的滕氏蓝和血红色溶液,说明溶液中有Fe^{2+}、Fe^{3+}。

结论:向反应液中分别滴加铁氰化钾硫氰化钾,分别生成滕式蓝和血红色溶液,说明有Fe^{2+}、Fe^{3+}(见图3)。猜想成立。

图 3　Fe^{2+}、Fe^{3+} 的检验

与 $FeCl_3$ 相比效果如何？

结论：实验显示当反应物量相同时，与 $FeCl_3$ 相比 Fe 粉的催化效果更好（见图 4）。

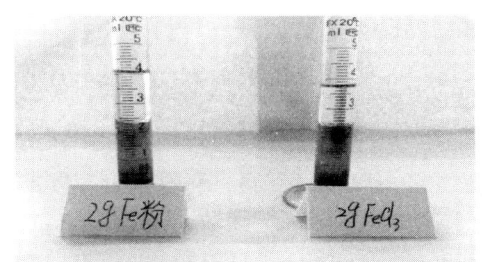

图 4　相同质量 Fe 粉与 $FeCl_3$ 的出酯体积比较

最终得出结论，做铁锅鱼的催化剂正是铁锅本身。

把探究结论运用于教学，从节约资源、保护环境出发，使用尽可能少的药品，达到实验效果，分组实验，称取 0.1～0.5 g 药品，采用多组测量求平均值的方法。从出酯时间、出酯体积对铁粉用量进行探究。

（2）对铁粉用量的探究（见表 2）。

表 2　对铁粉用量的探究

铁粉用量	0.10 g	0.20 g	0.30 g	0.40 g	0.50 g
出酯体积/mL	0.50	0.80	0.7	0.7	0.50
总耗时/s	110	112	81	101	100
出酯体积/（mL/s）×10^{-3}	4.55	7.14	8.64	6.93	5.00

结论：由表 2 可知，当加入 0.3 g 铁粉时单位时间内出酯体积最多。

（3）与浓硫酸相比，实验显示，0.3 g Fe 就可达到 2 g 浓硫酸的催化效果（见图 5）。

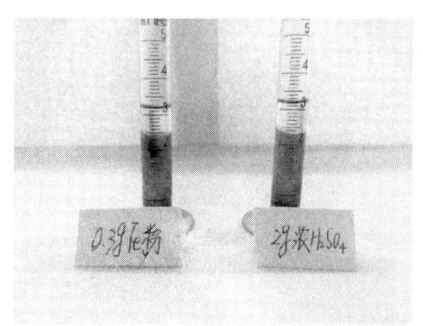

图 5 0.3gFe 粉与 2g 浓硫酸的出酯体积比较

用铁粉做催化剂安全高效，既适合教师演示实验，又适合学生分组实验；用量少，无毒无害，符合绿色化学的要求。

（三）对反应装置的改进

催化剂的探究，使孩子们感受到了成功的喜悦、探究的快乐。再抛出问题继续引领实验探究：直接加热温度不易控制，有没有更好的加热方法呢？

大多数同学建议用水浴进行加热，反复实验后，决定用大试管进行水浴加热。试管口小，热量难散失，很少的水足以满足实验要求，很快就可达到反应温度，有效缩短反应时间。反应在具支试管内完成，根据支管口温度计显示，就可以知道产品成分，从而提高了产品纯度（见图6），用一个废弃的矿泉水瓶盖解决了小试管的固定问题（见图7）。

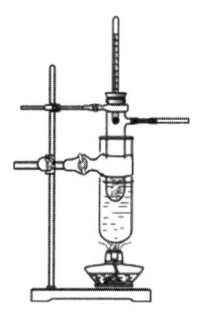

图 6 效果图

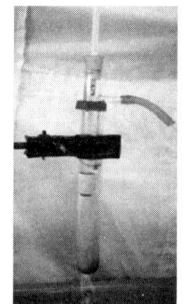

图 7 实物图

（四）对收集装置的改进

同学们发现一部分气体未被冷凝，直接从导管口逸出，造成产率下降，于是，在收集部分加了一个冷水浴装置，不仅提高了产率，而且降低温度，还可以减少了乙酸乙酯的溶解，在饱和碳酸钠中滴加无色酚酞便于我们观察乙酸乙酯的生成，根据量筒刻度可直接读出出酯体积（见图8），在饱和碳酸钠中滴加紫色石蕊，可以直接观察到美丽的红紫蓝三色环（见图9）。

图8　效果图　　　　　　　　图9　紫色石蕊

改进后的实验，催化剂符合绿色化学要求，装置简单（见图10），操作简便，实验现象明显，符合最初的实验改进方向绿、少、简、显。

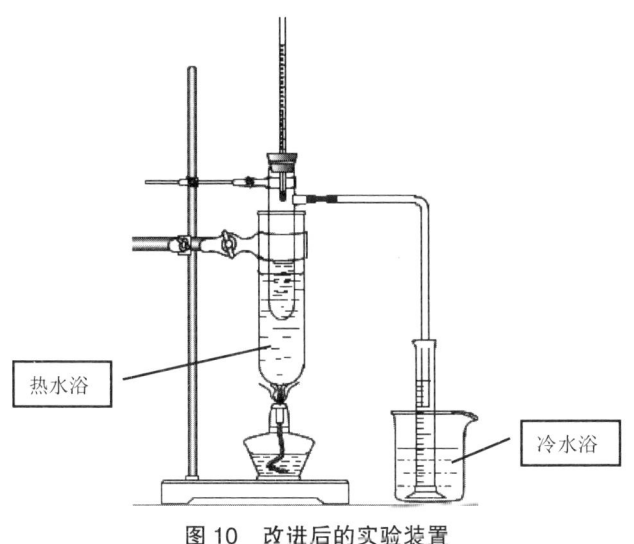

图10　改进后的实验装置

四、实验教学的反思与评价

整个教学过程中，采取问题引领的探究式教学法，强调对学生学法的指导，使学生能从问题和假设出发，依据探究目的设计方案，运用化学实验、查阅资料等方法进行实验探究，从而提高学生对化学实验探究活动的好奇心和兴趣，培养学生严谨求实的科学态度和勇于创新的科学精神，实现化学核心素养在高中化学课堂的落地生根。

多角度探究石蜡油的催化裂化

贵州省遵义市第一中学　方敏

一、使用教材

人教版高中一年级《化学必修2》第三章"有机化合物"第2节"来自石油和煤的两种基本化工原料"第一课时。

二、实验器材

实验仪器：具支试管、试管、T形管、滴管、酒精灯（带灯帽）、玻璃活塞、石棉、铜网。

实验药品：石蜡油、稀溴的四氯化碳溶液、稀酸性高锰酸钾溶液、碎瓷片（建议：5mL石蜡油、3mL高锰酸钾溶液中滴加2~3滴稀硫酸，20mL四氯化碳中加1~2滴溴，约5g碎瓷片）。

三、实验创新要点

（1）探索适合高中生学情的多角度探究化学实验的校本实验。

（2）通过对实验的再实践和再探究，探索实验成败的影响因素，发现问题、创新实验、拓展实验探究方向、获取成果、培养学生严谨求学的态度和探索真知的精神。

（3）寻找实验过程中引起倒吸的本质原因，改进装置将试管口略向下倾斜，提升实验的操控性、安全性。

（4）实验现象更明显：可以利用碎瓷片在有效时间内安全完成该实验。

（5）拓展裂化产物的检验，先检验液态生成物，再验证气态生成物，更直观地理解烷烃裂化的原理和反应进程。

四、实验设计思路

"石蜡油的催化裂化"可以探究烯烃性质、了解烯烃可来源于石油，是高一化学有机实验引入烯烃非常重要的实验。人教版教材实验从加热到完成实验需要15min左右，反应时间长，烯烃量少，现象不明显，成功率较低，存在易倒吸的安全隐患。查阅资料，改进的实验有很多优点，但很多一线教师师仍然回避不做，把演示实验改成了看实验、讲实验。

化学学科素养要求培养学生的科学探究和创新意识，实验教学，更是培养学生核心素养的重要路径。基于此，我校重视实验教学的设计，本实验就是适合引导学生科学探究和创新设疑的校本实验案例之一。

五、实验教学目标

（一）知识与技能

通过实验探究帮助学生掌握烷烃裂化、深度裂化原理。

（二）过程与方法

（1）实验过程中学生能提出问题，并通过对比实验、合作讨论、查阅文献、实践探究、数据分析等方法多角度探究石蜡油的催化裂化。

（2）通过对实验装置的认识和实验探究的过程、实验分析、培养学生科学探究能力和实验操作技能。

（3）通过知识迁移，结合课本实验和创新实验，培养科学探究与创新意识的学科素养，发展学生自主学习、合作学习的能力。

（4）通过探究过程学生学会运用控制变量法探究实验最优条件。

（三）情感态度与价值观

激发学生在自主探究学习中的创新意识，体验科学探究的喜悦，培养学生善于质疑的精神以及严谨的科学态度观。

六、实验教学内容

本实验通过多次实践教材实验，引导学生发现实验耗时、成功率低、易倒吸的安全隐患等问题，为帮助学生掌握实验探究的方法，引导学生查阅资料，结合教学实际，多角度对"石蜡油的催化裂化"进行再实践和认识，最终解决问题并形成新的实验成果，可作为高中阶段引导学生实验探究的校本实验课程。

七、实验教学过程

学生分组完成教材实验，每组3~4人，通过实验发现问题并提出质疑。同学们通过查阅资料认真分析和讨论后，决定从温度、催化剂、裂化产物性质探究、实验安全性几个方面对"石蜡油催化裂化"进行多角度的再实践和探究。

（一）探究方向一：温度对该实验的影响

（1）通过查阅资料，获取信息，提出假设。温度对该实验的影响有两个方面：①酒精灯直接加热碎瓷片并没有达到裂化温度（500℃）；②石蜡油先汽化而未裂化导致烯烃量少，汽化的石蜡油导致原料流失，失败率高。

（2）多次实践验证，解决问题，获取成果。最终确定可以采用如下方法解决问题：①利用数字测温计准确测定，在酒精灯上加铜帽，可使试管内碎瓷片温度迅速升高到500℃以上；②将碎瓷片和浸有石蜡油的石棉绒分开加热，提高石蜡油的裂化率，防止石蜡油汽化损失。数据分析见表1。

表1 温度对石蜡油裂化的影响

实验条件				5次平行实验：溴的四氯化碳、酸性高锰酸钾溶液褪色时间
教材实验	酒精灯加热	碎瓷片	直接加热	15min 左右
	酒精灯加热	碎瓷片	带灯帽	12min 左右
	酒精灯加热	碎瓷片	先加热碎瓷片后汽化石蜡油	8min 左右

（二）探究方向二：催化剂对该实验的影响

（1）查阅资料，获取信息，实践验证，观察现象，记录数据。石蜡油裂化的催化剂有很多，如 Al_2O_3、$AlCl_3$、SiO_2、Cr_2O_3、MnO_2、$Al_2(SiO_3)_3$、CuO、还原铁粉、碎瓷片、河沙、碱石灰、碎瓷粉、黏土等。

（2）选择几种常见的催化剂，进行实验探究。

（3）整理数据，获取探究成果见表2。

表2 催化剂对石蜡油裂化的影响

常见催化剂	5次平行实验酸性高锰酸钾溶液褪色时间
碎瓷片	8min 左右
氧化铝粉末	6min 左右
未打磨的铝条	12min 不明显，液态产物能使酸性高锰酸钾溶液褪色
氧化铜	4min30s 左右
二氧化锰	3min40s 左右
河砂	8min13s 左右

通过对几组实验对比较，各种催化剂都能够在一定时间内产生烯烃使溴的四氯化碳或酸性高锰酸钾溶液褪色。在选用的众多催化剂中，学生发现粉末状的催化剂反应时间较短，较短时间内看到现象，但产生气体流速快，易冲出，存在安全隐患，反应后不易清理，催化剂不便于重复使用；碎瓷片和河砂气体流速较慢，催化剂便于多次循环使用、廉价易得。同学们最终利用碎瓷片完成实验，图1为同学们获取催化剂的过程，通过多次实践验证，去除釉面和高温灼烧后的碎瓷片实验效果更好。

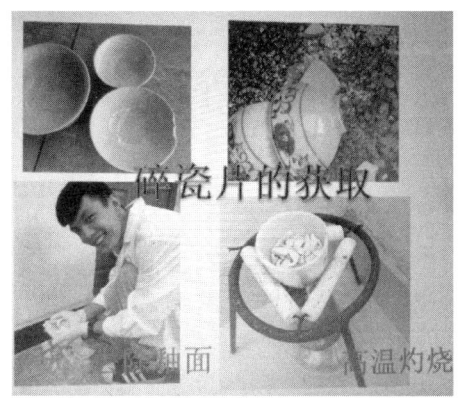

图 1 碎瓷片的获取过程

（三）探究方向三：裂化产物性质的检验

（1）实践探究，发现问题，教师提供适宜资料，引导学生提出猜想。在实验探究的过程中，同学们发现实验过程中有黄色液态产物，激发了同学们探究该物质的兴趣。我引导学生了解十六烷裂化原理，学生小组讨论分析，猜想该物质应该是石蜡油裂化过程中产生的碳原子数较多、沸点较高的有机物，含有不饱和烃不饱和烃；需要设计实验进行验证。

（2）分析实验原理，设计实验验证猜想，获取成果。取少量黄色液态生成物加入酸性高锰酸钾溶液中，高锰酸钾溶液褪色，验证了同学们的猜想。

同学们经过多次验证后，将试管改用为具支试管，在具支管处连接一个玻璃活塞，便于在实验过程中先检验黄色液态产物。

（四）探究方向四：实验安全性探究

（1）实践探究，发现问题，查阅资料，提出假设。在实验探究过程中，同学们发现倒吸是本实验最大的安全隐患，无论是粉末状催化剂还是块状催化剂，无论将试管平放还是试管口向上，该实验都很容易引起倒吸。同学们经过查阅资料和细心的观察分析，发现引起倒吸的原因主要是汽化的有机物冷凝回流引起压强变化、酒精灯火焰不稳等。

（2）创新改进，实践探究，解决问题，获取成果。经过多次实践验证，将具支试管口略向下倾斜可降低倒吸概率，提高实验的安全性。为防止催化剂滑落，用铜网挡住碎瓷片。同时在出气导管处接一个防倒吸应急装置，可以防止实验事故的发生。

（五）实验成果验证

探究小组用改进装置、碎瓷片做催化剂，平行实验5次，20次验证实验中18次成功，成功率高达90%。两次失败原因：一次是未预热试管导致试管炸裂，另一次是石蜡油取量太少。20次实验过程中均未产生倒吸现象。排除操作失误，成功率可以达到100%。

实验成果展示见图2。

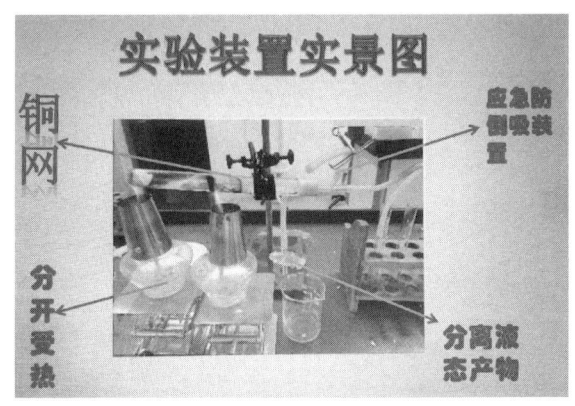

图2　实验成果

八、实验效果评价

（一）改进实验的优点

成功率高，时间更短，现象明显，实验更安全，石蜡油催化裂化原理更清晰。

（二）学生能力的提升

（1）分析能力的提升。学生通过教材实验提出问题，教师引导学生自主探究、设计实验方案、优化实验方案、拓展探究方向，符合化学核心素养，培养学生的科学探究与创新意识。

（2）操作能力的提升。通过实验探究的过程，同学们不断地进行对比实验探究、改进装置验证，实验操作能力得到了提升。常见仪器的使用合理，创新空间也更大，特别是具支试管和玻璃活塞的结合，有效实现了对石蜡油裂化原理的探究。

（3）思维方式的提升。通过多角度探究石蜡油的催化裂化，学生们学会利用查阅资料、合作讨论、观察分析，寻找温度影响实验的本质，探究黄色液体的可能成分、引起倒吸的主要原因，并设计实验验证，获取成果解决问题，了解了科学探究的过程，掌握了实验探究的方法。

（三）开展校本实验的重要性

通过"多角度探究石蜡油的催化裂化"实验，可以发现很多实验不仅可以做，还应该把实验探究的过程还给学生，才能培养出综合能力更强的学生。实验探究教学可以为高中化学教学提供更丰富的教学资源和教学手段。

第五部分

中学生物

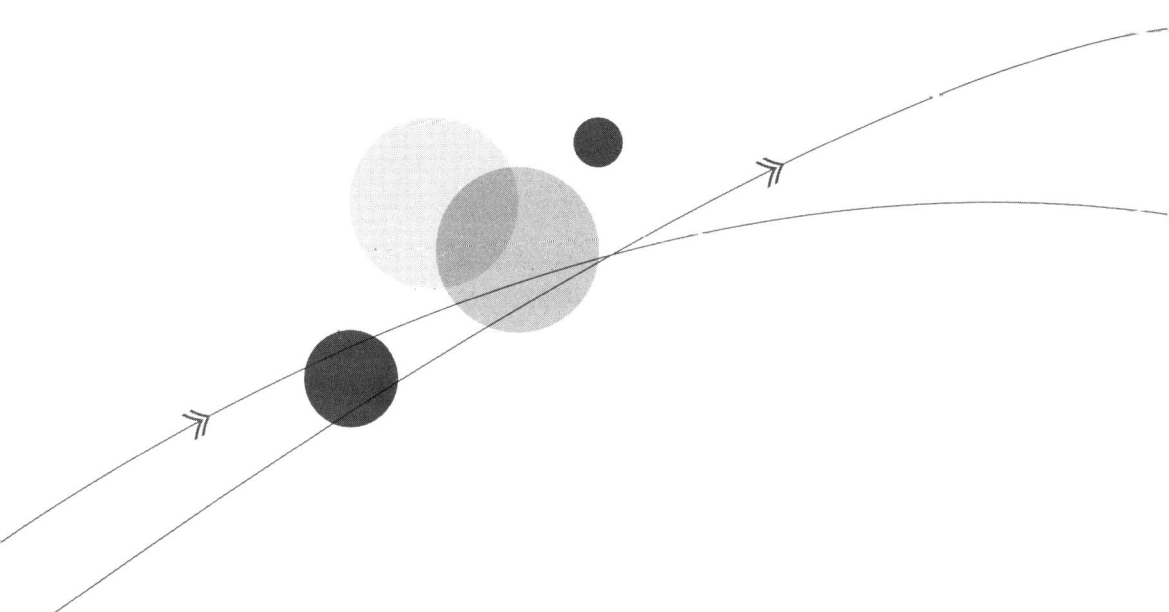

▶ 初中生物

校园中的野生植物

上海市虹桥中学　张南南

一、使用教材

（1）上海教育出版社初中学段初二年级《生命科学》第二册，本部分为第四章"生物的类群"第1节"植物"第三部分"我们身边的植物"的内容。

（2）上海市虹桥中学"自然笔记"校本课程，本部分为模块四"神奇有趣的自然经络"中项目任务"有趣的校园环境"的内容。

二、实验器材

虹桥中学校园植物地图、野生植物标本、植物识别App（形色与花伴侣）、中国植物图像库等工具性网站，植物识别书籍等，标本采集刀，放大镜，直尺，双面胶，活动单，同屏工具。

三、实验创新要点

（1）内容源于学生的身边，源于学生的提问。本次活动起源于学生观察校园植物时的提问：为什么砖缝里生长有杂草。学生对野生植物显示出强烈的好奇心和探究兴趣。结合初中生命科学基础型课程和"自然笔记"校本课程的内容，培育学生本学科核心素养。例如：经历观察提问、方案实施、交流讨论的科学探究过程，培育学生学科素养中的科学探究能力；完善校园植物地图，参与校园相关事务，培养学生核心素养中的社会责任意识。

（2）融合STEAM教育理念，培育学科核心素养。STEAM是Science、Technology、Engineering、Arts、Mathmatics的首字母，即综合各学科知识解决生活中的实际问题，因此STEAM教育理念适合融入本次的活动，进而培育学生本学科核心素养。例如：利用并完善地图、运用工具辅助调查、测量数据并统计种类、识别野生植物对环境的适应性特征等环节涉及各学科知识的综合运用，在科学探究的过程中培育学生学科核心素养中"形态结构与生存环境相统一"的生命观念。

（3）依托现代信息技术，提升教学效率。植物识别软件（花伴侣、形色等）

帮助快速获取所需知识，中国植物图像库等专业植物网站提高辨识准确度，经历从科普识别到专业识别的过程，培育学生学科核心素养中"批判性思维"的科学思维。此外，同屏技术（希沃授课助手等）辅助学生的交流展示，提高了课堂的教学效率，助力本学科核心素养的培育。

四、实验设计思路

实验设计思路见图1。

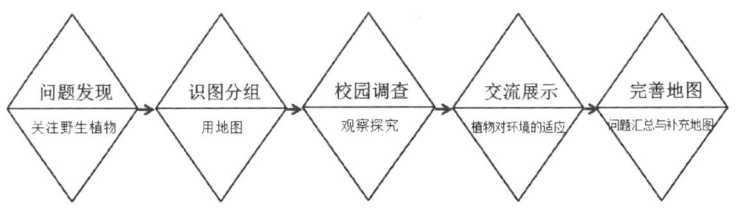

图1　实验设计思路

作为根据学生提出的问题而开展的一次科学探究活动，本活动以学生的问题引入主题，利用植物识别软件初步辨识植物，采集感兴趣的野生植物回到课堂继续探究，并将自己的调查结果与发现进行交流分享，并将调查结果汇总，补充植物地图；过程中综合各学科知识解决提出的问题，不断提升核心素养。

五、实验教学目标

实验教学目标见图2。

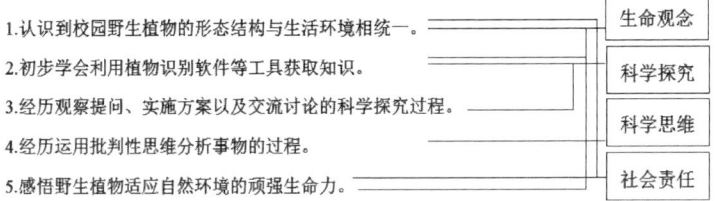

图2　实验教学目标

六、实验教学内容

本次探究活动是初中生命科学基础型课程与"自然笔记"校本课程的衍生内容，起源于学生的提问。活动从学生校园观察时提出问题的生活情境引入，设计活动方案调查校园中的野生植物并探究它们对环境的适应特征，在此基础上进行交流展示，初步培养学生跨学科思维和问题解决能力。

七、实验教学过程

（一）问题发现与主题观察

学生将观察校园植物的过程制作成 PPT 进行汇报，并提出自己发现的问题"为什么砖缝里会生长有杂草"（见图 3）。然后教师出示校园中野生植物的照片，明确野生植物的概念，从而引出本次探究活动的主题"校园中的野生植物"。

图 3　学生发现砖缝中的野生植物

（二）校园植物地图的利用和升级

校园植物地图（见图 4）是上一届学生的自然笔记作品之一，其中主要标识了校园中的栽培植物，并没有涉及野生植物。按照校园植物地图将校园环境分成四块区域，每活动小组重点调查其中一个区域中的野生植物种类，记录在活动单上，最终的汇总结果可以对地图进行补充，为校园植物地图升级作好准备。

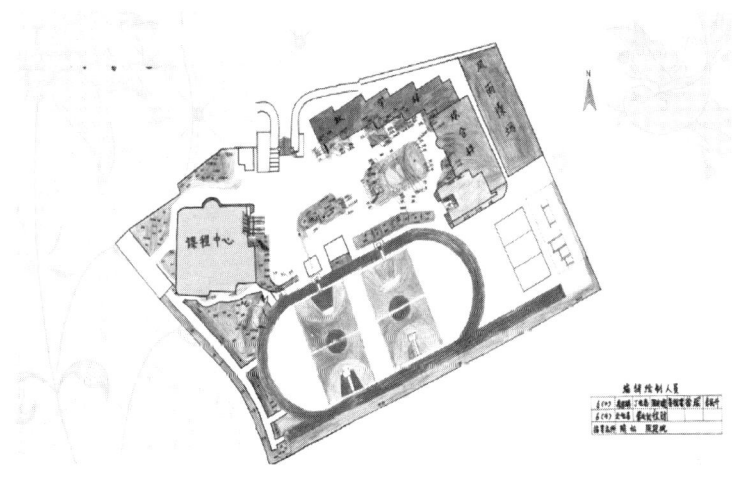

图 4　校园植物地图

（三）利用植物识别软件辨识植物

学生并不熟悉野生植物，所以选择现代信息技术——植物识别软件辅助学生自主进行学习探究。常用且准确率较高的手机软件有形色、花伴侣等，多角度拍照、多软件识别可提高准确度，在"中国植物图像库"的公众号中输入植物名，可得到更专业的介绍，准确、快速获取所需信息。

（四）利用基本工具收集数据

学生采集该区域中感兴趣的野生植物，回到教室进行细致探究：使用放大镜观察植物更细微的结构；使用直尺测量野生植物的株高、叶长、叶宽等指标，收集基本的数据，为后面可能展开的问题探究提供参考；使用网络检索植物信息，了解完整生活史，等等。并将野生植物规范、美观地粘在活动单上，标注基本数据，记录感兴趣的内容和新发现的问题。

（五）利用同屏技术提高交流展示效率

交流环节使用了同屏技术，即手机与电脑端下载希沃授课助手，组成"可移动的实物投影仪"，随时随地切换同屏，学生在活动桌上即可分享自己的探究结果，大大提高了课堂效率。学生在过程中发现的新问题也可以为下次活动主题提供参考。

八、实验效果评价

（一）内容创新，丰富课程教学资源

本次活动主题起源于学生的提问，紧密结合初中"生命科学"基础型课程及"自然笔记"校本课程内容，首次就调查"校园中的野生植物"开展科学探究活动，激发学生的探究积极性，也进一步丰富了课堂教学资源。

（二）设计创新，渗透STEAM教育理念

本次活动设计融合STEAM教育理念，凸显学生的自主探究的学习方式，从问题的产生、主题的确定、活动的开展等方面落实培育学生的综合素养，具体联系见表1。

表1　STEAM教育理念、活动内容以及核心素养的联系

STEAM教育理念	设计活动内容	核心素养
Science 科学	·根的形态结构 ·种子的传播方式 ·植物对环境的适应等	·生命观念 ·科学探究 ·社会责任
Technology 技术	·使用植物识别软件 ·利用同屏技术交流	·科学思维 ·科学探究
Engineering 工程	·读地图 ·补充地图	·科学思维 ·科学探究 ·社会责任

续表

STEAM 教育理念	设计活动内容	核心素养
Arts 艺术	・活动单的规范、美观 ・激发诗歌创作、自然笔记创作的灵感等	・科学探究
Mathematics 数学	・测量、记录植物数据 ・统计野生植物数量和种类	・科学探究

(三) 手段创新,运用现代信息技术辅助教学活动的开展

大胆尝试,积极应用新兴信息技术于课堂教学,提升课堂效率。同时鼓励学生探索获取知识的新方法,开拓学习生活的思路。

九、课后反思

完善地图环节是汇总学生的调查结果后学生利用课余时间完成的。本次活动仍可在拓展课上进一步深化进行。

本次活动起源于学生的提问,在探究过程中激发学生的学习主动性。本次活动需持续关注学生的后续调查,开发新的活动方案,保护学生的好奇心,助力学生核心素养的培育。

绿色植物与生物圈的水循环

河南省实验中学 朱文广

一、使用教材

人教版初中《生物学》七年级上册第三单元第三章"绿色植物与生物圈的水循环"。

二、实验器材

（一）水分运输实验

单面刀片、试管、试管架、烧杯、红墨水、枝剪、大叶黄杨枝条、芹菜叶。

（二）观察叶片结构实验

显微镜、数码显微镜、培养皿、载玻片、盖玻片、试剂瓶、纱布、解剖针、镊子、刀片（2个）、毛笔、空心菜、白花三叶草、小叶黄杨、女贞。

（三）气孔的观察

解剖盘、空心菜、注射器。

三、实验创新要点/改进要点

（一）实验方法的创新

教材中建议将枝条在红墨水中浸泡后纵切和横切，让学生观察茎的横切面和纵切面。我认为：实验材料单一且学生只能看到结果，不能观察到水分上升的过程。我将实验进行了以下改进：剪取三枝粗细、长度相近的大叶黄杨枝条，第一个保留较多叶，第二个剪去部分叶，第三个去掉全部叶，并将枝条下端沿纵轴剖去一半，将其同时分别放入盛有红墨水的试管中（见图1），观察红墨水上升情况。用芹菜叶作对比（见图2），用同样的方法处理。并将红墨水沿茎段上升的过程录成视频，课堂上进行播放。

图1 大叶黄杨

图2 芹菜叶

（二）实验方案的优化

红墨水沿导管运输的实验仅仅是水分在植物体内运输途径的一部分，如何让学生从整体上认识植物运输水分和无机盐的运输管网，我将实验方案进行优化。一是通过展示叶脉书签，引导学生认识叶脉在叶片里的分布状况。二是引导学生向浸没在水中的新鲜无破损的空心菜叶柄打气，观察到有气泡从叶表面冒出；再利用显微镜微观感知气孔的真实面貌。

（三）实验材料的改进

我对所选材料进行再加工，选用空心菜、白花三叶草、小叶黄杨和女贞四种不同类型的植物进行实验，有草本有木本，并且都为常见植物。归纳出叶片的结构。

四、实验原理/实验设计思路

将课本静态的实验过程变为动态视频，增加了学生对导管的感性认识；生物学概念的形成是在感知的基础上，通过比较、综合、归纳等抽象思维，把事物的一般本质属性抽象出来给予定义，然后再推广到同一类事物的过程，因此我的选材更加广泛且有代表性。

五、实验教学目标

（一）知识与技能

通过观看实验视频、观察图片、分析总结，能说明植物体内水分运输的途径。

（二）过程与方法

通过制作叶片横切实验及小组间对比分析，认识叶片的结构，能描述绿色植物在生物圈水循环中的作用。

（三）情感、态度、价值观

结合所学并联系生活实际，使学生初步形成保护森林的意识。

六、实验教学内容

本节课以建立绿色植物蒸腾作用的基本概念为主线，在内容上由根吸水分到茎运输水分再到叶片的结构，直至气孔的结构和功能，从植物体的基本结构拓展到植物的蒸腾作用，再到蒸腾作用对自身及生物圈的意义，从简至难，由浅入深，步步展开。

七、实验教学过程

以"为什么大树底下好乘凉"设疑，让同学们各抒己见，激发学生的求知欲。

紧接着提问"为什么移栽幼苗时要尽量带着土团",引导学生回顾有关水分吸收的知识,以便和本节课建立联系。利用问题"根吸收的水分是怎样运输到茎、叶、花等器官的呢",在已有知识的基础上提升学生的思维高度。

此刻,适时播放红墨水在茎中运输的实验视频(为了节省时间,我把视频时间进行了压缩)。真实、动态的实验现象让学生很清晰地观察到水分上升的具体部位,同时引发思考:"红墨水经过的结构有什么特点呢"。结合课本图片,对导管形成一定认识,有利于学生理解生物体结构和功能相适应的特点。利用芹菜叶作对比,有草本有木本,更能说明问题,且具有普遍性。茎中有运输水分的管道,叶片中是否也有呢?将课前制备的叶脉书签展示给学生,紧接着再出示叶片中叶脉位置的细胞物像,从而使学生认识到叶脉中也有导管,最终从整体上引领学生逐步建立知识体系,知道在根、茎和叶脉中都有导管,它们相互连接,形成了水分运输的管网。

回到之前的实验,适时抛出问题:同样具有运输管网,三根枝条在同样时间内红墨水上升的高度为什么不同?从而因势利导,顺利过渡到下一个知识点:水分的散失。

学生通过分析很容易得出,造成差异的原因是枝条上叶片数目不同(同时证明水分散失的主要器官是叶)。那么,叶片里面究竟有什么秘密?而且为什么水会往高处流呢?学生的好奇心被强烈激起,渴望揭开其中的奥秘。此刻引导学生分别利用空心菜叶、白花三叶草、小叶黄杨和女贞叶进行分组实验,制作叶片横切和叶片下表皮细胞临时装片,学生通过观察、小组对比,最终把叶片的基本结构这一本质属性抽象出来:尽管植物不同,叶片形态也有较大差异,但它们的结构基本是一样的(见图3),都有表皮、叶肉和叶脉。

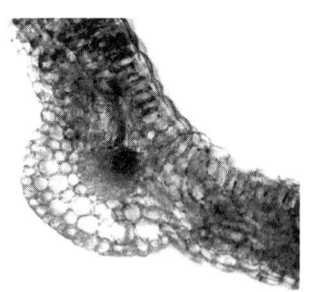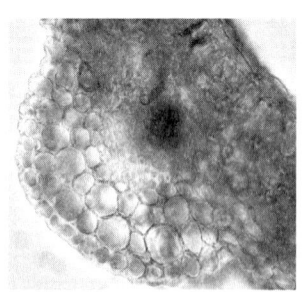

图3 叶片横切面

进一步利用问题引导:水分主要是从叶的什么部位散发出来的?引发学生兴趣,播放视频:向浸没在水中的新鲜无破损的空心菜叶柄打气,观察到有气泡产生,从而宏观感知气孔的存在;再结合下表皮实验内容,微观感知气孔是水分散失的门户。

至此,植物体内水分吸收、运输和散失的结构功能特点都已经讲完了,采用质疑的形式及时小结:高达数十米的植物,是如何将水分由根向上运输到茎尖的呢?引导学生利用所学知识总结出:土壤中的水分首先被根毛大量吸收,再沿根、茎、叶中导管运输至叶肉细胞,最终通过表皮上的气孔散失到大气中,从而将以上所学知识全部串联在一起。

那怎样才能将蒸腾作用和水循环建立联系呢?首先联系生活,迁移运用,提出问题:植物散失水分是不是一种浪费呢?先引导学生认识植物"小我"的作用,即植物蒸腾作用对自身的意义,可散热降温,产生蒸腾拉力,促进水和无机盐在植物体内的运输;然后紧扣开篇的情境导入,首尾呼应,为什么大树底下好乘凉?绿色植物在生物圈的水循环中发挥着什么作用呢?从而认识植物"大我"的作用,即通过蒸腾作用参与生物圈的水循环,从而加深学生对知识的理解和应用,并渗透情感教育。

八、实验效果评价

(一) 分析能力的提升

通过观看实验操作过程,培养学生提炼信息和对信息进行分析、整合的能力;通过观看视频引发学生思考,发现问题,结合课本分析并解决问题。

(二) 操作能力的提升

需要学生具备熟练的实验操作和显微镜规范操作能力,根据实验现象来探寻本质。

(三) 思维方式的提升

在不同实验结果感知的基础上,通过比较、综合、归纳等抽象思维,把事物的一般本质属性抽象出来给予定义,然后再推广到同一类事物,从而建立概念。

虽然尝试新方法让我在课前的准备比原来费时费力,但课堂收效却比原来要好。

测定花生种子中的能量

河南省濮阳市第七中学　都娟

一、使用教材

人教版义务教育教科书初中《生物学》七年级下册第四单元第二章第一节"食物中的营养物质"。

二、实验设计意图

立足生物学学科核心素养，聚焦学生动手操作、逻辑推理和实践创新等探究能力及科学品质的培养。加深学生对科学探究一般过程的认识，进一步提高学生提出问题、作出假设、制订并实施计划、处理数据和分析探究结果的能力。让学生体验科学探究过程的艰辛和愉悦，感受生物学知识来源于生活，又服务于生活。

三、实验器材

自制保温装置（易拉罐、锡箔纸、橡皮塞、保温材料、矿泉水瓶、一次性纸杯等）、自制放大镜、0.2g 花生种子、天平、火柴、酒精灯、湿抹布、解剖针、锥形瓶、石棉网、温度计、铁架台、量筒、试管、培养皿、清水等。

四、实验改进要点

教材上提供的实验装置简单，给学生留出了很大的改进和创造空间。学生从"怎样做才能尽量减少花生种子燃烧时热量的散失"角度出发，梳理从生活中获取的灵感，对实验装置进行了一次次的改进，使实验装置更加安全、环保、简便、有效，使花生种子燃烧后的热量更多地用于升高锥形瓶内的水温，使测得的花生种子中能量的实验值更加接近于理论值，让测量的结果更科学、准确。

五、实验背景

学生根据已有的生活经验，比如运动后乏力、饥饿，摄取食物后体力恢复，冬天饥饿时感觉特别寒冷，航天员飞往太空时要带上营养丰富的食物等，推测食物中可能含有能量。但这一结论是仅仅靠推测得出的吗？能不能通过实验来验证食物中含有能量呢？

六、实验原理

食物中的能量属于化学能，看不见摸不着，但能量可以相互转换。食物燃烧时，有机物内储存的化学能会转换为热能释放出来，这些释放的热能被水吸收，水温升高，通过测量水升高的温度，可推算出被燃烧的食物中含有多少能量。

七、实验教学目标

（一）知识目标

通过测定花生种子中的能量，让学生知道食物中含有能量。

（二）能力目标

通过设计和操作实验，使学生学会科学探究的基本方法，并对实验现象和数据作出分析。

（三）情感、态度、价值观目标

培养学生严谨的科学态度和乐于探究问题的情感。

八、实验教学内容

（1）探究花生种子中是否含有能量（教师演示实验）。

（2）测定花生种子中含有多少能量（学生动手实验）。

九、实验教学过程

（一）教师演示实验：探究花生种子中是否含有能量

说明：因为七年级的学生还未开设物理课、化学课，这个实验需要用到的实验器材，学生既陌生又好奇。如果直接放手让学生做实验，他们会手忙脚乱、不知所措，可能会把探究实验当成了"玩"实验。所以，该实验由教师来演示。

回顾科学探究的一般过程：提出问题、作出假设、制订并实施计划、得出结论、表达和交流。

说明：实验前教师要逐一介绍实验器材的名称、用法，着重强调实验中应注意的问题，确保探究实验的科学性、规范性、严谨性和安全性。

实验中应注意的问题：①花生种子点燃后要迅速移到锥形瓶底部进行加热，避免热量丢失。②用量筒量取清水时，量筒须放平，视线要跟量筒内液体凹液面最低处保持水平再读数。③用温度计测水温时，温度计水银球要淹没在液体中，但不要碰到加热容器的壁。当温度计刻度值不再上升或下降时再读数。④如果酒精灯不慎被打翻，应用湿抹布铺盖灭火。

小创新：温度计前面固定着一个自制的放大镜——一个装满水的粗试管，对温度计起到了放大作用，目的是让更多的学生直观地看到温度计刻度值的变化（见图1）。

图1 自制放大镜

引导学生推理：锥形瓶中水温为什么会升高？因为水吸收了热量。热量从哪儿来？是花生种子燃烧释放出来的。所以，可以得出结论：花生种子中含有能量。

说明：通过演示实验，学生学会了如何规范使用实验器材，并懂得了该实验的实验原理，为接下来学生动手实验做好了铺垫。

（二）学生动手实验：测定花生种子中含有多少能量

说明：这个实验不需要作出假设。制订计划时，学生要考虑使用什么样的实验器材，制定怎样的实验方案。此时，关键要引导学生思考：怎样做才能尽量减少花生种子燃烧时热量的散失？

学生发现教材上实验装置（见图2）的不足之处：①锥形瓶瓶口散失热量较多；②石棉网影响锥形瓶吸收热量；③锥形瓶外没有保温装置。

如何解决这些问题呢？学生联想到生活中使用的暖水瓶，暖水瓶的塞子、外壳、保温材料等都起到了保温的作用。受到启发后，学生开始对教材上的实验装置进行改进。

学生第一次改进实验装置（见图3）：①锥形瓶瓶口加上橡皮塞（防止热量散失）；②锥形瓶瓶底去掉石棉网（0.2g花生种子燃烧释放的热量较少，不会使锥形瓶炸裂；加热锥形瓶时，手要来回移动，让锥形瓶底部均匀受热）；③锥形瓶外面套上保温罩（生活中废弃的易拉罐，减少花生种子燃烧时热量的散失）。

学生第二次改进实验装置（见图4）：①用易拉罐盖子固定锥形瓶（取代了铁架台）；②在易拉罐内壁贴上锡箔纸（减少热量散失，保温效果更好）；③保留了易拉罐的底部（防止花生种子燃烧后的灰烬掉落在实验台上，造成污染和危险）。

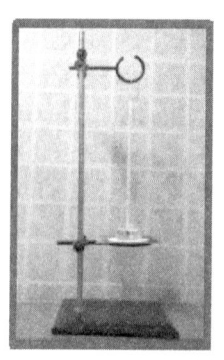  

图2 教材上的装置　　图3 第一次改进实验装置　　图4 第二次改进实验装置

课前，学生想方设法地改进实验器材，效果如何呢？学生把三套实验装置

（见图 5）都带到了课堂上，准备一探究竟。

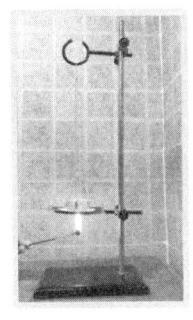
装置 1

装置 2

装置 3

图 5　三套实验装置

小提示：①1mL 水每升高 1℃，需要吸收 4.2J 的热能；②实验测得的数据往往存在误差，因此需要设置重复组，实验结果取各重复组的平均值。

学生推理出：花生种子中所含能量＝水量（mL）×水温升高度数（℃）×4.2（J/mL·℃）。

使用装置 1 的三组同学测定出水温平均升高温度为 8℃。使用装置 2 的三组同学测定出水温平均升高温度为 18℃。使用装置 3 的三组同学测定出水温平均升高温度为 22℃。学生发现：装置 3 效果最理想。学生对装置 3 的评价是：安全、环保、简便、有效。

科学是严谨的，科学探究的过程是愉悦的，那一刻，学生的成就感和兴奋感，我懂得。

结果比对：使用装置 3 的同学计算出 0.2g 花生种子中所含能量的实验值为 2772J，而 0.2g 花生种子中所含能量的理论值为 4706J，说明在实验过程中还是有能量的丢失。老师和学生一起分析能量丢失的原因，并鼓励学生继续完善实验装置，让实验值更接近于理论值，让实验结果更加科学、准确。

课后，学生第三次改进实验装置（见图 6）：①易拉罐内壁贴两层锡箔纸，锡箔纸之间添加保温材料（保温效果更好，使用更安全）；②向易拉罐底部倒入 30mL 水（回收易拉罐内的热量；把花生种子燃烧后的灰烬也放入水中，回收灰烬中的余热。最后，计算热量时，既要考虑锥形瓶中水升高的温度，又要考虑易拉罐底部水升高的温度）。

图 6　第三次改进实验装置

这套实验装置效果如何呢？就让学生自己去探究吧。

奇思妙想：科学探究永无止境，只要孩子们对未知世界始终保持着强烈的好奇心和求知欲，谁又能预料到，下一刻他们将会产生怎样的奇思妙想呢（见图7）？

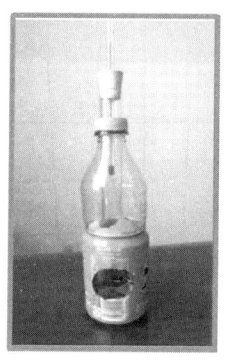 

图7　学生设计的各种实验装置

十、实验效果评价

在这节实验课上，学生们饶有兴致地亲历了科学探究的过程，体会到了探究的乐趣，具备了科学探究的良好品质。通过观察提问、理性思维、实验设计、方案实施、数据分析与处理以及对实验结果的交流讨论等，全面提升了学生的生物学素养。学生敏锐地发现了实验装置的不足，并通过联系生活和逻辑推理一次次改进实验装置，体验到了成功的愉悦。

整堂课，学生们乐此不疲地沿着发现问题、提出问题、分析问题、解决问题的探究路径大胆而细心地前行，不知不觉中，拥有了一些适应终身发展需要的品格和能力。

初中生探究影响光合作用的因素

河北省石家庄市第十中学　周琳娜

一、课题生成

（一）课程标准

"绿色植物能利用太阳能（光能），把二氧化碳和水合成为储存能量的有机物，同时释放氧气"是2011版生物学课程标准要求学生建立的50个重要概念之一。

（二）教材分析

"叶的光合作用"是冀少版《生物学》八年级上册第三单元第三章的内容，教材中介绍了光合作用的产物（淀粉、氧气）和原料（二氧化碳、水）。

（三）学情分析

学生学习光合作用相关知识后，学会了检验淀粉的方法，对影响光合作用的光照、温度、二氧化碳浓度等因素产生了困惑和疑问，有一探究竟的强烈愿望。因此进行了本课题的研究。

二、实验器材

（一）辅助设备

氧气传感器（见图1）、照度计（见图2）、恒温宝（见图3）。

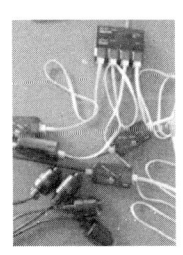
图1　氧气传感器

图2　照度计

图3　恒温宝

（二）通用器材（见图4~图9）

止水阀，带胶塞、弯管的锥形瓶，培养皿，镊子，碘液，胶头滴管，温度计，烧杯，集气瓶，三脚架，石棉网，酒精灯，装有LED光源的暗箱。

图4 止水阀、带胶塞、弯管的锥形瓶

图5 培养皿、镊子、碘液、胶头滴管

图6 温度计、烧杯

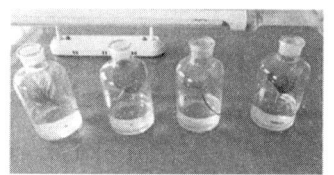
图7 集气瓶

图8 三脚架、石棉网、酒精灯

图9 内有LED光源的暗箱

三、实验创新

（1）通过实验现象和数据的分析（见图10），引导学生主动建构模型。

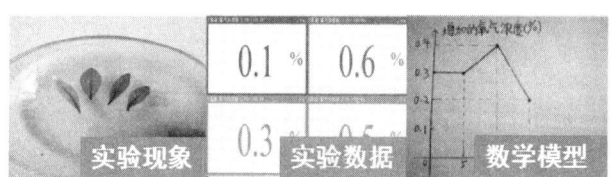

图10 实验现象和数据

（2）辅助设备（见图11）走进生物课堂，实现由定性实验向定量实验的延伸。

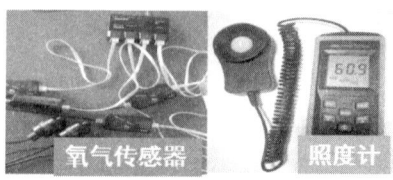

图11 辅助设备

（3）与高中知识相联系，实现了初高中知识的衔接（见图12）。

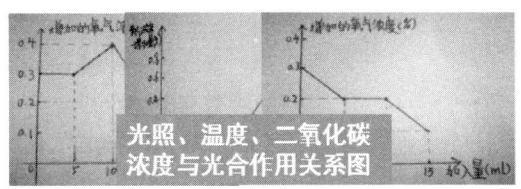

图12　与高中知识衔接

（4）选择石家庄市区常见植物作为实验材料（见图13），实现了对身边资源的利用。

图13　实验材料

四、实验设计思路

在本节课的教学中，以培养学生的科学思维为主线，通过问题聚焦、探究实践、主动建模和思维拓展四个环节来达成。

五、实验教学目标

（一）知识性目标

概述实验基本步骤；分析现象得出影响光合作用因素的重要概念。

（二）技能性目标

学会检验叶片中淀粉含量的实验方法；学会使用氧气传感器检测氧含量。

（三）情感性目标

通过氧气传感器的使用，认同技术对生物学研究的意义；养成严谨、细致的科学态度。

六、实验教学内容

本实验利用石家庄市周边常见植物作为实验材料，探究了三种因素、四组不同条件下的光合作用。学生通过对不同条件下的实验现象、实验结果的分析，建构概念并形成生命观念。

七、实验教学过程

（一）问题聚焦

学生聚焦于三个问题。

问题一：如何控制影响光合作用的因素？（光照强度、温度、二氧化碳浓度）

问题二：如何检测光合作用的强弱？（淀粉、氧气）

问题三：选择哪种植物作为光合作用的实验材料？（石家庄市区常见植物）

经过讨论思辨，学生确定了如下方案。

（1）问题一：影响因素的控制。

"光照强度控制"可以在暗箱内设置不同亮度的光源。我们专门定制了木质暗箱，准备了不同亮度的LED光源，并用"照度计"测定了光照强度。

"温度控制"是同学们争议最大的，最终他们确定了水浴控温的方法，低温通过冰水控制，高温利用具有加热功能的"恒温宝"控制。

"二氧化碳浓度控制"，同学们想到了通入二氧化碳气体的方式。二氧化碳的化学制备方法初二学生尚未涉及，有同学提出碳酸饮料中溶有大量的二氧化碳气体，可以通过晃动的方式促进其排出，然后用针管进行收集。

（2）问题二：检测方法。

如何检测光合作用的强弱呢？学生根据已有知识想到了利用光合作用的两种产物进行检测。

第一种方法，检测单位时间内，叶片中产生淀粉的多少。将叶片脱色后滴加碘液，根据显示蓝色深浅确定光合作用强弱。

第二种方法，检测单位时间内，相同数量的叶片产生氧气的多少。可用排水集气法收集氧气，根据排出水的多少确定光合作用强弱。但这种方法需要的叶片数量较多，对装置的气密性要求较高。

此时有学生提出，有更好的检测方法吗？借此机会，我向学生展示了氧气传感器，可定量测定一定空间内氧气浓度的变化，学生表现出了极大的兴趣，认为这种方法更准确、直观。

（3）问题三：植物的选择。

教材中以天竺葵作为实验材料，在我们周围天竺葵种植较少，我引导学生选取身边植物作为实验材料，他们决定选用常见的绿萝。

此时，有同学提出为了方便水浴控温，选择水生植物作为实验材料。他们从石家庄汉河水域和花卉市场找来了莫丝、水绵、青叶草三种水生植物进行预实验，发现莫丝脱色后滴加碘液无明显变蓝现象，水绵暗处理时间较长，而青叶草具有易于脱色、显色明显的优点，因此决定用青叶草作为实验材料。至此，同学们选择了青叶草和绿萝两种实验材料。

设计意图：学生以教材内容作为学习资源，提出质疑，进行论证，培养了科学思维的能力。

（二）探究实践

（1）方案设计。核心问题解决后，全班分为了青叶草组和绿萝组两个实验组。每一组分三个小组分别探究光照、温度和二氧化碳浓度对光合作用的影响。表1是各组制定的实验方案。

表1 实验方案汇总表

影响因素	青叶草组实验条件				绿萝组实验条件			
光照强度/Lux	0	661	1930	3780	0	661	1930	3780
温度/℃	10	20	30	40	10	20	30	40
加入二氧化碳量/mL	0	5	10	15	0	5	10	15

青叶草组：将青叶草暗处理15h，每组控制条件3~4h后脱色、滴加碘液，分辨蓝色深浅。

绿萝组：用氧气传感器定量检测氧气浓度。

在设计实验时，探究二氧化碳浓度影响的青叶草组同学考虑到光合作用过程中气体变化，设计了如下的实验装置（见图14）。首先在锥形瓶中注满沸水，排出溶解气体，冷却后放入叶片，打开1号止水阀通入二氧化碳气体，之后关闭1号止水阀，打开2号止水阀，排出产生的氧气。

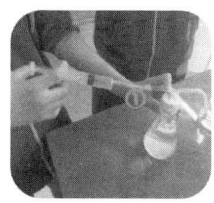

图14 青叶草组"探究二氧化碳浓度对光合作用影响"实验装置

探究二氧化碳浓度影响的绿萝组同学，为配合氧气传感器的使用，选择

500mL集气瓶作为实验装置。集气瓶内放入几片绿萝叶片合适呢？同学们进行预实验发现，只放入一片叶片数据变化缓慢、差值小；放入三片及以上叶片，互相遮挡，影响实验结果，因此选择放入两片叶片。

（2）科学实践。方案确定好后，同学们开始了动手操作。

1）两组同学探究光照强度对光合作用的影响（见图15）。

图15 "光照强度对光合作用影响"实验过程

2）两组同学探究温度对光合作用的影响（见图16）。

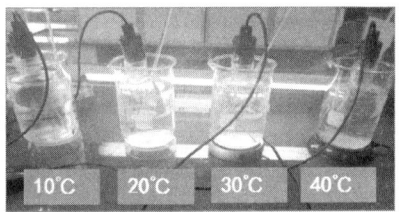

图16 "温度对光合作用影响"实验过程

3）两组同学探究二氧化碳浓度对光合作用的影响（见图17）。

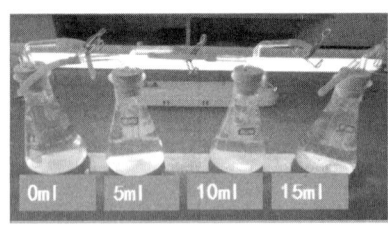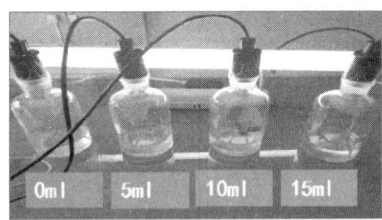

图17 "二氧化碳浓度对光合作用的影响"实验过程

设计意图：学生运用归纳与概括的方法进行方案制定、科学实践，培养了思维的严谨性。

（三）主动建模

各组的实验现象如何呢？

（1）探究光照强度对光合作用的影响。图18中左图是青叶草组探究光照强度对光合作用影响的实验结果。他们发现，随着光照强度的增加，叶片蓝色加深,但最后两个叶片蓝色接近,这是什么原因呢?是因为光合作用增强积累的有机物都较多,不易区分?还是光照增加到一定程度后光合作用不再增强呢?带着这些疑问,同学们进行了反复实验和资料查阅,得出了"在一定范围内,光合作用随光照强度增加而增强"的结论。

绿萝组分析氧气传感器收集的数据,绘制曲线图(见图18中右图),得出了同样的结论。

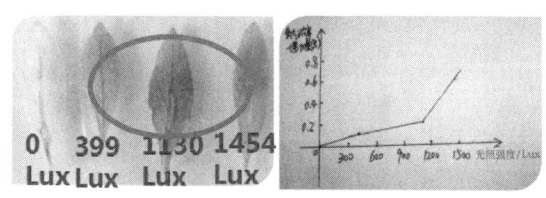

图18 "光照强度对光合作用的影响"实验现象

(2)探究温度对光合作用的影响。图19中左图是青叶草组同学探究温度对光合作用影响的实验现象。他们看到30℃环境中的叶片蓝色最深,因此他们得出了"光合作用需要适宜温度"的结论。图19中右图是绿萝组同学根据收集的实验数据绘制的曲线图,他们得出了同样的结论。

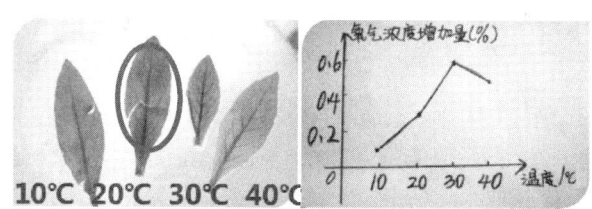

图19 "温度对光合作用的影响"实验现象

(3)探究二氧化碳浓度对光合作用的影响。图20是青叶草组同学探究二氧化碳浓度对光合作用影响的实验现象。他们同样发现最后两个叶片的蓝色程度接近。经过多次实验、查阅资料,同学们得出了"在一定范围内,光合作用随二氧化碳浓度增加而增强"的结论。

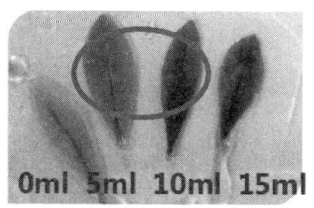

图20 青叶草组"二氧化碳浓度对光合作用的影响"实验现象

绿萝组同学的实验数据出现了与预期不一样的结果。实验开始时（见图21），只有空气的第一组装置内氧气浓度上升最快，但是一段时间之后（见图22），第一组内数据不再上升，第二、三组的实验数据上升速度依次加快。这是什么原因呢？经过多次实验、查阅资料、分析求解，同学们终于解开了迷雾，原来二氧化碳浓度过高会抑制光合作用。实验开始时，第二、三、四组装置内二氧化碳浓度高，光合作用受到抑制，但仍在进行，一段时间后，随着二氧化碳逐渐消耗，抑制解除，氧气浓度逐渐上升。所以得出了和青叶草组同样的结论。

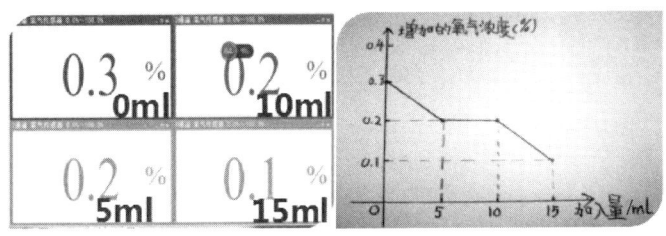

图21 绿萝组"二氧化碳浓度对光合作用的影响"实验现象1

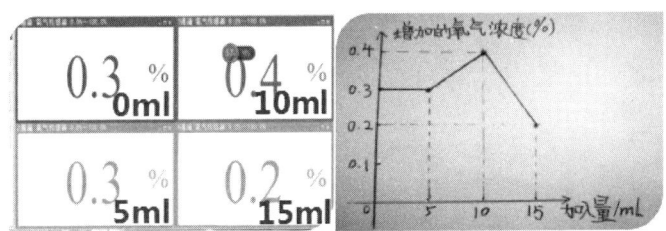

图22 绿萝组"二氧化碳浓度对光合作用的影响"实验现象2

对三组实验结论进行概括，学生建立了"一定范围内，光合作用随光照强度、温度、二氧化碳浓度的增加而增强"的概念模型。

设计意图：在这个过程中学生主动参与学习，建构数学模型和概念模型，培养了思维的深刻性。

（四）思维拓展

在实验的基础上，学生进一步思辨认识到：①不同植物光合作用的适宜温度有所不同；②绿化环境、园林设计中应该合理利用影响光合作用的因素。

设计意图：在这个过程中学生以具体实验事实为依据，进行思辨与推理，培养了思维的灵活性。

在整个实验过程中，在学生通过质疑与论证、归纳与概括、模型与建模、思辨与推理主动参与学习，发展了科学思维。

八、实验效果评价

(一) 优化课堂

(1) 通过实验过程,学科核心素养中的科学探究和科学思维得以落实。

(2) 传感器的使用使定性实验延伸为定量实验。

(3) 实验材料的选择丰富了实验课程资源。

(4) 建模过程培养了学生科学思维的习惯和能力。

(二) 学生成长

(1) 何以琛:通过实验,让我对植物的光合作用有了更清晰的认识。

(2) 王钊:实验过程一定要严谨,避免无关因素对实验的干扰。

(3) 罗婧婧:重复实验、分析数据的过程虽然艰辛,但非常有成就感。

(4) 郭申龙:实验过程中有一些新的发现,引发了我新的思考。

探究二氧化碳是光合作用的必需原料

江西省宜春市宜阳学校　吴芳丹

一、使用教材

本课选自冀少版《生物学》八年级上册第三单元第三章第二节"光合作用的原料"。

二、实验器材

（一）自制教具

LED 灯带、木板、有机玻璃、蓝色和红色塑料袋。

（二）实验用具

打孔器、100mL 锥形瓶、100mL 烧杯、托盘天平、玻璃棒、药匙、注射器、木塞、碳酸氢钠溶液、蒸馏水。

三、实验创新改进

（一）实验原理

本实验的实验变量是二氧化碳。教材用氢氧化钠吸收空气中的二氧化碳，但氢氧化钠是强碱，具有很强的腐蚀性。我的创新设计是由减法做加法，由去除二氧化碳改为增加二氧化碳。用煮沸冷却后的蒸馏水作为对照组，加入等量的碳酸氢钠溶液产生二氧化碳作为实验组。

（二）实验材料

由于不容易找到教材要求的大小、生长长势相同的两棵植株，改为只采取植物的绿叶，用量小，差异较小。实验材料尝试过空心菜叶、桃叶、红薯叶、绿萝叶等，最后实验材料选用了来源方便、效果明显的上海青（见图1、图2）。

图1　改进前实验材料

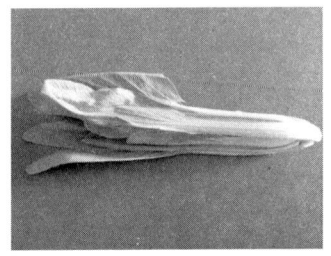

图2　改进后实验材料

（三）实验方法

教材采用了萨克斯实验的方法，以淀粉为检测指标，改进后的实验方法为"叶圆片上浮法"，操作简便，现象直观。具体操作如下：

（1）用打孔器打出大小一样的30片新鲜圆形叶片（注意避开大的叶脉，见图3）。

（2）用注射器排除叶圆片中的气体：将所有叶片置于注射器内，并让注射器吸入清水，待排出注射器内残留的空气后，用手堵住注射器前端的小孔并缓缓拉动活塞，使圆叶片内的气体逸出。这一步骤可重复几次。这样的叶片因为细胞间隙充满了水，所以全都沉到水底。如果叶片中还有气体将会上浮。将处理好的圆叶片放入黑暗处盛有清水的烧杯中待用（见图4）。

（3）实验分为对照组和实验组：煮沸冷却的蒸馏水为对照组，等量碳酸氢钠溶液为实验组。为排除叶片上浮和二氧化碳有关，再设置无光等量碳酸氢钠溶液为对照组。每组放10片已处理的圆叶片。注意叶片不要重叠，所有圆叶片沉入杯底（见图5）。

（4）加以光照，如果叶圆片发生光合作用，将逐渐产生气泡上浮，并通过单位时间叶圆片上浮的数量检测光合作用强度的指标（见图6）。

图3　用打孔器打出圆叶片

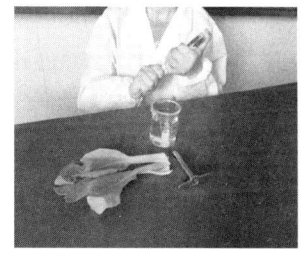

图4　用注射器排除叶圆片中的气体

图5　叶圆片沉入水底

图6　叶圆片产生气泡并上浮

（四）实验装置

这是自制的"光合作用实验仪"（见图7、图8），可以克服光合作用受到气候、地点、光照等因素的影响。该实验仪用废弃的木板、透明有机玻璃做成，LED 灯提供光源，具有轻便易携带、受光均匀的特点。实验仪可以供几个小组同时开展实验，满足了课堂上分组实验的需求。平时灯带收纳在盒体内，轻便易携带。也可用透明蛋糕盒制成该装置。

图 7　实验装置正面

图 8　实验装置侧面

四、实验原理

围绕着二氧化碳实验变量的设置。教材提示用氢氧化钠吸收空气中的二氧化碳，但氢氧化钠是强碱，具有很强的腐蚀性，对八年级学生的操作存在危险。对氢氧化钠用量是否能够完全吸收容器内的二氧化碳，以及装置的气密性，都有较高要求，操作不易。我的创新设计是由减法做加法，由去除二氧化碳改为增加二氧化碳。由于八年级学生没有相关的化学知识，我以小辞典的形式向学生提供相关资料：碳酸氢钠可以产生二氧化碳。用煮沸冷却后的蒸馏水作为对照组，加入等量的碳酸氢钠溶液产生二氧化碳作为实验组，这样形成的对照操作简便且安全。

五、实验教学目标

（一）知识与技能

（1）阐明二氧化碳是绿色植物进行光合作用的原料。

（2）概括光合作用的实质。

（二）过程与方法

在科学探究中发展创新、实践、合作能力。

（三）情感、态度、价值观

在科学探究中领悟科学思维方式，感悟科学精神。

六、实验教学内容

本节内容是在学习了光合作用的产物之后，学生通过前面的学习知道光合作用产生氧气。再提出问题：绿色植物是以什么为原料制造出有机物的呢？通过学生探究来阐明二氧化碳是绿色植物光合作用的必需原料。我设计了四个主要环节：课外实践发现问题、师生共同创新实验、分析现象建构概念、学以致用拓展延伸。

七、实验教学过程

（一）新课导入

师：通过上节课学习知道绿色植物可以进行光合作用，光合作用的产物是什么？

生：有机物（淀粉）和氧气。

师：绿色植物是以什么为原料制造有机物的呢？现在我们来学习光合作用的原料。

（二）师生探讨共同推出最优方案

师：课前让兴趣活动小组根据课本提示做了实验。把做实验的图片放在PPT上，请兴趣小组长讲述实验过程。

生：取带有5~8片叶的枝条，插入盛有清水的小烧杯中。把小烧杯放在盛有质量分数为25%的氢氧化钠溶液的培养皿里，用钟罩将它们罩住，在瓶口用透明胶带封住防止漏气。用同样方法设置第二套装置，但培养皿里改盛清水。把两套装置同时放在暗处一昼夜，然后一起光照2~3小时，最后，检查这两套装置里的叶片有无淀粉生成（见图9、图10、图11）。

 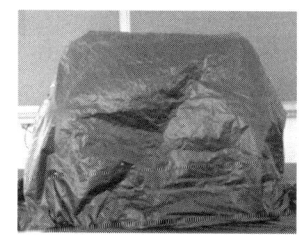 

图9 密封　　　　　　图10 黑暗处理　　　　　　图11 光照

师：这个实验的实验变量是什么？

生：二氧化碳。

师（出示实验结果图片）：通过实验结果你能得出什么结论？

生：二氧化碳是光合作用的必需原料。

师：针对这个实验，你们有什么疑问吗？

生1：怎样确保实验用的两个枝条是大小、生长长势一样？

生2：氢氧化钠的用量能否完全吸收容器内的二氧化碳？

生3：大气中的二氧化碳会不会进入装置内？

生4：用淀粉来检测光合作用的产物用时长、操作复杂、现象不明显，可以采取其他方法检测吗？

师：同学们说得非常好！以上这些都会影响实验结果。现在我们尝试对实验进行创新改进。同学们已经知道这个实验的变量是二氧化碳，围绕二氧化碳来设置对照组和实验组。如何来设置呢？

生：对照组是无二氧化碳，实验组是有二氧化碳。

师：课本实验用氢氧化钠溶液吸收二氧化碳，那我可以增加二氧化碳吗？老师课前查阅了资料，以小辞典的形式展示在PPT上：碳酸氢钠化学性质不稳定，在光照条件下分解产生二氧化碳。一般来说，碳酸氢钠浓度越高，分解产生二氧化碳越多。

生1：对照组是煮沸冷却的蒸馏水，实验组是等量的碳酸氢钠溶液。加以光照，光合作用需要光。

师：针对刚才学生提出的实验结果检测，可以采取其他方法检测。光合作用的强度可以通过测定一定时间内原料消耗或产物生成数量来定量地表示。高中生物中有"叶圆片上浮法"：如果叶圆片发生光合作用，产生氧气使叶片产生气泡上浮，通过单位时间叶圆片上浮的数量检测光合作用强度的指标。这是相应的资料。

生：老师，叶片的上浮有没有可能是由于二氧化碳的原因造成的？

师：这个问题非常好！你能设计实验来排除二氧化碳的影响吗？

生：增加一组等量同浓度碳酸氢钠溶液，无光照，不进行光合作用。如果叶片不上浮，可以排除二氧化碳对叶片上浮的影响。

师：现在，实验设置已确定（见表1）。

表1 实验设置

无光	有光	
碳酸氢钠溶液	蒸馏水	碳酸氢钠溶液

师：实验装置如何设置？

生：根据"叶圆片上浮法"资料，光源用台灯，实验室台灯不方便移动，有没有其他可方便移动的光源？而且怎样可以同时设置无光和有光？

师：你观察得很仔细。光源可以用LED灯带，方便携带，受光均匀。如何同时设置无光和有光？

生：把三瓶溶液放在同一侧，无光的用黑色纸遮住（见图12、图13）。

图 12　实验前

图 13　实验后

师：老师和你们的设计思路是一样的，课前制作了一个实验装置，现在做实验来看实验效果。

（三）实验效果展现

大家想想利用这个装置还能做哪些实验？

生 1：探究不同浓度二氧化碳对光合作用的影响（见图 14）。

生 2：探究不同光质对光合作用的影响（见图 15）。

生 3：探究不同光照强度对光合作用的影响（见图 16）。

生 4：探究叶绿素对光合作用的影响（见图 17）。

师：现在分组进行拓展实验。

图 14　不同浓度二氧化碳对光合作用的影响

图 15　不同光质对光合作用的影响

图 16　不同光照强度对光合作用的影响

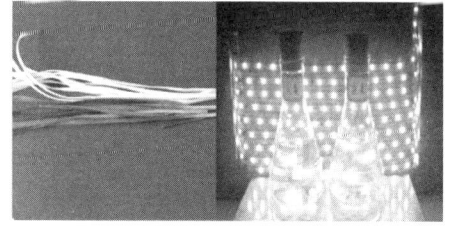
图 17　叶绿素对光合作用的影响

根据学生课外探究，每组实验重复三次取平均值，得到以下结果：

（1）在一定范围内，碳酸氢钠浓度越高，二氧化碳浓度越高，光合作用强度越强（见图 18、图 19、表 2）。

图 18　不同浓度碳酸氢钠

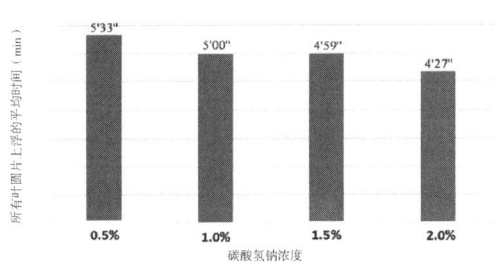

图 19　不同浓度二氧化碳结果

表 2　不同浓度二氧化碳对光合作用的影响

碳酸氢钠浓度 \ 叶圆片数量	1	2	3	4	5	6	7	8	所有叶片上浮的平均时间
0.5%	3′53″	4′06″	4′45″	4′56″	5′03″	5′35″	6′24″	7′56″	5′33″
1%	3′36″	4′08″	4′26″	4′57″	4′59″	5′27″	6′02″	7′23″	5′00″
1.5%	3′31″	3′23″	4′15″	4′19″	4′57″	5′01″	5′37″	5′39″	4′59″
2.0%	3′22″	3′52″	4′09″	4′14″	4′20″	4′29″	4′45″	4′57″	4′27″

（2）距离越近，光照强度越强，光合作用强度越强（见图20、图21、表3）。

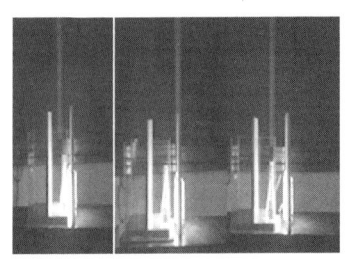

图 20　不同光照强度

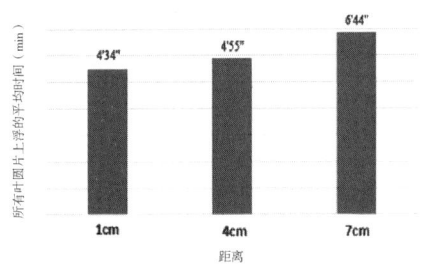

图 21　不同光照强度结果

表 3　不同光照强度对光合作用的影响

光源距离 \ 叶圆片数量	1	2	3	4	5	6	7	8	所有叶片上浮的平均时间
1cm	3′35″	3′58″	4′09″	4′14″	4′18″	4′25″	4′51″	5′12″	4′34″
4cm	4′04″	4′32″	4′47″	4′58″	5′05″	5′11″	5′18″	5′28″	4′55″
7cm	5′39″	6′21″	6′24″	6′41″	6′48″	6′57″	7′15″	7′50″	6′44″

（3）30min 内，韭黄没有上浮，韭菜上浮 3 片，说明光合作用需要叶绿素。但上浮数量有限，推测和实验材料有关（见图 22、图 23）。

图 22　韭菜和韭黄实验前　　　　　图 23　韭菜和韭黄实验后

（4）30min 内，红色光质上浮 6 片，蓝色光质上浮 3 片。光质对光合作用有影响，红光的光合作用强度强于蓝光（见图 24）。

图 24　红色光质和蓝色光质对光合作用的影响

八、实验效果评价

（1）共创性：师生共同创新，实现了实验原理清晰、装置便携、步骤简便、现象明显的特点。

（2）直观性：为学生建构概念提供了直观的事实依据，满足了在课堂上开展分组实验的要求，在一般实验室就能进行。

（3）深刻性：学生在创新学习中领悟了思维方式，形成科学观点，学习更具深刻性。

（4）延展性：实验还体现了初、高中教学的衔接，实验装置的创新，为学生进一步的拓展探究创造了条件。

光合作用原理在农业生产上的应用

营口实验学校　薛海芬

一、教材分析

本节课选自人教版《生物学》七年级上册第三单元第五章第一节"光合作用吸收二氧化碳释放氧气"中的光合作用在农业生产上的应用。这部分内容是将光合作用的知识应用于实际生产活动中，但因学生接触得少，平时上课又是利用图片一带而过，所以在解决具体问题时学生不能理解，也就不能将知识很好地迁移应用。而此部分内容又是初中的重要知识点，可以为高中这部分内容的学习起到很好的铺垫作用。

二、实验器材

小白菜、金鱼藻、温度计、测量溶解氧数据传感器、自制微型大棚（见图1）、自制光合作用实验装置（见图2）。

图1　自制微型大棚

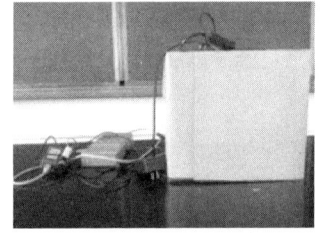

图2　自制光合作用实验装置
（暗室、可控光强的灯、锥形瓶）

三、创新要点/改进要点

我将这部分知识转化成学生的动手操作实验，体验种植、培育、除草、浇水和收获的过程，由此展示光合作用的具体应用，使学生能够理论联系实际，同时也可以体会到培养农作物的不易，更能尊重农民、珍惜食物。除此之外，我还设计了课堂上的探究实验，既可以检查学生对科学探究方法和步骤的掌握情况，又可以充分调动学生主动参与的积极性。针对本实验与学生共同完成创新设计，具体包括教材的创新、实验原理的创新、方法创新和装置创新等，达到将知识具体化、直观化，学生更容易接受、理解并掌握，起到迁移应用知识的目的。

（一）教材内容的创新

本部分内容教材上并没有设计实验，只有合理密植的图片，学生只是根据图片得出充分利用光照的原理增加农作物的产量。而植物种植密了或稀了到底会长成什么样？种植农作物为什么要除草、松土？这些都是学生没有体会过的，所以我把植物的种植搬进了实验室，让学生得到切身的体会。

（二）实验原理创新

围绕实验结果的检测，将检测产物淀粉改为检测产物氧气，用数字化传感器检测溶解氧浓度来代替查气泡数量，更准确、更直接。

（三）实验装置创新

开始学习光合作用时已经进入12月，是北方的冬季，对植物生长的观察受到很大的局限。我自制"微型大棚"突破了这一难点，该装置由纸壳、塑料薄膜等制成。在大棚内放置盛有土壤的托盘，接近真实的蔬菜大棚，可以培养植物以观察植物的生长状况（例如蔬菜大棚的作用、植物为什么弯向光源生长、植物种植稀点好还是密点好等），特别适合城里的学生。除此之外，我还与学生共同制作了一个光合作用实验的装置，它是一个暗室，克服了室内光照对实验的影响，保证了对光照变量的控制，增加了实验的准确性。同样可以检测温度、二氧化碳浓度等对植物光合作用的影响，完成一个条件的测定只需要10分钟左右，简单、高效。本装置还可以验证植物的呼吸作用。

四、实验原理/设计思路

（1）在不同的托盘上种植不同密度的植物，每天定时浇水，适时除草和松土并观察记录植株成长状况。放入微型大棚栽培农作物（小白菜生长周期短、易成活，现象明显），从种子的萌发到长出叶片，都可以在实验室（或教室）进行，不受时间和地点的限制。

（2）以金鱼藻为实验材料（金鱼藻的最适温度为13~16℃），放在锥形瓶中，控制温度、光照和二氧化碳浓度，检测氧气浓度，来证明光合作用效率。

本实验在任何学期都可完成，利用课间就可以种植、培养和观察，不会占用人多的课上时间，然后利用光合作用实验装置在课上完成不同条件对光合作用的影响。

五、教学目标

（1）概括光合作用的实质。
（2）探究光合作用的原理在农业生产上有哪些应用。
（3）在实践和实验中培养学生科学探究的生物学素养，同时培养学生爱护植被，珍惜粮食，尊敬农民。

六、教学内容

根据本实验创新设计，按照进度安排学生对植物进行培养，每天观察记录植物的生长状况。因为本部分属于第二课时的教学内容，所以与学生明确光合作用的实质，概括出光合作用反应式，并引导学生根据反应式思考哪些环节可以增加农作物的产量，为学习化学打下基础。然后与学生共同分享利用微型蔬菜大棚所获的知识，以及培养植物所获的经验和教训。最后用光合作用实验装置进行探究实验。

实验方法具体如下：①取适量的水生植物金鱼藻放入锥形瓶中（此处没有用锥形瓶塞，而是用保鲜膜进行密封，测量时还可以固定数据采集器的位置）；②利用不同强度的光进行照射，利用溶解氧采集器采集不同光照强度下的溶解氧浓度；③通过数据分析，可以明确光照强度对植物光合作用的影响。

用冰块和热水控制温度变量，用 0.5%、1% 的碳酸氢钠溶液和清水控制二氧化碳变量，其他步骤相同。本实验操作简单，数据分析直观具体，学生接触到新的科学设备，增加学生的学习兴趣，突破难点。

七、教学过程

（一）导入新课

教师活动：通过前面的学习，学生已经知道光合作用的实质，那么如何用反应式表达出来呢？光合作用可以制造有机物，我们可以通过什么来增加有机物的量，从而增加农作物的产量呢？

学生活动：积极思考解答问题。

教学意图：利用问题引发学生回忆所学知识，同时引出本节所要学习的内容，承上启下。

（二）学习新知

教师活动：同学生一起根据上节课所学的知识认识到绿色植物会利用二氧化碳产生氧气，总结光合作用反应式。引导学生根据所写反应式思考如何增加农作物的产量（带领学生从正反应的角度思考）：那我们在教室内培养植物时应用了哪些方法提高产量呢？也就是说体现了对什么条件的应用呢？

学生活动：认真思考合作总结想出可以通过增加二氧化碳、光照等方式增加产量。种植过密的植物长得又细又高，不能充分利用光照，种得过稀浪费土壤和阳光，所以应该种得既不稀也不密。

教学意图：学会利用所学知识进行总结，培养学生利用反应式进行思考，为九年级学习化学奠定一个基础。通过利用课间完成种植植物的实践，可以培养学生动手操作能力，能够自己发现问题和解决问题，突出本节课的重点。

过渡：通过同学们的种植体验我们知道了光照会影响植物的生长，下面让我们回到课堂用实验来进行验证，除光照之外我们还可以验证什么呢？

学生活动：二氧化碳，温度。

教学意图：通过过渡明确可能要探究问题的角度，也就是引导学生发现问题解决问题。那温度呢？温度会影响细胞内酶的活性，从而影响光合作用。

过渡：同学们刚才提到光合作用除了制造有机物，还释放了氧气。我们通过学习知道可以通过检验淀粉来检测光合作用制造了有机物，今天我们换一个角度，来检验氧气的释放量。

学生活动：认真倾听理解含义，思考，明确原理。

教学意图：补充知识，完善体系。理解原理，为实验进行知识储备。

（三）实验验证

教师活动：讲解实验装置的使用方法和注意事项，指导学生进行分组实验。指导学生汇总实验数据，进行分析。

学生活动：认真参与，合作完成。分析数据和图形趋势的原因，最后进行归纳和总结（见图3~图11）。

教学意图：锻炼学生的动手操作能力，解决发现的问题，突破难点。培养学生分析、归纳和总结的能力。

（四）拓展延伸

教师活动：通过本节课的学习可以解决哪些实际生活中所遇到的问题？举出实例，为什么我们现在这个季节不能在室外种植植物？同学们吃过蒜苗，它是怎么形成的呢？不同颜色的光是否会影响光合作用呢？

学生活动：说出具体的措施，因为天气寒冷，说明与温度有关。想到给蔬菜大棚套上黑塑料袋，培养一段时间后观察现象。利用实验装置进行测定（见图12~图14）。

教学意图：迁移应用，巩固知识，学以致用。

（五）总结

教师活动：通过实践和实验我们有什么样的收获？

学生活动：总结光合作用的原理在农业生产上的应用。

教学意图：学生从不同的角度来总结自己的收获。完成情感目标。

附：测定数据和曲线（仅供参考）

（1）光照强度对光合作用的影响。

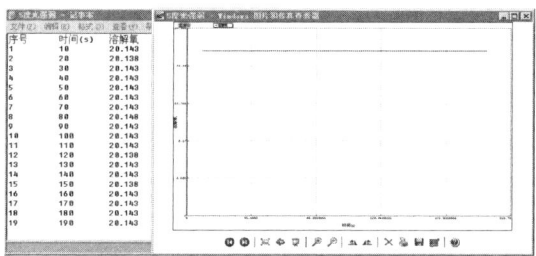

图 3　光照强度弱

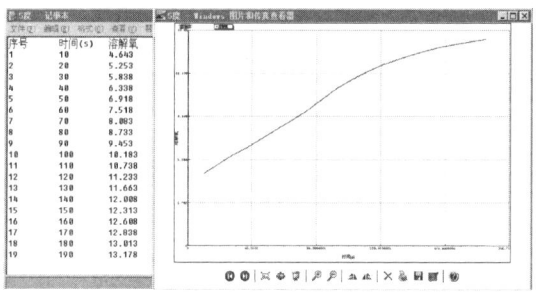

图 4　光照强度适中

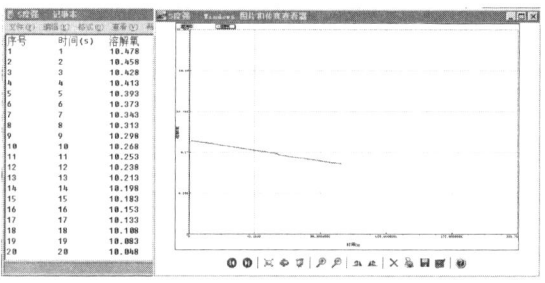

图 5　光照强度强

（2）温度对光合作用的影响。

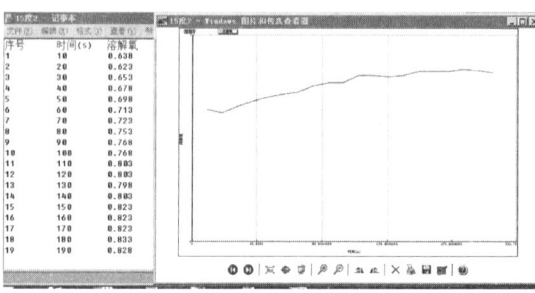

图 6　15℃

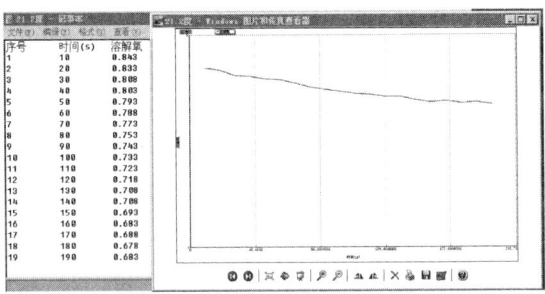

图 7　21℃

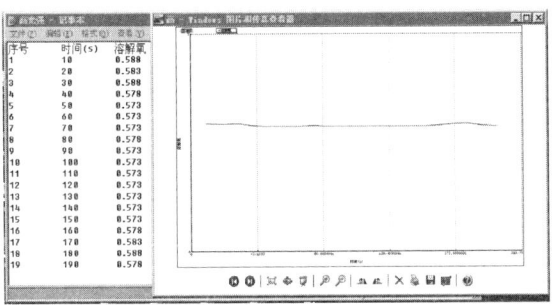

图 8　31℃

（3）二氧化碳对光合作用的影响。

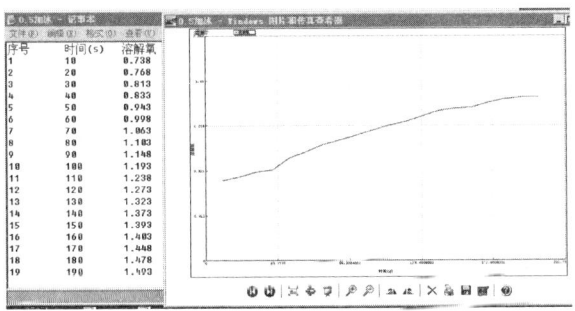

图 9　0.5% 碳酸氢钠

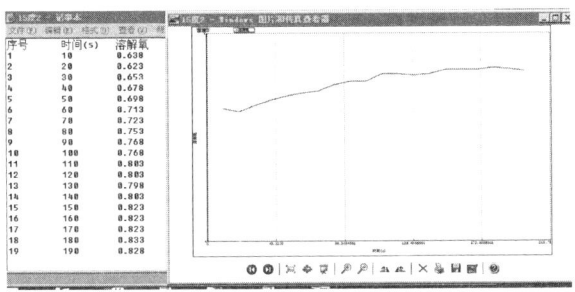

图 10　清水

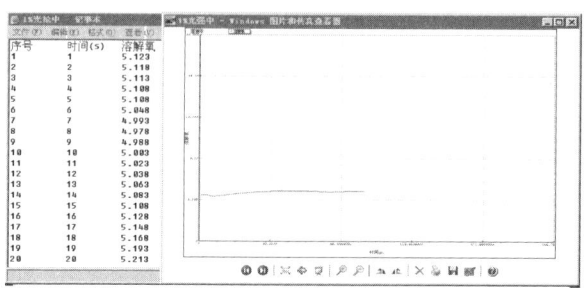

图 11　1% 碳酸氢钠

（4）光质对光合作用的影响。

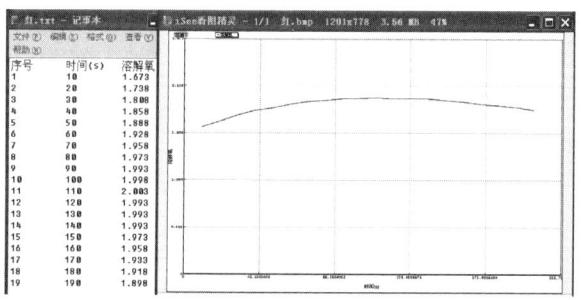

图 12　红光

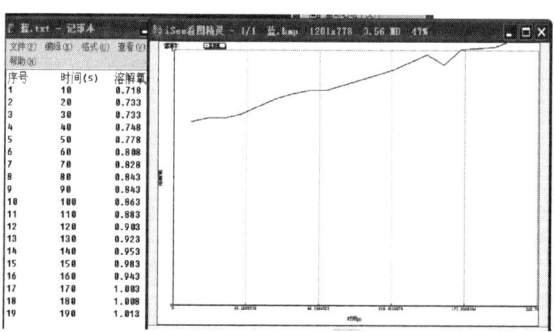

图 13　蓝光

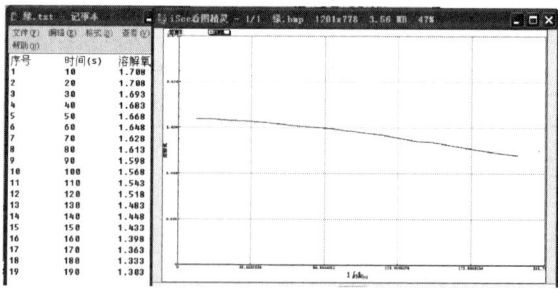

图 14　绿光

八、实验效果评价

回顾课题,确定实验装置的制作,实验方法、步骤的设计,本节课的主要特点如下:

(1)课间实践,解决学生缺乏生活经验的问题。与学生沟通交流时,学生说老师这道题我父母会做,我不明白就问他们,因为我没有看见植物生长时到底是什么样的。这就是我设计这个环节的初衷,现在学生远离农村,没有切实的生活经验,能否将它们搬进课堂呢?答案是肯定的。

(2)实验与信息技术深度融合。在信息技术迅速发展的时代,将信息技术融合到日常教学中是必然的发展趋势。本节课利用溶解氧数据采集器以及电脑对数据进行分析处理,高效、快捷、直观地完成实验,将定性实验转变成定量实验,突破难点。通过和学生的共同研究,反复实验,设计了光合作用实验装置,避免了查气泡的不准确性,操作简单,现象直观,提升了学生的兴趣。

(3)培养学生能够独立完成科学探究的生物学素养,注重初、高中知识的衔接。发现问题、解决问题是学生应具备的基本技能,通过设计实验、进行实验、验证假设是否正确等过程,使学生明确探究实验的基本过程,并且能独立完成实验,能将这种解决问题的能力应用于日后的学习和生活中。

总之,本课学习过程中充分体现了学生作为学习的主体,在实践和探究活动中理解科学概念,将直观的体验与信息技术相结合,掌握解决生物学问题所特有的思路和方法,并能在实验中运用创新思维解决问题。

观察植物叶气孔的结构与分布

南通市通州区平潮实验初级中学 刘海霞

一、使用教材

苏科版《生物学》八年级上册第十八章第一节"绿色植物与生物圈的水循环"。

二、实验器材

自制气孔模型、显微镜手机支架、手机、显微镜、透明指甲油、清水、滴瓶、镊子、解剖针、吸水纸、载玻片、盖玻片、菠菜叶片、其他各种新鲜植物叶片。

三、实验创新要点/改进要点

（一）使用自制教具

气孔的开闭是在显微状态下进行的，学生观察起来比较困难，而且耗时。现有的模型只能帮助学生了解保卫细胞的结构特点，但不能让学生对不同条件下气孔的开闭有直观的理解，因此笔者进行了改进，设计了这样的教具（见图1、图2）。此装置采用灌水的方法代替吹气，不仅防止了气球炸裂，还使得模拟的气孔更形象逼真。用安全套代替普通气球，它材质薄，易伸展，粘贴胶带也不易脱落。用医用的盐水瓶代替普通塑料瓶，弹性更好，利于水的回流。另外打包盒和筷子起到了支撑的作用，帮助模型形成一个整体。此装置操作起来简便，只需将它倒立气孔就打开，正立气孔就关闭，有利于学生更好地理解气孔开闭的原理。

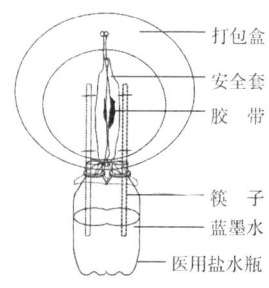

图1 气孔装置结构示意

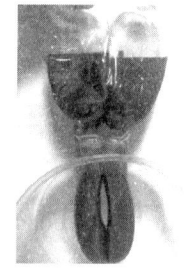

图2 气孔装置实物

（二）改进观察的工具

由于条件的限制，部分地区目前还用不上数码显微镜。但是，在这个数字化时代，通过改进实验方法，使用显微镜手机支架，将手机固定在目镜上（见图3），学生也可以截取到观察的最原始画面，并在此基础上进行分析。利用同频技术，还可将手机中拍摄到的图像传送至多媒体，进行全班的展示与交流，既方便又快捷。

（三）拓展临时装片的制作方法

常规的方法是撕取植物的叶表皮，然而有些植物的叶表皮很难撕取，如罗汉松、酢浆草。为了解决这一问题，可使用指甲油涂抹撕取法来代替常规方法。具体的操作步骤如下：取植物叶片，将无色透明的指甲油均匀涂抹于取材部位上，使其自然晾干3~8min；用镊子撕下已干的指甲油涂抹层，将其展在水滴中，盖上盖玻片，即完成制作。这种方法是使用指甲油将叶表面气孔的凹凸不平拓印下来，而不必再撕取叶表皮。使用这一方法也能清晰地记录出气孔的形状（见图4）。

图3　显微镜手机支架装置

图4　罗汉松叶表皮气孔

四、实验设计思路

通过观察菠菜叶下表皮气孔的实验，学生掌握临时装片的制作及显微镜观察的基本技能。借助自制教具，学生理解气孔开闭的原理。通过观察不同植物叶气孔，学生进一步探究气孔的分布特点，并了解气孔的分布与植物生存的环境存在着联系。

五、实验教学目标

（1）描述气孔的组成及开闭原理。
（2）学会制作观察临时装片，提高实验操作技能及分析与综合的能力。
（3）形成保护植物的意识，乐于探索生命的奥秘。

六、实验教学内容

（1）观察菠菜叶下表皮气孔。
（2）观察气孔的开闭过程。
（3）探究不同植物叶气孔的分布特点。

七、实验教学过程

（一）创设生活情境，导入新课

播放 PPT，展示菠菜的图片，并展示相应的实物。

问题一：从超市买回的菠菜放久了，塑料袋内壁上出现了许多的小水珠。这些小水珠从何而来？

问题二：菠菜为什么能散发出水分？

由此引入对菠菜叶气孔的观察。

（二）观察菠菜叶下表皮气孔

播放 PPT，通过几幅图片教师强调制作临时装片的主要过程。学生四人一组，以活动单为指导，完成临时装片的制作。其后，用低倍镜观察叶表皮，并用手机截图。挑选组内最佳实验图片进行绘图。利用手机图片编辑软件，对实验图片进行拼接与标注，以小组的形式上传提交班级群，通过白板屏幕进行同频展示。

实验结果展示。①第 1 组：部分组员在盖盖玻片和材料展平的操作上还存在问题，导致装片中留下气泡，表皮重叠。后来他们挑选组内较清晰的图片完成了绘图。②第 2 组：一开始完成的绘图中注图线交叉凌乱，后来他们进行了调整，将注图线画得平行，整个绘图变得整齐美观。③第 3 组：这组实验结果与众不同，他们的气孔是关闭的。引导学生探讨气孔关闭的可能原因，学生发现气孔的关闭与实验材料的萎蔫有关。

（三）观察气孔的开闭

问题：为什么萎蔫叶片上的气孔是关闭的？气孔的开闭有何原理？

（1）观察气孔开闭模拟实验。

学生分组活动：利用自制教具，模拟气孔开闭的动态过程。并思考以下问题：①什么模拟了保卫细胞，什么又模拟了气孔？②在什么情况下气孔张开，什么情况下气孔关闭？③观察模型的结构，尝试说明气孔为什么能开闭。

活动展示：一组学生在讲台前进行现场演示，并回答以上问题。

（2）用显微镜观察气孔的关闭。

强调在真实观察时，也可以观察到气孔为什么会开闭。教师以四倍的速度播放菠菜叶气孔关闭的视频。视频由一组学生课前通过加浓盐水的方法拍摄而得。

问题：你们观察到保卫细胞哪一侧的细胞壁较厚？

（四）探究不同植物叶气孔的分布特点

问题：我们认识了气孔的结构，那么，不同植物叶气孔的分布有何特点？

教师介绍相关植物背景知识，指导学生根据提供的背景资料，完成探究活动。

活动要求：①确定探究课题，说出小组为什么会确定这样的课题。②设计实验方案，选择合适的实验材料和实验方法。学生如果遇到实验材料难以撕取的情况，可以使用指甲油涂抹撕取法来代替常规的方法。指导学生具体的操作方法。③观察记录实验结果，分析讨论得出结论。记录员负责探究单的记录以及实验图片的拍摄与编辑，并上传实验结果，组长负责组织工作。

探究成果展示（见表1~表3）。

表1　第2组探究成果

探究　喜阳植物叶上下表皮气孔的分布		
组别　2		
选择的实验方法	选择观察的实验材料	观察的结果
指甲油涂抹撕取法	桃叶上下表皮	上表皮无气孔，下表皮气孔小而密集
叶表皮撕取法	蓝猪耳叶上下表皮	上表皮无气孔，下表皮气孔小而密集
结论：喜阳植物叶上表皮受阳光直射，温度比下表皮高，水分更容易从上表皮气孔散失，所以喜阳植物叶气孔集中分布在下表皮，这样可以避免水分的过度蒸发，这种分布有利于植物生存（不过，其他小组发现蓝猪耳叶上表皮也有少量的气孔，并非无气孔）		

表2　第5组探究成果

探究　浮叶植物上下表皮气孔的分布		
组别　5		
选择的实验方法	选择观察的实验材料	观察的结果
指甲油涂抹撕取法	水鳖叶上下表皮	上表皮有气孔，下表皮无气孔
	睡莲叶上下表皮	上表皮有气孔，下表皮无气孔
结论：浮叶植物只有上表皮在空气中，可以进行呼吸等生命活动，而下表皮沉在水中，没有必要分布气孔，所以气孔只分布在上表皮，这样的气孔分布与浮叶植物的生存环境是相适应的		

表3　第6组探究成果

探究　喜阳植物与喜阴植物叶气孔的分布		
组别　6		
选择的实验方法	选择观察的实验材料	观察的结果
叶表皮撕取法	石榴、蓝猪耳叶下表皮	气孔小而密集
	玉簪、麦冬叶下表皮	气孔大而少
结论：喜阳植物叶气孔小而密集，利于蒸发水分，喜阴植物叶气孔大而少，蒸发水分少，这种气孔的分布与喜阳植物、喜阴植物的生存环境都是相适应的		

（五）总结升华，拓展提升

教师引导学生思考以上实验结论，总结得出植物叶气孔的分布特征与其生长环境是相适应的，生物体的结构与功能是相适应的。

结束语：气孔虽小，作用却大！植物通过它散发水分，空气变得湿润，气候也得到改善。因此，我们要大力植树造林，让我们生活的环境变得更加舒适宜人。然而，有时又要适当地降低这种作用，例如在移栽植物时，通过为植物遮阳，来减少水分从气孔蒸发，以保护植物。

八、实验效果评价

本课的教学以提高学生核心素养作为根本任务，通过拓展临时装片的制作方法，改进观察的工具，使用自制教具，使得教学效果得到了提升。学生自主合作探究的教学理念激发了学生求知的欲望，使他们不仅学会了有关气孔的知识，还掌握了临时装片制作、显微镜观察及绘图的技能，并且产生了对环境的关注，形成了保护植物的意识。课后学生评价气孔模型有趣又有助于理解；安装支架，用手机就能直接观察显微镜下的世界，特别神奇。本实验设计已在南通市生物协会活动、南通市初中生物实验培训活动中作了展示交流，受到一致好评。

绿色植物的呼吸作用

广西南宁市第三十七中学　甘静莎

一、使用教材

人教版初中《生物学》七年级上册第三单元第五章第二节"绿色植物的呼吸作用"。

二、实验器材

（1）植物材料：根、茎、叶、花、果实、种子等多种植物器官，每种器官都准备有等量的新鲜材料和煮熟材料。

（2）自制教具：出水孔为小孔的保温杯、探针式温度计、注射器、橡皮泥、保鲜膜、硅胶管、长尾夹。

（3）其他器材：烧杯、澄清石灰水、燃烧匙、蜡烛、打火机（见图1）。

图1　实验器材

三、实验创新要点

（一）实验材料的创新：用多种植物器官代替单一的材料（见图2）

图2　植物各大器官

我们选用校园中能就地取材到的植物，例如红薯植株，探究了植物的多种器官，不仅能让学生全面认识到活的植物器官都能呼吸作用，而且能让他们感受到科学实验源于生活，培养他们探究自然科学的浓厚兴趣。

（二）实验方法的创新：用装有澄清石灰水的注射器抽取气体的方法检测二氧化碳

原教材采用注水排气法检测二氧化碳。这一实验操作存在着一些不妥：①二氧化碳能溶解在水中，所以采用注水排气法会溶解部分气体，并且该装置气密性不是很好，也会降低瓶中二氧化碳的浓度，导致实验效果不明显；②该装置器材多、携带不便，组装复杂；③原教材中没有设置对照实验，缺乏严谨性。

改成用装有澄清石灰水的注射器抽取气体的办法（见图3），操作简单方便，效果明显，且抽取的气体量很少，短时间内装置可重复使用，利于多个班级的教学。此外还设置了对照实验，使结论更具说服力。

图3 注射器抽气法

（三）实验装置的创新：用带温度计和硅胶管的保温瓶

该实验装置有以下几大亮点：

（1）使用它可以连续完成书中的三个实验，将课本上的三套实验装置整合为一体，实现实验装置功能多样化、高效化，减少实验的零碎性和不必要的失误，高效利用课堂的时间和空间（见图4）。

（2）使用出水孔为小孔的保温瓶，它的好处是插入温度计时不用打孔，而且保温效果比较好，能出现明显的实验现象。

（3）使用橡皮泥封住空隙。首先，在橡皮泥中可以提前埋入硅胶管，便于抽取二氧化碳进行教材中的第二个实验。其次，橡皮泥材料简单易得，形状可变，裹上保鲜膜能增加橡皮泥气密性，可用来塞住出水孔的空隙部分（见图5）。

（4）使用探针式温度计，它比普通的水银温度计更加灵敏，且读数方便，不会出现读数上的误差。

图4 "三合一"实验装置

图5 橡皮泥与小孔保温瓶

（四）教学方式的创新：将教师演示实验改成了学生的探究实验

本节课按探究实验的方法，从设计方案，到动手实验，再到分析实验结果、归纳总结，都由学生亲自参与完成，充分发挥学生的主体作用，提高学生的科学探究精神和生物学素养。

（五）教学手段的创新：信息技术与实验教学相融合

结合希沃授课助手，使实验现象和结果直观可视化，便于小组间实验结果的交流讨论，也便于进行全班大数据的汇总，使实验结论更具说服力。

四、实验设计思路

本节的实验教学，按照科学探究的方法步骤，设置了"提出问题→作出假设→制订计划→实施计划→得出结论→表达交流"六个环节，主要让学生通过科学探究活动，观察植物呼吸过程的物质和能量变化，培养学生的科学探究精神，提高其生物学素养。

课前学生对植物的呼吸作用没有直观的感受，因此在实施探究实验前，先引导学生通过类比人的呼吸，提出探究实验的问题并作出假设。然后分组讨论设计实验方案，全班再相互交流，不断完善实验方案；接着利用改良后的实验装置，让学生亲自动手，完成三个探究实验，即"探究植物呼吸作用过程是否消耗氧气、产生二氧化碳以及释放热量"；最后，根据实验结果得出结论，归纳出呼吸作用反应式，构建呼吸作用的概念。

五、实验教学目标

（一）知识与技能

通过探究植物呼吸作用过程的实验，归纳出呼吸作用的概念。

（二）过程与方法

通过体验探究的全过程，学生的设计能力、操作能力、归纳能力以及合作意识都能得到提高。

（三）情感态度与价值观

在探究实验中，培养学生实事求是的科学态度。

六、实验教学内容

本节主要通过三个实验探究植物呼吸作用的过程。植物呼吸作用过程中的物质和能量变化，需要经过一定时间的积累后才容易被检测。因此，先将植物材料装入实验自制装置中，利用温度计测量并记录材料的初始温度，放置几个小时后再继续实验。

实验一：再次测量瓶中材料的温度，并与初始温度进行比较。通过前后温度值的对比，判断植物呼吸是否释放热量。

实验二：利用二氧化碳能使澄清石灰水变浑浊的特性，用装有澄清石灰水的注射器抽取瓶中气体，通过观察石灰水是否变浑浊，来检测瓶中是否产生二氧化碳。

实验三：利用氧气的助燃性，将点燃的蜡烛快速而又平稳地伸入瓶子中，通过观察蜡烛是否熄灭判断瓶中的氧气是否被消耗。

七、实验教学过程

（一）课前准备

教师向学生布置预习任务：尝试将三个实验的装置整合为一体。思考还可以用哪些植物器官作为实验材料。

学生预习课本，并分组讨论，设计"三合一"的实验装置图（见图6）。

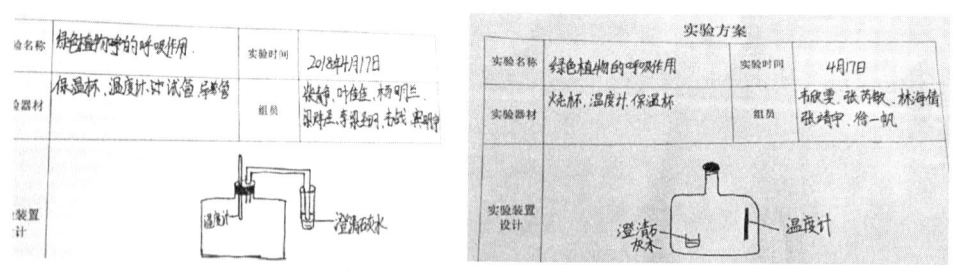

图6　部分学生设计图

（二）情景导入

由生活问题引出：新鲜红薯堆放一段时间后，为什么变得又湿又热？激发学生兴趣。

（三）新课学习

出示目标，学生明确学习任务。

教师引导学生按照探究实验的一般方法，"提出问题→作出假设→制订计划→实施计划→得出结论→表达交流"，一步步进行实验探究，培养学生学生科学探究的一般方法。

学生类比人呼吸时的物质和能量变化，结合生活经验提出问题和作出假设。

（1）提出问题。植物呼吸作用是否消耗氧气、产生二氧化碳并释放能量？

（2）作出假设。植物呼吸作用消耗氧气、产生二氧化碳并释放能量。

（3）制订计划。学生分组讨论，根据每一个实验的原理，合理并富有创造地制订实验计划，并在相互评价中，不断完善方案；同时说明如何利用课前设计好的"三合一"实验装置完成该实验。

（4）实施计划。学生自行选择所要探究的植物器官。先将材料进行处理，分装到保温瓶中，插上温度计，测量记录材料的初始温度，放置几个小时后继续进行实验。

实验一：探究呼吸作用是否释放热量。观察温度计上的示数，对比温度的前后变化，判断植物呼吸是否释放热量（见图7）。

实验二：探究呼吸作用是否产生二氧化碳。利用二氧化碳能使澄清石灰水变浑浊的特性。用装有澄清石灰水的注射器抽取瓶中的气体，混匀。再通过观察石灰水是否变浑浊，判断瓶中是否产生二氧化碳（见图8）。

图7 温度变化

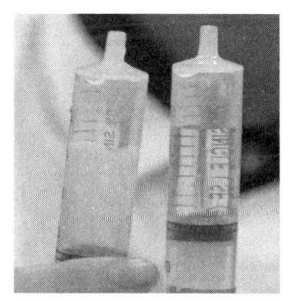
图8 石灰水的变化

实验三：探究呼吸作用是否消耗氧气。利用氧气的助燃性。将点燃的蜡烛快速而又平稳地伸入瓶子中，通过观察蜡烛是否熄灭判断瓶中的氧气是否被消耗（见图9）。

图 9 蜡烛的变化

教师巡逻指导学生进行实验，并利用手机软件，及时记录下各组的实验现象和结果，收集实验数据，方便学生交流和展示，以及全班数据的汇总。

（5）得出结论。教师引导学生分析实验现象和结果，得出结论：植物呼吸作用消耗氧气、产生二氧化碳并释放能量。

（6）表达与交流。请一些小组代表上台交流，并借助希沃软件投影，使实验现象和结果直观可视化，方便学生交流展示、学生之间互评，并归纳小组的假设是否与结果一致。教师再将全班数据汇总，使用大数据，使结论更具说服力。

（四）建构概念

学生根据实验结果，归纳呼吸作用反应式，并尝试用自己的语言描述呼吸概念，完成概念的初步建构，阐明呼吸作用的实质，最后再综合前面所学知识，用专业术语修正概念，真正将概念巩固内化。

（五）学以致用

出示例子，引导学生根据所学知识，解释生活中一些现象。

（六）感悟和收获

学生谈谈自己的感悟和收获，提升学生的感悟和收获。

八、实验效果评价

本节课，我的几点改进都收到了良好的效果。

（1）我为全班提供了植物的六大器官作为实验材料，让各小组自行选择其中一种作为实验对象进行探究，最后再通过全班大数据的汇总，使学生认识到植物各个器官都能进行呼吸作用，弥补了课本中只以种子作为材料的局限，让学生的体验更丰富、认识更全面。

（2）引导学生对原有的实验装置进行了改良，把三个实验的三套装置融合为一体，启发了学生的创新思维。当他们看到使用自己设计的装置高效、成功地完成了实验，自豪感和自信心倍增，更易调动学生学习的积极性。该装置不仅节省了实验材料、降低了实验准备的工作量,而且减少了实验的零碎性和不必要的失误,实现装置功能多样化、高效化。该装置采用的是生活中易得的材料,操作简便又快速,学生易于上手,体现了它的便利性。

(3)利用注射器抽气法代替注水排气法检测二氧化碳,不仅解决了二氧化碳溶于水的问题,而且解决了原有装置组装复杂、气密性差的问题。在实际操作中,由于每次抽取的气体量少、装置可重复使用,有些小组甚至可以每个人都动手操作一遍,提高了学生的积极性和参与度,课堂学习氛围浓厚。

(4)利用希沃技术,使实验现象和结果直观可视化,改变了传统的"干讲"模式,增加了实验的说服力度,实现了信息技术与实验教学的整合。

(5)引导学生按科学探究实验的方法进行探究,提升了学生的实践动手能力和创新精神,从而提高了学生的生物学素养。

探究呼吸作用实验

天津海河教育园区南开学校　孙健耕

一、使用教材

人教版初中《生物学》七年级上册第五章第二节"绿色植物的呼吸作用"。

二、实验器材

（1）器材：矿泉水瓶、温度计、医用脱脂棉、保温桶、保温杯、注射器、酒精检测仪、轻质黏土、打孔器、标签纸、蜡烛、火柴、玻璃棒、100mL量筒、细口瓶、烧杯、胶头滴管、电子天平、滤纸、药匙。

（2）药品：安琪酵母、葡萄糖、氢氧化钙（试剂纯）。

三、实验创新要求/改进要点

(一) 实验装置生活化

本实验主体材料为常见生活用品，如用矿泉水瓶代替锥形瓶，用打孔器将瓶盖打孔代替橡胶塞，并且还能通过挤压矿泉水瓶让气体排出代替了加水排气法，简化了实验装置。

(二) 实验药品安全化

实验所需药品简单、易获得且无毒、无腐蚀性。如，酒精检测药品重铬酸钾和浓硫酸，均为不易取得并且有很大危险性的药品。本次实验规避了这些药品的使用。

(三) 实验操作绿色化

尽管严格控制了实验药品的危害性，本实验还是采用了封闭的实验装置——塑料瓶加盖，并用轻质黏土封口，使用注射器。确保实验产生的气体不外溢，不会对实验室环境造成污染或是对学生身体健康造成危害，同时也能保证收集气体时的严谨性，以此确保实验操作绿色化。

(四) 实验结果信息化

本实验运用了化学物质检测传感器，将检测到的数据信息导入计算机。例如酒精的浓度采用酒精检测器检测。同时经反思，二氧化碳的浓度检测也可通过传感器记录，避免了书面上的记录造成的误差，捕捉反应现象背后的微观数据。

(五) 实验现象VR化

在传统的教学模式中，学生通过显微镜进行观察，并不能真正地融入实验中，基于当前信息技术进课堂的大背景下，本课程尝试引入 VR 技术，对采集到的酵母菌图像进行处理。但无论是以何种形式引入何种器材，都有一个无法规避的问题——成本过高。通过对文章的阅读分析，我们发现生活中最常见的 VR 技术就是我们所熟知的 3D 影像技术。

为增强学生对实验现象的直观感受，我们用 3DMAX 制作出酵母菌的简图，将图像置于绘声绘影的视频轨迹中，多次复制，并变换其形态。使用绘声绘影 X7 的 3D 化功能打造一个酵母菌的世界，学生通过佩戴 3D 眼镜，可以更直观地观察酵母菌的生活、呼吸和生殖过程。据此，VR 技术也在课堂中得到了很好的应用。

四、实验原理/实验设计思路

本实验由课本中三组植物呼吸作用实验——测温度、测氧气、测二氧化碳引入，并将三组实验合并为一组，实现实验装置上的创新。同时提出其他类型生物是否也能进行呼吸作用的探究性问题，以酵母菌为例开展探究性实验。借此指出贴近生活的例子——酒的酿造。

五、实验教学目标

（一）知识与技能

理解植物呼吸作用的过程及应用，知道单细胞生物的也有其相应的呼吸作用，理解酵母菌呼吸作用原理。

（二）过程与方法

运用已学的知识分析植物呼吸作用的原理，改进先前的实验装置，并将该创新点迁移至新的生物材料上，培养学生科学的探究能力和实践能力。

（三）情感、态度、价值观

认同绿色植物在维持碳氧平衡中的重要作用；认同除绿色植物外，其他生物体也有其呼吸作用；认同其他生物体的呼吸作用也能为人类社会作出一定贡献，体验探究带来的乐趣，感受生物技术在生活中的应用。

六、实验教学内容

本节课是学习绿色植物呼吸作用及单细胞生物之后的拓展探究。酵母菌作为生活中常见且易得到的单细胞生物，也是实验效果较好的一种生物材料。因此引导学生从酵母菌入手，在实验装置创新的基础上引发生物材料的创新。

在学生充分理解植物呼吸作用原理的基础上，探究酵母菌的呼吸作用；同时利用植物呼吸作用实验的知识迁移至检验酵母菌呼吸作用产生的相关物质。此外教师还应对产生的其他物质进行补充，以此扩充学生的知识面。

课程最后,同学生讲解酵母菌在日常生活中的应用,将生物科学技术应用到生活中去,让学生建立生物学来源于生活的科学观念,并时时留意生活中的生物学。

七、实验教学过程

(一)复习导入

学生在先前的学习过程中,对植物的呼吸作用有一定的了解,并熟悉初中阶段植物呼吸作用实验的三个具体案例。据此,我们采用了这种导入方式,既能达到复习效果,又能通过学生熟悉的知识点引发学生兴趣。

"呼吸三测"的知识点如下。

(1)测温度。

实验步骤:分别于两个暖瓶中装种子(或豆苗),甲瓶中装入萌发的种子,乙瓶中装入煮熟的种子。往瓶中各插入一只温度计(见图1)。一段时间后观察两温度计显示的温度有何不同。

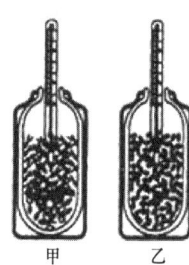

图1 测温度

观察现象:甲瓶中的温度略高于乙瓶中的温度。

分析原因:种子在萌发过程中,其中的有机物发生了变化,释放出能量,一部分能量用于种子的萌发,还有一部分能量以热能的形式散失了。

得出结论:呼吸作用能产生能量。

(2)测二氧化碳。

实验步骤:在集气瓶中装入萌发的种子(或新鲜豆苗),外用带阀门的玻璃橡胶弯管,连通装有澄清石灰水的试管。同时在集气瓶的橡胶塞上插入一个玻璃漏斗,并用棉花堵住上面的气孔(见图2)。

一段时间后,取下棉花,向漏斗中注入清水,将瓶内产生的气体压至装有澄清石灰水的试管中,观察现象。

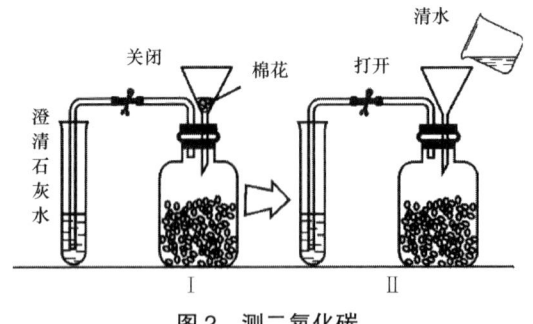

图2 测二氧化碳

观察现象：澄清石灰水变混浊。

分析原因：二氧化碳具有使澄清石灰水变混浊的特性。科学实验证明，二氧化碳来自种子里的有机物。有机物在彻底分解时不仅产生二氧化碳，还产生水。

得出结论：呼吸作用产生二氧化碳。

（3）测氧气。

实验步骤：甲瓶中装有萌发的种子，乙瓶中装有等量的煮熟的种子（或用豆苗代替），把甲、乙两瓶同时放到温暖的地方。一段时间后，观察蜡烛在甲、乙两瓶中的燃烧情况（见图3）。

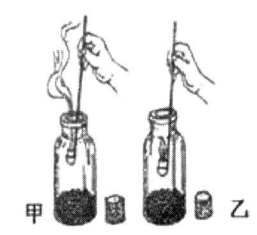

图3 测氧气

观察现象：甲瓶中的蜡烛熄灭，乙瓶中的蜡烛继续燃烧。

分析原因：燃烧的蜡烛放进甲瓶里，火焰立即熄灭了，这是因为甲瓶中缺少氧气。氧气被萌发的种子（或豆苗）吸收了。科学实验证明，有机物在彻底分解成水和二氧化碳时，需要氧气的参与。

得出结论：呼吸作用消耗氧气。

整理结论：有机物+氧气→二氧化碳+水+能量。

（二）实验器材创新

从课程初期就培养学生的创新探究精神，教师先进行一次创新，以此达到抛砖引玉的效果。将以上"呼吸三测实验"进行"三合一"的调整。综合以上实验，分析得出上述实验存在实验器材过多，造成浪费等缺点。针对上述缺点，对实验器材作出以下调整：

（1）将"呼吸三测实验"的实验容器进行统一，将集气瓶、锥形瓶、暖瓶等容器改成了生活中随处可得的塑料瓶，既简化了实验装置，又体现了"生活废物可利用"的价值观。

（2）将带孔的橡胶塞改成用打孔器处理过的塑料瓶盖，为防止产生的气体外溢造成污染或实验数据不准确，特采用了初中学生常用的轻质黏土封口，同时又可达到固定温度计的作用，可谓一举两得（见图4）。

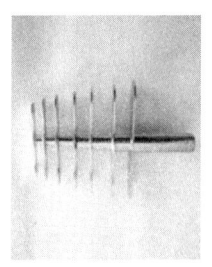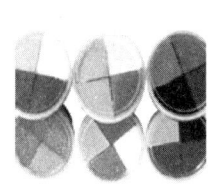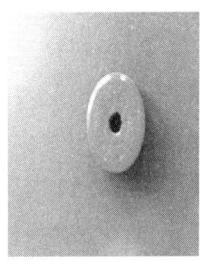

图 4　打孔器、轻质黏土、处理过的塑料瓶盖

（3）为方便学生观察实验生物材料的情况，将暖瓶改成了塑料瓶，并用保温桶和棉花提供保温措施，以此保证实验数据的准确性（见图 5）。

（4）经师生共同分析，在"测二氧化碳"实验中，有试管和玻璃弯管、橡胶管、水阀的参与。而以上器材均不可凭借自身保持稳定，必须有试管架和铁架台的

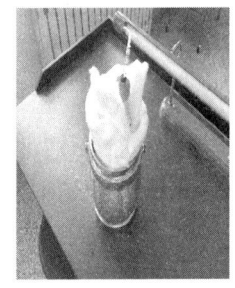

图 5　保温桶与棉花结合成的保温装置

支撑，无形之中又增加了实验器材的使用。本着减少实验器材的目的，同时降低玻璃仪器损坏、学生受伤的风险，将以上实验器材改为注射器，先用注射器抽取适量的澄清石灰水，再用其抽取瓶内反应产生的气体，观察反应情况。由于打孔器的介入，并不需要注射器通过针头吸取试剂或是气体，又大大降低了风险。

（三）实验演示

教师按步骤（二）所述方式进行实验改造，并向学生展示实验结果。

注意：由于本次实验材料利用的是，新鲜的豆苗和开水烫过的豆苗，经处理过后二者体积会出现明显差别（$V_{新鲜的豆苗} > V_{开水烫过的豆苗}$），在这里一定要同学生解释清楚，确保实验变量的单一性。除此之外，烫过的豆苗会有一定的温度，需等恢复至室温后进行实验。经测试，可提前 4 小时准备该实验（见图 6）。

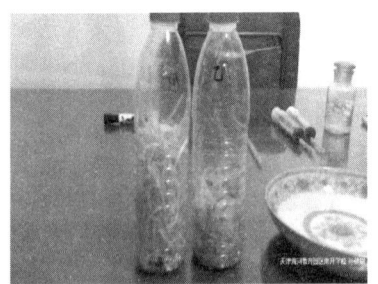

图 6　连接好的装置，豆苗体积

（四）实验生物材料创新

学生在人教版《生物学》七年级上册中还学到过单细胞生物的相关知识。教师对此引导学生思考，植物有呼吸作用，那么其他的生物是否也有如此的呼吸

作用呢？由呼吸作用产生的生成物是否相同呢？对此我们将进行实验验证。

引入新的生物材料——酵母菌。酵母菌在平时生活中易取得，且是学生先前学习过的"单细胞生物"中提及过的物种，同时也是人教版《生物学》八年级上册重点讲述的知识点。在此，也是以呼吸作用和单细胞生物两个重要知识点为依托，作为学生的原有认知结构引出后续的知识点，并将以上知识点整合进行实验的原因之一。

除此之外，选择酵母菌也是考虑到其生物学特性，能通过其呼吸作用产生酒精，并且处理形成对照实验方式简便，这也是选择其成为创新生物材料的原因。

同时，酵母菌还作为我们日常生活中的技术用菌，可将该知识点与日常生活中的生物技术，如酿酒、面包制作相联系，引发学生共鸣，为学生树立"生物学寓于生活之中""学好生物学为了更好地生活"的价值观。

（五）实验操作

（1）延用"豆苗实验"的装置，连接温度计和塑料瓶。

（2）配置5%的葡萄糖溶液，用于酵母菌的营养供应。

（3）设置对照实验：有生命活力的酵母菌15g与无生命活力的酵母菌15g。

处理方式：①分别取两包15g安琪酵母，取一份置于烧杯中，用100mL开水冲开，用玻璃棒搅拌均匀，待冷却至室温后置于塑料瓶中，制成无生命活力组。如不经冷却，会影响实验的温度数据，同时塑料遇热水会产生相关反应，影响实验。②另一份可直接倒入塑料瓶中，加入100mL温水，摇匀即可，形成有生命活力组。经测试，如将15g安琪酵母置于烧杯中，加入100mL温水，用玻璃棒搅拌，不易形成液态物质，且会在玻璃棒上结成小块。从单一变量的角度，对实验数据的精确性产生较大影响。

（4）连接两组的温度计，并用轻质黏土固定，将实验装置放入保温桶中，并用棉花填充，起到保温作用。表明代号：甲，有生命活力；乙，无生命活力。静置15min。

（5）设计实验报告表（见表1）。

表1 实验报告表

测试项目	预测	实际
温度		
氧气		
二氧化碳		
其他（ ）		

（6）查看温度计数据，并记录。

（7）用点燃的蜡烛检验甲、乙两塑料瓶中的氧气，并记录。

（8）分别用两个注射器，先表明甲、乙两组，各吸取 10mL 澄清石灰水，再吸取 10mL 塑料瓶中气体，充分震荡后观察实验现象，并记录。

（9）学生在实验结果验收过程中闻到了酒精的味道，同时基于酵母菌的特殊性质，本实验引入了酒精检测仪这一电子装置。将酒精检测仪的接收器对准塑料瓶盖上的小孔，挤压塑料瓶，使塑料瓶中的气体溢出，对检测仪进行读数，并记录。

（10）分析实验数据。

（六）生物技术介绍

通过酵母菌的呼吸实验，学生了解到酵母菌的呼吸作用产生酒精，据此探究酵母菌日常生活中的应用，播放酿酒视频。使学生认同生物来源于生活。

（七）虚拟现实实验现象

学生通过佩戴 3D 眼镜，进入酵母菌的世界，融入实验之中，利用 VR 技术更直观的观察酵母菌的生活，呼吸和生殖过程。

八、实验效果评价

（一）温故而知新

指导学生回顾以往知识，对该知识点的呈现情况采取变式处理，以此培养学生从旧知中提炼、整合新知的能力。

（二）举一而反三

指导学生将两部分知识点整合到一起进行综合实验，学生学会将此种实验方式延伸到其他的生物材料上，以此培养学生的创新实践能力。

（三）协作而共进

分组实验不仅能够培养学生的协调配合能力，还能让学生在实验过程中享受头脑风暴带来的乐趣，更进一步地加强自主学习能力。如在本次实验过程中，某实验小组发现，时间越长，酵母菌呼吸作用产生的酒精浓度越高，而后该数据则趋于平稳，从而进一步分析出"酒愈久愈香醇"的道理。

创设实验环境探究家鸽的双重呼吸

山东省潍坊市高新技术产业开发区东明学校　王盈盈

一、使用教材

济南版初中《生物》七年级上册第二章第二节"脊椎动物的主要类群"。

二、实验器材

自制教具：塑料桶（一大一小）、气球（红色、绿色、橙色）、Y形玻璃管、玻璃管、橡胶管、止水夹、打气筒、塑料管（5mL、20mL、50mL）、单向阀、手持气压传感器。

三、实验创新要点/改进要点

（1）废物利用，变废为宝，材料易得，体现环保理念。

（2）通过直观的模型和科学的数据，使抽象的双重呼吸知识直观化、形象化、具体化。

（3）通过定量到定性的科学引导，让学生体会科学探索的思想和方法是不断发展的，科学探究是永无止境的。

（4）通过结构简单、设计巧妙的模型，不同颜色的气球、不同颜色的液体，使气囊的作用和肺内气体交换的过程更直观、清晰。

四、实验原理/实验设计思路

一只飞行中的鸟类所消耗的氧气，比休息时大21倍。通过济南版《生物》七年级上册的学习，我们知道是双重呼吸保证了鸟类飞行时充足的氧气供应，那么神奇双重呼吸通过哪些结构实现的呢？同学们对这部分的学习存在三个疑问：

问题1：双重呼吸过程并不直观、不明显。

问题2：书上提到家鸽有多个气囊；那么，这些气囊有什么作用？

问题3：气囊内储存的都是新鲜的气体吗？

为了解决以上问题，我们设计了两套模拟实验装置，并进行了展示。

（一）教材的地位和作用

"鸟类的双重呼吸"是课标中第六大主题动物的运动和行为中的知识，是济南版《生物》七年级上册中的内容，属于第二单元"多彩的生物世界"第二章"生物圈中的动物"第二节"脊椎动物的主要类群"中的知识。学生通过本章节的学习，既巩固了已掌握的无脊椎动物的类群规律和方法知识，又为后面的学习打下良好的知识基础和技能基础，还可以形成"结构与功能相适应"的生物学观点。

（二）学情分析

（1）知识储备：学生已经掌握了学习无脊椎动物的类群规律和方法。生活中，观察过家鸽的外部形态、生活习性。

（2）能力层次：已经具备了一些基本的实验操作技能，但设计实验的能力较为薄弱。

（3）心理发展水平：能积极地参与到实验的设计探索中去。

基于对教材的分析和学情的分析，确定"三维"交融的学习目标，为达到教学目标采用如下教学方法和教学环境。

（三）教法学法

通过观察法、小组合作法、实验探究法、问题引导法，体现课堂的问题导向，注重学生思维的发展。

（四）实验环境设计

在数字化探究实验室进行学习活动。

五、实验教学目标

（一）知识目标

通过设计实验、模型展示等学习活动，知道气囊的作用，说出双重呼吸的过程。

（二）能力目标

通过设计实验、改革实验，激发学生的创新潜能，提高学生的观察能力、探究能力、动手操作能力。

（三）情感目标

认同"结构与功能相适应"的生物学观点。

六、实验教学内容

本节课是对家鸽双重呼吸的拓展研究。双重呼吸的知识对与学生来说很抽象，但课本上只有一段文字和一幅图片，学生理解起来有难度。本节课通过模型制作、动画展示、数字化实验的定量检测以及实物的展示，使抽象的知识直观化、形象化、具体化。

七、实验教学过程

（一）问题引领，诱发思维

课本上对双重呼吸的学习只有一段文字和一幅图片，没有实验、没有模型，学生学习时存在很多问题。通过对课本上双重呼吸图片和文字的学习，请同学们提出自己的疑问，同学们提出的问题如下：

问题1：双重呼吸过程太抽象，不直观、不形象，很难理解。

问题2：气囊有什么作用？是进行气体交换还是储存气体？

问题3：气囊内的气体全部是新鲜的气体吗？

（二）设计实验，发展思维

（1）制订计划。

1）收集双重呼吸的资料，明确气囊的分类和在双重呼吸时的作用。

2）自选器材，通过制作模型，解决三个问题其中的一两个问题，使抽象知识直观化、形象化、具体化。

（2）小组合作。

课下以小组为单位分别探搜集资料、制作模型，并形成自己的实验方案、记录结果、得出结论。通过装置，展示实验结果，通过照片，展示实验过程。

小组展示一：双重呼吸太抽象，第一组的同学制作了模型，使双重呼吸的知识形象化、直观化、具体化。并进行了模式图展示和实验过程展示（见图1）。

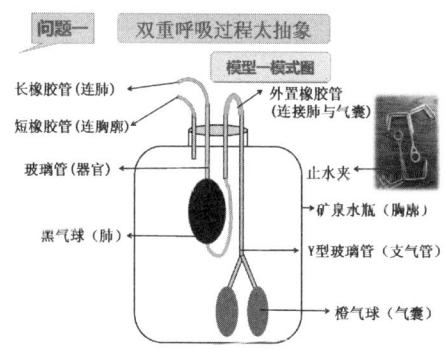

图1 模型一模式图

实验过程展示：

1）气囊不参与呼吸时（不飞行时的呼吸）。①用打气筒从短管（排空管）将肺与气囊内残留气体排出。②将连接肺与气囊的橡皮管用止水夹夹住，此时空气只能进入肺。③用打气筒从长管（气管）充气直至肺不再继续扩张，多次重复观察记录肺在吸/呼气时气体的多少。

2）气囊参与呼吸时（双重呼吸）。①用打气器从短管（排空管）排空肺与气囊内的气体。②松开连接肺和气囊的橡皮管，使肺与气囊连通。③用大注射筒打气直至肺与气囊不再继续扩张，多次重复观察记录肺与气囊在吸/呼气时气体的多少，与上一实验进行数据比较。

3）用压力传感器测定两种呼吸时胸廓内的气压最大值。

相同时间内将肺内气体全部排出时，胸廓内的气压最大值，经过多次测量，在无气囊参与时，胸廓气压最大值平均值为103.2kpa，有气囊参与时胸廓气压最大值平均值是108.0kpa（见图2）。根据物理学原理，当外界气压一定时，内外气压差越大，排除的气体越多，我们总结出来：双重呼吸时有气囊的参与可以吸入更多的新鲜气体。

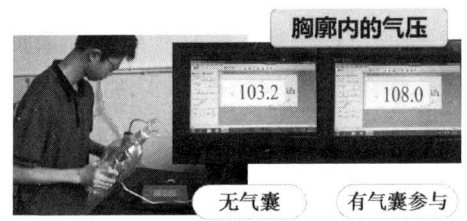

图2　胸廓内气压最大值

通过直观的模型和数字化实验的定量检测，我们得出了相同的结论：家鸽在双重呼吸时有气囊的参与可吸入更多的空气。模型一的展示使双重呼吸更直观、更形象。

对于第一组同学的展示，我们采用了自评和互评两种方式进行评价。

（三）创新实验，深化思维

仍然存在问题：第一组的同学通过模型使双重呼吸更直观、更形象，但是还有两个问题没有解决：气囊的作用是进行气体交换还是储存气体，气囊内的气体全是新鲜的气体。为了解决问题2和问题3，我引导同学们进一步的创新实验，深化同学们的思维，解决这两个问题。

小组展示二：第二组的同学给予了知识上的补充。

补充知识一：通过搜集资料，家鸽的气囊有两种：前气囊和后气囊。前气囊有5个，后气囊有4个，前气囊内储存的是交换后的气体，后气囊内储存的是新鲜的气体（见图3）。

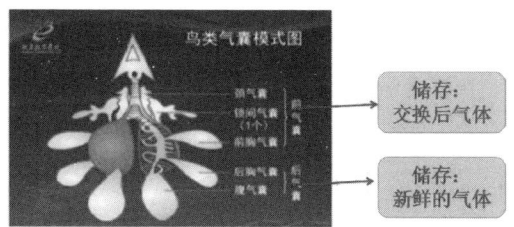

图3 鸟类气囊模式图

补充知识二：鸟类通过两翼的扇动产生压力和主支气管的关闭形成类似单向阀的结构实现了肺内气体的单向流行（见图4）。

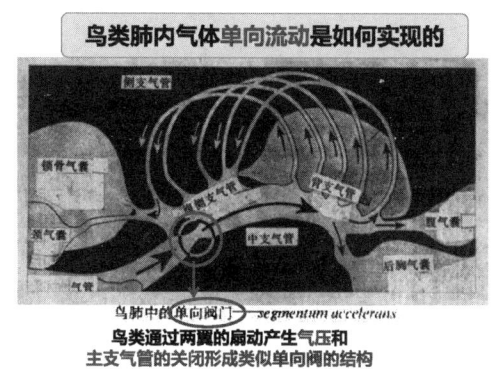

图4 鸟肺中的单项阀

小组展示三：第三组和第四组的同学进行了模型的改进，经过多次改进，我们确定了最优模型并进行展示（见图5）。

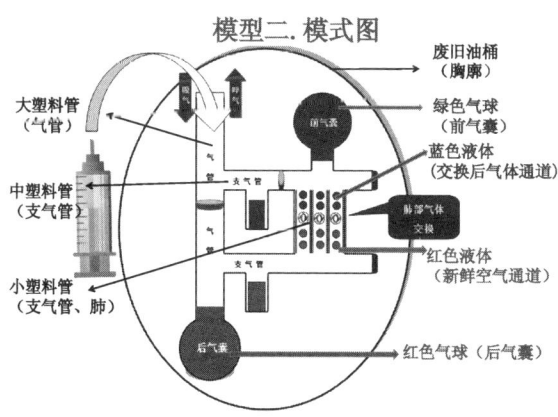

图5 模型二模式图

实验过程：

(1) 模拟吸气：用大注射器向气管内注入新鲜空气，气体有两条路线：一是经过气管直接进入后气囊储存起来，所以后气囊内储存是新鲜的气体；第二条路线是气体经过气管、支气管进入肺进行第一次气体交换（红色液体和蓝色液体内都有气泡冒出表示在进行第一次气体交换），交换后的气体进入前气囊内储存起来（见图6）。

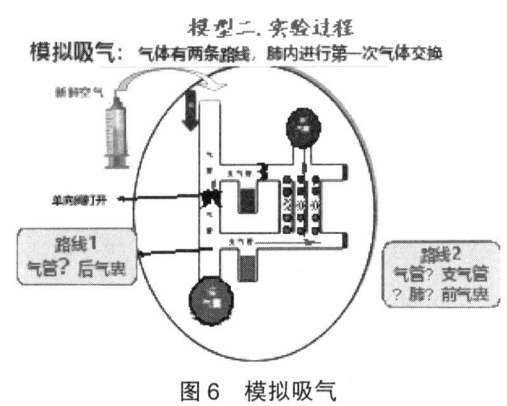

图6　模拟吸气

(2) 模拟呼气：用大注射器从气管内向外抽气，前气囊内的交换后的气体首先经过气管排出体外，后气囊内的新鲜的气体进入肺进行第二次气体交换（红色液体和蓝色液体内都有气泡冒出表示在进行第二次气体交换），交换后的气体经气管排出体外（见图7）。

红色液体内有气泡冒出，表示有新鲜气体通过；蓝色液体内有气泡冒出，表示有交换后气体通过。

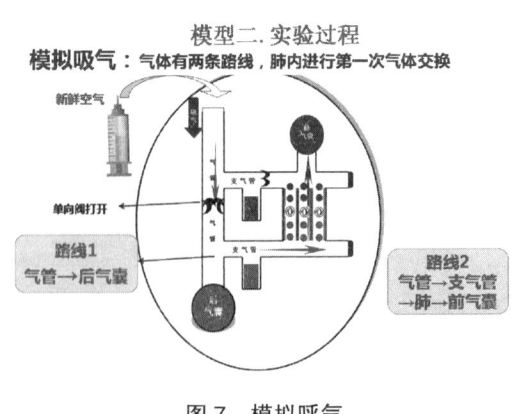

图7　模拟呼气

模型二得出如下结论。

结论一：气囊作用是暂时储存气体；肺作用是气体交换。

结论二：前气囊的作用是储存交换后气体；后气囊的作用是储存新鲜的气体。

八、实验效果评价

（1）通过问题引领设计实验，培养了学生科学探究的能力。

（2）通过创新实验，使实验现象更明显，深化了同学们的理解。

（3）通过体验式课堂，增加了同学们的感性认识，打造了思维发展型课堂。

（4）课堂体现了实践出真知的理念，体现了教学是教材的延伸的理念。

动物的运动

西安交通大学附属中学　王明华

一、使用教材

人教版《生物学》八年级上册第五单元第二章第一节"动物的运动"。

二、实验器材

自制"肌肉牵动骨运动"模型：人上肢骨模型、带减速齿轮的电机、导线、干电池、宽扁橡皮筋、PVC板、红色气球、走马灯带等。

有生理活性的保留坐骨神经的牛蛙后肢标本、任氏液、锌铜弓、剥离分针、软木板、回形针、蛙钉等。

三、实验创新/改进要点

（一）创新1：实验材料的创新

教材建议使用的"鸡翅材料"存在有以下不足：①不能展示肌肉收缩与神经之间的关系；②不能展示肌肉自动收缩的过程，而是人为手拉动肌肉牵动骨动；③不能真实展示肌肉只能收缩拉动骨不能推动骨复位的特点，学生认为鸡翅材料的肌肉是没有生理活性的，不能完全展示它的性质。这样，学生就不能对运动获取较为全面的感性认识，对运动概念也会理解不到位。

克服的方法：经多次尝试，我发现有"生理活性的保留坐骨神经的牛蛙后肢标本"能克服原材料的不足。用锌铜弓刺激该标本的坐骨神经，可使坐骨神经产生神经冲动，引起后肢肌肉收缩拉动骨绕关节运动，运动现象明显。锌铜弓操作简便安全。

（二）创新2：调整实验顺序

教材中的实验顺序：先依次观察骨、关节、骨骼肌，最后了解"三者如何配合完成运动"；学生的认知为：由里及外、由部分到整体。这不符合由表及里的观察顺序，也不符合学生从现象到本质的认知规律，所以将顺序调整为先探究"三者如何配合完成运动"，再依次了解三者的结构特点，这就符合学会的认知规律。

（三）创新3：课后制作"肌肉牵动骨运动模型"的创新

使用新教材教学后学生制作模型能想到将电池、导线、马达等物理电学中的材料运用到该模型制作中，用来模拟神经对运动的调控。

四、实验原理/实验设计思路

在尊重教材的前提下，挖掘新材料，改变实验方法，设计了基于课本但高于课本的探究活动：学生从体验运动开始，利用新材料（有生理活性的保留坐骨神经的牛蛙后肢）从现象入手探索出运动的基本原理和结构基础，再应用制作模型，呈现出现象→本质→应用的认知过程。

五、实验教学目标

（一）知识与技能

概括运动系统的组成（结构基础）。描述骨、关节、肌肉之间的协调配合完成运动的过程（运动原理）。

（二）过程与方法

在设计探究动物运动的过程中，学生提升实验设计与创新思维能力、观察能力、归纳总结能力。

（三）情感态度与价值观

学生认同结构和功能相统一的生物学观点。学生主动追求健康的生活方式。

六、实验教学内容

课堂实验由四个小实验组成：
（1）探究骨、关节、肌肉协调配合完成运动。
（2）观察肌肉及肌肉附着于骨的方式。
（3）观察关节，思考关节的运动中的作用。
（4）观察骨，识别与运动相关的四肢骨的形态和名称。

第一个实验是根据学情和新材料设计的创新实验。课后学生用所学知识制作"肌肉牵动骨运动模型"，下节课用自制的模型讲解骨、关节、肌肉配合完成运动的过程。

七、实验教学过程

（一）"体验运动"导入新课，激发兴趣

从学生课前进行的起立坐下引入。

设计意图：学生亲身体验运动，感知"运动即物体位置的变化"；总结参与运动的主要结构：骨、关节、肌肉（即运行系统的组成）。

追问：这三者如何协调配合完成运行？启发学生思考，引入探究实验。

（二）探究运动收获知识、提升能力

实验一：探究骨、关节、骨骼肌协调配合产生运动。

创设情景，提出疑问：先将完整的牛蛙后肢固定于软木板上（见图1），用锌铜弓刺激标本的坐骨神经，观察后肢的运动情况。

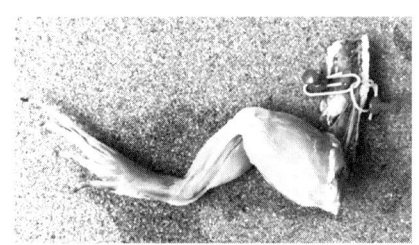

图1　完整的牛蛙后肢标本

设计意图：创设情景，先整体直观感知运动的过程，提出疑问（神经传来了刺激，肌肉有收缩，后肢运动了，但为什么位置没改变），设计实验方案，解决疑问的科学探究过程，培养学生的科学探究思维。

最终方案如下。①制作两个标本，标本1（见图2）只保留腓肠肌剥离后其他肌肉制作的牛蛙后肢标本；标本2（见图3）只保留胫骨前肌的牛蛙后肢标本。固定两个标本于软木板上。②锌铜弓刺激剥离腓肠肌标本的神经，观察到腓肠肌收缩牵动足跟绕踝关节后提，且足不可自主复位（此步骤学生可多次操作反复观察）。③锌铜弓刺激只保留腓肠肌标本的神经，观察到胫骨前肌收缩牵动足面绕踝关节上提，且足不可自主复位（此步骤学生可多次操作反复观察）。

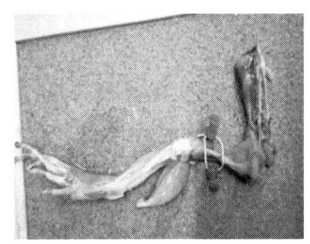

图2　标本1　　　　　　　　图3　标本2

通过实验学生得出结论：①运动受到神经的调控；②神经传来刺激，骨骼肌收缩，牵动骨绕关节运动；③肌肉只能拉动骨而不能推骨复位，与骨连接的肌肉至少两组肌肉。由实验结论可说明新材料、新实验克服原材料的问题，突破了教学难点。

再追问：骨、关节、骨骼肌在结构上有什么关系，使三者可协调配合完成运动呢？激发学生对结构的探索，进而完成实验二、三、四。这种由功能激发对结构的探索，使学生认同结构与功能相统一的生命观念，培养了学生的生物科学素养。

（三）课后探索，思维创新

学生根据本节所学知识，课后制作"肌肉牵动骨运动的模型"。

（1）一代模型。图4为学生以前制作的模型，需手拉动皮筋牵动骨运动。

（2）二代模型。使用新教材教学后，学生制作的模型如图5所示，与前一种模型相比该模型的特点是多了一个电路（电池、导线、减速电机等）用来模拟神经对运动的

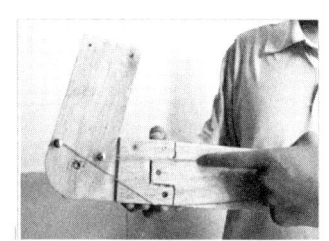

图4 一代模型

调控。模型正面：人上肢骨，皮筋模拟肱二头肌、肱三头肌；背面：上电机控制肱二头肌的收缩和舒张；下电机控制肱三头肌的收缩和舒张。

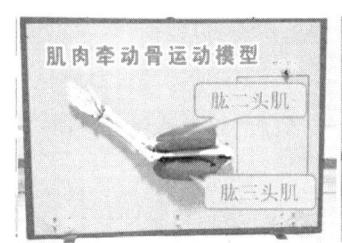

图5 二代模型

（3）三代模型。在模型的正面加入了两条灯带，如图6所示，模拟神经。开关向上，神经传来刺激，动肱二头肌收缩牵动骨绕关节完成屈肘运动；开关向下，神经传来刺激，动肱三头肌收缩牵动骨完成伸肘运动。该模型能作为教具，使运动过程直观、形象地展示在学生面前。

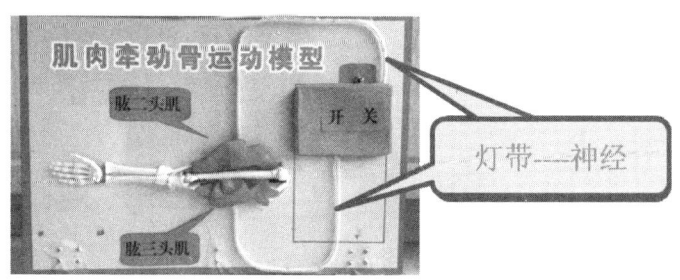

图6 三代模型

设计意图：借助物理模型的建构，发展学生的理性思维，加深对运动原理的理解，体现了STEAM教育倡导的提高学生的实践综合创新能力。

八、实验效果评价

（1）挖掘新材料，激发了学生的创新意识，促使了新模型的诞生。学生在创作新模型的过程中，也提升了自身的实践综合能力和思维创新能力。

（2）利用新材料设计出基于课本又高于课本的探究活动，使学生从现象入手探索出运动的基本原理和结构基础，再应用制作模型，呈现出现象→本质→实践应用的认知过程。

（3）该实验设计体现了课标所倡导的以探究为特点的主动学习，注重培养学生的生物学学科核心素养。

模拟保护色的形成过程

海南省文昌中学　蔡乃杰

一、使用教材

人教版《生物学》八年级下册第七单元第三章第三节"生物进化的原因"。

二、实验器材

草地、大小相近颜色不同的豆子（绿豆、红豆、薏米、黑豆等）、皮尺、手机、平板电脑。

三、实验改进要点

（1）充分利用学生的课余时间。利用班级 QQ 群发送二维码，在课前分享预习资料，帮助学生自学和了解本节课的基础知识，同时根据群内的学生反馈，实时了解学生的学习情况。

（2）创设还原最真实的环境。将学生带入到户外真实的环境当中，进行实验，避免出现枯燥的纸上谈兵。

（3）以计时竞赛的形式（见图1），开展实验，让各小组形成竞争，体验最真实的生存斗争。最大限度避免学生主观因素干扰实验结果，保证探究实验的真实性。

图1　小组计时竞赛

（4）实验材料用不同颜色豆子代替，材料廉价易得，不再需要剪裁近千张各种颜色的小纸片。

（5）采用 QQ 云文档在线编辑的方式，实现多人多类型终端的在线实验数据实时整理和录入，极大地提高了实验数据的收集、整理和分析效率。

（6）实验数据录入自制电子表格，自动生成曲线图（见图2）。有利于学生更加直观地分析实验数据，也方便学生利用平板电脑进行现场展示和汇报。

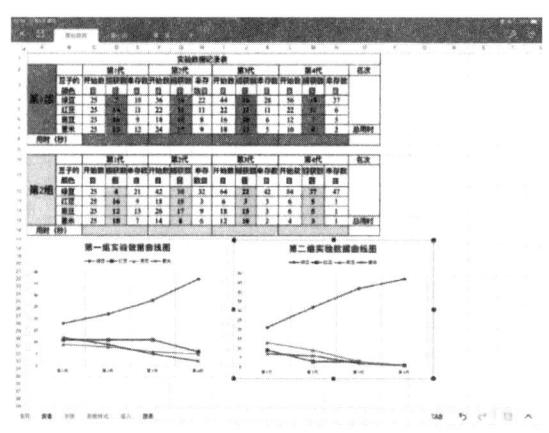

图 2 生成的曲线图

四、实验教学目标

（一）知识目标

通过讨论和交流实验方案，模拟保护色形成的过程，分析得出生物进化的原因。

（二）能力目标

尝试利用图表，对实验数据进行整理和分析，并对实验数据作出合理解释。

（三）情感态度与价值观

通过对实验结果的分析和讨论，理解、接受并建立生物进化的基本观点。

五、实验教学内容

本节实验教学内容主要是通过科学探究实验，模拟保护色的形成过程，分析生物进化的原因，引导学生概括达尔文自然选择学说的内容。

六、实验教学过程

（一）创设情景，提出问题

预热游戏："请你猜猜我在哪？"教师出示图片创设情境，引导学生寻找出图片中生物，在游戏过程中，自然引出保护色概念。

同时引入曼彻斯特地区不同体色桦尺蛾数量变化实例，然后根据实例设置疑问："为什么桦尺蛾的体色会发生变化呢？"并据此提出需要探究的问题。

（二）作出假设

提出问题后，让学生结合教材英国曼彻斯特地区的桦尺蛾体色进化的实例，明确深浅两种变异类型的蛾子数量变化与树干的颜色有关。在此基础上引导学生作出假设。

（三）制订计划

激发学生思考：能否设计实验，解释保护色形成的过程。首先根据提出的问题引导学生思考讨论，明确采用模拟的方法，为制订详细的计划铺路搭桥。

随后提示学生可以根据曼彻斯特的桦尺蛾实例和课本上的探究实验计划，分组讨论具体实验方案。小组提出具体实验方案后，各小组间进行交叉讨论对方案再次进行修改和完善。同时为学生提供各类颜色的豆子，并告诉学生模拟实验可以是在户外草地进行，结合场地以及提供的材料进行实验的设计。最终同学们根据课本的参考实验方案设计出具体的实验方案。

最后教师结合学生的实验方案进行讲解，规范实验步骤，并让学生学习准确把握操作要领，提出注意事项。这样以学生为主体，层层深入，步步为营，学生对具体步骤了然于心确保实验正确有序地进行。

（四）实施计划

掌握步骤后，并且强调安全事宜后，将学生带到教学楼下的足草地，分发材料给各小组并按照计划进行实验，教师巡回指导，及时纠正学生的不规范操作。

（五）分析数据，得出结论，表达交流

由于每个班分组较多而导致数据的收集、整理和分析是一个难点，于是我采用QQ云文档在线编辑的方式实现在线多人同时编辑和录入实验数据，并且由教师直接在线统计数据，即时呈现结果，并且可以将数据共享给其他班级，突破了难点。

各小组的成员在实验过程中收集和统计数据并且通过手机QQ云文档实时在线录入，教师同样可以通过手机实时查看各个小组的实验进展以及数据录入情况及时作出指导，全程可实现无纸化操作。最后还可将实验数据统计表共享投放至教室投影仪，每小组指定一名学生进行汇报，得出实验结论，然后教师进行总结和实验反思。让学生在运用中完成知识的迁移，深刻地理解环境遗传变异在生物进化中的作用。

七、实验效果评价

本节实验课环环相扣，层层递进，有启发式、讨论式、探究式和参与式的实验教学环节，改变了原实验在背景板上完成，难以激发学生学习兴趣的缺陷，让学生在大自然中体会生物学习的轻松有趣。同时以计时竞赛的形式，可以最大限度地避免学生刻意寻找与环境颜色相近的豆子和就近抓取，减少了烦琐的实验前期准备工作，无须剪裁大量不同颜色的纸片。最后的实验数据采用QQ云文档在线编辑的方式，实现了高效数据录入和整理。

光照条件对黄粉虫幼虫分布的影响

北京师范大学厦门海沧附属学校　顾凯利

一、使用教材

人教版初中《生物学》七年级上册第一单元第二章第一节"光照条件对黄粉虫分布的影响"实验。

二、实验器材

（1）实验对象：黄粉虫幼虫（体长 1.0～1.5cm、1.5～2.0cm 和 2.0～2.5cm）。

（2）实验材料：纸盒（高度2cm、4cm 和 6cm，见图1）、纸杯。

（3）实验用具：遮光板、荧光灯、计时器、记录表。

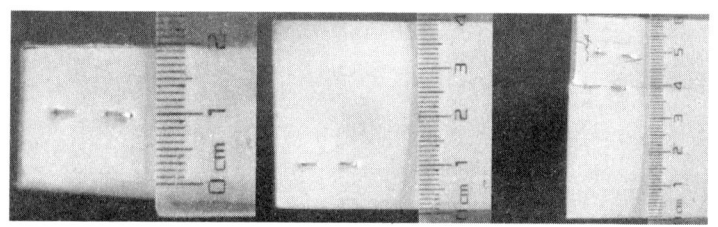

图1　不同高度的盒子

三、实验创新要点/改进要点

为了提高实验的成功率，探究不同高度的盒子以及不同体长黄粉虫对实验成功率的影响。最终选择出最适合该实验的盒子高度（2cm）和黄粉虫幼虫的体长（中型体长）。

四、实验原理/实验设计思路

（一）实验一：不同高度的盒子对黄粉虫幼虫分布的影响

在做该实验时，往往让学生帮忙收集纸盒。在收集的纸盒当中，其盒子存在不同的高度。自然条件下，实验室内的光线一般情况下会从两侧的窗户中照射过来。如图2所示，在相同光线入射角的情况下，盒子越高，光线到达遮挡起来的环境中就越多，则被遮挡起来的环境也就越明亮，因此判断其影响实验结果。所以选择不同高度的盒子，探究其对实验结果是否有影响。

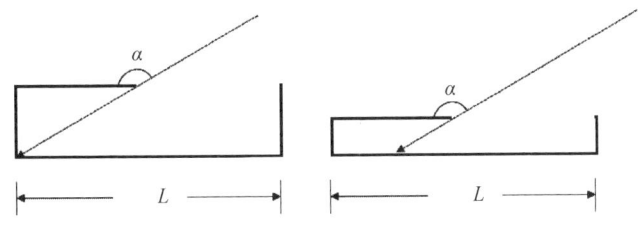

图2 平行光线射入不同高度的盒子

实验步骤如下:

(1) 以高度为2cm、4cm和6cm的3只盒子为一组(见图3),共准备8组。

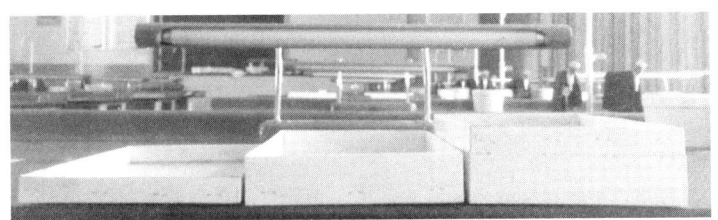

图3 一组盒子

(2) 随机选取10只黄粉虫幼虫,将黄粉虫幼虫放置在盒子中线位置。盖上遮光板,使盒子的一半为黑暗环境,另一半为明亮环境(见图4)。

图4 将黄粉虫幼虫放置在盒子中线位置并盖上遮光板

(3) 从第1分钟开始,每分钟统计一次明亮环境下黄粉虫幼虫的数量,统计11次。将统计数据填写在表1中。重复实验3次。

表1 不同高度的盒子对黄粉虫幼虫分布的影响实验结果记录表

时间/min											
明亮环境下的幼虫数量											

（4）用 Excel 对多次实验中相同时间点的明亮环境下的黄粉虫幼虫数量取平均值。以各时间点的均值作出明亮环境中黄粉虫幼虫数量的时间变化。

如图 5 所示，高度为 2cm 的盒子中明亮环境中的黄粉虫幼虫数量均明显低于高度为 4cm 和 6cm 的盒子。可以看出，3min 后各个高度的盒子的黄粉虫幼虫数量开始出现波动并随时间变化数量居于平稳。

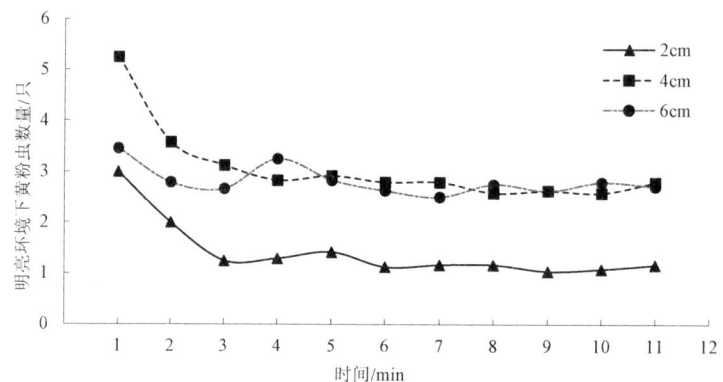

图 5　不同高度盒子的明亮环境中黄粉虫幼虫数量的时间变化

（二）实验二：光照条件对不同体长黄粉虫幼虫分布的影响

在市场上购买到的黄粉虫幼虫普遍存在个头大小不一的情况，即存在不同体长的情况。如图 6 所示，按照体长大小，将 1.0~1.5cm 长度的黄粉虫幼虫划分为小虫，1.5~2.0cm 长度的黄粉虫幼虫划分为中虫，2.0~2.5cm 长度的黄粉虫幼虫划分为大虫。在饲喂的过程中，观察发现，个体较大的黄粉虫幼虫即将脱壳化为蛹，在这段时间其活动缓慢，对光照不敏感。不同体长的黄粉虫幼虫，其体长不一，也会影响其爬行速度。所以选择不同体长的黄粉虫幼虫探究其对实验结果是否有影响。

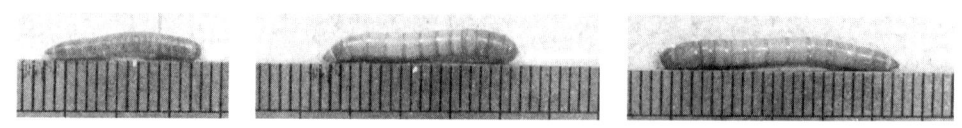

图 6　由左至右依次为小虫、中虫和大虫

实验步骤如下：

（1）选取"实验一"中效果最好的高度的盒子。

（2）按照体长大小，将黄粉虫幼虫分为 3 种不同体长（大、中、小）规格的黄粉虫幼虫类群。

（3）每个体长的黄粉虫幼虫随机选取 10 只为 1 组，放置在盒子的中线位置。

盖上遮光板，使其盒子的一半为黑暗环境，另一半为明亮环境。

（4）从第1分钟开始，每分钟统计1次明亮环境下黄粉虫幼虫的数量，统计11次。将统计数据填写在表2中。重复实验3次。

表2　光照条件对不同体长黄粉虫幼虫分布的影响实验结果记录表

时间/min											
明亮环境下的幼虫数量											

用Excel对多次实验中相同时间点的明亮环境下的黄粉虫幼虫数量取平均值。以各时间点的均值作出明亮环境中黄粉虫幼虫数量的时间变化。

如图7所示，中虫在2cm高度的盒子中明亮环境的黄粉虫幼虫数量均明显低于小虫和大虫。从图中可以看出，其在3min后各个体长的黄粉虫幼虫数量开始出现波动并随时间变化数量居于平稳。

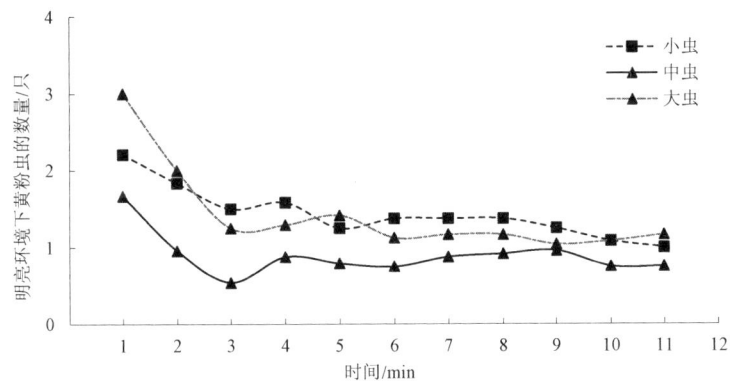

图7　不同体长黄粉虫幼虫在明亮环境下的数量变化

以第1分钟明亮环境下黄粉虫幼虫数量为基数，每分钟的明亮环境下黄粉虫幼虫的数量与第一分钟的数量的比值作为明亮环境下黄粉虫幼虫数量留存率，以此作出图8和图9。从图中可以看出，高度为2cm的盒子其黄粉虫幼虫的留存率减少速度要高于4cm和6cm；中虫留存率的减少速度要高于小虫和大虫。且均在3min后留存率开始出现波动。

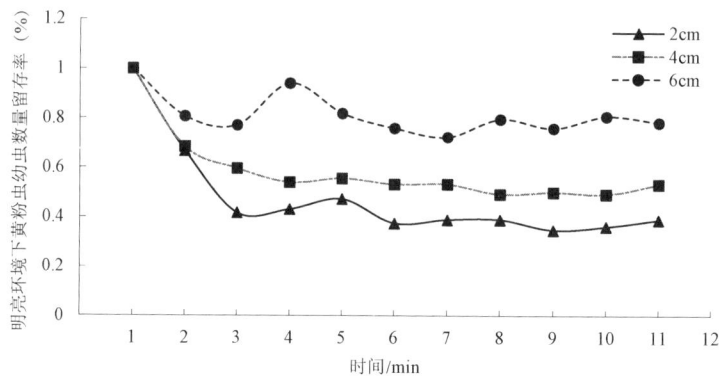

图 8　不同高度盒子明亮环境下黄粉虫幼虫数量留存率时间变化曲线

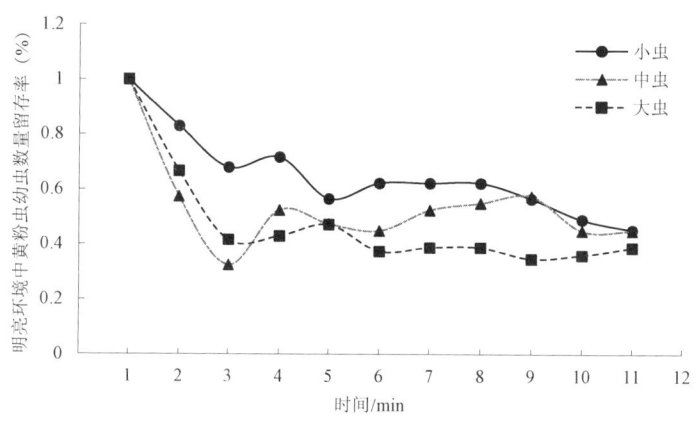

图 9　明亮环境下不同体长黄粉虫幼虫数量留存率时间变化曲线

五、实验教学目标

该实验是初中生物阶段的第一个完整的探究实验，通过探究可以让学生了解科学探究的一般过程，理解对照实验的设计要点，控制变量、设置对照实验、进行重复实验等重要原则，为以后的探究打下基础。因此，这个探究实验在初中生物课程中具有重要地位。较明显的实验效果，可以让学生在第一次探究实验中就体验控制变量和设置对照实验的重要性、严谨性和科学性，为学生的第一次探究实验成功坚定信心，增加实验结果可信度，提高其对生物学科的兴趣，更好地培养其生物学科的核心素养。

（一）知识与技能

（1）了解科学探究的一般过程。

（2）掌握初中阶段生物学科学探究的科学方法是对照实验。

（3）理解设置对照实验、控制变量、进行重复实验的重要原则。

（二）过程与方法

（1）体验科学探究的一般过程，模仿控制实验变量和设置对照实验，认同科学探究的严谨和求实。

（2）在探究实验的过程中，初步培养学生的合作能力、观察能力、概括能力和创造性思维。

（三）情感态度与价值观

了解非生物因素的种类及其对生物的影响，树立生物与环境是不可分割的整体的观点，生物与环境相适应的观点，增强学生的生态意识和环境意识。

六、实验教学内容

（一）创设情景，激发兴趣

（1）请学生欣赏"环境条件对鼠妇生活的影响"的录像故事，并思考光照对其他生物的影响。

（2）学生认真思考，认识到生物的生活受环境因素的影响，引出课题。

（二）教学过程

提出问题，请学生思考，非生物因素对生物有什么影响？

（三）实验探究

课前在每个实验台上放一个纸杯，里面分别放置10只黄粉虫幼虫。

（1）请学生观察它们的活动情况，并提示学生用灯光照射黄粉虫幼虫，注意黄粉虫幼虫有什么反应，根据观察现象提出自己的问题。

（2）教师继续引导，为什么会有这种反应？学生自然想到是因为环境变亮了，从而提出所要探究的问题，光照是否影响黄粉虫幼虫的分布？

（3）学生针对提出的问题展开讨论，并在教师的引导下根据经验和查找的资料作出假设。例如：光照对黄粉虫幼虫的分布有影响，黄粉虫幼虫喜欢分布在黑暗环境下。

（4）师生共同探讨，制定探究方案。

1）学生讨论实验方案。

提示：①实验过程中应给黄粉虫幼虫提供哪两种不同的环境？如何设计？其他因素是否要保持一致？如何保持一致？②用两只黄粉虫幼虫做实验行吗？为什么？③往实验装置中放黄粉虫幼虫时，最好放在什么位置？为什么？④放入黄粉虫幼虫后，为什么要静置2分钟？为什么要1分钟统计1次，并且统计10次？

2）同学们大胆设计，充分讨论，合作学习，制定出本小组的探究方案，在教师的组织下进行交流。各小组设计的方案既受到教材的启发，又在教材的基础上大胆创新和超越。

在交流过程中，教师要及时发现学生思维的闪光点并给予肯定，鼓励学生的创造性，对设计中的不足之处也要及时提出并予以纠正。通过各小组横向交流，教师适时引导补充，集思广益，使各小组的实验方案得到充实和完善，更具有科学性和可行性。

七、实验过程

（1）选虫。选择体长为 1.5~2.0cm 长度的黄粉虫幼虫（中型体长幼虫）。随机选取中型体长幼虫 10 只，放置在纸杯中。

（2）放置。将纸杯缓缓倒扣在高度为 2cm 高度的纸盒中间位置，用纸片将黄粉虫拨到纸盒的中线位置。

（3）盖板。迅速盖上遮光板，使其盒子的内部一半为明亮环境，一半为黑暗环境。并开始计时。

（4）统计。从第一分钟开始统计，每分钟统计一次，共统计 11 次，统计到第 11 分钟。将统计数据填写在实验报告的相应表格当中。

八、实验效果评价

从结果可以看出：①盒子的高度越低，实验效果越好；②中等体长的黄粉虫幼虫实验效果会更好，过小或过大体长也会影响该实验的效果。

由此得出，在做此实验时，应尽量选择高度较低的盒子并尽量避免使用体形较小或较大的黄粉虫幼虫来做实验，这样才会取得更好的实验效果。

九、教学反思

（一）对实验教学的反思

（1）规范了实验用具的规格和实验对象黄粉虫幼虫的体长。
（2）规范了数据统计的方法，缩短统计时间。
（3）提高了实验效果，有助于培养学生的探究能力和对生物学科的兴趣。

（二）进一步完善的想法

（1）进一步探究黄粉虫幼虫的饲喂条件和养殖环境（光线强弱）对实验结果的影响。

（2）完善自制黄粉虫幼虫实验盒，拓展其用途。

眼球成像的演示实验

中山市中山纪念中学 肖林军

一、使用教材

此演示实验是根据人教版《生物学》七年级下册第六章第一节"人体对外界环境的感知"的内容设计而来。本节课程中眼球结构和成像过程是重点,眼球作为神经系统接受外界刺激的重要器官,在生命活动的调节过程中起着重要作用,所以此内容也是本章的重点。

二、实验器材

T形LED光源、光具座、凹透镜、凸透镜、眼球模型、可变焦凸透镜、可移动光屏、红外光源。

三、实验创新要点

(一)眼球成像演示仪

为了让学生掌握本节内容,我制作了自制教具——眼球成像仪(见图1)。此装置由T形LED灯源、近视镜和远视镜、眼球等结构组成。其中晶状体是由具有弹性的透明硅胶膜制作而成,中间利用橡皮管与注射器相连,通过推拉注射器就可以改变晶状体的球面曲度,从而可以模拟眼球清晰成像过程。

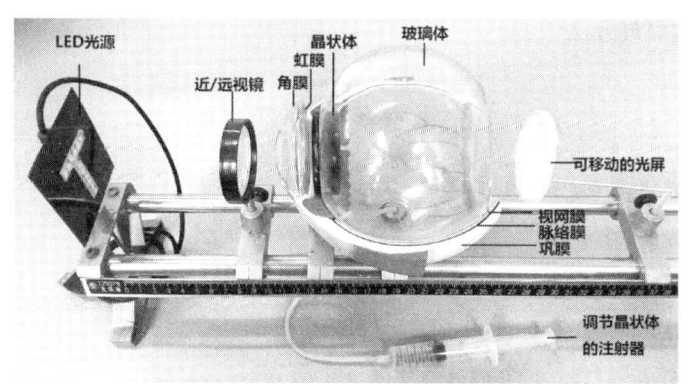

图1 眼球成像仪

(二)红外光路显示仪

同时我还制作了红外光路显示仪(见图2),通过它可以清晰呈现凹透镜对光线的折射作用，可以让学生更好地理解近视眼的矫正原理。

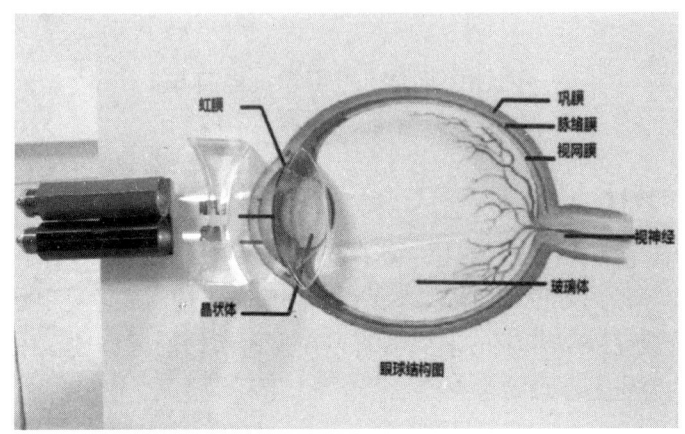

图 2　红外光路显示仪

四、实验原理

本实验利用了透镜成像的原理来演示眼球成像过程，利用 T 形 LED 光源和光屏使成像过程清晰可见，同时也利用了红外光让学生更直观地看到凹透镜对光线的发散作用，从而更好地理解近视镜矫正视力的原理。

五、教学目标

（一）知识与技能

掌握眼球结构及眼球成像原理的知识，懂得近视成因及矫正方法。

（二）过程与方法

通过学习培养学生的科学思维能力。

（三）情感态度与价值观

让学生学会爱眼、护眼、健康用眼。

六、实验教学内容

（1）眼球结构。
（2）晶状体成像的探究实验。
（3）近视成因及矫正原理的演示实验。

七、实验教学过程

（一）导入新课

本节课采用的是问题引入法引入新课。通过一系列问题让学生对眼球及成像知识充满好奇，激发他们的兴趣。同时，通过问题也可以让学生知道本节课的重难点。在学习新课之前，让学生思考如下问题：我们的眼睛为什么总能看清忽远忽近的大黄蜂？经常玩电脑游戏为什么会容易导致眼睛近视？而戴上眼镜为什么又能还给我们一个清晰的世界呢？带着这些问题，我们先一起来了解一下我们的眼球结构吧。

（二）眼球结构

为了弄清楚这些问题，首先要从眼球结构入手。在讲解眼球结构时，本节课采用了模型教学法让学生更直观的理解眼球结构。眼球模型的每一个结构均可拆卸，因而能更直观地让学生理解相关知识。

通过模型还可以让学生知道，T 形 LED 光源通过晶状体后所形成的物像为倒立的实像，因而可以引导学生得出结论，视网膜所形成的物像为倒像。这样能更好地让学生理解视觉的形成过程。

（三）晶状体成像的探究实验

通过探究及演示实验，让学生理解晶状体成像的原理，弄清楚看近处、远处物体时晶状体的曲度大小。此环节可以培养学生的科学探究及思维能力。

弄清楚了眼球的结构后，学生会产生新的疑问："为什么眼球既能看清近处，又能看清远处的物体呢？"原来主要是由于晶状体在起调节作用，晶状体在睫状肌的作用下可以使其球面曲度发生改变。为了让学生更好地理解晶状体曲度与成像的关系，本节课利用了眼球成像仪中的可以变焦晶状体开展了探究实验。当注射器中的水注入硅胶膜中时，可变焦晶状体的球面曲度增大。反之，则晶状体的球面曲度减小。那么，在看近处和远处物体时晶状体的曲度到底如何呢？此时可以引导学生开展了以下的探究实验。首先我们分别将眼球放置在远近不同的 5 个位置开展实验，它们离光源的距离分别是 40cm、50cm、60cm、70cm、80cm，同时通过推拉注射器改变晶状体的曲度使其清晰成像。最后测得注入的液体量会有差异。通过分析不难发现，眼睛在看近处物体时注入的液体量较多，晶状体鼓起，球面曲度变大，反之则变小。因而，通过实验，学生可以总结出看近处物体时晶状体的曲度较大，看远处物体时晶状体的曲度较小。

（四）近视成因及矫正原理的演示实验

通过演示实验，可以让学生理解晶状体曲度过大会使物像成像位置提前。通过红外线还可以让学生清晰看到凹透镜对光线的发散作用。

近视的形成往往跟不好的用眼习惯有关。当长时间用眼不正确，经常低头玩手机、看电脑时，晶状体的曲度长时间保持在较大的状态，这样就会出现晶状体曲度过大而不易恢复的状况，从而形成假性近视。如一直持续不好的用眼习惯，眼球前后直径就会变长，物像就会落在视网膜的前方，这样看到的是一个模糊不清的物像，这就是近视眼。为了让学生更好地理解近视的成因及矫正方法，我们可以利用眼球成像仪进行演示。由于近视眼主要是长时间看近处物体而引起，则此时应将注射器中的液体推入晶状体中，晶状体曲度变大，近处物体清晰成像。而将 LED 灯源移向远处时，因近视眼的晶状体不能及时恢复，所成物像落在视网膜的前方。最后在眼球前方放置一个凹透镜，物像又可以落到视网膜上了。通过实验我们发现近视镜实际上就是凹透镜。

  为了让大家更好地理解凹透镜的矫正原理，接下来我还利用了自制教具——红外光路显示仪进行演示。由于近视眼是因晶状体曲度过大、眼球前后直径过长而引起。平行红外光通过近视眼的晶状体后提前聚焦落在视网膜前方，如加上凹透镜，聚焦点会明显推后而落在视网膜的上方。通过演示不难理解，近视眼晶状体聚光能力过强，因而需要具有发散作用的凹透镜加以矫正。

八、实验效果评价

  本节课使用自制教具眼球成像仪和红外光路显示仪开展了一系列演示实验，学生较好地掌握了眼球结构和眼球的成像原理。课堂上通过演示、交流，突破了本节课的重难点，调动了学生学习的积极性，激发了学生对生物学的学习热情和对未知事物的兴趣。同时，也引起了学生对近视问题的重视，让学生懂得了如何爱眼、护眼、健康用眼。

人体对信息的感知
——眼球成像、近视远视成因及矫正

江苏省泰州市九龙实验学校　万小荣

一、使用教材

苏科版初中《生物学》八年级上册第 6 单元第 16 章第 2 节 "人体对信息的感知"。

二、实验器材

眼球仪，焦距 5cm、7cm、9cm 玻璃双凸透镜，可调节曲度的胶膜凸透镜，矫正用的凸透镜、凹透镜，注射器，"F"光源，转盘，光具座，水。

三、实验创新

（一）原实验的不足之处

（1）晶状体不可调节。原来眼球仪内的晶状体是固定焦距的双凸透镜，不能模拟真实的人眼球内可调节凸度的晶状体，只能使特定距离的物体成像于视网膜上。

（2）物像难找。原来眼球仪内的视网膜是固定的，只能接收到正常状态下物体的像。近视、远视时物像接收不到。

（3）观察角度受限。由于眼球仪视网膜上的像较小，又是固定不动的，坐在两侧的学生往往不能看到实验现象。

（4）实验耗材多。使用物理学教学器材，蜡烛、火柴等，器材多，易消耗。

（二）实验创新改进

（1）更换晶状体。将原来不可调节的"晶状体"换成两类"晶状体"，一类是三种不同焦距的双凸透镜，焦距最好为 5cm、7cm、9cm 的玻璃凸透镜（见图 1），另一类是可调节凸度的凸透镜（由双层透明胶膜制成，内可注入水量多少调节凸度，见图 2）。

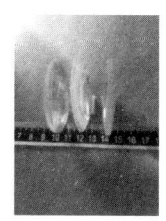

图 1　三种不同焦距的凸透镜图

图 2　可调节凸度的凸透镜图

（2）制作活动视网膜。取直径 5cm 的 PVC 落水管约 10cm，中间横切开口，将半透明屏板安装在 PVC 管内用胶水固定，在 PVC 管的一端打孔，作为活动视网膜，再用 PVC 管剪成宽 2cm、长约 15cm 的一段，从中开槽，制成活动轨道，用螺钉把作为屏板的 PVC 管安装到活动轨道内，让视网膜在轨道上能前后自由活动（见图 3）。视网膜的前后移动，可很轻松准确接收到物像。

（3）添加转盘。为了解决不同位置学生观察不便，在眼球仪的底座下用双面胶固定一转盘。实验时，轻轻转动转盘，即可让不同位置、不同角度的学生看到视网膜上的物像（见图 4）。

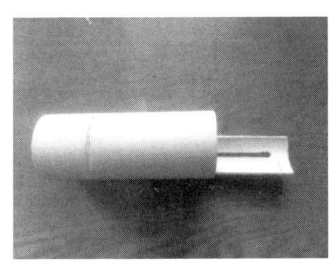 

图 3　活动视网膜图　　　　图 4　转盘图

（4）自制移动物体。原来不可移动的物体，换成可移动的物体（用"F"光源置于光具座上），可以前后移动，模拟远近不同物体。

四、实验原理

光的折射原理。

五、实验教学目标

（1）说明眼球的结构与视觉形成的关系，形成结构与功能相适应的生命观念。

（2）在科学探究过程中发展思维能力和科学探究能力。

（3）描述近视、远视的成因和矫正方法，关注生命和健康，形成社会责任意识。

六、实验教学重难点

（1）教学重点：模拟眼球成像的过程。

（2）教学难点：近视远视形成的原因及其矫正。

七、实验教学内容

通过眼球仪模型，演示物体在眼球内成像的过程，帮助学生理解眼球成像的原理；接着运用可调节凸透镜，模拟远、近不同物体眼球成像的过程，理解正常人的眼既能看清近处物体，又能看清远处物体，是由于晶状体的曲度可以调节；

然后通过创新模型，让学生自主探究近视成因及矫正方法，轻松的探究远视成因及矫正方法；最后结合学生自身体验，运用图片，引导学生说出如何预防近视。

八、实验教学过程

（一）初步认识眼球结构及功能

运用图片，将眼球仪模型一一拆分，学生说出各部分的名称，初步了解各结构的功能。

提问：眼的结构中最重要的部分是什么？说说你的想法。

设计意图：通过观察让学生认识眼的结构中最重要的部分是眼球，在眼球内有成像的结构。为研究其功能奠定基础。

（二）模拟眼球成像的过程

（1）出示眼球成像仪，演示固定物体眼球成像的过程。

将焦距是7cm的凸透镜插入眼球内，打开"F"光源，发现屏板上有倒立的实像"Ⅎ"。

提出问题：①实验中的凸透镜和屏板相当于眼球中的什么结构？②根据实验现象和眼球的结构分析，你认为外界物体在视网膜上形成的物像应是怎样的状态？

质疑：正常眼睛既能看清远处物体，又能看清近处物体，是怎么回事呢？

（2）远、近物体眼球成像的过程。

把"F"光源，在轨道上移动到远处，打开开关，光源灯亮，把用胶膜制成的凸透镜插入眼球仪内，用注射器往里面注水，发现视网膜上成清晰倒像（见图5）。移动光源到近处，发现视网膜上像不清晰，再往晶状体内注水，视网膜上又成清晰光源倒像，此时为正常眼睛（见图6）。

图5　正常眼远物成像正面图

图6　正常眼近物成像正面图

设计意图：直观演示眼球成像过程，帮助学生理解眼球的成像功能，认识正常眼既能看清近处物体，又能看清远处物体，物像总会落在视网膜上，是由于晶状体的凸度可调节。同时也是为学生下面的探究作方法上的指导。

（三）探究近视的成因及矫正

过渡：如果长期不注意用眼卫生，没有养成良好的用眼习惯，就会造成晶状体的曲度变化，晶状体凸度过大，形成近视。

（1）引导学生自主探究近视的成因。

1）提出问题：晶状体凸度过大，物像落在哪里？

2）作出假设：晶状体凸度过大，物像落在视网膜前方（或晶状体凸度过大，物像落在视网膜后方）。

3）制订计划：①焦距为 5cm 的凸透镜插入眼球内，观察视网膜上物像。②前后移动视网膜，直到看到清晰的光源倒像，发现物像落在视网膜前方。

4）实施计划（见图 7、图 8）。

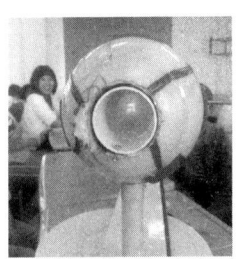 

图 7　近视成像正面图　　　　图 8　近视成像侧面图

5）得出结论：近视的成因是晶状体凸度过大，物像会落在视网膜前方，视网膜上的物像模糊，形成近视。

（2）引导学生探究近视的矫正。

1）过渡：近视眼的同学戴近视眼镜，近视眼镜有什么特点？

2）探究：将眼球前支架上凹透镜旋转置眼前，前移的视网膜上看不到清晰的物像，将视网膜向后方移，回到原处，视网膜上又可以看到清晰的光源倒像。说明凹透镜可以矫正近视（见图 9、图 10）。

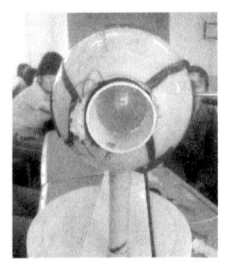 

图 9　近视矫正正面图　　　　图 10　近视矫正侧面图

3）得出结论：近视的矫正：佩戴凹透镜。

设计意图：通过学生的自主探究，建构近视的成因及矫正方法，不仅培养学生探究能力，而且进行科学思维的训练。

（3）探究远视的成因及矫正。在学生自主探究近视成因及矫正方法的基础上，学生很轻松地进行探究，得出远视的成因及矫正方法。

1）探究远视成因：晶状体凸度过小，物像落在视网膜后方，视网膜上的物像模糊，形成远视（见图11、图12）。

图 11　远视成像正面图　　　　图 12　远视成像侧面图

2）探究远视矫正：佩戴凸透镜（见图13、图14）。

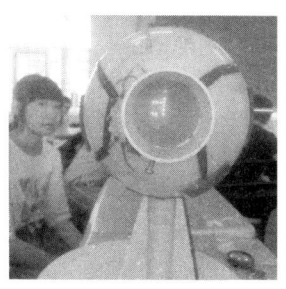 

图 13　远视矫正正面图　　　　图 14　远视矫正侧面图

设计意图：学生自主探究远视的成因及矫正方法，培养科学探究能力并进行理性思维的训练。

（四）预防近视

引入：学生说说近视给生活带来的不便，使用图片说明如何预防近视（见图15）。

图 15　如何预防近视图

设计意图：关注自身及他人的健康，关注生命，增强社会责任意识。

九、实验效果评价

本节实验课运用创新模型，巧妙地将多个实验融于一体，从易到难，逐步引导学生深入探究，将抽象的生物学原理直观地展示出来，帮助学生建构生物学核心概念。通过自主探究，学生轻松理解了眼睛既能看清近处物体又能看清远处物体的原因、近视的原因及近视要戴凹透镜等知识，符合学生的认知规律，激发学生自主探究的热情，发展学生的生物学核心素养。

通过此课教学，我感受到运用废旧器材及物品进行深度加工、创新改造，可以为教学所用，发挥其更大的效用，提高教学效率。

血液循环过程中血液的变化

永州市德雅学校　黄树荣

一、使用教材及实验知识点

本实验涉及的知识点位于苏教版《生物学》七年级下册第十章"人体内的物质循环和能量流动"第二节"人体的血液循环":"当血液中含氧量较多时,血液会呈鲜红色,称为动脉血;当血液中含氧量较时少时,血液会呈暗红色,称为静脉血""血液中氧气含量减少,二氧化碳含量增加,动脉血变为静脉血""血液中氧气含量增加,二氧化碳含量减少,静脉血变为动脉血"。

此知识点既是本节的重点,又是难点。

二、实验器材

装有氧气的注射器、装有二氧化碳的注射器、装有鸡血(加抗凝剂及生理盐水)的注射器、试管、试管架、标签(见图1、图2)。

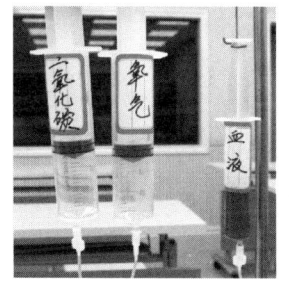

图1　二氧化碳、氧气、血液

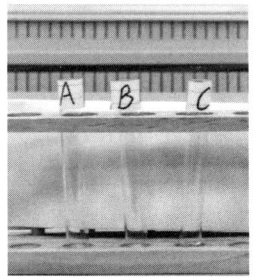

图2　试管、试管架、标签

三、实验创新要点

(一) 师生共同参与实验设计,持续改进

该知识点的实验从无到有,从抽象到直观,从无对照到有对照,从一组对照到多组对照,从演示实验到学生分组实验,实验有较快较明显的动态变化过程。

(二) 易成功

使用注射器较精准地控制气体、液体用量,控制实验变量,保证实验成功率。

(三) 易准备

仪器材料便携、易得、易保存、成本低,一次准备可满足多班级分组实验需求。

四、实验设计思路

初中生物新课程倡导探究性学习，教材上虽然有关于动脉血和静脉血的区分和血液循环过程中的转换的知识，但由于缺乏适当的实验例证，学习过程中容易犯死记硬背的毛病，因此，我在教学过程中通过教师展示后学生分组实验的方法，将抽象的语句直观化，增加学生的学习兴趣，降低学习的难度。

学习方式的改变也是课程改革的目标之一，要引导学生主动参与、勤于动手、积极思考。因此，我在教学过程中采用了多种方法，如多重设问，分组竞争回答，自主构思实验改进等，让学生从单纯的实验观察进入到"眼到、耳到、心到"的实验模式，真正使学生成为学习的主人。

基于以上设计理念的创新实验预期达到以下效果：直观、动态、有对照、效率高、可重复、经济、环保、规范、准确、能拓展知识。

五、实验教学目标

（一）知识与技能

（1）掌握动脉血与静脉血的颜色和血液中氧气含量差异。

（2）了解静脉血和动脉血之间的转化。

（3）提高学生的实验观察能力和对实验的分析和评价能力。

（二）过程与方法

通过实验，训练和提高学生实验探究能力；提高学生改进实验的能力。

（三）情感态度与价值观

通过完善探究实验方案，提高学生的创新意识和严谨求实的科学精神，激发学习生物学的兴趣。

六、实验教学内容

（一）教师演示

引导学生回忆动、静脉血概念，展示试管中动、静脉血。

（二）学生分组实验

通过往血液中通入二氧化碳，模拟血液循环时，血液流经体毛细血管，经过气体交换，含二氧化碳增多，氧气含量减少，动脉血变为静脉血的现象。

通过往血液中通入氧气，模拟血液循环时，血液流经肺毛细血管，经过气体交换，氧气含量增多，二氧化碳含量减少，静脉血变为动脉血的现象。

七、实验教学过程

（一）从抽象到直观

打开教材，了解相关知识点，展示已经做好的试管中的动、静脉血请学生判断。

（二）学生分组实验

（1）观察往血液注入二氧化碳的颜色变化。

1）取三支试管，贴 A、B、C 标签，分别加入 2mL 血液（见图3）。

2）用注射器往 A、B 两试管中分别平稳通入二氧化碳，C 试管作为对照（见图4）。

3）观察现象：A、B 两组试管中血液变为暗红色的静脉血，C 试管中血液颜色不变。

（2）观察往血液注入氧气的颜色变化。

1）取刚注入了二氧化碳的 A、B 两组试管。

2）向 A 试管中平稳通入氧气，B 试管作为对照（见图5）。

3）观察现象：A 组中血液由暗红色变为鲜红色的动脉血现象（A 组前后自身对照），B 试管中血液颜色不变（A、B 空白对照）。

 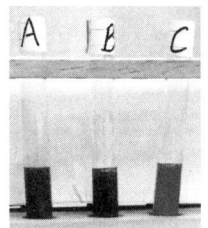 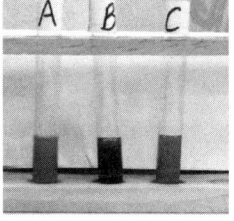

图3　实验分组　　图4　A、B试管注入二氧化碳　　图5　A试管注入氧气

（三）学生分组讨论

得出实验结论，提出实验改进建议。

八、实验评价与反思

（一）评价

（1）理论课变成了学生感兴趣的实验课，学生课堂气氛非常活跃，同时为教材第十章第四节知识作了良好的铺垫。

（2）实验反馈效果好，实验课堂耗时短、效果明显、一次成功率高，完全达到设计要求，学生在此知识点进行实验后做到了一次就掌握，终生有印象。

(3) 实验符合生物定性实验规范，满足分组实验要求。

（二）反思

（1）实验中二氧化碳可用人体呼出气体代替，氧气可以抽取空气代替，增加实验的说服力。但学生实验时间将延长5倍到20min左右，变化速度较慢，而初中学生较难长时间集中注意力。

（2）此实验还有很大的拓展空间。可以将该实验改进为立体的、动态的血液循环模型（含体循环、肺循环中由于气体交换而引起血液颜色和性质的变化），用小型液体泵模拟心脏提供动力，在实验时往管道中加入有抗凝剂的新鲜血液，使用带压力的贮气瓶加快气体进入速度，用花洒式小喷头增大气体与血液接触面积。当血液经过模型中肺毛细血管部分时通入氧气演示静脉血变为动脉血，当血液通过模型中组织细胞毛细血管部分时通入二氧化碳演示动脉血变为静脉血，整套模型装置的展示，应该可以达到更好的实验效果。下一步我将朝这个方向进行拓展研究。

九、实验准备及操作提示

（一）实验准备

（1）简易装置制取、收集氧气和二氧化碳适量，待学生抽取（见图6、图7）。

图6　收集二氧化碳

图7　收集氧气

（2）取适量恒温动物血液，加抗凝剂密封阴凉保存，实验前约15min将血液与柠檬酸钠生理盐水溶液按比例混合。

（3）实验开始前让每组学生从保存瓶中抽取气体和混合后血液。

（二）操作提示

（1）建议采用直径7mm试管；血液与生理盐水体积比为1∶8；每组抽取混合后血液6~10mL，氧气、二氧化碳各50mL。

（2）若实验血液存放稍久，血液变为暗红色静脉血，可在实验前通入少量氧气使其变为鲜红色动脉血。

呼吸运动模型试验

四川省自贡市汇东实验学校　涂敏

一、使用教材

人教版《生物学》七年级下册第四单元第三章第二节"发生在肺内的气体交换"部分的演示实验。

二、实验器材

（1）模拟膈肌运动模型实验器材：塑料瓶、塑料吸管、橡皮膜、橡皮泥、橡皮筋。

（2）模拟肋间肌运动模型实验器材：尺子、电线、橡皮泥、螺钉。

（3）模拟膈肌、肋间肌运动模型实验器材：塑料瓶、塑料吸管、橡皮膜、橡皮泥、胶水。

三、实验创新要点

（1）模拟膈肌运动模型原实验为演示实验改为学生动手操作的分组实验。

（2）为了让学生直观理解呼吸肌运动时对胸腔容积的影响，增加了模拟肋间肌运动模型二，同时也利用模型三将膈肌和肋间肌运动时对胸腔容积的影响融为一体。图 1 为模拟呼吸运动模型。

 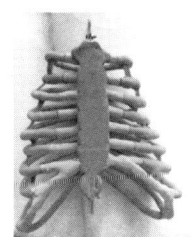 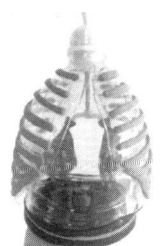

图 1　模拟呼吸运动模型

四、实验设计思路

由简到难，先掌握膈肌运动时对胸腔容积的影响，再理解肋间肌运动时对胸腔容积的影响，从而掌握呼吸肌运动时对胸腔容积的影响。由学生设计图案，采用生活中常见的材料，小组合作制作模拟呼吸肌运动时对胸腔容积的影响，通过观察模型从而掌握肺与外界的气体交换过程。

五、教学目标

在教学过程中发现学生难以理解呼吸肌的运动如何引起胸腔容积的变化，甚至有学生误认为是气体的进入和排出引起了胸腔容积的变化。为此采用构建模型的方法使抽象的知识直观化。提出了以下四点学科核心素养教学目标：

（1）生命观念：理解肺与外界的气体交换过程。

（2）科学思维：通过对胸腔结构的分析和讨论，归纳呼吸运动的原理。

（3）科学探究：设计并制作呼吸运动模型，培养学生观察、分析、合作、推理和动手操作的能力。借助模型探究呼吸运动的原理。

（4）社会责任：引导学生关注呼吸系统健康和环境污染问题，激发学生珍惜健康的情感。

六、教学内容

利用模型掌握肺与外界的气体交换过程。

七、教学过程

（一）模型一：模拟肋间肌运动模型

（1）实验方式改进。原实验是演示实验，学生的参与度低，但学生对该实验很感兴趣，为此改为学生动手操作的分组实验。

（2）实验材料改进。实验之前学生整理实验器材时发现，原实验材料中模拟胸廓的玻璃罩、模拟气管的玻璃管数量有限、易碎，用于密封的橡皮塞材质较硬打孔困难。同学讨论后改为用透明的塑料瓶模拟胸廓、塑料吸管模拟气管、橡皮泥用于密封，改进后的材料容易获得而且安全，能保证每位同学都能自己准备一份。

（3）实验步骤。

1）取适合的塑料瓶，去除底部。

2）利用橡皮筋，将模拟肺的小气球固定在饮料吸管的一端。

3）取适量的橡皮泥，将瓶口密封。

4）将模拟膈肌的气球固定在塑料瓶底部。

（4）实验结果分析。当膈肌收缩向下运动时胸腔容积扩大，通过物理知识可知胸腔容积扩大，内部压强降低，肺便扩张，由于肺容积增大，肺内气压降低，气体从气压较高外界进入气压较低的肺完成吸气过程。反之为呼气过程。

（5）实验物理原理分析。

1）在其他条件不变的情况下气压与体积成反比。

2）气体是由气压较高处流行气压较低处。

由于橡皮泥的可塑性，在实验过程中同学们还进行了艺术创作，图2为模拟膈肌运动模型。

图 2　模拟膈肌运动模型

（二）模型二：模拟肋间肌运动模型

（1）提出问题。在教学过程中同学们提出怎么样才能体现肋间肌运动对胸腔容积的影响。为此我提议让学生将双手放胸腔两侧和前后侧，通过呼吸运动感受胸腔前后径和左右径的变化。

（2）启发教学。在此启发下同学提出可以通过测量胸围差的方式，胸围差＝尽力吸取时胸围长度－尽力呼气时胸围长度，通过简单的数学计算将胸腔的变化用数字体现。

（3）实验材料。直尺、铁丝、橡皮泥、螺丝钉。

（4）实验原理。为了进一步了解肋骨的运动，生物兴趣小组的同学们对人体的骨骼进行了研究，提议观察人体胸腔的纵切面。同学们提出可以将人体纵切面看着为由脊椎骨、胸骨、肋骨组成的平行四边形，在肋间肌收缩时肋骨向外向上运动，平行四边形向长方形变化的过程中，底不变，高在慢慢变长，面积变大，胸腔容积扩大。当肋间肌舒张时肋骨向下向内运动，胸腔容积缩小。

小组合作制作出了模拟肋间肌运动模型，图 3 为模拟肋间肌运动模型一。

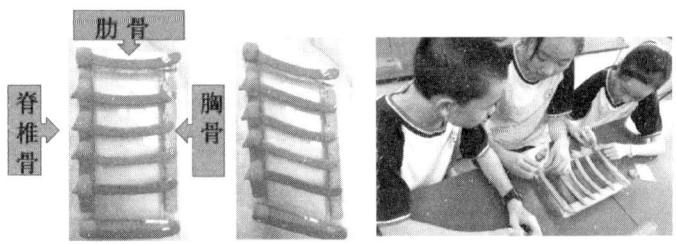

图 3　模拟肋间肌运动模型一

（5）模型修正。模型中模拟肋骨的结构是平面的，为此生物兴趣小组的同学们通过设计、买材料、制作了模拟肋间肌运动的模型，图 4 为模拟肋间肌运动模型二。

该模型能够直观地反映肋间肌运动时对胸腔容积的影响，但不能看到肺的变化。

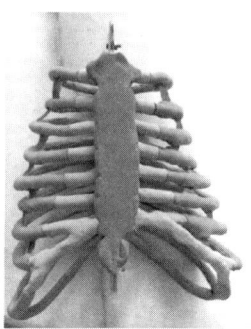

图 4　模拟肋间肌运动模型二

（三）模型三：模拟呼吸运动模型

（1）实验材料：塑料瓶、气球、吸管、橡皮泥、橡皮膜。

（2）实验原理。该模型是在模型一的基础上，从塑料瓶的侧面开口贴上橡皮膜，通过拉动橡皮膜改变胸腔容积，模拟肋间肌运动时对胸腔容积的影响，为了模拟肋骨的运动，在外层加一层塑料瓶，将橡皮膜固定在塑料瓶一侧，通过拉动外层的塑料瓶就可以改变胸腔容积，图 5 为模拟呼吸运动模型。

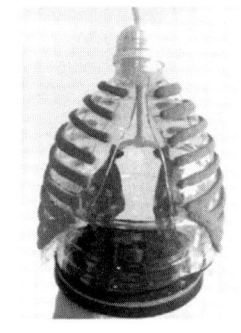

该模型能直观地反映肋间肌、膈肌运动时对胸腔容积的影响。当膈肌、肋间肌收缩时，胸腔容积扩大，肺扩张，肺内气压降低，气体由外界进入肺，完成吸气过程。当膈肌、肋间肌舒张时，胸腔容积缩小，肺收缩，肺内气压增大，气体由肺到外界，完成呼气过程。

图 5　模拟呼吸运动模型

最后通过练习题的检查结果发现，同学们利用呼吸运动模型对本节肺与外界气体交换的过程掌握得较好。课后同学们还观察了不同动物的肺。

八、实验效果评价

本节课将体验式教学法、模型教学法、启发式教学法等融入教学过程中，使课堂生动有趣；将物理、数学、美术学科融入教学过程中，让生物课堂丰富多彩。在教学过程中对实验教具进行创新，创造性地改进了呼吸运动模拟装置，改进后的模型制作科学、效果显著，形象地演示了呼吸运动的过程，能够提高学生的兴趣，激发学生的潜力，充分实现学生课堂自主、合作、探究学习，有效促进课堂学习效率。

▶ 高中生物

叶绿体中色素的提取、分离和比较

复旦大学附属中学　赵玥

一、使用教材

本实验选自上海科技版高中《生命科学》第一册第 4 章"生命的物质变化和能量变化"中第 2 节"光合作用"第 2 课时中的基础实验。

二、实验器材

离心器、分光光度计、家用微型电钻、塑料研磨棒、大小离心管、石英砂、无水乙醇、碳酸钙、层析液（其中石油醚、甲苯、乙酸乙酯、丙酮的质量比为 25∶3∶1∶2）。

三、实验特色及创新点

本实验在原有基础型实验的基础上，通过对实验器材、方法和实验内容等方面的改进和创新，力求培养学生发现问题，并通过严谨、科学的研究方法来探究生命活动规律的科学探究和科学思维的能力。本实验特色和创新点如下。

(一) 从实证的角度引导学生形成生命观念

课前学生观察同一株绣球不同部位叶片的生长情况，结合教材叶绿素吸收光谱图，引导学生提出假设：同一植物底层叶片叶绿素 b 的含量较高→课上通过定性实验观察叶片叶绿素的种类、通过定量实验比较同一植物不同部位叶片叶绿素 a 和叶绿素 b 的含量→通过实证，初步理解并解释身边的生物学现象，形成生物进化与适应观。

(二) 通过对实验器材和方法的改进及创新，降低实验误差

(1) 称量取材+剪碎叶片→叶绿素测定仪+打孔器打孔取材（实验方法的创新）。课前先用叶绿素测量仪（见图 1）选取两组绣球叶片，即底层和顶层的叶片。课上再用打孔器对叶片叶绿素含量相似的部位打孔（见图 2），取下叶片面积相同且叶绿素含量接近的叶圆片。采用这样的方法初步解决"称量取材+剪碎叶片"造成的同一叶片不同部位叶绿素含量不同以及主叶脉中叶绿体含量较少等

问题所带来的实验误差。

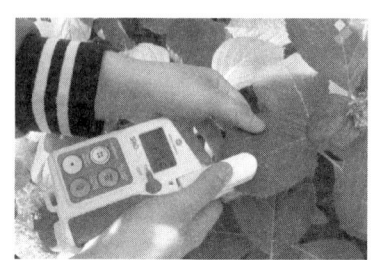

图1 叶绿素测定仪

 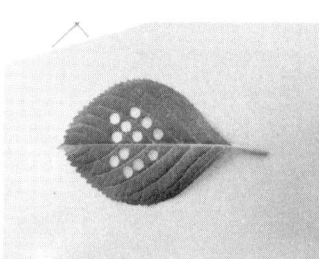

图2 打孔器打孔及效果

（2）手动研磨→电动研磨（实验方法的创新）。利用微型家用电钻+塑料研磨棒（见图3）自制简易电动研磨器，解决人工研磨的力度、频度等不同而造成的叶绿体色素提取不均匀的实验误差。改进后得到的色素混合液被研磨得更加充分且耗时短。

 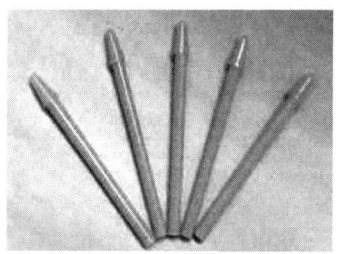

图3 家用微型电钻+塑料研磨棒

（3）手动过滤→离心机离心（实验方法的创新）。利用物理方法对研磨液进行高速离心，获得的色素混合液量多、杂质少且耗时短，解决了玻璃漏斗+脱脂棉过滤不充分且耗时较长的问题（见图4）。

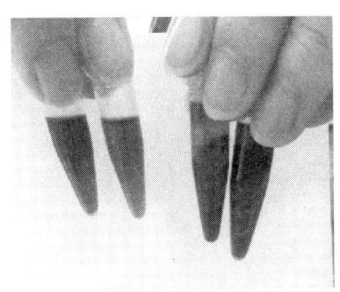

图4 电动研磨、离心（左）与手动研磨、离心（右）的效果图

（4）毛细吸管画线→钢笔画线（实验器材的创新）。由于对色素提取的实验步骤和器械进行了改进，所以获得的色素滤液杂质较少，通过钢笔吸取色素混合液并在滤纸上画线（见图5），解决毛细吸管难以手控且划出的细线不能细、直、匀的问题。

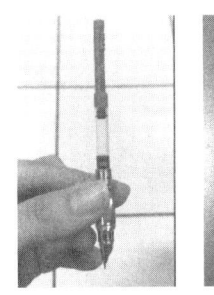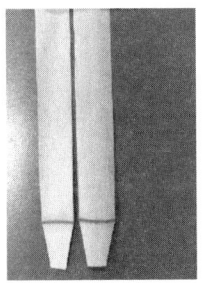

图5 钢笔画线

（5）层析液改进（实验试剂的改进）。原层析液中含有苯，毒性大。通过多次对层析液各种成分及比例的摸索，并请教化学学科的多位专家后发现，层析液改为石油醚、甲苯、乙酸乙酯、丙酮的质量比为25∶3∶1∶2后，不但层析效果明显，且大大降低了毒性。

（三）从定性实验拓展为定量实验，对实验内容进行创新

首先，通过以上对实验器材和方法的改进和创新，高效地达成定性实验的教学目标，落实了教学重点。接着，引导学生开展定量实验，即利用分光光度计测定混合色素的吸光度，并计算获得叶绿素a和叶绿素b的含量。然后，运用数学统计的方法对实验数据进行分析并得出结论。将定性实验拓展为定量实验，有利于学生通过实证形成生命观念，突破教学难点。最后，激发学生在课后运用所学的科学探究的基本步骤和实验方法，进一步探究新的问题。

学生从生活中发现问题，带着问题走进课堂、走进生命科学实验室，在学习和实践中解决问题，从而逐步了解生命活动的基本规律，培养科学的思维方法。

四、实验原理及实验设计思路

（一）实验原理

（1）色素提取的原理。叶绿体色素位于叶绿体类囊体中，通过破坏细胞可获得。叶绿体四种色素均为脂溶性化合物，根据相似相溶原理，能够通过溶解于有机物来提取色素。

（2）色素分离的原理。叶绿体内四种色素对滤纸的吸附力不同，在脂溶性的层析液中的扩散速度也不同。通过纸层析法可将各种色素进行分离。

（3）叶绿素含量比较的原理。根据 Lambert-Beer 定律，通过代数方法可计算出叶绿素 a 和叶绿素 b 的含量并进行比较。

（二）实验设计思路

（课前）学生观察同一植物不同部位叶片的生长情况，结合教材叶绿素吸收光谱图提出假设、设计实验→（课中）通过叶片中叶绿体色素的提取与分离，观察叶片中叶绿素的种类和颜色→利用分光光度计测量混合色素的吸光度并计算叶绿素 a 和叶绿素 b 的含量→统计、分析数据，探究同一植物顶层叶片与底层叶片中叶绿素的含量差异→得出结论→（课后）利用科学探究的步骤和方法尝试解决新的疑问。

五、实验教学目标

（1）运用纸层析原理和方法，通过叶绿体色素提取与分离的实验操作过程，说明叶绿体色素的种类和颜色。

（2）观察同株绣球顶层叶片与底层叶片的生长情况，结合教材中叶绿素吸收光谱图，提出假设，并通过对所选取叶片中叶绿体色素的提取、分离与含量的比较，探究同一株植物顶层和底层叶片中叶绿素含量的差异。

（3）通过实证，初步理解并解释身边的生物学现象，形成生物进化与适应观。

六、实验教学内容

（一）定性实验

通过对绣球叶片中叶绿素的提取与分离实验，观察叶片中叶绿体色素的四种种类和颜色。

（二）定量实验

利用分光光度计测定、计算同一株绣球植物顶层与底层叶片中叶绿素 a 与叶绿素 b 的含量并求比值。

（三）分析与讨论

通过实证感悟到叶片中叶绿素 a 和叶绿素 b 的含量差异是生物对环境的适应；分析实验过程中哪些步骤体现了实验设计的两大原则，即平行重复与控制变量。

七、实验教学过程

（一）课前

学生观察校园植物绣球在顶层与底层叶片的生长情况，并提出问题。

（二）课中

（1）结合教材提出假设、设计实验方案。

（2）实施实验。

1）叶绿体色素的提取与分离、观察叶绿素的种类。

2）叶绿素含量的测定、计算。

3）分析数据。

（3）分析与讨论：通过实证得出结论，并形成生物进化与适应观。

（三）课后

引导学生运用科学探究的方法，尝试解决新的问题。

八、实验效果评价

本实验中，教师通过对实验器材和方法的改进和创新落实教学重点，通过对实验方法的改进突破教学难点。

学生在以下方面得到了培育：

（1）科学思维。学生通过实验学会尊重事实和证据，用严谨和务实的科学态度，运用科学的思维方法认识事物、解决实际问题。

（2）科学探究。学生学会发现生物学问题，通过团队合作开展科学探究。

（3）生命观念。学生通过实证逐步形成进化与适应观，能够用生命观念认识生物的多样性和统一性。

（4）社会责任。学生运用科学探究的思想和方法，尝试对身边环境中植物的种植问题提出建议。

自制分光光度计检测光合色素吸收光谱

北京市第三十五中学　吴宁

一、使用教材

教材来源于人教版高中《生物必修1——分子与细胞》第 5 章第 4 节 "能量之源——光与光合作用"。在教材编排上，绿叶中色素的提取和分离实验后直接给出了色素的吸收光能百分比曲线，缺乏学生自主探究的过程。多数教学中会采用三棱镜，引导学生利用观察法直接得出光合色素与吸收光的关系，仍然停留于定性实验的层面。因此，本实验课为"绿叶中色素的提取和分离"的补充拓展，通过让学生自制分光光度计检测光合色素吸收光谱，成为衔接定性观察到定量测量之间的桥梁。

二、实验教学目标

《普通高中生物学课程标准（2017 年版）》的教学目标突出学科核心素养的培养与落实。本课时的具体落实如下。

（一）生命观念

通过本实验课程结果分析出光合色素的吸收光，初步形成物质与能量观。

（二）科学思维

根据对照组和实验组数据，构建模型计算吸光效率，发展模型与建模思维；综合运用物理学科知识，发展创造性思维。

（三）科学探究

自制分光光度计，实施方案并对结果进行交流讨论，掌握科学探究的基本思路和方法，提高实践能力。

（四）社会责任

基于生物学的认识，逐渐培养解决生产生活问题的担当与能力。

三、实验器材

图 1 为自制分光光度计的实物图及采集处理软件。本实验所需全部器材如下。

（1）硬件：比色皿（2 个）、剪刀、手机（2 部）、电脑、固定装置。
（2）软件：自主研发的手机控制及图像采集处理软件 SpectraLab。

(3) 试剂：光合色素提取液（研磨法）、无水乙醇。

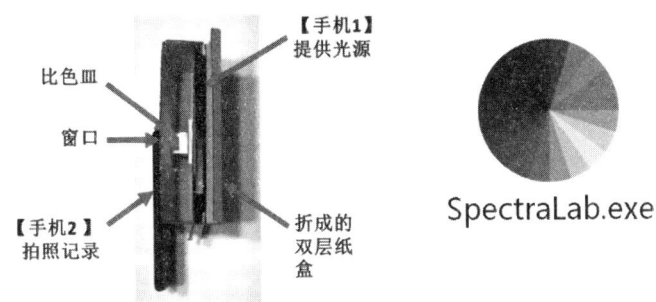

图 1　智能分光光度计硬件照片及图像采集处理软件

四、实验创新要点

本节课的创新点包括了实验设备创新和实验教学创新两个方面。

（一）实验设备创新

商业分光光度计存在价格高、体积大、操作复杂等特点，不适合在生物教学中的推广。因此，本实验设计的分光光度计具有以下创新点：

（1）小型化。将尺寸为 830mm×600mm×260mm 的商业设备缩小为 170mm×45mm×100mm，体积缩小 170 倍。质量轻，便于移动教学。

（2）低成本。本设备所需的部件，如智能手机、包装纸盒等，均为日常生活必需品，取材便利，附加成本为零。

（3）智能化。智能手机的使用使光源和检测器参数灵活可调。

（4）趣味性。将手机应用于科学研究，拓展思维，是科学实验更加平易化；同时，固定腔室的自主性设计也增强了该装置的多样性和趣味性。

（5）一键式。自主开发的高集成化、面向用户的 SpectraLab 软件，可通过一键式操作完成数据的采集、传输及分析等功能。

（6）扩展性。根据不同的需求，分析软件还可进行扩展，实现如溶液浓度、含量百分比等的分析。

（二）实验教学创新

（1）突出了"科学探究"的生物学学科核心素养。为了解决光合色素与吸收光的关系这一核心问题，本课从三棱镜的定性观测入手到利用自制分光光度计进行定量测量，带领学生亲身实践了科学探究的过程。同时，高一学生自主提出利用商业设备对自制分光光度计的科学性进行评估，是难能可贵的，体现了实验设计中的阳性对照理念，实现完整的课堂闭环。

（2）多学科融合，发展 STEM 教学。生活中的真实问题，往往需要多种学科知识共同解决，科学揭示了自然界的客观规律，技术和工程则是在尊重自然规律的基础上改造世界，数学则作为技术与工程学科的基础工具。本教学将生物、物理、数学、计算机通信与编程、机械制造等多学科知识相融合，发挥了学生的创造性思维，为 STEM 教学创造落脚点。

五、实验设计思路

分光光度计是利用分光光度法定量测定被测物质在一定波长范围内光的吸收度的仪器，由光源、单色器、样品池、检测器及信号分析设备五部分组成。传统设备中，使用光栅将白光灯发出的复色光分为一定波长区域内的连续单色光，被比色皿中的样液吸收、散射后，由光电倍增管检测。由于单色光路的复杂性，以及光电倍增管的高成本，使得商业设备不适合在教学中广泛使用。如图 2 所示，本实验的设计思路是使用可以发出单色光的智能设备集合光源和单色器的功能，用手机的高灵敏度光电传感器相机捕捉敏感的光线变化，代替光电倍增管作为检测器，并配合自主开发软件实现图像采集和分析功能。

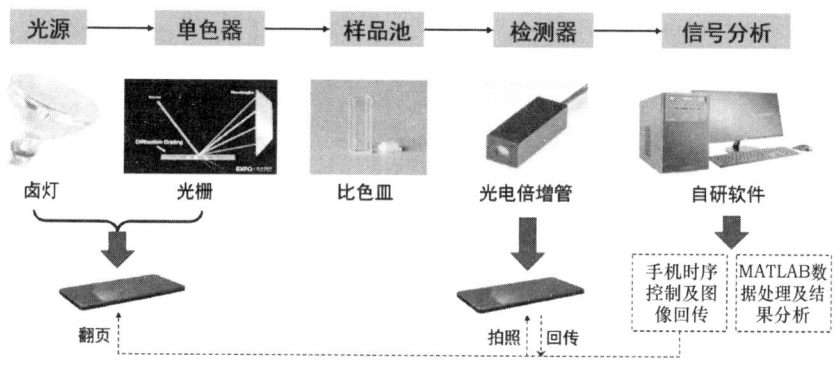

图 2 自制分光光度计设计思路

实验设置对照组和实验组，分别用无水乙醇和光合色素为测量样品。吸收率定义如下：

$$a = \frac{I_0 - I}{I_0} \times 100\%$$

其中，I_0 是入射光强，即对照组接收光强；I 是出射光强，即实验组接收光强。

六、实验过程及结果

本实验是"光合色素提取与分离"实验后的探究延伸课。从农业实践引入，通过分析商业分光光度计在教学中的不足，利用生活常见材料（如手机、纸板等）设计并实施自制分光光度计。设置对照组（无水乙醇）和实验组（菠菜光合色素提取液），计算并绘制菠菜光合色素提取液在 400~670nm 的吸收率曲线。通过比较实验组和对照组在相同波长下的图片亮度及计算出的吸收率曲线得出结论：光合色素在蓝光的吸收最高，红光其次，绿光最弱。最后进行实验效果评价，提出应用展望。具体内容如下。

（一）固定器制作

根据单色光源发生器的不同，本实验装置的开发经历了两代，装置结构如图 3 所示。第一代使用 1600 色可控智能灯泡为光源。由于在发光波长定量时出现困难，在此基础上发展了使用手机作为单色光源发生器第二代产品。在第二代产品中，用环保纸板设计成中间有隔板的双层纸盒。手机 1 发出的光线经比色皿后的出射光被手机 2 接收。其中手机 1 屏幕、比色皿、手机 2 摄像头保持共轴。

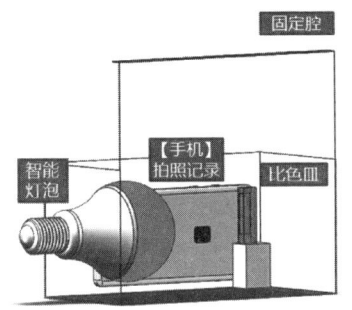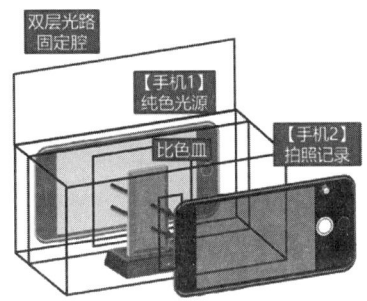

图 3　两代分光光度计硬件结构示意

（二）光源获取

通过专业的光学软件，从 400nm 到 670nm，每隔 5nm 生成 1 幅图片，共 55 张。存入手机 1 中，作为不同波长的光源（见图 4）。

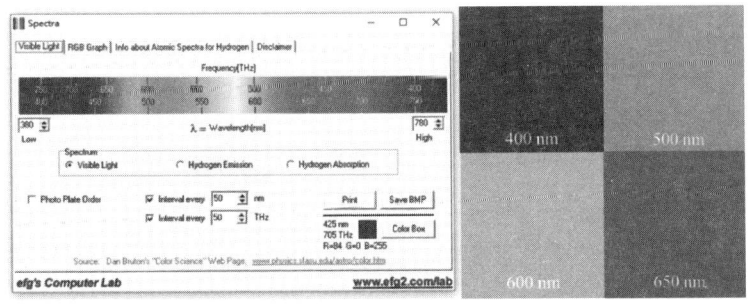

图 4　400~670nm 的 55 张图片作为光源

（三）图像采集

图像采集分为对照组采集、实验组采集以及结果回传三步，其中前两步的采集流程相同：通过 SpectraLab 控制手机 1 切换光源、手机 2 拍照记录，并循环 55 次，完成 400~670nm 波长的采集（见图 5）。

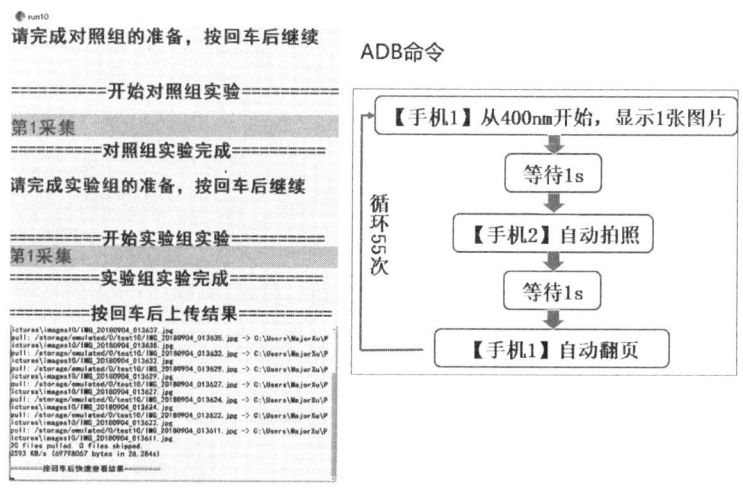

图 5　图像采集流程及 ADB 代码实现

（四）图像分析

图像分析过程如图 6 所示，采用 SpectraLab 调用 MATLAB 软件，分别读取对照组和实验组的图像亮度并存储于数组 I_0、I 中，根据提前定义好的吸收率公式计算并绘制出全波长的吸收曲线。

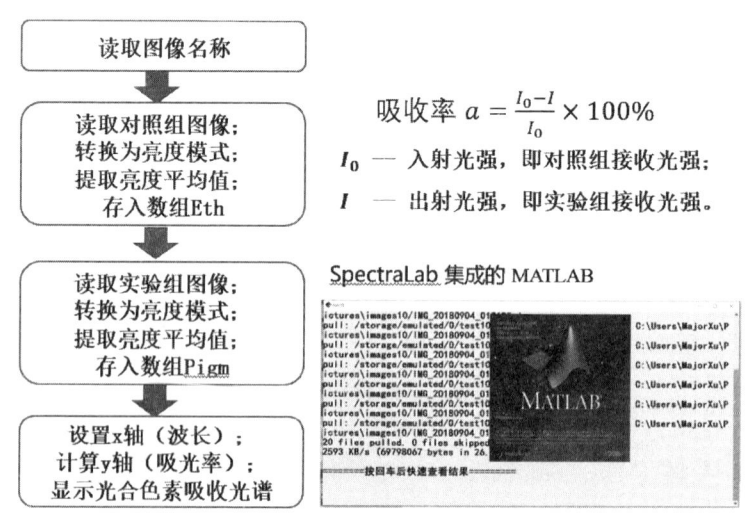

吸收率 $a = \dfrac{I_0 - I}{I_0} \times 100\%$

I_0 —— 入射光强，即对照组接收光强；

I —— 出射光强，即实验组接收光强。

图 6　图像分析流程及 Matlab 代码

（五）实验结果

（1）定性分析。在之前所做的全波长结果中，选取均匀间隔的 5 幅图片。我们发现光合色素的提取液对于蓝光的吸收最强，红光其次，绿光最弱（见图 7）。

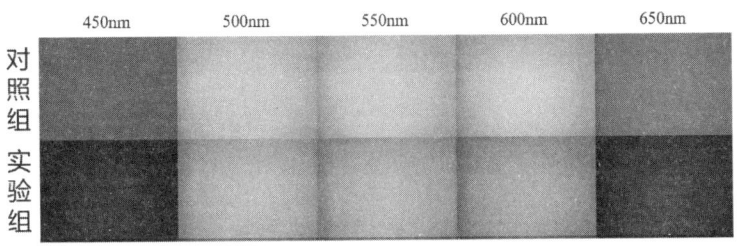

图 7 对照组和实验组的图片效果对比

（2）定量分析。图 8 为计算得到的光合色素吸收光谱。通过 MATLAB 得出的全波长吸收光谱图线与图片观察的结果一致。因此，通过我们的实验设备很好证明了教材中的结论，光合色素主要吸收红光和蓝紫光，对绿光的吸收最弱。为了验证本实验器材的正确性，用大学实验室的科研级分光光度计对相同样品进行了测量。对比发现，在吸收趋势上，自制分光光度计与商用分光光度计在蓝光、绿光、红光范围内是一致的；同时，二者的吸收峰均体现在 420nm、470nm、620nm、660nm，误差在±5nm 以内。但 450nm 以下和 650nm 以上处于可见光边缘，掺杂部分不可见光成分，手机屏幕无法显示，因此在自制分光光度计的吸收曲线端幅值要小于商业。

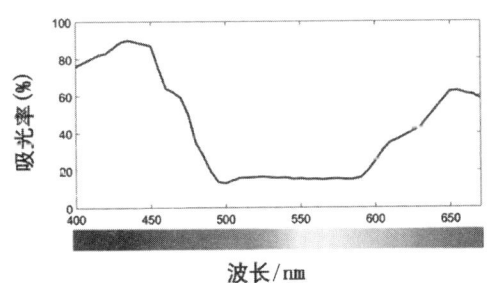

图 8 自制分光光度计测量的光合色素吸收光谱

七、实验教学过程

（一）情景导入（见图 9）

（1）图片展示夜间温室大棚用红光和蓝光补充光照。提问：为什么夜间温室大棚用蓝色和红色的混合光给植物补光？（学生观察并合理推测）

（2）PPT 展示科学家在相同的温度、湿度、光照强度等条件下，分别用绿色、红色、蓝色的光来培养生菜，并统计叶片的生长情况。（学生描述结果）

（3）教师小结学生讨论的结果，引入本课的学习。

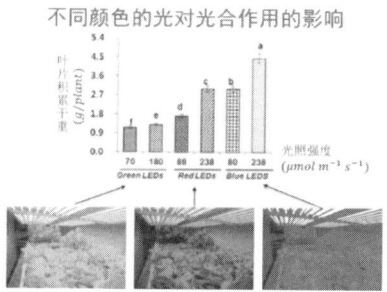

图 9　用农业生产和相关研究引出不同颜色光照对光合作用的影响

（二）光合色素的提取和分离实验

（1）介绍实验原理、操作流程和注意事项。

（2）在教师指导下学生动手操作。

（三）合作探究：自制分光光度计

（1）讲解分光光度计原理及部件组成。

（2）通过分析商业分光光度计的不足，提出改进方案。

（3）学生设计以手机作为光源和探测器的时序控制。

（4）学生根据给出吸收率公式，对应 I 与 I_0 在本实验的对应值，并设置对照组和实验组。

（5）教师总结手机控制程序和数据处理程序流程。

（6）教师讲解操作流程。

（四）学生操作过程（见图 10）

（1）把手机 1 放置在纸盒内的卡位中，使屏幕正对出光口；把手机 2 通过海绵胶固定在纸盒的外侧，使摄像头正对窗口。

（2）进行对照组：把装有酒精的比色皿放置在纸盒内侧的窗口处；运行 SpectraLab 程序，控制手机 1 和手机 2 分别循环显示图片和拍照。

（3）进行实验组：把菠菜的比色皿放置在纸盒内侧的窗口处；运行 SpectraLab 程序，分别控制手机 1 和手机 2 循环显示图片和拍照。

（4）把照片导入电脑，先观察图片感受直观印象，运行 SpectraLab 程序定量分析、并绘制吸收光谱。

（5）引导学生用数据分析结果解释情景导入中的实验现象。

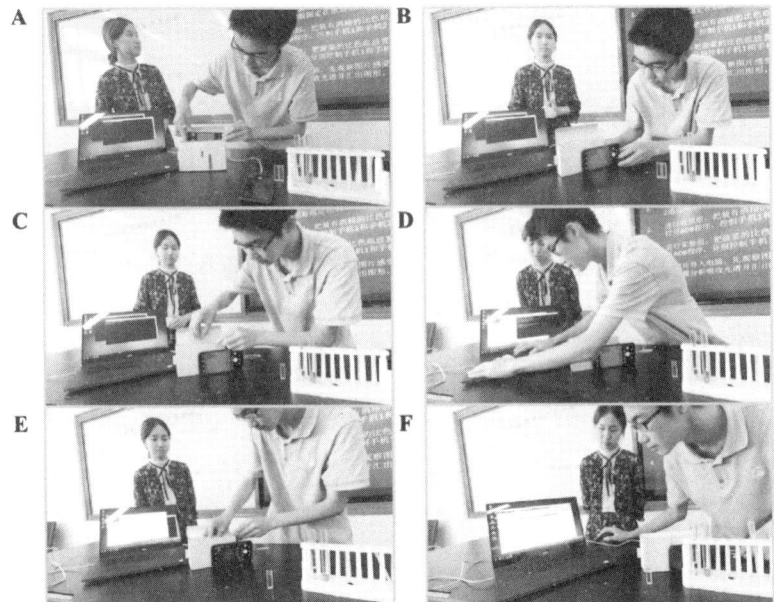

图 10 学生操作流程

A 放置（手机1）；B 固定（手机2）；C 放置控制组比色皿；D 指令采集数据；E 换实验组比色皿重复操作；F 分析数据

（五）实验结果及效果评价

（1）图像结果对比。在全部的采集图像中挑选 5 个具有代表性的波长下的对照组和实验组图像进行对比，学生可从图像亮度差异上对吸收程度有直观的认知。

（2）吸收率曲线结果。展示全波长的吸收率曲线，学生可直观看出光合色素的吸收趋势，并得出结论：光合色素主要吸收红光和蓝紫光，对绿光的吸收最弱。

（3）实验效果评价。在教师引导下，学生提出用商业科研级的分光光度计对同一样品进行测量来评判自制分光光度计的科学性。并通过描述对比实验结果，得出本自制分光光度计是具有科学性的。

（六）实验展望

（1）测量类胡萝卜素吸收率（见图11）。将光合色素提取液在低温、光照条件下放置三天后，叶绿素已经几乎分解，剩下的大部分为类胡萝卜素。用本实验器材测量了类胡萝卜素的吸收曲线，发现与书本上的标准结果相似，再一次证明了本实验装置的可行性。

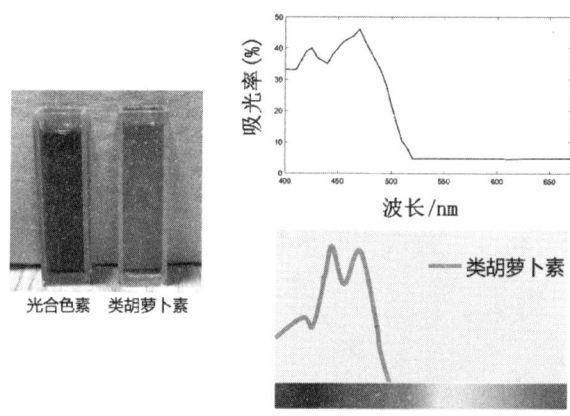

图 11　测量类胡萝卜素吸收率

（2）测量样液成分含量百分比。本实验装置除了可以测量不同样品的吸收率以外，还可以依据 beer-lambert 定律，测量样液成分的比值。例如光合色素是由叶绿素和类胡萝卜素组成，已知两种成分的吸收系数后，就可以根据两种波长下的吸收值计算出两种色素含量百分比。

$$\begin{bmatrix} \varepsilon_1[\lambda_1] \cdot (\delta_1 + \delta_2) c \cdot l = \ln \dfrac{I_0}{I}[\lambda_1] \\ \varepsilon_1[\lambda_2] \cdot (\delta_1 + \delta_2) c \cdot l = \ln \dfrac{I_0}{I}[\lambda_2] \end{bmatrix} \Longrightarrow \delta_1,\ \delta_2$$

八、总结

（1）互联网和智能信息化已经深入生活，但在实验教学中鲜有体现。我们借助日常使用的智能手机，引导学生定性和定量地观察光合色素的吸收光谱，激发学生主动探究的兴趣，帮助学生深入理解生物学核心概念、构建生物学科体系。

（2）教师可引导学生借助学具进一步开展"探究光合色素中不同色素的吸收光谱，并推导其含量""探究不同植物以及季节对叶片中光合色素的含量及种类的影响"等课题，为学生实践能力和创新精神的培养提供了诸多素材。

探究影响光合作用的因素

上海市曹杨第二中学　刘芳敏

一、使用教材

"探究影响光合作用的因素"是上海科技版《生命科学》高中第一册第 4 章"生命的物质变化和能量转换"中第 2 节"光合作用"中的学生探究实验。

二、实验教学内容

本实验在上海市《高中生命科学课程标准》中的学习水平要求是 C 级，为学生必做实验。学生在学习了"光合作用的过程"以后，基于教师给出的农业生产情境，应用相关理论分析影响光合作用强度的因素，并经历较为完整的科学探究过程来验证提出的假设和作出的预测。通过实施实验方案、观察实验现象、应用数字化的方式采集、处理和分析实验数据，经历完整的科学探究过程，对主要环境因素对光合作用强度的影响规律获得感性认识，进而应用于分析解决生产生活实际问题，同时也为进一步深入分析各因素对光合作用影响的生理机制提供实验证据支持。

三、主要实验器材

（1）溶解氧传感器。实验中使用溶解氧传感器及配套软件（见图1），能直接测量黑藻光合作用时的氧气释放量，并进行量化分析，从而获取直观实验结果。

（2）PVC 光源支架。实验中使用自制 PVC 光源支架，配合 12W 的 LED 平板灯（见图2），能通过改变光源距离改变光照强度，同时又不影响温度。

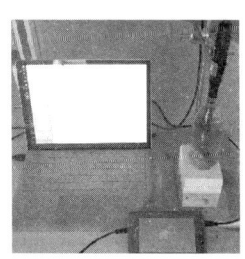
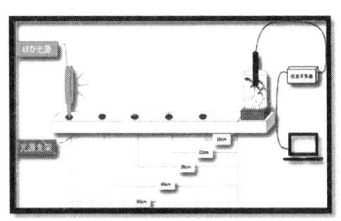

图1　溶解氧传感器、数据采集器及配套软件　　　图2　光源支架模式图

（3）恒温加热装置。在实验中使用恒温加热装置（见图3），以及配置不同浓度的 $NaHCO_3$ 溶液和烧开后急速冷却的冷开水，有利于控制温度以及二氧化碳浓度。

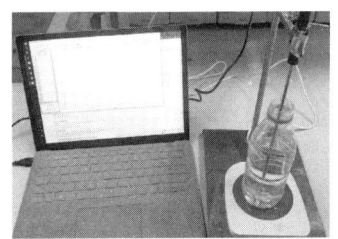

图 3 恒温加热装置

四、实验创新要点/改进要点

（一）改进实验装置

（1）改进光源装置，控制光照强度，简化实验操作。在本实验中根据实验设计的要求以及实验教学目标，改进了"探究影响光合作用因素"实验中的光源装置。选用 12W 的 LED 面板灯，避免传统白炽灯点亮后对环境温度的影响，同时在灯轨上等距设置了 6 个光源插口，以准确、便捷地调节光源距离，以便定量控制光照强度（光源距离与光照强度的关系如表 1 所示），以此来探究光照因素对光合作用的影响。

表 1 自制光源中光源距离与光照强度的关系

光源距离/cm	10	20	30	40	50	60
光照强度/lx	6600	3200	1700	860	640	420

（2）增加恒温装置，拓展探究内容。在该装置的基础上，通过增加恒温装置以调节实验中的环境温度（见图 4），以此探究温度对光合作用的影响，拓展本实验的研究内容。

恒温模式	图示	测试温度
室温	 ♨	28℃
蓝色恒温模式	 ♨	34℃
紫色恒温模式	 ♨	42℃
红色恒温模式	 ♨	53℃

图 4 各温度模式对应的溶液温度

(二) 创新数据收集、分析方式

(1) 利用数字化传感器获得更准确的实验结果。本实验利用数字化实验系统中的溶解氧传感器精确测量出溶液中氧的含量变化，并利用计算机影像分析软件直接生成氧气产生速率。

(2) 借助现代信息技术改善实验数据收集的有效性。借助现代信息技术实现数据的收集与统计分析，提高了实验实施时的准确性与完成效率，为学生提供了更充分的实验设计与讨论的时间。

(三) 整合实验数据，建立实验数据库，为学生自主探究提供素材

由于课堂时间以及实验设备数量限制，课堂中很难满足学生个性化的探究学习需求，也无法通过绘制连续性图表来分析各因素对光合作用的影响。因此，教师在课前构建了实验数据库，收集了年级内各班的实验结果，为学生的课堂实验提供参考。

五、实验原理/实验设计思路

"民以食为天，国以农为本"，粮食生产关系到国家发展、人民生活。光合作用为农作物产量的形成提供了主要的物质基础。光照强度、CO_2浓度、温度等是较常见的影响光合作用的环境因素，常应用于农业生产提高产量。本节课从生活实际问题出发，经历科学探究的过程，运用光合作用的理论知识解决粮食生产中的实际问题，是理论联系实际的良好契机。

植物光合作用产生氧气，氧气的释放量随光合作用强度的变化而发生改变。因此，氧气产生速率常作为判断植物光合作用强度的指标。水生植物将光合作用产生的氧气释放到水体中，短时间内会改变水体的溶解氧含量，测定水体溶解氧变化可判断水生植物光合作用强度变化。

本实验使用的数字化实验系统主要由"溶解氧传感器+数据采集器+计算机影像分析系统"构成。使用溶解氧传感器测量溶液中即时溶解氧含量（DO值），在影像分析软件中以实时溶解氧数值及单位时间内溶解氧含量曲线呈示溶液中溶解氧的变化情况。以单位时间内溶解氧含量变化速率作为测量指标，用来衡量植物光合速率，从而探究外界因素对光合作用的影响。

六、实验教学目标

(1) 在智能温室中植物生长所需要的环境条件这一情景，以光合作用中的物质与能量观为指导，探讨植物生长的规律，为智能温室的设计方案解决简单问题。

(2) 基于实验实施的结果，采用归纳、推理等方法，以图示或模型等形式，

说明各环境因素对光合作用的影响，提升科学思维。

（3）针对智能温室中植物生长所需要的环境条件这一情景，基于给定的条件设计并实施探究实验方案，运用信息技术辅助实验结果的记录与分析，交流小组的结果并分析存在的问题，发展科学探究。

（4）通过对实验结果的分析，认识环境因素对植物新陈代谢的影响，科学评价植物生理学研究对农业生产的作用。

七、实验教学过程

（一）创设智能化温室建设的任务情境，引导学生分组改进实验方案，开展实验探究

首先教师创设利用智能化温室促进农业生产的情境，提出如何提高大棚作物的产量这一问题。通过复习光合作用的过程，引导学生思考影响光合作用的因素，提出可以通过检测 O_2 释放量能够更方便地检测农作物光合作用的速率，从而提高有机物的合成量，即作物产量。在此基础上，介绍学生自主设计的实验方案，在学生的方案中包含了对光照强度、CO_2 浓度和温度对光合作用影响的探究。

在课堂教学中，教师根据研究主题对学生进行分组，由学生推选小组内完成较好的实验方案进行完善，并在班内进行交流。

（二）利用改进后的实验装置进行分组实验，获得相应的实验数据

学生利用上述改进后的装置开展小组实验，测定 10min 内溶解氧变化情况。教师巡视小组实验并指导学生对小组实验的结果进行分析。通过分析屏幕中呈现的溶解氧与时间的变化关系，学生发现：在实验开始之初，实验环境不稳定，植物光合速率较小，溶解氧含量下降；随着实验环境的稳定，植物光合速率提高，曲线上升。因此选取实验最后 100s 的数据计算曲线斜率，即获得该条件下的光合作用速率。

（三）通过分析、整合实验数据，探究不同因素对光合作用的影响

为了提高课堂教学的效率，在本实验中改进了各小组数据的统计方法。学生小组通过互联网填写实验中的各项信息并上传实验结果，在教师端统计并汇总入实验数据库。

利用数据库中的数据，学生在软件中生成各环境因素对光合作用的影响曲线，并针对实验结果进行分析。

首先，学生分析发现在光照强度较低的情况下，光合作用小于零，从而判断，该曲线表示的是净光合作用的曲线。随后，学生通过讨论提出能够通过检测黑暗状态下的溶解氧的变化情况，从而推算出真正的光合作用速率。教师追问，如果光照强度继续增加光合速率会如何，学生认为植物叶绿体的数量是有限的，从而推断光合作用强度增加到一定值可能不会再增加。通过对曲线的分析、讨论，发展学生的信息加工与逻辑推理的能力。

但在小组交流的过程中，另一个小组发现在他们的实验结果中出现了一个异常数据。在排除了操作失误的可能性后，通过调取数据库后发现，在这一实验条件下仅有一组实验结果，因此，学生判断可能是由于个体差异而带来的实验误差。教师追问，如何避免或减少其影响？学生提出可以通过多次实验来减小误差。通过对于这样一组异常数据的讨论，学生体会了重复实验对减少实验误差的重要性。

但同学们在交流时也提出了尖锐问题，高 CO_2 浓度会抑制光合作用，和原本理论学习时的认知有所不同。虽然超过了学习的知识范围，但教师鼓励了学生的质疑行为，并支持学生在课后查找相关资料解决这一问题。

在探究温度对光合作用影响的小组中，综合不同光照条件下温度对光合作用的影响，小组成员提出温度在28℃时光合速率在较高的水平，但随着温度上升，可能影响到相关酶的活性，而影响了光合作用。因此在温室建设中，要注意温度的调控。

由于课堂时间的限制，并非每一个小组都能够在课堂上进行交流。在课后，教师将实验结果发布，建立课后交流互动平台，也拓展了交流的空间和时间，学生通过扫描二维码在平台延续课堂的讨论，提问和互动，提升表达能力。

八、实验效果评价

（1）在本次实验中，教师通过改进实验装置，控制小组间实验变量的一致性，从而建立实验数据库，在有限的课堂时间里支持学生自主开展实验探究。

（2）应用信息化技术优化实验数据的统计与处理过程，使结果呈现更高效，同时给予学生更充分的课堂交流和讨论时间。学生对于实验结果的分析更深入全面，理解对智能化温室的建设提出了许多可行的意见，为学生今后的研究夯实了理论基础和相关技术基础，结合讨论过程中发现的一些新问题，激发了学生进一步研究的动力。

（3）通过建立交流平台，使学生的实验结果可保留、可追加、可共享，拓展了师生交流、生生交流的空间与时间，同时也为今后的教学和复习提供了一手素材。

（4）在学生的实验设计方案中，有学生提出探究土壤的含水量以及光质等因素对光合作用的影响，但未能在课堂中进行相关的探究。今后可通过对本实验装置的改进，进一步支持学生的自主探究。同时，由于 LED 灯功率的限制，在学生的实验结果中，光照强度未能达到光饱和点，今后可尝试采用更高功率的光源继续进行实验，为学生分析光照强度对光合作用的影响提供更全面的数据支持。

探究环境因素对光合作用的影响

蚌埠第二中学　陶洁敏

一、使用教材

人教版高中《生物必修1——分子与细胞》第五章第四节"能量之源——光和光合作用"中安排的一个探究实验。

二、实验器材

细叶蜈蚣草、光合呼吸实验装置、溶解氧传感器、光照强度传感器、温度传感器、酵母菌培养液、恒温盒、锥形瓶、打孔软管、数据采集器以及数据分析软件等。

三、实验创新要点

学生们认为课本上探究环境因素对光合作用的影响的实验过程有一定的不足之处，比如他们认为在制备实验材料时，打孔器制取的叶圆片多会卷边或破损，从而破坏了小圆形叶片的生理状态；打孔的过程很难保证所有叶片生理状态的一致性；在用注射器抽取小圆形叶片内的气体时，注射器抽除叶圆片内的气体的过程很困难；用植物叶片距离光源的远近来代表光照强度，无法定量自变量光照强度的变化，只能定性描述光照强度对其有影响，并且到底有着什么样的影响并不能很完整的描述。有些同学还认为在检测指标的选择上，用小圆形叶片上浮速率代表光合作用的速率也存在着不足；小圆形叶片上浮所需的时间较长，其次叶片的上浮和植物的光合作用一定存在着必然的联系吗？如何更加直观地显示出氧气的产生呢？

针对上述问题，我们给出了如下解决办法。

（一）材料用具的选择

（1）材料的选择。本实验选择了一种容易取材的水生植物细叶蜈蚣草作为实验材料。它的生长对光照和温度均有一定的需求，便于分析实验结果，而且生长迅速便于实验指标的检测。

（2）检测指标的选择。运用溶解氧传感器直接定量检测一定时间内光合作用释放出氧气的含量，以代表植物光合作用强度。

（二）自制实验器材

（1）利用自制光合作用恒温盒以及温度传感器代替水浴锅进行温度的控制。

(2) 利用可以无极调光的 LED 灯以及光照强度传感器定量的控制光照强度。

(3) 运用可变颜色的彩色光带在同一个实验装置中改变光质。

（三）其他方面

运用酵母菌的呼吸作用制备富含二氧化碳的清水。

四、实验原理

利用光学溶解氧传感器检测植物光合作用产生氧气的速率。氧气的产生速率代表植物光合作用强度。

五、实验教学目标

（一）理性思维目标

学生在不断地解决问题的过程中，解释光合作用的现象，探究光合作用的规律，并且能够说出影响光合作用的因素。

（二）科学探究目标

设计实施恰当可行的方案，创造性地运用数学方法分析实验结果。能够基于事实和证据，采用推理、建模等方法在遇到问题时，作出正确决策并解决问题。

（三）社会责任目标

学生能够形成热爱生命的观念，养成保护环境的习惯，并可以提出保护水环境的一些建议。

六、实验教学内容

本节课选取光照强度、温度以及光质三个环境因素进行探究实验。学生在教师的指导下回顾光合作用的原理和应用，然后在教师的指导下进行实验。教师通过引导学生对实验结果的分析，表达与交流等过程，完成本节课的实验教学。

七、实验教学过程

（一）实验准备

教师提出相关问题：根据实验设计的基本原则，教师提出如下引导性的问题：①适合本实验的实验材料应该具有哪些特点；②可以用什么作为实验的检测指标来反应光合作用速率；③在整个实验的过程中可以选择环境中的哪些因素来探究其对植物光合作用的影响，你将用什么样的方法来控制实验的自变量。

学生经过讨论后，给出回答：①选择的植物应该具备生长迅速、易于取材、生命力旺盛等特点；②可以用单位时间内反应物的消耗量或者产物的生成量来代表反应速率，在这个实验中，可以选择光学溶解氧传感器检测植物释放氧气的情况；③在影响光合作用的因素中，我们选择光照强度、温度和光质三种因素。在对光照强度的控制上，选择可以调节光照强度的 LED 灯以及光照强度传感器控制光照强度；在对光质的控制上，用可以遥控改变光质的光带进行控制；在对温度的控制上，选择自制的光合作用恒温盒（见图 1）以及温度传感器进行温度的实时监控。结合课前的探究，学生们制作出了一个用以实验的光合呼吸装置（见图 2）。

图 1 恒温盒

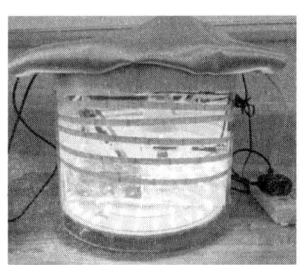

图 2 光合呼吸装置

（二）进行实验

学生自发形成三个小组，每组探究一种环境因素对光合作用的影响。

（1）第一小组：探究温度对光合作用的影响。

学生选择如下实验材料：光合呼吸装置、恒温盒、细叶蜈蚣草、热水、保温杯、冷水、温度传感器、溶解氧传感器等。并按照以下实验步骤进行实验：

1）用冷水和热水分别调成 15℃、20℃、25℃、30℃、35℃五个温度梯度。

2）在光合作用恒温盒内加 400mL 不同温度的水并加入 50g 细叶蜈蚣草。

3）把温度传感器和溶解氧传感器放入恒温盒中，连接温度传感器检测实验过程中的温度变化，连接溶解氧传感器检测光合作用释放的氧气。

4）打开光合呼吸实验装置中的固定光源，记录实验结果。

（2）第二组：探究光照强度对光合作用的影响。

学生选择如下实验材料：光合呼吸装置、恒温盒、细叶蜈蚣草、溶解氧传感器、光合日照传感器等，按如下实验步骤进行实验：

1）在光合作用恒温盒内加 400mL 温度为 25℃的水并加入 50g 细叶蜈蚣草。

2）把溶解氧传感器放入恒温盒中，连接溶解氧传感器检测光合作用释放的氧气，并且同时连接光合日照传感器到数据采集器，监控光照强度。

3）0~200s 打开遮光帘，关闭装置中光源。200s 后打开一个固定光源，此时光照强度为 $270\mu mol \cdot m^{-2} \cdot s^{-1}$，400s 后再增加光照强度至 $480\mu mol \cdot m^{-2} \cdot s^{-1}$，600s 后再增加光照强度至 $620\mu mol \cdot m^{-2} \cdot s^{-1}$。观察整个过程中溶解氧的变化曲线有什么异同。

4）将光照强度调控在 $1000\mu mol\cdot m^{-2}\cdot s^{-1}$，观察细叶蜈蚣草在强光下的溶解氧的产生情况。

（3）第三组：探究光质对光合作用的影响。

学生选择如下实验材料：恒温盒、细叶蜈蚣草、光合呼吸装置、溶解氧传感器等，按照以下实验步骤进行实验：

1）在光合作用恒温盒内加 400mL 温度为 25℃ 的水并加入 50g 细叶蜈蚣草。

2）把溶解氧传感器放入恒温盒中，连接溶解氧传感器检测光合作用释放的氧气。

3）打开光带的开关，用控制器把光照调成绿色，一段时间后，把绿色换成红色光源照射。观察整个过程中溶解氧的变化曲线有什么异同。

4）记录实验结果。

（三）表达与交流

表达与交流分为两个环节，教师提问学生讨论回答以及学生分享各自的实验结果。

（1）第一环节。

1）根据每组的实验结果，结合实验教学目标，教师提出如下问题：①曲线的什么可以代表氧气的产生快慢？②根据课前测量的各个温度下的植物的呼吸作用强度，你能知道植物实际光合作用速率是多少吗？③如何利用呼吸作用和光合作用原理提高农作物产量？④在农业生产中如何合理地控制光照强度？为什么光照强度过高会出现光抑制现象？⑤光合色素吸收最多的光是蓝紫光，植物利用最有效的光为什么是红光？人为的补充光源，应补充什么颜色的光源最有效？

2）结合实验结果，学生经过思考讨论后给出如下回答：①曲线的斜率可以代表光合作用速率。②在黑暗条件下测出植物呼吸作用消耗氧气的速率，进而求出植物的实际光合作用速率。③在实际的生产中，我们可以在白天适当提高温度以增加光合作用强度，夜晚适当降低温度来降低呼吸作用强度，从而提高有机物的积累量。④不同植物对光照强度的要求不同，根据不同植物对光照强度的需要适当控制光照强度。光照过强会抑制细叶蜈蚣草的光合作用，也就是会出现光抑制现象。⑤光合色素吸收的蓝光所产生的激发态分子，先失去部分能量进入第一单线态后，才能将能量传出用于光合作用，即光合作用的有效光是红光。植物主要吸收红光和蓝紫光，几乎不吸收绿光，但是不是不吸收绿光。

（2）第二环节：实验结果的交流与分享。

各小组经过实验得出以下结论：

1）温度影响细叶蜈蚣草的光合作用强度，温度在25℃最有利于植物的光合作用（见图3），在黑暗条件下，温度在30℃最有利于其进行呼吸作用（见图4）。

2）光照强度影响细叶蜈蚣草的光合作用强度，补充一定强度的光照强度可以提高细叶蜈蚣草的光合作用速率，但当光照强度达到一定从强度以后，光合作用速率不在随着光照强度的增加而增加（见图5）。

3）光质的改变影响细叶蜈蚣草的光合作用速率，在其他条件相同的条件下，植物光合作用最有效的光是红光（见图6）。

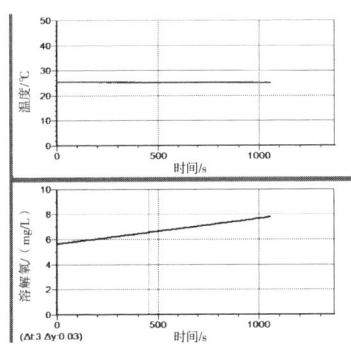

图3　25℃溶解氧的产生速率

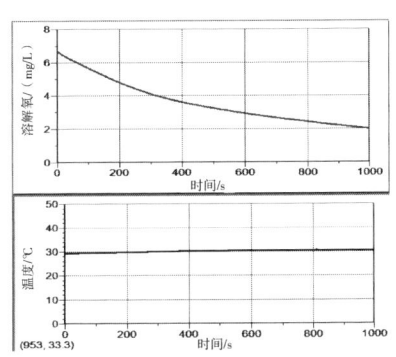

图4　30℃溶解氧的消耗速率

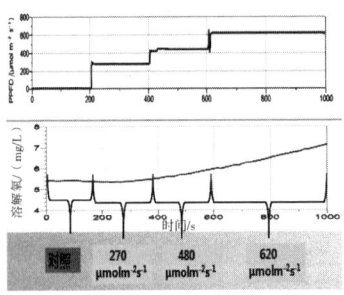

图5　光照强度对光合作用的影响

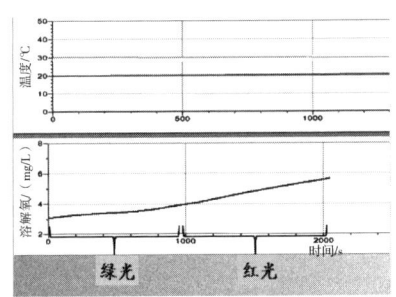

图6　光质对光合作用的影响

通过学生的表达和交流，有的学生自发组成的兴趣小组，对自然环境中的溶解氧含量或者其他指标进行检测，例如他们利用溶解氧传感器、电导率传感器以及pH传感器和温度传感器，对蚌埠龙子湖的水进行了检测，进一步提高了学生对自然科学的兴趣。

八、实验效果评价

（一）创新之处

(1) 在选材方面，本实验选择了一种生长迅速、容易取材的水生植物。

（2）用溶解氧传感器检定量测释放氧气的速率，替代了利用小圆形叶片上浮速率作为检测光合作用强度的指标。

（3）自制实验器材，使实验更加具有科学性。

（二）教学成果

（1）学生在不断发现问题和解决问题的过程中，逐渐掌握了生物学科知识。

（2）学生在设计实验、实施实验的过程中，领会了科学探究的精神，体会了合作学习的快乐。

（3）学生利用数学方法分析实验结果，提高了理性思维能力。

（4）在课外活动的探究中，培养了学生保护环境的社会责任感。

观察根尖分生组织细胞的有丝分裂

江苏省南通市海门市第一中学　单柳旭

一、使用教材

人教版高中《生物必修1——分子与细胞》高一年级第6章第1节"细胞增殖"后的实验内容"观察根尖分生组织细胞的有丝分裂"。

二、实验器材

过期板蓝根组豌豆根（水培瓶培养）、清水组豌豆根（水培瓶培养）、解离液、蒸馏水、染色液（龙胆紫溶液）、试剂瓶（2个）、蒸馏水瓶、小烧杯、滴管、剪刀、镊子、解剖刀、带橡皮的铅笔、吸水纸、九孔点滴板、数码显微镜、载玻片、盖玻片。

三、实验创新要点

（1）用九孔点滴板（见图1）代替培养皿进行解离、漂洗和染色等步骤。在第1个孔里滴入解离液用于根尖（剪取的根尖稍微长点，便于夹取，后面制片时将多余的部分切去）的解离。为了充分漂洗，在第2~7孔内滴入蒸馏水进行6次漂洗，第8个孔内滴入染色剂用于染色，如果直接制片通常视野紫色太深，经过多次尝试发现在染色之后再进行一次漂洗，细胞图像更清晰。所以第9个孔内滴入蒸馏水用于再漂洗。

图1　九孔点滴板

（2）制片过程用带橡皮的铅笔轻轻敲打盖玻片代替课本操作中的压片，使细胞分散成云雾状。

（3）用现代化工具观察并处理实验结果。自带电脑的数码显微镜，方便了学生直接采集图像或截取图片，并编辑标注后在无线网络下上传至班级QQ群，学生即可进行展示和交流。

四、实验原理

（1）在高等植物体内，有丝分裂常见于根尖等分生区细胞，由于各个细胞的分裂是独立进行的，因此在同一个分生组织中可以看到处于不同分裂时期的细胞，通过观察高倍显微镜下各个时期细胞内的染色体的存在状态，就可以判断细胞处于的时期。

（2）染色体容易被碱性染液（如龙胆紫染液）着色。

（3）过期板蓝根溶液能影响根尖细胞分裂，影响根尖生长。

五、实验教学目标

（一）知识目标

阐明有丝分裂的过程、特点和意义。

（二）能力目标

学会制作根尖临时装片，能对有丝分裂实验结果进行分析处理并得出相关结论。

（三）情感态度与价值观目标

形成健康生活的意识和环境保护意识。

六、实验教学内容

本课是人教版高中《生物必修1》第6章第1节细胞增殖后的实验内容。从真实生活的问题情境引入本节课，利用九孔点滴板处理过期药物和清水组根尖，分别制作两组根尖的有丝分裂临时装片。并利用先进的数码显微镜对两组根尖的有丝分裂实验结果进行观察，分析和处理实验结果，加深对有丝分裂过程的理解，并形成过期药物应该正确处理的健康生活和环境保护意识。

七、实验教学过程

（一）创设真实的问题情境

在我们的生活中都有过期的药品随意丢弃的现象。过期药物对人和动物的伤害比较大，对植物的生长有没有影响呢？生物研究性学习小组的学生在课前用本地的经济作物豌豆进行了培养实验，结果发现豌豆生根比较容易，且用1%的过期板蓝根溶液处理过的豌豆根长得比清水中的短。

（二）活动一：制作植物有丝分裂临时装片

活动要求：①自主学习教材 P115~116 内容，完成制作临时装片的表格；②小组合作认识九孔点滴板，明确如何使用九孔点滴板处理根尖；③利用九孔点滴板处理根尖，并制作植物细胞有丝分裂临时装片。

学案完成后，拍照，并用美图秀秀编辑标注后上传。

小组展示（同屏软件展示）：从小组的活动一展示情况看，第6小组对解离和压片的目的还有些混淆，且都没有填出九孔点滴板的第 9 个孔的用途，这时就可以告知再漂洗的优点。

（三）活动二：观察植物有丝分裂临时装片，处理并分析结果

活动要求：①观察临时装片，选择典型的视野（直接截图）；②找出典型的处于中期和后期的细胞，绘制分裂示意图（豌豆细胞染色体数为 2n = 14 条）；③统计分裂期的细胞数、细胞总数（多次实验发现放大 400 倍后视野中细胞数平均为 148 个），计算分裂指数；④析实验结果，得出实验结论（用美图秀秀将图片按照板蓝根组、清水组和学案拼接成长图，并编辑标注后上传）。

小组展示（同屏软件）：

第 1 组结果展示，他们准确地找到了中期和后期的细胞图像，并画出了相应示意图，该图能体现染色体的行为特征，随后分别统计出了处于分裂期的细胞数，但是板蓝根组由于解离过度细胞过于分散，清水组解离压片的不充分导致细胞重叠，所以满屏细胞总数无法统计（他们非常严谨，虽然有遗憾，但这种精神还是值得学习的）。

第 2 小组的同学也都准确地找到了中期和后期的细胞图像，并画出正确的示意图，也统计出了处于分裂期的细胞数，而在细胞总数一栏直接都写了 148，但是由于存在气泡，有些部位细胞过于分散，有的细胞重叠，还有存在长方形的伸长区等，所以实际值与 148 的基准数有一定的误差（当时因为考虑到实验时间，提供了满屏细胞平均 148 个的参数，虽然给学生节省了时间，客观上也是导致误差形成的原因）。

第 5 小组的同学同样准确地找到了典型细胞图像，画出示意图，并统计出了处于分裂期的细胞数，这组学生是对着屏幕直接数细胞总数的，且对于压线的细胞取左边和上边的细胞计数（这样得到的数据同样存在一定的误差）。

（四）总结升华

从各小组以及汇总的数据，我们都可以看出板蓝根组的分裂指数小于清水组，由此可以初步得出：1% 过期板蓝根确实能影响植物细胞的分裂从而影响植物的生长。通过这个实验学生可知，过期药物不能乱扔，应该正确处理，如交给定点收购过期药物的机构，使学生形成具有社会责任感的核心价值观。

（五）拓展延伸

影响细胞分裂的因素还有很多。生物研究学习小组的同学通过查阅资料用类似的方法继续进行了甲醛对植物生长的影响的探究活动。

八、实验效果评价

（一）制片能力的提升

用九孔点滴板做实验简化实验流程。制片操作用带橡皮的铅笔轻轻敲打盖玻片，也达到使细胞分散成云雾状的效果。

（二）观察和交流方式的提升

现代工具数码显微镜的使用对实验结果的观察很重要。有了这样的数码显微镜，学生能直接采集图像或截取图片，并在无线局域网络下上传，学生之间的展示和交流变得格外方便。

减数分裂的观察与比较

郑州市第二中学　王培　王丽娴
郑州市第一零六中学　王金贝

一、使用教材

本节课属于人教版高中《生物必修2——遗传与进化》第二章"基因与染色体的关系"第一节"减数分裂和受精作用"中的内容。

二、实验器材

双目数码显微镜，iPad（我校创新班师生配备）用于显微拍摄、发布在线课程、实时互动，改良苯酚品红染液，卡诺氏液，70%酒精，亮粉指甲油，载玻片，盖玻片，吸水纸，刀片，镊子，纱布，自封袋等。

三、实验创新要点

（一）选材：水仙花药

（1）水仙是三倍体，不仅能看到典型图像，还能看到联会紊乱等染色体变异现象。

（2）花药较大（长5mm左右），一枚即可制片，方便"检一存五"（详见下文）。文献中常用于观察减数分裂的大葱、蒜等花药细小（<1mm），不方便制片、保存。

（3）水仙易水培，生根多且快，可用其根尖进行有丝分裂观察；叶表皮细胞排列整齐易撕取，能进行"探究矮壮素抑制生长机理"的拓展实验。一种材料带学生完成多项体验，非常有价值。

（二）预存

水仙的减数分裂发生在种球内，剥去鳞片叶可得花序，再去掉苞片可见4~5朵小花，每朵小花内有6枚花药。对这些花药进行镜检会发现，每朵花内6枚花药时期同步，但不同花朵的发育程度不同，而这一切从种球外观上是难以分辨的。也就是说，每剖开一个种球，面临的都是未知的结果：可能全部在间期；可能有的在间期，有的在分裂期；可能有的在间期，有的已经完成分裂；或者有的在分裂期，有的已经完成分裂……分裂期花药很少，表明其持续时间短，也意味着，如果在课堂上现场剖球取材，学生可能很久都找不到分裂期细胞。

所以必须在课前收集和保存足够的分裂期花药，我们的做法是：既然一朵花中 6 枚花药是同步的，那么取一枚镜检，若恰处于分裂期，就将另外 5 枚用卡诺氏液固定数小时，然后存于 70% 酒精溶液中，到上课时根据需要取用。这种"检一存五"的办法保证每个小组都能看到现象。而且可以永久保存材料，使实验不受季节限制。

这个方法也可用于根尖得保存，在有丝分裂最旺的 11 点左右取材固定，任何时候观察都能取得良好效果。

（三）实效

学生在第一次看到这些晶莹剔透的细胞时无比兴奋，也充满疑惑。为了保证课堂效率，借助创新班学生有 iPad 的条件，我决定使用在线课程，课程内容包含了课前知识准备、课堂资源共享与讨论、课后反思提升等环节，帮助学生在课前作足准备，课上提高效率，有更多时间进行讨论辨析。不仅看见，而且看懂。具体内容见教学过程。

（四）拍摄

为方便在线课程的使用，我们需要用 iPad 进行拍摄，但 iPad 镜头与目镜很难对焦，不方便连续拍摄，而且 iPad 太大，常见固定器都无法使用。后来发现，显微镜放在凳子上，iPad 放在桌面上，小心调节角度与距离，即可稳定成像。

（五）封片

实验结束后，一些效果很好的临时装片不忍心丢弃，而固定装片的制作又比较烦琐，不适合学生操作，我们期望找到一种能够较长时间保存临时装片的方法，最佳方案是：亮粉指甲油封边晾干，再用湿润的纱布包裹，密封在自封袋中，这个方法操作简便，可保存较长时间。

四、实验原理/实验设计思路

前期准备时从学生对水仙花不结种子的疑问出发，结合有丝分裂的观察实验等已有知识步步深入，摸索出减数分裂的制片和观察方案，解决材料保存、便捷拍照等问题。

实验课引导学生在"制作装片→拍照并共享→排序→修正"的过程中逐步体会真实减数分裂各时期的特征，在确认图片时期的过程中自然完成不同时期的对比、动物与植物的对比、二倍体与三倍体的对比。

五、实验教学目标

（一）知识与技能

（1）能科学规范地制作、观察减数分裂装片，准确辨认不同时期。

（2）在辨认过程中理清模型与实物照片、动物与植物、二倍体与三倍体减数分裂的异同，推测三倍体高度不育的原因。

（二）过程与方法

能灵活运用相关知识解决实验中遇到的各种问题，在"提问→假设→求证→再提问"的过程中提升科学探究能力。

（三）情感态度与价值观

（1）通过资源共享和小组互助，提升合作意识；在比较、分析、讨论的过程中强化严谨务实求知态度。

（2）在步步求真的探索过程中逐步增强对生命现象探索欲望，进而提升敬畏、博爱的生命观念。

六、实验教学内容

（一）前期准备

（1）水仙花药的取材、制片方法探究。

（2）分裂期花药的保存方法探究。

（3）摸索用 iPad 进行显微拍照时稳定成像的最佳角度、位置。

（4）编制在线课程，内容包含课前任务资源、制片方法、电子版实验记录单、讨论区等。

（二）教学内容

（1）课前。按照在线课程任务引导，完成以下内容：

1）从减数分裂动画中截取图像，在实验记录单中进行时期排序。

2）在实验记录单中对蝗虫精母细胞减数分裂显微照片进行排序。

（2）课中。

1）制作水仙花药临时装片。

2）显微拍照并分享至在线课程讨论区。

3）各组从共享图片中找齐所有时期并排序。

4）分享排序结果并讨论修改。

（3）课后。

1）完成课后习题。

2）在课程讨论区交流解决遗留问题。

七、实验教学过程

（一）课前：学生在实验课前需要完成两项任务以方便课堂讨论

（1）体会减数分裂的动与静。从动画中截取图像，进行排序。截得稍早或稍晚，图像会略有不同。意在让学生体会到，减数分裂是一个连续动态过程，而我们在显微镜下看到的只是其中某个瞬间，必须抓住核心特征，才能准确辨认时期。在电子记录单上排好的图像用于与显微照片进行比较。

（2）对蝗虫精母细胞减数分裂各时期的显微照片进行排序，意在初步体会实景与动画模型的差异，同时对动物减数分类有所了解，以便于植物进行比较。

（二）课中

（1）学生参考在线课程，制作装片（见图1）。

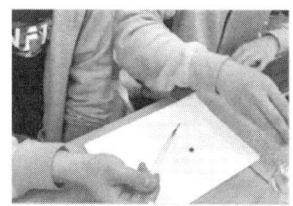  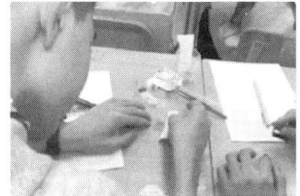

图1 制作装片

（2）进行显微拍照，剪切出典型图像（见图2）。

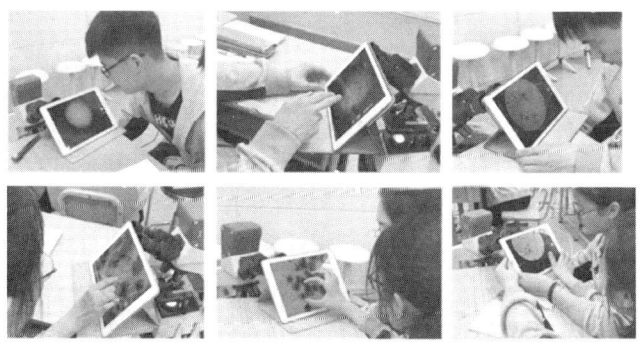

图2 显微拍照

（3）简单修剪后将典型图像发布到课程讨论区（见图3），如有疑问则一并提出。

图 3　共享图片

（4）集齐各时期的图片后，按顺序排列在记录单中，并将记录单发送至交流群（见图 4）。

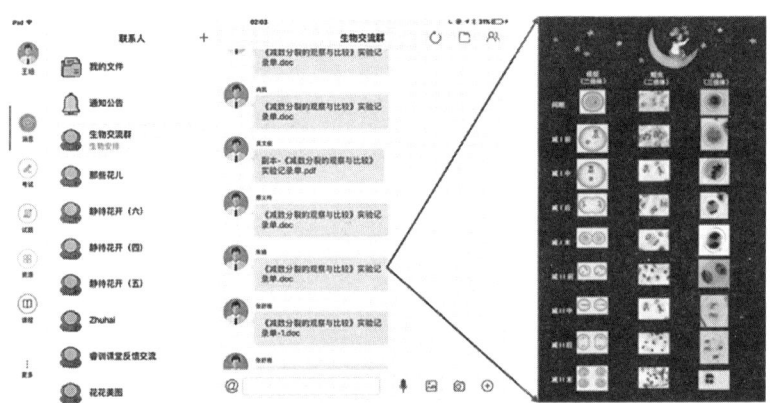

图 4　发布成果

（5）互评记录单，对自己或他人的成果提出修改建议，派代表阐述修改内容和原因（见图 5）。

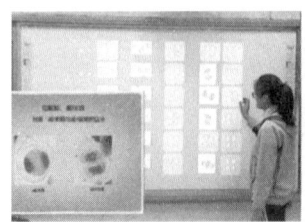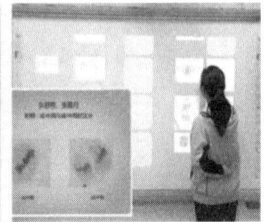

图 5　交流修改建议

(6) 总结 (见图6)。

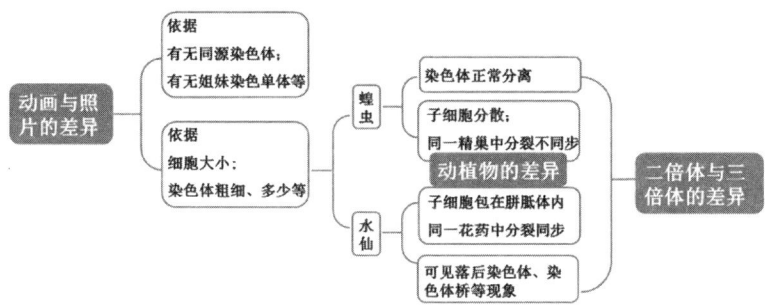

图6　课堂总结

表面上看,学生的任务是排序,而完成这个任务需要细心观察辨析 (见图7)。例如:减Ⅰ中期和减Ⅱ中期的区分,在模型中,我们会看有无同源染色体,而在照片中,这一特征无法分辨,他们还有其他不同吗?染色体较粗、数目较多的应该是减Ⅰ,相对较细、较少的是减Ⅱ。

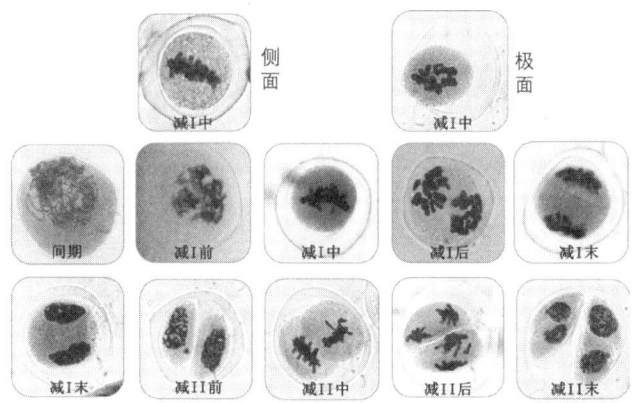

图7　不同角度、不同时期的图像

动植物之间有什么区别呢?植物减数分裂产生的子细胞全部包在这个透明的胼胝体内,而动物细胞不存在胼胝体,子细胞分散。还有一个细节,细胞是立体的,但我们只能从某个角度进行观察,侧面和极面会是不同的图像。

实验中也确实遇到许多异常分裂的细胞,这些特殊行为的高频出现,让我们深刻认识到水仙高度不育的原因 (见图8)。

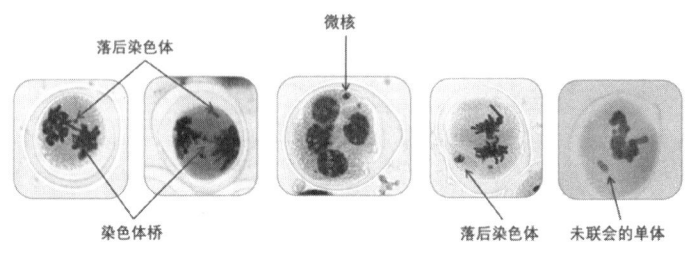

图8 异常现象

（三）课后

前面提到过，剖开一个种球，最多也就有一朵分裂期小花，取材效率低。大量间期花药用不完，却无法继续生长，造成实验材料浪费。为解决这一问题，我们借鉴了水仙雕刻培养的技法：先将种球培养生根，2~3天后剪下根尖保存用于有丝分裂，球茎部分进行雕刻，较大的花朵取下镜检，较小的花朵暂且不动，继续培养，待稍大些再做镜检，这样可以有效提高材料利用率。

八、实验效果评价

从最初的一个想法，到最终课程实现，从初次见到那些晶莹剔透的细胞时的惊艳，到突破重重障碍获得满满的成就感，这节课对于我和学生都是非常珍贵的体验，我们充分体会到了科学探究的艰辛与魅力。在分析、比较过程中，对减数分裂与染色体变异有了更直观的认识，同时信息技术的助力使得资源共享和信息交流更加便利。

基于大数据下"性状分离比模拟"实验装置的改进与创新

贵阳市第一中学　陆兴亮

一、使用教材

人教版高中《生物必修2——遗传与进化》第一章"遗传因子的发现"第1节"孟德尔豌豆杂交实验"。

二、实验器材

硬件：Arduino_UNO 开发板、发光二极管、光敏电阻、高扭力 370 电机、64T 同步转轮、黑白条同步带、塑料条、连接线（见图1、图2）。

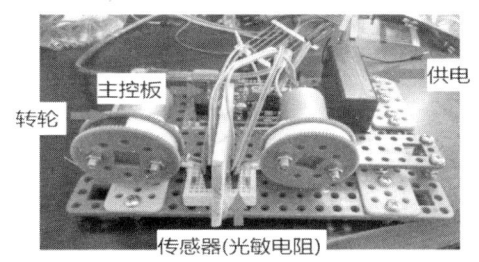
图1　实验装置模型图1

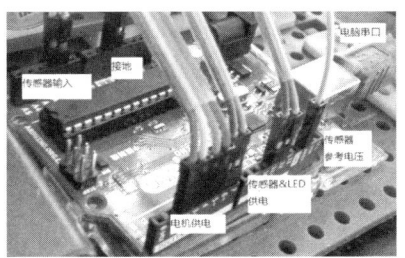
图2　实验装置模型图2

软件：C语言编写程序 Arduino_UNO、易语言开发上位机界面（见图3）。

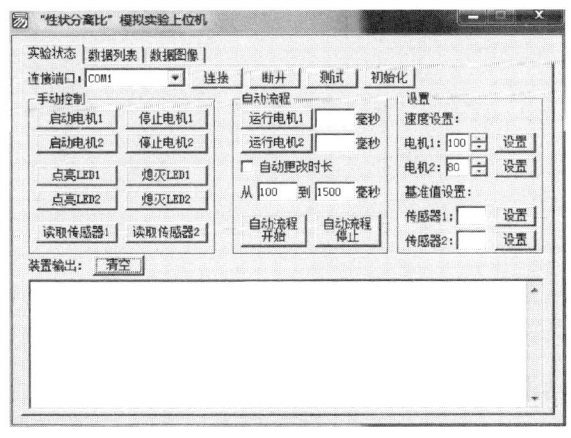

图3　上位机界面

部分仪器说明。①两个转轮：模拟雌、雄生殖器官，均分的白、黑方条分别代表显、隐性遗传因子（基因）。②传感器：判断随机抽取的位置是白色或黑色，把数据传输至主控板。③电池：为装置供电，维持电压稳定。④主控版：使用的是 Arduino_UNO 开发板，通过 C 语言自主进行编程，从而控制各个功能模块；利用 USB 接口与电脑段上位机进行通讯的功能。⑤上位机：上位机程序使用易语言自主编写程序，用于向开发板发送指令，接受数据以及处理数据、绘制动态曲线。

三、实验创新要点/改进要点

（1）落实新高考生物科学探究和 STEAM 学科知识相融合的教育理念。

（2）大量减少了人工操作的流程，实现实验效率的优化和提高。

（3）实验数据和图像能实时动态呈现，把抽象思维具体化、直观化。

（4）能在原有基础上拓展创造模拟"基因的自由组合定律"实验。

（5）运行速度稳定，能导出实验数据作进一步分析。

（6）让生物实验改进往信息化、自动化、智能化方向发展。

（7）实现了理论与实践的相互转化，让课本知识服务于实践。

四、实验原理/实验设计思路

实验装置设计及原理见图 4、图 5。

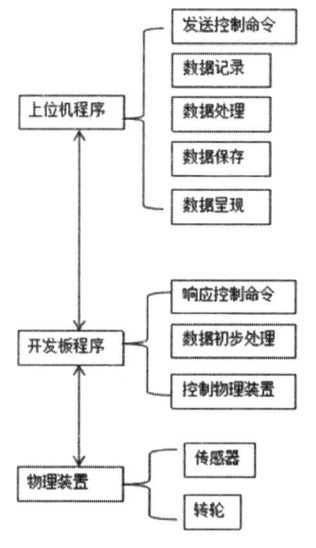

图 4　实验装置设计及原理 1

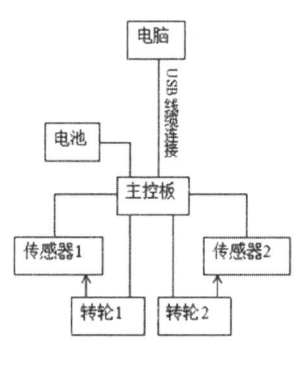

图 5　实验装置设计及原理 2

五、实验教学目标

（一）知识与技能

（1）认识和理解遗传因子的分离和配子的随机结合与性状之间的数量关系。

（2）通过模拟实验，认识到性状分离比是一种概率比。

（二）过程与方法

（1）通过小组对实验进行操作和统计，升华对创新装置原理及设计的认识和理解。

（2）通过对创新装置的操作及运用，加深对孟德尔遗传规律的理解。

（三）情感态度价值观

（1）通过对创新装置的理解与应用，激发学生自主思考、自主创新、自主研发的科学精神。

（2）通过多学科交叉和融合，贯彻落实生物学科核心素养和 STEAM 教育理念。

六、实验教学内容

根据孟德尔对分离现象的解释，生物的性状是由遗传因子（基因）决定的，控制显性性状的基因为显性基因（用大写字母表示，如 D），控制隐性性状的基因为隐性基因（用小写字母表示，如 d），而且基因成对存在。遗传因子组成相同的个体为纯合子，不同的为杂合子。生物形成生殖细胞（配子）时成对的基因分离，分别进入不同的配子中。当杂合子自交时，雌雄配子随机结合，后代出现性状分离，为显性与隐性的性状比为 3∶1。

用甲乙两个小桶分别代表雌雄生殖器官，甲乙两小桶内的彩球分别代表雌雄配子，用不同彩球的随机结合，模拟生物在生殖过程中，雌雄配子的随机组合。

七、实验教学过程

（一）传统实验教学

（1）全班 50 个同学分成 10 个小组，每小组进行合作探究实验。

（2）每个小组可以领取 2 个小桶和 40 个小球（黄、白各 20 个），然后每个小桶放置 20 个小球（黄、白各 10 个）。

（3）每个小组安排 2 个同学（甲、乙），甲负责从两个小桶中随机抓取 1 个小球进行组合，乙负责统计实验数据，甲再把抓取的小球放回原处。

（4）每个小组抓取 100 次，完成任务之后，小组长负责把本小组的实验数据向班级汇报（把实验数据填写到指定表格上，见图 6）。

（5）10个小组都完成任务后，把各个小组的实验数据进行汇总并计算平均值，得出最终数据，对数据进行分析。

小组统计表格					
小组序号	小组成员	抓取次数	各组合数量			比例（显性：隐性）
			DD	Dd	dd	

全班汇总表格				
小组序号	抓取次数	各组合数量			比例（显性：隐性）
		DD	Dd	dd	
1					
2					
3					
4					
5					
6					
7					
8					
9					
10					
总计					
平均值					

图6　实验数据表格

（二）改进后实验教学

（1）使用数据线把主控与电脑上位机界面进行连接，查找电脑USB接口端位。

（2）对应连接端口，点击上位机界面"连接"按钮、按"复位键"，显示"Connected"。

（3）点击"自动流程开始"，传感器进行校正后装置启动。

（4）电机带动两个转轮差速转动及随机取样，保证雌、雄配子抽取及组合的随机性。

（5）传感器判断随机抽取的位置是白色或黑色，把数据传输至主控板。

（6）主控板把传感器数据进行汇总，通过USB端口传输至电脑。

（7）在上位机界面的"数据列表"和"数据图像"上分别呈现获取的数据和绘制图像。

（8）点击"自动流程停止"，转轮及传感器运行状态停止，实验结束。

八、实验效果评价

（1）传统实验过程在课堂有效时间内无法获取大量数据，从而导致实验结果和结论误差较大，所获取的实验数据量大难以进行手工处理，同时无法直观观察实验数据变化规律。

（2）改进后的实验过程弥补了教材实验对数据处理的不足，数据和图像能实时动态呈现，让学生能直观、动态地观察。

九、实验教学反思

教材中传统的随机抓小球组合实验，简单模拟了遗传因子分离、配子的随机结合，通过学生动手参与模拟实验，强化学生对"分离定律"的理解，内化生物基础知识，提高学生团队合作和数据统计的意识和能力。但同时存在诸多问题，如课堂上短时间内无法收集大量实验数据，从而导致实验结果和结论误差较大；花更多课堂时间用于模拟实验获取大量数据，但实验数据量大难以进行手工处理；无法直观观察实验数据变化规律等。基于以上问题，应用自主编程和研发的创新装置，通过计算机来进行数据采集以及分析，实现了"性状分离比模拟实验"效率的优化和提高；实验数据和图像能实时动态呈现，把抽象思维具体化、直观化；能在原有基础上拓展创造模拟"基因的自由组合定律"实验，并导出实验数据进一步分析，弥补教材实验的不足；将生物学、信息技术、通用技术、数学等学科知识相融合，贯彻落实生物学科新高考改革和 STEAM 教育理念，着力培养能自主思考、自主创新、自主研发的新型复合型人才。

胚胎工程

浙江省杭州学军中学　吴谦

一、使用教材

选用教材为浙科版高中《生物学选修 3》第三章 "胚胎工程"。该部分内容介绍了生物前沿领域的诸多技术，重要但较为抽象，学生常存在一定的理解困难。为了加深学生的理解，设计了这节拓展的实验课。

二、实验器材

（一）实验仪器

显微镜-电脑一体机（两人一台）。

（二）实验材料

雌雄斑马鱼、药匙、毛细玻璃管（显微注射针）、酚红-重组 DNA 分子溶液、培养皿、吸管、注射用模具（见图1）、镊子。

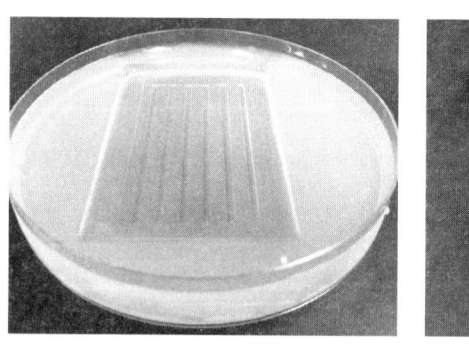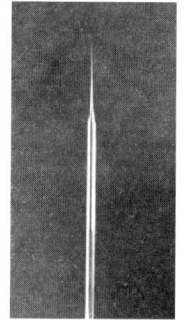

图1　显微注射模具（左）和显微注射针（右）

（三）学案

内附实验流程、"斑马鱼早期胚胎发育表"（一人一份）。

三、实验创新要点

（一）课本内容与科学实践相结合，加深对知识的理解，提升科学探究能力

以胚胎工程作为主干知识，合理穿插了三个兼具科学性和趣味性的实践操作环节，在传递课本知识的同时很好地激发了学生的兴趣，并提升了他们的实践、探究能力。

（二）现代科技助力教学，促进学生对科学的认同

显微镜的出现使得生物学的研究进入微观领域，而显微注射针的出现又让对细胞的操作成为可能。科学、技术的进步互相促进，相辅相成。实验中用到的显微镜-电脑一体机、显微注射针、快进视频技术等都能让学生感受到科技的力量及带来的便利，在辅助教学的同时也加强了学生对科学的认同。

（三）渗透生命观念：尊重生命，敬畏自然

在整个教学过程中注重培养学生的生命观念，在了解科技的力量的同时保持对生命的尊重、对自然的敬畏。如提醒学生思考：实验结束后废弃的斑马鱼胚胎该如何处理（鼓励学生主动照顾胚胎、培养至小鱼）；又如在收集雌鱼的卵细胞时为什么有的组无法收集到（斑马鱼只在清晨产卵，这是自然规律，但我们的课程设置在下午，此时难以收集到卵细胞）。

同时在实验设计过程中也注重培养学生实事求是的态度。比如在推断斑马鱼胚胎发育时期的环节，学生观察到的发育时期普遍比预期少了1h，这是因为运输鱼卵是在户外进行的，天气较凉，鱼卵发育速度缓慢的缘故。

（四）实验效果显著，参与体验性强

本次实验课设置的实验都具有显著的结果和很高的体验性，给学生带来很强的参与感和很高的成就感。收集卵细胞实验中一半以上的组都收集到了大量的卵细胞；显微注射实验中几乎每个组都成功地将显微注射针的针尖插入了胚胎的细胞质之中；推断胚胎发育时期的实验考察了小组成员的配合和观察力。这种亲身体验带来的学习效果往往是显著而持久的。

（五）激发社会责任，让科学融入生活

该实验课以乳汁中含凝血因子Ⅸ的转基因羊作为切入点，让学生意识到尖端的科学技术可带来巨大的经济、医学和社会价值。通过设问、实践等方式提高学生的参与度，激发学生的主人翁意识，让他们主动地承担起更多的社会责任。

课程的最后设置了头脑风暴环节，为学生们提供了参与社会事务的机会及展示自身创意的舞台。学生贡献了许多富有创造性的想法，比如：①通过基因工程去除豆类中的胰蛋白酶抑制剂使得豆浆可以生喝；②将养蜂业的害虫大蜡螟的降解聚乙烯的基因转到更多物种中去；③将不孕基因导入雌蚊中，培养大量不孕蚊子投入自然以减少蚊子的种群数量；④将维生素基因导入猪中，以后可以通过吃猪肉补充维生素。

（六）尝试STEM教育，突出"教学过程重实践"

STEM教育是当今世界各国提倡的前沿教育理念，其名称来源于科学、技

术、工程、数学四门学科英文首字母的缩写。STEM 教育与科学探究这一核心素养的内涵不谋而合，都强调了实践和探究性学习的重要性，并重视如何解决生活中遇到的真实问题。本次实验课的内容涉及自然科学、工程技术、理性思维等多个维度，以解决真实问题为出发点，整合了书本知识和多个实践环节，是 STEM 教育理念进入生物课堂的一次尝试。

四、实验设计思路

（1）卵细胞获取实验是对胚胎工程技术"体外受精"的体现。

（2）显微注射实验是对基因工程技术"重组 DNA 分子的导入"的体现。

（3）辨别胚胎发育时期实验的设计是为了让学生能够对胚胎发育的过程产生清晰的认知。

五、实验教学目标及重难点

（一）教学目标

（1）通过获得胚胎工程动物的情景模拟，培养学生的理性思维和分析能力，提升其解决实际问题的能力。

（2）通过收集斑马鱼卵、培养受精卵、进行显微注射等活动提升实践操作能力，并对尖端科技的发展产生兴趣和认同感，提升"科学探究"学科核心素养。

（3）通过头脑风暴环节引导学生积极构思，将所学知识融入社会生活，分享、完善创意，勇于承担社会责任。

（二）教学重点

（1）动物胚胎发育的过程。

（2）胚胎工程相关的实验操作。

（三）教学难点

（1）胚胎工程的相关技术及应用。

（2）如何在实验课中渗透核心素养。

六、实验教学内容

（一）卵细胞获取实验

模拟卵细胞的获取。学生在听到讲解及示范后，需两人一组自行将斑马鱼雌鱼的卵细胞挤出，同时用药匙收集挤出的卵细胞（见图 2）。

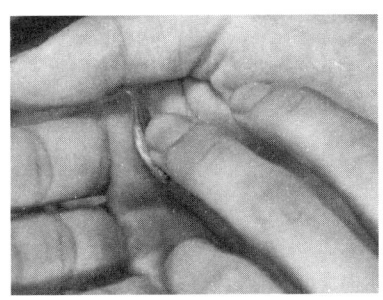

图2 学生在收集斑马鱼雌鱼的卵细胞

(二) 显微注射实验

模拟动物细胞的重组DNA分子的导入。学生需在显微镜下进行显微注射操作，将尖端非常细的显微注射针扎入斑马鱼的胚胎之中（见图3）。

(三) 辨别胚胎发育时期实验

培养学生对胚胎发育过程的认知。学生需对照斑马鱼胚胎发育时期表，根据所提供的斑马鱼胚胎的形态，推断出其发育时期（见图4）。

图3 学生在进行显微注射操作

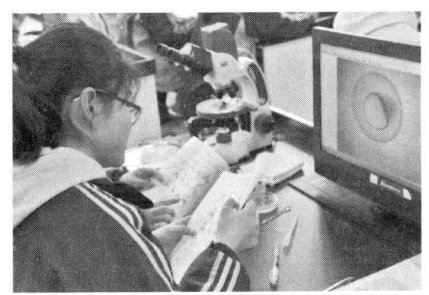

图4 学生在推断胚胎发育时期

七、实验教学过程

(一) 情境构建，寻求解法

介绍1998年我国研制出的乳汁中含凝血因子Ⅸ的转基因羊，介绍研制出该羊的社会意义。抛出问题：如何获得这样的羊呢？引发学生思考。

(二) 理性思考，明确方案

回忆基因工程中制备转基因动物需要经历的五个步骤，本次实验从第三步开始，沿着主线依次进行，并逐步介绍相关知识。

(1) 获得人凝血因子Ⅸ基因。

(2) 制备重组DNA分子。

（3）将重组 DNA 分子导入受体细胞。（导入什么细胞？学生：受精卵细胞。如何在体外获得受精卵细胞？介绍卵细胞的收集方式、体外受精等相关知识。如何导入动物细胞？学生：显微注射。引入显微注射相关实践。）

（4）筛选。（如何筛选出导入了重组 DNA 分子的细胞？学生：注射的溶液里添加了酚红作为标记物。）

（5）筛选出的细胞发育为成体后进行基因表达的检测。（可否直接将带有重组 DNA 分子的受精卵在体外培育成动物成体？学生：高等动物不行。）

（三）多媒体教学，让书本知识立体、可感

本次课程设置了三个学生动手实践环节。为了让同学们能够准确、迅速地掌握实验要领，在教学方法上引入了丰富的多媒体资源，通过图片、视频等方式呈现实验过程，传递书本知识。在介绍胚胎发育过程时，还引入了斑马鱼从受精卵到幼鱼的胚胎发育全过程快进视频，极大地激发了学生的兴趣，并有助于他们正确理解胚胎发育这一抽象的过程。

（四）通过实验深化对知识的理解，增进实验技能

在三个动手实践环节，学生们依次收集了斑马鱼的卵细胞，体验了显微注射过程，推断了斑马鱼胚胎的发育时期。丰富的实践是"教学过程重实践"这一新时期教学理念的体现，也将理性思维、生命观念、科学探究等核心素养渗透到了教学之中。

（五）头脑风暴，贡献基因工程与胚胎工程创意

通过几组实例介绍转基因动物的医学价值、经济价值，让同学们感受到基因工程、胚胎工程的科技组合带来的巨大社会效应。引导学生分组讨论他们关于基因工程、胚胎工程的创意，并最终向整个班级分享、介绍自己的创意（见图5）。科学的目的是服务生活，让学生能够将学到的科技融入生活，能够积极地调动他们的创造力和责任感，真正地体现社会责任这一核心素养。

图5 "头脑风暴"后学生介绍自己的创意

（六）课后延伸：受精卵、成鱼的继续培养，创意的完善

一节课程的容量有限，更多的教育和培养是体现在课程之外的。引导同学们在课程结束之后继续饲养斑马鱼胚胎、成鱼（见图6），对生命保持应有的尊重。

同时给予大家一定的时间查阅资料，进一步讨论，完善自己的创意，召开创意探讨会，分享完善的创意和想法。

八、实验效果评价

（一）卵细胞获取实验

斑马鱼雌鱼只在清晨时分产卵，本次实验课进行的时间是下午1时40分，因此错过了排卵的最佳时期。但是仍有约半数以上的小组成功收集到了大量的卵细胞（见图7）。实验效果良好。

图6　课后学生继续培养的成鱼

（二）显微注射实验

借助显微镜-电脑一体机，学生可以方便地将显微注射针插入斑马鱼的胚胎之中。几乎每组学生都成功地完成了显微注射的操作，而且可以实时看到针尖是如何穿破细胞膜进入细胞质的（见图8）。实验效果非常好。

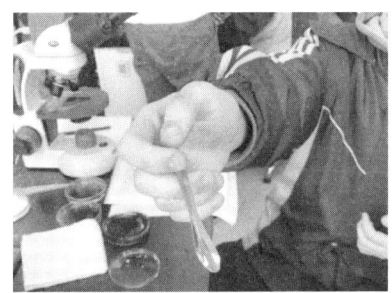

图7　学生展示收集到的卵细胞

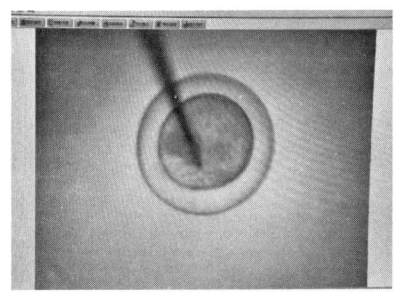

图8　屏幕实时显示显微注射情况

（三）辨别胚胎发育时期实验

通过比对胚胎发育时期表，学生对胚胎发育有了一个感性的认识，明白了胚胎发育是一个连续、严谨的过程。几乎每组同学都成功地推断出了接近真实情况的胚胎时期（见图9），实验效果显著。

图9　学生推断斑马鱼胚胎发育时期

探究影响酶活性的条件——pH 值

宁夏吴忠市回民中学 刘爱萍

一、教材分析

本课时为人教版高中《生物必修 1——分子与细胞》第五章第一节内容，该探究实验是对本节重点概念酶的进一步解析，旨在诠释酶的特性之三：酶作用条件较温和，它是生命代谢的开篇之词。以酶为核心概念，会串联出多个相近概念，如光合酶、呼吸酶、解旋酶、转录酶、限制酶等，覆盖了高中阶段所有的生物学科教材。另外，本探究实验是生物学科开篇的第二个探究实验，难度较大，没有给任何参考案例、记录表格，更没有明确实验的因变量怎样观察记录。

二、实验器材

材料及用具：试管，量筒，小烧杯，大烧杯，滴管，试管架，试管夹，pH 试纸，土豆、油菜、洋葱、西红柿、苹果、肝脏、校园绿色植物等材料，研磨器，研钵，医用 20mL 注射器，医用输液管，剪刀，刻度尺。

试剂溶液：3% 的 H_2O_2 溶液，5% 的 HCl 溶液，5% 的 NaOH 溶液，pH 为 4、5、6 的 HCl 溶液，pH 为 8、9、10 的 NaOH 溶液，蒸馏水。

三、实验改进

（一）实验材料的创新

实验中添加自选材料：在原有的动物肝脏研磨液的基础上增补了土豆、洋葱、西红柿、油菜、苹果、三叶草、景天等研磨液。

（二）实验装置的创新

（1）塑料软泡反应室（见图 1）。材料安全卫生，易于组建，不碎裂，易观察，效果好。

（2）反应定量测试装置（见图 2）。构建简捷，操作方便，溶液量易控，读数清晰，误差减小；可定性表达实验结果，也可定量表达实验结果。

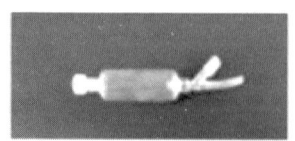
图 1 塑料软泡反应室

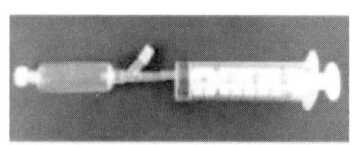
图 2 反应定量测试装置

（三）分析方法的创新

该实验由定性实验拓展为定量实验。如果运用白板，将 O_2 产量数量化，借助数学模型的曲线图或柱状图，能准确地表达 pH 对酶活性的影响。

四、设计思路

本次实验以提高生物科学素养，倡导探究性学习，注重联系生活为指导思想。教学策略如下：

（1）先温故，阐述探究性实验进行的一般方法及步骤。

（2）再阅读，分析课本中实验素材，设置组别，讨论每一主题下的每句话每份材料和用具，从中思考、整理实验问题、寻找解决策略，建构实验思路。

（3）最后确定设计方案、实施实验、汇报实验结果，共享实验成绩。

五、教学目标

（1）说出 pH 影响酶的实质；阐明 pH 对酶活性影响特点。

（2）通过自主设计、动手操作、控制变量、设置对照组和实验组、观察和检测因变量，培养学生设计探究实验的能力；通过研讨实验问题、组建新装置、寻找解决方法、利用数学模型，培养学生创新意识，自主实践的能力；通过设置组别，提高学习同共体的学习效力。

（3）通过小组合作、组别交流，培养学生质疑、创新和勇于实践的科学精神，提升学生的表达能力与团队合作能力。

六、教学内容

该实验探究 pH 对酶活性的影响。先温故；再阅读，分析实验素材，思考、整理实验问题、寻找解决策略、设计方案、实施实验，其中采用了增添实验材料、增设实验方案、创新实验装置、建构数学模型等方式，得出酶活性受环境 pH 影响的结论。

七、教学过程

（一）课前

（1）完成实验报告单，预习实验。

（2）准备实验器材与用具。

（二）课上（见表1）

（1）讨论问题。

（2）观看视频导入实验：带着问题观看经典的"pH 对酶活性影响的实验"视频。

表1 课上

产生问题	讨论、分析，整理解决思路
课本示"肝脏研磨液"，植物材料中H_2O_2酶活性怎样	上网查阅、了解含H_2O_2酶的生物材料；白板展示植物方面查阅结果
能否用生活中易得、使用便利的材料，设计出直观、有效的新实验装置	选取医用输液管、20mL注射器、夹子组建装置，可减小误差，准确测量
课本第84页"进一步探究"中说"建议进行定量实验"，如何绘制不同pH条件下酶活性的曲线图	设计表格统计数据，算产生O_2的量速率；运用Excel转化为曲线图，表述结论

（3）设计实验，尝试创新；进行实验，展示评价。

1）活动一：比较不同材料研磨液中H_2O_2酶活性大小。

①四个小组自行设计方案，组长汇报交流设计结果。

②各组确定本组使用的方案，开始实施，各组彼此之间尽量有不同点。

③各组间开展展示与评价活动（见图3~图5）。

图3 方案一实验结果

图4 方案二实验结果

图5 方案三实验结果

2）活动二：探究pH对H_2O_2酶活性的影响。

①各小组自行设计，鼓励尝试、创新实验方案。

②教师协助小组制定实施方案，随后开展实验（见图6、图7）。

③各小组整理实验，交流评价。

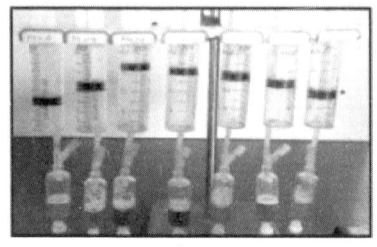
图6 不同pH下的实验结果

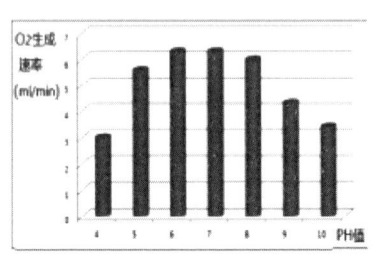
图7 数学模型柱状图

（三）课下

（1）开展一项调查活动：生活中的酶无处不在，如医疗、保健、美肤、洗涤等方面。

（2）开展课余探究实验。如对实验装置的进一步思考。

八、实验活动评价

实验中，我们充分挖掘教材，有效开发课程资源，创设问题情境，引导点拨，启迪创新，拓展学生发散思维的生成。整个实验过程充满了疑惑与思辨、尝试与检验、修正与完善，培养了学生的创造性思维和探究、解决问题的能力。在评价方面，我们彼此鼓励、相互信任，为学生创设思维空间和实验环境，推荐学生的创新作品，引导学生走科技创新之路。另外，新装置还可运用于其他实验，如 $NaHCO_3$ 溶液和藻类制备 O_2、探究沉水植物产生 O_2 的影响因素、探究酵母菌的呼吸方式等。

探究温度对果胶酶活性的影响

江西省赣州中学　王俊明

一、使用教材
人教版高中《生物选修1——生物技术与实践》专题四课题1。

二、实验器材
（1）榨汁机、托盘天平、电子天平、试管、2000mL烧杯、50mL烧杯、量筒、玻璃棒、铁架台、试管架、数显恒温水浴锅、漏斗、尼龙布等。
（2）果胶酶、无水乙醇、蒸馏水等。
（3）苹果、梨、李子、桃、西瓜皮等。

三、实验创新点/改进要点
（1）通过增加酶量来缩短实验时间，增强实验效果。
（2）通过改进均分果泥的方法使得各组果泥固液比均等，控制实验变量。
（3）分别用加热和用乙醇的方法对获得的各组果汁果胶含量进行检测。
（4）通过对多种水果的探究发现西瓜皮是比较理想的材料，变废为宝，利于环保。
（5）通过分析比较，让学生体验实验室制备果汁和工厂化大规模生产果汁的区别。

四、实验原理/实验设计思路
实验原理为"果胶酶能提高果汁的出汁率和澄清度，而温度会影响果胶酶的活性，在最适温度条件下酶活性最高"。实验设计按照"发现问题、解决问题、进一步探究拓展"的思路进行。

五、实验教学目标（核心素养的培养）

（一）实验探究
通过对果胶酶活性的探究的实验培养学生发现问题、解决问题、实验设计与实验探究的能力。

（二）科学思维
在实验过程中对发现的问题进行科学分析，进行比较，制定改进实验方案，培养科学思维。

（三）生命观念

认识生物材料成分结构与功能的关系。

（四）社会责任

通过实验教学的改进和实验动手操作，培养学生学以致用，科学联系生活、科学服务社会的意识和能力。

六、实验教学内容

本实验内容为人教版高中《生物选修1》的实验之一，注重操作和技术，学生按课本教参方法进行操作，各温度组的果汁的出汁量和澄清度都较低，各组差异较小，而且实验耗时长，很难在有限的课堂时间内完成。对此，以探究的一般方法为主线，教师引导学生发现问题，思考对策，实验检验，再探究的环节完成对课本实验进行改进和再探。

七、实验教学过程

（一）课前探究及改进

引导学生在课前按照课本教参方法设计实验流程并按流程尝试重复实验（2%果胶酶量为2mL，反应30min），但是发现一系列问题。教师在教学中指导学生思考讨论，大胆尝试，提出改进意见，并实施实验。

发现问题1：实验现象并不明显（见图1），主要表现在：①各温度组得到的果汁含量和澄清度都较低；②各组差异较小。并且整个实验时间耗时较长，很难在有限的课堂时间内完成实验，得出实验结论。

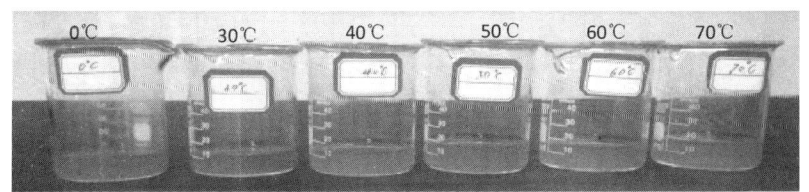

图1　各温度组果汁的澄清度和出汁量差异不明显

思考原因：酶量不足。

实验改进：增加酶量进行实验；设置较短反应时间（如15min），以酶量为自变量探究更佳的酶量。操作：分别向等量的6组苹果泥中加入2%的果胶酶溶液0~5mL，搅拌反应15min后进行过滤收集滤液，得到果汁（见表1）。

表1 实验操作步骤（50℃条件下进行）

组别	1组	2组	3组	4组	5组	6组
苹果泥/mL	30	30	30	30	30	30
2%果胶酶/mL	0	1	2	3	4	5
蒸馏水/mL	5	4	3	2	1	0
搅拌15min后，过滤收集滤液，得到果汁						

实验结果：如图2所示。结果表明果汁的澄清度随着果胶酶的含量增加而提高，当酶量达到4mL时再增加酶量提升效果不再明显，酶量为4mL是为较适宜酶量，预计能在较短时间内完成对温度的实验探究。

发现问题2：有同学发现酶量较少组有时果汁量反而多，如图2中的酶量为2mL组的果汁含量比4mL和5mL的组更多。

图2 不同酶量的果汁的澄清度和果汁含量

思考原因：在实验过程中均分果泥的方法不当，先后倒的果泥的固液比不均等（见图3）。

图3 各温度组果泥固液比不均等

实验改进：先称量180g果泥，用单层尼龙布快速过滤，将果泥分成滤渣和滤液，然后用量筒和天平分别均分滤液和滤渣，再将各组滤液和滤渣混合。

实验结果：各组果泥固液比均等（见图4）。

图4 各温度组果泥固液比均等

结合前面两点的改进，教师引导同学们再次完成了温度对果胶酶活性的影响的实验（设定反应时间为15min）。

实验结果：改进后各温度组的果汁出汁量和澄清度差异更为明显，更易得出实验结论，将反应时间缩短了（见图5）。

图5 改进后各温度组的果汁的澄清度和出汁量差异明显

提出问题1：怎么才能证明澄清度低的果汁果胶含量高呢？有没有什么好的检测方法呢？

实验原理：果胶在加热条件下易凝集沉淀，还有乙醇可将果胶析出。

实验结果：依据上述两个原理分别进行了实验，图6和图7分别是通过加热和通过酒精析出得到的结果，发现通过两种方法得到的各组果胶含量都与直接通过观察澄清度相吻合，即温度为40℃和50℃两组的果胶含量较少。

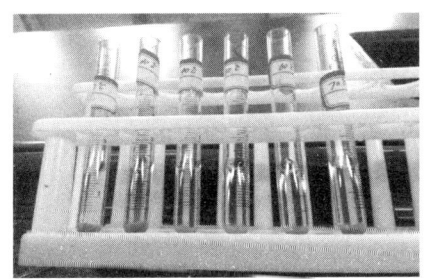 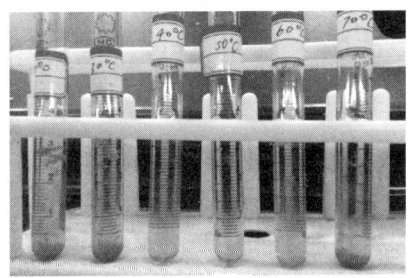

图6 各温度组加热析出果胶结果　　图7 各温度组乙醇析出果胶结果

（二）课堂展示及再探

（1）展示：展示实验改进过程，肯定学生敢于质疑和探索的精神；展示通过实验制备的各温度组的果汁，展示通过加热和加入酒精后析出的各组果胶含量情况，让同学们体会到成功的喜悦。

（2）交流：交流在实验改进过程中的想法。

（3）提出新问题，进行在探究。

再探问题1：是否有其他比较理想的水果可用于完成实验探究？

尝试：用了多种不同的水果，如桃、梨、李子、西瓜皮等进行了探究。

结果：图8是用西瓜皮得到的实验结果，各温度组的果汁含量和澄清度差异较为较明显。效果较好，还实现了变废为宝，利于环保。不过用西瓜皮作为实验材料也有局限性，比如西瓜季节性强，来源有地域差异。

图8　用西瓜皮作为材料探究温度对果胶酶活性的实验结果

（三）课后参观学习

再探问题2：实验室制备果汁和工厂化生产果汁有什么不同？

尝试：走进农夫山泉赣州信丰工厂，了解工厂化生产果汁的原理及流程（见图9）。

图9　工厂参观学习

结果：与实验室制备相比，工厂化生产果汁除了考虑果汁出汁量和澄清度，还要考虑营养成分及口感，另外工厂化生产要考虑成本、利润等诸多因素等。

八、实验效果评价

通过对实验材料、技术方法和教学手段等方面的改进创新，使得实验现象更加明显，实验方法更为科学，实验结果更加准确。将课堂从实验室延伸到工厂，拓宽了教学模式。在一步一步的改进过程中，学生的实验探究能力得到了加强。在实验现象不明显时，学生学会了科学分析，培养了科学思维，最终落实了核心素养的培养。

α-淀粉酶的固定化及淀粉水解作用的检测

温州市第八高级中学 张伟健

一、使用教材

浙科版高中《生物选修1——生物技术实践》模块第二部分"酶的应用"实验6"α-淀粉酶的固定化及淀粉水解作用的检测"。

二、实验器材

（一）用具

5mL注射器、试管、试管架、100mL烧杯、50mL烧杯、玻璃棒、胶头滴管、恒温水浴锅、培养皿、药匙。

（二）试剂

1%α-淀粉酶溶液、2%海藻酸钠溶液、0.2%羧甲基纤维素钠溶液、2%氯化钙溶液、0.6%淀粉溶液、$KI-I_2$溶液。

三、实验创新要点

教材中的实验从酶的固定化至淀粉水解作用检测共需约128min，由于时间过长而无法让学生在一节课内进行操作。本实验采用包埋法固定化α-淀粉酶，利用海藻酸钠滴入钙离子溶液中可形成凝胶微球体这一性质将α-淀粉酶固定化。将固定有α-淀粉酶的微球体装至注射器中，将淀粉溶液加入注射器与酶进行反应后，可将注射器内溶液注射到试管中进行检测，而固定有酶的微球体仍留在注射器内可多次重复利用。本实验整体操作时间约为35min，可让学生在一节课内完成。

四、实验原理

（一）α-淀粉酶的固定化

将α-淀粉酶溶液与海藻酸钠溶液、羧甲基纤维素钠溶液混合后，滴入氯化钙溶液中可形成光滑的凝胶微球体将α-淀粉酶包埋在球体中。

（二）淀粉水解作用的检测

$$淀粉（遇碘显蓝色） \xrightarrow{\alpha-淀粉酶} 糊精（遇碘显红色）$$

在装有固定化α-淀粉酶的注射器中加入淀粉溶液反应一段时间后，将溶液

注射至试管中滴加 $KI-I_2$ 溶液检测水解情况。

五、实验教学目标

（一）生命观念

认同酶是由活细胞产生的。

（二）科学思维

（1）通过实验操作及分析实验结果，能够说出固定化酶的概念。

（2）对实验操作各步骤进行分析，能够说出操作要点及原理。

（三）科学探究

通过实验操作，掌握固定化酶的技术手段，能够描述实验研究的基本过程。

（四）社会责任

关注固定化酶技术的发展，形成可持续发展的思想。

六、实验教学内容

（一）固定化酶简介

固定化酶是将水溶性的酶用物理或化学的方法固定在某种介质上，使之成为不溶于水而又有酶活性的制剂。常用的方法有吸附法、包埋法、共价偶联法、交联法。本实验将采用包埋法对 α-淀粉酶固定在海藻酸钠微球体中。球体与淀粉溶液接触时可使淀粉水解成糊精。

（二）实验步骤

（1）α-淀粉酶的固定化。将 1% α-淀粉酶溶液 2mL、2% 海藻酸钠溶液 5mL、0.2% 羧甲基纤维素钠溶液 1mL、蒸馏水 2mL 加入小烧杯中用玻璃棒搅拌混合均匀。用 5mL 注射器吸取混合溶液，以 10cm 左右的高度逐滴滴入盛有 2% 氯化钙溶液的培养皿中固定 20min。20min 后倒去氯化钙溶液，加入蒸馏水洗涤微球体 2~3 次，用药匙将固定有 α-淀粉酶的微球体装入至 2 支 5mL 注射器中，每支约 30 个微球体。

（2）淀粉水解作用的检测。

用装有固定化酶的注射器吸取置于 60℃下保温的 0.6% 淀粉溶液 3mL，分别于 60℃水浴保温反应 5min 和 10min。反应后将注射器内的溶液注射入一支试管中，滴加 $KI-I_2$ 溶液，观察颜色。实验后用注射器吸取蒸馏水洗涤其中的微球体 2~3 次，放置在 4℃冰箱中保存，几天后重复上述实验，观察是否有相同结果。

七、实验教学过程

(一) 环节一：情境导入

教师活动：创设情境，引发思考。

问1：某工厂有蛋白质溶液和蛋白酶溶液，欲得到较为纯净的氨基酸溶液用于销售，请问该如何操作？

问2：将蛋白酶加入至蛋白质溶液中水解蛋白质，这样获得的氨基酸溶液是否符合情境要求？

学生活动：思考并回答问题。

答1：将蛋白酶溶液加入至蛋白质溶液中，蛋白质会被水解为氨基酸。

答2：不符合纯净的要求。传统的酶制剂无法满足该情境。

(二) 环节二：固定化酶技术概述

教师活动：提供材料。

酶作为生物催化剂被大量使用于食品、化工、医药、轻纺等领域，但酶在水溶液中很不稳定，容易受到酸碱和有机溶剂的影响，而且溶液中的酶很难回收再利用，反应后酶混在产品中又可能影响产品质量。这些因素影响了酶的工业化使用，而固定化酶技术能很好地解决这些问题。固定化酶就是将水溶性的酶用物理或化学的方法固定在某种介质上，使之成为不溶于水而又有酶活性的制剂。固定化的方法有吸附法、共价偶联法、交联法和包埋法等。

学生活动：阅读并分析材料，整理固定化酶概念、方法、优点。

(三) 环节三：α-淀粉酶的固定化

教师活动：指导学生进行实验操作，及时发现并记录学生操作中的问题。

学生活动：动手实验。

(1) 用5mL注射器吸取1%α-淀粉酶溶液、2%海藻酸钠溶液、0.2%羧甲基纤维素钠溶液的混合溶液约2mL。另取一个培养皿，加入一定量的2%氯化钙溶液。

(2) 用5mL注射器以10cm左右的高度，逐滴将混合溶液滴入2%氯化钙溶液中，固定20min。

(3) 小心倒去培养皿中的氯化钙溶液，加入蒸馏水洗涤固定好的微球体2~3次。

(4) 将30个微球体装入另一支5mL注射器中，共装2支。在注射器上贴上本组标签。

在等待固定化的过程中，填写实验报告。

（四）环节四：淀粉水解作用的检测

教师活动：指导学生进行实验操作，及时发现并记录学生操作中的问题。

学生活动：动手实验。

（1）用装有固定化酶的注射器吸取置于60℃保温的淀粉溶液3mL。

（2）将2支注射器分别置于60℃恒温水浴锅中保温5min和10min。

（3）将注射器内溶液注射入一支试管中，滴加5滴左右KI-I_2溶液，观察颜色。

（4）用注射器吸取蒸馏水洗涤其中微球体2~3次。放置在4℃冰箱里保存。在等待期间填写实验报告。

（五）环节五：小结

教师活动：总结学生实验情况。

学生活动：整理桌面，清洗实验器材。

八、实验总结

实验总结见表1。

表1　课本实验与改进后实验对比

	课本实验操作	改进后实验操作	改进意图
固定化的方法	吸附法：将酶与石英砂混合，不时搅拌30min	包埋法：将酶与海藻酸钠、羧甲基纤维素钠混合溶液滴入氯化钙溶液中，等待20min	简化固定化操作，节约时间，在等待的过程中学生填写实验报告
洗涤的方法	用10倍体积蒸馏水洗涤注射器，耗时约40min。共需洗涤2次，总耗时约80min	用蒸馏水洗涤微球体2~3次，耗时约2min。共需洗涤2次，总耗时约4min	减少洗涤耗时，加快实验进度
水解淀粉的方法	以0.3mL/min流速过柱，弃去5mL后接收0.5mL流出液。耗时约18min	用装有微球体的注射器吸取淀粉溶液，60℃水浴保温5min和10min	简化水解淀粉的操作，缩短时间，在等待的过程中学生填写实验报告

九、实验结果

实验结果见图1，从左至右分别为淀粉溶液、水浴水解5min、水浴水解10min、蒸馏水，颜色从左至右分别为蓝色、紫色、橙红色、黄色。

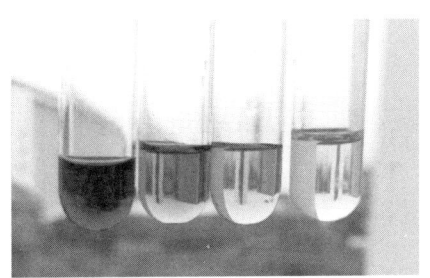

图1 加入 KI-I_2 溶液检测结果

十、实验效果评价

利用包埋法进行酶的固定化操作较为简单,耗时较书本上原实验短,成功率高,实验现象明显,可以给学生直观的体验。在本实验的操作基础上,也可让学生进一步设计实验探究,如酶的专一性、影响酶活性因素等实验内容。

探究酵母菌细胞呼吸的方式

贵州省遵义市南白中学　叶克姣

一、使用教材

人教版高中《生物必修1》第五章第三节。

二、实验器材

自制教具：亚克力板。

安琪干酵母、碳酸氢钙、氢氧化钠、酸性重铬酸钾、葡萄糖、煮沸冷却的水、注射器、过氧化氢、新鲜土豆、石蜡油、锥形瓶、酒精检测仪、二氧化碳传感器；气态酒精传感器、氧气传感器、平底三口烧瓶、铁架台、磁力搅拌器（酵母菌充分反应）。

三、实验创新要求/改进要点

第一代注射器装置操作简单效果明显，便于携带。第二代装置采用土豆与过氧化氢供氧、石蜡油油封、传感器检测二氧化碳、酒精检测仪检测酒精、装置连接采用乳胶管，这些改进效果明显，且改进过程需要各学科知识，可有效提高学生学科整合能力。第三代装置采用三种传感器快速精确探究酵母菌呼吸方式，让学生体会学科交叉的同时感叹技术对于科学研究的重要性。将三代装置合在一起，让学生一起探究，体验由传统到现代，有定性到定量，由分开检测到所有数据全部完成的过程，培养学生理性思维、科学探究的能力。

这一装置不仅可在实验室大面积使用，还可在教室里作为演示实验，并将数据显示转播到多媒体，直观明显，高效突破本节教学重难点，可操作性强。该装置可还用于不同因素对酵母菌呼吸速率影响的探究，适用范围广。

四、实验原理/实验设计思路

以STEM教学为理论基础，引导学生开发设计了三代探究酵母菌细胞呼吸的方式的装置，学生通过三代装置的探究能将科学、技术、工程、数学进行有机整合，以此实现核心素养的达成。

五、实验教学目标

（一）知识与能力

（1）知道生物进行有氧呼吸和无氧呼吸的条件和产物，掌握对比实验的设计方法。

(2) 培养学生实验设计能力、探究能力、数据处理与分析能力、合作交流自主学习能力。

（二）过程与方法

(1) 通过开发设计三种实验装置的过程，学会将科学技术工程数学有机整合。

(2) 通过对实验过程中数据获取与分析，掌握数据处理和分析的一般方法。

（三）情感、态度与价值观目标

(1) 通过设计装置的过程，认同技术在科学发展中的重要性。

(2) 通过实验活动的开展，体验质疑、创新和实践的科学品质。

六、实验教学内容

教材安排"探究酵母菌细胞呼吸的方式"实验，旨在让学生认识到有氧和无氧呼吸的条件和产物，为后面学习细胞呼吸的过程作好铺垫，介绍探究实验的一般思路和方法、酵母菌细胞呼吸有氧和无氧条件的控制以及产物的检测方法、对比实验的概念。本节实验教学旨在让学生亲历探究历程，改进实验装置高效完成实验，并通过现代技术对结果进行原因分析，认识生命的本质。

七、实验教学过程

（一）教师引导提出问题，导入新课

通过面包松软、甜米酒的酿制导入新课，学生提出问题：酵母菌生活会产生气体和酒精？考虑到大部分同学都没做过面包、没酿制过米酒，课前我以任务卡的形式要求学生以小组为单位完成发面（见图1）。

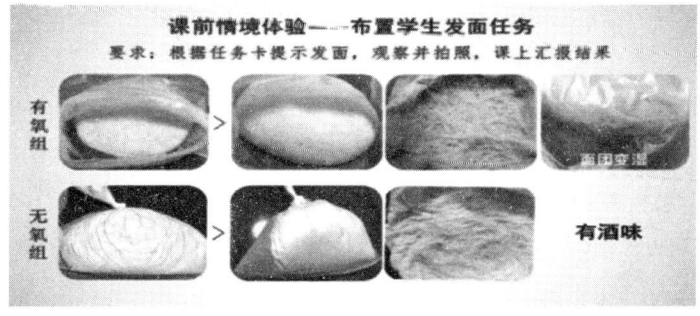

图1　课前活动

（二）合作探究，改进装置

(1) 用注射器定性检测酒精，定量检测二氧化碳（见图2）。

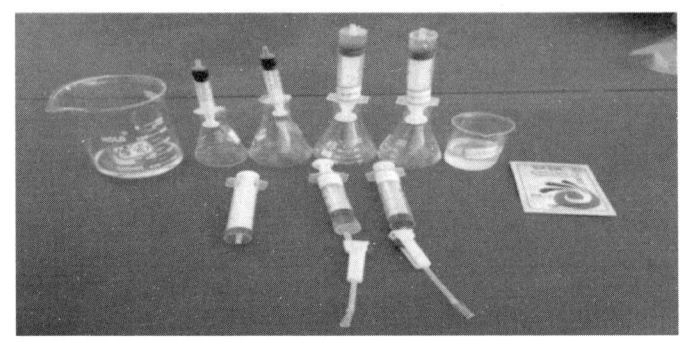

图 2　实验用具及装置

引导学生自主探究。教师提出要求，再请同学们思考。

问题 1：怎样设置有氧和无氧环境？

问题 2：怎样制备不含二氧化碳的空气？

问题 3：怎样检测二氧化碳和酒精？

问题 4：定量分析二氧化碳的生成量和葡萄糖的消耗量。

设计意图：通过改进装置，引导学生思考进行实验，实验时间短，效果明显；培养学生的科学探究能力、理性思维和社会责任感，引导学生分析实验结果、处理数据，找出背后的原因，将科学、数学有机整合，并迫切想找出解决问题的方法，为下一步装置改进埋下伏笔。

优点：注射器装置操作简单，效果明显，还可以根据针筒活塞的移动定量检测生成的二氧化碳量和葡萄糖的消耗量，由定性实验转变为定量实验，而且整个实验不到 20min 就能完成，可操作性强，学生有激情。

不足：酒精检测用酸性重铬酸钾不妥，因为使其变色的不只有酒精，还有葡萄糖、干酵母中的 SMS，而且根据查阅资料，酵母菌需在持续供氧的条件才能连续进行有氧呼吸，因此，有氧组检测出的二氧化碳不精确。

教师提问：

问题 1：怎样准确检测酒精？

问题 2：怎样控制有氧条件，使有氧组连续有氧？

学生思考回答：交警所用的酒精检测仪可定量检测酒精含量，还可避免其他物质的干扰；有氧组采用土豆（含丰富的过氧化氢酶）分解过氧化氢分解来连续供氧。

教师补充：学校实验室传感器定量检测二氧化碳的量及生成的速率，无氧组采用石蜡油封，有氧和无氧均采用煮沸冷却的水，减少溶解氧的量。

（2）传感器定量检测二氧化碳（见图3）和酒精检测仪定量检测酒精（见图4）。

图3 检测二氧化碳

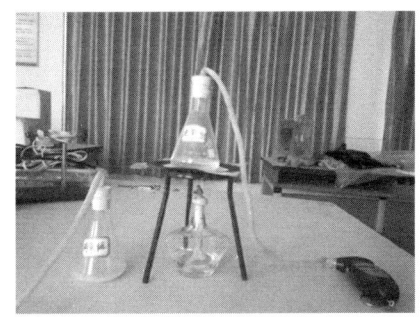

图4 检测酒精

引导学生自主探究。

问题1：分析电脑终端显示有氧组和无氧组二氧化碳含量变化。

问题2：比较分析酒精检测仪上显示有氧组和无氧组的酒精含量。

问题3：通过两组数据分析对比得出酵母菌有氧和无氧呼吸产物含量变化规律，并换算出葡萄糖的消耗量。

设计意图：通过进一步改进装置，引导学生思考进行实验，并对实验数据进行详细对比分析，总结出有氧和无氧呼吸产物含量变化规律，实现科学、数学、现代技术有机整合，培养学生科学探究、理性思维，从数据中得出生命规律。

优点：该装置反应速度快，效果明显，对二氧化碳含量用传感器检测，酒精含量用酒精检测仪。无氧组采用石蜡油油封比教材实验放置一段时间更加精确，确保酵母菌完全进行无氧呼吸；有氧组使用过氧化氢连续供氧获得纯氧，既保证反应过程中氧气充足又减少用氢氧化钠除去二氧化碳的操作，使装置连接更简单。

不足：该实验需要连接几个装置，使其准备工作相对烦琐；同时使用酒精检测仪测量的酒精范围值较低，而且显示时间只有10s便会自动关机，需要重复多次测量，不好计数。

教师提问：

问题1：怎样方便又准确检测酒精？

问题2：怎样使装置连接更简单？

问题3：设计一个装置检测反应中氧气消耗量。

学生思考回答：化学仪器中的三口烧瓶，可在三个口处分别安装检测酒精、二氧化碳、氧气含量的检测仪。

教师补充：三口烧瓶处分别安装上气态氧气传感器、气态酒精传感器、二氧化碳传感器，并连接电脑数据终端。使得在一个容器内所有的数据一目了然，结果一气呵成，既减少连接装置的烦琐步骤又使得结果精确便于分析，突破教学难点。

（3）传感器综合探究酵母菌呼吸（见图5、图6）。

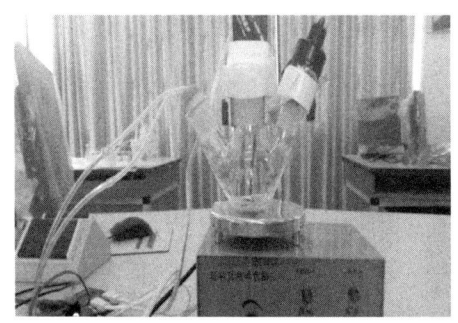 

图5　实验装置　　　　　　　　图6　实验结果（部分）

实验原理和步骤：将称量的0.5g干酵母放入烧瓶中，并将配置好的葡萄糖10mL倒入烧瓶中封口，打开磁力搅拌器，使得酵母菌在磁子搅拌中利用容器中的氧气进行有氧呼吸，电脑终端会显示出消耗氧气变化量、生成二氧化碳量；随着反应进行，氧气被消耗，酵母菌便开始进行无氧呼吸，此时电脑上会显示出酒精含量在增加，当酒精含量不在增加后说明反应停止。

引导学生自主探究。

问题1：比较分析电脑终端显示有氧和无氧二氧化碳含量变化。

问题2：比较分析有氧和无氧酒精含量。

问题3：比较分析有氧和无氧情况下氧气消耗量。

设计意图：通过再次改进装置，引导学生思考进行实验，并对实验数据进行详细对比分析，总结出有氧和无氧呼吸产物和反应物含量变化规律。实现科学、数学、技术有机整合，培养学生科学探究、理性思维，从数据中得出生命规律。

优点：利用一个装置完成酵母菌细胞的有氧和无氧呼吸，连续看到有氧和无氧呼吸氧气消耗和二氧化碳产生以及酒精生成量。装置连接简单方便，物质检测准确直观，便于数据记录和分析，节约药品材料用量。

不足：使用氧气传感器是气态氧气，所以测得的数据变化范围小，没有用溶解氧传感器测得数据变化明显，因传感器很敏感，反应过程中有磁子的搅拌会影响数据的测量，故需要思考这个问题的解决方法。

八、实验效果评价

引导学生回顾三种装置的开发使用过程，并回答问题。

问题1：定性检测二氧化碳和酒精试剂有哪些？

问题2：定量检测二氧化碳、酒精、氧气的试剂和方法有哪些？

问题3：用什么方法便于数据采集和分析？

通过问题1，学生知道定性检测的试剂和方法；通过问题2，学生由定性检测物质到定量分析物质含量；通过问题3，学生明白用传感器更易收集数据，用曲线可以更直观地分析数据，认识生命规律。通过三种装置，让学生亲身体会由传统到现代、由定性到定量，科技进步对科学研究的发展有至关重要的作用，更让学生体会科学研究所面临的困难，唤醒内心的社会责任感，突破本节重难点，实现核心素养达成。

探究酵母菌细胞呼吸的"3+X"

山东省桓台第一中学　高聪

一、教材分析

本实验是人教版高中《生物必修1》第五章第三节中的"探究酵母菌细胞呼吸的方式"开放性探究实验。

二、学情分析

通过前面章节学习，学生已经具备设计探究实验的能力基础，可以在原有教材实验的基础上进一步改进和完善。据此我设定了如下的教学目标。

三、教学目标

（一）生命观念

探究酵母菌呼吸方式，树立生命观念。

（二）科学思维

培养批判性、创新性的科学思维方式。

（三）科学探究

培养设计实验、完成探究、分析数据的能力。

（四）社会责任

学以致用，指导生活、生产实践。通过本实验的探究，逐步实现生物学科的四个核心素养，并着重突破本节课的重难点。

四、实验改进

（一）内容改进

我在传统实验探究酵母菌呼吸方式、检测呼吸产物的基础上，新增加了测定呼吸速率。

（二）材料及装置改进

（1）课本实验（见图1、图2）。

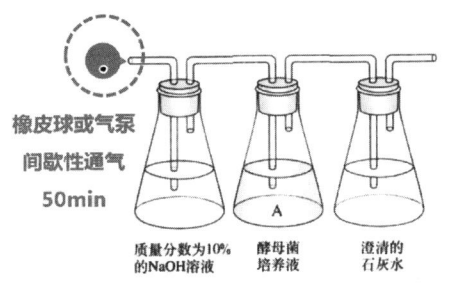 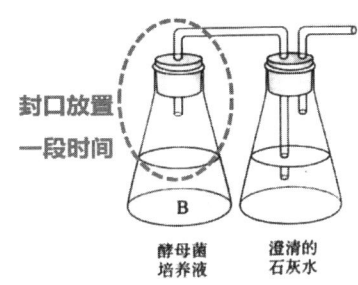

图1 课本有氧呼吸装置　　　　图2 课本无氧呼吸装置

1）实验原理：酵母菌是一种单细胞真菌，在有氧和无氧的条件下都能生存，属于兼性厌氧菌，因此便于用来研究细胞呼吸的不同方式。酵母菌在有氧条件下消耗 O_2，产生 CO_2；在无氧条件下产生 CO_2 和酒精。

2）实验器材：活性鲜酵母菌、5%的葡萄糖溶液、澄清的石灰水、酸性重铬酸钾溶液、橡皮球、锥形瓶、弯头玻璃管、试管、滴管等。

3）课本实验的局限性。

①有氧无氧条件控制困难。有氧装置中，橡皮球间歇性地通气50min制造有氧环境；无氧装置中，将装置静置一段时间，待上方空气消耗完制造无氧环境。而学生在实际操作过程中发现问题：吸耳球易倒吸，无氧装置瓶中氧气什么时候消耗完并不知晓，因此难以制造有氧和无氧环境（见图3、图4）。

图3 课本有氧装置学生操作　　　　图4 课本无氧装置学生操作

②酒精检测方式存在不妥之处。结果显示，使用酸性重铬酸钾进行酒精检测时，有氧组和无氧组都出现了灰绿色，但有氧装置并没有闻到酒精味，这让学生产生了质疑。学生查阅资料发现，使酸性重铬酸钾变成灰绿色的不一定是酒精，还有葡萄糖等其他物质。酒精之所以使它变色是因为含有还原性羟

图5 酒精检测结果

基，而葡萄糖也含有羟基，这就导致了两组实验都使得酸性重铬酸钾发生了颜色变化，干扰了实验结论（见图5）。

③实验耗时长，需要8~10h。学生在操作过程中等待时间过长，过程显得有些枯燥无趣。

虽然课本实验存在不足，但学生在实际操作过程中明白了实验原理，提高了动手能力。正是因为在本次实验中的各种操作失误，才使得学生为后续的装置改进奠定了能力基础。

（2）改进装置一（见图6、图7）。

图6　改进装置一：有氧呼吸

图7　改进装置一：无氧呼吸

1）实验器材：活性鲜酵母菌、5%的葡萄糖溶液、便携式氧气瓶、酒精测试仪、石蜡油、澄清的石灰水、锥形瓶、弯头玻璃管、试管、滴管、酒精灯等。

2）装置简介：有氧装置中，将吸耳球替换成便携式氧气瓶；无氧装置中，将葡萄糖溶液煮沸并使用石蜡油液封，充分制造无氧环境。而在酒精检测方法上，学生想到了交警使用的酒精测试仪。从图8、图9可以看出，有氧组酒精测试仪显示读数为0，而无氧组显示读数为0.5，说明只有无氧组产生了酒精。

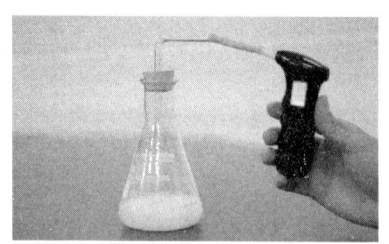

图8　酒精检测装置

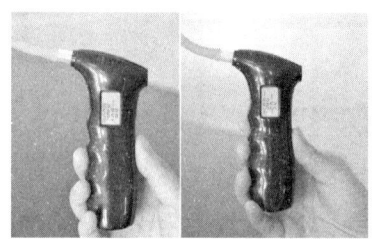

图9　酒精检测结果

3）优点：①严格控制了有氧和无氧环境；②严格进行了酒精的检测。

4）不足：耗时长，过程枯燥。

（3）改进装置二（见图10、图11）。

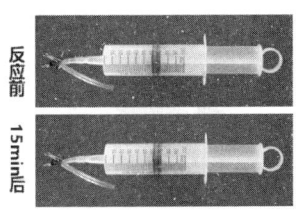
图10 改进装置二：有氧呼吸

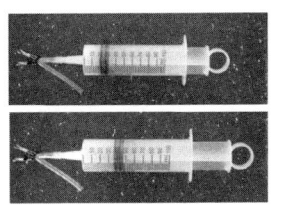
图11 改进装置二：无氧呼吸

1）实验器材：活性鲜酵母菌、5%的葡萄糖溶液、100mL注射器、酒精测试仪、澄清的石灰水、试管、滴管、酒精灯等。

2）装置简介：吸取20mL酵母菌溶液和40mL氧气创设有氧环境，只吸取20mL酵母菌溶液创设无氧环境。15min后，有氧组气体体积不变，无氧组气体明显增多。CO_2和酒精检测也非常方便，而且现象明显（见表1、图12、图13）。

表1 反应前后注射器中气体体积变化

组别	反应前/mL	反应后/mL
有氧组	60	60
无氧组	20	36

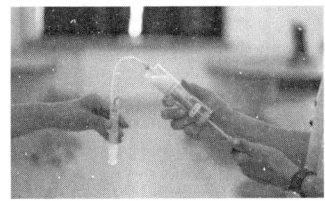
图12 CO_2检测

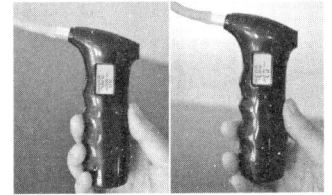
图13 酒精检测

3）优点：①装置小巧简单，容易操作；②耗时短：15min；③严格创设有氧、无氧环境。

4）不足：O_2和CO_2变化量数据不够精准。

（4）改进装置三（见图14、图15）。

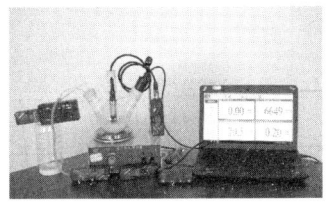
图14 改进装置三：有氧呼吸

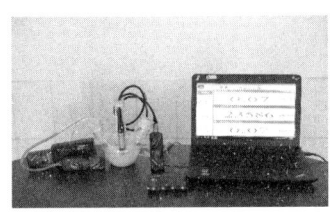
图15 改进装置三：无氧呼吸

考虑到数据如何更精准的问题,我给学生提议,可使用学校的数字化实验室,采用生物数字传感器。我鼓励他们先画出实验简图,在师生共同讨论确定方案没有问题的情况下,我为学生准备好实验器材,供他们进行实验改进(见图16、图17)。

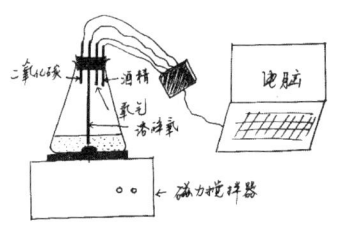

图16 学生画有氧呼吸装置

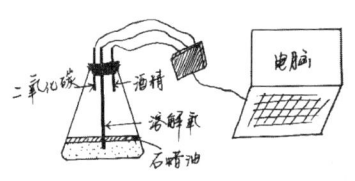

图17 学生画无氧呼吸装置

1)实验器材:安琪高活性干酵母菌、5%的葡萄糖溶液、朗威8.0数据采集器、溶解氧传感器、氧气传感器、二氧化碳传感器、气态酒精传感器、磁力搅拌器、石蜡油等。

2)装置简介。①材料改进。因为传感器灵敏度很高,经过大量的预实验,学生对酵母菌培养液进行了改进:将课本鲜酵母替换成高活性干酵母;降低了酵母菌浓度;在实验前进行温水活化,可以明显缩短实验时间。②装置改进。为了便于实验,我将学生绘图中的锥形瓶换成了三孔烧瓶。

实验过程中,因为有了具体的数据,可以进行任意时间段内呼吸速率的计算。

3)优点:①实时定量检测 O_2、CO_2 和酒精的变化量;②采集数据精准、实验曲线直观;③电脑处理数据,作相关计算(呼吸速率)。

五、教学过程

(一)课前准备

学生在线微课学习朗威8.0传感器的应用,并上网查阅酵母菌相关资料。教师则在留言区收集学生有代表性的问题,并准备数字化实验室及相关器材。

(二)课堂实施

我将采用提出问题、作出假设、实验探究、得出结论和结果分析五个流程依次进行。

(1)提出问题。教师展示酿酒过程中的几个注意事项,学生由此提出问题:①酒精是酵母菌在什么条件产生的?②CO_2是在有氧的情况下产生的多还是无氧的情况下产生的多?

（2）作出假设。学生根据所提问题作出假设：①酵母菌存在有氧呼吸和无氧呼吸；②酵母菌在有氧条件下产生 CO_2，在无氧条件下产生酒精和 CO_2；③在相同时间内，酵母菌有氧呼吸产生 CO_2 多。

（3）设计实验。教师给出以下三个设计要点：①怎样严格控制自变量（有氧、无氧条件控制）？②怎样严格检测因变量（CO_2、酒精的检测）？③怎样控制无关变量？

设计实验方案：学生参考设计要点，以小组为单位讨论 5min，设计并画出实验装置图。

展示实验方案：小组派出代表上台为大家展示本组的实验设计方案。教师点评，确认方案无误后，请同学们参考方案进行实验。

（4）进行实验。学生根据所画实验装置图，利用教师准备好的实验器材，组装实验仪器，进行实验，并记录相关实验数据。

（5）结果分析。小组派出代表，进行本组实验结果展示，并进行结果分析（见图 18、图 19、图 20）。

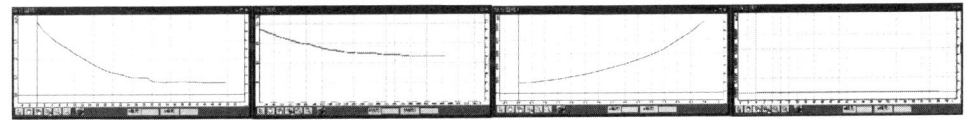

图 18　有氧呼吸：溶解氧、氧气、二氧化碳、酒精（从左到右）

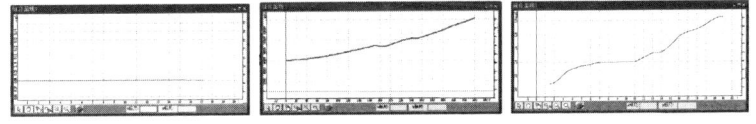

图 19　无氧呼吸：溶解氧、二氧化碳、酒精（从左到右）

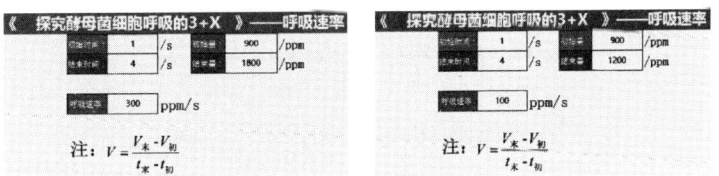

图 20　有氧呼吸速率、无氧呼吸速率（从左到右）

1）呼吸方式。从图中曲线可以看出：有氧装置中，溶解氧被迅速耗至很低浓度不再变化，瓶中 O_2 也逐渐减少，同时有 CO_2 生成，说明酵母菌进行了有氧呼吸。在无氧装置中，O_2 浓度将至很低水平保持不变，但仍能产生 CO_2，说明酵母菌进行了无氧呼吸。由此可以得出结论：酵母菌存在有氧和无氧呼吸两种方式。

此时学生提出质疑：为什么溶解氧含量并不下降为 0？教师进行作答：实际

上，酵母菌必须利用一定浓度的 O_2 才能进行有氧呼吸，当 O_2 浓度过低时，酵母菌就开始进行无氧呼吸了。

2）呼吸产物。有氧装置中，酒精含量为 0；无氧装置中，酒精含量逐渐增多。由此可知，有氧和无氧呼吸都能产生 CO_2，但只有无氧呼吸产生了酒精。

3）呼吸速率。通常情况下，我们可以用单位时间内吸收 O_2 或释放 CO_2 的量定量表示呼吸速率。以 CO_2 为例，这是有氧和无氧呼吸相同时间内呼吸速率的计算。从图 20 可以看出，有氧呼吸速率大于无氧呼吸速率。

曲线图以及数学方程式都是数学模型的表现形式。在结果分析过程中，学生已经尝试利用数学模型来解释生命现象。

误差分析：但实际操作中，由于菌种、发酵液配置、实验瓶气密性、外界温度等因素，该实验仍存在一定误差。

学生整理实验结果，直接形成电子版的实验报告，并发送至教学平台，方便老师进行批阅（见图 21）。

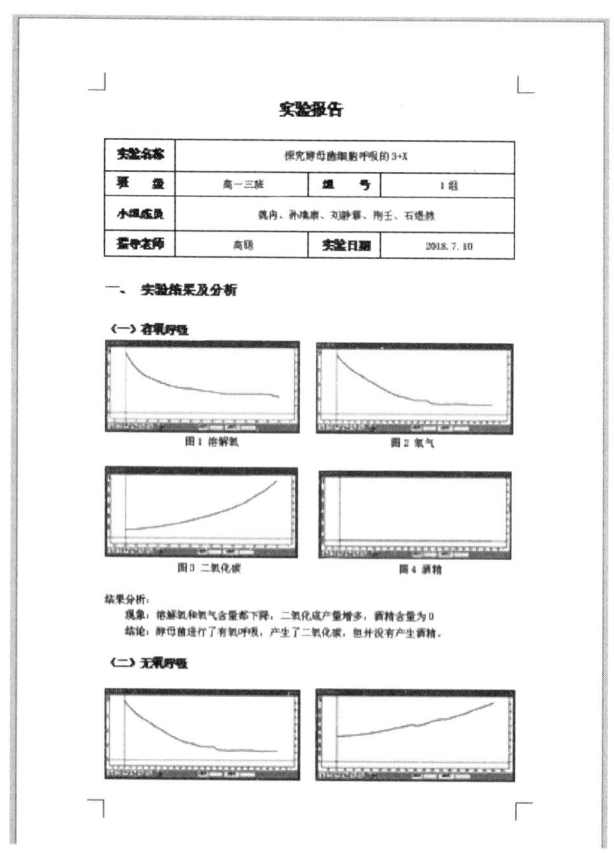

图 21　实验报告

同时师生共同完成评价量表，通过小组互评和教师评价相结合的方式，提高学生学习热情和小组合作能力（见图22）。

图22 学生课堂参与评价量表

（三）课后提升

课后提升环节交给学生进一步探索，学生冲破思维禁锢，尝试利用温度传感器，探究酵母菌呼吸过程中产热量不同。至此，学生利用本套实验装置，既完成了对呼吸方式、呼吸产物和呼吸速率三个问题的探究，又创造性地对产热量的不同进行了深入探索，实现了酵母菌细胞呼吸"3+X"的探究（见图23、图24）。

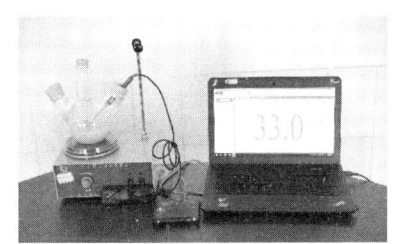 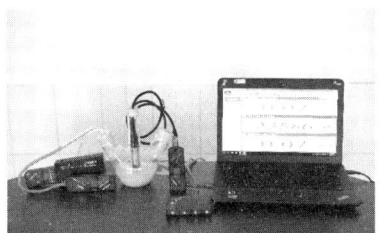

图23 有氧呼吸温度测量装置　　图24 无氧呼吸温度测量装置

六、教学反思

本实验的设计特色主要体现在实验材料改进、实验装置创新、实验数据分析和评价量表使用四个方面。先进的数字化实验设备的使用，使得数据准确直观，教学难度降低。学生在进行结果分析的过程中，对数学模型有了更深的了解。通过评价量表的测评，提高了学生的学习热情。

通过本实验探究，学科核心素养达成，课堂实施效率有效提高，学生自主学习能力增强。但由于学生操作能力不同，导致个别小组实验误差较大，还需进一步反思改进。

探究酵母菌细胞呼吸的方式实验改进与探究

石家庄市第一中学　高悦龙

一、使用教材

人教版高中《生物必修1——分子与细胞》第五章第3节"探究酵母菌细胞呼吸的方式"。

二、实验器材

FLUKE Ti100红外热像仪、平板显微镜、一次性注射器、一次性输液器、电子天平、试管、烧杯、胶头滴管、试剂瓶、标签纸、皮尺。

三、实验创新要点

缩短原有实验所需时间，对细胞呼吸产物的检测更加完善，实验现象更加明显，实验结果更具有说服力。

用FLUKE Ti100红外热像仪验证反应放出能量，对比有氧呼吸与无氧呼吸放出能量的多少；用一次性输液管作为检测CO_2的场所，对比有氧呼吸与无氧呼吸放出气体量的多少。

四、实验原理

（1）酵母菌的有氧呼吸 $C_6H_{12}O_6+6H_2O+6O_2 \rightarrow 6CO_2+12H_2O+$大量能量。

（2）酵母菌的无氧呼吸 $C_6H_{12}O_6 \rightarrow 2C_2H_5OH+2CO_2+$能量。

五、实验教学目标

（一）知识目标

了解酵母菌有氧和无氧条件下的细胞呼吸产物，掌握CO_2与酒精的检测方法。

（二）能力目标

学会运用对比实验进行科学探究。

（三）情感、态度与价值观

通过对教材实验的改进，认同实验流程是在不断的思考、探索和争论中完善的。

六、实验教学内容

（一）实验改进

（1）使用一次性注射器和一次性输液器。

（2）增加氧气的发生装置。

（3）使用安琪高活性干酵母。

（4）流速调节器、滴壶的巧妙利用。

（5）用 FLUKE Ti100 红外热像仪验证反应放出能量，并比较有氧呼吸与无氧呼吸放出能量的多少。

（二）实验探究

（1）使用石油醚液封溴麝香草酚蓝水溶液，以排除空气中的 CO_2 的干扰。

（2）采用一次性输液管作为检测 CO_2 的场所，能够比较出有氧呼吸与无氧呼吸放出气体量的多少。

（3）引入了亚甲基蓝，检测酵母菌是否进行了细胞呼吸。

七、实验教学过程

（一）课前准备

课前准备主要是让学生认真观察了原有实验的操作视频，总结出原有实验的操作步骤（见图1），并发现了不足之处，同时也激发了学生想要改进实验的决心。通过查阅大量资料及多次的实验操作，发现采用一次性注射器与一次性输液器代替原有装置效果最为理想。

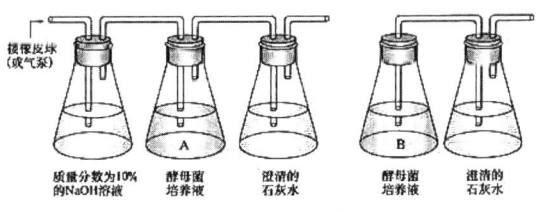

图1 原实验装置

（二）课堂环节

课堂环节分成了两部分展开：设计改进细节与进行实验操作。学生们决定采用注射器和输液器后，开始尝试总结实验改进细节，并梳理改进后的实验步骤。学生们各抒己见，充分运用了各自充沛的生物、化学等学科的基础知识，结合小组讨论，在一次次的实验操作过程中碰撞出了思维的火花。在充分整理所有实验思路后总结出了改进后的实验步骤（见图2）。

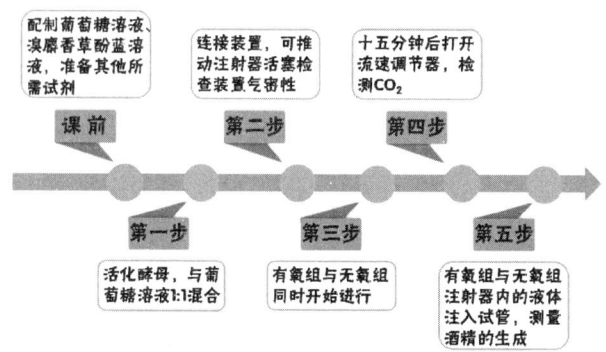

图2 改进后实验步骤

按照此实验操作流程,先后配制所需试剂、连接装置、进行实验操作。共同的努力收获到了预想的实验现象:检测出了细胞呼吸的产物有 CO_2 和酒精,验证并对比了有氧呼吸与无氧呼吸放出的能量。

(三)课堂延伸

课堂延伸交给了兴趣小组,继续对本实验进行探索。

(1)探究1:使用石油醚液封溴麝香草酚蓝水溶液,以排除空气中的 CO_2 的干扰。

(2)探究2:采用一次性输液管作为检测 CO_2 的场所,能够比较出有氧呼吸与无氧呼吸放出气体量的多少。

(3)探究3:引入了亚甲基蓝,检测酵母菌是否进行了细胞呼吸。

八、实验效果评价

本次实验改进与探究大大缩短了反应所需时间,对细胞呼吸产物的检测更完善,并尝试了由定性实验向定量实验的突破,达到了提升学生学习兴趣、开拓思维、严谨求学的教学效果,提升了学生主动探索、勇于创新的能力。

我将继续探索把本实验定量化的检测方法,例如,引入血糖仪检测反应前后葡萄糖含量的变化,确定酵母菌细胞呼吸消耗葡萄糖的用量,并能够排除葡萄糖的存在对酒精检测的干扰。

一次性筷子与可循环餐筷表面微生物的分离与计数

呼和浩特市第一中学　侯文慧

一、选材及背景介绍

本课题选自人教版高中《生物选修1——生物技术实践》模块专题二课题1"微生物的实验室培养"。

生活中微生物无处不在，我们所使用的物品不可避免也会携带着肉眼不可见的微生物，这些微生物的存在增加了我们对食品安全问题的担忧。随着人们生活水平的提高，外出就餐的频率日益增加，就餐过程中餐具及食品卫生是我们一直关注的热点。如果餐具中的微生物如大肠杆菌超标，可能引发就餐者急性腹泻或其他疾病。在完成了人教版高中《生物选修1》专题二"课题1　微生物的实验室培养"的学习后，学生们提出了微生物实验生活化的设想。筛选热点问题后，我们拟定题目："一次性筷子与可循环餐筷表面微生物的分离与计数"。实验通过对一次性筷子与可循环餐筷表面微生物的分离与计数，对一次性筷子和可循环使用餐筷的微生物数量有一定的了解，为以后外出就餐中筷子的选择提供参考。既完成了教学规定的内容，又培养了学生的理性思维和科学探究能力，同时让学生关注生活，增强学生的环保意识，一举三得。

二、教学分析

（一）新课程标准解读

（1）内容标准：①阐明"发酵工程中灭菌是获得纯净微生物培养物的前提"；②阐明无菌技术是在操作过程中，保持无菌物品与无菌区域不被微生物污染的技术；③概述稀释涂布平板法和显微镜计数法是测定微生物数量的常用方法。

（2）教学提示：通过配制培养基、灭菌、接种和培养等实验操作获得菌落，使学生理解上述"内容标准"要求的基本内容，并获得知识，掌握微生物操作的基本技能。

（二）教材分析

"微生物的实验室培养"是研究和应用微生物的前提，其基本操作技术是生物科学、农学、食品科学、医学等领域最基本的实验技术，也是高中生必须掌握的实验操作技术。"微生物的实验室培养"是高中选修教材中一个非常重要的实验，旨在为学生实践其他的生物技术实验作好铺垫。本实验内容位于传统的发酵技术之后，是在传统的生物实践技术的基础上发展起来的，也为微生物的应用奠定了基础。本实验中学生不仅可以复习及运用课题1的理论知识，同时在结果观察中可以提前学习并应用微生物培养和观察的相关内容。因此，可用"承前启后"这个词语来概括本课题的地位。

（三）学情分析

在学生眼中，微生物的实验室培养是非常神秘且富有吸引力的，当将实验课题付诸实践时，学生体现出前所未有的浓厚兴趣。此外，很多学生也存在关于外出就餐时筷子选择困难的现象：微生物在肉眼下不可见，学生们无法作出直观判断。因此学生很乐意参与完成实验，并期待实验结果给他们一个科学的答案。在实验之前，学生已经用了一课时的时间学习"微生物的实验室培养"的理论知识及基本操作方法，具备完成实验的能力。然而高中学段的学生人数众多、实验参与次数有限并且是第一次使用超净工作台进行无菌操作，实验操作技能并不熟练，因此需要教师在旁边积极辅导，时刻关注。

三、目标及学法指导

（一）教学目标

（1）知识目标：通过配制培养基、灭菌、接种和培养等实验操作分离出不同类型筷子表面的微生物菌落并计数。

（2）能力目标：能用"微生物的实验室培养"的相关知识提出设计思路，提高理性思维和科学探究的生物学科素养。

（3）情感态度：通过一次性筷子和可循环利用餐筷表面微生物的结果比较，为学生们外出就餐提供适当的参考，同时结合餐筷原材料的问题建立学生的环境保护意识。

（二）教学重点

通过学生实验练习无菌操作，熟练微生物分离和计数的常用方法；发现实验过程中的问题，设计合理的改进方案。

（三）教学难点

以班级为单位完成微生物接种的操作并计数。

解决策略：①预先培训实验小组长，在实验过程中担任"助教"工作；②教师演示微量可调移液器使用、倒平板、接种的相关操作。

四、实验器材

（一）实验器具

超净工作台、涂布器、微量可调移液器、无菌培养皿（每组7套）、250mL锥形瓶（每组5个）、酒精灯、火柴、马克笔、餐馆收集到的一次性筷子（密封性好、密封性差或无密封）、可循环使用的餐筷。

（二）实验试剂

牛肉膏蛋白胨固体培养基、100mL无菌水（每组3个）。

五、实验原理

我们的生活一直是被各种各样的微生物包围，所使用的物品不可避免也会携带一定量的微生物。日常生活中所用的筷子上也携带着大量的微生物，可以通过牛肉膏蛋白胨进行培养。

稀释涂布平板法是一种应用广泛的测定微生物生长繁殖的方法，其特点是能测出微生物样品中的活细胞数。将待测样品经适当稀释之后，其中的微生物充分分散成单个细胞，取一定量的稀释样液接种到平板上，经过培养由每个单细胞生长繁殖而形成肉眼可见的菌落，即一个单菌落应代表原样品中的一个单细胞。计数方法采用平板菌落计数法。由每个单细胞生长繁殖而形成肉眼可见的菌落，统计菌落数后根据无菌水的体积和取样接种量即可换算出样品中含的微生物数。

微生物接种方法还可通过滤膜接种法进行。首先使样品滤过一种特制的，孔径小于细菌个体的滤膜，然后将滤膜置于培养基上或浸润有液体培养基的垫状物上培养，通过计算在滤膜上形成的菌落数就可知样品中的活菌数。

六、实验教学内容

（1）牛肉膏蛋白胨固体培养基的制备（由志愿小组完成）。

（2）微生物的接种与培养：倒平板→筷子上微生物的获得与接种培养。

（3）培养。将接种好的平板倒置于37℃恒温培养箱中培养2~4天。

七、实验教学过程

（一）课前准备

（1）提前1课时完成理论学习。

（2）根据教材及情景设计实验：包括原理，目的及操作方案。

（3）将学生分为8组，每组5~6人，其中1~6组准备密封性好及密封性差（或无密封）的一次性餐筷各1付，7~8组准备家用或餐馆获得的可循环餐筷，8组学生以此为原材料进行实验。

（4）带领志愿小组完成配制培养基，无菌水制备和培养皿及接种工具等的灭菌工作。

（5）活动课时间培训实验小组长相关实验操作，尤其是无菌操作过程培训。

（二）教学设计

（1）导入新课（1min）。

情景导入：2007年7月1日，由国家标准化管理委员会和卫生部联合发布的《生活饮用水卫生标准》（GB 5749—2006）和13项生活饮用水卫生检验国家标准正式实施。其中，微生物指标由2项增至6项，其中大肠杆菌要求每公升水中不得超过3个。质检员如何检测？

目的：激发学生的学习兴趣，将抽象实验生活化、具体化。

（2）基础知识回顾与过关考查（3min）。

1）考查无菌技术。

2）回顾大肠杆菌的纯化培养（倒平板操作、接种操作等）。

3）回顾菌落的统计与计数。

目的：在进入实验室操作之前，确保学生从理论上掌握实验的基本操作方法。同时还可以回归理论，帮助巩固学习基础。

（3）PPT呈现基本操作流程（3～5min）。

目的：让学生进入实验室之前明确实验操作，避免学生进入实验室以后无从下手。

（4）实验室进行"一次性筷子与可循环餐筷表面微生物的分离与计数"的操作（25～30min）。

1）环节一：牛肉膏蛋白胨固体培养基的制备（见图1）。

①按照牛肉膏蛋白胨固体培养基配方配制培养基，121℃、100kPa高压蒸汽灭菌。

②待培养基温度冷却至55～60℃（不烫手为宜）。每个实验小组分别给7套无菌培养皿倒平板。倒平板的方法是：右手持盛牛肉膏蛋白胨培养基的三角瓶置酒精灯火焰旁边，用左手将试管塞轻轻地拔出，试管口保持对着火焰；然后用右手手掌边缘或小指与无名指夹住试管塞。左手拿培养皿并将皿盖在火焰附近打开一条缝，迅速倒入培养基约15mL，加盖后轻轻摇动培养皿，使培养基均匀分布在培养皿底部，然后平置于桌面上10min以上，待凝后即为平板。

2）环节二：筷子上微生物的获得与接种培养（见图2、图3）。

①点燃酒精灯，将不同种类的筷子在100mL无菌水中充分搅匀，获得微生物溶液（见图2）。

图1 志愿小组配制培养基

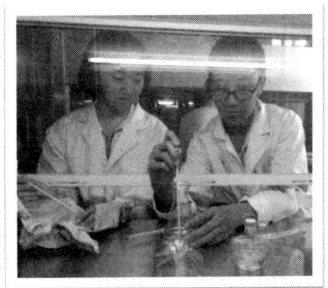

图2 提取筷子表面微生物

②用微量可调移液器吸取 0.1mL 微生物溶液转移到平板培养基上（见图3），每种溶液接种 2~3 个培养基。涂布器酒精灯上灭菌后冷却，在培养基表面轻轻地涂布均匀（见图4）。作好标记后将培养皿平放于实验台上室温下静置 10~15min。此外，为了观察是否有杂菌污染，每组需要涂布滴加无菌水的空白平板作为对照（要求每位学生至少涂 1 个平板）。

图3 接种菌悬液

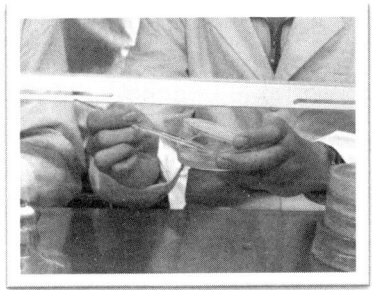

图4 稀释涂布平板操作

③培养。将接种好的平板倒置于 37℃恒温培养箱中培养 2~4 天（见图5）。

图5 恒温培养箱培养微生物

3）环节三：观察与计数（见图6）。

①培养2~4天后，取出培养皿，统计几个平板菌落数的平均值 X。

②依据平板上加入菌液量 Y mL，得到筷子表面的细菌数=$X/100Y$。

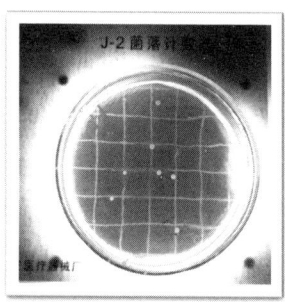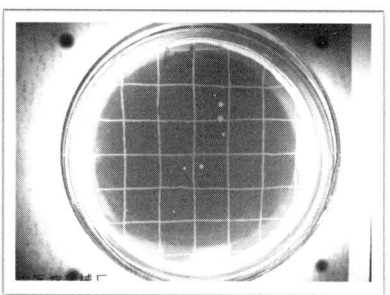

图6 学生实验结果

4）实验结果分析。

①密封性较好的一次性筷子与可循环餐筷表面微生物数量较少，但密封较差或无密封的一次性筷子上微生物的数量较多。

②学生统计菌落时容易漏记，借助菌落计数器统计数据更加精确。

③接菌量为 0.1mL 时，培养基上出现的微生物数量总体过少，计数偏差较大。

（5）整理实验器材，擦拭超净工作台台面（2min）。

目的：从中学生时代开始，让学生养成良好的实验习惯，为以后科研工作打好基础。

（6）实验总结（5min）。

1）教师总结操作过程中的问题。

2）布置观察任务，并根据观察结果撰写实验报告：分析一次性筷子和可循环餐筷哪个更健康。随后通过对筷子的选择问题引发学生对环境问题思考。

目的：及时发现并了解学生实验过程中的疑惑和错误，及时纠正和解答。

八、实验方案改进

（一）提出问题

学生总结实验并反思，提出以下问题：

（1）筷子表面微生物未彻底提取。

（2）各平板长出的菌落普遍较少且平行组之间差异较大。

（二）改进方案

教师和学生查阅资料和文献作如下改进。

（1）摇床分离表面微生物。首先将筷子样品分成小段，置于无菌水中，随后放入摇床中摇晃2min，使筷子表面微生物能够充分溶入无菌水中（见图7）。

（2）采用滤膜法对菌种进行富集。滤膜过滤法本身是针对不能采用高温灭菌的物质（如胎牛血清培养液）所使用的一种灭菌方法，过滤器核心为孔径小于细菌个体的滤膜，用过滤器过滤之后，过滤液中的微生物留在滤膜上。因此利用成本较低的针筒式细菌过滤器过滤适当体积的样品溶液，筷子上的微生物就被富集在滤膜上（见图8）。

图7 摇床培养箱获得菌悬液　　图8 针筒式细菌过滤器富集微生物

（3）接种采用滤膜接种法：将滤膜置于牛肉膏蛋白胨固体培养基上进行培养，通过计算在滤膜上形成的菌落数就可知样品中的活菌数（见图9）。

（三）改进后的实验操作

（1）环节一：与前面操作方法一致。

（2）环节二：筷子上微生物的获得与接种培养。

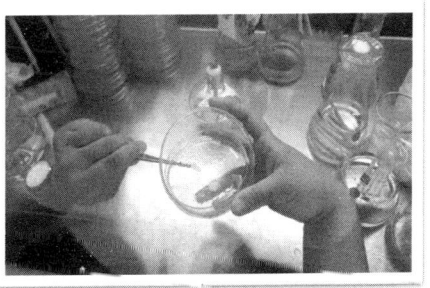

图9　滤膜法接种微生物

1）点燃酒精灯，将不同种类的筷子截断置于100mL无菌水中，密封后放入摇床中18℃、260rmp/min、2min，获得微生物溶液。

2）在超净工作台中用已灭菌的针筒分别吸取1mL、2mL、5mL溶液，连接在过滤器上进行过滤，随后取出滤膜，将滤膜覆盖在培养基上1min移除滤膜（或不移除滤膜），并作标记。

3）培养。与前面操作方法一致。

（3）环节三：与前面操作方法一致。

九、实验效果、反思与评价

本节课是一节以生活实验为外衣、教材专业实验为核心的课程。实验中充分发挥了学生的主动性，让学生在进行实验操作、训练相关技能的同时掌握了抽象的概念。学生也在实验操作中从中体会纯净培养过程中"无菌"操作的重要性。实验设计中，我采用了先学习原理，再熟悉原理，最后进入实验室操作的手段，大量重复的回顾工作让学生实验的成功率大大提高。学生"助教"在本节实验课上发挥了非常明显的作用，每个组在"助教"的指导下都能够有条不紊地开展实验。通过对前实验方案进行适当改进后，取样方法更加科学，微生物提取更加彻底，让学生们体会了科学实验的严谨性。

使用滤膜接种法进行接种，其结果与稀释涂布平板法几乎一致：封闭性较好的一次性筷子与可循环餐筷表面微生物数量较少，但无密封的一次性筷子上微生物的数量较多。经换算统计的菌落数目较稀释涂布平板法更多，平行实验组数据差异更小，说明富集后进行统计的数目更准确。在滤膜接种法中又比较了滤膜覆盖与移除滤膜法，不移除滤膜的菌落数目更多，分析原因：可能在移除过程中会带走部分菌体，造成数值偏小。

滤膜接种法具有广泛的适用性，并且可以解决后续课题中进行微生物筛选因为富集培养而无法准确计数样品中微生物数量的问题，如：①探究自来水中微生物的数目；②弥补"分解纤维素的微生物的分离"课题中利用"选择培养增加纤维素分解菌浓度"而无法计数的问题。采用滤膜法进行接种，既完成了富集，节省时间，不妨碍实验主体，又可以进行定量分析，训练和培养了学生的生物科学素养。

作为本次实验课的引导者，我深感一次实验课从策划到顺利完成的不易。过程中孩子们体会了欢乐，收获了幸福，作为实验员的我们却一刻不能放松，需要不断在学生周围提醒注意安全，纠正学生的操作错误。只要能让学生们提升自己、开阔眼界，我们所做的都是值得的。

土壤中小动物类群丰富度的研究

天津市青光中学　张月

一、教材分析

"土壤中小动物类群丰富度的研究"是人教版高中《生物必修3——稳态与环境》第4章第3节"群落的结构"中的一项探究活动，用于高二年级教学。研究土壤中动物类群的丰富度，有助于学生理解群落的基本特征与结构。在这样的探究活动中能够使学生清楚地认识到结构与功能观、进化与适应观等生命观念，使生命观念的核心素养得到了充分的落实；同时本实验也充分体现了生物学基本理念中的教学过程重实践；通过探究性学习活动，加深学生对生物学概念的理解，提升应用知识的能力。为此在实验过程中力图创设条件让学生在野外采样且在实验室进行观察，使学生的科学思维、科学探究能力得到很大提升，有利于学生深入建立群落与环境之间相互联系的观念。

本次实验探究学习的过程中，学生参与组内讨论，作出理性解释和判断。用所学知识解决生产生活中遇到的问题，保护生态环境实现人与自然和谐共处，使学生意识到自己肩负的社会责任。真正做到学科育人，落实立德树人的根本任务。

二、实验器材

取样器、铲子、塑料袋、标签儿、解剖针、磁盘、镊子、包着棉花的镊子、70%的酒精、放大镜、载玻片、盖玻片、实体镜、显微镜、培养皿、动物学教学参考图谱、诱虫器、量筒、漏斗、花盆、金属网、灯等。

三、学情分析

（一）学生已有的知识基础

学生已经学习了群落的结构和物种丰富度的概念，对生物类群丰富度有了一定的认识。

（二）学生已有的生活经验

我校为农村校，大多数学生家住农村，家里都承包了果园或菜地，对土壤动物有所了解，这为本节内容的学习奠定了良好的基础。

（三）学后收获

解决实际生活中遇到的问题，认识到人类活动对环境产生的重大影响，树立人与自然和谐共处的生命观念，形成生态意识，环保意识，进行绿色低碳的生活方式，崇尚健康文明的生活方式，成为健康中国的促进者和实践者。

四、实验教学目标

（1）学生能够说出当地几种常见土壤小动物的名称，描述物种丰富度的概念。

（2）学会调查土壤动物类群丰富度的方法；制订探究活动计划表和调查结果记录表，并根据探究结果撰写实验报告。

（3）在活动中，培养学生务实、合作、严谨的科学态度及创新意识，具备解决生产生活问题的担当和能力。

在教学目标的基础上，根据探究活动中学生的兴趣爱好，为学生作好职业规划，使学生明确人生目标，让更多学生给自己的未来作一个准确的定位。指导学生对未来进行职业规划，将职业规划渗透进学科教学。

五、实验原理

（1）土壤不仅为植物提供水分和矿质元素，也是一些动物的良好栖息场所。研究土壤中动物类群的丰富度，操作简便，有助于理解群落的基本特征与结构。

（2）取样原理。许多土壤动物有较强的活动能力，而且身体微小，不适于用样方法或标志重捕法进行调查。在进行这类研究时，常用取样器取样的方法进行采集、调查。

（3）对土样中的小动物进行采集的原理。采集体形较大的动物：①利用土壤动物具有趋暗、趋湿、避高温的特性用诱虫器采集；②简易采集法：放在瓷盆内，挑拣动物。采集体形较小的动物：可以用吸虫器采集，采集到的小动物可以放入酒精溶液中保存，也可以放入试管中。

（4）丰富度的统计方法。通常有记名计算法和目测估计法，前者一般适用于体形较大、种群数量有限的群落。后者是按预先确定的多度等级来估计单位面积上个体数量的多少。等级的划分和表示方法有"非常多、多、较多、较少、少、很少"等。

六、实验的改进与创新

（一）实验方法的创新

（1）取样地点多样化。教材中只是介绍了取样方法及小动物采集方法，没有明确取样地点，这给我们留下了极大的想象空间，以此为契机课前安排全班同学自由组合分成若干小组开展头脑风暴，利用互联网中的搜索引擎和各种视频软件搜索观看相关内容，作出调查计划。各个小组分别利用周末休息时间展开调查活动，实施调查计划。这样的调查活动不仅丰富了学生的课余生活，也使学生的科学思维、科学探究能力有了较大提升。调查结束后，各小组将调查内容展开交流和讨论，交换彼此的意见看法，将各组探究的内容汇总，如土壤类型、土壤污染情况、土壤湿度、土壤温度、土壤盐碱程度等不同地点土壤小动物类群丰富度的比较。

（2）取样地点立体化。为从不同深度进行研究，确定取样土壤深度。实现取样方式立体化，便于学生理解群落的垂直结构。确定要探究的问题为"同一地形不同深度中小动物类群丰富度的比较"。这样的探究内容使同学们对群落空间结构中的垂直结构有了更深刻的理解。

（二）实验装置的改进

（1）取样器的不足与改进。

1）取样器的不足。教材实验中取样器材料为易拉罐，易拉罐质地较软、易变形、不耐用，采集土壤时无着力点，不易旋转钻入土壤。由于是人工剪裁，同学们在制备过程中，很容易划伤自己，即使按照教材中5cm的高度进行剪裁，也很难保证每个取样器的规格完全一致，这会对实验结果的精确性造成影响（见图1）。

图1　教材中的取样器

2）取样器的改进。用质地较硬的取土器（地质勘探和勘察中专用工具），取土器上自带把手，便于旋转施力，使其更容易钻入土中。取土器为专用设备容积更标准，取样更精确（见图2）。

图2　改进后的取样器

（2）诱虫器的不足与改进。

1）诱虫器的不足。教材实验中此装置零散，不易安装、搬运。诱虫环境温度不易测量。花盆放置于漏斗上容易倾倒。光（热）源灯泡处于开放空间，不易聚光聚热（见图3）。

2）诱虫器的改进。用废旧纸箱代替铁架台，分别采用不同功率的灯泡，温度计悬挂其中。用水培花盆代替无底花盆、漏斗、试管，做到无缝对接避免土壤外露，使实验装置更加简便。诱虫时将纸箱封闭，将样品放置于相对封闭的环境内，使热能和光能更加集中，提高诱虫效率，缩短诱虫时间。同时诱虫器内悬挂的温度计可测量箱内温度（见图4）。

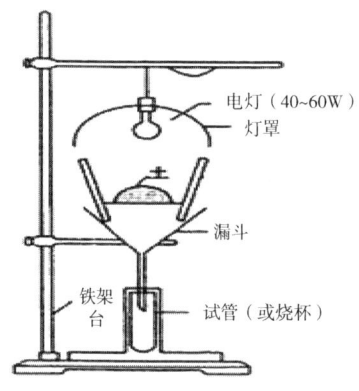

图3 教材中的诱虫器

图4 改进后的诱虫器

（3）动物鉴定方法创新（电子化）。根据《无脊椎动物学教学参考图谱》中动物的形态特征并搜集相关示例图片，利用Excel制作《天津市北辰地区常见土壤小动物电子图鉴》。将此电子图鉴发送给每位学生，学生利用笔记本电脑、手机等设备轻松鉴别小动物。电子图鉴提供的图片更加立体化，色彩更加丰富，动物的形态细节特征也更加清晰，这充分体现了生物核心素养中的生命观念：结构与功能观，进化与适应观。

应用电子图鉴鉴别小动物的过程中，还需要同学们一一比对，具有一定的盲目性。为此同学们又开动脑筋思考有没有一种拍照神器，对准需要鉴定的小动物拍照，然后自动显示出动物的类型，同学们通过网络搜索找到了"万能拍照识别"App（见图5）。将此应用下载到手机上，即可轻松完成鉴别。目前这种App的鉴别能力还不能达到百分百的准确，因此同学们在用拍照神

图5 万能拍照识别App

器鉴别后,再结合电子图鉴或动物图谱综合考虑,使动物鉴别更加准确,提高鉴别效率,增加其可信度。

七、教学过程

(一) 确定要探究的问题

实验前,同学们利用互联网中的搜索引擎和各种视频软件搜索观看相关内容。利用微信、投票器、校园云平台等工具对不同土壤条件的探究问题进行投票选择。根据学生的投票结果、我校所处的地理环境和探究实验的可行性,确定要探究的问题为:"校园内不同地点土壤小动物类群丰富度的比较""校园内同一地形不同深度中小动物类群丰富度的比较"。

根据校园内的地形分布情况选择自己感兴趣的问题进行探究,教师搜集学生所选问题将全班学生分为4大组。

(二) 制订取样计划表(见表1)

表1 取样计划

分组	土壤类别	取样地点	取样时间	取样要求	取样器具
1组	果林	宿舍西侧海棠树下	5月25日生物课上	(1) 在样方内随机选取5个点取样; (2) 每个取样点按不同深度取3个样; (3) 每组15个样,每样贴标签	取样器 铝盒 标签 记号笔
2组	菜地	足球场东侧菜地			
3组	沙地	操场北侧的沙地			
4组	草坪	教学楼前的草坪			

学生分组取样,按计划在规定的地点和时间内取样。培养学生组织、协作、配合的能力。

(三) 实施计划

(1) 准备。

1) 通过考察校园内的环境确定取样地点为:宿舍西侧海棠树下、操场北侧的沙地、教学楼前的草坪、足球场东侧菜地。所选四处地点的土壤环境条件是有较大差异的。

2) 实验材料用具的准备,组织学生根据课前兴趣小组同学的介绍自做诱虫器,其他材料用具如取样器、花铲、塑料袋、瓷盆、解剖针、放大镜、镊子、实体镜、纱布、笔、标签等由实验室统一准备。

(2) 取样。指导学生在相同的时间段对所选的取样地点进行随机取样,取样时要注意每个样本所取得土壤含量应相等，以控制实验中的无关变量。同时在铝盒的标签上注明时间、地点、序号和采集者姓名。

（3）采集样本中的小动物。指导学生根据课本所介绍的两种方法进行操作。将两种方法相结合：将取到的土壤样品放在水培花盆内，用解剖针拨找小动物，同时用放大镜观察，发现体形较大的小动物，可用包着纱布的镊子取出来。再将水培花盆放入诱虫箱，然后直接打开电灯进行采集。

（4）观察和分类。学生采用记名计算法并借助《天津市北辰地区常见土壤小动物电子图鉴》和"万能拍照识别"App 查清小动物的名称并进行分类，作好记录。

（5）数据统计和分析。指导学生先在组内交流记录到的数据，再在各组间交流各自的数据并进行汇总完成实验统计表。学生通过记名计算法对小动物进行统计，并利用 Excel 软件设计表格汇总全班数据，得出土壤中小动物类群丰富度（见表 2）。

表 2 实验结果汇总

种类	第 1 组 草坪	第 2 组 果林	第 3 组 菜地	第 4 组 沙地
蚂蚁	2	1	3	1
鼠妇	1	1		
蝼蛄			1	
蠼螋		1		
土蚕（地老虎）	1		1	
蚯蚓	2	2	2	
跳虫		2		
蜈蚣		1		
小动物总数	6	8	7	1
小动物种类	4	6	4	1
丰富度	较低	较高	较低	很低

学生利用 Excel 将表 2 中的数据绘制为更加形象的柱状图（见图 6）。

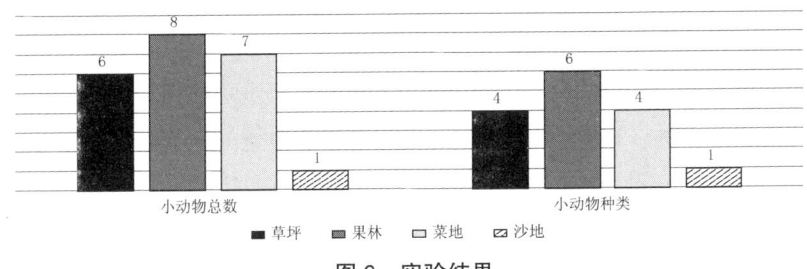

图 6　实验结果

（四）分析结果得出结论

学生比较表 2 中汇总得到的数据及绘制的柱状图，得出结论。数据表明：宿舍西侧海棠树下土壤小动物类群的丰富度明显高于操场北侧的沙地，而教学楼前的草坪和足球场东侧菜地两地点土壤小动物类群的丰富度相似。由实验数据和结果分析可知：土壤环境条件越优越生活在其中的小动物类群丰富度越高。学生将实验分析得出的结论运用到实际生产生活中。学生提出：将对改良土壤有益的小动物引进农田、果园，提高农产品、畜产品的产量。从而使学生应用所学知识解决生产生活中问题的能力有了较大提升。

（五）拓展探究

将课上未能探究的内容留在课下继续探究，使学生的探究活动不仅止于课上，让学生的学习具有连续性。实验装置的改进也并未止步，让学生继续开展头脑风暴：如何使实验装置更简单方便易于携带，如何更好地提高诱虫效率。把此实验探究活动当作一项课题研究去做，体会科学探究的乐趣与艰辛，培养学生科学探究的能力。

八、教学评价与反思

本实验采用学生自评和互评、小组评和教师评相结合的多元化评价方式，重视过程性评价，促进学生的有效学习。在高中生物教学中开展多元化测试评价，就是打破传统的以考试为唯一评价标准的模式，使教学评价的目的不再单一以让学生掌握知识为主，更重要的是让学生获得解决实际问题的能力。

本实验结果能够为农业生产提供指导，让科学技术转化成生产力，从而转变农村学生家长的教育观念，实现家校合作，推动学生全方面发展，让学生不仅能学好文化知识，更能够造福社会。

此实验的开放性较大，有一定的挑战性，可探讨的问题很多，但由于课时原因未能一一展开，给同学们留下了一些遗憾。为此，教师应该让学生明白我们的研究并未止步，可与兴趣小组的同学在课余时间继续研究。如：实验器材还有待进一步改进，可以用其他材料设计诱虫箱，让其遮光效果更佳，改进后的诱虫器还可以作为探究光照强度（安装不同功率的灯泡）和温度对植物光合作用的影响，做到一器多用；用物理中电路的知识改良光源，使实验地点不再受限做到学科知识间的相互渗透；用生命检测仪器来检测土壤中是否还有小动物，对诱虫时间能有更好的掌控，提高学生的科学探究能力和学习生物的热情。

总之，同学们在实验探究过程中一步一步地完善实验装备，使实验操作更加简便可行、实验结果更加科学严谨，使同学们认识到众多的一小步汇合在一起将成为前进的一大步。过程中同学们深刻体会到了科学探究之路的艰辛和快乐。

土壤中小动物类群丰富度的研究

云南省昆明市第八中学 陈玉梅

一、使用教材

人教版高中《生物必修3——稳态与环境》第四章第3节"群落的结构"。

二、实验器材

（一）自制器材

一体式诱虫器（PVC板、白炽灯、漏斗、灯头、电线）、吸虫器（50mL试剂瓶、橡皮塞、玻璃弯管、洗耳球）、小动物麻醉瓶（50mL试剂瓶、脱脂棉）。

（二）其他器材

环刀土壤取样器、小铁铲、塑封袋、标签纸、白瓷盘、镊子、脱脂棉、长竹签、小烧杯、试管、放大镜、纱布等。

（三）药品

体积分数为70%的酒精、无水乙醇。

三、实验创新要点

（一）真实情景，提出探究问题

探究问题的提出，教材的处理是：可依据自己的兴趣，并考虑可行性，经小组讨论后，确定要探究的问题，并给出例子。由于学生缺乏对土壤小动物的观察，故往往从例子中选择探究问题。将探究活动的目标变成完成教材给出的一个任务，主动性不强。对此，本实验的教学作出如下调整：课前组织同学带小铲子在校园各处刨土观察土壤小动物，根据观察到的现象提出想要探究的问题。让学生在真实情景中主动发现问题，进行探究，大大提高同学们的主动性和探究欲望。

（二）在实践中生成问题，进一步探究

（1）取样器的选择。经过取样器小组的研究，将易拉罐取样器更换为环刀土壤取样器（见图1）。更省力，土样易掏出，体积准确。

图1 易拉罐取样器更换为环刀土壤取样器（100mL）

（2）吸虫器的改进。教材展示的吸虫器需要用嘴吸，不卫生。同学们结合市售的几种吸虫器进行了改进（见图2）。

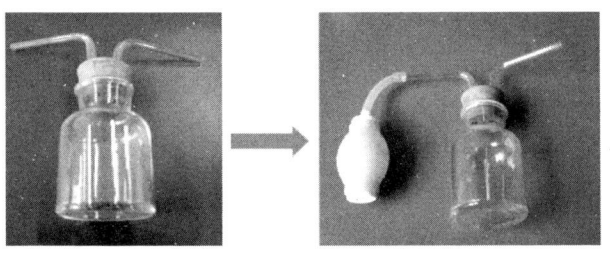

依照教材组装吸虫器　　　　　改进后的吸虫器

图2　吸虫器的改进

（3）诱虫器的改进。按照教材提示，利用纸盒、三脚架、漏斗、台灯等制作了的简易诱虫器（见图3），材料易得，但是诱虫效果不佳，且漏土严重影响观察。故设计了一体式诱虫器（见图4），将光源和土样集中在一个盒子里增加聚光度；灯泡采用白炽灯，离土样较近，同时利用小动物的避光性和不耐热性来向下驱赶小动物；圆锥形挡板放置土样，下方有通道，解决漏土问题；箱体为PVC板，阻燃。

图3　简易诱虫器　　　　　　　图4　一体式诱虫器

（4）实验中体形较小的土壤小动物收集。在结果汇报和交流活动中，同学提出:"较小的动物用体积分数70%的酒精处理过于残忍,有没有不杀死小动物的收集方法呢?"同学们经过大量的研究,制作了小动物麻醉瓶(见图5)。

最终确定土壤小动物的收集处理方法为:较大的土壤小动物用收集瓶收集,直接鉴定,放回土样;较小的用小动物麻醉瓶麻醉后用放大镜或实体镜观察,待苏醒后放回土样,一起送回原处。

图5 小动物麻醉瓶

四、实验原理

土壤中生活着无数的小动物,我们平时很少关注它们。然而,这些小动物对动植物遗体的分解起着重要的辅助作用。很多土壤小动物身体微小,活动能力强,故在研究时,我们采用的是取样器取样的方法进行采集、调查。结果统计中,对于体形较大的、数量有限的小动物采用记名计算法统计,对于体形较小的、数量较多的小动物采用目测估计法进行统计。

五、实验教学内容

本实验是在学习完群落的结构后进行的,主要包括土壤中小动物类群丰富度的调查和统计。认识一个群落的物种组成包括调查该群落的物种数目即丰富度和各物种的相对数量和比例。土壤中小动物类群丰富度的研究统计的正是这两个指标。

六、实验教学目标

(一)生命观念

通过问题、实证、解释群落与环境相适应的生命现象,形成生物与环境相适应和生物与进化观等生命观念。

(二)科学探究和科学思维

(1)让学生经历观察提问、设计实验、实施实验、交流讨论的过程,发展科学探究和科学思维素养。

(2)运用土壤动物调查研究的基本思路和方法进行实践研究。实践过程能及时发现并解决生成性问题,勇于创新,乐于并善于团队合作。

（三）社会责任

了解土壤动物多样性、动物与环境的关系，形成尊重生命和保护环境的社会责任素养。

七、实验教学过程

（一）真实情景观察，提出探究问题

（1）课前组织学生带小铲子在校园各处刨土观察土壤小动物（见图6），根据观察到的现象提出想要探究的问题。

（2）汇报交流小组观察到的现象和想要探究的问题。小组 A 发现了如图 6 所示的现象。小组 B 发现：原本以为会有很多土壤动物的杨梅树下，一个小动物都没有。小组 C 发现：在石板路附近的土壤中没有小动物，而竹林中由于落叶覆盖和湿度较高，土壤小动物比较多。

图 6　不同环境土壤小动物的比较

（3）根据以上现象，同学们提出了以下四种假说。

1）土壤的湿度不同导致小动物类群丰富度不同。

2）土壤表面的落叶或植物覆盖程度不同导致小动物类群丰富度不同。

3）人类踩踏的程度不同导致小动物类群丰富度不同。

4）土壤受到不同程度农药污染导致小动物类群丰富度不同。

（二）设计实验

将以上假说作为探究的问题，小组合作设计实验。

（三）准备材料，实施实验

（1）准备材料。针对这个过程中产生的一些问题，兴趣小组的同学展开了课前研究。

1）取样器研究：这个过程中学生准备了4种取样器，哪种取样更好呢？

2）吸虫器研究：当我们依照教材组装出吸虫器后，有同学担心虫子会不会吸入嘴中？

3）诱虫器研究：同学们用纸盒、台灯、铁架台等材料制作了一些简易的装置，效果如何呢？诱虫器小组研究过程中，同学们发现简易装置漏土严重影响观察，且诱虫时间长、效果差。同学经过多次讨论，设计了如图7所示的诱虫器，之后在家长的指导下利用相关绘图软件绘制了如图8所示的诱虫器工程图。之后联系工厂制作出如图4所示的一体式诱虫器。

4）课前研究汇报。

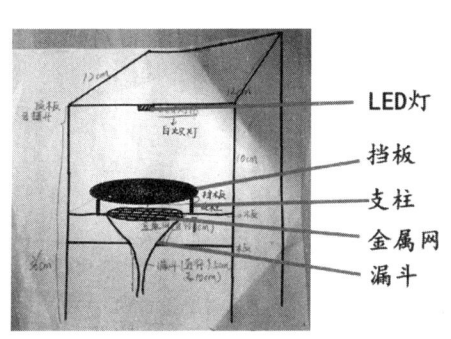

图7 诱虫器的设计草图　　　　图8 诱虫器工程图

（2）制订计划。每一个小组围绕调查时间、地点、材料工具和分工，在课后制订实验计划。

（3）实施计划和方案。

1）提前征得学校有关部门同意，开展实验。教师提前对学生进行实验安全教育。

2）以小组为单位开展土壤取样、小动物采集、小动物类群及数量记录。分析结果得出结论。

土壤取样时，为了减少误差，我们经过查阅资料，确定了如图9所示的取样方法。确定一个 $0.25m^2$ 的样方，然后在对角线上选3个取样点进行取样，结果取平均值，减少误差。

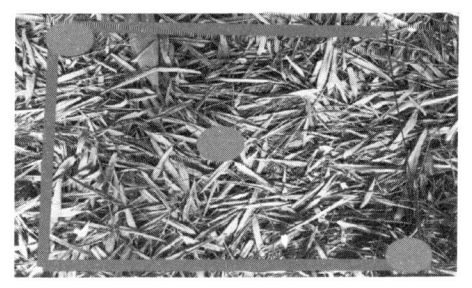

图9 样方和取样点的确定

（4）展示和交流。小组呈现实验结果和结论（见图10），进行交流，组织学生进行生生互评。

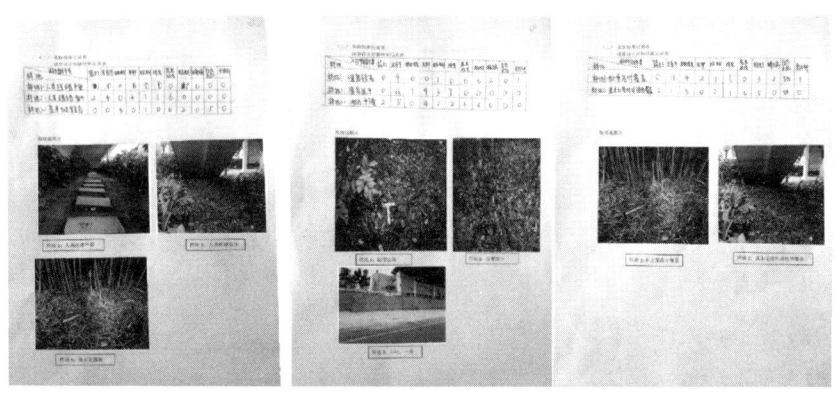

图 10　小组实验结果和结论

在交流讨论中,学生提出:"较小的动物用体积分数 70% 的酒精处理过于残忍,有没有不杀死小动物的收集方法呢?"同学们对实验小动物收集处理方法展开研究。

其中一组同学降低了酒精浓度进行研究,分别用体积分数为 40%、30%、20% 的酒精来处理 6 只蚂蚁,记录 6 只蚂蚁全部失去活动能力所需时间和 15min 恢复活动能力的数量。在烧杯底部垫上脱脂棉,防止小动物被淹死。实验结果如表 1 所示。从结果可以看出体积分数 20% 的酒精处理后有一半的蚂蚁可以恢复活动能力,但是该浓度下蚂蚁失去活动能力所需时间长,导致蚂蚁易沿烧杯壁逃跑。

表 1　体积分数为 40%、30%、20% 的酒精处理蚂蚁的结果

酒精体积分数	40%	30%	20%
6 只蚂蚁失去活动能力的时间	7′	9′	14′
15min 后恢复活动能力的数量/只	1	1	3

另一组同学则采用了无水乙醇的挥发性来麻醉小动物,他们在试剂瓶的瓶盖中放入脱脂棉后滴加适量的无水乙醇,取下吸虫器的橡皮塞,盖上该瓶盖,就可以开始麻醉小动物了。具体的结果如表 2 所示。该处理小动物不易逃跑,对体积较小的小动物麻醉效果好,且都能苏醒,伤害小。

表2 小动物麻醉瓶的处理结果

小动物种类	5只蚂蚁	5只螨类
全部麻醉时间	4′5″	3′25″
全部苏醒时间	13′	8′

(5) 总结和反思。请同学们交流自己在整个实验学习过程中的收获和感悟。

八、实验教学效果评价

(一) 发展核心素养

(1) 生命观念。整个研究过程中，通过引导学生在真实环境中发现问题，提出假设，之后实施实验进行实证，逐步建立起生物群落与环境相适应的观念。经过教师的进一步引导，学生们形成了生物与环境相适应、生物与进化观的生命观念。

(2) 科学探究和科学思维素养。通过真实情景导入，引导学生自主发现问题、提出假说、设计实验、实施实验并进行结果汇报交流，培养学生的科学探究素养。同时在这个过程中，培养学生归纳总结、推理等科学思维素养。

(3) 社会责任。

1) 学生在研究过程中，提出取样后形成的坑如何处理和如何收集体形较小的土壤小动物等问题。通过研究，引导学生形成保护环境、尊重生命的社会责任意识。

2) 通过对实验结果和结论的分析，学生形成了生物与环境相适应的观念。同时经过探究人类踩踏和土壤污染对土壤中小动物类群丰富度的影响后，学生意识到了人类活动对土壤小动物生存和分布的影响，形成了保护环境的社会责任意识。

(二) 形成创新和合作的意识

在实验过程中，通过对装置的改进，取样方法、收集鉴定小动物方法的研究，激发学生思考讨论来解决问题，培养了他们的创新能力。同时在前期实验设计、课前研究和实验方案实施过程中，学生均通过小组合作完成，每个小组在每项任务中分工明确，而遇到疑惑困难时又能一起努力解决，有发现和突破时一起分享喜悦。在这个过程中，学生们学习合作，并因合作收获了快乐。

四种植物对不同水体中氮去除效果的探究

武汉市第二十三中学　江晶　杨梅

一、使用教材及选题由来

人教版高中《生物必修3》第五章中涉及生物与无机环境相互作用而形成统一整体的内容，本课题为课本实验的补充与延伸。

我校位于墨水湖畔，墨水湖水污染是我们关心的问题。我校蒲公英生物社团开展了水质监测，在前期的调查中我们发现墨水湖反复治理反复污染，富营养化仍较严重，其中氮元素影响最大。水生植物可吸收利用水体中的氮，降低水体中的氮含量，从而净化水质。然而，不同植物对污水中的氮元素去除效果不尽相同，我们希望筛选出适合本地区的植物来去除污水中的氮，因此确立了这个课题。

这项课题在蒲公英生物社团高二年级学生中开展，他们兴趣浓厚，并具有相关理论知识和一定的实验操作经验，依托我校数字化实验室开展探究活动。我校实验室拥有数码显微镜、高压蒸汽灭菌锅、恒温光照培养箱、数字化探究实验仪器箱等先进设备。

二、实验器材

无色透明塑料瓶、氨氮试剂盒（氨氮测试试剂一、试剂二、比色卡）、数字化探究实验仪器箱（CO_2传感器、O_2传感器）、硫酸铵、容量瓶、滴管、烧杯等。

三、实验创新要点

（一）实验材料选取

为了筛选去除氮元素效果好的水生植物，并探究不同植物与污染物去除之间的联系。我们选取4种湖北省常见的水生植物睡莲、香菇草（铜钱草）、金鱼藻、莼菜作为研究对象。在实验室条件下，重点探究4种植物对于不同水体中氨氮的去除效果。

（二）实验装置的改进

在培养瓶盖上钻孔，加垫圈保证其气密性。将CO_2传感器、O_2传感器固定在培养瓶的瓶盖上，便于定期测量CO_2、O_2的变化。

四、实验原理及设计思路

(一) 实验原理

生物与环境相互作用。一方面水生植物可吸收利用水体中的氮,降低富营养化水体中的氮含量(主要探究氨氮的变化),从而净化水质。氨氮是指水中以游离氨(NH_3)和铵离子(NH_4^+)形式存在的氮。另一方面水体中的氮元素也会对各种植物的生命活动(如光合作用)造成影响。

(二) 实验设计思路

引导学生发散思维,深入思考,设计实验方案。

如何设置对照实验?引导学生分析逐步完善实验设置(见表1)。

表1 设置对照实验

对照组	清水+植物
实验组	湖水+植物

↓

对照组	清水+植物
实验组	湖水+植物
实验组	模拟污水+植物

↓

对照组	清水+植物
实验组	湖水+植物
实验组	模拟污水 A(低浓度)+植物
实验组	模拟污水 B(高浓度)+植物

如何控制无关变量?学生讨论得出可能存在微生物对实验结果的干扰。我们将实验用水煮沸冷却至室温后再进行后续实验操作,从而排除水体中微生物呼吸作用。

尽管实验前我们进行了灭菌处理,但植物在开放的体系中培养,空气中的微生物也会在水体中大量繁殖,可能对实验结果造成影响。进一步调整实验设置,如表2所示。

表2　进一步调整实验设置

对照组	清水+植物	对照组	清水
实验组	湖水+植物	对照组	湖水
实验组	模拟污水 A+植物	对照组	模拟污水 A
实验组	模拟污水 B+植物	对照组	模拟污水 B

五、实验教学目标

（一）生命观念

建立稳态与平衡观、结构与功能观，形成科学的世界观。

（二）科学思维

崇尚严谨的求知态度，运用科学的思维方法解决实际问题。建构数学模型，发展创造性思维。

（三）科学探究

在科学探究过程中，掌握科学探究的基本思路和方法，提高实践能力。

（四）社会责任

形成生态意识，参与环境保护实践。

六、实验教学内容

（一）前期准备

我们录制了微课视频，学生通过平板观看微课了解实验仪器及使用方法。查阅植物处理污水的相关文献。

（二）实验步骤

取样→称量（植物）→制备溶液→消毒及灭菌→前测→培养→后测（定期）→整合数据

（三）实验方法

选取芳草路段墨水湖湖水（$1mg \cdot L^{-1}$氨氮）为研究对象，并以目前武汉城市污水中氮平均值为参考，设计模拟污水 A（$0.5mg \cdot L^{-1}$氨氮）和模拟污水 B（$2mg \cdot L^{-1}$氨氮）。

氨氮的浓度采用比色法，使用试剂盒测定。

污水中污染物的去除率 $=(C_0-C_i)/C_0 \times 100\%$。其中，$C_0$ 为开始时的浓度，C_i 为第 i 天的浓度。

实验于 2018 年 5 月至 6 月进行，历时 5 周。每个培养瓶水样 1000mL，选用生长状况相同且良好的植物，生物量（鲜重）均为 10g±0.5g。所有培养瓶在恒温光照培养箱中光照 8 小时、黑暗 16 小时处理。实验过程中每 3 天测定水体中氨氮浓度以及监测装置中的 CO_2、O_2 的变化，采样在中午 12 时至 13 时进行。将传感器与电脑连接，应用数字化实验配套软件进行实时分析。

七、实验结果及分析

以下展示部分实验结果（见图 1~图 3）。

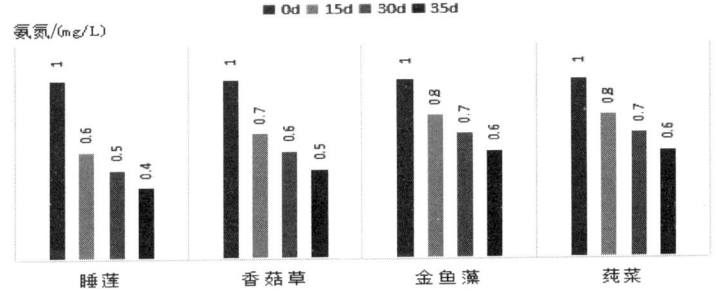

图 1　4 种植物对湖水中氨氮的清除效果

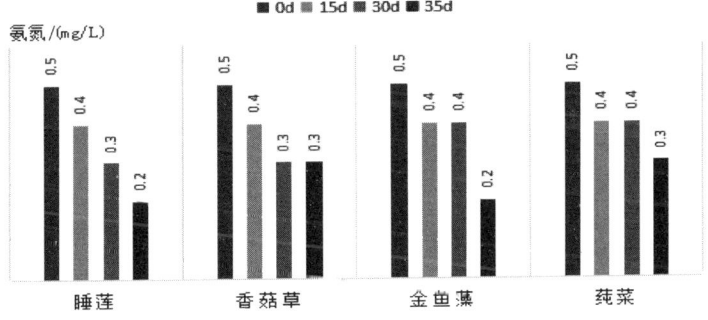

图 2　4 种植物对模拟污水 A 中氨氮的清除效果

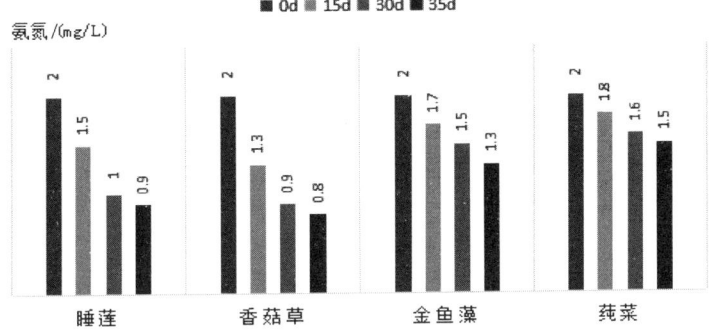

图 3　4 种植物对模拟污水 B 中氨氮的清除效果

从以上结果可看出，4种植物对于不同水体中的氮均有一定的去除效果。在模拟污水 A 和湖水中，睡莲的去除效果最好，其次是香菇草。启发学生思考这是什么原因？学生通过观察得出，这可能与它们的通气组织更发达有关，根部易获得氧气，有利于氮元素的吸收。这与我们利用传感器测得的数据相符，也体现了生物体的结构和功能相适应。模拟污水 B 中，香菇草的氨氮去除效果最好，其次是睡莲。又启发学生思考，为什么同一种植物在不同水体中氨氮去除效果不同，可能与植物对氮的耐受能力、繁殖特点及生物量有关。

实验组与相应未加植物的对照组相比，氨氮的去除率在实验期间明显上升，这可能是因为该时期气温较高，微生物大量繁殖也对氮元素有一定去除效果。因此，可利用植物与微生物的共生关系，如依靠植物根系的吸收、微生物的硝化、反硝化等共同作用固氮，达到"1+1>2"的净化效果。

尽管香菇草在不同水体中均有明显清除氨氮的作用，但考虑到其有很强的侵占能力，不建议作为净化水质的植物，而推荐种植去除氨氮效果好且具有观赏价值的植物——睡莲。

我们在研究过程中还发现，金鱼藻在不同水体中培养相同时间后，培养瓶中 CO_2 浓度呈现出如下规律：模拟污水 B 组明显低于模拟污水 A 组和湖水组。这间接说明了较高浓度的无机氮可促进金鱼藻的光合作用，这与文献报道的金鱼藻是喜氮作物相符。

八、效果评价及反思

（1）这个课题非教材原有实验，是课本实验的延伸和补充。围绕身边的水资源开展环保项目研究，立足解决生活中的实际问题，选题新颖。重点探究了植物生命活动对环境的影响，增进了学生对生物技术应用的了解，开拓了学生的视野。

（2）本项目是我校生物社团长期研究的项目，在研究中锻炼了学生的思维品质，磨炼了学生的意志。学生不仅掌握了科学探究的基本思路和方法，而且培养了动手操作（包括自制实验仪器）、分析数据等科学探究的能力，增强了社会责任感，核心素养得到了提升。实验数据为环保等部门提供了参考，对社会贡献了一点力量。

（3）我们引导学生自主设计实验方案，既重视定性分析又重视定量分析，充分利用了数字化的实验仪器与互联网结合，成本低，大大提高了数字化探究实验仪器的使用频率，对其他兄弟学校有借鉴作用，值得推广。

（4）污染物的去除是长期的过程，本课题受实验条件以及学生学习时间的限制，植物的种植规模有限，且只讨论了4种植物，实际可能还有比睡莲去除氮效果更好的且适合本地种植的植物，有待进一步探究。

不同环境污染条件下水生生物多样性的调查研究

天津市南开中学　张勇

一、使用教材

人教版高中《生物必修3》第四章第三节"群落的结构"。

二、实验器材

索伯网、白瓷盘、镊子、钢筛、皮裤、流速仪、HANNA便携式水体测量仪、试管、培养皿、显微镜、体视镜、广口瓶、记号笔、酒精。

三、实验创新要求/改进要点

（1）将课本理论知识讲授和野外实际调查相结合，使学生和老师真正走出校园课堂，身处大自然进行探究实验。

（2）注重学科交叉，重视数据分析。引导学生进行数据获取和信息挖掘，培养学生谨慎务实的科研态度，结合学生已有数学知识水平，加深拓展生态相关方向的定量研究，如丰富度、多样性指数、均匀度指数，通过直观数据加深学生生物核心素养的养成。

四、实验设计思路

结合人教版高中《生物必修3》第四章第三节的"土壤中小动物类群丰富度的研究"实验，在此实验方法基础上进行拓展。根据环境污染条件不同，选取12个野外点位进行调查水生生物多样性的调查研究。

五、实验教学目标

（一）知识与技能

（1）了解生物多样性的定义、调查和评价。

（2）了解相关生物学指标（如丰富度、多样性指数、均匀度指数等）的实际意义。

（二）过程与方法

（1）发展学生的科学探究能力，包括能够进行水生生物多样性调查的实验设计和操作。

（2）进行小组讨论，提出问题和质疑；能够有效地实施方案、观察记录结果、并利用数学方法处理解释数据。

（三）情感态度与价值观

（1）理解野外调查在生物学研究中所起的作用，养成团队合作、求实及勇于探究的科学精神和态度。

（2）通过小组合作，形成科学探究能力。

六、实验教学内容

（1）该探究实验基于教材又不拘泥于教材。且与当前的实际问题和政策导向相一致，在生物教学的实践活动中，进行爱护生态，保护环境的意识渗透。

（2）使学生从学校走向自然，使教师从理论讲授提升为实际实践操作，增强学生的参与感，培养分组讨论、团队协作和科学探究的思维能力。

（3）注重学科交叉，重视数据分析。引导学生进行数据获取和信息挖掘，培养学生谨慎务实的科研态度，结合学生已有数学知识水平，加深拓展生态相关方向的定量研究，如丰富度、多样性指数、均匀度指数，通过直观数据加深学生生物核心素养的养成。

七、实验教学过程及结果

（1）将课本理论知识讲授和野外实际调查相结合，使学生和老师真正走出校园课堂，身处大自然进行探究实验（见图1）。

图1　野外实验采样及室内标本鉴定

图2表明，所处的调查样点可以划分为3种环境污染条件，分别为林地污染、农业污染和城镇污染。3种污染条件下采集鉴定得到的水生生物以水生昆虫的七大目为主，但是不同污染条件下的生物类群比例和种群密度差异比较明显。

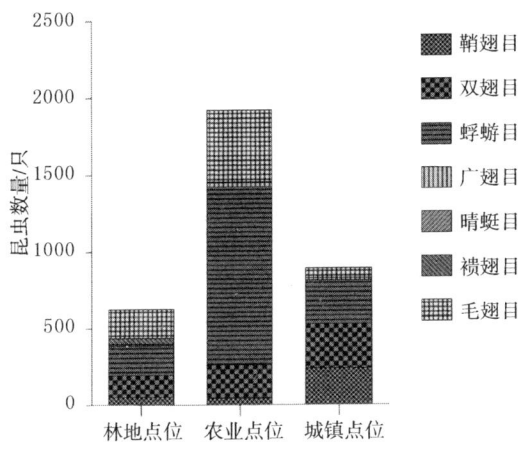

图2　3种不同污染条件下水生昆虫分类结果

我们的调查结果显示，参照点位、林地污染点位、农业污染点位和城镇污染点位的主要省群存在差异，各种类型的采样点位的主要生物类群（见图3）。

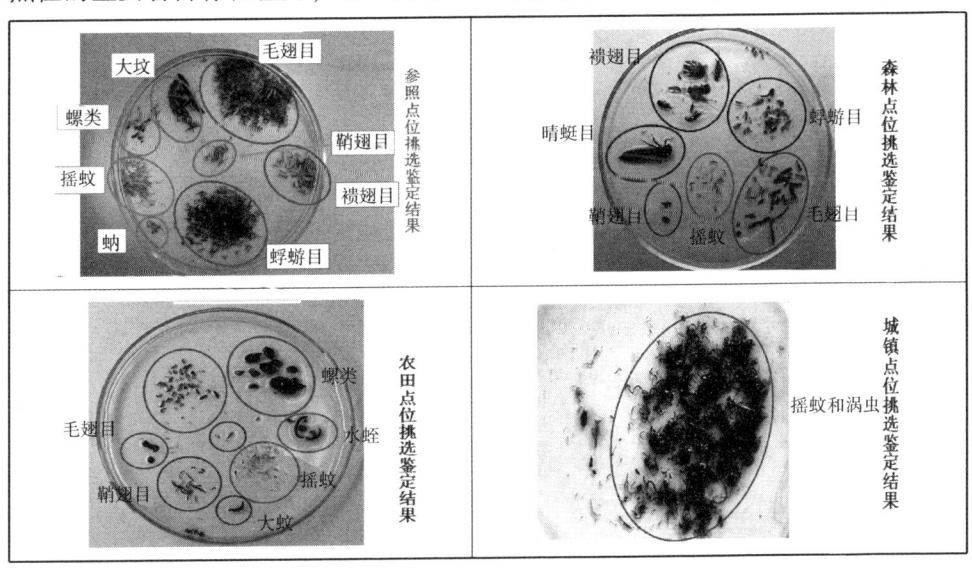

图3　不同污染条件点位及参照点位主要水生生物实物图

结果表明：未受到污染的参照点位生物类群最丰富，除了水生昆虫外还有非昆虫类的软体动物等，林地污染和农业污染条件下的采样点位，挑取得到的生物类群减少，而且有从敏感型生物类群向耐污型类群过渡的趋势，城镇污染的点位，生物类群最少，基本上全是摇蚊和涡虫。

（2）注重学科交叉，重视数据分析。引导学生进行数据获取和信息挖掘，培养学生谨慎务实的科研态度，结合学生已有数学知识水平，加深拓展生态相关方向的定量研究，如丰富度、多样性指数、均匀度指数，通过直观数据加深学生生物核心素养的养成。

我们选取计算了几个水生生态学常用的生物指标：丰富度、EPT 丰富度（蜉蝣-襀翅-毛翅目种类数）、香农多样性指数和均匀度指数。其中香农多样性指数和均匀度指数的计算公式如下：

$$香农多样性指数\ H = -\sum (P_i)(\log_2 P_i)$$

$$均匀度指数\ E = H/H_{max}$$

图 4 显示，在我们的调查区域丰富度的范围为 4~46，EPT 丰富度的范围为 1~42，多样性指数范围为 0.61~4.88，均匀度指数范围为 0.30~0.91。我们的调查数据进一步表明在不同环境污染条件下，生物多样性状况差异较大，分化明显。

指数	描述	
丰富度	总物种种类数	4~65
EPT丰富度	蜉蝣-襀翅-毛翅目种类数	1~42
多样性指数	香农多样性指数	0.61~4.88
均匀度指数	Pielou's均匀度指数	0.30~0.91

图 4　主要生物学参数范围

此外，我们选取的 4 个主要生物指数的计算结果（见图 5）也显示，不同环境污染条件下的丰富度、优势生物类群、多样性和均匀性也差异明显。总的规律为：不同污染条件下，生物群落的丰富度、优势生物类群、生物多样性和均匀度都会发生改变。总体趋势为：随着污染加剧，丰富度逐渐降低，优势生物类群趋向耐污类群，生物多样性降低，均匀度降低。

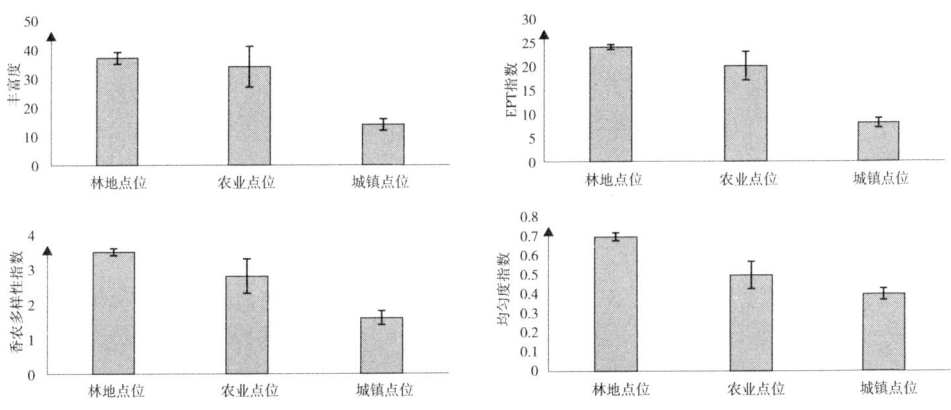

图5 不同污染点位主要生物学参数比较结果

八、实验效果评价

学生们的实验步骤还有不严谨的地方，实验结果也并不完美，但重要的是探索过程中的收获和成长。

第一个收获是：分小组后，学生们自己统筹协调，动手操作，对他们的团队合作精神是一次重大的检验。

第二个收获是：实验探究能力的养成，需要学生一步步设计探究方案、开展探究实验，最后获得数据，得到结果。在探究过程中，变量比较复杂，需要记录整理的数据（包括各种计数、测量）比较烦冗，这对于培养学生踏实严谨、精准细致的科研态度具有积极的作用。

探究生态系统的稳定性

陕西省西安市第二十六中学　薛姣

一、使用教材

人教版高中《生物必修3——环境与稳态》第五章第5节"生态系统的稳定性"。

二、实验器材

（一）实验材料

小鱼、迷你小螃蟹、苹果螺、水草、颗粒砂石、石块、清水。

（二）实验仪器

镊子、小鱼网、生态缸、溶解氧传感器、pH传感器、温度测量仪、光照控制器。

三、实验创新要点

实践过程中，对该实验的时间安排、实验对象、实验材料等方面进行了改进，具体改进方案见表1。

表1　实验改进方案

序号	改进方面	原实验方案	改进方案
1	时间安排	5.5生态系统的稳定性	5.1生态系统的结构
2	实验对象	水陆环境	水环境
3	实验材料	指定生物材料	自主选择生物材料
4	实验容器	密封大缸	轻便小缸（封闭和开放）
5	实验方法	观察性实验	调查研究、参观学习、探究研究、观察研究
6	数据收集	每周观察一次	每天选择几个时间节点观察

改进的实验方案实施中，我们主要对实验材料、实验装置和实验技术手段三个方面进行创新。

（一）生物材料的自主选择

本实验的开展时间为北方冬季12月，教材建议的实验材料冬季不易取材。

故结合西安的实际情况,带领学生前往花鸟市场,调查研究常见的观赏水生动植物,了解它们的种类和生物习性,并根据其食性,选择了几种适于建构生态缸的小型动植物,建立食物链、食物网关系,结合生物生存的所需条件,建构一个小型人工生态系统,引导学生学习模型建构的思路和方法,培养学生的建模意识和能力(见图1、图2)。

图1 记录水生植物名称和特点

图2 咨询水生动物的名称和食性

(二)生态装置的优化设计

该实验提供的缸体规格是100cm×70cm×50cm,缸体较大,不便于开展小组合作,并且设置了水陆两种环境,情况复杂,不便于分析。故将该装置改进为只有水环境的轻便小缸。

(1)第一代生态缸:迷你简易缸。初期学生利用小玻璃缸或大矿泉水瓶或者其他生活材料,自制结构完整的生态缸,并利用保鲜膜或缸盖设置封闭缸。缺点:放在教室的不同地方光照不同,光照时间也不固定。

(2)第二代生态缸:迷你自主缸。设计规范缸体,在缸盖内壁增加固定光源,并添加定时器,可以设置光照时间给生物提供充足光照。缺点:只能宏观观察,没有明确需要测量的生态缸内部值得研究的因素。

(3)第三代生态缸:迷你数字缸(见图3)。为了获得连续动态的变化数据,该生态缸进一步加入了溶解氧传感器、pH传感器、温度测量仪,并制作两种隔板,分别设置开放环境和封闭环境。

图3 第三代生态缸——迷你数字缸

（三）数字技术的适时应用

影响生态缸稳定性的因素有哪些？应该测量哪些变量呢？带着这样的疑问，老师和学生代表一同前往西安市环境监测站，在研究人员的介绍下，学习水质的取样方法、检测指标以及使用的检测设备的工作原理（见图4、图5）。

图4　水质取样方法

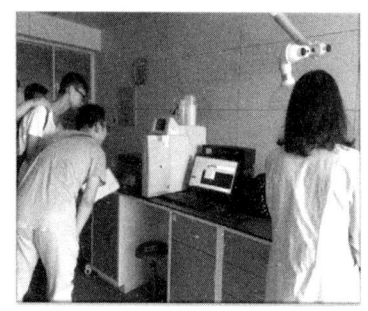

图5　水质离子分析

结合中学的实验条件和对生态缸稳定性的探究要求，确定温度、pH、溶解氧等实验测量指标，并设计记录表。

最初学生想到用 pH 试纸、温度计和溶解氧测量仪来测量数据，一段时间后，发现其测量数据误差较大，同时不能直观表现出连续动态的变化情况。因此，加入了溶解氧传感器、pH 传感器和温度测量仪，以便获得实时数据，连续动态地分析生态缸稳定性的变化。

四、实验原理/实验设计思路

在有限的空间内，依据生态系统的原理，将生态系统具有的基本成分进行组织，构建一个人工微生态系统是可能的。要使人工微生态系统正常运转，在设计时还要考虑系统内不同营养级生物之间的合适比例。应该注意，人工生态系统的稳定性是有条件的，也可能是短暂的。

本实验拟通过自主选择生物材料，自制生态缸，建构生态系统的概念模型，再通过宏观观察记录稳定性的变化，并引导学生尝试通过对记录数据的分析，建构数学模型，分析得出溶解氧是影响生态缸稳定性的重要因素。

五、实验教学目标

（一）生命观念

应用结构与功能观说出生态系统结构的组成，并能理解其生态系统的稳定性是相对的。

（二）科学思维

通过自主选择生物材料、建立食物链、分析这些生物所处环境及其相互关系，自制生态缸，建立生态系统的概念模型。

（三）科学探究

结合实际情况，能够对原实验提出合理改进方案，通过宏观观察和探究实验相结合，针对收集的数据能对比分析影响生态缸稳定性的主要因素，从而得出科学的实验结论。

（四）社会责任

通过对自制生态缸稳定性的变化的观察和分析，认同生物与环境是一个统一的整体，形成关爱生命，保护环境的生态意识。

六、实验教学内容

（一）调查研究

调查花鸟市场常见观赏性水生动植物的种类和特点。

（二）建构概念模型

根据生物间的食物链关系，能自主选择生物材料，并分析生物与环境间的相互关系，能建构开放和封闭两种人工小型生态缸。

（三）参观学习

向西安市环境监测站的专业人员学习水质的取样方式和分析方法。

（四）观察研究

一方面宏观观察并记录分析两种生态缸动物数量和植物生长状况的变化，另一方面每天定时记录生态缸内部溶解氧、pH、温度等数据的变化。

（五）探究实验

将记录的数据绘制变化曲线，建构数学模型分析引起生态缸宏观变化的主要影响因素，并推测生态缸稳定性变化的原因。

七、实验教学过程

（一）环节1：调查研究

北方冬季不易获得教材中提供的生物材料，故老师同学生一起前往花鸟市场，开展对常见水生动植物的调查研究，学生咨询并记录不同动植物的种类及其特点。

（二）环节2：建立概念模型

我们能否建构一个小型生态系统研究其稳定性呢？学生代表展示对花鸟市场常见观赏水生动植物种类及其特性的调查结果。同时，引导学生思考：这些生物之间有关联吗？其中哪些生物能建构一个生态系统呢？学生根据其食性建立简单食物网，并分析这些生物的生存需要水、阳光、空气等无机环境，同时环境中还存在微生物，讨论它们之间的关联，进而在理论上建构了一个生态系统，并根据准备的生物材料制作成真实的人工小型生态缸。

（三）环节3：参观学习

生态缸内部的哪些因素会影响其稳定性的变化呢？带着这样的疑问，老师和学生代表一同前往西安市环境监测站，在研究人员的讲解下，学习水质的取样方法和检测原理，结合中学的实验条件，确定了温度、溶解氧、pH等测量指标。

（四）环节4：观察研究

记录生态缸中植物的生长状况、动物数量的变化，并根据传感器实时统计氧气、pH等微观数据，对比分析开放和封闭两种环境下生态缸的稳定性变化。

发现初期两种环境下动物的数量都陆续减少，分别统计并绘制两种环境下的多个生态缸中缸动物数量的变化曲线图，如图6所示。

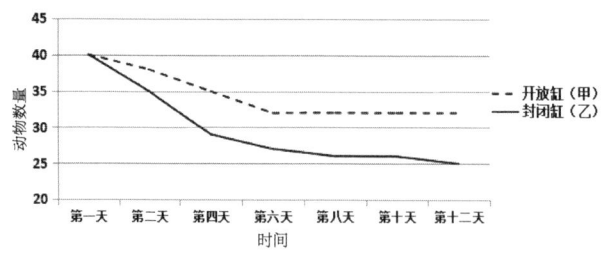

图6　两种环境下动物数量变化情况

不难发现：两种环境下动物的数量的确呈下降趋势，封闭缸则更明显。什么因素导致动物的数量发现明显下降呢？小组同学尝试寻找答案。

（五）环节5：探究实验

（1）对比数据，寻找差异。对比收集的数据，尝试寻找两种环境下动物数量减少以及两者之间存在差异的原因，以某天的数据为例，如表2所示。对比不难发现两种环境中除了溶解氧差异较大外，其他方面比较接近，看来需要对溶解氧进行进一步深入分析。

表2　某天两种环境下的数据对比

类型 \ 因素	时间	室温	水温	pH值	溶解氧/(mg/L)	水深/cm	丰富度/种
开放缸	7:30	23.5	23.0	6.5	4.5	9.0	7
	11:30	25.5	23.4	6.4	5.7	8.9	7
	13:30	24.8	23.6	6.0	4.2	8.5	7
	18:30	28.3	24.7	6.0	4.7	8.2	7
封闭缸	7:30	23.5	23.9	6.5	4.2	8.7	7
	11:30	25.5	24.3	6.0	4.8	8.7	7
	13:30	24.8	25.0	6.1	3.8	8.6	7
	18:30	28.3	25.5	6.0	3.6	8.6	7

(2) 数学建模，深入分析。

绘制溶解氧变化曲线，得到结果如图7所示。由图7可知，开放式生态缸的溶解氧含量大于封闭缸，更有利于生物的生存。

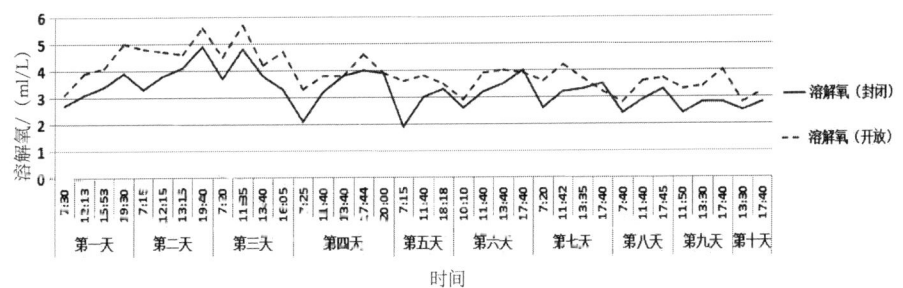

图7　开放缸和封闭缸初期溶解氧变化曲线图

对溶解氧数据进行柱状图分析，并添加趋势曲线，如图8所示。由图8可知，初期两种生态缸溶解氧都呈明显的下降趋势，封闭缸溶解氧含量更低。

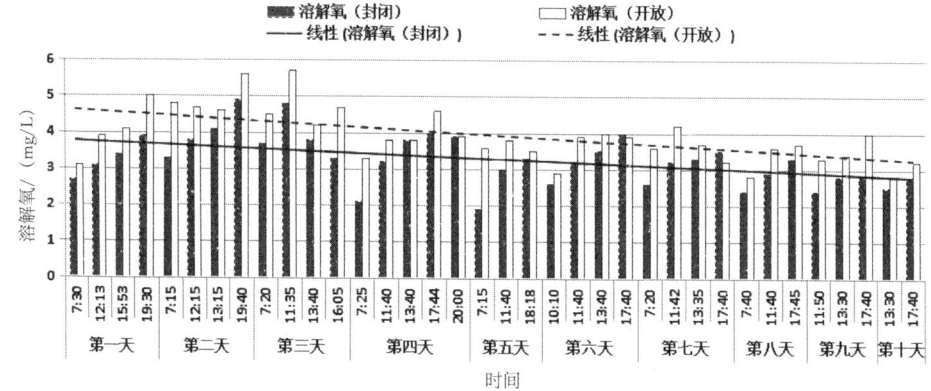

图 8 开放缸和封闭缸初期溶解氧变化趋势图

同时比较在不同氧气条件下鱼的生活活力变化情况，如图 9、图 10 所示。对比观察发现，鱼在氧气充足情况下，上下游动范围更大，更活跃。

图 9 不加氧泵

图 10 加氧泵

综上所述，溶解氧是影响生态缸稳定性的重要因素。

（六）环节 6：长期观察

一个月后：两种环境植物生长旺盛，动物数量减少，封闭缸动物数量下降更多更快。

两个月后：开放缸水位下降，其他无明显变化；封闭缸植物大量减少，螺的数量大幅增加。细心的孩子会发现，螺会咬断植物的茎，不利于植物的生存。

三个月后：开放缸仅存少量生物，水质变黄；封闭缸没有生物存活，水质发黄褐变臭。

短短的三个月，见证了两种生态缸脆弱的稳定性，鱼死亡植物消失。学生们意识到，任何模拟实验都不能代替地球本身的自我调节，提高了学生保护生物、保护环境的生态意识。

八、实验效果评价

（一）数字化设备的适时应用

在借助传统测量方式的基础上，数字化设备的应用能够实现获得实时动态的连续变化数据，让学生们意识到信息技术对于科学研究的积极推动作用。

（二）定性和定量实验相结合

本实验不局限于对实验现象的表象观察，通过较长时间的数据追踪记录，尝试分析影响生态缸稳定性的内在因素，从自主建构概念模型到分析数学模型反映出的规律特征，通过定性、定量实验相结合，帮助学生理解稳定性的内涵。

（三）多种学习方式相结合

本实验通过调查研究、参观学习、观察研究和探究实验多种学习方式，帮助学生开展科学探究过程，从生活中取材，走进科研机构参观学习，学会用真实、科学的视角学习生物知识，从课本中回归生活寻找答案。

通过多种学习方式，帮助学生开展对生态系统的多角度认识，真正实现"传统数字相结合，定性定量刨根问，回归生活求真相，勇敢质疑为学问"。

附录

第六届全国中小学实验教学说课活动优秀作品名单

说课题目	学科	说课教师	工作单位
季节的形成	综合	李淑丹	上海市嘉定区马陆小学
地震	综合	方莹	上海市宝山区和衷小学
植物心情检测仪	综合	裘炯涛	杭州经济技术开发区听涛小学
为班级绿植设计浇水工具	综合	庄重	北京市陈经纶中学嘉铭分校
一场百草园的邂逅	综合	王淑君	安徽省合肥市五一小学
像工程师一样建造塔——亲近正定古塔	综合	郄红	河北省石家庄市东马路小学
做框架	综合	樊乃铭	天津市河东区实验小学
系列乒乓教具，化解学球之难	综合	季光辉	北京市密云区第四小学
不同水质对种子萌发影响的研究	综合	徐莹莹	河北省石家庄市第四十一中学
生命之杯	综合	张立超	内蒙古鄂尔多斯市康巴什区第一中学
LED创意灯牌——串并联电路的设计与制作	综合	迟蕊	北京师范大学附属实验中学
探究影响结构强度的可能因素	综合	朱丽珺	肥东圣泉中学
结构与强度	综合	张涛	天津市耀华嘉诚国际中学
鸡蛋承受压力试验的改进	综合	张荟萃	陕西省榆林中学
鱼浮灵主要成分的实验探究	综合	万海涛	上海师范大学附属中学
下沉的物体会受到水的浮力吗	小学科学	郭洪美	天津市南开区科技实验小学
玩转小水轮	小学科学	何雪薇	厦门第二实验小学
定滑轮和动滑轮	小学科学	赖洪兆	福建省龙岩师范附属小学
我的滑轮	小学科学	李丹	郑州市管城回族区外国语小学
比较韧性	小学科学	颜涵瑜	乌鲁木齐市第八十二中学
注重观察分析，研究物体反光	小学科学	陆新丽	江苏省无锡市江阴市利港实验小学
巧用自制教具，探究影子的变化特点	小学科学	杜明康	徐州市铜山区黄集实验小学
光沿直线传播实验说课	小学科学	孙宏	北京小学广内分校

续表

说课题目	学科	说课教师	工作单位
怎样得到更多的光和热	小学科学	蔡旭聪	深圳市龙岗区布吉街道信义假日名城小学
怎样得到更多的光和热	小学科学	郝婷婷	鹰潭市余江区第四小学
怎样得到更多的光和热	小学科学	李盼盼	广西南宁市滨湖路小学山语城校区
光与热	小学科学	张坤鹏	吉林省辽源市实验小学校
光与热	小学科学	杨喆	瑞丽市姐岗小学
冰融化了	小学科学	韩玉	郑州市中原区郑上路第二小学
颜色对热的吸收	小学科学	魏敏菲	西安市碑林区铁五小学
金属的热胀冷缩	小学科学	宋小南	长春东师中信实验学校
金属热胀冷缩吗	小学科学	郑建华	杭州长江实验小学
谁的本领大	小学科学	孟庆福	东营市海河小学
导体和绝缘体	小学科学	李红	广西柳州市北雀路第三小学
比较白炽灯与荧光灯哪个效率高	小学科学	侯俊秀	山西省晋中市太谷县实验小学
设计与制作——简单智能电路	小学科学	曹麟光	佛山市顺德区本原小学
神奇的小电动机	小学科学	张金雪	天津市河东区六纬路小学
能量大小与物体运动的关系	小学科学	冯鹏	山西省长治市城区上南街小学
能量转换科学研究	小学科学	邓新阳	北京市朝阳区垂杨柳中心小学
能量的控制	小学科学	李立	邯郸市永年区刘汉乡总校
为什么一年有四季	小学科学	吴莉萍	西昌市第二小学
日食和月食	小学科学	王丽萍	浙江省江山市城南小学
月相变化	小学科学	王婷婷	浙江省温岭市太平小学
大气压强——马德堡半球实验	初中物理	魏渊峰	石嘴山市第四中学
自制气压计,探究大气压的变化	初中物理	张皓辉	云南省昆明市第十中学
气体压强与流速的关系	初中物理	徐茜茜	台州市书生中学
流体压强与流速的关系	初中物理	赵子莹	洛阳市第五十六中学
流体压强与流速的关系	初中物理	李超	徐州市撷秀初级中学
探究液体压强与深度、密度的定量关系	初中物理	姚洋	四川省南充高级中学
认识浮力	初中物理	王晴晴	安徽省合肥市第四十五中学
探究影响滑动摩擦力大小的因素	初中物理	张静	莆田第二中学
探究杠杆的平衡条件	初中物理	李明盈	天津市西青区杨柳青第二中学
探究杠杆的平衡条件	初中物理	周新	桑植县澧源中学

续表

说课题目	学科	说课教师	工作单位
机械效率	初中物理	徐文治	自贡市蜀光绿盛实验学校
探究声音产生与传播的条件	初中物理	薛治国	西藏自治区曲水县中学
做功改变内能	初中物理	刘鹤	北京市陈经纶中学保利分校
探究熔化和凝固的特点	初中物理	李建明	江西育华学校
看得见的眼睛	初中物理	李伟	新疆维吾尔自治区哈密市第四中学
探究光的反射定律	初中物理	郭浩佳	浙江省衢州华茂外国语学校
光的折射	初中物理	刘蕊清	福安市溪潭中学
激光通信	初中物理	赵克峰	贵州省六盘水盘州市第十中学
欧姆定律——电阻	初中物理	王捷	上海市第三女子初级中学
磁生电	初中物理	赵瑞	郑州冠军中学
可视化视角下的电功率	初中物理	成慧珍	深圳市龙岗区实验学校
安全用电——触电事故演示仪器	初中物理	张童	石家庄第十七中学
胡克定律	高中物理	周曼	湖南师范大学附属中学
探究静摩擦力大小的影响因素	高中物理	罗发海	宁夏六盘山高级中学
向心力	高中物理	支磊	南昌三中
定量探究圆周运动向心力的大小	高中物理	刘兴	四川省南充高级中学
几种典型圆周运动模型的实验探究	高中物理	马丽坤	宁夏吴忠市吴忠高级中学
单摆精准验证最低点向心力表达式	高中物理	李永兰	青海师范大学附属第二中学
外力作用下的振动	高中物理	李优	广西南宁沛鸿民族中学
探究功和速度变化的关系	高中物理	李永仕	云南省安宁市安宁中学
动能和动能定理	高中物理	徐忠岳	浙江省舟山中学
验证机械能守恒定律	高中物理	张岚	德清县高级中学
气体实验定律	高中物理	温博	晋江市陈埭民族中学
声波干涉实验	高中物理	李坤	山东淄博实验中学
用双缝干涉测量光的波长	高中物理	孙永跃	郑州市第十一中学
光的双缝干涉实验	高中物理	陆洋	上海市市南中学
光的偏振	高中物理	曲胜艳	东北师大附中净月实验学校
光电效应的探究与创新	高中物理	周连鹏	阜阳市第三中学
库仑定律	高中物理	鞠晨晨	北京市大兴区第一中学
磁场对通电导线的作用——安培力	高中物理	刘丽	四川省简阳中学
磁感应强度	高中物理	齐红棉	河北省石家庄市第十八中学

续表

说课题目	学科	说课教师	工作单位
涡流、电磁阻尼和电磁驱动	高中物理	赵旭	绥化市第一中学
交变电流	高中物理	左欣	沈阳市第120中学
微观之旅——分子和原子	初中化学	康宏	石家庄市第二十八中学
分子和原子	初中化学	李秀梅	讷河市拉哈镇中心学校
创设打火机实验，开展分子教学	初中化学	沈郁娟	苏州学府中学校
测定空气中氧气含量的实验教学	初中化学	李卓莉	山东省济南实验初级中学
再探究空气中氧气的体积含量	初中化学	杨敏	武汉市卓刀泉中学
二氧化碳性质探究	初中化学	王静	河北保定市第一中学分校
采用串联实验装置构建立体化思维导图——以CO_2的制取、除杂、性质拓展及喷泉实验为例	初中化学	樊爱玲	昆明市第十中学
二氧化碳与氢氧化钠的反应	初中化学	任竞昕	长安区第一民办中学
探究二氧化碳和氢氧化钠的反应	初中化学	刘文英	山东大学附属中学
二氧化碳与氢氧化钠反应的可视化研究	初中化学	杨永俊	成都石室中学初中学校
常用碱溶液与CO_2反应的再探究	初中化学	王旭	郑州龙门实验学校
实验探究三重境界——碱的化学性质	初中化学	秦婕	六约学校
探究酸和碱的中和反应	初中化学	慈洁琳	芜湖市第二十九中学
金属的化学性质——金属活动性顺序	初中化学	王振	厦门大学附属实验中学
金属与酸的反应	初中化学	蒋娟	四川省邻水金鼎实验学校
物质的溶解度	初中化学	马力	上海市西郊学校
溶解与乳化	初中化学	伏珍珍	肃南裕固族自治县第一中学
水的电解实验改进	初中化学	白云文	山西大学附属中学校
对蜡烛及其燃烧的探究	初中化学	邝建新	湖南省临武县第三中学
对蜡烛及其燃烧的探究实验改进	初中化学	杜月	天津市滨海新区汉沽第三中学
对蜡烛燃烧的再探究	初中化学	叶红艳	重庆复旦中学
氢气爆炸实验	初中化学	刘洪宝	大连经济技术开发区红星海学校
探究粉尘爆炸实验的影响因素	初中化学	陈美威	广州市中山大学附属中学
气体摩尔体积	高中化学	马雄雄	上海市西南位育中学
探究氯气性质之氧化性实验改进	高中化学	刘璐	临潼中学

续表

说课题目	学科	说课教师	工作单位
氯气与水的反应的数字化实验，研究化学平衡状态	高中化学	殷奇	湖北黄陂一中盘龙校区
色彩缤纷的氨气黑枸杞喷泉实验	高中化学	徐文娟	宁夏六盘山高级中学
氨气、氯化氢双喷泉实验的组合设计	高中化学	杨青山	贵州省贵阳乐湾国际实验学校
氮的氧化物性质实验改进	高中化学	唐光明	四川省南充高级中学
实验室模拟空气吹脱装置	高中化学	李雪军	北京汇文中学
浓硫酸的三大特性	高中化学	靳艳艳	邯郸市教育科学研究所
铜与浓硫酸反应实验装置的改进及现象的探究	高中化学	陈碌涛	湖北省襄阳五中
验证硝酸根离子在酸性条件下的氧化性——采用带有制备保护气的一体化气体发生器	高中化学	江秀清	福建省厦门第一中学
铝单质的化学性质	高中化学	闻昊	上海市格致中学
铝热反应实验创新设计	高中化学	段云博	太原市五育中学
镁燃烧实验的拓展与创新	高中化学	肖燕莉	福建省泉州第五中学
铁的重要化合物	高中化学	王静	石家庄市第一中学
数字技术对钢铁吸氧腐蚀的实验探究	高中化学	李鑫	哈尔滨市第九中学校
探究氢氧化亚铁的制备	高中化学	刘宇莹	内蒙古阿拉善左旗高级中学
碳酸钠与盐酸分步反应的创新实验	高中化学	金程程	浙江省温州市第八高级中学
手持技术在高三元素化合物复习课中的应用——以碳酸钠、碳酸氢钠为例	高中化学	冯雯	天津市第二中学
盐类的水解	高中化学	拉姆次仁	拉萨那曲高级中学
乙炔的化学性质	高中化学	王涛	河南大学附属中学
乙醇燃料电池原理的实验探究	高中化学	陈荣静	江苏省金陵中学
制备乙酸乙酯的实验创新	高中化学	耿琼	新疆伊宁市第三中学
多角度探究石蜡油的催化裂化	高中化学	方敏	贵州省遵义市第一中学
校园中的野生植物	初中生物	张南南	上海市虹桥中学
绿色植物与生物圈的水循环	初中生物	朱文广	河南省实验中学
测定花生种子中的能量	初中生物	都娟	濮阳市第七中学
初中生探究影响光合作用的因素	初中生物	周琳娜	石家庄市第十中学
探究二氧化碳是光合作用的必需原料	初中生物	吴芳丹	宜春市宜阳学校
光合作用原理在农业生产上的应用	初中生物	薛海芬	营口实验学校

续表

说课题目	学科	说课教师	工作单位
观察植物叶气孔的结构与分布	初中生物	刘海霞	南通市通州区平潮实验初级中学
绿色植物的呼吸作用	初中生物	甘静莎	南宁市第三十七中学
探究呼吸作用实验	初中生物	孙健耕	天津海河教育园区南开学校
创设实验环境探究家鸽的双重呼吸	初中生物	王盈盈	山东省潍坊市高新技术产业开发区东明学校
动物的运动	初中生物	王明华	西安交通大学附属中学
模拟保护色的形成过程	初中生物	蔡乃杰	海南省文昌中学
光照条件对黄粉虫幼虫分布的影响	初中生物	顾凯利	北京师范大学厦门海沧附属学校
眼球成像的演示实验	初中生物	肖林军	中山市中山纪念中学
人体对信息的感知——眼球成像、近视远视成因及矫正	初中生物	万小荣	江苏省泰州市九龙实验学校
血液循环过程中血液的变化	初中生物	黄树荣	永州市德雅学校
呼吸运动模型试验	初中生物	涂敏	四川省自贡市汇东实验学校
叶绿体中色素的提取、分离和比较	高中生物	赵玥	复旦大学附属中学
自制分光光度计检测光合色素吸收光谱	高中生物	吴宁	北京市第三十五中学
探究影响光合作用的因素	高中生物	刘芳敏	上海市曹杨第二中学
探究环境因素对光合作用的影响	高中生物	陶洁敏	蚌埠第二中学
观察根尖分生组织细胞的有丝分裂	高中生物	单柳旭	海门市第一中学
减数分裂的观察与比较	高中生物	王培	郑州市第二中学
基于大数据下"性状分离比模拟"实验装置的改进与创新	高中生物	陆兴亮	贵阳市第一中学
胚胎工程	高中生物	吴谦	浙江省杭州学军中学
探究影响酶活性的条件——pH值	高中生物	刘爱萍	宁夏吴忠市回民中学
探究温度对果胶酶活性的影响	高中生物	王俊明	赣州中学
α-淀粉酶的固定化及淀粉水解作用的检测	高中生物	张伟健	温州市第八高级中学
探究酵母菌细胞呼吸的方式	高中生物	叶克姣	贵州省遵义市南白中学
探究酵母菌细胞呼吸的"3+X"	高中生物	高聪	山东省桓台第一中学
探究酵母菌细胞呼吸的方式实验改进与探究	高中生物	高悦龙	石家庄市第一中学
基于STEM理念的酵母菌呼吸作用方式的改进与探究	高中生物	王璐瑶	华南师范大学附属中学

续表

说课题目	学科	说课教师	工作单位
一次性筷子与可循环餐筷表面微生物的分离与计数	高中生物	侯文慧	呼和浩特市第一中学
土壤中小动物类群丰富度的研究	高中生物	张月	天津市青光中学
土壤中小动物类群丰富度的研究	高中生物	陈玉梅	昆明市第八中学
四种植物对不同水体中氮去除效果的探究	高中生物	江晶	武汉市第二十三中学
不同环境污染条件下水生生物多样性的调查研究	高中生物	张勇	天津市南开中学
探究生态系统的稳定性	高中生物	薛姣	西安市第二十六中学